DICIONÁRIO DE HISTÓRIA DAS RELIGIÕES NA ANTIGUIDADE E MEDIEVO

Dados Internacionais de Catalogação na Publicação (CIP)
(Câmara Brasileira do Livro, SP, Brasil)

Dicionário de História das Religiões na Antiguidade e Medievo / Johnni Langer, (organizador). – Petrópolis, RJ : Vozes, 2020.

Vários autores.
Bibliografia.
ISBN 978-85-326-6389-4

1. Religiões – Dicionários I. Langer, Johnni.

19-31756 CDD-200.3

Índices para catálogo sistemático:
1. Religiões : Dicionários 200.3

Cibele Maria Dias – Bibliotecária – CRB-8/9427

JOHNNI LANGER
organizador

DICIONÁRIO DE HISTÓRIA DAS RELIGIÕES NA ANTIGUIDADE E MEDIEVO

EDITORA VOZES
Petrópolis

Rua Frei Luís, 100
25689-900 Petrópolis, RJ
www.vozes.com.br
Brasil

Editoração: Leonardo A.R.T. dos Santos
Diagramação: Raquel Nascimento
Revisão gráfica: Nilton Braz da Rocha / Fernando S.O. da Rocha
Capa: WM design

ISBN 978-85-326-6389-4

Editado conforme o novo acordo ortográfico.

Este livro foi composto e impresso pela Editora Vozes Ltda.

SUMÁRIO

PREFÁCIO

O lançamento de dicionários temáticos como este que o leitor tem em mãos denota a vastidão e a maturidade do campo de estudo que abarca, o que não é novidade em relação à História das Religiões, que desde o século XIX conta com muitas e importantes monografias e desde o século XX com diversos dicionários que buscam sintetizar e sistematizar *l'état de la question* na época de sua publicação. O que é novidade no presente caso é o surgimento de um dicionário brasileiro com tais características, comprovação dos progressos acadêmicos realizados nesse campo no nosso país nos últimos tempos.

Entre os 137 verbetes, redigidos por 43 pesquisadores, encontram-se vários de caráter panorâmico, outros monográficos e alguns conceituais. Naturalmente, como sempre acontece em obras desse tipo, o leitor pode se questionar quanto à pertinência de certos verbetes e a ausência de outros (anjos, apócrifos, cabala, catarismo, folclore, messianismo, milenarismo, mitologia egípcia, paraíso, relíquia etc.). Ou poder-se-ia esperar entradas específicas dedicadas a estudiosos que marcaram os campos de estudo aqui abrangidos (Georges Dumézil, Émile Durkheim, James Frazer, Andrew Lang, Claude Lévi-Strauss, Max Müller, Rudolph Otto, Raffaele Pettazzoni, Edward Tylor e outros).

A inexistência de determinados verbetes não significa, porém, de forma geral, a inexistência de informações a respeito, disseminadas que estão ao longo do *Dicionário de História das Religiões*. É preciso ter em mente que nenhuma obra desse tipo – nem mesmo a ampla e consagrada *The Encyclopedia of Religion* dirigida por Mircea Eliade (16 vols. Nova York: Macmillan, 1987) – pode pretender abranger todos os itens de sua especialidade, como fazem os grandes dicionários de língua. O importante é o tratamento dado aos temas escolhidos. Que não difere, aqui, de obras assemelhadas nos verbetes que têm em comum, por exemplo com o *Medieval Folklore – A guide to Myths, Legends, Tales, Beliefs, and Customs*, editado por Carl Lindahl, John McNamara e John Lindow (Oxford: Oxford University Press, 2002), embora este seja bem mais encorpado (261 entradas, 115 autores).

Em vários verbetes, este *Dicionário de História das Religiões* não se limita a apresentar a súmula dos conhecimentos atuais do tema em questão, ele o historiciza, o problematiza, facultando ao leitor acompanhar os progressos na área, e familiarizar-se com alguns dos debates e diálogos que construíram o saber a respeito. Em outros casos, o verbete revela-se uma pequena monografia que introduz de forma sintética o assunto, mas instigando seu aprofundamento graças ao tradicional mecanismo de remissão, que tece uma estimulante leitura em rede. Ou seja, cada verbete encaminha aos seus correlatos, o que permite ao leitor ampliar conhecimentos e despertar novos e insuspeitos interesses. A bibliografia cumpre a mesma função, e de maneira adequada à realidade nacional – as mais de duzentas páginas de referências oferecidas por Jean-Loïc Le Quellec e Bernard Sergent no recente *Dictionnaire critique de mythologie* (Paris: CNRS, 2017) seriam simplesmente irrealistas nas condições brasileiras.

Em suma, historiadores, antropólogos, teólogos, folcloristas, sociólogos e psicólogos encontrarão neste *Dicionário de História das Religiões na Antiguidade e no Medievo* um útil instrumento de trabalho. O público culto em geral verá nele um rico manancial de informações e ideias. Independentemente do perfil e da motivação dos seus consulentes, ele possibilita um contato rápido e seguro com os temas desejados. Bem ajustado ao panorama intelectual e editorial brasileiro, ele só pode merecer nossa saudação e votos de vida longa, pois tem plenas condições de responder a muitas indagações e despertar muitas vocações nesse fascinante campo de estudo.

Hilário Franco Júnior
Universidade de São Paulo

INTRODUÇÃO

Os estudos de História das Religiões remontam ao século XIX. Compreender a trajetória e o percurso das ideias e práticas religiosas era fundamental para se compreender a natureza das religiões. Desde então a disciplina da História das Religiões já conheceu várias facetas, passando pelo evolucionismo, pelo essencialismo, pela fenomenologia até pelas metodologias culturalistas mais recentes. Especialmente os períodos da Antiguidade e do Medievo interessam muito aos pesquisadores, pela existência no mundo contemporâneo de várias religiões que foram criadas durante esses períodos ou que são herdeiras diretas de suas tradições. Em nossa época ainda coexistem ideias, tabus, símbolos, práticas, rituais que remetem a muitos milênios. Mas o conhecimento dessa trajetória ainda é pouco conhecido do grande público.

Os esforços para um desenvolvimento e amadurecimento da História das Religiões no Brasil tem crescido muito nas últimas décadas. Vários programas de pós-graduação possuem linhas de pesquisa, além do surgimento de entidades e eventos relacionados diretamente com esse campo de pesquisas. Mas especificamente o estudo das religiões e religiosidades do mundo antigo e medieval ainda sofre com a falta de maiores sistematizações, compilações e publicações em nosso país. A maior parte dos pesquisadores ainda se concentra nos estudos da Antiguidade Clássica, ficando a área oriental, asiática e de povos à margem do Mediterrâneo ainda pouco conhecida. A dinâmica cultural e o processo de mútuas influências (como a área oriental para a clássica, as permanências de crenças antigas no mundo medieval, entre outras) ainda são muito pouco explorados. Um dos escassos estudos neste sentido foi o livro *As religiões que o mundo esqueceu*, elaborado por pesquisadores do Brasil e publicado em 2009. Quanto à experiência religiosa no Medievo, ela ainda se concentra basicamente em pesquisas envolvendo a Igreja e a perspectiva institucional. Estudos sobre as experiências populares, os mitos, as crenças, as práticas mágicas e o folclore cristão, bem como as religiosidades europeias politeístas da Idade Média, ainda são pouco investigadas na América Latina.

Dessa maneira, a presente obra tem por principal objetivo uma sistematização historiográfica e de conteúdo sobre as principais formas de religião e religiosidade presentes na Antiguidade e Medievo, concentrando-se essencialmente na Eurásia em geral: foram contempladas diversas regiões e tradições culturais religiosas das áreas da Ásia, Oriente Próximo, Mediterrâneo e Europa.

De um lado, empregamos conceitos e termos utilizados frequentemente nos estudos de religião de um ponto de vista formal e institucional, como judaísmo, budismo, cristianismo, mitraísmo, zoroastrismo. Livros sagrados ou de importância mítica possuem entradas próprias, como o Avesta, a Bíblia, a Edda Poética, ou então são comentados em outros verbetes. Eventos históricos com impacto nas questões religiosas, como as Cruzadas e os diversos processos de cristianização, também foram contemplados. Mas por outro lado, o presente dicionário também abrange as múltiplas facetas das crenças e religiosidades populares e eruditas, como as diversas formas de magias, mitos, folclores, crenças e símbolos presentes desde a Mesopotâmia antiga até o surgimento do Renascimento.

A estrutura geral do dicionário foi influenciada especialmente nos livros *A Companion to the Archaeology of Religion in the Ancient World* (2015); *The Oxford Dictionary of Classical Myth and Religion* (2003); *Historia de las religiones antiguas* (2011); *Mythology of All Races* (1964), mas reformulada para atender aos interesses do público brasileiro. Nosso referencial básico de periodização adotado é o da historiografia francesa, que entende o início da Antiguidade a partir da Pré-história e civilizações surgidas após a Revolução Neolítica e o fim da Idade Média com o advento do Renascimento. Nossa maior opção teórica foi a história cultural das religiões e em menor escala o comparativismo histórico metódico e a história social. Maiores detalhes historiográficos foram definidos nos verbetes "História das Religiões", "Religiões", "Mito", "Magia" e "Politeísmo".

Visando facilitar a compreensão e a leitura, diversos termos e vocábulos antigos e medievais foram traduzidos ou adaptados para o português moderno, especialmente o nórdico antigo e línguas eslavas, enquanto alguns permaneceram em sua linguagem original (como os da área mesopotâmica), atendendo aos critérios dos autores originais dos textos.

Vários verbetes foram inseridos para debater aspectos teóricos, metodológicos e conceituais importantes para o estudo antigo-medieval, como "História das Religiões", "Animismo", "Politeísmo", "Magia", "Mito", "Xamanismo" etc. Alguns verbetes são remissivos, reunindo e sintetizando temas gerais dentro do dicionário; outros envolvem aspectos sociais e culturais, como "Conflitos religiosos na Antiguidade", "Educação e religião no Medievo", "Mulher e religião no Medievo", entre outros.

O dicionário contou com a colaboração de diversos pesquisadores e instituições do Brasil e exterior. Em primeiro lugar o Doctorado en Ciencias de las Religiones da Universidade Complutense de Madri, especialmente com especialistas sobre a religião e religiosidade no mundo antigo. Também o Programa de Pós-graduação em Ciências das Religiões da Universidade Federal da Paraíba foi fundamental para a realização da obra, concedendo suporte material e acadêmico. O Núcleo de Estudos Vikings e Escandinavos (Neve) também foi extremamente importante, contando com autores experientes na temática das crenças europeias medievais. Dezenas de pesquisadores de várias universidades e centros de pesquisas sobre Antiguidade e Medievo do Brasil concederam auxílio técnico para a realização do dicionário, do qual elencamos no final da obra. Esperamos que o presente livro possa auxiliar na divulgação de religiões desaparecidas, em aspectos pouco conhecidos na história das religiões e no desenvolvimento de novas pesquisas e, ao mesmo tempo, trazer múltiplos olhares também para o fenômeno religioso no mundo contemporâneo.

Prof.-Dr. Johnni Langer
Programa de Pós-graduação em Ciências das Religiões da UFPB
Núcleo de Estudos Vikings e Escandinavos (Neve)

Amuletos e talismãs

Amuletos e talismãs são objetos utilizados individualmente e carregados junto ao corpo que apresentam propriedades mágicas ou sobrenaturais para quem os utiliza. São manipulados para diversos fins como proteção, sorte, prosperidade, riqueza, cura, conquista do amor etc. São desfrutados por seus portadores como artigos que garantem sucesso no objetivo buscado ou os mantêm imunes a determinadas situações. Contudo, há uma distinção de significados, propósitos e funções entre estes dois acessórios:

Amuletos – Um amuleto está frequentemente associado ao imaginário popular devido aos símbolos socialmente reconhecidos que apresenta. Tem a característica de ser uma dádiva recebida por alguém ou algum ser sobrenatural de grande importância para o recebedor. Na Antiguidade costumava ter procedência animal, vegetal ou mineral. Os materiais que os compõem são cercados de significados supersticiosos e virtudes. Cada parte animal, vegetal ou mineral tem sua função específica de proteção ou de auxílio. Tais funções se diferenciam de uma cultura para outra. São normalmente levados presos ao corpo ou à roupa. Os amuletos também têm a função de absorver as energias negativas contra seu dono.

Talismãs – O talismã pode ser criado por seu portador ou encomendado por ele. Também pode ser carregado de poderes mágicos através de encantamentos e feitiços, pois seu poder ou eficácia não está associado a uma origem externa ou independente da pessoa que o utiliza. Sendo assim, também sua composição não necessariamente é de origem natural, podendo ser uma obra artesanal e ser composto de materiais elaborados como o vidro. Os atos de consagração e encantamento dão ao talismã seus devidos poderes mágicos, ao contrário do amuleto, que possui força naturalmente devido a sua procedência tanto por ser extraído da natureza como por ser fornecido por alguém especial. O talismã sempre é confeccionado por uma razão definida e estabelecida e são exclusivamente defensivos, sendo confeccionados para criar uma aura protetora em torno do seu portador.

Geralmente talismãs e amuletos funcionam como catalisadores de bons e maus fluidos no imaginário de seus idealizadores. Supostamente recebem e acumulam as energias positivas e dispersam as negativas. Imunizam e harmonizam o indivíduo nos níveis corporal e espiritual. Tanto um quanto outro apresentam efeito psicológico. É preciso acreditar em seus efeitos, estimulando a força mental e a fé no sagrado. São compostos de símbolos, emblemas, alegorias e sinais que refletem a sensibilidade natural da humanidade nos tempos antigos e medievais. Nos escritos dos autores medievais, como escolásticos, enciclopedistas, tradutores ou compiladores de textos, observa-se a despreocupação em prevenir os leitores sobre suas intenções retóricas, semânticas ou didáticas, devido à imaginação cultural ser naturalmente repleta do maravilhoso e do pensamento mágico.

Os idiomas ocidentais contemporâneos não dispõem dos mesmos vocabulários antigos para designar variedades de símbolos e suas qualidades funcionais, porque estes não mais fazem parte do uso cotidiano nas formas de instrumentos de proteção. Os amuletos e talismãs emanam um conceito simbólico abstrato materializado em determinados signos e figuras que por muitas vezes são ambivalentes e desempenham uma função religiosa. Sendo assim, amuletos e talismãs são produzidos e utilizados em um sistema de analogia, ou seja, um sistema onde há semelhança entre objeto representativo e significado da força representada por ele. Os modos de pensar na Antiguidade e no Medievo esforçam-se especialmente para estabelecer um vínculo entre algo aparente e algo oculto; e mais particularmente, entre o que está presente no mundo material e o que tem lugar no mundo sobrenatural.

Tais objetos representam outra coisa além do que pretendem ser ou mostrar. Por exemplo, uma joia pode ter um significado talismânico para quem a usa e a sua função pode ser identificada através dos símbolos e das combinações de materiais em sua composição. A exegese consiste em analisar a relação entre material e imaterial contida em um determinado objeto de utilização individual e cotidiana.

Para o pensamento medieval, tanto o mais erudito quanto o mais comum, cada objeto, cada elemento, cada ser vivo, pode ser entendida como figuração de algo que lhe corresponda em um plano superior ou eterno e da qual ele é modelo. Isso diz respeito tanto aos sacramentos religiosos quanto às *mirabilia* mais populares. Todavia, no primeiro caso, realiza-se uma dialética entre significante e significado; enquanto no segundo caso tal relação se articula de modo mais mecânico.

Sendo assim, quer se trate da religião, do maravilhoso ou da vida cotidiana, a correspondência entre a aparência enganosa do objeto mágico (a exemplo de uma simples semente, pérola ou escultura em madeira) e as verdades ocultas que abrigam coloca-se sempre em vários níveis e expressa-se de diferentes maneiras. Isto posto, a propriedade da peça escolhida para tal fim pode se apoiar em considerações afetivas, mágicas, ancestrais ou oníricas e, por isso mesmo, ser difícil de reconhecer.

Visto que os saberes e necessidades contemporâneos são diferentes dos homens e das mulheres da Antiguidade e do Medievo, constituem um desafio para reencontrar a lógica e o sentido de determinada finalidade do uso. Podem ser tomadas como exemplo as cores, que para a cultura medieval no Ocidente representavam valores distintos dos atuais. O historiador da arte ou arqueólogo que se propõe a artes vitrais ou pinturas em pequenos objetos deve estar ciente de que os conceitos de cores frias e quentes sofreu muitas alterações entre a Antiguidade, a Idade Média e a Idade Moderna.

A classificação espectral das cores e suas repartições, a noção de contraste simultâneo ou a noção de cores primárias e complementares: todos esses conhecimentos são vistos de modos distintos por pintores e artesãos medievais, por seus mecenas e por seu público. Todos eles classificam, pensam e vivem a cor diferente da humanidade contemporânea, o que torna até o pequeno detalhe da cor um obstáculo para a compreensão da finalidade de um talismã ou amuleto. O mesmo se dá com a análise da procedência material dos objetos, pois o pesquisador necessita saber o que significa determinado animal, vegetal ou mineral para a cultura e a localidade em questão, nas quais o objeto foi produzido e utilizado.

A semiótica explica o uso de amuletos e talismãs a partir da visão do ser humano como parte de um todo ao qual está conectado. Por ser parte e continuação desse todo, está condenado a não ser plenitude, a perceber apenas aspectos desta, a ser o todo enquanto fragmento, em uma limitação pelos signos. Todo processo cognitivo é mediado pelos signos e os amuletos são peças portadoras dos signos que estabelecem comunicação entre o indivíduo e a finalidade de sua fé. Entre o todo e a consciência humana interpõem-se os meios de elaboração e de ação, que por vezes se constituem em objetos mágicos auxiliadores da integralidade humana com sua abstração.

Sendo assim, o estudo dos símbolos e demais imagens representadas nesses objetos precisam ser cuidadoso devido ao perigo fenomenológico. É preciso considerar o objeto dentro do seu contexto histórico de produção e uso. Pois cada contexto cultural apresenta especificidades não só históricas, mas também antropológicas e artísticas que terminam por determinar o significado e o uso de cada matéria. O estudo da parafernália mágica precisa não projetar o passado nos saberes contemporâneos e igualmente não estabelecer grandes fronteiras entre real e imaginário.

Nos períodos antigo e medieval, nos quais o maravilhoso esteve muito presente, sugerir foi frequentemente mais importante do que explicar, sentir que compreender, evocar que provar. Por esse motivo, a análise que hoje se faz dos objetos mágicos de proteção é muitas vezes anacrônica. Os números podem constituir um bom exemplo disso. Na Idade Média, eles não expressam só quantidade, mas também qualidades, sendo sensato não os interpretar apenas através da aritmética, mas também em termos simbólicos. Muitos talismãs contêm determinado número de pedras incrustadas ou formatos geométricos que podem ser compreendidos através dos significados numéricos nos sistemas religiosos.

Amuletos e talismãs sugerem e exprimem tanto quanto dizem, assim como apresentam fortes vínculos entre imagens e crenças. Uma madeira, por exemplo, nunca é qualquer madeira. É sempre uma essência identificada que possui propriedades que não são apenas físicas ou químicas. Além do mais, também é contemplada por narrativas locais acerca de seu uso pela comunidade. Existem madeiras duras, macias, porosas, lisas, nodosas e de incontáveis qualidades. De acordo com cada característica e com um imaginário específico, as madeiras podem ser julgadas benéficas, inquietantes ou até mortíferas. Um artesão que fabrica ou um usuário de um talismã ou amuleto levarão isso em conta.

Segundo Jacques Le Goff (2002, p. 514), as palavras latinas *corpus* e *anima* são citadas incansavelmente nos textos medievais, geralmente uma em oposição à outra. Ora tais palavras designam componentes da formação humana, ora são metáforas que devem ser levadas em consideração. Pertencem à linguagem medieval cotidiana e encontram equivalentes imediatos nos idiomas vernáculos. Diante desta grande atenção medieval a essas duas palavras, é notório que seja frequente e comum o uso de objetos junto ao corpo que disciplinem ou harmonizem a tensa relação entre alma e corpo. Pois amuletos e talismãs levam essencialmente a função de unir corpo e alma como prioridade de sua função, que é proteger ou salvaguardar o indivíduo como um todo.

Nas antigas sociedades pagãs com complexa crença no pós-morte, a exemplo da egípcia e da escandinava, as descobertas arqueológicas encontraram grande variedade de amuletos, talismãs e outros objetos sagrados junto aos mortos, dando margem às diversas interpretações possíveis sobre as finalidades de tais peças na suposta vida após a morte ou no caminho até ela. Na tradição platônica, a alma não é criada, ela preexiste por toda a eternidade ao corpo no qual encontra uma habitação provisória. Tal concepção incentiva uma forte desvalorização da existência carnal e essas ideias são recebidas pelo cristianismo medieval com modificações e adaptações.

A joalheria tem finalidade de adorno corporal em muitas estéticas. Cada joia carrega em si valores de sua época. Muitos amuletos e talismãs são joias feitas em materiais nobres, preciosos e raros. A exemplo podem ser citados os talismãs usados por membros da realeza, confeccionados sob encomenda; ou amuletos compostos por materiais naturais de difícil acesso. Além das características estéticas, materiais e técnicas, que permitem identificar essas peças de acordo com sua origem étnica; as joias-amuletos são também registros do modo de vida de determinado grupo, indivíduo ou território.

De acordo com Tait (2010, p. 11), a joalheria tem uma história que abrange no mínimo sete milênios e as joias mais antigas não tinham apenas o propósito decorativo ou estético, mas também e principalmente a ligação da matéria corporal com o divino através de signos e imagens que o representem sendo levadas junto ao corpo. A percepção humana sobre a beleza intrínseca de certos materiais e minerais, especialmente o ouro, levou o ser humano a associá-los aos poderes do sobrenatural e do sagrado. A joalheria religiosa composta por amuletos e talismãs é imensa e abrange todos os períodos históricos. Pois os minerais como pedras, prata, cobre e ouro sempre exerceram fascínio por suas identidades visuais inexplicáveis a olho nu.

A ascensão do cristianismo no Ocidente não mudou a função de amuleto da joia. Sinais e símbolos continuaram sendo utilizados por cristãos, apenas com significados diferentes dos originais e, inclusive, muitas vezes mais elaborados esteticamente que os primeiros. Inclusive, os primeiros joalheiros cristãos criaram novas utilidades para as joias-amuleto, entre elas a função de guardar relíquias sagradas. Os amuletos e talismãs ocidentais que desde a Antiguidade eram confeccionados em madeira, pedras, sementes, ossos ou envoltos em tecidos; após a cristianização passaram a apresentar predominância em metais nobres como ouro e prata, incrustação de pedras preciosas e arte vitral.

Para a compreensão do uso e da eficácia dos amuletos e talismãs nos períodos antigo e medieval é necessário apreciar o signo em si, a sua estrutura física, a forma e a imanência que o torna compreensível. A forma fala aos sentidos e à percepção sensível, ela materializa possibilidades interpretativas, origina enunciados. Para que houvesse êxito no uso da peça, seu portador, seu doador e seu fabricante valorizavam cada parte de sua aparência: matéria-prima, técnica de execução, formato, composição, coloração, volume, solidez, peso, luminosidade, textura, sonoridade, proporção, movimento, ritmo etc.

Porém, elementos isolados não constituem um discurso. O sucesso apreendido através de tais peças se torna possível pela existência de uma orientação de sentido, como a crença religiosa e o folclore. O referencial do objeto é marcado pela contextualização. Os amuletos e talismãs fazem com que a mensagem seja representada, sendo também possível recorrer à história da arte ou das mentalidades para compreender o uso dessas peças.

Um outro referencial a ser considerado é a análise etimológica, a nominação do objeto. A etimologia é uma eficiente ferramenta para rastrear a origem, a expansão e a semântica dos artefatos, pois, segundo Santaella, as denominações não são casuais e carregam significados. O nome dado a um amuleto ou talismã revela não só sua origem, mas também a que elementos naturais e culturais ele está associado.

Neste sentido, Carlo Ginzburg trabalhou, no contexto medieval italiano, com as configurações culturais de feitiçaria e cultos de fertilidade, analisando os amuletos dos *benandantis*, que através deles tinham experiências extáticas de voos noturnos para trabalhos espirituais em prol da fertilidade dos campos. Ele relata que, no Medievo, em regiões eslavas, e também na região italiana de Friul; acreditava-se que estivesse destinado a tornar-se um lobisomem o menino que nascesse com o pelico. Estes carregavam no pescoço, por vontade das mães, o pelico dentro do qual haviam nascido. Os amuletos-pelicos os protegiam dos malefícios lançados contra eles em suas jornadas como lobisomens.

Amuletos também eram usados em animais e plantas. Na Espanha medieval, amuletos em formato de crescente lunar eram colocados nos pescoços dos cavalos, provavelmente com influência árabe na utilização desse símbolo. Nas religiões bretãs de cultura celta, amuletos eram colocados nas coleiras de animais de estimação, como cães. Amuletos também eram postos em troncos de árvores, não só para proteção, mas também para comunicação com espíritos da natureza. Segundo a historiadora Ann Hyland, a cavalaria romana e celta é reconhecida principalmente pela escultura funerária e pelas pinturas, nas quais estão explícitos os crescentes lunares pendurados nos cavalos. Tais peças artísticas contribuem para o entendimento acerca dos amuletos de mesmo formato encontrados nos sítios arqueológicos.

Amuletos e talismãs são ainda fabricados e usados na Contemporaneidade, não da mesma forma ou com os mesmos conceitos do passado, mas de acordo com as crenças híbridas e cosmopolitas que emergiram das novas subjetividades urbanas. Símbolos, figuras, emblemas, sinais e uma infinidade de argumentos imagéticos são carregados junto aos corpos de seus portadores para interligá-los à espiritualidade e ao sagrado, sob a égide da proteção e da harmonização consigo mesmo.

Andréa Caselli

Ver também Encantamentos germânicos; Feitiçaria rúnica; Magia; Magia e feitiçaria grega; Magia escandinava; Magia hebraica e cristã antiga; Magia romana.

GINZBURG, C. (2012). *História noturna*. São Paulo: Cia. das letras, p. 167.

GONZALEZ, W.M. (1991). *The Complete Book Of Amulets & Talismans*. Minnesota: Llewellyn, p. 7-15.

HYLAND, A. (1990). *Equus*: The horse in the roman world. Londres: Yale University Press, p. 67-80.

LE GOFF, J. & SCHMITT, J.-C. (orgs.) (2002). *Dicionário temático do Ocidente medieval*. São Paulo: Edusc.

LODY, R. (1988). *Pencas de balangandãs da Bahia*: um estudo etnográfico das joias-amuletos. Rio de Janeiro: Funarte/Instituto Nacional do Folclore, p. 12-23.

PAIVA, E.F. (2004). Pequenos objetos, grandes encantos. *Nossa História*, Rio de Janeiro, ano 1, n. 10, ago., p. 58-62.

TAIT, H. (2010). *7000 years of jewelry*. Nova York: Firefly, p. 11.

Animismo

O "animismo" é um termo controverso e, portanto, muito criticado, as problematizações do conceito de "animismo" se iniciaram com as considerações e estudos de Émile Durkheim (1858-1917) e se estendeu até os tempos atuais. O conceito de animismo ficou amplamente conhecido por meio do trabalho de Edward Tylor (1832-1917); apesar das críticas às concepções animistas, suas contribuições foram muito importantes para os estudos das religiões. Em sua obra *Primitive Culture* (1920), Edward Tylor introduziu o termo "animismo" enquanto "rótulo", utilizado para identificar o que ele considerou ser a essência da religião, ou, em suas palavras, "a crença em seres espirituais". Com isso, o conceito de "animismo" tem sido utilizado em várias perspectivas nas disciplinas acadêmicas. No entanto, Graham Harvey problematiza que o referido conceito é geralmente compreendido de forma equivocada, já que a teoria da natureza da religião de Edward Tylor foi confundida enquanto uma teoria relacionada a "origens da religião".

Devido às inúmeras problemáticas, muitos debates envolvendo o termo ocorreram. Contudo, com o tempo essas discussões permaneceram em segundo plano e passou a ser considerada irrelevante e, assim, o termo "animismo" começou a ser utilizado para exemplificar uma fase inicial do pensamento acadêmico e sua relação com o colonialismo. As teorias sobre o animismo por vezes são utilizadas para ilustrar discussões sobre os desvios e equívocos que acontecem no meio acadêmico nos estudos das religiões. Isso provavelmente acontece porque, quando os estudiosos começaram a se interessar em estudar as religiões antigas, as culturas e povos indígenas, seus olhares e interpretações iniciais foram muitas vezes considerados reducionistas e colonialistas. Diante das compreensões de Silas Guerriero, a própria antropologia é fruto do colonialismo, uma vez que partiu do interesse em compreender outros povos a partir de um olhar científico específico. Ressaltam-se, assim, as problemáticas do olhar do pesquisador em relação aos sujeitos pesquisados ao se apontar as concepções ideológicas que envolvem estudar e interpretar as formas de compreensão da realidade do sujeito religioso e seu contexto.

Graham Harvey explica que tanto para os acadêmicos quanto para os missionários cristãos, os discursos sobre "animismo" transformaram-se em rótulos para compreender quase todas as religiões indígenas, enquanto paralelamente esses povos foram considerados, inicialmente, todos como "primitivos". Diante de todos os debates, autores como Georg Stahl, Edward Tylor, Émile Durkheim, Irving Hallowell, Nurit Bird-David, Philippe Descola, Bruno Latour, Stewart Guthrie e Graham Harvey propuseram discutir e elaborar suas ideias sobre as crenças religiosas e, consequentemente, influenciaram as compreensões acadêmicas sobre "animismo". Sendo assim, as concepções animistas, no meio acadêmico, estão separadas em duas correntes importantes. A primeira refere-se às compreensões de Edward Tylor e suas teorias, que são consideradas pelo meio científico enquanto um "animismo antigo". A segunda é elaborada a partir dos pressupostos de Irving Hallowell e são, portanto, concebidas enquanto um "animismo novo" que, por sua vez, influenciou novos olhares a respeito de compreensões sobre o animismo para os pesquisadores contemporâneos.

Sob o viés da proposta de Edward Tylor, o conceito de "animismo" ou "animismo antigo", tratava-se de uma forma fundamental da qual todas as religiões se originavam. A essência da religião, para ele, foi definida como a "crença em seres espirituais". Tylor empregou o termo de Georg Stahl, o qual em 1708 teorizou o conceito de *anima*: um elemento físico que estaria relacionado à vitalidade do corpo vivo. A partir desse termo, Edward Tylor elaborou sua teoria sobre "animismo"; porém, com uma proposta distinta de Stahl. Tylor argumentou que o animismo seria uma explicação da primeira ação intelectual humana, que seria a religião propriamente dita. Para ele, os povos "primitivos" ou "selvagens" teorizavam suas experiências compreendendo que havia existência da alma no interior de todas as coisas.

Graham Harvey compreende que o animismo foi a primeira teoria significativa para elaborar uma maneira de tentar entender o mundo circundante. O autor ressalta que este se trata de um modo de discurso mitopoético e, portanto, a teoria do animismo de Tylor divide-se em dois dogmas. O primeiro refere-se sobre as almas de criaturas individuais, que são capazes de continuar existindo após a morte. O segundo dogma proposto por Tylor é relativo a outros espíritos, como as divindades e demais espíritos subordinados. O conceito de animismo, portanto, está relacionado à crença em almas, no controle das divindades e espíritos subordinados, e considera essas compreensões enquanto resultados de algum tipo de adoração.

Sobre o animismo, Silas Guerriero explica que o animismo sugerido por Edward Tylor é compreendido enquanto fenômeno universal, sendo entendido como o primeiro estágio do processo evolutivo, evolução essa que daria lugar ao politeísmo e depois ao monoteísmo. Partindo desse pressuposto, as concepções animistas da realidade se desenvolveriam, evoluindo gradualmente até tornarem-se a religião. O olhar animista perante o mundo entende que este estaria povoado por seres que habitam os objetos, as plantas, os animais e os homens. Ademais, as experiências humanas relacionadas aos aspectos da existência, tais como a doença, a morte e os sonhos, seriam supostamente originários daquilo que se compreendia enquanto alma. Portanto, para Edward Tylor, essas formas de percepções do mundo levariam o "primitivo" a acreditar na existência de um ser substancialmente espiritual, manifestado além do corpo físico.

Terry Turner elucida que o animismo de Edward Tylor está embasado na compreensão de que tanto os seres vivos quanto os objetos naturais, animados ou inanimados, possuem espíritos e são constituídos por faculdades mentais. Por meio desse conceito, entende-se que todas as formas de existência são suscetíveis de possuírem afeto, consciência e subjetividade. A base interpretativa de Tylor pode ser identificada no estudo do antropólogo Philippe Descola, em seu trabalho de campo com o povo achuar. Descola observou que o povo achuar demonstrava possuir uma profunda relação com os seres, plantas e animais, estes, considerados por eles enquanto formas de existência que possuíam inteligência, subjetividade e habilidades de comunicação.

Os debates sobre o conceito de animismo se sedimentam em diferentes propostas para a compreensão das ideias religiosas. Stewart Guthrie, em seu livro *Faces in the Clouds: A New Theory of Religion* (1993), propõe uma nova tentativa de interpretação do que seria o animismo, definindo-o como uma forma de projeção ou de atribuição de vida. Guthrie compreende que o animismo estaria baseado em três aspectos: a forma como os seres humanos percebem e interpretam as coisas; a percepção intencional e, por fim, o significado atribuído ao que é percebido, correspondendo a um grau de organização da percepção. Sob as compreensões de Stewart Guthrie, essas formas de percepção estariam relacionadas a estratégias de evolução, que podem ser entendidas enquanto processos de antropomorfismo. Ou seja, a realidade circundante está envolvida em atribuições de características humanas às formas inanimadas da natureza. A teoria de Stewart Guthrie foi criticada por Martin Stringer e Nurit Bird-David; mas, apesar das críticas que recebeu, suas teorias ofereceram inéditas e importantes contribuições para o "novo animismo".

Seguindo para as novas compreensões sobre a teoria animista, as concepções de Irving Hallowell também vieram a ser consideradas como o "novo animismo". O autor desenvolveu seus pressupostos a partir dos estudos do povo ojibwe, localizados no Centro-sul do Canadá, e que foram conduzidos em 1930. O animismo de Hallowell consiste no reconhecimento de que o mundo é constituído por uma comunidade formada por pessoas, a maioria delas não humanas. As "pessoas", nas compreensões de Hallowell, incluem seres como rochas, árvores, ursos e nuvens tempestuosas. Destaca-se que as atribuições interpretativas de Hallowell foram distintas daquilo que Tylor considerou como a religião "primitiva". Sob o olhar de Irving Hallowell, nem todos os objetos são animados, no entanto, quando de forma intencional, alguns objetos podem passar a ser, como, por exemplo, uma pedra relacionada a uma pessoa.

Diante de todos os debates sobre animismo de Edward Tylor, suas concepções foram substituídas e nomeadas como "novo animismo". Graham Harvey argumenta que este é um campo de pesquisa que objetiva explorar as compreensões de que os seres humanos não são, em sua existência, os únicos seres animados. Por meio dessa compreensão, o interesse no debate sobre animismo ganhou um novo espaço, permitindo discussões sobre as visões de mundo tanto dos povos indígenas quanto das diversidades religiosas como um todo. No livro de Graham Harvey *Animism: Respecting the Living World* (2005), o autor propõe uma ontologia relacional, alegando que o mundo pode ser considerado e tratado como uma grande comunidade em que nem todos os seres existentes são necessariamente "pessoas". A nova proposta de Graham Harvey tem sido utilizada para estudos das culturas desde a Amazônia até a Ásia do Norte.

Susan Sanae Tsugami

Ver também Arqueologia das Religiões; História das Religiões; Idolatria; Magia; Mito; Paganismo; Politeísmo; Religião.

GUERRIERO, S. (2013). "Antropologia da religião". In: PASSOS, J. & USARSKI, F. (orgs). *Compêndio de Ciência da Religião*. São Paulo: Paulinas, p. 243-256.

GUTHRIE, S. (2000). On animism. *Current Anthropology*, vol. 41, n. 1, p. 106-107.

______ (1993). *Faces in the Cloud*: A New Theory of Religion. Nova York: Oxford University Press.

HARVEY, G. (2006). Animals, animists, and academics. *Zygon*, vol. 41, n. 1, p. 9-20.

______ (2005). *Animism*: Respecting the living world. Londres: Wakefield.

TURNER, T.S. (2009). The crisis of late structuralism – Perspectivism and animism: rethinking culture, nature, spirit, and bodylines. *Tipití*: Journal of the Society for the Anthropology of Lowland South America, vol. 7, n. 1, p. 1-40.

Arqueologia das religiões

A temática religiosa não é uma novidade nos estudos arqueológicos. Desde o momento em que a arqueologia se instituiu como disciplina autônoma na academia europeia, ainda durante o século XIX, a religião sempre ocupou espaço investigativo. Mas não havia ainda uma preocupação teórica mais profunda com relação a vestígios religiosos. Em 1909, durante um congresso de arqueologia no Egito, uma das sessões foi exclusivamente dedicada às discussões sobre o tema religioso nas escavações orientais, mas sem qualquer referencial teórico ou metodológico. No início do século XX até meados da década de 1960, as interpretações religiosas sobre o passado humano, especialmente o pré-histórico, foram acometidas de análises fenomenológicas que começaram a beirar o fantástico, originando todo tipo de interpretações sem muito rigor acadêmico. Como reação a isso, em 1964 o arqueólogo francês André Leroi-Gourhan publicou uma importante obra avaliadora de todas estas perspectivas, *Les religions de la préhistoire* (As religiões da Pré-história). As principais conclusões do pesquisador foram a de que seria muito difícil estudar o comportamento religioso anterior ao Paleolítico; questiona o uso da magia e o totemismo em objetos materiais; somente a arte rupestre poderia sugerir simbolismos religiosos. E o mais importante: o autor procura criar um padrão interpretativo dos restos materiais que possibilitassem detectar a fronteira entre o seu uso cotidiano e simbólico, o que nem sempre é muito fácil para os arqueólogos.

Mais tarde, durante as décadas de 1970 e 1980 o britânico Colin Renfrew conduziu diversas escavações no templo de Phylakopi, na Ilha de Milos, Grécia, concluindo que se tratou de um centro ritual. Criticando a postura tradicional da arqueologia até aquele momento (em tratar qualquer objeto desconhecido e exótico como sendo "religioso"), Renfrew procurou criar um padrão metodológico mais rigoroso para separar os ritos religiosos dos ritos seculares a partir dos vestígios materiais. Baseado em uma perspectiva social das escavações, Colin Renfrew foi um dos primeiros a delimitar conceitos para estudos de campo, propondo indicadores arqueológicos para os rituais (foco de atenção do ritual; uma zona fronteiriça entre o mundo e o além mundo; a presença de deidades; participação e oferenda). E além disso aponta a iconografia como a mais promissora técnica para estudar antigos sistemas de fé.

Entre 1984 e 1990, o espanhol Enrique Cerrillo iniciou uma série de reflexões teóricas, baseadas em suas experiências de campo. Influenciado por referenciais sociológicos e evolutivos, Cerrillo considerou que não seria possível, a princípio, separar a religião antiga de outras atividades como economia, política e ideologia, o que refletiria nos usos de objetos cotidianos recuperados pela pesquisa arqueológica. Para ele, somente com o surgimento de monumentos demarcadores do ritual – os santuários – é que se poderia separar as áreas sagradas das áreas seculares. Assim, os santuários funcionariam como hierarquizadores dos espaços internos das comunidades antes mesmo do surgimento do Estado. Seguindo essa perspectiva, Lourdes Torreira analisou santuários pré-históricos ibéricos, procurando construir uma visão sistemática, metodológica e ao mesmo tempo teórica sobre a religiosidade nestes locais. E influenciada por Cerrillo e Colin Renfrew, conclui que os santuários funcionavam além de centros religiosos também como locais com funções econômicas, culturais e políticas, além de conclamar o surgimento de uma disciplina específica a estas abordagens: a arqueologia do ritual.

As reflexões de Colin Renfrew também repercutiram ainda nesta mesma década na academia francesa. Em um artigo pioneiro de 1988, o arqueólogo Robert Laffineur discutiu as principais problemáticas que existiam neste período envolvendo os métodos da nova disciplina, mas utilizando especialmente suas experiências em templos da Grécia clássica. Entre as suas considerações, destacam-se a relação entre as fontes escritas e a falta de dados materiais e os próprios limites da interpretação arqueológica (a incapacidade dos vestígios em exprimirem crenças humanas). Além de uma excessiva hierarquização interpretativa dos objetos (tendo sempre a morfologia e a tecnologia como princípio), a interpretação histórica evolutiva também é criticada pelo autor e exemplificada com a ideia de uma divindade primitiva da fertilidade no mundo mediterrânico e a posterior introdução de deuses uranianos pelos indo-europeus. Ainda utilizando as problematizações de Renfrew, o arqueólogo francês discute em como relacionar os objetos materiais a um ritual específico e a superioridade das fontes iconográficas como via de acesso para a vida religiosa, os gestos e as cerimônias.

Neste mesmo momento, os acadêmicos franceses iniciam reflexões teóricas sobre as suas experiências efetuadas sobre temas religiosos na arqueologia medieval. Em um balanço crítico sobre a disciplina nos últimos quarenta anos de pesquisa na França, André Debord salienta a importância de escavações em sepultura gaulesas e germânicas, mas especialmente o estudo de edifícios religiosos entre os séculos X a XV E.C. Denominando essa subárea como *Archéologie religieuse*, aponta a topografia e a história da paisagem como principais técnicas para as novas pesquisas.

Pouco depois, em 2000, o arqueólogo John Scheide publica um estudo teórico e metodológico na prestigiada revista *Annales*. Em primeiro lugar, o acadêmico discute as limitações da Arqueologia perante outras disciplinas, como a História, no tocante às fontes e suas interpretações para o estudo da religiosidade. Utilizando principalmente as vastas pesquisas produzidas sobre a religião dos gauleses, Scheide discute a utilização em campo de outras disciplinas, como a arqueozoologia, antropologia e arqueobotânica, revelando aspectos pouco conhecidos sobre a prática religiosa – especialmente os ritos funerários, que dominam muitas escavações na França, atrelados ao subcampo da *Arqueologia da Morte*. Assim, por exemplo, o estudo do simbolismo de certo vaso funerário pode auxiliar a determinar a posição social do indivíduo enterrado, concedendo novo entendimento sobre a relação entre banquete, sacrifício e religião no mundo antigo. E a análise de certos tipos de ossos animais propiciaria maiores aprofundamentos sobre os ritos alimentares. O autor conclui o seu estudo apontando as análises comparativas e da micro-história como essenciais para interpretações de temas religiosos convergentes e divergentes no mundo antigo.

A partir da década de 2000 inicia-se uma série de publicações, tanto artigos quanto coletâneas em língua inglesa, sobre perspectivas teóricas, metodológicas e temáticas nos estudos de Arqueologia das Religiões, demonstrando um maior amadurecimento da disciplina. Especialmente dois acadêmicos vão capitanear esses debates: Timothy Insoll (Universidade de Manchester) e Lars Fogelin (Universidade do Arizona).

Em seu primeiro artigo de 2001, Insoll inicialmente conclama a investigação das religiões com as novas perspectivas da Arqueologia (como o método cognitivo), equilibrando este tema com o estudo da organização social. A possibilidade de abordagens mais genéricas do que apenas estudos de caso poderiam facilitar as reflexões conceituais, escapando da predominância das pesquisas em torno da Pré-história e utilizando a perspectiva dos estudos das então denominadas religiões mundiais (como o islamismo, budismo, cristianismo etc.). Aqui é evidente que o autor se ressente da falta de uma teoria abrangente ou de larga escala na academia. Insoll também sumariza algumas questões envolvendo a influência dos tradicionais historiadores das religiões (como Rudolf Otto e Mircea Eliade) nas pesquisas arqueológicas – especialmente a questão do numinoso, mas criticadas por não serem vinculadas às evidências materiais. Outro ponto abordado são as interferências confessionais em certos temas de pesquisa, como as investigações da Arqueologia Bíblica – o uso negativo da Arqueologia para fundamentar suas crenças pessoais ou referenciais teológicos, tendo como exemplo o clássico *E a Bíblia tinha razão* (1965) de Werner Keller, ou ainda as escavações efetuadas em Israel com intenções político-nacionalistas. Mas também aponta usos positivos entre os pesquisadores, como nos casos de heresias, tradições sincréticas e religião popular recuperados pela arqueologia medieval.

O mesmo autor aprofunda os debates no livro *Archaeology, ritual, religion* de 2004, sendo que uma das suas críticas iniciais é a redução da religião na literatura arqueológica como mero produto ideológico, supostamente de importância menor do que a tecnologia, a demografia e a economia. A grande maioria dos manuais omitiu a religiosidade como conceito primordial, com exceção de alguns como *Archaeology*, organizado por Renfrew e Bahn em 2000. Insoll continua a insistir numa metodologia crítica nos estudos de religião que não sirva como promotora de uma ideologia religiosa nem teológica, mas que não se reduza ao excesso cético, que aponta a religião como um ópio das massas. Ele também reflete alguns casos temáticos, baseado em três categorias: religiões nativas ou tradicionais, pré-históricas e mundiais. Na seção de definições, Insoll critica o uso de termos comuns como espiritual e espiritualidade, mas também considerando que os termos culto e magia são pouco debatidos, apesar do seu uso frequente. A principal contribuição dessa publicação é tentar tratar a religião como um elemento fundamental da vida social e da cultura material, tornando-se um conceito chave para se estudar o passado.

Logo em seguida, Insoll participa de uma importante publicação sistematizadora, *Archaeology: The Key Concepts*, organizada por Renfrew e Bahn em 2005, com o verbete sobre Arqueologia do ritual e da religião. Além de uma síntese historiográfica sobre a questão investigada até aquele momento, trata-se de um verdadeiro manifesto legitimador da nova área de interesse arqueológico. Promove uma nova reflexão conceitual em algumas definições, como religião e ritual, mas concedendo uma perspectiva mais holística e advogando em considerar a superestrutura em todos os aspectos da vida – muito além de simples domínios como os sítios arqueológicos e os funerais. Mais recentemente, Insoll organizou o mais volumoso estudo sobre o tema até o momento (1.108 páginas): *The Oxford Handbook of the Archaeology of ritual and religion,* contando com dezenas de pesquisadores, entre os quais diversos escandinavistas. Certamente demonstrando o recente prestígio acadêmico da área e o interesse público pela mesma.

Por outro lado, o antropólogo norte-americano Lars Fogelin aprofundou as questões metodológicas envolvendo a área, concentrando especialmente na teorização do rito, que nas últimas décadas vem tendo um interesse maior nas pesquisas arqueológicas. Mas para o autor, o ritual seria apenas um dos aspectos materiais da religião – esta sendo um sistema simbólico muito maior e abstrato de crenças, mitos e doutrinas – convergindo para as mesmas ideias que Timothy Insoll. Ainda assim, Fogelin diferencia dois tipos de tratamento entre os arqueólogos para a relação entre ritual e religião: a religião é primária e o ritual apenas manifesta as crenças (as principais fontes são as históricas e etnográficas); em segundo, ao contrário, o ritual é primário (as principais fontes são os remanescentes materiais e arqueológicos). Em ambas acaba-se concedendo uma dicotomia fixista entre as crenças e as ações, além do fato de que para Fogelin o ritual é constantemente modificado e a religião é sempre dinâmica e recriada.

Dentro de uma perspectiva prática, influenciado pela antropóloga Catherine Bell, o autor identifica seis características dos rituais:

- *formalismo*: códigos de fala e ação usados pelas pessoas na vida diária;
- *tradicionalismo*: rituais arcaicos ou com elementos anacrônicos;
- *invariantes*: rituais que oferecem padrões repetitivos;
- *normativos*: rituais com códigos de conduta para determinar comportamento;
- *simbolismos sacros*: rituais para marcar ou conceber símbolos;
- *performance*: rituais para ações públicas.

Para Fogelin, os arqueólogos reafirmam a experiência do ritual quando este cria, afirma ou modifica a ordem social. Neste momento, o autor reflete sobre um dos momentos mais complexos da atividade arqueológica em campo: como identificar um ritual no contexto de escavação ou pesquisa. Aqui o autor segue as ideias de Timothy Insoll e rejeita a distinção durkheimiana de sagrado e profano: não é porque um aspecto é racionalmente econômico que ele necessariamente não tem motivação religiosa. Em sítios pré-históricos pode ocorrer uma mistura entre rituais religiosos com características domésticas e industriais, por exemplo. Objetos metalúrgicos podem ser tanto religiosos quanto profanos: a sacralidade não adere a nenhum objeto ou fenômeno em particular, mas ela é criada simbolicamente a partir de materiais "mundanos" ou com papéis domésticos. Criticando também o estruturalismo, ao considerar a religião como uma estrutura de fé, doutrina e mitologia (sendo o ritual secundário), Fogelin aponta novas metodologias para interpretação do ritual como uma forma de ação humana: tentar entender como o rito foi experimentado pelas pessoas, além do seu uso como resistência à uma autoridade ou legitimação do poder. Também citada, a Arqueologia Cognitiva foca no processo fisiológico do cérebro humano e suas implicações para o processo de cognição. Ela analisa as causas específicas da regularidade simbólica e é criticada por Fogelin por supostamente falhar em esclarecer significados específicos dos símbolos rituais (o aspecto funcional do rito antigo). Assim, a principal conclusão do autor é que os futuros arqueólogos se concentrem em analisar com mais profundidade os significados simbólicos dos cultos.

Em outra publicação, Fogelin volta a apresentar as duas concepções vigentes: os arqueólogos que trabalham com uma perspectiva estruturalista da religião (incluindo além das crenças e mitos também a cosmologia), opondo-se à perspectiva da teoria prática, isto é, a execução empírica do ritual criaria princípios religiosos e ideológicos. Em termos metodológicos, Fogelin aponta como principais perspectivas a identificação básica de elementos religiosos (com pelo menos dezesseis implicações materiais para a prática ritual), influenciado diretamente pela pesquisa de Colin Renfrew. Em seguida, cita a iconografia e o simbolismo, a arquitetura e a paisagem, o ritual fúnebre, a história e a etno-história como métodos auxiliares ao estudo arqueológico da religião.

Em sua mais recente publicação, Fogelin aborda as questões políticas e de legitimação da pesquisa arqueológica da religião, utilizando especialmente sua experiência em investigações asiáticas. Sua conclusão é de que a religião pode ser utilizada como legitimadora da autoridade como qualquer outro aspecto social (e mesmo a Arqueologia de modo geral) e que a área não diferente substancialmente de qualquer outra da prática arqueológica, seja de forma positiva ou negativa.

Johnni Langer

Ver também Animismo; História das Religiões; Idolatria; Magia; Mito; Paganismo; Politeísmo; Religião.

CERRILLO, E. (1990). Arqueología de las religiones primitivas y arqueología de las religiones organizadas: una reflexión. *Zephyrus* v. 18, p. 189-192.

FOGELIN, L. (2008). "Introduction: methods for the Archaeology of Religion". In: FOGELIN, L. (org.). *Religion, Archaeology, and the Material World*. Carbondale: Southern Illinois University, p. 1-14.

______ (2007). The archaeology of religious ritual. *Annual Review of Anthropology* v. 36, p. 55-71.

INSOLL, T. (2005). "Archaeology of Cult and Religion". In: RENFREW, C. & BAHN, P. (orgs.). *Archaeology*: The Key Concepts. Londres: Routledge, p. 45-49.

______ (2004). *Archaeology, ritual, religion*. Londres: Routledge, p. 1-32.

______ (2001). "Introduction: the archaeology of world religion". In: INSOLL, T. (org.). *Archaeology and world religion*. Londres: Routledge, p. 1-31.

INSOLL, T. (org.) (2011). *The Oxford Handbook of the Archaeology of ritual and religion*. Oxford: Oxford University Press.

LAFFINEUR, R. (1988). Archéologie et religion: problèmes et méthode. *Kernos*, vol. 1, p. 129-140.

LANGER, J. (2015). A Arqueologia da Religião Nórdica na Era Viking. *Signum* 16 (1), p. 4-27.

RENFREW, C. (1994). "The archaeology of religion". In: RENFREW, C. & ZUBROW, E. (orgs.). *The Ancient Mind*: elements of cognitive archaeology (news directions in archaeology). Cambridge: Cambridge University Press, p. 47-54.

SCHEIDE, J. (2000). Pour une archéologie du rite. *Annales* v. 55, p. 615-622.

TOUTAIN, J. (1909). L'Archéologie religieuse. *Revue d'Histoire des Religions*, vol. 59, p. 231-235.

Arte e religião na Antiguidade

O conceito de arte como o entendemos hoje não tem aplicação no mundo antigo, pois a arte era usada como a representação de algo maior, uma forma de honrar e homenagear o divino, e de exibir aspectos do cotidiano nas esferas pública e privada. Como afirma Carpenter (2007), é impossível de se diferenciar as esferas artística, religiosa, política e econômica da vida na Antiguidade. Mesmo diante dessa problemática, os estudiosos continuam usando o termo "arte" para denominar as manifestações estéticas desse período. O suporte para essa arte está nos achados arqueológicos, que nos revelam o cotidiano das pessoas. Dessa maneira, além de valorizar os aspectos estéticos, o pesquisador também deve ressaltar os contextos nos quais os achados arqueológicos eram utilizados, para melhor entender a repercussão dessa arte.

A maioria dos objetos artísticos da Antiguidade tem cunho religioso, seja explicitamente na representação estética (estátuas de deuses, pinturas de rituais religiosos em vasos, entre outros), seja expresso na função do objeto em si (instrumentos usados em rituais e como premiação em celebrações sagradas etc.). Todas as formas de arte conhecidas, a arquitetura, a escultura, a pintura, a literatura, a dança e a música estavam intimamente imbricadas na religião (CARPENTER, 2007).

O Mar Mediterrâneo foi uma zona de trânsito de pessoas e mercadorias na Antiguidade, o que significa praticamente que, junto com esse intercâmbio intenso de pessoas e coisas, ideias também foram transmitidas. Portanto, a arte grega recebeu influência constante de algumas civilizações, como a egípcia e a mesopotâmica, e influenciou a de outras, como a romana. Essa intensa troca cultural foi uma característica marcante durante toda a Antiguidade, e manifesta-se até os dias de hoje por meio da culinária e do folclore, por exemplo.

Escultura – Os expoentes máximos da escultura grega foram Fídias e Praxíteles, os dois grandes nomes por trás da construção e do embelezamento do Parthenon, templo dedicado a Atena, cuja estátua principal se perdeu com o tempo. Os registros literários e cópias posteriores romanas indicam que a estátua tinha cerca de doze metros de altura, era toda adornada com mármore e ouro, e segurava com sua mão direita uma *Nike* alada e em sua mão esquerda sua lança e seu escudo. Além da escola desses dois grandes escultores, várias outras escolas existiram por todo o mundo grego. As esculturas eram muito populares na Antiguidade: acredita-se que no período romano para cada duas pessoas havia uma estátua. Esse fato nos legou uma grande quantidade desse tipo de achado arqueológico. Há uma abundância de estátuas que chegaram até nós, sendo que a maioria são cópias romanas de originais gregos. Durante muito tempo acreditou-se que as estátuas eram brancas, da cor do mármore em que foram esculpidas. Esse foi um ideal desenvolvido pelos alemães durante o século XIX, conjuntamente com a ideia de extrema organização e pureza da sociedade grega antiga. Contudo, o avanço nos estudos revelou cores desbotadas pela passagem dos anos, fragmentos de tinta que estavam ainda incrustados no mármore e que puderam ser detectados com o advento de tecnologias especializadas em detecção de pigmentos. Descobriu-se finalmente que as estátuas eram pintadas sobre o mármore original, e que, contrariando toda a teoria anterior, eram muito coloridas. Agora é muito comum que museus exibam réplicas dessas estátuas em suas vibrantes cores originais – o Museu Glyptothek de Munique ficou famoso por suas réplicas coloridas, e o Museu da Acrópole de Atenas também exibe várias dessas cópias. Com relação à postura das esculturas, no Período Arcaico ela era rígida: o pé esquerdo colocado para frente, os braços esticados ao longo do tronco, o peso completamente centralizado, resultando numa postura ereta e inflexível que se assemelhava à arte egípcia. As estátuas masculinas são conhecidas como *koúros* (rapaz) e as femininas, *kórē* (moça). A partir do Período Clássico, o ideal de beleza muda e a ideia que predomina na escultura grega é a de movimento: usar a pedra dura para dar a ideia de flexibilidade e ação. Essa perspectiva influenciou a escultura romana, que, além de representar divindades, também se destacou por retratar pessoas comuns e poderosas, o que explica a abundância de achados arqueológicos desse tipo.

Pintura – Muitos dos achados arqueológicos relacionados à civilização minoico--micênica (2700-1100 a.E.C.) são pinturas nas paredes dos palácios. Essas pinturas representam elementos geométricos e florais, animais, rituais religiosos e alguns costumes que ainda não compreendemos muito bem, como o "salto do touro". Esses motivos e animais, como o golfinho e o touro, estavam associados a divindades da época, marítimas. As principais ruínas estão localizadas em Cnossos e Festo, na Ilha de Creta; em Pilos, no Peloponeso; e em Acrotíri, na Ilha de Santorini. Pinturas das paredes e afrescos desses palácios estão preservados e podem ser observados em museus arqueológicos gregos como o Museu Arqueológico Nacional em Atenas e o Museu Arqueológico de Iráclio, capital de Creta.

Cerâmica – Os objetos de cerâmica são os achados arqueológicos mais comuns da Antiguidade greco-romana. A quantidade desses artefatos é tão grande que é possível encontrá-los em museus no mundo inteiro, até mesmo no Brasil (o acervo do Museu Nacional do Rio de Janeiro contava com uma bela coleção de vasos). A cerâmica grega tem dois tipos principais: os vasos vermelhos com figuras negras, e os vasos negros com figuras vermelhas. Como a cerâmica é naturalmente avermelhada, no primeiro caso as figuras eram pintadas à mão diretamente nos vasos, enquanto no segundo caso o pano de fundo é que era pintado de negro, e as figuras eram deixadas no vermelho natural da cerâmica. Há também alguns vasos pintados de branco. Os motivos variam com o tempo, de formas geométricas até elaboradas cenas de banquetes dos deuses no Olimpo, de mitos, de sexo, de jogos, de reuniões familiares, entre outros.

Literatura: Poesia grega – A poesia grega antiga é marcadamente religiosa no sentido de que há, quase sempre, uma invocação às musas, ou menção aos deuses para os quais se quer rogar algo. Os poetas arcaicos (VIII-VI a.E.C.) foram os responsáveis pelo início da sistematização da religião helênica, pois registraram a tradição oral. Os poetas épicos se diziam inspirados pelas musas, e os deuses, nos seus poemas, solucionavam os mais diversos conflitos. Seus representantes máximos são Homero (*Ilíada* e *Odisseia*) e Hesíodo (*Teogonia*). Já os poetas líricos faziam diferentes pedidos aos deuses: a Afrodite e Eros pediam a realização de seus desejos amorosos; a Ares, sucesso nas batalhas; a Atena, sabedoria e proteção; a Apolo, um futuro iluminado; a Artêmis, boas caçadas; e a Zeus, todo tipo de coisa, já que era o "pai dos homens e dos deuses". Alguns dos mais conhecidos são: Arquíloco, Anacreonte, Safo, Alceu, Álcman, Estesícoro, Íbico e Simônides, Píndaro e Baquílides.

Poesia latina – Foi organizada nos moldes da grega, e desse modo as características de uma se repetem na outra, principalmente o que se refere à religiosidade. A épica foi inaugurada com Lívio Andronico, que fez uma adaptação de uma peça grega e também da *Odisseia* para o latim. Depois dele temos Névio, Ênio, Caio Valério Flaco, Estácio, Sílio Itálico, e o grande poeta Virgílio, autor da *Eneida*, cuja primeira metade é espelhada na *Ilíada* e a segunda, na *Odisseia*. Essa obra foi escrita para celebrar o governo de Augusto e sua criação do Império Romano, equiparando o novo imperador a um dos deuses. Os líricos latinos são numerosos, entre eles estão grandes nomes, como o próprio Virgílio, Catão, Varrão, Horácio, Catulo e Ovídio, que escreveu *Metamorfoses*, um conjunto de relatos míticos.

Teatro grego – O teatro grego era parte das homenagens a Dioniso. Em Atenas, essas homenagens aconteciam no festival das Grandes Dionísias, o segundo maior da região depois das Panateneias. As Dionísias eram divididas em uma celebração rural e uma urbana, que durava seis dias. Nessa segunda parte, uma procissão abria as celebrações, que tinha à frente uma grande estátua de Dioniso e logo em seguida oferendas e objetos devocionais, entre eles vários bovinos para serem sacrificados. A procissão acabava no Teatro de Dioniso na colina sul da Acrópole, onde concursos de ditirambos aconteciam. No dia seguinte começavam os concursos de peças, que se estendiam pelos cinco dias restantes. Os três primeiros dias eram dedicados às tragédias: cada autor apresentava um grupo de três tragédias, seguidas de um drama satírico. Os dois últimos dias eram dedicados às comédias, e cada autor apresentava apenas uma peça. Ao final do festival o melhor conjunto de tragédias-drama satírico era premiado. Após a vitória, os vencedores tinham que pagar oferendas aos deuses. As únicas obras que nos chegaram completas pertencem a Ésquilo, Sófocles e Eurípides. Nas suas peças os deuses desempenham papéis fundamentais, sendo muitas vezes tão ativos quanto os próprios protagonistas. No campo da comédia a situação é semelhante, pois apenas os trabalhos completos de dois autores chegaram até nós: Aristófanes e Menandro. Além dessas obras, sobreviveram inúmeros fragmentos de tragédias, comédias e dramas satíricos. As peças dramáticas gregas usam os deuses como recurso poético e narrativo, como por exemplo na peça *Medeia*, de Eurípides, na qual a heroína Medeia é salva por seu avô, o Sol (o deus Hélio), que envia um carro de ouro puxado por serpentes aladas para resgatar sua neta da ira dos coríntios. As tragédias focam seus temas na observância do respeito aos deuses, na piedade, e ilustram as consequências para os ímpios: o *Édipo Rei*, de Sófocles, mostra o que se passa aos mortais que ousam desafiar os oráculos divinos; o *Agamêmnon*, de Ésquilo, mostra a vingança divina pela soberba humana; o *Hipólito*, de Eurípides, exemplifica a queda de um mortal (Hipólito) que ousou ignorar uma deusa (Afrodite) em preferência de outra (Artêmis); as *Bacantes*, do mesmo autor, mostra a derrocada do Rei Penteu, que desdenhou de Dioniso. Algumas das comédias, por outro lado, representam ironicamente os deuses, retratando-os em contextos e com características não muito divinos, como o Dioniso de Aristófanes na peça *As rãs*: ele desce ao mundo dos mortos e tem que ser defendido tanto por Héracles, um semideus, quanto por seu próprio escravo, Xântias, um mero mortal.

Teatro latino – O teatro romano também se inspirou no grego. Há peças inteiras traduzidas ou adaptadas para o latim, além de várias baseadas em enredos gregos. Como afirma Feeney (2007), desde as primeiras manifestações da literatura romana, na poesia épica e na historiografia, os relacionamentos entre homens e deuses têm um papel fundamental no desenrolar dos fatos, e assim se mantém. Os grandes nomes do teatro latino são Sêneca, na tragédia, e Plauto e Terêncio, na comédia.

Prosa grega – Os prosadores gregos podem ser divididos em cinco categorias: filósofos, historiadores, mitógrafos, gramáticos e romancistas. Suas narrativas se destacam das poéticas porque não estão versificadas, e não usam os deuses como motivo nem solução de fato algum. Alguns deles questionam mesmo sua existência, outros questionam os valores religiosos, outros, ainda, riem-se dos deuses. Esses autores representam uma ruptura no pensamento religioso-político grego antigo, mas mantém sua conexão com a religiosidade de sua época uma vez que, mesmo questionando os valores estabelecidos, ainda continuam a escrever a respeito deles.

Prosa latina – A prosa latina também se baseou na grega. O primeiro prosador antigo mais notável foi Catão, que escreveu um tratado sobre agricultura e a primeira história de Roma e outras cidades italianas. Mas o mais famoso dos prosadores latinos foi Cícero, cuja obra nos chegou quase completa. Seus trabalhos são abundantes e variados, tanto em termos de estilo quanto de gênero, e ainda de assunto: escreveu tratados de retórica e de filosofia, cartas e orações. Na área da historiografia os autores mais renomados são Júlio César, Salústio, Varrão, Quintiliano, Tito Lívio Tácito. No período do império temos ainda as obras de Marco Aurélio, Apuleio, Suetônio, e Aulo Gélio, entre muitos outros.

Marina Pelluci Duarte Mortoza

Ver também Cultura e religiosidade; Grécia antiga (religião); Roma antiga (religião).

BEARD, M. & HENDERSON, J. (2001). *Classical Art from Greece to Rome*. Oxford: Oxford University Press.

BRADLEY, M. (2001). The Importance of Colour on Ancient Marble Sculpture. In: *Art History* 32/3, p. 426-457 (Oxford: Blackwell).

CARDOSO, Z.A. (2003). *A literatura latina*. São Paulo: Martins Fontes.

CARPENTER, T.H. (2007). "Greek Religion and Art". In: OGDEN, D. (org.). *A Companion to Greek Religion*. Oxford: Blackwell, p. 398-420.

FEENEY, D. (2007). "Roman Historiography and Epic". In: RÜPKE, J. (org.). *A Companion to Roman Religion*. Oxford: Blackwell, p. 129-142.

HARRISON, T. (2007). "Greek Religion and Literature". In: OGDEN, D. (org.). *A Companion to Greek Religion*. Oxford: Blackwell, p. 373-384.

MORFORD, M.P.O. & LENARDON, R.J. (2003). *Classical Mythology*. Oxford: Oxford University Press.

ROCHA-PEREIRA, M.H. (1987). *Estudos de história da cultura Clássica*. Lisboa: Fundação Calouste Gulbenkian [vol. 1: Cultura grega; vol. 2: Cultura romana].

Arte e religião no Medievo

A relação entre arte e religião no Medievo pode ser inicialmente problematizada em termos de funcionalidade. Desde a Alta Idade Média, atribuiu-se um sentido "pedagógico" (*aedificatio*, *instructio*) às imagens cristãs, cuja linguagem visual poderia ensinar àqueles que não sabiam ler. Essa ideia de "Bíblia dos iletrados" consolidou-se sobretudo a partir de uma carta enviada pelo Papa Gregório Magno (590-604) a Serenus, bispo iconoclasta marselhês. Ao longo dos séculos, o aspecto espiritual das imagens se desenvolveu amplamente no Ocidente, com destaque para a atuação da Igreja, que lhes conferiu uma tripla dimensão teórico-ideológica: instruir, relembrar e emocionar. Nos séculos XII-XIII, o sentido espiritual cristalizou-se cada vez mais, levando ao surgimento do chamado poder "anagógico", conforme observamos nos escritos de Suger de Saint-Denis (1081-1151), Pedro Lombardo (*c*. 1100-1160), Tomás de Aquino (1225-1274), entre outros.

Essa interpretação defendida pela Igreja, ainda verificada no Concílio de Trento (1545-1563), também foi adotada por muitos historiadores da arte, entre eles Émile Mâle. No entanto, a explicação é insuficiente, já que não leva em consideração algumas questões centrais. Como aponta Jérôme Baschet, a epístola gregoriana não deve ser entendida como um "tratado geral" sobre o uso de imagens. Além disso, necessitamos observar a época de produção da carta – a saber, quando o papa buscava destacar a relevância e variadas utilidades das imagens, com o objetivo de defendê-las da destruição. Tal opinião é corroborada por Maria Cristina C.L. Pereira, que acrescenta um problema: "como explicar a função didática de imagens [como os vitrais] que não podem ser vistas"? Com efeito, a função delas ultrapassa largamente o sentido pedagógico, podendo ser também apotropaico, litúrgico, econômico, político etc.

Torna-se fundamental, pois, escapar desse lugar-comum para compreender a complexa relação entre arte e religião na Idade Média ocidental. Devemos nos esquivar, ainda, de certas premissas da história da arte tradicional, entre as quais a tendência em focalizar apenas as "obras-primas", esquecendo-se dos outros tipos de imagens. Graças aos trabalhos, primeiramente de Aby Warburg e Erwin Panofsky, os historiadores começaram a analisar o maior número possível de fontes imagéticas, a fim de favorecer a compreensão da intricada dinâmica imagem-sociedade. Para o estudo da religiosidade medieval e sua relação com as imagens, explicitemos dois conceitos empregados por importantes pesquisadores atuais.

Baschet, por exemplo, trabalha com a noção de "imagem-objeto", que pretende abranger tanto a dimensão visual quanto a materialidade das imagens. De acordo com o autor, as representações medievais eram sempre vinculadas a um lugar ou a um objeto com uma função, especialmente litúrgica. Alguns capitéis das igrejas eram ocos para que relíquias fossem ali depositadas, com o propósito de proteger o local das intempéries que, para os homens daquela época, eram enviadas pelos poderes sobrenaturais. Assim, a imagem poderia angariar múltiplas funções (ritualísticas, devocionais etc.) e tornar-se um objeto manipulável com a possibilidade de ser vestido, despido, beijado e até comido.

Essas últimas propriedades nos conduzem ao conceito de "imagem-corpo" formulado por Jean-Claude Schmitt, que busca esclarecer uma faceta da interação entre os fiéis e as imagens medievais. Para ele, enquanto muitas imagens eram amadas e veneradas, outras eram temidas e odiadas. Estamos diante de uma relação semelhante àquela entre pessoas: os cristãos acreditavam que as imagens não eram inertes, porque podiam se comunicar com eles (chorando, sangrando, falando, piscando...). Algumas podiam ameaçá-los e atormentá-los, o que explica o fato de várias representações do diabo terem sido apagadas propositalmente nos manuscritos. Sabemos que nem todas as imagens tinham essa "aparência de corporeidade", mas o importante é que poderiam adquirir tal característica a qualquer momento, dependendo das expectativas e interesses envolvidos.

Arte e religião no Medievo também podem ser compreendidas por meio da associação entre luz e beleza, já explorada por autores da Igreja hispano-visigoda, entre os quais Isidoro de Sevilha (*c.* 560-636). No século XII, essa "estética da luz", infundida pelo neoplatonismo na tradição cristã, ganhou notoriedade graças à atuação do abade Suger de Saint-Denis. Tal pensamento indicava que o homem, buscando uma elevação ao divino, deveria elaborar representações que irradiassem luz e cores brilhantes. Em razão disso, as catedrais passaram cada vez mais a explorar a luminosidade, como em seus vitrais. Embora a luz não fosse uma exclusividade do gótico, é com ele que ocorre o seu "triunfo", o que reflete uma verdadeira aspiração por espiritualidade.

É fato que várias imagens religiosas medievais foram elaboradas com base em textos canônicos da Igreja, a Bíblia, antes de tudo. Entretanto, também existia certa "liberdade" artística, como notamos em diversos temas iconográficos que não se inspiraram no modelo dogmático textual e optaram pela tradição dos apócrifos. Diferentemente do que defendia Mâle, a arte religiosa não pode ser caracterizada como "passiva" e simples "reprodutora" da doutrina da Igreja. Exemplos paradigmáticos, o crucifixo com três cravos e as estátuas das Virgens que se abriam e exibiam a Trindade acabaram sendo condenados por alguns clérigos.

Se por um lado a "autoria" da imagem não era muito relevante para os cristãos medievais, por outro determinadas representações eram consideradas "aqueiropoiéticas" (não produzidas por mãos humanas). Entre os casos mais conhecidos estão a Cruz dos Anjos (Astúrias, séc. IX) e o crucifixo de madeira Volto Santo de Lucca (Toscana, séc. XI-XII), objetos que, segundo certas crônicas e hagiografias, teriam sido esculpidos por anjos. Em outras circunstâncias, acreditava-se que os santos, a Virgem Maria ou o próprio Cristo haviam participado do processo de fabricação. De fato, as imagens "aqueiropoiéticas" também são manifestações da profunda e complexa relação entre arte e religião no Medievo.

Guilherme Queiroz de Souza

Ver também Igrejas: arquitetura e arte; Labirintos sámi.

BASCHET, J. (2006). "A expansão ocidental das imagens". In: *A civilização feudal*: Do Ano Mil à colonização da América. Rio de Janeiro: Globo, p. 481-523.

______ (1996). "Introdução: a imagem-objeto". In: SCHMITT, J.-C. & BASCHET, J. *L'image* - Fonctions et usages des images dans l'Occident médiéval. Paris: Le Léopard d'Or, p. 7-26 [trad.: Maria Cristina C.L. Pereira].

BESANÇON, A. (1997). "Idade Média". In: *A imagem proibida*: uma história intelectual da iconoclastia. Rio de Janeiro: Bertrand Brasil, p. 243-268.

DUGGAN, L.G. (1989). Was art really the "book of the illiterate"? *Word & Image*, vol. 5, n. 3, p. 227-251.

ECO, U. *Arte e beleza na estética medieval*. Rio de Janeiro: Record, 2010.

PANOFSKY, E. (1991). *Arquitetura gótica e Escolástica* - Sobre a analogia entre arte, filosofia e teologia na Idade Média. São Paulo: Martins Fontes.

PEREIRA, M.C.C.L. (2010). Algumas questões sobre arte e imagens no Ocidente medieval. *Atas Eletrônicas da VIII Semana de Estudos Medievais do Programa de Estudos Medievais da UFRJ*, p. 01-29.

SCHMITT, J.-C. (2007). *O corpo das imagens* - Ensaios sobre a cultura visual na Idade Média. São Paulo: Edusc.

______ (2006). "Imagens". In: LE GOFF, J. & SCHMITT, J.-C. (orgs.). *Dicionário Temático do Ocidente Medieval*. Vol. 1. Bauru: Edusc, p. 591-605.

Astrologia alexandrina

O conceito de destino se mostrou muito presente nas narrativas públicas e individuais das sociedades antigas, o que está relacionado à relevância de conhecimentos e práticas de adivinhação. O senador e orador romano Cícero (*De Divinatione*, 1.11, 2.26) relata que havia uma adivinhação "natural", diretamente inspirada pelas divindades (como os sonhos e outros oráculos), e outra "artificial", que incluía toda técnica divinatória que exigisse observação e análise para se desvendar os propósitos da natureza e das divindades. A astrologia se encontraria neste segundo grupo, categorizada mais especificamente como uma forma de *auspicia ex coelo*, ou seja, a arte de lograr os sinais da esfera celeste a partir da movimentação dos astros, eclipses solares e lunares, cometas, trovões etc.

O conhecimento astrológico e seus detentores desfrutaram de proeminência entre as mais variadas culturas da Antiguidade. Entretanto, a astrologia que é mais conhecida e ainda praticada entre as sociedades de tradição judaico-cristã remete a uma vertente específica que teve seu marco no século II E.C. na cidade de Alexandria, no Egito. Tal cidade caracterizou-se como uma fronteira cultural no mundo antigo, reunindo conhecimentos e estudiosos de diversas culturas antigas (MOTTA, 2018). Neste período, a publicação da obra *Tetrabiblos,* de Cláudio Ptolomeu, um rigoroso tratado astrológico, sintetizou e resolveu polêmicas e divergências entre diversas escolas astrológicas da época, tornando-se a maior referência em astrologia até o Renascimento. Em sua obra, Ptolomeu é bastante sistemático, descrevendo a natureza física das estrelas e dos signos que influenciam o ambiente da Terra (livro I), os efeitos dessas influências sobre a Terra (livro II), a importância do nascimento humano (livro III) e a influência astrológica sobre eventos significativos nas vidas dos indivíduos (livro IV).

Ptolomeu diz que para ele e seus contemporâneos é evidente que "certa força se difunde e se propaga da substância aeriforme e eterna sobre a superfície terrestre inteira" (*Tetrabiblos*, I, 2). Ele afirma que "não apenas os corpos já constituídos sofrem, necessariamente, certa influência dos movimentos celestes, mas até a fecundação e a maturação dos sêmens se moldam e se conformam ao ambiente circunstante do momento" (*Tetrabiblos*, I, 2). A utilidade da astrologia residia em poder conhecer as forças "potenciais e efetivas, do corpo e do espírito, as doenças que se verificam no tempo, a duração mais ou menos longa de suas existências, além das circunstâncias externas estreitamente e naturalmente conectadas com as condições originárias humanas". Trata-se, segundo Ptolomeu, de "um conhecimento preventivo que premune e predispõe o ânimo a aceitar o futuro como se fosse presente, e a acolher com sereno equilíbrio o que ocorrerá", sendo que alguns eventos seriam, por sua força originária, inelutáveis, enquanto outros, pela fraqueza originária, seriam possíveis de intervenção e mudança (*Tetrabiblos*, I, 3).

É importante ressaltar que tanto entre gregos quanto entre romanos foi incomum distinguir astrologia e astronomia. Ambos os termos – que podem ser transliterados igualmente das palavras gregas ἀστρολογία/ἀστρονομία – aparecem no período designando práticas e conhecimentos indistintos e essa confusão semântica vai muito além. Outra designação que também estava relacionada a estudiosos de astrologia é a de "matemáticos" (*mathematici*), que continha, como é possível perceber, um significado bastante diferente do uso atual do termo (LUCK, 2006, p. 371). Entretanto, a designação mais comum associada neste período aos conhecimentos astrológicos, mágicos e oraculares era a de "caldeus". O nome faz referência a um grupo de povos semitas que habitavam o Sul da Mesopotâmia até cerca do século VII a.E.C., porém o termo passou a ser usado posteriormente para se referir aos praticantes de magia e algumas formas de adivinhação, sobretudo a astrologia. Cícero (*De Divinatione*, 42.87-88), por exemplo, se referia aos astrólogos como caldeus, identificando e rejeitando a astrologia por ser um conhecimento estrangeiro. Outros escritores antigos tinham uma opinião diferente, como o arquiteto romano Vitrúvio, que reconheceu uma "sutil engenhosidade e inteligência daqueles que vêm da terra dos caldeus", sendo que para ele isso seria algo "evidente pelas descobertas que nos deixaram por escrito" (VITRÚVIO, *De Architectura*, 9.6.2). Ainda que adote uma postura mais crítica em relação à astrologia, assim como Vitrúvio, Cícero demonstrava possuir noções básicas da disciplina, ou seja, mesmo existindo posturas tanto detratoras quanto defensivas da astrologia, vemos um conhecimento que desfrutou de notoriedade na época.

Naquele período não havia certeza se a astrologia teria surgido entre as sociedades da Mesopotâmia ou no Egito. A indefinição, possivelmente, ocorria porque desde o século V a.E.C. o Egito era um lugar conhecido como a terra dos conhecimentos mais antigos da humanidade, sendo comum atribuir saberes e técnicas aos egípcios antigos por esta razão, o que pode ser percebido na obra de Heródoto, por exemplo (BARTON, 2003, p. 9). O mais provável, entretanto, é que técnicas e sistemas astrológicos babilônicos foram assimilados pelos egípcios por volta dos séculos VI e V a.E.C. com alguma facilidade, graças a diversas semelhanças com crenças nativas. Tais conhecimentos foram rapidamente integrados ao ensino sacerdotal. Sabemos que desde muito cedo existiram instituições educacionais atreladas aos templos no Egito, havendo até uma política de incentivo fiscal àqueles que se dedicassem ao ensino e à aprendizagem. Já no período faraônico havia instituições que ofereciam diferentes graus de formação escolar (MEGALLY, 2008, p. 11). Os conhecimentos e técnicas astrológicas foram, assim, assimilados por estas estruturas e adotados pela cultura egípcia em geral. Posteriormente, no período do Principado Romano (sécs. I, II e III E.C.), fica bastante evidente que a educação básica greco-egípcia na então capital, Alexandria, contava em seu currículo com a disciplina de astrologia-astronomia (FÍLON DE ALEXANDRIA, *De congressu quaerendae eruditionis gratia*, 11-18).

A vertente alexandrina de astrologia foi desenvolvida por uma série de estudiosos com interesses e especialidades muito variados. É provável, ainda, que tenha chegado a representar um componente básico da educação das camadas mais favorecidas no Egito e até mesmo em Roma, se tornando uma disciplina obrigatória financiada pelo Estado sob o governo de Severo Alexandre (SILVA, 2002, p. 10). Segundo a maior parte da historiografia, o momento de maior prestígio dos astrólogos foi no período imperial romano, adquirindo grande influência até mesmo sobre o poder político. As cortes imperiais acolheram astrólogos gregos e orientais, entre os quais os alexandrinos, mais especificamente, teriam despontado e eclipsado profissionais de outros lugares (MONTERO, 1998, p. 188-189, 199-200). Com o controle político romano do Egito, passou a ser ainda mais notável a influência de especialistas alexandrinos em boa parte do mundo romano e mesmo além de suas fronteiras.

Por muitos séculos os alexandrinos foram responsáveis por um trabalho de assimilação de diversas técnicas e conhecimentos gregos, egípcios, babilônicos, sírios, romanos etc. entre os quais estavam os de caráter astrológico. No período que compreende principalmente os séculos II a.E.C. e II E.C., Alexandria havia se tornado o epicentro de estratégias político-culturais iniciadas com os reis greco-macedônicos que governaram o Egito até o século I a.E.C. – a Dinastia dos Ptolomeus, da qual a conhecida Rainha Cleópatra VII foi a última representante. O período foi marcado por uma série de esforços para a criação e manutenção de instituições de conhecimento responsáveis por selecionar, desenvolver e preservar um vasto referencial cultural greco-egípcio, tendo como símbolos a Biblioteca Real e o *Mousêion* de Alexandria. Porém, os resultados mais notáveis destas estratégias foram o crescimento nas atividades de estudiosos, o surgimento de diversas especialidades de estudo e o aumento na circulação de manuscritos por todo o Mediterrâneo.

No contexto do Império Romano as referências culturais alexandrinas rivalizavam com Roma e o sinal mais claro da aceitação e popularidade das ideias da astrologia foi a adoção dos planetas para designar os dias da semana, baseando-se em uma ideia dos astros como "governadores do tempo". Cada dia da semana e cada hora do dia seriam regidos por um poder astrológico respectivo e os romanos começaram a chamar os dias de domingo a sábado, na língua latina, de *dies solis*, *dies lunae*, *dies martis*, *dies mercurii*, *dies iovis*, *dies veneris* e *dies saturni* (LUCK, 2006, p. 386). Tratava-se de uma noção de constância dos movimentos celestes como o próprio tempo em si, algo que pode ser facilmente compreendido, já que ainda usamos atualmente calendários solares ou lunares muito semelhantes.

Influências culturais a partir do Renascimento, como o modelo científico cartesiano nos séculos XVII e XVIII, e, mais tarde, as ideias evolucionistas no século XIX, principalmente, marcaram o afastamento da astrologia da esfera de conhecimentos considerados aceitáveis no meio acadêmico, encarados então como resquício de um tipo de pensamento primitivo ou mágico que deveria ser superado pelo homem moderno. Mais recentemente, porém, novos debates e visões críticas nos estudos humanísticos acabaram pavimentando – sobretudo nas religiosidades, na historiografia, na antropologia e na psicologia – o caminho para novas pesquisas acadêmicas sobre esses saberes e crenças – onde ganham destaque e novos olhares objetos de pesquisa como o hermeticismo, a magia e a astrologia – ao mesmo tempo esses esforços também têm fornecido esquemas para repensarmos práticas religiosas e espirituais nos séculos XX e XXI. Nesse sentido, a historiografia contemporânea vem compreendendo que a tendência de vermos a astrologia antiga como uma pseudociência é um anacronismo e não colabora para esclarecer sobre como esse conhecimento era utilizado na Antiguidade (BARTON, 2003, p. 6-7).

No final do século XIX, o historiador francês Auguste Bouché-Leclercq, a quem se atribuem importantes contribuições sobre o período helenístico, também acabou sendo considerado o primeiro historiador moderno da astrologia, tendo desenvolvido um interesse duradouro em adivinhação durante suas pesquisas sobre as sociedades antigas. Estes temas estariam praticamente ausentes dos estudos acadêmicos mais sérios até que o estudioso publicou sua *Histoire de la divination dans l'antiquité* entre 1879 e 1882. Na sequência, a obra *L'Astrologie grecque*, publicada pela primeira vez em 1899 e republicada apenas em 2014, é outro trabalho importante em que ele remonta às raízes orientais da astrologia grega para compreender o zodíaco e explicar como a esfera celeste foi dividida tanto para contarmos o tempo como para desenharmos horóscopos.

No ano de 1912 foi publicado *Astrology and Religion among the Greeks and Romans*, resultado das investigações do estudioso belga Franz Cumont sobre a astrologia e as religiões astrais das culturas antigas. A obra foi o primeiro trabalho a apontar uma diferenciação entre cultos astrais que remontam ao terceiro ou quarto milênio a.E.C. e o surgimento de conhecimentos e técnicas sistematizados em torno de especulações cosmológicas, que o autor atribui aos babilônicos em torno do século VI a.E.C. Entre os gregos, por sua vez, Cumont sustentou que a astrologia só passaria a se popularizar no período helenístico a partir das conquistas de Alexandre III, quando a adesão à crença na relação entre os astros e os acontecimentos na Terra passaria a ser difundida, principalmente entre os filósofos platônicos, aristotélicos, estoicos e neoplatônicos que teriam assimilado mais facilmente o ideário astrológico. Nas esferas da cultura e do poder romano, Cumont destaca, como exemplo da crescente popularidade dessas crenças, que uma série de imperadores se tornaram claramente adeptos da astrologia e que as especulações astrológicas eram parte fundamental de cultos populares durante os primeiros séculos da era comum, como o culto a Mitra e Ísis. Uma das principais contribuições deste estudioso foi reforçar a noção de que certos elementos fundamentais das sociedades grega e romana só podem ser explicados quando consideramos os intensos fluxos culturais com o Oriente Próximo.

Embora estudos como esses retomaram a astrologia antiga como objeto de pesquisa já propondo novas formas de analisá-la, certas características de sua temporalidade persistem. Assim, podemos ver os estudiosos como orientalistas que ainda tendiam a construir uma história que corroborava uma superioridade ocidental contraposta a uma noção de Oriente inferiorizado. Cumont, por exemplo, embora tenha reconhecido a origem mesopotâmica das concepções astrológicas, argumentou que as sociedades daquela região desconheciam a trigonometria e a matemática, supostamente mais avançadas e que somente os gregos conseguiram desenvolver. Essa noção de superioridade helenística em comparação à cultura dos povos mesopotâmicos, representada tanto por Cumont como por Bouché-Leclercq, é hoje superada diante de novos estudos arqueológicos que apontam a existência entre os babilônicos de sistemas, fórmulas e lógicas próprias, diferentes das gregas, mas que teriam servido a fins semelhantes.

Posteriormente, em 1959, Otto Neugebauer e Henry B. Van Hoesen publicaram *Greek Horoscopes*, uma investigação baseada em numerosos horóscopos sobreviventes do período helenístico entre textos astrológicos e papiros. Seu principal interesse era identificar os métodos astronômicos empregados pelos astrólogos antigos, representando uma pesquisa inovadora não somente por escolher como materiais os horóscopos (mapas astrais) de pessoas reais da Antiguidade, mas também por esclarecer detalhes importantes sobre a prática dos astrólogos do período, além de utilizar fontes menos evidentes. Embora o trabalho de Neugebauer e Van Hoesen seja importante para os historiadores da astronomia e da astrologia, ele atende melhor aos interesses dos primeiros, analisando técnicas e dados que os antigos costumavam utilizar, porém deixando em aberto aspectos importantes como as interpretações e propósitos dos horóscopos antigos analisados.

Desde então outros estudiosos têm retomado a astrologia alexandrina como objeto de pesquisas e proposto formas inovadoras de análise de documentos astrológicos muito pouco conhecidos, mas que são, entretanto, capazes de fornecer informações sobre aspectos das crenças e vivências dos antigos, informações sobre suas angústias mais comuns: o tempo preciso de duração das vidas e momentos de morte, a influência da "natureza dos astros" nos momentos de concepção, nascimento, casamento, longas viagens ou sobre as possibilidades de se beneficiar em situações de heranças e negócios etc. Em outro aspecto, por reunir influências de tantos povos diferentes, o estudo da astrologia também apresenta potencial para a compreensão das fronteiras culturais e das dinâmicas e fluxos entre as sociedades antigas.

Semíramis Corsi Silva
Vinícius de Oliveira da Motta

Ver também Amuletos e talismãs; Astrologia mesopotâmica; Calendários religiosos celtas e germanos; Magia e feitiçaria grega; Magia hebraica e cristã antiga; Mesopotâmia (religião e mitologia).

BARTON, T. (2003). *Ancient Astrology*. Londres: Taylor & Francis e-Library.

BOUCHÉ-LECLERCQ, A. (2014). *L'Astrologie Grecque*. Paris: Cambridge University Press.

CUMONT, F. (2009 [1912]). *Astrology and Religion Among the Greeks and Romans*. Santa Cruz: Evinity.

LUCK, G. (2006). *Arcana Mundi*: magic and the occult in the Greek and Roman worlds: a collection of ancient texts. Baltimore: John Hopkins University Press.

MEGALLY, M. (2008). "À la Recherche de la Systématisation des Connaissances et du Passage du Concret à L'Abstrait dans L'Egypte Ancienne". In: EL-ABBADI, M. & FATHALLAH, O.M. (orgs.). *What Happened to the Ancient Library of Alexandria?* Leiden/Boston: Brill, p. 9-37.

MONTERO, S. (1998). *Deusas e adivinhas*: Mulher e adivinhação na Roma Antiga. São Paulo: Musa.

MOTTA, V.O. (2018). "Conhecimento e Fronteiras Culturais em Alexandria: A Biblioteca e o Mousêion entre egípcios, gregos e romanos". In: SILVA, S.C. & ESTEVES, A.M. (orgs.). *Fronteiras culturais no mundo antigo*: ensaios sobre identidades, gênero e religiosidades. Rio de Janeiro: Letras/UFRJ, p. 107-114.

NEUGEBAUER, O. & VAN HOESEN, H.B. (1987). *Greek Horoscopes*. Filadélfia: The American Philosophical Society.

SILVA, G.V. (2002). "Augurum et vatum prava confessio conticescat": Constâncio II e a legislação contra os adivinhos e feiticeiros. *Justiça & História*, Porto Alegre, vol. 2, p. 149-183.

Astrologia mesopotâmica

Ainda que não seja incomum que o Egito seja identificado como local de origem de especulações astrológico-astronômicas, na verdade estas ideias teriam surgido na região da Mesopotâmia. Nesse sentido, lembremos que não existiu propriamente uma cultura mesopotâmica, mas uma dinâmica de variadas influências culturais de sociedades que conviveram na região durante a Antiguidade. O conhecimento astrológico não pode ser facilmente atribuído a um grupo específico ou outro, ainda que durante a Antiguidade tenha se tornado comum atribuir estes saberes ao povo caldeu.

Os caldeus foram um grupo semita que habitou principalmente a região da Babilônia, onde chegaram a assumir o poder político no período conhecido como neobabilônico (*c.* 626-539 a.E.C.), pouco antes da tomada da região pelos persas. Os caldeus foram um grupo com bastante influência entre os povos mesopotâmicos, sobretudo no comércio. Houve entre os caldeus mercadores que estabeleceram importantes rotas entre a Babilônia, a Península Arábica e o Golfo Pérsico com suas caravanas comerciais (CLINE & GRAHAM, p. 120). Comerciar e trafegar por regiões desérticas exigia conhecimentos astronômicos, como contou o historiador e geógrafo Estrabão: "Anteriormente, os mercadores viajavam à noite, usando as estrelas como guias, assim como os marinheiros" (ESTRABÃO. *Geografia*, 17.1.45). Os caldeus não eram, portanto, os únicos responsáveis pelo florescimento do conhecimento astrológico-astronômico, porém é preciso considerar que os contatos que estabeleceram através de suas caravanas tenham colaborado muito para a difusão desses saberes, pelos quais ganharam fama.

Muito antes dos caldeus, os antigos sumérios provavelmente já contavam com uma espécie de "adivinhos celestiais", que não eram propriamente astrólogos, pois ainda não possuíam métodos precisos para entender os movimentos dos astros. Ainda assim, eles eram especialistas em interpretar sinais como eclipses, aproximações entre planetas no céu e outros eventos. Contamos com registros que atestam atividades dessa natureza desde o terceiro milênio a.E.C., com um gradual refinamento da especialidade e o princípio de um desenvolvimento sistemático que fica mais evidente a partir do segundo milênio a.E.C. em um conjunto de tábuas de argila intitulado *Enuma Anu Enlil*, escrituras cuneiformes em língua acadiana em que os antigos assírios especulam sobre a aparência e efeitos do céu baseando-se em um calendário lunar. Não conhecemos evidências atribuídas diretamente aos sumérios, porém as culturas posteriores da região, como os assírios, mantiveram viva por muito tempo a língua suméria, além de que nas escrituras remanescentes os termos técnicos muitas vezes aparecem grafados com logogramas sumérios (PINGREE, 1997, p. 12).

A realeza assíria já no século XII a.E.C. trouxe especialistas em astronomia-astrologia da Babilônia para ajudarem na construção do templo principal de sua capital Nínive, demonstrando a importância da atividade naquele contexto. Posteriormente, durante os séculos VIII e VII a.E.C., as cortes neoassírias teriam passado a financiar um sistema de governo baseado em alianças com templos e estudiosos, terminando por fomentar a efetiva transformação de uma adivinhação celestial intuitiva em um conhecimento sistematizado que podemos identificar como astrologia-astronomia, integrando também diversos avanços de áreas como a matemática. Sobretudo após 750 a.E.C. ocorreu uma crescente especialização dos estudiosos mesopotâmicos, entre os quais estavam os *tupsarru*, que eram escribas especialistas em interpretação de presságios celestiais (BROWN, 2000, p. 34-35). Acredita-se que a astrologia tenha sido um grande trunfo para os escribas e governantes, sendo que os estudiosos mesopotâmicos "fizeram da religião lucrativa por estas novas concepções e basearam nelas uma teologia" (CUMONT, 1912, p. 11).

Os documentos encontrados na biblioteca de Assurbanipal, como o supracitado *Enuma Anu Enlil*, referentes à atuação profissional de adivinhos astrais nos permitem formar uma ideia suficientemente clara do estado de seu conhecimento astronômico. Eles traçaram a eclíptica – o caminho percorrido pelo Sol e pelos planetas – e definiram quatro estações, estabeleceram um calendário solar, além de determinar os períodos sinódicos, isto é, o tempo que os planetas levam para dar uma volta completa na eclíptica. Embora não pudessem calcular distâncias apropriadamente, as inscrições de Nínive já enumeravam respectivamente a Lua, o Sol, Júpiter, Vênus, Saturno, Mercúrio e Marte, em uma ordenação que não obedeceria a um critério astronômico, mas religioso (CUMONT, 1912, p. 10).

A atenção aos sinais das estrelas já era parte fundamental da religiosidade mesopotâmica e, muito antes das instituições políticas, era em torno dos templos e locais de adoração religiosa que se organizava a vida das comunidades, sendo que esses lugares e seus funcionários também eram responsáveis por uma parcela considerável de diversos serviços a que as populações tinham acesso. Essa centralidade na vida cívica também garantia às hierarquias de funcionários alguma influência e, durante o período neoassírio, muitos estudiosos e escribas obtiveram proeminência entre as camadas mais favorecidas. Esta aproximação entre os religiosos e os poderosos teve como efeito secundário um crescente deslocamento da atenção e serviço desses profissionais, que atuavam inicialmente apenas nos templos, para as cortes das cidades (BROWN, 2000, p. 36-37). A maior parte das médias e grandes cidades possuía alguma estrutura nos templos para a formação de estudiosos e as menores cidades eram atendidas por especialistas formados nas primeiras. Eles mantinham seus olhos tanto nos acontecimentos celestiais quanto terrestres, muitas vezes se aproveitando de seus cargos como supervisores dos templos para conseguir informações e defender os interesses dos mais poderosos (BROWN, 2000, p. 41).

Apesar das muitas mudanças no âmbito secular durante o período neoassírio e neobabilônico, a inserção da astrologia entre as atividades dos templos mesopotâmicos é o fator que consolida sua continuidade, além de nos ajudar a conectar os conhecimentos desenvolvidos com um contexto intelectual mais antigo, que incluía tanto a adivinhação celestial quanto preocupações de ordem cosmológica ou filosófica que também eram atividades destas instituições. Tal nível de inserção social e política proporcionou a sobrevivência e o crescimento destes conhecimentos a despeito das constantes mudanças que ocorriam na região (BROWN, 2000, p. 42). Apesar das turbulências políticas frequentes, a continuidade da evidência textual ao longo dos períodos seguintes demonstra que a preocupação com as estrelas estaria plenamente estabelecida entre estas sociedades como algo importante, constituindo um conhecimento que foi intensamente desenvolvido sob o domínio dos diversos poderes políticos e militares subsequentes (CUMONT, 1959, p. 10).

Outro aspecto importante é o potencial que a astrologia demonstra para entendermos melhor as dinâmicas de integração nas fronteiras culturais da Antiguidade. Pelas redes de comércio, em que os caldeus ganharam notoriedade, transitavam além de bens e mercadorias, também pessoas, informações, saberes e técnicas, até mesmo as cortes mesopotâmicas procuravam especialistas de outras culturas para atender suas necessidades, alguns grupos estrangeiros chegaram a ter designação própria, como os mágicos e escribas egípcios, que eram conhecidos como *hartibi* (BROWN, 2000, p. 33). Inversamente essa dinâmica também levou conhecimentos e estudiosos para outros lugares. No século V a.E.C., por exemplo, é possível que o *Enuma Anu Enlil* e outros exemplos da literatura astrológico-astronômica mesopotâmica tenham chegado até a Índia e influenciado o surgimento e concepções religiosas do próprio budismo (PINGREE, 1997, p. 32-33). Vemos outro caso no século III a.E.C., quando um sacerdote babilônico chamado Berosso instalou uma escola de astrologia na ilha grega de Cós, na costa da Anatólia (VITRÚVIO. *De Architectura*, 9.6.2).

O alargamento do contato entre gregos e mesopotâmicos, particularmente, é também um resultado das chamadas Guerras Médicas, contexto em que os gregos adaptaram novos dados e saberes oriundos dos babilônicos, combinando-os com cosmologias já aceitas. O contato que se havia expandido nas batalhas contra os persas acabou se ampliando muito com as conquistas de Alexandre III; e assim como gregos começaram a se assentar nos territórios mesopotâmicos, igualmente muitos estudiosos da Mesopotâmia também passaram a migrar para territórios gregos, em alguns casos contribuindo bastante para a projeção e aceitação de sua cultura e dos conhecimentos que haviam desenvolvido (BARTON, 2003, p. 23).

Embora as sociedades grega, romana e egípcia tenham desenvolvido vertentes diferentes de astrologia, estes saberes continuaram em franco desenvolvimento durante os períodos posteriores também na região mesopotâmica. Durante os períodos de domínio persa e selêucida da região o desenvolvimento da astrologia se acelerou, com adoção de novas técnicas ou revisão de antigos métodos. Mesmo assim ainda se mantiveram sendo copiadas escrituras tradicionais, o que podia acontecer mais por sua importância como referencial do que pela validade da antiga tradição (KOCH-WESTENHOLZ, 1995, p. 162). A astrologia também permaneceu como parte importante das dinâmicas culturais entre as sociedades, embora mantivesse particularidades locais e demonstrasse resiliência às profundas mudanças que decorreriam do fortalecimento dos monoteísmos. Após milênios de observações celestiais, de estudos e especulações a respeito dos astros, lugares como a Babilônia se mantiveram como referência em astrologia, porém passaram a disputar espaço na esfera cultural com outras localidades como Alexandria, no Egito (MOTTA, 2018).

Na historiografia, a astrologia das culturas mesopotâmicas voltou a ser objeto de pesquisas – dentro do campo da astrologia de maneira geral e junto com outras crenças e práticas como a magia e a adivinhação – a partir do final do século XIX e início do XX. Em um primeiro momento, pesquisadores como o belga Franz Cumont (1912) construíram análises ainda influenciadas pela dicotomia orientalista e tenderam a inferiorizar os elementos culturais característicos destas sociedades. Porém, na sequência, estudiosos, como o americano David Pingree (1997), colaboraram muito para que percebêssemos anacronismos e ampliássemos nossos horizontes de análise, notando como a crença e a prática da astrologia não apenas estavam na raiz do desenvolvimento da matemática e da própria ideia de ciência, como constituem um formidável exemplo de como a cultura e os conhecimentos das sociedades da Mesopotâmia influenciaram e relacionaram de maneira definitiva as culturas de indianos, iranianos, arábicos, africanos, gregos, itálicos e outros povos.

Contemporaneamente a historiografia tem concordado que o que os mesopotâmicos desenvolveram foram ou são ciências dentro dos contextos da cultura em que floresceram, porém há divergências sobre os limites dessa ideia. Enquanto alguns, como Pingree, acreditam que a astrologia-astronomia fosse significante enquanto 'ciência' apenas no mundo babilônico e assírio, novas abordagens estabelecem relações possíveis entre essas práticas e a ciência moderna, sugerindo que "A evidência da astronomia-astrologia cuneiforme pode contribuir para uma compreensão mais completa da ideia moderna de ciência" (BROWN, 2000, p. 10).

Semíramis Corsi Silva
Vinícius de Oliveira da Motta

Ver também Amuletos e talismãs; Astrologia alexandrina; Calendários religiosos celtas e germanos; Magia e feitiçaria grega; Magia hebraica e cristã antiga; Mesopotâmia (religião e mitologia).

BARTON, T. (2003). *Ancient Astrology*. Londres: Taylor & Francis e-Library.

BROWN, D. (2000). *Mesopotamian planetary astronomy-astrology*. Groningen: Styx.

CLINE, E.H. & GRAHAM, M.W. (2012). *Impérios antigos* – Da Mesopotâmia à origem do Islã. São Paulo: Madras.

CUMONT, F. (2009 [1912]). *Astrology and Religion Among the Greeks and Romans*. Santa Cruz: Evinity [E-book].

KOCH-WESTENHOLZ, U. (1995). *Mesopotamian Astrology*: An Introduction to Babylonian and Assyrian Celestial Divination. Copenhague: CNI.

MOTTA, V.O. (2018). "Conhecimento e Fronteiras Culturais em Alexandria: A Biblioteca e o Mousêion entre egípcios, gregos e romanos". In: SILVA, S.C. & ESTEVES, A.M. (orgs.). *Fronteiras culturais no mundo antigo*: ensaios sobre identidades, gênero e religiosidades. Rio de Janeiro: Letras/UFRJ, p. 107-114.

PINGREE, D. (1997). *From Astral Omens to Astrology*: From Babylon to Bikaner. Roma: Istituto Italiano per l'Africa e l'Oriente.

Avesta

O Avesta é o texto sagrado do zoroastrismo. Seu nome deriva do pahlavi *abastāg*, de etimologia muito discutida.

O Avesta se define pela língua em que foi composto, o avéstico, que é uma língua iraniana oriental eminentemente poética, quer dizer, que provavelmente não se falava como tal em nenhum momento e nem em nenhum lugar da zona iraniana oriental, de modo semelhante ao que sucede com o dialeto homérico na história do grego. Sem dúvida, hoje em dia se tende a demarcar as diferenças que existem entre as partes mais antigas do Avesta, os *Gāthās,* compostos em uma língua muito arcaizante, o antigo avéstico, que remontaria a 1600 a.E.C., ou mesmo antes, cuja composição se atribui tradicionalmente ao próprio Zaratustra, apesar de que hoje em dia se pensa que se trata de uma figura mítica. O resto do Avesta está composto em uma língua menos arcaica, que chamamos avéstico recente. Os textos em avéstico recente foram compostos oralmente entre 1000 e 500 a.E.C., apesar de serem datas aproximadas.

O Avesta foi transmitido de maneira oral e aprendido de memória por gerações e gerações de sacerdotes até que, pressionados pela islamização e pelo êxodo dos zoroastrianos para a Índia, decidiram colocá-lo por escrito. Não temos nenhum manuscrito anterior ao século XIII E.C. e apesar de a teoria mais difundida ser que existiu um arquétipo do Avesta da época sassânida (224-651 E.C.), segue havendo dúvidas a respeito.

O avéstico se escreve mediante um alfabeto de grande precisão fonética destinado para que não se produzam erros de pronunciação durante o recitar litúrgico: ele tem dado lugar a uma escritura hiperfonética de 53 grafismos, das quais 14 são vogais e 39 consoantes. Se escreve da direita para a esquerda. Deriva da escritura *pahlevi*, que por sua vez é uma adaptação do aramaico, ainda que esta escritura seja subfonética, tem somente 13 caracteres, sendo que os criadores da escritura avéstica tiveram que agregar 40 signos a mais.

Apesar de os conteúdos do Avesta terem sido definidos pelos livros em edições mais tradicionais (Geldner 1886-1896), hoje em dia se prefere agrupar a tradição avéstica dependendo do tipo do manuscrito em que tem sido conservado, dando lugar a dois grandes grupos de manuscritos:

1) Os manuscritos litúrgicos, que se dividem em textos da chamada liturgia larga, *Yasna ī Radpiθwin*, *Vīsprad*, *Vīdēvdād* y *Vīštāsp Yašt*; e os textos da chamada liturgia breve, que agrupa o que se chamada *Khorde Avesta*, "Pequeno Avesta", e a coleção de hinos chamados *Yašts*.

2) Outro grande grupo de manuscritos preservam a tradição culta da transmissão do Avesta acompanhada da tradução e comentário ao pahlavi, uma língua iraniana do período sassânida. Estes comentários se conhecem por *Zand* e foi o primeiro que se conheceu do Avesta no Ocidente, quando Anquetil Duperron entrou em contato com os sacerdotes parses da Índia.

De acordo com os conteúdos de cada livro, o Avesta trata do seguinte:

Yasna ("sacrifício") compreende uma coleção de textos muito variada de caráter ritual destinada a ser recitada durante o sacrifício da *haoma* ou bebida ritual que tem um caráter ritual central no zoroastrismo. Dentro dos Yasna estão as seções da língua que conhecemos como antigo avéstico chamadas *Gāthās* e que a tradição atribui ao mesmo Zaratustra. O livro inclui também o *Yasna Haptaŋhāiti* ou "Yasna dos sete capítulos", em que se tem identificado também o nível linguístico do antigo avéstico.

Vīsprad contém uma parte da liturgia destinada a solenizar um tipo de festividade e está inspirado nos Yasna.

Vīdēvdād ou "Lei para expulsar os demônios" tem alguns conteúdos míticos e sobretudo prescrições e castigos referidos para a pureza ritual.

Vištāsp Yašt ou "Hino do Rei Histaspes (o primeiro convertido ao zoroastrismo)", contém elementos da liturgia próprios dessa recitação.

Os *Yašts* são hinos dedicados a várias divindades do zoroastrismo: apesar de hoje em dia o zoroastrismo ser uma religião monoteísta que entende essas antigas divindades como yazatas ou seres dignos de veneração, na origem eram divindades indo-iranianas. Los *Yašts* se assemelham bastante aos hinos védicos, sendo seu interesse comparativo muito grande; são 21 hinos dedicados a Ahura Mazdā, os benéficos imortais, a Integridade, Anāhitā, o Sol, a Lua, a estrela Sirius, a alma do Touro, Mitra, as divindades do juízo pessoal Sraoša e Rašnu, as almas da coletividade chamadas fravašis, a divindade da Vitória Vərəthragna, a Paz, a Daēnā ou autoconsciência, a Recompensa, a Fortuna, a Terra, haoma ou bebida intoxicante sagrada do Zoroastrismo e a estrela Vega.

O *Khorde Avesta* é o breviário para uso diário dos laicos. Contém as orações ao sol, à lua, às águas, ao fogo, as orações que se fazem recitar em cada uma das cinco partes do dia; as bendições em honra aos mortos, os cinco últimos dias do ano, as festas das estações e ao começo e final do verão e as dedicatórias a cada uma das deidades a que está consagrado cada dia do mês.

Juan-Antonio Álvarez-Pedrosa

Ver também Mesopotâmia (religião e mitologia); Mitraísmo; Politeísmo; Zoroastrismo.

CANTERA, A. (2012). *The Transmission of the Avesta*. Wiesbaden, Harrassowitz.

GELDNER, K.F. (1889-1896). *Avesta, the Sacred Books of the Parsis*. 3 vols. Stuttgart.

LECOQ, P. (2016). *Les livres de l'Avesta* - Textes sacrés des Zoroastriens. Paris: du Cerf.

Baba Yaga

A Baba Yaga é uma figura misteriosa e ambígua do folclore russo, popularmente conhecida como "bruxa". Em seu livro *Baba Yaga: The Wild Witch of the East in Russian Fairy Tales,*

Sibelan Forrester apresenta algumas problemáticas de definição dos aspectos que compõem as características da referida personagem. Mesmo nos tempos atuais, estudos sobre o tema ainda não chegaram a um consenso sobre o que seria ou deveria ser entendido enquanto uma "Baba Yaga". No entanto, existem inúmeras possibilidades interpretativas que tentam traçar um perfil ou origem desse ser misterioso. Os acadêmicos estão de acordo ao compreenderem a Baba Yaga enquanto um ser essencialmente ambíguo, já que aparece, nos contos russos, descrita ora como vilã, ora como doadora: em alguns contos, ela é responsável por prejudicar os heróis e em outros, mostra-se enquanto sua benfeitora, ajudando-os.

Andreas Johns realizou um estudo aprofundado sobre a Baba Yaga, chegando à conclusão de que grande parte da complexidade e dificuldade em analisarmos sua figura ocorre devido ao fato de que suas histórias, inicialmente, foram transmitidas por meio da oralidade, até que mais tarde começaram a ser retratadas na literatura folclórica e em poemas. Histórias sobre a Baba Yaga podem ser identificadas desde períodos anteriores ao século XVIII e em inúmeros lugares, como a Rússia, a Ucrânia e a Bielorrússia. Observa-se, portanto, que os versos que compõem o poema *Ruslan e Liudmila* [Руслан и Людмила] (1820), de Aleksandr Pushkin (1799-1837), foram considerados como a aparição mais famosa da Baba Yaga. Nesse poema, a casa da Baba Yaga é descrita sem portas ou janelas, além de estar narrada sua forma de locomoção, que seria por meio de um pilão.

A popularidade da Baba Yaga é um fenômeno que desperta atenção, tornando suas histórias amplamente difundidas e indicando uma profunda relação dessa criatura com elementos culturais, já que, em suas narrativas, inúmeros elementos tradicionais aparecem. A exemplo, o tipo de casa em que a Baba Yaga reside, o pilão, objeto em que ela se locomove, além de outras características que se referem ao artesanato russo e a possíveis ritos de passagem. Os pesquisadores apontam que a figura da Baba Yaga está muito provavelmente relacionada a aspectos ritualísticos e religiosos antigos e remete, portanto, a ritos de iniciação e a uma possível ligação com o mundo dos mortos. Autores como Vladimir Propp, Sibelan Forrester e Andrea Johns identificam características elementares da Baba Yaga que são constantemente representadas nos contos folclóricos, tais como a sua moradia, as suas características físicas e o seu meio de locomoção.

A casa ou cabana da Baba Yaga é chamada de *izbushka*. Trata-se de uma casa construída com toras de madeira e sustentada por pernas de galinha. A descrição da casa da *izbushka* pode conter variaçoes nos contos, porém observa-se que há uma relação enfática desta com pássaros. Além disso, a descrição da casa sustentada por pernas de galinha sugere uma morada móvel e também giratória, considerando que, para os heróis entrarem na casa da Baba Yaga, estes precisam fazer com que a *izbushka* gire e fique de frente para eles. A característica giratória da *izbushka* aponta uma relação importante com o fuso têxtil, já que os movimentos de giros são extremamente importantes para o artesanato e, assim, acredita-se que a Baba Yaga apresenta conexão com aspectos culturais femininos. Outra questão interessante é a localização de sua casa, geralmente descrita nos contos, situada em lugares como, nas profundezas de uma floresta, em campos vazios ou à beira-mar.

Em relação aos atributos físicos da Baba Yaga, Elizabeth Warner explica que ela é comumente descrita como uma mulher velha, de cabelos grisalhos, que possui dentes de ferro e uma aparência repugnante. A Baba Yaga possui silhueta demasiadamente magra e suas pernas aparentam "ossos", fazendo com que a imagem dela seja semelhante à de um esqueleto. Outra característica interessante é a cegueira da Baba Yaga. Os contos sugerem que ela não enxerga, apesar de possuir um sentido olfativo aguçado e, com isso, sempre consegue sentir e perceber a presença de estranhos. Para se locomover, a Baba Yaga faz uso de um pilão e, com uma vassoura, varre a trilha deixada por onde passa. Sua chegada pode ser anunciada com barulhos de trovão ou vento e, por isso, especula-se que haja alguma relação entre ela e as questões climáticas. Ademais, a Baba Yaga nunca é descrita possuindo um marido ou consorte, mas tem suas filhas. Raramente é mãe de filhos do gênero masculino, e, no lugar, é comumente descrita enquanto mãe de três filhas, o que pode demonstrar uma relação forte com o feminino. No entanto, em algumas narrativas, a Baba Yaga, é mencionada enquanto mãe de animais ou vermes.

As narrativas em que a Baba Yaga aparece são repletas de inúmeras propriedades simbólicas, tais como aspectos animistas, relação com o artesanato tradicional - cultura -, com pássaros e com a casa de banho (*bania*). A hipótese mais aceita sobre a Baba Yaga defende que há, nela, aspectos remanescentes de uma entidade eslava do submundo. Acredita-se, portanto, que em suas histórias todos esses elementos a conectam com aspectos religiosos e ritualísticos dos povos eslavos pré-cristãos. Sob as compreensões de Vladimir Propp, as características narrativas dessas histórias trazem elementos que tornam possível relacionar a Baba Yaga a ritos de passagem, ao submundo e aos mortos. Ainda segundo o autor, dentre inúmeras características, seus aspectos físicos também chamam atenção, observando neles uma possível semelhança aos cadáveres. No entanto, as variações das narrativas tornam difícil traçar uma linhagem histórica linear sobre sua identidade original.

Há também outras das características da Baba Yaga, além das físicas, que justificam relacioná-la aos mortos. Em consenso com Vladimir Propp, Andreas Johns elenca outras argumentações que sustentam esta hipótese. A *izbushka* e sua forma de construção sustentada por pernas de galinha permite uma correlação com costumes antigos ou arcaicos dos povos eslavos. Os acadêmicos argumentam que a *izbushka* pode sugerir tanto uma referência à construção e habitação dos povos nômades quanto a práticas de sepultamento, considerando que os povos eslavos colocavam as cinzas dos mortos em uma pequena estrutura em formato de cabana, sustentada por meio de um mastro. Outros costumes tradicionais dos eslavos orientais são os sacrifícios de galinhas em locais onde seriam construídas novas moradias ou habitações, o que também pode indicar uma correlação da Baba Yaga com o mundo dos mortos e os ritos de passagem.

Em relação a tais ritos de passagem, Evgenia Ivanova elucida que a Baba Yaga poderia ser a representação de uma espécie de guia entre os mundos (o dos vivos e o dos mortos), manifestando-se como uma guardiã das fronteiras entre eles. A autora aponta que o local onde os heróis encontram a casa da Baba Yaga pode ser uma representação desse limiar entre os mundos. Evgenia Ivanova vai além e ainda ressalta que é possível observar conteúdos ritualísticos nesses detalhes. Sob esse viés, a Baba Yaga pode ser compreendida enquanto uma figura simbólica responsável por administrar ritos de passagem, hipótese sustentada pelo fato de que os personagens sempre são testados por ela, além de que, em certas histórias, os heróis "morrem" e, em alguns casos, retornam à vida.

Parece haver um consenso geral entre os acadêmicos ao compreenderem a Baba Yaga como estando relacionada ao submundo. Acrescenta-se que outra característica importante, fortalecedora desse entendimento, está no fato de que a Baba Yaga é comumente associada às casas de banho tradicionais russas. A *bania* (casa de banho), segundo William Ryan, é um lugar extremamente comum no cotidiano russo e, sob o viés folclórico, locais como esses também eram frequentados antigamente para a realização de práticas mágicas. Acreditava-se que as casas de banho eram lugares onde ocorriam manifestações demoníacas ou sobrenaturais. Locais como as casas de banhos, rios, florestas e cemitérios são comumente compreendidos como uma espécie de limite entre o mundo dos vivos e o mundo dos mortos.

É possível encontrar referências sobre os costumes de banhos dos eslavos em descrições contidas na *Crônica Primária Russa* (também conhecida como *Crônica de Nestor*). Essas descrições demonstram que os costumes de banho eram aspectos relevantes para os povos eslavos, que compreendiam as casas de banho como locais importantes e repletos de significância religiosa. Diante de todos os elementos que são manifestados nos contos folclóricos em que a Baba Yaga aparece, torna-se possível observar a riqueza cultural presente nessas histórias, que, por sua vez estão imersas em significados e simbolismos. Cada elemento que compõe as narrativas é passível de interpretações: a característica móvel da *izbushka*; os objetos que fazem parte do interior e exterior da casa; os utensílios de cozinha, como o forno e o próprio pilão que possibilita a locomoção da Baba Yaga; assim, como os animais que aparecem nas histórias e as suas respectivas funções; e, por fim, a própria relação da Baba Yaga com os heróis das histórias.

Inúmeros olhares são propostos nas tentativas de se compreender e desvendar os enigmas simbólicos das narrativas sobre a Baba Yaga. Os acadêmicos defendem a existência de aspectos remanescentes de uma antiga entidade eslava, uma vez que suas histórias contêm inúmeras referências da ligação da Baba Yaga com o mundo dos mortos. Seus aspectos simbólicos também podem sugerir uma conexão com o feminino. Compreende-se a Baba Yaga com características animistas e xamânicas, uma vez que, em algumas histórias, ela protege os animais ou então adota a própria forma de animal. Acredita-se que há aspectos ritualísticos de caráter iniciático, este último ainda muito debatido e discutido entre os pesquisadores, mas o consenso é o de que a Baba Yaga está relacionada a ritos de passagem e conectada ao mundo dos mortos.

A Baba Yaga, portanto, é um ser paradoxal que abrange muitos aspectos simbólicos distintos. Ela transita entre os opostos como vida e morte, juventude e velhice, o humano e o animal, o masculino e o feminino, a vilã e a benfeitora. As formas ambíguas apresentadas nas narrativas em que a Baba Yaga figura insinuam que ela abrange mais de uma esfera semântica. Com isso, a referida personagem pode ser compreendida em aspectos simbólicos relacionados a inúmeros aspectos da vida. Nesse sentido, o "conceito" de "Baba Yaga" transcende o entendimento de meros opostos, considerando as interpretações sobre a Baba Yaga enquanto extremamente complexas, apesar de ser necessário ressaltar que sua ambiguidade é considerada um dos aspectos mais importantes contidos nas narrativas.

Devido às inúmeras complexidades que envolvem a figura da Baba Yaga, Andrea Johns ressalta que muitos pesquisadores se sentem instigados a realizar estudos comparativos entre os aspectos simbólicos e mitológicos da Baba Yaga e outros seres mitológicos e folclóricos das culturas próximas às regiões eslavas. Essas comparações acabam deixando as compreensões sobre a Baba Yaga cada vez mais enigmáticas, uma vez que é possível observar aspectos semelhantes entre a Baba Yaga e uma série de outras entidades. Portanto, acredita-se que a figura da Baba Yaga tenha se transformado ao longo dos anos, podendo estar originalmente relacionada a uma entidade pagã eslava, ou então ser vista como uma mistura de vários outros seres e entidades existentes nas proximidades.

Susan Sanae Tsugami

Ver também Eslavos pré-cristãos (religião); Mitologia eslava.

FORRESTER, S. (2013). *Baba Yaga*: The Wild Witch of the East in Russian Fairy Tales. Jackson: University Press of Mississippi.

IVANOVA, E.V. (2013). The problem of mysteriousness of Baba Yaga character in religious mythology. *Humanities & Social Sciences*, n. 6, v. 12, p. 1.857-1.866.

JOHNS, A. (2004). *Baba Yaga:* The Ambiguous Mother and Witch of the Russian Folktale. Nova York: Peter Lang.

PROPP, V. (2009). *Morphology of the Folk Tale*. Austin: University of Texas Press.

______ (2002). *As raízes históricas do conto maravilhoso*. São Paulo: Martins Fontes.

RYAN, W. (1999). *The Bathhouse at Midnight*: Magic in Russia. Pensilvânia: Penn State University Press.

WARNER, E. (2002). *Russian Myths*. Austin: University of Texas Press.

Bhagavadgītā e Mahābhārata

O Bhagavadgītā (ou "canção do venerável" em português) é um dos textos mais importante do hinduísmo. Trata-se de um texto que representa não apenas o marco da espiritualidade indiana ecumênica, mas também uma vasta tentativa de síntese dessa mesma espiritualidade. Ele é composto por um conjunto de 700 versos que remontam a uma tradição oral do século X a.E.C., mas que, segundo o Professor Carlos Alberto Fonseca

(2009), teriam sido transcritos e consolidados na versão que conhecemos hoje por volta do século II E.C.

O texto do Bhagavadgītā é um extrato do longo poema épico Mahābhārata (o grande *bhārata*), épico que narra a fundação da Índia (terra dos *bhārata*), a partir da guerra entre os clãs pandavas e kauravas, e os fatos que conduzem a batalha mítica de *Kurukṣetra* – termo que significa "campo dos Kuru". Kuru é sinônimo de Kaurava. Pensa-se que o campo fosse situado entre os rios Yamuna e Sarasvati, na antiga Hastinapura – a cidade do Elegante –, a moderna Delhi. A obra teria sido escrita pelo sábio *Vyasa* (também um autor mítico) e tem como um de seus principais personagens o próprio Deus *Kṛṣṇa*, que auxilia Arjuna, o herói dos pandavas. Este épico contém 110.000 slokas (estrofes), distribuídas em 100 capítulos. Segundo Heinrich Zimmer, trata-se de uma epopeia oito vezes maior do que a Odisseia e Ilíada de Homero juntas (cf. ZIMMER, 2003).

O Bhagavadgītā está situado no livro III, sexagésimo terceiro capítulo da obra, em um momento crítico da epopeia – a iminência do conflito entre pandavas e kauravas. Neste momento, *Kṛṣṇa*, um deus encarnado, se oferece como condutor da carruagem de Arjuna. É importante lembrar que a imagem da carruagem foi citada no texto da Kaṭha Upaniṣad, e constituía uma importante metáfora: conduzir a carruagem era a alegoria da própria condução dos sentidos (cavalos) do corpo (a carruagem) através da razão (as rédeas). Mas, em última instância, o condutor da carruagem (a mente) deveria sempre estar em sintonia com o proprietário desta (o próprio *ātman*). Assim, com todo este referencial simbólico associado à carruagem na cultura indiana do período, *Kṛṣṇa* torna-se o condutor (auriga) de Arjuna. A condução da biga (carruagem) então pode ser entendida como uma alegoria da própria condição de *Kṛṣṇa*, amigo e mestre de Arjuna, que se revela o condutor do espírito humano, simbolizado pelo próprio Arjuna.

Mas, mesmo tendo o auxílio desta divindade, no momento em que deveria começar a batalha, Arjuna recusa-se a lutar, paralisado pelo dilema de enfrentar amigos, mestres e parentes do outro lado do campo Kuru. Trata-se de um confronto fratricida. Por isso, o herói não toca o búzio e o confronto encontra-se paralisado quando se inicia a narrativa do Bhagavadgītā. Para a resolução do dilema de Arjuna, *Kṛṣṇa* resolve ensinar-lhe a doutrina suprema (chamada Dharma), que dissipa a ignorância e a ilusão (GNERRE, 2011, p. 63).

Esta doutrina é desvelada em diversas disciplinas (yoga) que Arjuna deve aprender a praticar, para sair do estado de paralisia. E, neste percurso de aprendizagem, *Kṛṣṇa* se revela para Arjuna na forma de uma teofania da ordem cósmica: numa visão sublime, mostra-se como síntese de várias manifestações divinas, heroicas e humanas. Nesta revelação, *Kṛṣṇa* mostra a Arjuna que a destruição é parte da essência divina, da ordem cósmica universal. E, após seu percurso de aprendizado, Arjuna supera a paralisia e toma a ação necessária, dando início ao conflito.

É importante observar que muitos capítulos do Bhagavadgītā se chamam "Yoga do Brahman imperecível", "Yoga do conhecimento e da ação" etc. Vemos no texto diversas referências ao termo "yoga". Mas, neste contexto histórico, o termo "yoga" pode ter significados diferentes dos quais geralmente se associam ao vocábulo no mundo contemporâneo (onde o yoga encontra-se cada vez mais vinculado à prática de Haṭha-yoga, que é apenas um de seus aspectos).

Yoga deriva da raiz sânscrita *Yuj* (que tem o significado de jungir/cangar), perfeitamente compreensível no universo semântico dos agricultores do vale do Indo (a observação da natureza explica o sentido do yoga: um boi cangado não tem mais vontade alguma...). Assim, yoga não está diretamente relacionado ao conceito de união – tão comum no português. Trata-se de uma disciplina, uma subjugação do corpo e da mente (dos cavalos dos sentidos). E é com este sentido que a palavra ocorre no texto (FONSECA, 2009, p. 13).

Tanto a guerra quanto o campo de batalha do Bhagavadgītā podem ser interpretados como alegorias. Os inimigos podem ser vistos como os próprios sentimentos humanos, e o campo de batalha como a vida do próprio ser humano, que deve enfrentar estes sentimentos para se posicionar de forma correta. Entre as fontes da ignorância e ilusão, a principal é o apego a si, aos seus bens materiais, o que paralisa as ações. E, para *Kṛṣṇa*, não há escapatória. A guerra tem que ser lutada (GNERRE, 2011).

Segundo Carlos Alberto Fonseca, "A costumeira metáfora da vida como uma batalha [...], sacada de surrados fichários interpretativos, é antes uma alegoria, com imagens e figuras radicalizadas do processo de tomada de decisão – aí incluídos o gosto, o dever, a imposição social, o empenho da palavra e dos sentimentos" (FONSECA, 2009, p. 10).

Ao escolher *Kṛṣṇa* e só ele, como seu parceiro e auriga contra os kauravas, Arjuna reconhece e reverencia a necessidade de obedecer à ordem cósmica, de tomar a conduta correta. É como se *Kṛṣṇa* – Razão/coração e voz/palavra (em sânscrito *manas e vāc*) – encarnasse a figura da boa consciência, que conduz o comandante dos pândavas em seu percurso de eliminação do caos.

Quando Arjuna, na iminência do conflito, escolheu apenas *Kṛṣṇa* para lutar do seu lado, todos os exércitos e armas antes perfilados ao lado deste Deus e do príncipe passaram automaticamente para o lado de seus inimigos duryodhana e dos kauravas (essa escolha foi dada pelo próprio *Kṛṣṇa*, quando ambos os guerreiros vão pedir a sua ajuda antes do conflito). É como se todos os obstáculos possíveis aparecessem para Arjuna, neste campo de batalha da vida – o *asṁsāra* (literalmente, "onde tudo acontece").

O texto do Bhagavadgītā encaixa-se nas medidas e estratégias do gênero textual das Upaniṣad, com seus ensinamentos e metafísica própria, que remonta ao século X a.E.C., período final dos Vedas. É fundamental dizer que o Bhagavadgītā não existe sozinho na literatura sânscrita épica, desacompanhado de outras obras que o sucederam, fornecendo motivos de conteúdos e formas de produção, incorporando questões a sua formulação. Essa constatação, segundo Carlos Alberto Fonseca (2009), é fundamental para a compreensão da importância que o texto assume para a história da literatura e do pensamento bramânico na Índia: o Bhagavadgītā não é um texto que conclua uma corrente de ideias, mas é um texto de caráter transitório, uma cena.

Por isso, existem palavras como o próprio termo "yoga", corrente no texto, que ainda guardam significados diferentes, alguns deles mais ligados à experiência diária da vida cotidiana, como uma doutrina prática, do que ao mundo abstrato das ideias. Devemos lembrar ainda que o Bhagavadgītā é notoriamente uma das porções textuais mais recentes da imensa massa narrativa que forma o poema do Mahābhārata.

O texto do Gita torna-se posteriormente o elemento central da mística devocional (*Bhakti*) para os seguidores da tradição Vaishnava, sobretudo no contexto do vaishnavismo gaudiya que se desenvolve em Bengala com *Chaitanya Mahaprabhu* no século XVI, alcançando muitos devotos (cf. VARELA, 2014). O texto foi revelado pela primeira vez ao Ocidente pela tradução inglesa de Charles Wilkins, publicada em 1785. Desde então foi incorporado ao espírito romântico e contou com interpretações de Hegel, Humboldt, Schopenhauer, Max Müller, e outros. Foi também um texto fundamental no processo de formação da identidade nacional da Índia, e revitalização de sua cultura entre o fim do século XIX e início do século XX, além de ser talvez o texto hindu mais difundido no Ocidente na atualidade.

Maria Lucia Abaurre Gnerre

Ver também Bhagavadgītā e Mahābhārata; Hinduísmo; Shakti; Tantrismo; Vedas.

FONSECA, C.A. (2009). *Bhagavadgītā*: Canção do Venerável. Rio de Janeiro: Globo.

GNERRE, M.L.A. (2011). *Religiões orientais*: uma introdução. João Pessoa: Ed. Universitária UFPB.

VARELLA, L. (2014). *A mística devocional (Bhakti) como experiência estética (rasa)*: um estudo do Bhakti-Rasāmrta-Sindhu de Rūpa Gosvāmī. Juiz de Fora: UFJF [tese de doutorado].

ZIMMER, H. (2003). *Filosofias da Índia*. São Paulo: Palas Athenas.

Báltico pré-cristão (religião)

Os povos bálticos que abordaremos aqui dizem respeito aos lituanos, os letões e o antigos prussianos. Estes últimos foram dizimados durante o longo e violento processo de conversão e conquista das Cruzadas no Báltico, conduzidas, acima de tudo, pela Ordem dos Cavaleiros Teutônicos. Os letões e lituanos, apesar de terem sido submetidos a esse violento processo de conversão e de terem sido considerados, no século XIV, como convertidos, tiveram seu paganismo mais fortemente combatido somente com a chegada dos missionários luteranos. Nesse período em que ocorreram as primeiras tentativas de cristianização dos povos bálticos por meio das Cruzadas (principalmente séculos XII e XIII) eles ainda não estavam organizados em reinos, mas divididos em várias tribos: curonianos, semigálios, selonianos, samogídios, pomesianos, prussianos, pomerânios, latigálios, entre muitas outras.

O estudo da religião báltica pré-cristã se mostra permeado por um paradoxo. Por um lado, os bálticos foram basicamente os últimos povos europeus a serem convertidos ao cristianismo. As crenças politeístas e pré-cristãs desses povos se mantiveram vivas e presentes até pelo menos o século XVI. Outro fator único é sua localização geográfica, considerando que as tribos bálticas formaram um bloco que se encontrava cercado por germânicos, fino-úgricos (principalmente finlandeses e estonianos) e eslavos. Por outro lado, mesmo tendo permanecido pagãos por mais tempo, as fontes primárias que tratam da religião e mitologia desses povos são escassas e escritas massivamente por cristãos – principalmente crônicas ou sermões – ou então muito tardias, baseadas no material mitológico e simbólico encontrado nas *daina*, canções folclóricas letãs compiladas até o século XIX. Alguns autores enxergam o material revelado pelo folclore como inválido para se restaurar elementos originalmente pré-cristãos das religiões bálticas. Contudo, autores como Marija Gimbutas são mais otimistas e não somente defendem o uso do folclore como fonte tardia retentora de elementos pré-cristãos, como afirmam ser possível separar, nesse material, os elementos cristãos dos originalmente bálticos.

Algumas das crônicas que descrevem os rituais e crenças pré-cristãs desses povos são a *Crônica de Henrique da Livônia*, que engloba o período das Cruzadas nas regiões das atuais Estônia e Letônia, do ano 1180 ao de 1227; a *Crônica Rimada da Livônia*, de autoria anônima, que engloba acontecimentos da mesma espécie de 1180 a 1343; a *Crônica prussiana* (1234-1236), de Pedro de Duisburg, um cronista da Ordem Teutônica que descreve as ações destes na Prússia e oferece informações sobre tribos prussianas; e outra *Crônica prussiana*, escrita por Simon Grunau entre 1517 e 1519, também repleta de informações sobre a mitologia e os cultos dos antigos prussianos.

A localização geográfica dos bálticos também manifesta suas problemáticas: podemos conjecturar que, perdidos dentre tantos outros povos, os bálticos tenham recuado e se mantido de certa forma "isolados", desenvolvendo-se mais lentamente e, como consequência, mantendo-se fiéis a suas origens; contudo, o fato de que tiveram vizinhos de tantas origens distintas pode nos levar a cogitar o oposto: o de que eles, na verdade, receberam muitas influências e interferências desses povos, algo que precisa ser levado em conta. Somado a isso temos, principalmente a partir do século XVI, as fortes influências do cristianismo.

Por conta dos motivos que acabaram de ser expostos, boa parte da tradição acadêmica defende que os povos bálticos foram os que se mantiveram mais fiéis à sua herança indo-europeia, algo que argumentam ser observado inclusive em seus idiomas. Estudar a religião báltica pré-cristã seria, segundo essa tradição, o modo mais fidedigno de nos aproximarmos das origens arcaicas da religião indo-europeia original. Esse período arcaico do indo-europeu teria sido quando os deuses da terceira função – seguindo o esquema tripartido dumeziliano –, ou seja, os deuses relacionados à fertilidade, seriam as divindades dominantes na sociedade, algo que teria acontecido até o momento em que os deuses da guerra – a chamada segunda função – assumiram essa proeminência e passaram a dominar os cultos. No caso dos bálticos, observamos esse estágio arcaico por meio do dominante prestígio que os cultos da fertilidade recebiam, principalmente ao adorarem uma série de deusas "mães", ou *mate*, que muitos autores afirmam remeter a um culto primordial da Mãe-Terra, que estava relacionada, também, ao Sol. Lembremos que o sol, para os bálticos, era uma divindade feminina – *Saule* para os letões, *Saulė* para os lituanos –, algo que observamos da mesma maneira entre os escandinavos, povos também indo-europeus.

Apesar de a religiosidade politeísta estar disseminada e profundamente entrelaçada com todas as esferas da vida desses povos, não são detectados vestígios de alguma teocracia entre os bálticos. O poder político estava nas mãos de reis e líderes locais e se mantinha por questões bélicas e aristocráticas. Ainda assim, havia provavelmente figuras sociais especialistas no religioso, provavelmente responsáveis por conduzir os rituais públicos e comunitários e recitar rezas ou canções. Eles são frequentemente nomeados pelas fontes, escritas por cristãos, como *sancti viri*, *auguri*, *nigromantici* etc. O próprio Adão de Bremen, em sua *Gesta* (1075), os chamou de necromantes. Segundo essas fontes, eles eram velhos homens tidos por sábios, sendo escolhidos, então, pela comunidade para conduzirem os rituais. Ainda assim, carecemos de fontes a respeito dessas figuras, não sendo possível afirmar que eram pertencentes, de fato, a uma classe sacerdotal.

Um de seus costumes que mais chocou os missionários cristãos foi o da cremação. Reis e aristocratas eram cremados com suas roupas, armas, adornos em ouro ou prata e até mesmo com seus cavalos, cães ou pássaros de caça. Cada família mantinha uma espécie de lareira em local sagrado onde queimavam seus familiares ou amigos próximos juntamente com seus pertences. Geralmente, tais locais ficavam em colinas sagradas, chamadas dę *alka*. A massiva ocorrência, atestada pela arqueologia, de túmulos comunitários, leva autores a cogitar que muitas vezes, ao morrer um importante membro da família, a esposa, marido e filhos deveriam também morrer e ser enterrados. Os mortos não eram incinerados logo ao falecer, mas seu corpo era "guardado" pela família por um considerável período de tempo, continuando a oferecê-lo comidas e bebidas. Em alguns casos, as fontes descrevem que os corpos não apodreciam porque eram deixados em locais extremamente frios, até que chegasse o momento de serem finalmente cremados.

Durante os funerais era oferecido um banquete (*šermenys*) em honra aos mortos, geralmente com o abatimento de um boi. Na mesma ocasião eram recitadas canções de lamentação, nomeadas *raudos*, algo que provavelmente era de extrema importância para essas tribos. Nesse sentido, consideremos que, em uma fonte escrita em 1210, é narrado que, em plena guerra contra a Ordem dos Irmãos Livônios da Espada, os curonianos pararam as batalhas por três dias para que pudessem cremar e lamentar seus mortos devidamente. Esse ritual visava lamentar, honrar e se despedir dos falecidos para garantir que chegassem no reino dos mortos e se encontrassem com outros amigos e familiares que os aguardavam. A condução desses rituais geralmente se dava em densas florestas, pois entre os bálticos a veneração da natureza estava agregada de maneira intrínseca ao culto dos ancestrais.

Os mortos recebiam o nome de *vėlės*, que designava seu novo estado. Depois de falecidos, os *vėlės* continuavam suas vidas normalmente, com a diferença de que o faziam nesse "mundo dos mortos", que não era visto como um submundo, mas como a continuação da vida em outro estado, em outro reino. Esse mundo podia ser avistado concretamente, consistindo nas colinas, florestas e outros locais tidos por sagrados, mas também remetia a uma colina mítica íngreme e feita de pedras, que necessitava ser escalada e vencida pelos recém-falecidos para que chegassem ao mundo dos *vėlės*. Nessa colina residia o deus *Dievas* (*Dievs* em letão), responsável por invocar os mortos. Essa crença revela uma interessante concepção em que a morada do próprio deus supremo dos céus é possivelmente a morada dos mortos. Ao escalar a colina pedregosa, os *vėlės* estariam tentando acessar a morada de *Dievas*. Segundo as canções folclóricas, depois dessa colina ficava o reino conhecido como *dausos*, onde residiam *Dievas*, o Sol, a Lua, o deus do trovão e a divindade dos mares, além de uma árvore cósmica que sustenta a abóbada celeste, uma ideia presente também nas mitologias germânica, escandinava, finlandesa, estoniana, sámi, siberiana, entre outras. Apesar dessa distinção entre o mundo dos vivos e o dos mortos, os bálticos aparentemente não estavam preocupados com a estrutura e composição do mundo. Ao menos, isso é o que revelam as fontes de que dispomos, que não mencionam preocupações e esquematizações cosmológicas e fazem o mundo parecer, então, basicamente dividido entre céu e terra (esta, habitada tanto por vivos quanto por mortos).

Apesar de não acreditarem em reencarnação no sentido contemporâneo e cristão do termo, para os bálticos os laços físicos entre os vivos e mortos permaneciam possíveis e frequentes. Ao morrer, havia uma essência da pessoa que se transformava em *vėlė* e que, conforme vimos, partia para a morada dos mortos, mas havia também a crença em *siela*, uma espécie de poder vivo, dentro de cada pessoa, que nunca deixava a Terra. Quando alguém morria, a *siela* se "reencarnava" em forma de pedras, flores, árvores ou animais. No momento da morte ela saía do corpo feito um vapor, um suspiro, e prontamente buscava abrigo no corpo desses outros seres, principalmente de árvores como o carvalho, o freixo e a bétula, muito queridos pelos lituanos. Se a árvore para onde a *siela* migrou fosse cortada, então a pessoa de fato morreria. Por isso, na Letônia e Lituânia, as árvores em locais sagrados (e posteriormente em cemitérios cristãos) não podiam ser cortadas ou podadas. Outros *siela* poderiam migrar para cavalos, lobos, ursos, cães, gatos e até mesmo sapos.

Como todos os objetos e seres eram vistos enquanto detentores de vida, outros espíritos além dos *siela* os habitavam; havia os *kaukis*, espécie de anões, e as *laume*, entidades femininas encarnadas em tudo o que confere vida ou a proteja. Portanto, árvores, pedras e colinas frequentemente recebiam oferendas e cultos. Algo recorrente e também muito peculiar na religião báltica pré-cristã era a tendência de perceber as forças e manifestações naturais de maneira coletiva, ou seja, atribuíam-se poderes a grupos de entidades responsáveis por reger certos fenômenos. Assim, muitas dessas entidades não eram representadas ou percebidas como sendo indivíduos, mas coletivos cujas ações eram harmoniosas entre si e conduzidas em conjunto. A exemplo disso temos, entre os antigos prussianos, os *dëivaï*, os *kaukaï* e os *atvaraï*, que seriam as manifestações coletivas de criaturas como demônios, lobisomens e feiticeiras, com os devidos paralelos entre os lituanos: *deiva*, *lauma*, *ragana*.

O fogo recebia grandes cultos e venerações por parte dos bálticos. Além de trazer a luz, o calor e a fertilidade, ele era tido como a mais efetiva força contra entidades "malígnas". As fontes narram que haveria, entre os lituanos, o templo do culto ao fogo eterno, que deveria ser mantido aceso de maneira ininterrupta. Com a ajuda desse fogo seria possível saber se um enfermo se recuperaria de sua doença: o indivíduo em questão era posto de frente para o fogo e, se sua sombra (para eles o "espírito", talvez) fosse vista de frente para as chamas, então ela se recuperaria. Se fosse vista de costas, a pessoa morreria vítima da enfermidade.

Por conta dessa importância do fogo, grande parte dos heróis e deuses desses povos mantinham algum tipo de relação com este elemento, fossem divindades da guerra, dos trovões e da fertilidade, como *Perkunas*, fossem figuras do ferreiro cósmico e celestial intimamente ligado ao fogo, como *Teljavel* – quem, inclusive, portava um martelo semelhante ao *mjöllnir* de *Thor* – ou até mesmo no culto ao próprio Sol. Aparentemente, entre esses povos o culto ao sol tinha alguma relação com martelos de ferro, embora os relatos dos quais dispomos não esclareçam melhor sobre esse suposto vínculo. O deus *Diviriks*, que era o arco-íris, também é relacionado ao fogo em várias fontes medievais. Também era feito uso ritualístico do fogo no momento de práticas mágicas divinatórias, muito estimadas pelos bálticos – e, inclusive, descritas por diversas vezes em ambas as Crônicas da Livônia.

A concepção de destino era igualmente detentora de grande prestígio entre esses povos, outra característica que partilham com os escandinavos. Entre os antigos prussianos havia as *laume*, espíritos tutelares relacionados às águas e às florestas, mas as *laima*, seu correspondente lituano, têm a função tutelar descrita como mais diretamente relacionada a vigiar e acompanhar o destino tanto dos indivíduos quanto de suas famílias e clãs. Não bastasse esse paralelo, entre os letões, *Laima* era o nome de uma deusa cujo duplo significado era, curiosamente, "destino" e "felicidade". Observamos entidades análogas, que também transitam entre os assuntos da felicidade e do destino, nas *hamingja*/*gaefa* da mitologia nórdica e nas *rozanica* eslavas.

De cunho politeísta, as religiões bálticas pré-cristãs possuíam um vasto panteão de deuses. Alguns autores como Endre Bójtar defendem que, originalmente, essas religiões não possuíam deuses antropomorfizados e sequer nomes próprios a eles atribuídos, mas viam o mundo de maneira coletiva e animizada, conforme explicitamos acima. Dessa forma, os rios, colinas, pedras, florestas, árvores, bem como os próprios acontecimentos da vida rotineira eram tidos por sagrados e dotados de anima (espírito), não sendo representados de maneira individualizada e nem antropomorfizada, mas coletiva. Segundo essa tradição, as religiões bálticas eram sistemas de crença que se revelam como religiões da natureza, detentoras de uma espécie de panteísmo em que homens, deuses, entidades e a natureza são vistos de maneira indissociável e representantes iguais da mesma sacralidade.

Para Bójtar, foi graças aos primeiros contatos com o cristianismo, no século XII, que os bálticos passaram a desenvolver seu panteão de deuses, separando-os de acordo com suas funções e lhes atribuindo identidades pessoais, migrando para um politeísmo com deuses individualizados, antropomorfizados e dotados de teônimos. Um exemplo disso seria a palavra "*Deivas*" (*Dievs* em letão, *Dievas* em lituano, *Deywis* em antigo prússio) que designava, a princípio, o céu. Com a chegada do cristianismo, o céu começou a ser divinizado e antropomorfizado e a palavra passou a ser, então, o nome que designava esse deus supremo dos céus, até que finalmente terminou por ser a palavra utilizada para se referir ao Deus cristão.

Victor Hugo Sampaio Alves

Ver também Cruzadas do Báltico; Deuses do trovão; Finlândia pré-cristã (religião); Mitologia báltica; Mitologia finlandesa; Mitologia sámi; Paganismo medieval; Sámi (religião); Xamanismo euroasiático.

BIEZAIS, H. (2005). "Baltic Religion: an overview". In: JONES, L. (org.). *Encyclopedia of Religion*. United States of America: Thomson Gale, p. 756-761.

BOJTÁR, E. (1999). *Foreword to the past*: a cultural History of the Baltic People. Hungary: Central European University Press.

BOYER, R. (1993). "Baltic Myths and Religious Categories". In: BONNEFOY, I. (org.). *American, Asian and Old European Mythologies*. Chicago: University of Chicago Press, p. 251-252.

ELIADE, M. (2011). "Religiões da Eurásia Antiga: turco-mongóis, fino-úgricos, balto-eslavos". In: ELIADE, M. (org.). *História das crenças e das ideias religiosas III: de Maomé à Idade das Reformas*. São Paulo: Zahar, p. 41-46.

GIMBUTAS, M. (1963). *The Balts*. Londres: Thames and Hudson.

Bebidas e religiosidade no Medievo

As bebidas alcoólicas sempre tiveram espaço de destaque no cotidiano da humanidade desde a Pré-história. Os primeiros fermentados de cereais – as cervejas Mesopotâmicas – foram ofertadas aos sumérios pela deusa Ninkasi para saciar a sede e confortar o espírito. Em louvor à deusa foi composto um hino que descreve a composição da cerveja, a maneira de prepará-la e a alegria que o seu consumo proporcionava. O ato de consumir a cerveja para os sumérios simbolizava beber o corpo de Ninkasi, e assim celebrar a vida que ela oferecia como dádiva. A cerveja, portanto, possuía um caráter sagrado.

Para os gregos e romanos o vinho era consagrado ao deus Dioniso/Baco e representava não somente uma bebida e um produto comercial por excelência: o vinho simboliza a própria vida do deus que a sacrificava para a felicidade dos homens. E assim saciava a sede e proporcionava momentos de alegria e prazer: uma epifania como nos descreve o poeta romano Horácio: "[...] Quem depois do vinho fica falando da insuportável milícia ou da pobreza? Quem não fica falando ante ti, pai Baco e de ti, Vênus formosa?"

Na Escandinávia medieval a literatura também nos apresenta descrições e louvores aos deuses que concederam a dádiva das bebidas alcoólicas especiais e legaram aqueles que as consumiam não só à saciedade da sede, mas concederam sabedoria e dotes artísticos. Na literatura escandinava medieval encontramos tanto poemas como narrativas que descrevem a importância das bebidas na vida cotidiana seja como um bálsamo, um alimento sagrado, uma recompensa na vida após a morte para aqueles que foram corajosos e não tombaram frente aos piores temores ou um veículo de comunicação com os deuses.

A relação que tanto deuses como humanos estabeleciam com as bebidas alcoólicas possuía um caráter sagrado que estava presente desde a escolha dos ingredientes para a sua elaboração, a elaboração era uma tarefa feminina por excelência e as mulheres se responsabilizavam por todo o processo: colheita tanto das ervas empregadas para garantirem a longevidade do produto – que era geralmente preparado durante os períodos mais quentes na primavera e no verão para durarem todo o longo e gelado Inverno – bem como textura, aroma e um bom sabor. Além disso, essas ervas aromáticas e de comprovado valor medicinal e de uso mágico também concediam tanto à cerveja como ao hidromel uma sacralidade.

A literatura medieval escandinava é responsável por nos apresentar um *corpus* que nos mostra a origem mitológica dessas bebidas, e como os deuses a ofertaram aos homens mesmo que em alguns casos isso seja feito de maneira não intencional como analisaremos mais adiante no que diz respeito ao hidromel da poesia que goteja do próprio Odin para pingar na fronte dos futuros escaldos. Pautaremos a nossa análise acerca da sacralidade do hidromel e da cerveja tendo como fontes a Edda Menor de Snorri Sturluson e a Edda Maior majoritariamente nos episódios que descrevem o roubo do hidromel por Odin que era guardado pela giganta Gúnnlod e nos revelam como a bebida destinada apenas ao deleite dos deuses foi a responsável pelo surgimento da poesia segundo a mitologia nórdica. Na Edda Poética – *corpus* que será analisado o fragmento que relata o roubo do hidromel por Odin – trata-se de uma composição mais simples e pouco rebuscada de autoria anônima, sendo essa poesia centrada nos temas mitológicos e heroicos procurando cantar tanto os feitos dos deuses como as venturas e desventuras dos heróis.

Em forma de versos temos em detalhes o roubo do hidromel por Odin que, metamorfoseado em águia após a apropriação do sagrado licor, alça voo e descuidadamente deixa que algumas gotas caiam sobre algumas pessoas e essas, ungidas por essa sagrada bebida, tornam-se poetas/escaldos. O *Hávamál* ou Os Ditos de Har apresenta nos versos 104 a 110 a aventura empreendida por Odin para seduzir a giganta Gúnnlod e roubar o hidromel para que esse seja somente consumido pelos deuses. A sacralidade conferida a essa bebida não é somente pela sua origem envolvendo o deus Odin, mas também pelo fato de seu ingrediente principal, o mel, ser algo raro e de difícil acesso. Na Escandinávia da Era Viking todo o mel consumido era essencialmente silvestre (LANGER, 2015), a apicultura ainda era pouco ou nada desenvolvida, o que tornava o mel um ingrediente que estava somente ao alcance de poucos e, consequentemente, o hidromel era consumido apenas pelas famílias mais abastadas – e sendo uma bebida odínica por excelência, era servido em ocasiões especiais – como para celebrar alianças político-militares que envolviam alguma espécie de ritual sagrado ou em festividades religiosas e reforça-se o caráter de sagrado dessa bebida. O hidromel, além de ser a bebida que proporciona a inspiração para a arte de se compor a poesia, era também utilizado pelas profetisas, pelos berserkir – guerreiros consagrados a Odin – para conseguirem atingir o êxtase e, consequentemente, o furor na batalha e claro para os líderes, os grandes guerreiros e os escaldos cantarem as vitórias das batalhas e glorificarem o deus de um só olho. O consumo de hidromel estava reservado aos chefes mais poderosos e aos melhores guerreiros como a elite guerreira dos berserkir consagrados ao deus Odin e aos poetas escaldos era portanto reservado a um seleto grupo de homens que acreditava que no *post-mortem* adentraria aos salões do Valhalla e, ao lado dos deuses, se alimentariam da carne de porco que, mesmo depois de ser totalmente devorada, no dia seguinte está pronta para ser consumida novamente (MONTANARI, 2003, p. 36) e de hidromel enquanto aguardavam o Ragnarok.

O hidromel é ofertado a Odin por Gúnnlod que o faz como uma espécie de pagamento pelo amor e prazer recebido pelo deus durante os três dias que passaram juntos antes do roubo da bebida. O poema canta que a jovem de sentimentos sinceros e com boas intenções não se importa em dividir o hidromel do qual ela é a guardiã com aquele que está envolvida amorosamente. Essa ligação entre Gúnnlod e Odin, tendo o hidromel como elo entre os amantes, pode ser interpretada no poema como uma união sagrada entre o deus e a donzela guardiã da bebida sagrada. A descrição de Gúnnlod no decorrer do poema é apresentar uma bela jovem (verso 107) e o eu-lírico do poema que é uma voz masculina gaba-se que bem se serviu dessa jovem: seja do seu amor, seja do hidromel que conseguiu não só apreciar enquanto recebia os afagos de Gúnnlod, mas como o subtraiu de sua guarda e o conduziu ao seu templo para que fosse servido somente aos deuses. Mas o deus ainda embriagado de duplo prazer bebe todo o hidromel que estava dentro do caldeirão guardado pela donzela seduzida e, ao alçar voo repentinamente, deixa cair gotas do sagrado líquido na fronte de algumas pessoas que se tornarão os poetas escaldos inspirados pelo hidromel da poesia.

Entre os germanos antigos e os celtas havia a presença de uma dama de alta posição social oferecendo hidromel aos hóspedes da hierarquia real. O hidromel é oferecido também aos guerreiros mais valorosos que estão presentes no salão real. Aceitar o hidromel oferecido pela dama é um sinal de respeito e deferência para com o rei (KVILHAUG, 2004, p. 27). Além do que a oferta do hidromel pela dama proporciona uma influência de estabilidade entre todos que compartilham a bebida, proporcionando assim a ligação com os deuses.

A narrativa celta "A razia das vacas de Cooley" apresenta a Rainha Medb – cuja tradução do nome significa "embriaguez, intoxicação" – que oferece a "amizade de suas coxas" a todos aqueles que adentram a sua morada mostrando como a hospitalidade era fundamental e não era apenas demonstração de boa vontade para com os viajantes, mas principalmente era uma demonstração de poder.

Ao nos atermos à figura da donzela que oferece o hidromel - pois tanto a Edda Poética como também algumas narrativas celtas conferem relevância a ela demonstrando como o ato de oferecer a bebida possui uma estreita ligação com o nome das donzelas ou rainhas que seguram a copa de bebida que geralmente estão ligados à intoxicação ou êxtase e alguns casos específicos também fazem referência à cor vermelha que advém provavelmente da mistura do mel, das frutas e ervas que eram utilizadas na elaboração do hidromel e da cerveja. Como a cerveja também era muito utilizada tanto em rituais (MONTANARI, 2003, p. 33) como uma oferta de sacrifício e como um meio de acesso aos deuses, essa bebida também merece destaque em algumas composições poéticas como, por exemplo, o Alvíssmál.

Em sua dissertação de mestrado Maria Kvilhaug faz uma análise sobre a importância da donzela ou rainha que tem uma dupla função ou guardiã do hidromel - no caso específico de Gúnnlod - ou das rainhas que nos banquetes cerimoniais e rituais são as responsáveis por servir hidromel aos homens presentes no salão. No decorrer de sua análise a historiadora mostra como a figura feminina possui uma função estabilizadora naquele ambiente. Ao ser a portadora da copa que carrega o licor sagrado que possibilita a união com os deuses ela é quem escolhe quem será o primeiro a ser servido entre todos os homens que se tornaram dignos de compartilhar o hidromel.

A sacralidade não só da bebida em si, mas, do ritual que a cerca - desde o seu aparecimento como uma bebida perfeita que deveria, portanto, ser guardada e somente apreciada por aqueles que se tornassem dignos dela até o momento em que é ofertada pela mulher de alta posição social para aqueles que merecem compartilhá-la - o hidromel é símbolo de poder, de ligação divina e de inspiração para que os escaldos possam compor suas poesias de glórias e guerras, e assim deleitar os seus ouvintes, pois foram agraciados com as gotas do divino hidromel caídas do bico da águia odínica. No decorrer de sua dissertação Kvilhaug mostra como o ritual tanto de oferecimento como de apreciação do hidromel por todos os presentes no salão é uma maneira de preservação do mito do roubo do hidromel em que a donzela - ou a rainha - é a personificação da própria Gúnnlod que em pose altiva como representada na estela que foi analisada anteriormente concede o corno de hidromel para o deus Odin depois que esse rendeu-se aos encantos da donzela e mostrou-se portanto digno de receber e mesmo sem querer compartilhar com outros a bebida que escorreu do bico.

A temática das bebidas sagradas - principalmente as representações do hidromel - que estão presentes na literatura nórdica medieval é ainda um campo de estudos que merece ser mais cuidadosamente estudado. As bebidas são muito mais do que um alimento. Todas elas estão envolvidas em origens míticas e sagradas; além de serem a mediação entre homens e deuses, elas têm a sua elaboração cercada de ingredientes mágicos, o que confere a cada uma delas uma profunda ligação com o sagrado. Ao analisarmos com atenção o Hávamál e o Alvíssmál podemos perceber que a literatura foi a responsável por grafar e cantar a importância do hidromel – inspirador da poesia escáldica e bebida ritualística para os eleitos de Odin – e é esse *corpus* que nos permite analisar a importância social, cultural e principalmente religiosa das bebidas na sociedade nórdica medieval e assim conseguirmos compreender a importância dessas bebidas não só no ritual mas no cotidiano dessas populações.

Pudemos observar que a literatura produzida no Medievo representava a importância das bebidas tanto para os rituais religiosos como também descreveram poeticamente a importância das donzelas e rainhas nos rituais onde a bebida era servida e consagrada. A descrição poética desses seres femininos é importante também para se entender não somente de como se desenrolava o ritual mas como funcionava a hierarquia que consumia essa bebida. A marcialidade, a poesia, a celebração da vida e das vitórias cabem todas no mesmo corno de hidromel. Roubado pela águia e deixando que algumas gotas ungissem a fronte de eleitos e que inspirados por elas tornaram-se poetas e, portanto, dignos de continuarem desfrutando da bebida para que suas penas jamais parassem de produzir e cantar o "convite para a batalha" aceito por Odin. Ao batalhar amorosamente nos braços de Gúnnlod e roubar o hidromel, o deus ofertou aos poetas e mortais uma maneira de cantar as vitórias nas batalhas comemoradas em banquetes sagrados para honrar os deuses ou simplesmente cantar a sacralidade que cabe nas taças e cornos cheios do sagrado licor.

Luciana de Campos

Ver também Encantamentos germânicos; Mitologia medieval; Paganismo medieval; Poder e religião no Medievo.

CAMPOS, L. (2015a). "Banquetes rituais na Era Viking". In: LANGER, J. (org.). *Dicionário de Mitologia Nórdica*: símbolos, mitos e ritos. São Paulo: Hedra.

______ (2015b). "Bebidas Sagradas Nórdicas". In: LANGER, J. (org.). *Dicionário de Mitologia Nórdica*: símbolos, mitos e ritos. São Paulo: Hedra.

______ (2013). Taverna Quando Sumus: A taberna medieval como espaço de prazer e poder. *História, Imagem e Narrativa* 16, abr.

______ (2011). Um banquete para Heimdallr: uma análise da alimentação viking na Rígsþula. *História, Imagem e Narrativa* 12, abr.

HAGEN, A. (2010). *Anglo-Saxon food and drink*. Londres: Anglo-saxan books.

JAKOBSDÓTTIR, S. (2002). "Gunnlod and the Precious Mead". In: ACKER, P. & LARRINGTON, C. (org.). *The Poetic Edda*. Londres: Routledge.

KVILHAUG, M. (2004). *The maiden with the mead* – A goddess of initiation in Norse mythology [dissertação de mestrado em História das Religiões. Departamento de Cultura Universidade de Oslo].

LANGER, J. & CAMPOS, L. (2012). Brindando aos deuses. Representações de bebidas na Era Viking, no cinema e nos quadrinhos. *Revista de História Comparada*, 6 (1), p. 141-164.

LANGER, J. (2015a). "Gunnlod". In: LANGER, J. (org.). *Dicionário de Mitologia Nórdica*: símbolos, mitos e ritos. São Paulo: Hedra, 2015.

______ (2015b). "Hidromel da Poesia". In: LANGER, J. (org.). *Dicionário de Mitologia Nórdica*: símbolos, mitos e ritos. São Paulo: Hedra.

MONTANARI, M. (2003). *A fome e a abundância*. São Paulo: Senac.

Berserkgangr

Temidos, odiados e aclamados são alguns dos adjetivos usados para descrever os *Berserkir* (*Berserkr* no singular), os mais famosos guerreiros vikings. Alguns aspectos em comum podem ser observados e percorrem todas as fontes disponíveis: a força sobre-humana, o comportamento animal, a incapacidade de fogo ou ferro para prejudicá-los e a propensão a matar. Foram caracterizados como homens fortes e hábeis, personificando uma fúria em guerra e pela guerra que lutavam com fúria incontrolável como num transe, dominados por um frenesi, berrando sons animalescos causando amedrontamento, desestabilizando seus inimigos. Esses traços se repetem em todas as fontes e podem ser considerados a definição central de um Berserkr, tendo como ingrediente final o *Berserkgangr*.

Muitas teses se formaram com o intuito de explicar esse "instinto assassino" dos Berserkir. Uma delas se refere ao culto do deus Óðinn, onde o próprio nome estava associado à fúria, tanto no nórdico *Ódr* quanto no germânico antigo *Wodan*. A fé em um deus xamânico, relacionado à magia, ao êxtase e à metamorfose humana em animais, poderia explicar tal comportamento. Este frenesi, transe ou fúria incontrolável no transcurso das batalhas era o Berserkergangr, ato de enlouquecer. Os Berserkir foram proibidos em 1015 na Noruega e pelas Grágás (código legal islandês) e a prática de Berserkergangr foi punível com banimento e se buscava por meio de orações ao deus cristão e realização de votos para se evitar entrar em Berserkergangr.

Para Wade o *Berserkgangr* seria o transe de batalha dos guerreiros consagrados a Óðinn e seu significado só pode ser apreciado dentro de sua cultura. Ao entrar nesse estado são observadas algumas características como destemor, negligência dos instintos de sobrevivência e uma força sobrenatural. Em estado de transe nem sempre os Berserkir distinguiam companheiros de inimigos. Nesse estado os guerreiros "transformavam-se" em urso ou lobo nas batalhas ou lutavam na forma deles, se dissociando de sua humanidade assim também como das normas da sociedade não tendo, dessa forma, consciência e nem culpa pela matança que provocavam. A *Hrólf saga kraka* conta que o *berserkr* Böđvar Bjarki teria ficado em casa, enquanto seu espírito foi à batalha final, incorporado em um urso. Neste caso, as transformações sofridas por esses *berserkir* os tornariam em outras pessoas, no sentido que estariam num estado de consciência alterada, no qual se dissociavam de sua humanidade, assim também como das normas da sociedade, não tendo, dessa forma, consciência e nem culpa pela matança que provocavam. Por tal motivo, o *Berserkgangr* passou a ser temido e até proibido, como citado anteriormente.

O uso de guerreiros em êxtase como linha de frente tem uma longa herança, entretanto, algumas sociedades, como a grega e a romana, abandonaram o uso desse tipo de guerreiros para se distanciar de batalhas que utilizariam táticas bárbaras. Em fontes mais antigas, o Berserkergangr era cultivado por meio de certas técnicas antes dos conflitos ou seria evocado por eventos altamente emocionais; no entanto, em fontes posteriores, mais cristianizadas, começou-se a sugerir que este estado era evocado pela utilização de drogas ou ocasionado por alterações psicológicas.

O *Berserkgangr* seria uma magia de guerra onipresente e universal que produz estados úteis e incomuns em combate. Esse tipo de magia de guerra era trazido à tona por meio de rituais feitos antes das batalhas, trazendo à tona um estado transpessoal incomum que proporcionava não só vantagens de combate, mas atributos espirituais. Ele refletiria uma forte herança de magia de guerra indo-europeia que envolve: atordoar o inimigo com terror, tornar suas armas inofensivas, desdenhar o uso de armaduras, transformar-se em formas predadoras e invulnerabilidade ao fogo e às lâminas. Ele estaria relacionado a tipos universais de magia de guerra, práticas de invulnerabilidade espiritual e uma identificação com deuses ou uma busca do favor divino por meio de uma violência religiosamente inspirada. Farrer nos aponta que a guerra não é o único lugar para se tornar intenso ou tornar-se animal ou adquirir alguma característica destas, esses processos seriam invocados em várias outras atividades como na caça, na dança, nos esportes e nas artes marciais. Nesse sentido, as pessoas podem entrar em transe de batalha de repente e de forma instintiva em condições adversas ou usando de forma deliberada meios rituais.

Diversas teorias foram formuladas com o intuito de explicar as causas do Berserkergangr. A teoria dominante é que o Berserkergangr foi produzido consumindo uma infusão com o cogumelo alucinógeno *Amanita Mascaria* ideia introduzida em 1784 por Samuel Lorenzo Ödman. Após a apresentação de uma conferência na American Psychiatric Association do médico Howard D. Fabing em 1956 essa tese ganhou mais força e influência. Embora a possibilidade do uso de drogas não possa ser descartada nas situações em que tal preparação era possível (antes da batalha), alguns argumentos de Fabing contêm algumas falhas, como não usar fontes do período, fazer comparações com tribos siberianas e utilizar um personagem que não existe na literatura (WADE, 2016, p. 31).

O uso de *Amanita Mascaria*, levando em consideração a quantidade e a variação do organismo de quem ingeriria, causaria: olhos dilatados, gestos convulsivos, alucinações visuais e auditivas, diarreia, sudorese, salivação excessiva e vertigem, bem como completa desorientação, irracionalidade e violência. Todos esses efeitos colaterais tornariam um guerreiro incapaz de combater. O uso de cogumelos teria então uma imprevisibilidade de efeitos, dependendo da variedade, *habitat*, quantidade ingerida e metabolismo individual. Entretanto, uma teoria segue em paralelo ao uso do *Amanita*, que seria a do uso de uma "filtragem humana". Essa teoria propõe que um "voluntário" ingeriria essa infusão, passaria por todos os efeitos colaterais e os guerreiros ingeririam a urina (já filtrada) desse "voluntário", não sofrendo os efeitos colaterais.

Outra tese levantada por Wernick em 1979 seria a da embriaguez de álcool com murta (*Myrica gale ou Gale palustris*), uma planta usada na Escandinávia para dar sabor a bebidas alcoólicas. A embriaguez não conduz a combates eficazes, e a murta, por ser um abortivo que causa dores gástricas e dores de cabeça severas em grandes doses, reduziria ainda mais a capacidade de batalha dos guerreiros. Além destas teses, algumas outras são advogadas com o intuito de dar uma explicação para esse transe como a de que sons, ruídos altos e vigorosos, insultos e outras formas de agressão verbal, danças e rituais antes das batalhas poderiam levar o guerreiro ao estado de *Berserkgangr*. Assim como a de que esses guerreiros chegariam a tal estado por suas condições psicológicas preexistentes ou desenvolvidas ao longo de uma vida de batalhas.

Monicy Araujo Silva

Ver também Culto a Freyr; Edda Poética; Feitiçaria rúnica; Freyja; Magia escandinava; Mitologia escandinava; Mitologia escandinava (fontes); Nórdicos da Era Viking (religião); Religião nórdica antiga (conceitos).

GERATY, L.F.L. (2015). *Berserk for berserkir*: Introducing Combat Trauma to the Compendium of Theories on the Norse Berserker. Leiðbeinandi: Viðar Pálsson. Mai.

MIRANDA, P.G. (2015). "Berserkir". In: LANGER, J. (org.). *Dicionário de Mitologia Nórdica*: mitos e ritos. São Paulo: Hedra, p. 68-73.

REES, O. (2012). The psychology of the Berserkers: Going berserk. *Medieval Warfare* II-1, p. 23-26.

SCHJØDT, J.P. (2006). "The Notion of Berserkir and the Relation Between Animals and Warriors". In: *13th International Saga Conference*, Durham University.

SPEIDEL, M.P. (2002). Berserks: A History of Indo-European "Mad Warriors". In: *Journal of World History*, vol. 13, n. 2 (Fall), p. 253-259.

WADE, J. (2016). Going berserk: Battle trance and ecstatic holy warriors in the European war magic tradition. In: *International Journal of Transpersonal Studies*, 35 (1), p. 21-38.

Bíblia hebraica

"Bíblia" é uma palavra que em grego significa livros. Os diversos nomes desta coletânea de textos e autores de épocas e contextos diferentes refletem a diversidade de seu conteúdo: é denominada em hebraico *Mikrá* (do verbo *Likró* que significa ler), Torá (ensinamento e/ou Lei), mas o nome mais utilizado e conhecido entre os judeus é a sigla Tanach. Trata-se das iniciais de suas três partes ou dos três conjuntos em que se divide esta coletânea.

O T é de Torá ou Pentateuco, seriam os cinco livros cuja autoria e a tradição atribuem a revelação divina a Moisés: Gênesis, Êxodo, Levítico, Números, Deuteronômio.

O N é de *Neviim* ou Profetas abarcando diversos livros históricos como Josué, Juízes, Samuel I e II, Reis I e II, Crônicas I e II, lado a lado, com livros atribuídos a profetas tais como Isaías, Jeremias, Amós, Miqueias e muitos outros.

O Ch é de *Ketuvim* ou Escritos. É um conjunto composto por Salmos, Provérbios, o Cântico dos Cânticos, Lamentações, lado a lado com os pergaminhos de Rute, Ester, e outros, tais como as narrativas de Jó, o Profeta Daniel, os livros históricos de Esdras e Neemias. Ou seja, um conjunto ainda menos harmônico e inter-relacionado que os dois anteriores. Essa divisão e esse cânon são judaicos, e o cânon cristão diverge.

Há uma perspectiva cristã que entende que a Bíblia hebraica é apenas a primeira parte de um conjunto mais amplo, que se dividiria em duas coletâneas: a Bíblia hebraica seria o Antigo Testamento, e esta seria complementada e sucedida por outro conjunto composto dos quatro evangelhos, das epístolas e de Atos e do Apocalipse de João. Essa coletânea seria denominada Novo Testamento e seria a verdade final revelada por meio de Jesus e de seus apóstolos.

Trata-se de uma percepção ideológica e de confronto entre as duas religiões. Esta posição conflituosa, de certa forma, foi um dos motivos de inúmeras divergências, polêmicas e debates entre representantes das duas crenças. As polêmicas judaico-cristãs começaram já no século I d.E.C. com Justino o Mártir e seguiram por toda a história. O cristianismo acredita que as profecias reveladas na Bíblia hebraica se consumaram com Jesus e seus apóstolos e assim interpretam a maior parte dos trechos desta como uma alegoria profética do Novo Testamento.

Autoria e revelação – Uma das polêmicas que essa ampla e complexa obra gera é da autoria e da relação entre as partes. A tradição judaica afirma que se trata de uma obra que tem efetivamente um autor: Deus. No caso da Torá ou Pentateuco teria sido revelada por Deus a Moisés, desde o encontro deste com o criador no sopé do Monte Sinai até a morte do profeta. Assim sendo o autor seria Deus. Já no caso dos dois outros conjuntos (Profetas e Escritos) teriam inspiração divina, seriam profecias e diálogos da divindade única com profetas e inspirados. Assim o conjunto seria coerente e teria um sentido ou fio condutor harmônico e sequencial.

Desde o Medievo com os estudos bíblicos ainda controlados e restringidos já havia se suscitado muitas dúvidas no tema da autoria e da coerência entre as partes. O sábio judeu Abraão Ibn Ezra (m. 1167) foi o primeiro que percebeu contradições no texto e abriu espaço para reflexões. O filósofo de origem judaica Baruch (Benedito) Espinosa (m. 1677) é considerado o precursor da crítica bíblica e a partir do século XVIII múltiplas questões passam a ser debatidas e as certezas dão lugar a análises que demonstram que há múltiplos autores, diversos contextos de escrita e posições contraditórias. A crítica gerou inúmeras dúvidas e perceberam-se as contradições.

A Bíblia está escrita em hebraico, com pequenas e pontuais exceções de palavras no Gênesis e em Jeremias, e trechos em Esdras e Daniel escritos em aramaico. Relata eventos de épocas remotas como o período do nomadismo e do patriarcado, a presença e o domínio de impérios diversos: egípcio, assírio, babilônico e persa. Há na Bíblia muitas partes ou livros que não têm nem o mesmo autor, nem a mesma forma literária, e contextos amplamente diferentes. Uma obra que deve ser percebida no sentido "plural".

Não se trata de um mesmo autor, nem coligidas por um mesmo compilador, nem revistas por um mesmo editor. O que se percebe é que ocorre o oposto. Os estudos bíblicos dos últimos três séculos, incluindo a atualidade, fazem uso de arqueologia, estudos comparados de religiões, folclore, etnologia, filologia e paleografia mostram a ampla diversidade de autores, estilos, contextos e uma temporalidade de longa duração. A pretensa uniformidade de autoria e de ideias não se sustenta. Há contradições claras e visíveis no texto. Vejamos algumas.

A tradição judaica e a cristã que a segue declara que o Pentateuco seria obra de Deus, revelada a Moisés. A mística judaica até pretende que a Torá existiria antes da criação do mundo, sendo, portanto, eterna. Algumas contradições aparecem. Na criação (Gn 1–3) o nome do protagonista (Deus) aparece no capítulo 1 e início do capítulo 2 como Elohim (um plural majestático) e no restante do capítulo 2 e no capítulo 3 como IHWH (o tetragrama do inefável nome de Deus) agregado a *Elohim*. O nome de Deus muda no meio da criação? E no mesmo trecho há efetivamente duas criações da mulher: uma igualitária, lado a lado com o homem (cap. 1, vers. A) e outra hierárquica (no cap. 2, vers. B).

Há diferenças ainda mais evidentes. Nas duas versões (Ex 20 *versus* Dt 5) dos dez mandamentos que seriam eternos e imutáveis há pelo menos duas alterações perceptíveis. No quarto mandamento o primeiro trecho diz: *lembrarás* do sábado; já no Deuteronômio afirma: *guardarás* o sábado. E no Êxodo, nada se fala do escravo, que receberia o direito do dia de descanso no texto deuteronômico. Um contexto é antigo e possivelmente do período do nomadismo e de uma sociedade igualitária; já o contexto da "reforma deuteronômica", que se acredita foi uma tentativa de centralização do culto em Jerusalém, de sacralização da dinastia davídica e de reforma social é do período final do reino de Judá, por volta do governo de Josias (*c.* 620 a.E.C.), articulado pelo rei em conjunto com profetas e escribas.

Muitos outros trechos revelam contradições. Acredita-se que haja pelo menos três conjuntos, apenas no Pentateuco: o Livro do Levítico que é efetivamente um código sacerdotal; o Deuteronômio que seria de autoria dos escribas e do Profeta Jeremias tal como descrevemos acima; um conjunto que agrega textos antigos, mesclados com outros mais recentes e possivelmente escritos por Moisés, se efetivamente ele seja histórico. Isso sem falar que os críticos bíblicos tenham reparado que há trechos na Torá/Pentateuco que usem apenas o termo "Elohim", e outros apenas o tetragrama IHWH.

Breves comentários sobre as partes do Tanach: O Pentateuco ou Torá composto pelos cinco livros atribuídos a Moisés é a base da construção de uma literatura sacra judaica, considerada como revelação divina e de uma legislação que definirá o que seria o judaísmo e uma ampla e complexa rede de leis derivadas da Torá (cf. o verbete "Talmude"), que aparecem na lei oral. Os sábios analisaram e definiram através dos séculos a existência de um conjunto de mandamentos ou preceitos (*mitzvot*; sing. *mitzvá*) que definem o caminho judaico de vida (*halachá* = do verbo ir ou andar) e uma concepção de mundo que acompanhará o judaísmo ao longo de cerca de três milênios.

Os preceitos ou *mitzvot* seriam divididos em dois grupos principais: os mandamentos positivos e as proibições. Todos estão originalmente escritos no Pentateuco e posteriormente interpretados ou reinterpretados na lei oral. Os mandamentos são 248 e podemos defini-los como ordenações. Exemplo: lembrarás o sábado para santificá-lo ou honrarás teu pai e tua mãe. As proibições são em número de 365 e delimitam o permitido do não permitido, os tabus e as proibições: não matarás; não roubarás; não terás imagens.

A Torá também tem sua face histórica, pretendendo ir do universal até o específico: narra a criação do mundo e do ser humano, o dilúvio e a dispersão da humanidade após a construção da Torre de Babel. Faz isso mesclando mitos, principalmente de origem mesopotâmica com elementos de outras culturas do Oriente. Não há preocupação científica e nem historiográfica.

Em seguida direciona as atenções às origens do povo hebreu (depois judeu) através dos patriarcas e suas famílias que são escolhidos por Deus, como membros de um pacto (em hebraico *brit*). Este pacto associaria uma família original e seus descendentes (tribos e povo) ao Deus universal, criador dos céus e da terra e tudo que nela existe incluído o gênero humano. Eis um dos eixos da obra. O pacto não é efetivamente um apenas: são muitos e gestados de muitas formas. Um pacto com Noé e seus descendentes que abarcaria a humanidade. E uma ampla variedade de pactos que são repetidos com os patriarcas: Abraão, Isaac, Jacó. E depois do Êxodo com Moisés e as doze tribos. E não cessa de ser avaliado, referenciado e questionado através de toda a Bíblia hebraica.

O pacto é um dos eixos centrais do conjunto do *Tanach*. Nele se explicitam os deveres e os direitos dos membros do pacto (*brit*). Salientemos alguns aspectos do pacto que aparecem ao longo de todos os livros da Bíblia hebraica: (a) a circuncisão (*brit milá*) do prepúcio dos homens membros do pacto é a marca "carnal" da aliança; (b) a aderência a um conjunto de regras, preceitos, proibições e ao conjunto das 613 *mitzvot* que definem o caminho ou concepção de mundo judaico; (c) implícito e derivado do tópico anterior, a prática de uma ética judaica que tem como pilar: (I) a crença no Deus único/uno e indivisível, e criador do mundo; (II) a negação radical de outros deuses e da idolatria em todas as formas possíveis (ídolos, líderes absolutos, poder material ou político que demanda a negação dos valores judaicos); (III) a justiça social; (IV) o conceito de uma história teleológica que leva a humanidade da criação à redenção.

Há múltiplas possibilidades de interpretação das demandas do pacto. Judeus através da história e no presente analisam as escrituras e criam vertentes interpretativas variadas do pacto, mas sempre tendo as escrituras como inspiração.

O outro conjunto denominado Profetas (ou *Neviim* em hebraico) é uma mescla de livros históricos (ou parcialmente históricos) como Josué, Juízes, Samuel I e II, Reis I e II, com livros que narram as pregações de profetas em múltiplos contextos, mas geralmente em (a) defesa e manutenção do pacto; (b) implícito e derivado do anterior no combate da idolatria e da injustiça social; (c) na postulação da escolha divina da dinastia de Davi como legítima, sucessora de seu ancestral e defensora do pacto e restauradora da herança da terra. Na sequência do desenvolvimento dos postulados centrais desta posição, a casa de Davi geraria o libertador e/ou redentor na pessoa do ungido ou messias.

O terceiro e último conjunto é genericamente denominado como Escritos. Possui diversos textos em formatações literárias diversas, autores de múltiplas linhas de pensamento e períodos distantes entre si.

Os sábios judeus definiram dentro deste grupo um subgrupo que é lido através do ano litúrgico em cinco festas do calendário judaico: nas três festas de peregrinação lê-se na Páscoa judaica (*Pessach*) o Cântico dos Cânticos (*Shir hashirim*); na Festa de Pentecostes (*Shavuot*) é lido o Livro de Rute, e na Festa de Tabernáculos (Sucot) é lido o Eclesiastes (*Kohelet*). Já na Festa de Purim lê-se o Livro de Ester e na recordação da destruição dos dois templos de Jerusalém lê-se as Lamentações de Jeremias (*Eichá*), totalizando os cinco pergaminhos ou *meguilot*.

Além destes cinco pergaminhos temos os Salmos (*Tehilim*), o Livro dos Provérbios (*Mishlei*), os livros históricos de Esdras (*Ezra*) e Neemias (*Nechemia*) e os dois livros de Crônicas (*Divrei haiamim*), o Livro do Profeta Daniel não considerado entre os profetas, e o Livro de Jó (*Iov*) que reflete influências do helenismo. Os Salmos são um exemplo de coletânea multifacetada de autores diversos, estilos e escrita diferentes e de períodos múltiplos e distantes entre si. A tradição atribui o conjunto a Davi, mas percebe-se uma diversidade de autorias.

A presença de Davi será potencializada quando a dinastia que dele descende sente-se ameaçada e se alia aos profetas e escribas e desenvolve junto com estes um projeto de defesa do pacto, e da centralidade do culto em Jerusalém. Isto ocorreu sob o Rei Josias, como já dissemos antes. Tal reforma evitaria os chamados "lugares altos" nos quais se cultuavam ídolos de deuses cananeus (*baalim* e *astarotes*) e se fortaleceria a monarquia atribuindo a esta o papel de defensora do pacto. Com isto gradualmente o conceito de rei messias, ungido e protetor da fé verdadeira começa a ser associado à casa de Davi. No contexto do exílio na Babilônia e no período pós-exílico esta configuração se ampliou e gerou uma versão de Messias como um redentor da humanidade e não só um libertador do povo judeu.

Assim a Bíblia hebraica é editada e configurada de maneira que aparenta ter uma coerência e uma unidade, mesmo tendo autores diversos escrevendo em contextos diversos. Tal editoração ocorreu a partir dos escribas, em especial no período pós-exílico, capitaneados inicialmente por Esdras (*Ezra*) o escriba e que está bem relatado no livro que leva seu nome. As gerações que o sucederam, no assim denominado período do segundo templo concluíram a edição, a polêmica da canonização e a escolha de alguns livros e o repúdio de outros. De acordo ao tratado do Talmude denominado Bava Batra os homens da Grande Assembleia no período persa concluíram a edição e a canonização criando a versão oficial judaica das Escrituras, o *Tanach*.

O Pentateuco (Torá) começou a ser lido publicamente na época de Esdras, dividido nas semanas do ano (entre 50 e 54 trechos semanais, por ano), sendo que esta variação se devia à predominância do ano lunar, posteriormente acertado pelo Patriarca Hilel II. O trecho semanal, denominado *parashá*, era e é lido nas sinagogas nas segundas e quintas-feiras pela manhã (um pequeno excerto) e de maneira completa na reza matinal (*shacharit*) do sábado (*shabat*). Há leituras específicas nas festas e há complementos de leituras dos profetas e escritos, tanto nos sábados quanto nas festas.

Há muitas traduções da Bíblia a outras línguas. Citaremos apenas algumas à guisa de exemplo: (a) a tradução ao grego denominada Septuaginta mandada fazer pelo rei lágida Ptolomeu II em Alexandria, por 72 sábios, e que serviu de fonte a muitos grupos e pessoas; outras versões gregas foram feitas por Áquila, Símaco e Teodocião; (b) tradução ao aramaico mais conhecida é o Targum; (c) a tradução latina do monge cristão Jerônimo ficou conhecida como Vulgata latina de Jerônimo e serviu ao cristianismo ocidental; (d) o gaon Saadia, que viveu na Babilônia no século X, traduziu para o árabe; (e) Martinho Lutero fez a tradução ao alemão como esteio de sua reforma; (f) Moisés Mendelssohn fez a tradução judaica para o alemão (1780); (g) os filósofos judeus Martin Buber e Franz Rosenzweig (1925-1938) fizeram uma nova tradução judaica para o alemão.

A autoria do texto pela tradição é atribuída a Deus. O Pentateuco foi revelado a Moisés e os demais livros proféticos são revelação também. Isto não se configura sob a mais simples crítica bíblica. Há múltiplos autores que viveram em épocas e contextos diferentes. Não há homogeneidade na obra, e como já afirmamos a autoria é coletiva.

A importância da Bíblia hebraica é imensa tanto no judaísmo quanto nas outras duas religiões monoteístas, o cristianismo e o islamismo. Seria uma espécie de primeiro andar do conjunto monoteísta e se derrubado implode todo o prédio monoteísta. A exegese cristã trata de provar sempre que o que ocorre nos evangelhos está previsto na Bíblia hebraica.

Sergio Alberto Feldman

Ver também Judaísmo; Magia hebraica e cristã antiga; Talmude; Vulgata (Bíblia).

AUSUBEL, N. (1967). "Bíblia". In: AUSUBEL, N. *Conhecimento judaico* [A-LE]. Rio de Janeiro: Tradição, p. 70-91 [vol. 4 da Biblioteca de Cultura Judaica].

EPSTEIN, I. (s.d.). *Judaísmo*. Lisboa/Rio de Janeiro: Ulisseia.

GOLDBERG, D.J. & RAYNER, J.D. (1989). *Os judeus e o judaísmo*. Rio de Janeiro: Xenon.

GREENSTEIN, E. (2006). "Biblical Law". In: HOLTZ, B. *Back to the sources*. Nova York; Simon & Schuster.

ROSENBERG, J. (2006). "Biblical Narrative". In: HOLTZ, B. *Back to the sources*. Nova York; Simon & Schuster.

ROTH, C. (1967). "Bíblia". In: ROTH, C. *Enciclopédia Judaica* [A-D]. Rio de Janeiro: Tradição, p. 195-197 [vol. 1 da Biblioteca de Cultura Judaica].

SARNA, N. & SPERLING, S.D. (2003). "Bible". In: SKOLNIK, F. *Encyclopaedia Judaica*. Vol. III. 2. ed. Detroit: Thomson Gale; Keter, p. 572-586 [o verbete completo segue até a p. 679].

Bruxaria medieval

Para os estudos em humanidades, a definição e a distinção entre bruxaria e feitiçaria geram muitas discussões e debates. Pesquisadores contemporâneos adaptaram metodologias antropológicas e históricas ao estudo da bruxaria, proporcionando várias possibilidades de diferentes percepções sobre o assunto. Muitas interpretações foram propostas, pois existem grandes e complexas variações entre as bruxarias das diversas culturas do mundo. Há profundas diferenças – e também semelhanças – entre elas.

No período medieval, a bruxaria no Ocidente surge da disposição cristã frente ao universo das crenças mágicas de outras religiões. A maioria dos historiadores sobre o tema concluem que a bruxaria, em sua definição medieval, se trata de um imaginário cristão criado a respeito das práticas mágicas e de feitiçaria. Seus integrantes participariam de uma seita coletiva com atividades diabólicas e adorações demoníacas, em reuniões periódicas e sazonais chamadas de sabá. Na Idade Média Central, a bruxaria tornou-se o grande discurso contra a magia, produzido pelas instituições religiosas do Ocidente.

De acordo com pesquisadores como a linguista Rita Caprini (2008) e o historiador Keith Thomas (1991), é no período medieval que se estabelecem e se popularizam os conceitos de bruxaria no Ocidente. A grande parte das terminologias utilizadas atualmente para designar bruxas – mulheres que praticam magia – nos idiomas europeus foi construída a partir do século XIII, unindo crenças populares e teologia. Na Europa medieval, as pessoas estavam sujeitas a males individuais e coletivos, que frequentemente eram atribuídos a forças ocultas. Muitas vezes o recurso apropriado – ou o único ao alcance – era a consulta a um curandeiro ou a uma bruxa.

As principais teorias contemporâneas sobre bruxaria no período medieval a descrevem tanto como um complexo imaginário criado por religiosos e intelectuais quanto um reflexo de crenças, mitos e folclores populares ressignificados pelos valores sociais. Vistos na Antiguidade como alquimistas, oraculistas ou temidas feiticeiras; os praticantes de magia passaram a ser inseridos no contexto de bruxaria devido à perseguição cristã medieval.

A concepção de bruxaria como uma forma empática com satanás e demônios foi especialmente difundida pelo manual inquisitorial chamado *Malleus Maleficarum*, que continha alto grau de retórica argumentativa sobre caça às bruxas. Da Antiguidade Clássica à Idade Média Central há a passagem do folclore mágico ao diabolismo e já no início da Modernidade os processos inquisitoriais cristãos disseminam a crença e o temor à bruxaria. O pacto com o diabo medieval foi um conceito teológico legalizado, segundo o qual os indivíduos acreditavam – e eram levados a isso – terem feito contratos ou barganhas com o diabo. Essa acusação era uma das componentes básicas para as concepções ocidentais sobre bruxaria e cresceu socialmente a partir de crenças nas narrativas mitológicas cristãs.

A magia e o folclore popular voltam a ter prestígio social apenas no século XVIII com a escola nacionalista romântica e com a mescla de descobertas científicas e publicações de obras espiritualistas do século XIX. Neste período, observa-se um diálogo entre tradição cultural e coleta de materiais folclóricos ligados à magia, provocando a valorização da magia e da fé pelos escritores dos oitocentos. As produções artísticas também esclarecem as crenças religiosas da Baixa Idade Média.

O surgimento do capitalismo e a prática da economia liberal incentivam a liberdade individual e a legitimidade dos bens privados, favorecendo o reconhecimento social da vida privada e religiosa como um bem inalienável. Sendo assim, a ideia do trabalho – e não suas práticas privadas – dignificando o indivíduo provoca o distanciamento jurídico e penalizante perante os praticantes de bruxaria. No século XX, as discussões sobre origens da bruxaria e do paganismo levaram ao conceito de que os bruxos reverenciam deuses e deusas, praticando magia para o bem-viver.

Os indivíduos da atualidade que se intitulam praticantes de bruxaria costumam ter pontos de vista diferentes dos historiadores e demais pesquisadores que apresentam olhares científicos sobre o tema. Para muitos desses praticantes, a bruxaria é uma sobrevivência do antigo paganismo, suprimido durante longos séculos pelos cristãos. Outros argumentam que criaram uma religião chamada neopagã. Na Contemporaneidade, o termo "bruxaria" pode referir-se tanto à chamada bruxaria diabólica da caça às bruxas no Medievo quanto à bruxaria neopagã.

A prática da bruxaria na Idade Média está sempre relacionada ao trabalho mágico do corpo, à sua exposição e à utilização de seus fluidos. Essas práticas iam além do corpo humano, pois também eram utilizados materiais orgânicos como plantas, animais e pedras. Na Escandinávia, runas eram feitas de ossos e bastões mágicos eram confeccionados com madeira. A menstruação feminina foi vista por muitas culturas, inclusive as africanas, como fator de periculosidade, e no Ocidente o cristianismo a associou com o castigo divino pelo pecado original, justificando o conceito de impureza feminina e sua suposta inaptidão para rituais religiosos ou autonomia sexual.

A ingestão de fluidos humanos, vegetais ou animais estava presente. De acordo com o historiador Jacques Le Goff (1988), no pensamento medieval o corpo ocupava um importante fator imaginário, simbólico e ideológico; sendo motivo de repressão ou libertação. Os vegetais foram muito utilizados para poções e feitiços, visto que também eram instrumentos de cura ou de fabricação de venenos. Eram usadas raízes, sementes, flores e outras partes de plantas como a mandrágora, o linho, o alho, a arruda, a rosa, a beladona etc. Esse material botânico não era somente essencial para a alimentação, mas também para elaboração de poderosos remédios e feitiços.

Contudo, algumas plantas conseguiram maior notoriedade do que outras, ocupando desde a Antiguidade – não só na Idade Média – até hoje um lugar de destaque na bruxaria.

Essas plantas faziam parte dos unguentos que as bruxas utilizavam para besuntarem seus corpos e, assim, poderem voar para o sabá. O uso mágico das plantas foi representado em iluminuras, na arte sacra e citado nos textos inquisitoriais. Tais formas de se administrar as plantas eram utilizadas, na sua maioria, por mulheres que detinham esses conhecimentos rotineiros e domésticos, passados através de gerações nos afazeres culinários e no cotidiano das cozinhas.

O uso de animais também era bastante frequente e alguns eram conhecidos pelo nome de familiar, ou seja, o animal que acompanha a bruxa em suas práticas sobrenaturais. Assim como acontece com o uso das plantas, a arte e as obras textuais também retrataram os animais familiares, sendo os mais populares deles o gato, o cachorro, o bode e o sapo. Mas os animais não eram apenas familiares, eram também instrumentos para fabricação de objetos mágicos e feitiços. As sagas islandesas relatam que algumas praticantes utilizavam luvas e acessórios feitos de gatos brancos, relacionados simbolicamente com a deusa Freyja. Em vários arquivos inquisitoriais há relatos de mulheres que acasalam com bodes nas noites do sabá ou utilizam excrementos animais nos feitiços.

A popularização das representações sobre bruxaria provém da Idade Média Tardia e são repletas de lacunas problemáticas e desafios para os pesquisadores e acadêmicos contemporâneos. As construções ideológicas da bruxaria como heresia diabólica muito contribuíram para a crença na eficácia da magia e no poder de seus praticantes. As atividades descritas nos registros literários, nos documentos e nas artes foram produto direto das crenças de uma época e do seu cotidiano cultural, referente à relação das pessoas e das instituições com o poder mágico.

Autores contemporâneos como Stephen Mitchell (2011) descartam o modelo historiográfico social que apresenta elite *versus* população/camponeses/trabalhadores. De acordo com os últimos trabalhos em religião popular, produzidos no início do século XXI, as concepções mágicas abrangem as vidas de sacerdotes, membros da realeza, aristocracia, comerciantes, intelectuais, camponeses, prostitutas e demais indivíduos que compõem uma comunidade. Não ocorre uma oposição entre elite soberana e campesinato iletrado, no que diz respeito ao relacionamento com as práticas mágicas, pois a vida privada de todos exige desafios nas relações com o outro e com o meio ambiente. Indo além, as fontes literárias são analisadas na Contemporaneidade de forma a serem identificadas como portadoras de veracidade histórica. Assim, as investigações hodiernas sobre a bruxaria na Idade Média se debruçam, principalmente, sobre as seguintes questões: quanto do pensamento pagão foi preservado após a conversão; como se preservou uma continuidade com o modo de vida pagão; quanto dos relatos de bruxaria foram apenas representações idealizadas do passado ou fruto de interrogatórios violentos.

Sendo assim, nos estudos atuais pondera-se que a bruxaria no Ocidente medieval foi a base de um sistema de comunicação entre cristianismo e paganismo, empregado de forma a elogiar o primeiro e rebaixar o segundo. Com este referencial da magia enquanto signo comunicativo, averiguamos que no período de conversão e de inquisição ocorreram reinterpretações das práticas pagãs e forte crença coletiva no poder social da bruxaria.

Andréa Caselli

Ver também Diabo e inferno no Medievo; Lilith; Magia escandinava; Magia e feitiçaria grega; Mandrágora; Mulher e o diabo no Medievo; Paganismo medieval; Religiosidade popular no Medievo.

CAPRINI, R. & ALINEI, M. (2008). Sorcière, witch, hexe, bruja, strega. In: *Atlas Linguarum Europae*, I/8. Roma: Istituto Poligrafico/Zecca dello Stato.

HUTTON, R. (1999). *The Triumph of the Moon*. Oxford: Oxford University Press, p. 32-57.

LE GOFF, J. & SCHMITT, J.-C. (2002). *Dicionário Temático do Ocidente Medieval*. Vol. I. Bauru/São Paulo: Edusc/Imprensa Oficial do Estado, p. 423.

LE GOFF, J. (1988). *The Medieval Imagination*. Translated by Arthur Goldhammer. The University of Chicago Press, p. 83-85.

MITCHELL, S. (2011). *Witchcraft and Magic in the Nordic Middle Ages*. Filadélfia: University of Pennsylvania Press, p. 16-74.

RUSSEL, J. & ALEXANDER, B. (2008). *História da bruxaria*. São Paulo: Aleph, p. 9-20.

THOMAS, K. (1991). *Religião e o declínio da magia*. São Paulo: Companhia das Letras, p. 240-312.

Budismo

Com origem há cerca de 2.500 anos na região geográfica atualmente localizada em uma área que cobre uma parte do Nepal e um segmento do Estado indiano Bihar, o budismo é hoje cultural e quantitativamente uma das mais importantes religiões do mundo. Não há dúvida sobre seu profundo impacto civilizatório sobre os países no Sul e Sudeste da Ásia, do Extremo Oriente e Tibete. Com aproximadamente 490 milhões de aderentes em todas as partes do planeta, cerca de 7% da humanidade global segue as doutrinas e práticas enraizadas nos ensinamentos de Siddharta Gautama. Enriquecida por lendas, anedotas heroicas e episódios milagrosos, a biografia desta personalidade não apresenta uma reconstrução historiográfica precisa. Durante um bom tempo era consensual que o Buda viveu entre 563 e 483 a.E.C. Pesquisas mais recentes indicam uma datação de cerca de 100 anos mais tarde.

O evento biográfico mais decisivo foi o alcance do nirvana por meio do qual Siddhartha Gautama tornou-se um Buda, ou seja, um ser "desperto" que superou todas as causas do sofrimento que caracterizam o processo contínuo do nascimento, do envelhecimento, da morte e do renascimento ao qual os seres "ignorantes" são submetidos. Uma vez "iluminado", o Buda tornou-se um mestre itinerante passando mais do que três décadas por uma área de cerca de 400km^2 onde revelou, por ocasiões diversas, seus *insights* para seu público, em particular para o número cada vez maior daqueles que o aceitavam como guia espiritual.

A tradição budista entende esta adesão como um compromisso multifacetado metaforizado pela imagem de "três joias" ou de "três refúgios". Neste sentido, um budista no sentido "clássico" é quem considera o Buda como seu mestre (Refúgio no Buda), está disposto a seguir os ensinamentos e práticas budistas (Refúgio no *Dharma*) e identifica-se como membro da comunidade budista ("Refúgio no *Sangha*). A confiança no Buda implica a afirmação do *status* extraordinário espiritual enquanto ser iluminado e do fato de que seus ensinamentos e práticas refletem os *insights* ganhos por meio de alcance do *Nirvana*. A doutrina budista (*dharma*) desenvolveu-se ao redor das chamadas quatro nobres verdades, segundo a tradição budista, já formuladas pelo Siddhartha Gautama imediatamente após da sua iluminação. Este *insight* fundamental diz o seguinte: primeiro: a vida é marcada pelo sofrimento (no sentido de insatisfação contínua) manifesto na sequência de eventos biográficos inevitáveis como doenças, o envelhecimento e a morte, e, mais importante, pela busca desesperada do ser humano para algo estável, duradouro e seguro. Esta busca não se limita à vida atual, mas é uma constituinte do ciclo existencial (*samsara*). Segundo: a aderência do indivíduo àquilo que não tem substância ontológica é causada pela ignorância a respeito do verdadeiro *status* da realidade empírica inclusive a "natureza" da própria mente do sujeito. Provido deste conhecimento o indivíduo atribui a si mesmo um "ego" no sentido de uma entidade atuante impulsionada por anseios, simpatias e aversões e seu envolvimento com o mundo sensorial. Este envolvimento gera sensações agradáveis que requerem repetição ou desagradáveis a serem evitadas no futuro. A terceira nobre verdade postula que a ignorância do indivíduo (e com isso o sofrimento) pode ser superada desde que suas causas, a ignorância e seus efeitos colaterais sejam eliminados. O caminho por meio do qual este objetivo é alcançado é indicado pela quarta nobre verdade. Trata-se de uma trilha composta por oito elementos que abrangem atitudes espirituais, princípios éticos e faculdades mentais que se complementam em prol do alcance do nirvana.

Como as quatro nobres verdades indicam, o Buda concentrou-se na constituição interior do ser humano, negligenciando questões metafísicas. A comunidade budista (*sangha*) é composta por quatro componentes, isto é, leigos, leigas, monges e monjas. Os primeiros dois são budistas que seguem os ensinamentos, as orientações éticas, as instruções práticas do Iluminado conforme as condições de uma vida ativa dentro da sociedade "civil". Os monges e as monjas, por sua vez, constituem um subsistema especial cujas regras e rotinas garantem uma existência afastada de perturbações terrestres e preocupações mundanas exclusivamente dedicada à realização do nirvana.

Quando o "Buda" deixou este mundo aos 80 anos de idade não tinha nomeado nenhum sucessor. Em vez disso, afirmou no seu último sermão que a congregação fundada por ele seria suficientemente preparada para dar continuidade ao "projeto budista" por conta própria. Uma das consequências desta medida foi que, logo após a morte do mestre, divergências internas sobre aspectos doutrinários e administrativos levaram a uma fragmentação da comunidade em termos de uma série de escolas que defendiam opiniões particulares sobre certos detalhes do *dharma* e da organização monástica.

No curso de sua expansão pela Ásia ao longo dos séculos, o budismo se diferenciou em três correntes principais. Estas, chamadas "veículos", são a) o "Hinayāna" ("Pequeno Veículo") ou "Theravāda" ("Ensinamentos dos mais velhos"); b) o "Mahayāna" ("Grande Veículo" e c) o "Vajrayāna" ("Veículo de Diamante"). O termo "Hinayāna" é originalmente uma expressão negativamente conotada cunhada pelo Mahayāna no sentido de "Veículo Inferior". Por trás desta nomenclatura pejorativa está a acusação de uma concentração desta corrente na salvação do próprio praticante na figura do monge ou da monja. Esta característica repercute também na denominação alternativa "Veículo Individual". Além disso, encontra-se o termo "pāli-budismo" que alude à linguagem do cânone de Theravāda composto por discursos doutrinários, regras monásticas e especulações escolásticas. Para os theravādins os *insights* documentados pelo cânone pāli representam os ensinamentos autênticos de Buda e devem ser preservados como tais. Nesta forma, o budismo apresenta-se como uma doutrina isenta de especulações metafísicas concentrada na constituição deficitária do ser humano bem como nas condições e pré-requisitos para sua salvação. Em prol deste objetivo favorece a existência monástica adotada por indivíduos que devido a um karma positivo adquirido no decorrer de vidas passadas estão predispostos para a iluminação. Diferentemente do foco dos monges e das monjas no Nirvana, os leigos contentam-se na vida atual com a acumulação de méritos espirituais em particular por meio de apoio material à camada monástica.

Do ponto de vista da região da origem do Budismo, a corrente Theravada representa o "Budismo do Sul" até hoje dominante em países como Sri Lanka, Tailândia, Myanmar, Laos e Camboja. O "Budismo do Norte", por outro lado, é a corrente que resultou de esforços de protagonistas budistas para exportar sua religião para a China e se estabeleceu posteriormente também na Coreia, Japão e Norte do Vietnã. O termo sinônimo "Mahāyāna" compreende o fato de que no processo de "exportação" para o Extremo Oriente e da aculturação a novas condições, o budismo assumiu uma série de características diferentes em comparação ao budismo primitivo e do seu sucessor mais fiel, o Theravāda. Esta elaboração doutrinária levou a uma multiplicação de textos em línguas até então não canônicas (como o sânscrito e o chinês).

Apesar de uma base doutrinária comum e da diversidade interna do budismo do Norte, há três principais diferenças entre o Mahāyāna e o Pequeno Veículo. Primeiro, diferentemente da reticência do Theravāda em relação a questões além do problema da constituição deficitária do ser humano e a possibilidade de superá-la, os pensadores mahāyānistas abriram-se para especulações ontológicas e elaboraram um sistema teórico complexo e sofisticado do Ser na sua totalidade. A categoria da "vacuidade" enquanto "última realidade" é um dos resultados mais notáveis destes esforços filosóficos.

A segunda diferença é uma consequência lógica da primeira na área da budologia. Para o Mahāyāna os Budas históricos (Siddhartha Gautama, seus seis antecessores e o futuro Buda Maitreya) são apenas manifestações sensíveis do princípio da *budaidade* entendido como um sinônimo da "vacuidade". O mesmo vale para budas sutis que representam a onipresença da budaidade em uma camada mais "fina" do mundo físico. Além desta multiplicação de Budas em diferentes níveis da existência como manifestação da onipresença do absoluto no contínuo espaço-tempo, o Mahāyāna aprofundou a ideia do bodhisattva. Enquanto o cânone de pāli apropria-se deste termo para designar a inclinação do Buda Gautama à iluminação antes do seu alcance do nirvana, o Mahāyāna concebe o bodhisattva como um ser altamente desenvolvido e cheio de compaixão que desiste da sua própria iluminação e dedicar-se à salvação de todos os seres ainda presos no ciclo das existências (*samsāra*).

A terceira diferença entre o Mahāyāna e Theravāda é de natureza soteriológica. Fiel aos ensinamentos do Buda histórico, o Theravada reconhece apenas o caminho óctuplo como a trilha que leva ao Nirvana e idealiza a vida monástica como a mais favorável condição para a iluminação. O Mahāyāna não nega a funcionalidade do caminho óctuplo, mas desvaloriza os papéis do monge e da monja e aumenta o espectro de opções espirituais. Um dos princípios soteriológicos cruciais é o conceito de compaixão que impede aspirações espirituais "autocêntricas". Isso faz com que o Theravāda, devido a sua insistência na intransferibilidade do karma e na responsabilidade exclusiva do sujeito para sua própria salvação, seja acusado de representar não mais do que um "pequeno veículo". O budismo da terra pura, uma das subcorrentes do Mahāyāna, por exemplo, caracteriza-se pela veneração coletiva do Buda "celestial" Amida cuja "graça" transforma os devotos e os prepara para o renascimento no "Paraíso do Oeste", esfera de existência altamente auspiciosa em termos da salvação "final" do praticante.

O termo Vajrayāna refere-se ao "Veículo do Diamante" que se desenvolveu no Tibete a partir do século VIII E.C., ganhou força no século XI e com o tempo se tornou a corrente religiosa predominante da região do Himalaia, influenciando o destino de países como Mongólia, Butão, Nepal bem províncias da Índia, como Ladakh e Sikkim. O termo "vajra" alude à indestrutibilidade do absoluto e a cristalinidade da mente o que indica a influência "filosófica" do budismo Mahāyāna cuja herança se demonstra também na ética do budismo tibetano particularmente no que diz respeito à virtude destacada de compaixão. O fato de que o Vajrayāna destaca a vida monástica comprova o impacto simultâneo de ideais do budismo primitivo. O mesmo vale para o tantrismo, movimento transreligioso indiano, do qual o budismo tibetano adotou textos "obscuros" e técnicas esotéricas transmitidas por mestres por meio de iniciações herméticas e instruções seletivas, geralmente em um ambiente monástico vinculado a uma das subescolas do budismo tibetano. Todos os elementos trazidos para a região do Himalaia tiveram que se arranjar com a religiosidade autóctone pré-budista (Bön) cujo iconográfico e visualmente opulento panteão foi "teologicamente degradado" e em parte incorporado no imaginário budista, particularmente em forma de figuras "celestiais" em prol da proteção do *dharma* budista.

Como qualquer outro fenômeno religioso, os veículos acima esboçados são sujeitos de históricas dinâmicas e constantemente expostos à tensão entre a preservação do legado espiritual e necessidade de se adaptar a novas condições. Uma das manifestações desta constelação é o chamado "Budismo modernista" que inicialmente emergiu em países asiáticos em resposta ao colonialismo europeu e suas implicações culturais, educacionais e religiosas. Esta atualização do repertório budista diante dos desafios do mundo contemporâneo cada vez mais globalizado tem contribuído para a crescente atratividade do budismo fora da Ásia desde o último terço do século XIX. Distante em termos geográficos, culturais e administrativos de sua região de origem, este ramo tem desenvolvido características que justificam sua categorização como um "budismo ocidental". Apesar do seu pluralismo interno do budismo ocidental e suas manifestações específicas em diferentes países, há tendências que o distinguem dos três veículos "clássicos". Um aspecto é a coexistência inédita de um grande número de linhas e escolas e de origem e características diferentes que, por sua vez, geram um ambiente propício para o diálogo intrabudista. O mesmo vale para a disponibilidade intensificada de representantes de diferentes escolas para a cooperação em prol de interesses comuns e projetos lançados em resposta a problemas sociais no espírito de um budismo engajado.

Frank Usarski

Ver também Hinduísmo; História das religiões; Religião.

BERKWITZ, S.C. (org.) (2006). *Buddhism in world cultures*: comparative perspectives. Santa Barbara: ABC-CLIO.

LOPEZ, D.S. (2009). *The Story of Buddhism: a Concise Guide to its History and Teachings*. Nova York: HaperOne.

OLSON, C. (2005). *The Different Paths of Buddhism*: A Narrative-Historical Introduction. New Brunswic/Londres: Rutgers University Press.

USARSKI, F. (2009). *O budismo e as outras* – Encontros e Desencontros entre as grandes religiões mundiais. Aparecida: Ideias e Letras.

Calendários religiosos celtas e germanos

A elaboração de calendários era um meio dos povos antigos obterem controle da contagem do tempo, como também um modo de organização das tarefas que deveriam ser realizadas durante o andamento no ano. Os calendários e suas ritualizações estão relacionados à forma como uma sociedade ou uma comunidade organiza e compreende seu mundo circundante. Sendo assim, as datas que compõem os calendários dos povos celtas e germânicos estão relacionadas com a maneira que a comunidade organizava seus afazeres e, portanto, com as migrações, com as colheitas e com as datas religiosas importantes. As datas festivas podem ser compreendidas enquanto um meio para ritualizar e demarcar momentos específicos do ano, do mesmo modo como os festivais sazonais estavam relacionados aos movimentos do sol. Assim, remetiam a acontecimentos astronômicos, como os solstícios e equinócios, já que os fenômenos celestes eram extremamente relevantes na vida dos povos europeus da Antiguidade.

Sob as compreensões de Johnni Langer, os povos neolíticos, assim como os povos germanos, celtas, eslavos e demais povos habitantes do Mediterrâneo pré-clássico, o céu era um fator importante, pois propiciava não só a regulamentação do calendário, como também a orientação da sazonalidade agrícola, por meio dos movimentos do Sol e da Lua. Sob o aspecto religioso, Hilda Davidson elucida que esses povos possuíam rituais regulares e organizados, para renovar a comunicação com o mundo sobrenatural, ou seja, era um aspecto importante para as compreensões referentes ao mundo, como a fertilidade, a vida e a morte. Nesse sentido, eram realizadas ritualizações regulares para a manutenção da interação com o outro mundo. As datas festivas, assim, incluíam algumas práticas de consagração de cerveja ou hidromel (bebida produzida a partir da fermentação do mel), que eram dedicadas aos deuses de maior relevância, assim como eram realizadas práticas de sacrifícios de animais relacionados às divindades. Ademais, também era um costume comum oferendar saques coletados nas batalhas, animais sagrados, parte da colheita e demais alimentos e objetos para as deidades como forma de agradecimento.

Outras práticas ritualísticas também poderiam ser realizadas nessas épocas, como os rituais de sacrifícios, em ocasiões especiais – como a chegada a algum lugar sagrado, a mudança e o estabelecimento de uma nova moradia –, para obter vitória nas batalhas, para abertura de assembleia e para reverenciar a morte de reis. Diante dessas compreensões, argumenta-se que os rituais são representações simbólicas importantes, ou seja, trata-se de momentos nos quais os seres humanos e as divindades podem se "encontrar" e, portanto, são elementos imprescindíveis para que o processo de comunicação entre os dois mundos (dos vivos e dos mortos) obtenha sua eficácia. Além disso, os rituais devem, necessariamente, referir-se ao universo semântico que se conhece através dos mitos. As práticas ritualísticas estão relacionadas aos fenômenos de comunicação entre seres humanos e divindades, ou seja, trata-se de uma ferramenta essencial para realizar contato com o outro mundo.

Peter Schjødt entende que, provavelmente, o rito tenha precedido o mito; argumentou que o mito possa ser compreendido com a funcionalidade de explicar, ritualizar e obter a comunicação que o ritual procura estabelecer. Assim, a ritualização pode ser interpretada como uma tentativa de manipular os atores do outro mundo, já que os seres humanos precisam da intercessão desses seres/deidades para obter algo no mundo físico, como, por exemplo: vitória na batalha, manifestação de um bom clima, realizar boa colheita e obter conhecimento do outro mundo. Os festivais do calendário anual, sob o olhar de Hilda Davidson, eram momentos ritualísticos que já estavam sendo realizados desde antes do uso formal de calendários. Anteriormente ao uso de calendários, os festivais eram momentos importantes para os guerreiros, para fazendeiros, para caçadores, para pescadores e para pastores e, portanto, obtinham também a função de contagem do tempo. Os celtas e os germanos usavam a orientação do "meio ano" como unidade básica do tempo; já na Islândia, esta referência era o verão e o inverno. Cada uma destas temporadas possuía vinte e seis semanas de duração, e o início de cada uma era marcado por um banquete e por um ritual religioso, contudo, a passagem do tempo era contada por invernos e noites.

No decorrer do ano solar, os celtas tinham três festivais significativos - *Samain*, *Beltaine* e *Lugnasad* - e um quarto festival chamado *Imbolc*, que, no entanto, não era considerado com importância significativa, uma vez que há poucos documentos nos quais seu nome aparece. A primeira data festiva, do ano celta, é o 1º de novembro, conhecido como *Samain/Samhain*, e, na compreensão dos autores Françoise Le Roux, Christian-J. Guyonvarch e Fernanda Soares, o *Samain*, em especial, é da festa mais importante para os celtas, além de também demarcar o começo do inverno e o início do ano. O *Samain*, provavelmente, significa "o fim do verão"; nessa época, ocorriam sacrifícios de animais que não resistiriam ao inverno, e era considerado um período de perigo que representava o limiar entre as estações; o outro mundo estava aberto, e os mortos poderiam se encontrar com os vivos. Nessa época, acreditava-se que era o começo do "*The Adventures of Nera*", o monte das fadas de Erin, que estaria sempre aberto, na época representado pela data de *Samain/Samhain*.

Outro festival importante era o *Beltane/Beltaine/Beltine* ou *C'etshamain*, data das grandes assembleias druídicas, celebrado em 1º de maio, no começo do verão. T.G.E. Powell explica que esta data tinha, como principal característica, a importância que se dava ao fogo, uma vez que grandes fogueiras eram acesas nesta festa. Mesmo após a consolidação do cristianismo, as práticas de acender fogueiras permaneceram, assim como vários outros ritos para a fertilidade, os quais possuíam finalidade de obter boa colheita e proteção. Havia, também, mais dois outros festivais: um realizado em 1º de fevereiro (*Imbolg*), e outro, em 1º primeiro de agosto (*Lughnasad*). O *Imbolg/Imbolc* era considerado uma festividade importante; no entanto, há poucos documentos nos quais seu nome aparece; era festejado em fevereiro e estava associado à deusa *Brigantia*, conhecida popularmente, após a consolidação cristã, como *Sta. Brigit* ou Santa Brígida. Seu nome indica uma conexão com ordenhar, mas também possui uma associação forte com a purificação. O *Lughnasad/Lugsnasad* possuía uma significação relativa às colheitas e era celebrado em agosto. Hilda Davidson ressalta que, em períodos pré-cristãos, esta data estava relacionada ao deus celta *Lug*.

Sobre os festivais sazonais nórdicos e germânicos, ainda a mesma autora esclarece que o inverno, para os germanos, começava no que chamaríamos de outono, com o "*winter nights*", em outubro, na Islândia, possivelmente entre os dias 11 e 18. Porém, devido a dificuldades e às limitações das fontes encontradas, não se sabe uma data exata para a celebração desta festividade. Já em abril, celebrava-se o equivalente ao verão como *sumarmál*, provavelmente entre os dias 9 a 15 de abril. Na Era Viking, essa era a época para pedir boa sorte nas invasões e expedições, após o período de recolhimento do inverno. Havia, também, o *midwinter*, conhecido como *Yule* (*Jól*), que, depois, com o advento do cristianismo, passou a ser ressignificado como o Natal; é uma data extremamente difundida como cristã, até os dias atuais. O *Yule* (*Jól*) era o momento em que o solstício de inverno acontecia, quando pouco se podia fazer em ambientes externos, devido ao frio rigoroso.

Tácito, em sua obra *Germânia*, descreve que os germanos possuíam uma compreensão diferente em relação à sazonalidade. Nas compreensões de Tácito, o ano germânico dividia-se em menos estações, sendo estas o inverno, a primavera e o verão. O outono foi descrito, na obra do referido autor, como uma estação desconhecida para a realidade dos povos germânicos. Um ponto semelhante à descrição de Tácito, em relação à obra de Snorri Sturluson, é que, na *Ynglinga Saga* (capítulo 8), o autor menciona três principais festas na Escandinávia, antes da conversão cristã: uma, no começo do inverno, quando haviam muitos sacrifícios; uma, para o meio-inverno, para o crescimento das plantações; e uma, para o verão, para sucesso e vitória nas expedições. *Óðinn* estabelece a sucessão *blóts*, no Norte. Para o inverno (ou seja, no outono), deve ser realizado um *blót* para a prosperidade; no *midwinter* (meio do inverno), um para o crescimento do solo; no verão, um terceiro, que seria o *blót* da vitória.

Na descrição dos rituais mencionados na *Ynglinga Saga*, é possível entender que há uma relação com o ritmo do ano. John Lindow discorre sobre as referentes datas, estas sendo meios para estabelecer momentos importantes, para realizar tarefas específicas ao longo do ano. Sob esta compreensão, observa-se que a cerimônia de outono ocorreria após a última safra, e os animais abatidos seriam aqueles que não deveriam sobreviver ao inverno. O *blót* do meio do inverno ocorreria depois que as noites mais longas acabassem e, então, seria celebrado o renascimento da terra. A cerimônia de verão, se fosse de vitória, coincidiria com a partida de navios em viagens de invasão (e, mais mundanas, viagens comerciais). Ademais, ressalta-se que é possível notar que a elaboração de calendários, assim como o estabelecimento de datas específicas para serem ritualizadas no decorrer do ano, referem-se a uma maneira de se interpretar a realidade desses povos, já que ilustram a maneira que interagiam com o mundo.

Susan Sanae Tsugami

Ver também Celtas (religião); Encantamentos germânicos; Mitologia celta; Nórdicos (religião).

DAVIDSON, H.R.E. (1988). *Myths and symbols in pagan Europe*: early Scandinavian and Celtic religions. Nova York: Syracuse University Press.

LANGER, J. (2017). "Calendário e contagem do tempo". In: LANGER, J. (org.). *Dicionário de História e Cultura da Era Viking*. São Paulo: Hedra, p. 125-131.

LE ROUX, F.; GUYONVARC'H, C.-J. & SOARES, F. (1999). *A civilização celta*. Lisboa: Europa--América.

LINDOW, J. (2001). *Norse Mythology*: A Guide to Gods, Heroes, Rituals, and Beliefs. Nova York: Oxford University Press.

POWELL, T.G.E. (1995). *The Celts*. Londres: Thames and Hudson.

SCHJØDT, J.P. (2008). *Initiation between two worlds*: Structure and symbolism in pre-Christian Scandinavian religion. Denmark: Syddansk Universitetsforlag.

STURLUSSON, S. (2012). *La saga de los Ynglingos*. Madri: Miraguano.

TÁCITO (2010). *Agricola and Germania*. Londres: Penguin.

Celtas (religião)

A religiosidade céltica é um grande e intricado sistema de mitos e práticas, não necessariamente conectados, entre diferentes partes do continente europeu e das ilhas da Grã-Bretanha e Irlanda. Estudiosos do tema buscaram evidências das mais variadas dentro dos diferentes quadros mitológicos continentais e insulares, de maneira a tentar traçar paralelos ou mesmo continuidades e assim promover algum entendimento coeso dessas práticas religiosas. Dessa forma, é possível compreender como funcionavam os diferentes sistemas religiosos que podemos identificar como célticos.

De acordo com Proinsias Mac Cana, as crenças religiosas dos antigos celtas recaem sobre o que podemos chamar de um "caos fértil", pelo qual diversas conexões e interpretações são possíveis. Seguindo essa linha de raciocínio, é de se entender que, a partir de um caos fértil dessa tradição, sobretudo da mitologia celta insular, é possível recuperarmos uma infinidade de práticas das quais algumas conexões podem ser estabelecidas e regras gerais obtidas, para assim condicionarmos nosso entendimento com certo grau de coesão mínima.

O grande ponto aqui é que, ao contrário da maioria dos registros sobre o chamado mundo celta, as evidências das práticas religiosas celtas são mais numerosas do que qualquer outro registro da presença dos celtas nesse mundo. A dificuldade reside em juntar esses diferentes sistemas religiosos em sua pluralidade sem parecer muito vago ou mesmo muito simplista, pois a verdade é que ele é tão imbricado quanto os nós e espirais de sua arte.

A busca por esses sistemas religiosos perpassa a análise das principais fontes históricas sobre os celtas da Antiguidade e elas são formadas por alguns grupos diferentes de registro que podem, apesar de sua fragmentação e distância de natureza e temporalidade, nos informar pequenas pistas de suas similaridades. Em um primeiro grupo de fontes nós temos, por exemplo, as fontes clássicas, escritas por gregos e romanos da Antiguidade e que nos dão informações anedotárias sobre alguns costumes religiosos e a relação dos antigos celtas com suas divindades. Claro que a intenção desses autores ao fazer essas descrições eram outras, em geral de cunho político e militar, e por este prisma nós temos de analisar as descrições religiosas célticas existentes nesses relatos.

Outro grupo de fontes aqui são os textos vernaculares medievais, sobretudo irlandeses e galeses, que apresentam características notadamente insulares e cristãs das narrativas mitológicas desses grupos célticos e que precisam de um filtro para se chegar ao substrato pagão ou mesmo mais geral que eles guardam em suas bases narrativas.

Outras fontes de grande interesse para se compreender os diferentes sistemas religiosos é a base arqueológica das regiões célticas, que por meio do estudo de locais de culto, objetos votivos e demais representações religiosas da cultura material nos permite traçar paralelos transversais dos cultos célticos presentes nessas variações plurais do chamado "caos fértil" das práticas religiosas.

Neste sentido, algumas similaridades podem ser notadas se levarmos em consideração, primeiro, as possíveis práticas religiosas mais gerais. Essas são oriundas de uma base pré-histórica dessas regiões e que encontram paralelos em outros sistemas religiosos não necessariamente célticos, mesmo que o sistema céltico tenha atribuído características próprias a eles. O caso do culto solar é um caso típico, principalmente nos diferentes usos que grupos célticos deram aos círculos de pedra pré-históricos ao longo dos séculos. Em segundo lugar, nós devemos perceber também o isolamento de certas regiões, tanto no tato cultural quanto geográfico, por alguns períodos da história, o que promove outras tantas variações da prática religiosa. E em terceiro lugar, ao próprio impacto econômico e social que algumas comunidades célticas, principalmente aquelas mais próximas do mundo mediterrâneo, passaram ao entrar em contato com o mundo clássico, grego e romano e as consequências desses encontros para sua expressão religiosa.

Observando certas generalidades dos diferentes cultos religiosos das populações célticas, sobretudo na Gália onde as fontes clássicas e arqueológicas são mais abundantes, nós podemos perceber, como nos indica Jean-Louis Brunaux, que não existia uma religião céltica institucionalizada. Não existiam dogmas ou outras regras rígidas partilhadas por uma comunidade, e sim práticas variadas feitas por cada um dos habitantes do mundo celta. Claro que existiam aqueles que possuíam um maior conhecimento dos meandros religiosos, como os druidas, mas não podemos interpretar a atuação deles como algo exclusivo e rígido dentro da sociedade céltica. O que existia sim era uma infinidade de micropráticas religiosas entre os gauleses e isso corrobora com a afirmação de Júlio César ao dizer que os gauleses eram, de fato, muito ligados às práticas religiosas como um todo.

Neste universo céltico, em meio a sua religiosidade, não existiam formulações escritas dos mitos e nem genealogias divinas coesas e bem assentadas. Bem verdade que o mais próximo que chegaremos disso são as compilações medievais irlandesas e mesmo elas não compreendem um sistema de todo coeso e totalmente fechado, como os diferentes ciclos de sua mitologia nos deixam bem claro. Neste sentido, a ordem e a hierarquia divina não eram a prioridade da cosmogonia gaulesa e a religião céltica pode ser entendida como uma religião de prática individual.

Os druidas eram uma referência religiosa, mas também um referencial em diversos outros campos da vida céltica, quebrando assim a lógica exclusivista da relação com o sagrado. Esse é um dos problemas já mencionados ao se ler a prática religiosa céltica a partir das fontes clássicas, que deve ser filtrado por meio de uma visão pluralista das funções célticas e, consequentemente, de sua religiosidade.

Essa pluralidade é expressa na variação encontrada em seus locais de culto, onde a devoção religiosa estava conectada com o local. Deuses ligados a partes específicas da geografia, como montes, vales, rios e fontes adquiriam uma prática própria e, muitas vezes, quando o lugar de culto era modificado, os deuses deveriam ser reinstalados em suas especificidades. Por conta disso, muitos autores só conseguem ver certa unicidade da representação céltica em sua arte, disseminada por todo o mundo celta e que podem ser a chave para uma compreensão de valores partilhados por diferentes grupos geográficos.

Outra possibilidade de busca por entendimento geral encontra-se nos calendários festivos, sobre as estações do ano e as práticas religiosas compartilhadas. Claro que, neste sentido, as principais evidências textuais encontram-se na literatura irlandesa do Medievo. Em outros grupos textuais da Antiguidade, apenas se sabe da data do encontro druídico da floresta de Carnutes e nada mais. Para além disso, é na literatura irlandesa e na análise da fonte material do calendário de Coligny que encontramos uma correlação direta entre a religiosidade céltica e os ciclos naturais da terra.

O Calendário de Coligny é um grande calendário composto por placas de bronze datado do século II e com inscrições feitas em alfabeto latino, mas em língua gaulesa. A partir de sua reconstrução foi possível identificar ciclos de cinco anos divididos em meses solares e lunares, além da identificação de períodos mensais de acordo com seus auspícios. É interessante que alguns festivais celtas presentes na literatura irlandesa do Medievo são mencionados também, como Beltane e Lughnasadh, ajudando na compreensão de um sistema compartilhado da vivência religiosa, mesmo visto a partir do isolamento insular irlandês ou do contato gaulês com o mundo romano.

A partir da literatura irlandesa, nós podemos compreender a natureza agrária dessa experiência religiosa, e principalmente na relação direta com a mitologia celta. Isso é explícito no festival de Samain, que marca o início do novo ano celta e o fim do ano anterior. De acordo com a tradição insular, durante este festival o limiar entre os anos também marca a abertura do limite do mundo dos vivos e dos mortos, onde os espíritos daqueles que não vivem mais podem andar livremente pelo nosso mundo. Segundo a mitologia celta, é neste momento que o bom deus Dagda tem relações sexuais com a deusa Morrighan e com isso a fertilidade do mundo é restabelecida. É neste período, segundo a tradição irlandesa, que grandes encontros, atos coletivos e sacrifícios ocorrem. Grande parte da força desse festival resistiu nas festas de Halloween, a partir da cristianização da festa de todos os santos.

Outros festivais desse calendário incluem Imbolc, associado com a divindade da fertilidade, aprendizagem e cura. Na tradição insular, o festival é associado a Brigit, cujo culto possuía tamanha força que foi devidamente cristianizado na figura de uma santa. Beltane é o festival relacionado às fogueiras da divindade conhecida como Belenus e marca o momento de purificação para o verão, sendo o festival de maio, onde as fogueiras são usadas para a proteção do gado e das plantações. Fechando esta base anual também é registrado o festival de Lughnasadh, cujo nome é diretamente relacionado ao deus Lugh das muitas artes, divindade presente em praticamente todo o mundo céltico. Esse festival de grande relevância é a celebração da colheita e do verão, onde são feitas grandes assembleias, banquetes e jogos.

Essas vivências partem da própria mitologia celta e, a partir dela, da relação entre deuses e homens, bem como da própria natureza dos deuses celtas. Neste quadro, nós temos que perceber os deuses para além do que autores gregos, e sobretudo romanos, colocaram sobre os antigos deuses celtas. O filtro deve conseguir perceber a *interpretatio romana*, o próprio filtro que os autores romanos usavam para tentar adequar a prática religiosa dos antigos celtas dentro das suas. Uma leitura feita a partir da literatura irlandesa do Medievo, excetuando-se a visão cristã de suas compilações, nos indica, por exemplo, uma visão mais dualista e complementar existente entre as divindades masculinas e femininas presentes nos sistemas religiosos célticos.

A partir dessa perspectiva, e analisando cada divindade individualmente, nós podemos extrair outra característica que são as tríades. O triplismo céltico existente na representação das divindades nos ajuda a compreender a pluralidade de funções existentes em cada ser divino, extrapolando qualquer tentativa de alocar características únicas a cada um deles. Mesmo que essas divindades assumam outros nomes em diferentes regiões, é por meio do triplismo representativo e da formatação dualista entre deuses masculinos e femininos que é possível compreender certa unicidade da prática religiosa no mundo celta. Barry Cunliffe, por exemplo, vai, a partir desse modelo, compreender a natureza dos deuses celtas entre o ideal masculino e feminino, o tribal e o local, o céu e a terra, a guerra e a fertilidade. Essas características são intercambiáveis e produzem a harmonia necessária para o ciclo das estações ganhar curso e a interação entre o mundo natural e sobrenatural ganhar alguma ordem ritual.

Esta ordem ritual em grande parte era mediada, apesar da grande força individual da devoção religiosa céltica. Os principais mediadores eram conhecidos pela alcunha de druidas, que são aqueles que possuíam "o conhecimento do carvalho", mas também outros grupos são reconhecidos, como os Vates descritos por Estrabão, ambos com o saber religioso especializado e inspirado pelos deuses para ver e compreender o sobrenatural.

Por meio dessa mediação, suas práticas religiosas e seus santuários eram instalados. Também eram regulados os ritos relacionados com algo relevante para diferentes sociedades guerreiras ao longo dos séculos, a morte. A relação religiosa com a morte reflete a importância que os celtas davam para ela. Desde as tumbas faustosas que demonstravam o prestígio de guerreiros na primeira fase céltica de Hallstatt até os rituais de cremação e excarnação humana já no período lateniano, a prática ritualizada da morte era algo recorrente e digno de nota neste sistema.

No entanto, a prática ritual mais diferenciada nesse período é o culto às cabeças cortadas. O culto ritual das cabeças era visto com espanto e barbarismo por gregos e romanos, mas era de uma profundidade deveras complexa entre os celtas. É nesta prática que reside toda a base de um sistema guerreiro que colecionava cabeças para adquirir assim o poder e prestígio do guerreiro decapitado em um sistema de socialização guerreira mesclada com a visão religiosa de mundo. Neste contexto, encontramos referências não apenas em textos clássicos diversos, mas também na literatura irlandesa do Medievo, como no relato satírico do conto do Porco de Mac da Tho ou mesmo nos antigos santuários célticos do Sul da Gália, onde estátuas de antigos guerreiros de pedra sentados ostentam algumas cabeças cortadas em seu colo em sinal de prestígio.

Nestes exemplos residem, então, toda a pluralidade interpretativa dos sistemas religiosos célticos, referendados desde a Antiguidade por autores gregos e romanos e no Medievo pela literatura insular, e que definem as bases de uma mitologia celta vibrante e que, ainda hoje, influenciam a percepção folclórica e de memória deste antigo mundo celta.

Erick Carvalho de Mello

Ver também Calendários religiosos celtas e germanos; Celtas (religião); Dana (Danu); Mitologia celta; Igreja irlandesa.

BRUNAUX, J.-L. (1996). *Les religions gauloises*. Paris: Éditions Errance.

CUNLIFFE, B. (1996). *The Ancient Celts*. Oxford: Oxford University Press.

GREEN, M.A. (1986). *The Gods of the celts*. Sutton.

KRUTA, V. (1988). *Os celtas antigos*. São Paulo: Martins Fontes.

Mac CANA, P. (1996). *Celtic Mithology*. Londres: Bounty Books.

Conflitos religiosos na Antiguidade

Os conflitos religiosos latentes na Antiguidade se manifestam através das perseguições religiosas sofridas por diversos grupos ao longo do tempo. É complexo precisar o que sejam "perseguições religiosas" na Antiguidade. Como a política estava intimamente vinculada à religião, os fenômenos religiosos divergentes do tradicional eram sempre vistos com alguma desconfiança e cautela, pois no politeísmo a intolerância religiosa estava ligada à quebra da tradição. A sociedade antiga estava construída em torno dessas tradições religiosas, e o questionamento das mesmas oferecia um perigo de sobrevivência. Daí a intolerância e a perseguição ao novo. Contudo, apesar de a tradição oferecer uma certa resistência ao novo, é importante destacar que o politeísmo, por suas características intrínsecas, possui a capacidade de absorver novas divindades, favorecendo a acomodação de divindades e cultos estrangeiros e diminuindo, portanto, a animosidade e as perseguições religiosas. Dessa maneira, a própria religião oferecia um espaço para o novo, desde que não entrasse em conflito aberto com a religião tradicional. Essa característica nos ajuda a entender a profusão de fenômenos religiosos no Mediterrâneo, e o intercâmbio religioso entre o Ocidente e o Oriente na Antiguidade.

A perseguição aos filósofos na Grécia antiga – Na politeísta Grécia antiga, os filósofos foram duramente criticados, e até mesmo condenados (alguns receberam a pena de morte, como Sócrates), por sua conduta questionadora. Essa ciência era nova e estava em desenvolvimento, e por isso causou estranhamento e medo na comunidade. A filosofia questionava a explicação proporcionada pelos mitos acerca do *kósmos*, e também passou a refletir e a indagar a respeito das formas de organização humana, pensando a respeito da política e da sociedade. No círculo de alunos dos filósofos era comum a presença de lideranças políticas ou de seus filhos, que buscavam uma melhor preparação para atuar na vida pública. A ligação dos filósofos com lideranças políticas ficou mais forte entre o final do século V a.E.C. e ao longo do século IV a.E.C. Assim, para entender a perseguição aos filósofos deve-se considerar os aspectos políticos do momento. Desse modo, apesar de as acusações contra eles girarem em torno da ofensa ao sagrado, as motivações para tais processos são eminentemente políticas. Foi assim com o caso mais emblemático de perseguição aos filósofos: a condenação de Sócrates em 399 a.E.C. Sua acusação era baseada em três pontos: corromper a juventude, não acreditar nos deuses e inserir novas divindades no panteão canônico ateniense. Sua figura estava associada a jovens aristocratas que participaram de movimentos oligárquicos anteriores, por isso o primeiro ponto da acusação teve um forte impacto nos atenienses.

Roma antiga: Perseguição aos seguidores de Baco – As bacanais eram celebrações em honra ao deus Baco, que aconteciam na época da vindima. Aparentemente chegaram aos romanos por volta de 200 a.E.C., mas pouco se sabe sobre seu desenvolvimento e seus ritos. Nos primeiros anos apenas mulheres participavam desses rituais, que aconteciam três vezes ao ano. Com o passar do tempo homens também foram admitidos nas celebrações, que passaram a ocorrer cinco vezes ao mês. Em inúmeras ocasiões os fiéis/foliões invadiam as ruas de Roma aos berros e provocações, causando distúrbios públicos que se tornaram cada vez mais incontroláveis. Elas foram duramente reprimidas e acabaram restringidas pelo senado romano por volta de 186 a.E.C.: seu tamanho, frequência, e sacerdócio passaram a ser controlados diretamente pelos senadores. Alguns estudiosos acreditam que essa foi uma tentativa do senado de demonstrar ao povo o controle da sociedade após os resultados da Segunda Guerra Púnica, da qual saiu fortalecido, apesar de ter sofrido perdas enormes. De acordo com os relatos de Tito Lívio (*História de Roma* 5.39), as bacanais haviam praticado "todo tipo de perversão", e representavam uma ameaça para o bom funcionamento da sociedade romana. Aos desobedientes restou a prisão e a morte, para a maioria esmagadora dos participantes. Esse decreto do Senado pode ser visto no Museu de História da Arte de Viena (Kunsthistorisches Museum) e se denomina *Senatus consultum de Bacchanalibus* (Decreto Senatorial sobre as Bacanais). Ele foi encontrado em 1640 no Sul da Itália, em Tiriolo, na região da Calábria.

Perseguição aos druidas – Durante as Guerras Gálicas de 58-51 a.E.C., Júlio César, o mais renomado general romano, combateu as tribos gaulesas, conquistando-as e incorporando-as aos domínios romanos. Os druidas foram responsáveis por incitar as populações gaulesas a lutar contra os romanos dominadores, e por isso nunca foram vistos pelos romanos como partes integrantes de sua comunidade. As fontes escritas variam no que se refere ao primeiro édito contra os druidas e suas atividades. De acordo com Suetônio, o primeiro ofício contra eles foi instituído por Augusto (27 a.E.C.-14 E.C.), proibindo qualquer druida de ser cidadão romano, e vice-versa. Seu relato continua, afirmando que em 54 E.C. o Imperador Cláudio (41-54 E.C.), seguindo os passos de Augusto, proibiu toda e qualquer atividade druídica no território imperial. Já de acordo com o relato histórico de Plínio o Velho, foi o Imperador Tibério (14-37 E.C.) quem suprimiu completamente as atividades dos druidas através de um decreto do Senado, em que bania juntamente com os druidas os adivinhos e os curandeiros. Os druidas tinham costumes muito estranhos para os romanos, por supostamente envolver sacrifícios humanos e ingestão da carne desses sacrifícios, o que era visto com completo horror e repúdio pelos romanos, segundo escreveu o mesmo Plínio. Portanto, apesar de sua tolerância notória com as práticas religiosas das populações as quais subjugaram, os romanos não procederam da mesma maneira com os rituais druídicos, os quais foram, desde o início, considerados intoleráveis e inaceitáveis. A casta dos druidas foi completamente extinta com a cristianização de Gales e das ilhas britânicas já por volta do século VII.

Perseguição dos pagãos aos cristãos e judeus – Os romanos tinham uma política de tolerância com divindades estrangeiras e cultos, pois seu império abrangia um vasto território e, para mantê-lo unido e sem muitos problemas, seus dirigentes adotaram em sua religião um sincretismo dentre as várias outras religiões dos povos que o compunham. Agindo desse modo, tentavam acomodar todas as crenças possíveis, contanto que elas respeitassem o Estado romano e, posteriormente, na fase política do império, a figura do imperador. Além disso, as religiões não romanas tinham algumas restrições, tais como a proibição da exigência de exclusividade de culto. Esse ponto foi a principal motivação para as perseguições aos judeus e cristãos. Essas religiões, além de serem monoteístas, pregavam exclusividade em seus cultos e excluíam os não iniciados de suas práticas. A presença dos devotos dessas duas religiões causou vários distúrbios em Roma, que gerou uma série de hostilidades entre pagãos, judeus e cristãos, de modo que a única solução que restou ao imperador foi banir de vez, e perseguir, tanto os judeus quanto os cristãos remanescentes.

Os judeus eram um povo mais fácil de se eliminar do convívio com os habitantes do império por estarem localizados em uma mesma província e se manterem mais fechados, sem investir no envio de catequizadores das populações imperiais. Já os cristãos eram um caso à parte: estavam dispersos pela extensão do império, e enviavam catequizadores que pregavam suas doutrinas para as multidões, incitando confusões por todo o território imperial. A esse cenário acrescenta-se o incêndio de Roma em 64 E.C., durante o governo de Nero, cuja responsabilidade foi atribuída aos cristãos, justificando sua perseguição e sua expulsão do território imperial. Em Roma, desde o início da influência cristã, aconteciam perseguições esporádicas aos cristãos. No século II E.C., as perseguições foram mais acirradas: em 112 E.C. o Imperador Trajano deu origem a uma perseguição mais sistematizada e organizada ao fixar todo um procedimento persecutório. Depois dele, os imperadores Marco Aurélio, Décio, Valeriano e Diocleciano realizaram também grandes caçadas aos devotos cristãos. A punição para os cativos variava de acordo com seu *status*: se o cristão apreendido fosse cidadão romano era decapitado, se não, era ou jogado às feras ou cooptado para trabalhos forçados nas minas. Diocleciano acirrou a perseguição aos cristãos a tal ponto que a grande parte dos bens que a Igreja havia conseguido por meio de doações foi confiscada em seu governo.

Essas perseguições ficaram em voga até o advento do cristianismo como religião a ser tolerada por Constantino I em 313 E.C., quando o Édito de Milão foi publicado. Nele o Imperador Constantino I proclamava que todas as religiões seriam toleradas em Roma, inclusive o cristianismo (somente em 380 E.C., com o Édito de Tessalônica, o cristianismo se tornaria a religião oficial do Império Romano), e que os bens confiscados da Igreja por Diocleciano seriam devolvidos. Em 325 E.C. Constantino I convocou o I Concílio de Niceia, que ele próprio presidiu, sem contudo participar das votações. A partir daí, aos poucos, o imperador foi inserindo mais elementos cristãos em suas práticas governamentais, inclusive símbolos cristãos em suas moedas, até receber oficialmente o batismo em seu leito de morte, em 337 E.C. Constantino I, apesar de ter fundado e investido em cultos pagãos em sua juventude, autorizou a pilhagem e destruição de templos, e a perseguição aos praticantes das diversas práticas religiosas pagãs já no final de seu governo. Com a crescente aproximação entre o imperador e a cúpula da Igreja cristã, e a consequente adoção do cristianismo como religião oficial do império em 380 E.C., as perseguições aos pagãos se intensificaram, e os romanos, antes pagãos, tiveram que virar cristãos, por toda a extensão do império, apesar de essa religião só representar um quinto da população na parte ocidental do império, e metade dela, na parte oriental. No Ocidente, o cristianismo usava a língua latina; no Oriente, mantinha o grego original.

As perseguições aos pagãos (final da Antiguidade) – O método de dominação cristão não diferiu em nada dos métodos de dominação de um império por outro: obras de arte foram danificadas (pode-se verificar nas estátuas de imperadores e deuses romanos com os rostos marcados por cinzeladas e com o símbolo da cruz em suas testas), templos foram jogados ao chão e igrejas e basílicas foram construídas sobre eles (usando inclusive materiais dos próprios templos, como colunas e blocos de mármore), fiéis foram mortos, presos, exilados, escravizados, entre outros.

A perseguição aos pagãos começou de forma leve no final do reinado de Constantino I, como citado acima, mas durante o reinado de seu filho Constâncio II as primeiras leis e editos antipaganismo foram instituídas, o que resultou no fechamento de templos pagãos e na proibição de rituais pagãos de qualquer tipo, sob pena de morte. De 361 a 378, nos reinados de Juliano, Joviano, Valente e Valentiniano I, o paganismo foi tolerado, mas com o advento dos reinados de Graciano, Valentiniano II e Teodósio I a perseguição aos pagãos foi reinstituída. Essa se tornou a prática até a queda definitiva de Roma e da parte ocidental do império em 476. Até 484, sob o governo de um "bárbaro", Odoacro, o paganismo foi tolerado, mas após a ascensão de Zeno em 488 as perseguições foram novamente intensificadas e, finalmente, os últimos redutos do paganismo (grutas, cavernas, ruínas) foram requisitados pela Igreja cristã sob o comando do Papa Gregório I, depois de 491, quando o imperador romano do Oriente, Anastácio I, assinou um documento declarando-se cristão ortodoxo. O controle da religião cristã passou a ser total e conduziu a sociedade à Idade Média, subjugada pelo clero no Ocidente e no Oriente, mesmo após a divisão da Igreja em Católica Apostólica Romana e Ortodoxa oriental, o chamado Cisma do Oriente.

Marina Pelluci Duarte Mortoza

Ver também Cristianismo antigo; Judaísmo; História das religiões; Roma antiga (religião).

BEARD, M.; NORTH, J.A. & PRICE, S.R.F. (1998). *Religions of Rome*. Cambridge University Press.

BURKERT, W. (1987). *Ancient Mystery Cults*. Harvard University Press.

______ (1985). *Greek Religion*. Harvard University Press.

GIBBON, E. (1994). *The History of the Decline and Fall of the Roman Empire*. Londres: Allen Lane.

LEE, D.A. (2016). *Pagans and Christians in Late Antiquity*: A Sourcebook. Nova York: Routledge.

LEITE, P.G. (2004). Os processos de impiedade contra os filósofos na Atenas Clássica. *Alethria – Revista de Estudos sobre Antiguidade e Medievo* 9.1, p. 61-81.

RIEDL, M. (2012). "The Containment of Dionysus: Religion and Politics in the Bacchanalia Affair of 186 BCE". In: *International Political Anthropology* 5.2, p. 113-133.

WHITBY, M. & STREETER, J. (orgs.) (2006). *Christian Persecution, Martyrdom, and Orthodoxy*. Oxford University Press.

Cristianismo antigo

A palavra "cristianismo" é um substantivo masculino, singular, que por síntese semântica remete à religião monoteísta, que assume o paradigma de Jesus sendo Deus encarnado num homem e nascido de uma virgem. Veio à humanidade para libertá-la do pecado, anunciando novos céus e uma nova terra. Esse movimento após sua institucionalização assume homogeneidade em seu discurso mediado pela hermenêutica literal da narrativa bíblica.

No entanto, a melhor forma de compreender a semântica desse substantivo é no plural, ao mesmo tempo em que rompe com o discurso oficializado pela tradição eclesiástica, se assume a pluralidade da experiência religiosa. Cristianismos, compreende as singularidades e polissemias desde os primeiros cristãos. A tentativa de reconstrução desses cristianismos exige a ruptura de restrições tradicionais, a começar pela definição de qual literatura servirá de *underground* para a reconstrução histórica desse movimento religioso. Para tanto, não se deve restringir aos livros canônicos, pois as obras não canônicas são testemunhos essenciais dos primórdios da história do cristianismo (sempre que vier a nomenclatura no singular ainda se preserva a polissemia e pluralidade).

Sobre a palavra "antigo" se compreende uma temporalidade dividindo-a em três momentos: (i) morte de Jesus em 33 E.C. até o final desse primeiro século, época que os contemporâneos de Jesus haviam morrido, (ii) do início do século II até meados do século III, onde houve maior inserção do cristianismo fora da Palestina, como na Síria, Ásia Menor, Egito e Roma, (iii) meados do século III, período de intensas perseguições até ao Édito de Milão, promulgado em 13 de junho de 313 pelo Imperador Constantino (306-337), que assegurou a tolerância e liberdade de culto para os cristãos em todo o território do império. Em 391, o cristianismo se tornou a religião do Estado imperial romano.

Com o fim de um período de resistência dos mártires cristãos houve processo ao qual os bispos cristãos das principais cidades do Império Romano: Alexandria, Jerusalém, Antioquia, Constantinopla e Roma passam a gozar além do prestígio sacerdotal e eclesiástico, o social e político. O cristianismo assume outro paradigma daquele de seus primeiros fundadores, passando a elaborar padrões doutrinários e rituais distintos. Formaram-se relações de poder que culminou na consolidação definitiva do poder temporal e simbólico dessa Igreja na Idade Média. O Império Carolíngio e o feudalismo irão proporcionar espaço econômico e poder político para a Igreja Católica se constituir como principal instituição medieval e assumir-se como porta-voz oficial sobre o cristianismo.

O cristianismo antigo inserido na cultura antiga mediterrânea esteve sujeito às interações com uma infinidade de práticas culturais (egípcia, helenística, romana, dentre outras). Com intuito de sistematizar a Antiguidade na qual o cristianismo antigo se insere, demanda considerar aspectos desse mesmo fenômeno cultural, no qual o cristianismo antigo é uma grandeza cultural imersa em um ambiente de dominação romana, fala grega, cultura judaica e em plena interação com os elementos culturais de diversas sociedades presentes na bacia mediterrânea.

O estudo da história cultural do cristianismo antigo insere-se em um ambiente permeado pela cultura mediterrânea sob influência imperial romana. Ao mesmo tempo que não se pode estudar o cristianismo isolado deste império, precisa-se analisar o desenvolvimento de um sistema epistemológico e semiológico próprio, mesmo que em tensão com as vertentes centrais do Império Romano e com forte influência helênica. Na plataforma ideológica desse cristianismo busca-se redefinir a realidade social em uma nova construção de sentido e de novas formas de ressignificar o mundo. As interações culturais, emergir sob o signo da perseguição e da oposição ao Império Romano, analisar os pontos de contato e ruptura com herança veterotestamentária judaica são condicionantes essenciais para entender o cristianismo em sua formação e consolidação.

O universo que envolve o cristianismo antigo é interpretado e mediado pelas percepções circunscritas pelo meio social e conjuntura político-econômica; por isso, analisar a documentação, elementos antropológicos, históricos, arqueológicos e da crítica literária não podem ser negligenciados. À medida que esses elementos são observados buscar-se-á não teologizar a história e nem projetar demandas do presente no passado.

A antropologia fornece elementos para se analisar os impérios baseados em economias agrárias, que basicamente ocorriam de dois tipos: a tradicional e a comercial. Dentre os impérios agrários tradicionais, os camponeses marcadamente explorados são autorizados a continuar trabalhando na sua terra. Em impérios comerciais, a racionalização do uso da terra frequentemente significa que os camponeses se tornam desapropriados e engrossam as fileiras da classe artesã e os da classe dispensável. A dominação agrária pode desencadear revoltas camponesas, especialmente quando a classe sacerdotal assume papéis distintos, o de ser uma extensão da dominação estrangeira ou fornecer as bases ideológicas para a reação de um povo oprimido e subjugado. A questão fundiária e do campesinato judaico faz parte de um cenário antropológico inserido em dimensão política de dominação estrangeira, econômica de extorsão, ao mesmo tempo que se luta para manter a tradição cultural, principalmente em áreas campesinas.

Ao se analisar a intenção histórica do contexto e da documentação rompe-se com interpretações subjetivas ou alicerçadas por posicionamentos ideológicos ou de interesse de determinada classe social ou confessionalidade religiosa. A análise histórica (não teológica) da documentação judaico-cristã torna os estudos mais sensíveis para a rica pluralidade que representam os seus diversos estágios de conteúdo.

Pela arqueologia (cultura material) busca-se compreender os significados simbólicos contidos nessa documentação, pois não refletem passivamente a sociedade, interagem com ela, influenciando-a e por ela sendo influenciado. Ao se analisar a documentação material cabe destacar o arcabouço teórico do pós-processualismo, pois trabalha com o historicismo e com a história cultural valorizando os contextos históricos, ideológicos e simbólicos. Rompe com o dogmatismo que projeta o acesso ao passado apenas pela documentação literária, ou ao se usar da documentação material, que não sirva de mera ilustração. A cultura material oferece amplo espectro de pesquisa ao cristianismo antigo.

A crítica literária procura estudar a documentação textual como unidades literariamente acabadas visando definir a delimitação exata do texto, sua extensão como unidades literárias autônomas e identificar as partes constitutivas de sua composição. Busca-se determinar se o conteúdo dos textos apresenta um todo orgânico, ou se há quebras e rupturas no desenvolvimento do que se trata. Cada autor formou seu pensamento, com intuito de fixar as bases filosófico-hermenêuticas deixando uma mensagem específica para seu público, a partir de uma realidade social, cultural e religiosa. Negligenciar o estudo analítico literário do cristianismo antigo abre precedentes para interpretações fora de seu contexto, recepção e audiência. A crítica literária assume a perspectiva ao se trabalhar documentação canônica e não canônica, como textos literários, não hierarquizados em nível de importância histórica e literária, e elaborados ao longo de séculos a partir de contextos históricos e sociais específicos.

O cristianismo primitivo é sincrético, assimilando diversas correntes como o gnosticismo, religiões de mistérios gregas e orientais, magias, astrologia, histórias de homens divinos e seus milagres, filosofia helenista popular, judaísmo e influência da imaginação e linguagem religiosa helenista. No processo de interações étnico-culturais as diásporas serviram como catalisador cultural. É marcante a presença de antigas sinagogas no contexto das diásporas, atestado por documentação literária e arqueológica.

Constata-se a relevância da investigação histórico-social para a análise do processo de construção das identidades em um contexto de mobilidade e de interações culturais marcadas pelo judaísmo, helenismo, romanização e bacia mediterrânea. É no horizonte de suas fronteiras étnicas, culturais e geográficas que o cristianismo estabelecerá as bases para a construção de seu *ethos* religioso oferecendo elementos de ordem socioantropológica que possibilitará a compreensão identitária das comunidades que se formaram no cristianismo antigo, assim como procura compreender e explicar as estruturas da sociedade, criando conceitos e teorias a fim de manter ou alterar as relações de poder nela existentes.

Os conceitos histórico-sociais e antropológicos sobre a gênese do cristianismo não remetem a categorias isoladas e impermeáveis; ao contrário, inserem-se em um dinamismo intercultural, que a partir dessa diversidade se formam as bases hermenêuticas, epistemológicas, semânticas, semióticas e identitárias.

O movimento plural e heterogêneo do cristianismo antigo se converterá em filtros de leituras dogmáticas desconsiderando o extenso e intenso processo de sua formação. A literatura legitimatória para o cristianismo será a canônica, mediada pela interpretação da Igreja que sustentará um discurso alicerçado na ortodoxia. A pluralidade cede à singularidade; a heterogeneidade, à homogeneidade; o multiculturalismo é licenciado e o discurso sobre o sagrado é controlado por uma Igreja institucionalizada que passou de perseguida a tolerada, oficial e perseguidora, que valida, ratifica e autentica suas práticas e dogmas, como instrumento do querer de Deus para a história.

Estudos recentes buscam modelos heurísticos para reconstituir os cristianismos originários, a partir de quadros teórico-metodológicos que visam ampliar a pluralidade de olhares sobre os objetos históricos, antropológicos e sociológicos, resgatando a memória como força construtiva e poderosa, inibindo distorções alicerçadas numa cadeia traditiva deficitária ao manipular a documentação antiga.

Felinto Pessôa de Faria Neto

Ver também Culto aos santos; Igreja; Jesus Cristo; Judaísmo; História das religiões; Vulgata (Bíblia).

CALDAS, M. (2004). *Vida e morte no cristianismo primitivo*. Revista Eletrônica de História (UFF), vol. 1, n. 3, ano 2, ago.

CHEVITARESE, A.L. (2016). *Cristianismos* – Questões e debates metodológicos. Rio de Janeiro: Kline.

CROSSAN, J.D. (1998). *The Birth of Christianity* – Discovering what Happened in the Years Immediately after the Execution of Jesus. Nova York: HarperCollins.

HENGEL, M. & BARRETT, C.K. (1999). *Conflicts and Challenges in Early Christianity*. Filadélfia: Trinity.

IZIDORO, J.L. (2008). O problema da identidade no cristianismo primitivo interação, conflitos e desafios. *Revista Oracula* 4/7, p. 53-65.

KOESTER, H. (1995). *Introduction to the New Testament*. Vol. 2: History and Literature of the Early Christianity. Nova York: Walter de Gruyter.

NOGUEIRA, P.A.S. (2015). O cristianismo primitivo como objeto da história cultural: delimitações, conceitos de análise e roteiros de pesquisa. *Antíteses* vol. 8, n. 16, jul./dez., p. 31-49.

WEGNER, U. (1998). *Exegese do Novo Testamento*: manual de metodologia. São Leopoldo/São Paulo: Sinodal/Paulus.

Cristianismo medieval

Inicialmente contextualizado como uma seita em um cenário de religião plural pagã, e não pertencente a uma perspectiva oficial vinculada ao contexto político, gradativamente o cristianismo de credo católico tornou-se a religião oficial do final do contexto imperial romano. Posteriormente à oficialização, diversas interpretações do cristianismo foram sendo consideradas heresias. Com isso, gradativamente, foram sendo criados produtos culturais que serviram para disseminar e divulgar uma perspectiva cristã oficial em detrimento tanto de interpretações internas (diversidade do cristianismo em suas interpretações) quanto externas (perspectivas pagãs). Entre os séculos IV e VIII, os concílios realizados estabeleceram os dogmas da Igreja, fortalecendo, assim, a base fundamental do pensamento cristão católico. Entre os séculos V e VIII, observamos o fenômeno de aproximação entre os poderes político e religioso no Ocidente medieval, onde este encontrou naquele uma favorável sustentação para a sua manutenção e difusão, muitas vezes em um mundo onde o paganismo e a heresia estavam presentes. Nas palavras de André Vauchez, o cristianismo no século VIII era a religião oficial do Ocidente, mas ainda muito superficial, um "verniz" apenas, o que demonstra o seu lento e gradativo estabelecimento no território. Entretanto, cada vez mais foi elaborada uma complexidade religiosa, com a presença de santos, anjos e as muitas relíquias que se multiplicaram. Além disso, neste movimento de cristianização da sociedade, elementos e personagens como o calendário (controle do tempo), os gestos (controle das práticas), o diabo (controle da mentalidade e comportamentos) e os mortos (controle do espaço geográfico do além) foram cristianizados, de forma a elaborar uma ideia de que o cristianismo estava presente em diversas esferas da vida e principalmente do cotidiano. O próprio surgimento de um grupo de especialistas na religião cristã católica fez com que houvesse uma divisão social, representada entre clérigos e leigos, a qual, na maioria das vezes, significava uma divisão entre letrados e iletrados. No começo da baixa Idade Média o cristianismo já havia se modificado em seus aspectos sociais, e muitas manifestações leigas passam a fazer parte do contexto religioso através de suas práticas de religiosidade. As contestações heréticas, que ocorreram durante todos os séculos do Medievo, favoreceram o constante questionamento ao *status quo* da perspectiva religiosa oficial, o que favoreceu, séculos depois, os movimentos de Reforma Protestante que encontramos no final da Idade Média, o qual foi chamado por Hilário Franco Júnior de "sucessor vitorioso das heresias".

A autorização do Estado: o Édito de Milão e o Édito de Tessalônica – Com o Édito de Milão (313) e de Tessalônica (380) temos, respectivamente, a autorização do culto do cristianismo e o seu estabelecimento como religião oficial no contexto do final do Império Romano. Gradativamente, a realidade cristã católica passou a fazer parte do cenário político do Ocidente medieval, diferenciando-se da visão ortodoxa da religião no contexto oriental. A partir de então, cada vez mais os olhares foram voltados para a questão governamental, onde religião e política foram se unindo em diferentes contextos, como, por exemplo, na conversão de Clóvis, na conversão dos visigodos e de outros reinos do Ocidente medieval a partir do século V. Por exemplo, a aproximação entre a Igreja e o poder carolíngio favoreceu a utilização por parte daquela dos instrumentos de poder governamentais deste, tais como as capitulares de Carlos Magno, as quais foram utilizadas para disseminar na sociedade comportamentos cristãos, momento este no qual se pode afirmar que o Ocidente medieval se tornou o território da Cristandade. Desse modo, entre os séculos V e VIII o Ocidente medieval passou por um processo lento de cristianização das lideranças políticas de então, a ponto de o século VIII ser caracterizado por André Vauchez como o nascimento da Cristandade.

Paganismo e heresias – A partir do momento em que o cristianismo se constituiu como religião oficial do Império Romano, todas as perspectivas contrárias foram consideradas heréticas, ou seja, aquelas que se desviavam da perspectiva oficial. A constituição oficial do cristianismo foi criada a partir dos diversos concílios, principalmente nos chamados sete primeiros concílios da Igreja, realizados no Oriente entre os séculos IV e VIII, momento no qual a influência territorial oriental ainda se fazia presente no contexto ocidental. Nesse sentido, todas as manifestações que fossem contrárias ao credo religioso cristão católico foram condenadas como heréticas. Não se pode esquecer que, paralelamente à "criação" de um mundo herético, não voltado para a oficialidade cristã católica, a partir do momento em que o cristianismo se tornou aliado do contexto político no final do Império Romano, todas as manifestações anteriores ao cristianismo também foram condenadas, dando origem ao que conhecemos como manifestações pagãs, as quais estavam muito presentes nas cartas trocadas por personalidades religiosas conhecidas no contexto da Alta Idade Média, como, por exemplo, Martinho de Braga, no século VI. O paganismo permaneceu por muitos séculos ainda latente no contexto social e cultural do Ocidente medieval, sendo constantemente alvo de críticas e combates, principalmente no âmbito rural. Por exemplo, Isidoro de Sevilha, em sua obra *Etimologias*, identificou diversas permanências pagãs no contexto peninsular ibérico do século VII.

A cristianização da sociedade no contexto rural – O contexto rural foi o âmbito no qual o cristianismo apresentou mais dificuldades para se expandir e se fixar, não somente porque foi o local onde as permanências pagãs estavam arraigadas, mas também porque foi o panorama mais difícil para expandir o cristianismo, principalmente devido ao deslocamento, como podemos ver no caso da região de La Rioja, principalmente na região montanhosa, com um processo de cristianização do território feito de forma lenta e que não eliminou as práticas e crenças pagãs durante muitos séculos. Como a sociedade do Ocidente do antigo território imperial romano começou a gradativamente voltar-se para o mundo rural a partir do século III, no momento da autorização e estabelecimento oficial do cristianismo o *locus* de atuação do mesmo foi o mundo rural, até mesmo porque os principais focos do paganismo estavam neste âmbito. Muitos personagens vinculados ao cristianismo, entre os séculos VI e VIII, em documentações que chegaram até nós, queixaram-se da existência de práticas pagãs que eram realizadas pelos rústicos, ou seja, aqueles que habitavam os campos. Isso demonstra, portanto, a existência concomitante entre o cristianismo de credo católico, a perspectiva pagã e os movimentos heréticos.

O fenômeno do monasticismo – Ao se falar de cristianismo medieval não se pode esquecer o fenômeno do monasticismo, o qual obedece a duas perspectivas: uma perspectiva anacoreta e uma perspectiva cenobita. A primeira a partir de iniciativas individuais, e a segunda a partir de iniciativas em grupo, formando então uma vida em cenóbio. Esta, posteriormente, originou a vida em monastério, a qual prevaleceu durante todo o Medievo. É importante comentar sobre este fenômeno, principalmente porque durante parte do Medievo, até aproximadamente os séculos X e XI, algumas perspectivas religiosas estavam vinculadas a um discurso monástico. Por exemplo, a figura do diabo durante a Alta Idade Média foi uma figura criada a partir de um viés monástico, ou seja, um discurso monástico, já que os monges constantemente se referiam a este personagem com o intuito de relembrar aos membros que deveriam se prevenir contra o mesmo. Destaca-se também a influência da vida no âmbito monástico em relação à educação, a qual foi reorganizada no século VI a partir do contexto monacal.

Cristianismo e política: a gradativa cristianização das realezas medievais – Com a formação das realezas entre os séculos V e VI no Ocidente medieval, gradativamente o cristianismo se fez presente entre as mesmas. O primeiro exemplo de cristianização das realezas foi com os francos, durante o reinado de Clóvis. Posteriormente, outros reinos tornaram-se cristãos católicos. O auge desta união entre política e religião foi através da experiência carolíngia, principalmente durante o reinado e o império de Carlos Magno. Durante esse período, muitas das premissas cristãs católicas foram difundidas pelo território carolíngio através de instrumentos de governo, como, por exemplo, as capitulares, as quais serviram como suporte para a difusão dos preceitos do cristianismo entre as populações do território. Ademais, em termos de política, há que destacar que o Império Carolíngio, que surgiu a partir do natal de 800 quando Carlos Magno tornou-se imperador, era um império cristão. Justamente neste contexto é que podemos afirmar, de acordo com André Vauchez, que havia sim um território conhecido como Cristandade. Deve-se ressaltar a diferença da interação entre política e religião no contexto ocidental do contexto oriental: enquanto o Oriente, sucessor da perspectiva imperial romana, manteve unificado em seu personagem principal, o imperador, os dois âmbitos, ou seja, o político e o religioso (se bem que na perspectiva religiosa o responsável era o chamado patriarca; mas, este, submetido ao imperador), o contexto ocidental apresentou-se com uma série cada vez mais intensa (entre alianças e disputas) de relações entre o papa, representante do poder religioso, e os reis, representantes do poder político.

Uma civilização da liturgia – Em termos de organização, a liturgia destaca-se como uma das características mais notáveis do cristianismo. A função cultual assumiu uma importância central no cristianismo ainda durante a Alta Idade Média, onde a religião se coincidia com o culto, o qual era realizado pelos padres e os fiéis tinham a obrigação de assistir. Não se pode esquecer a função ritualística dos primeiros séculos do cristianismo, através da qual os fiéis manifestaram traços de sua vida religiosa. O culto, então, tornou-se um momento de especialistas, e a presença dos mesmos no âmbito religioso é manifestada em lugares determinados e próprios para tal, como, por exemplo, a abside, reservada para a presença dos especialistas da religião, ao contrário das naves (central e laterais) reservadas aos leigos, que estavam apartados dos papéis ativos da missa. O canto litúrgico também gradativamente assumiu um papel de extrema importância na liturgia, assim como a utilização do latim como a língua oficial. Os sinais rituais também adquiriram importância com o tempo, muitos deles exteriorizando o significado das palavras e outros tentando estabelecer um contato mais direto com Deus, como a abertura dos braços no momento da leitura do cânon ou então os sinais da cruz realizados em diversos momentos da liturgia.

Cristianismo e sociedade: aspectos sociais – Aos poucos, a proposta do cristianismo de se fazer presente na sociedade foi se realizando, de modo que a relação estabelecida entre os preceitos do cristianismo e os aspectos sociais gradativamente transformaram-no no principal condutor social. Os aspectos sociais através dos quais os homens se relacionavam sempre existiram e o cristianismo, gradativamente, os "cristianizou"; por exemplo, o casamento, o mundo dos mortos etc., até mesmo a própria geografia do além foi reelaborada a partir de uma perspectiva cristã medieval, cujo tema foi abordado por Jacques Le Goff em sua tese de doutorado e que atualmente está publicada com o título *O nascimento do purgatório*. Ocorreu, portanto, uma lenta cristianização da sociedade, onde diversos aspectos sociais passaram por mudanças e adaptações voltadas para moldes comportamentais cristãos. Por exemplo, espaços foram cristianizados, assim como o próprio tempo, onde a Igreja elaborou um calendário religioso com base no ano litúrgico. A multiplicação dos lugares de culto é outro aspecto que indica o grau de difusão do cristianismo no Ocidente medieval, que, embora lento, foi amplo, tanto no contexto citadino quanto no contexto rural. O culto dos santos, posteriormente, gerou a criação de uma literatura hagiográfica, a qual também foi utilizada de forma intensa pelo cristianismo, principalmente vinculando cada vez mais a figura do santo ou santa como exemplo a ser seguido. García de Cortázar destaca que foram três os elementos, presentes já desde o século V, que caracterizaram a cristianização do tempo: a oração privada realizada em determinadas horas do dia, o ofício divino realizado aos domingos e a celebração do ano litúrgico. Outro aspecto social a se destacar na difusão e ampliação do cristianismo é o culto dos mortos. A introdução do culto dos mortos ocorreu durante o século IX, durante o qual foi instituída a Festa de Todos os Santos, além do fato de o cristianismo urbanizar o mundo dos mortos, trazendo o cemitério adjunto às igrejas neste contexto.

A Reforma Gregoriana – Ocorreram muitas reformas da Igreja no contexto medieval (no sentido de adaptações e de volta ao significado do cristianismo nos seus primeiros séculos), e a mais conhecida delas é a Reforma Gregoriana. Basicamente, esta reforma atuou em quatro frentes: (1) a reforma dos problemas mais visíveis do clero; (2) o estímulo a uma separação do clero em relação ao restante da sociedade; (3) a vontade de conversão do mundo e (4) a consciência de que a responsabilidade pelo bem-estar espiritual dos fiéis outorgava ao principal personagem da Igreja, ou seja, o papa, uma autoridade indiscutível. Tais aspectos não eram novidade, uma vez que, em contextos anteriores, intenções semelhantes haviam se manifestado no Ocidente medieval. As novidades em questão estavam bem mais voltadas para a melhora das condições morais do clero, assim como de assegurar a figura do papa na condução da Cristandade. Por exemplo, em relação ao primeiro aspecto citado, houve, nas palavras de García de Cortázar, uma luta contra a prática da simonia, da investidura laica e uma "busca por um clero puro e digno para a realização de suas funções litúrgicas através de sua separação do mundo e da imitação da perfeição apostólica". Em relação ao segundo, o fenômeno de reforma levou ao que conhecemos como o surgimento da chamada monarquia papal, programa este que contou com três elementos decisivos: um grupo de reformadores (Frederico de Lorena, Humberto, monge de Moyenmoutier, Pedro Damião e Hildebrando, o futuro Papa Gregório VII), um programa de reforma (com a Igreja de Roma à frente de todas as demais) e os instrumentos da reforma, ou seja, a confiança em que a ordem divina somente se manifestaria na Terra pelo cumprimento de ações morais, assegurando a vigência da justiça e a utilização de apoios, tais como: *disciplinares* – proibição do casamento por parte dos clérigos; *institucionais* – incentivo à vida em comum dos clérigos como controle para a nomeação dos bispos; *constitucionais* – emissão constante e contínua de cartas papais e o envio de legados pontifícios; e *políticos* – representados pela busca de apoio, inclusive militares.

Cristianismo e guerra: Reconquista e Cruzadas – Mesmo depois de ter suplantado, pelo menos em parte, as perspectivas contrárias as suas ideias religiosas (paganismo e heresias), o cristianismo, séculos depois, deparar-se-ia com outras perspectivas religiosas, algumas das quais entraria em guerra na busca por territórios considerados importantes para o mesmo, no que André Vauchez denominou como "uma espiritualidade da ação". Por exemplo, os fenômenos das Cruzadas e da Reconquista, esta no contexto peninsular ibérico e aquela no contexto oriental, são exemplos de momentos nos quais as perspectivas religiosas ultrapassaram os limites do debate oral. A ideia de reconquistar territórios que antes pertenciam ao cristianismo foi um dos pilares para o surgimento desses fenômenos que opuseram frente a frente elites guerreiras muçulmanas e cristãs. Ademais, não se pode esquecer que este foi um dos momentos da história do Ocidente medieval onde a perspectiva religiosa se aliou de forma forte e consistente à perspectiva bélica. Por exemplo, também foi desse período o surgimento das chamadas ordens de cavalaria, criadas especialmente para atuarem no contexto oriental – em um princípio protegendo os peregrinos que se deslocavam até Jerusalém e posteriormente sendo utilizadas em um contexto aberto bélico contra os chamados infiéis.

Religião e arquitetura – As próprias manifestações arquitetônicas, que afloraram no contexto do Ocidente medieval, também mantiveram suas relações diretamente com o contexto religioso que se desenvolveu nesse território. Por exemplo, se observarmos a perspectiva românica e suas características arquitetônicas fica claro o seu vínculo com uma iniciativa monástica, rural e fechada, ou seja, um momento no qual os monastérios já estavam em um contexto unitário dogmático (séc. IX-X), localizavam-se no contexto rural e pertenciam a um mundo religioso fechado sobre si mesmo. Se compararmos com a iniciativa gótica, observaremos que a mesma pertenceu a um contexto citadino, que o seu patrocínio estava mais voltado para a realeza e que pertencia a um contexto de um cristianismo mais aberto (séc. XIII), contexto no qual o mesmo enfrentava seus inimigos nas fronteiras do seu território (Península Ibérica e Oriente). Dessa forma, analisar as perspectivas arquitetônicas originadas do contexto religioso medieval é observar o reflexo do cristianismo sobre elas.

O cristianismo como transmissor de cultura – Nas palavras de Paul Johnson: "O cristianismo não foi apenas um portador da cultura; mediante a diligência dos monges, ele, na verdade, tornou-se a cultura". Em termos materiais, o principal meio de transmissão cultural utilizado pelo cristianismo foi o livro. O surgimento do livro, utilizado em um formato códice, obedece justamente a um contexto de surgimento do cristianismo, de forma que no final do século IV a presença do livro códice suplantou o formato antigo de registro da escrita. Ademais, em termos de religião, o livro principal do cristianismo é a Bíblia, a qual representa um conjunto de verdades, a partir da perspectiva religiosa, para serem divulgadas. Gradativamente, este objeto passou a ser visto como um objeto da verdade, criando ao redor do mesmo um simbolismo voltado para o aspecto verídico. Nesse sentido, em termos materiais, o simbolismo da Bíblia foi considerável, uma vez que este mesmo simbolismo foi transmitido para diversos produtos culturais escritos, como, por exemplo, as crônicas, muito utilizadas no contexto político medieval a partir dos séculos

XII e XIII. Dessa forma, a materialização da verdade foi transmitida para um contexto laico, onde o formato códice foi imitado, principalmente pela influência religiosa.

A cristianização do contexto citadino – O contexto rural, como âmbito preponderante no Ocidente medieval, permaneceu com uma densidade demográfica elevada até os séculos XI-XII, momento em que foi suplantado pelo contexto citadino, principalmente a partir do final do século XII, quando se observa o surgimento e o ressurgimento de diversos núcleos urbanos. Em termos de adaptação, a Igreja, na cidade medieval, para se fazer ouvir e estar presente, também teve que passar por reformas. Neste caso, deve-se destacar, sobretudo, a criação das ordens mendicantes, cujos máximos representantes foram os franciscanos e os dominicanos. Tais ordens serviram, portanto, para representar a presença da Igreja no contexto citadino. Jacques Le Goff, em uma obra intitulada *O apogeu da cidade medieval*, destaca que em algumas cidades medievais durante os séculos XIII e XIV cerca de 5 a 12% da população pertencia ao contexto religioso, dentre eles, boa parte às chamadas ordens mendicantes.

A Cristandade no século XIII – A Cristandade no século XIII apresenta-se estabilizada em termos sociais (os ritos da vida cotidiana são ritos cristãos), política (os reinos medievais do século XIII são reinos cristãos) e intelectuais (a escrita da história deste contexto é uma escrita religiosa, ou que apresenta a perspectiva religiosa quase como que intrínseca ao que é produzido). Nesse contexto, o cristianismo, em termos territoriais, é bem delimitado, com o inimigo localizado em suas fronteiras, tanto no sudoeste (Península Ibérica) quanto no leste (Oriente). Entretanto, tais perspectivas contrárias ao cristianismo não se manifestavam somente no exterior de suas fronteiras, mas também no interior das mesmas, através do fenômeno das heresias. Este fenômeno de contestação em relação a diferentes aspectos oficiais da Igreja cristã católica medieval manifestou-se desde o momento da criação do credo oficial católico no século IV e continuou sua aparição durante os séculos do Medievo. Entretanto, talvez sua maior manifestação tenha sido a do início do século XIII, quando se empreendeu uma luta contra os cátaros, no sul do Reino da França.

Das heresias medievais às reformas do século XVI – É necessário destacar que tais fenômenos de contestação ao credo oficial originaram, gradativamente, um movimento de reformas e adaptações da Igreja Cristã de credo católico, chegando ao contexto das reformas no século XVI. Dentre os personagens que elaboraram as bases da Reforma podem ser citados Martinho Lutero, Ulrich Zwingli e João Calvino. O movimento de Contrarreforma, representado pelo Concílio de Trento, reunido em 1545 e finalizado em 1563, foi o momento no qual a Igreja Católica se adaptou às novas condições sociais com as quais se deparou, ou seja, as propostas levantadas pela Reforma Protestante. Dentre as divergências fundamentais entre a proposta católica e a protestante estão a fonte da fé, a noção de salvação, a natureza da Igreja, os sacramentos, a organização das igrejas e os ritos e costumes. Dessa forma, se a Igreja Católica, durante muitos séculos, existiu de forma única em termos religiosos, nunca foi, porém, soberana (principalmente pela existência dos diversos movimentos heréticos), e o século XVI foi o momento de um rompimento definitivo e do surgimento de novos horizontes religiosos representados pelas diversas reformas e movimentos protestantes.

Luciano José Vianna

Ver também Cristianismo antigo; Cristianização da Germânia; Cristianização da Irlanda; Cristianização da Rússia; Cristianização dos eslavos; Cruzadas; Cruzadas do Báltico; Culto aos santos; Educação e religião no Medievo; Guerra e religião no Medievo; Igreja; Igreja irlandesa; Igreja Ortodoxa oriental; Igrejas: arquitetura e arte; Inquisição; Jesus Cristo; Monaquismo; Ordens mendicantes; Papado; Poder e religião no Medievo; Reforma Gregoriana.

FRANCO JÚNIOR, H. (2001). *A Idade Média*: nascimento do Ocidente. São Paulo: Brasiliense.

GARCÍA DE CORTÁZAR, J.Á. (2012). *Historia religiosa del Occidente medieval* (años 313-1464). Madri: Akal.

GARCÍA-VILLOSLADA, R. (1958). *Historia de la Iglesia Católica*. Vol. II: Edad Media (800-1303) – La cristiandad en el mundo europeo y feudal. Madri: BAC.

HILLGARTH, J.N. (2004). *Cristianismo e paganismo* (350-750) – A conversão da Europa ocidental. São Paulo: Madras.

JOHNSON, P. (2001). *História do cristianismo*. Rio de Janeiro: Imago.

LE GOFF, J. (2017). *O nascimento do purgatório*. Petrópolis: Vozes.

SILVA, A.C.L.F. (2001). A consolidação do cristianismo hispano-visigodo em La Rioja. *Brathair*, vol. 1, n. 2, p. 42-61.

SILVA, M.C. (2008). *A realeza cristã na Alta Idade Média* - Os fundamentos da autoridade pública no período merovíngio (séculos V-VIII). São Paulo: Alameda.

Van HAELST, J. (1989). “Les Origines du Codex”. In: BLANCHARD, A. (org.). *Les Débuts du Codex* – Actes de la journée d’étude organisée à Paris les 3 et 4 juillet 1985. Turnhout: Brepols, p. 13-35 [Bibliologia 9. Elementa ad librorum studia pertinentia].

VAUCHEZ, A. (1995). *A espiritualidade na Idade Média ocidental*. Rio de Janeiro: Jorge Zahar.

Cristianização da Escandinávia

O processo de cristianização da Escandinávia difere em sua abordagem, sobretudo, devido ao conceito teórico utilizado na pesquisa de cada estudioso. No presente esforço de escrita atemo-nos a entregar ao leitor duas perspectivas distintas, porém ainda em voga. A primeira perspectiva, ao reforçar o caráter político do processo, compreende-o como a declaração formal que torna o cristianismo a única religião legal, amparada pela força da lei, vale lembrar que junto ao cristianismo introduziram-se na Escandinávia as primeiras leis cristãs. Tal abordagem trata a relação entre a conversão oficial e as influências cristãs sofridas pré-conversão, mas busca as mesmas de forma a compreender um processo de forças sociais. Assume-se dessa maneira a dificuldade imposta a uma declaração por parte da realeza que introduzisse uma religião completamente desconhecida, mas toma a questão da quantidade de preparação necessária para tal ato em aberto (BAGGE, 2014, p. 91-104).

Afirma-se que a depender da força da monarquia e do *status* daqueles que apoiassem tal processo, esse poderia ocorrer em um momento que apenas uma minoria da população fosse cristã; por outro lado, diz que uma relação de maioria cristã não necessariamente alcançaria o monopólio de tal religião. Assume-se assim a força dos argumentos que apoiam uma versão gradual e secular de tal conversão, no entanto, por um prisma político. Os contatos com a Europa cristã passam a ganhar visibilidade pela perspectiva das conexões pessoais entre os chefes escandinavos e os demais líderes continentais e insulares, as legações missionárias e o batismo são assim compreendidos como unicamente preocupados em estabelecer relações de poder. Os chefes e reis escandinavos aparecem, dessa maneira, como interessados em ganhar a amizade dos líderes europeus; como exemplo de tal perspectiva cita-se o Rei Harald Bluetooth, que teria sido batizado com o objetivo de ganhar a amizade de Otto o Grande.

O cristianismo é, por tal perspectiva, ressaltado enquanto cosmovisão e ideologia que permite uma melhor legitimação de determinados poderes sociais, se tal religião conseguiu se afirmar como única teria sido graças à sua capacidade de religião unitária, composta por um culto, um deus e uma organização profissional, que traria a modificação da importância dos chefes locais, até aquele momento líderes não apenas sociais como religiosos. O antigo mundo nórdico seria marcado por poderes instáveis, tipicamente delimitados pela disputa dos homens pelo poder local, nos quais por mais que não fosse impossível ter um desses chefes como detentor de um poder dominante não se deveria, no entanto, esperar que a antiga religião nórdica desse ao mesmo o suporte para tal tipo de poder. O cristianismo, por sua vez, ao delimitar a crença em um deus e ao relacioná-la ao poder de um rei, assim como um deus comanda o mundo um rei deve comandar o reino, traria uma revolução da qual surgiriam as novas grandes entidades políticas que estavam em formação.

Poderíamos, no entanto, contra-argumentar que a organização eclesiástica, suas cosmovisões e ideologias seriam, a princípio, muito fracas para apoiar tais pretensões políticas e sociais. Contudo, o cristianismo exerceu um poder centralizador pela virtude da luta pela nova religião, dando a oportunidade a esses novos reis de reposicionar as forças sociais dentro do território em que buscavam dominação, oferecendo apoio aos chefes que se posicionassem a seu favor, esses que posteriormente passariam a afirmar seus poderes pela construção de igrejas e pelo direito de apontar seus padres, e se opondo àqueles que oferecessem resistência. Para além de todo o processo já supracitado devemos levar em consideração que a propagação da nova religião levaria esses homens a buscar a dominação de novas áreas. Dessa forma, se a princípio havia pouca distinção entre os chefes locais e os reis, o elemento centralizador e expansionista de tal revolução, carregada por homens já considerados reis ou não, levaria a um novo quadro político e social.

Tal perspectiva conclui, dessa forma, que o passo decisivo que estabeleceu o cristianismo e baniu os ritos pagãos teria sido executado pelos reis, um padrão de cristianização que teria sido o mesmo por toda a Escandinávia. Obviamente algumas variações regionais são apontadas, como por exemplo as entre o processo de cristianização da Dinamarca e da Noruega. A Dinamarca teria sofrido influências da linhagem germânica dos otonianos, enquanto o impulso de influência norueguês teria advindo da Inglaterra. Dessa maneira, em 965, quando Harald Bluetooth tornou a Dinamarca cristã, além de objetivar a já supracitada amizade com Otto o Grande, o rei dinamarquês procurava diminuir as ameaças de um forte poder que se formava perto de seus territórios, poder do Sacro Império Romano, e buscava também um modelo de controle sobre seus súditos, esse que era maior do que qualquer poder já alcançado na Dinamarca. Alcançava-se por negociações políticas o que os ativos missionários germânicos e o que as organizações eclesiásticas, como a de Hamburgo-Bremen, haviam tentado por mais de cem anos.

Em contraste, na Noruega, onde as sagas acabam por exagerar na importância de Olav Tryggvason e Olav Haraldsson, uma vez que todas as lideranças após a morte de Haraldo Cabelos Finos foram cristãs, com exceção da liderança de Haakon Sigurdsson, e provavelmente contribuíram ao processo de cristianização, a influência da Inglaterra foi sem dúvida a mais importante. O Rei Ethelred, contemporâneo dos dois Olavos, foi um rei com poucos sucessos, constantemente sendo derrotado pelos vikings e sendo sucedido ao fim pelo rei dinamarquês Canuto o Grande; entretanto a Inglaterra anglo-saxã era um reino rico e altamente centralizado, com uma realeza que servia de modelo aos reis escandinavos.

Para além de tal contraposição ao poder germânico, a Noruega ainda teria internamente divergências no que tange seu processo de cristianização em comparação ao da Dinamarca. Os reis noruegueses não teriam uma firme base local, como havia sido Jutlândia à Harald Bluetooth, e por consequência tinham um incentivo ainda mais forte em direção a tal processo de revolução, introduzido pela nova religião, que buscava a superação do antigo sistema, no qual o poder dos chefes locais, predominante até então no que viria a ser o reino da Noruega, estava baseado.

Acusar tal perspectiva de ignorar completamente os fatores religiosos e culturais, pensando as pessoas como tomando suas ações unicamente por um raciocínio de interesses, é um ponto de partida crítico possível. Contudo, temos de lembrar que tais atitudes no dado período eram compreendidas como religiosas, não havia uma clara distinção entre as esferas religiosas e seculares, pelo menos não na antiga religião nórdica e, ainda não, no cristianismo desse período. Consequentemente os sucessos nos campos seculares eram transferidos ao campo religioso. Não devemos compreender religião no dado período como um sistema dogmático, a religião era na verdade muito mais uma matéria de relações pessoais, havia-se assim uma forte conexão entre a aliança a um líder e a aliança ao seu deus.

A segunda perspectiva passa a afirmar-se por uma compreensão distinta do que seria o processo de cristianização, compreendendo-o como uma transformação das crenças e práticas religiosas, sociais e políticas desencadeadas pela introdução do cristianismo no contexto de um determinado povo, passando dessa maneira a afirmar um processo de maior duração. Esquemas de divisão apontam para dois ou três momentos de tal processo, o primeiro momento na perspectiva tripartida é caracterizado pela infiltração, momento no qual informações sobre o cristianismo atingiam uma determinada população de maneira passiva, através de suas próprias viagens a locais já cristianizados; o segundo momento na perspectiva tripartida e primeiro momento na perspectiva bipartida é marcado por um esforço missionário de clérigos continentais e insulares que viajavam as terras escandinavas; o terceiro momento na perspectiva tripartida e segundo momento na perspectiva bipartida é no caso escandinavo marcado por um esforço das lideranças laicas locais que passavam a desenvolver a institucionalização de tal religião, se estabelecendo as organizações eclesiásticas e construindo as primeiras igrejas de tais regiões (SANMARK, 2002, p. 13-29; BIRKELI, 1973, p. 14-26).

Temos fontes que apontariam para o início dos esforços missionários em regiões como a Suécia na missão de Ansgar em 829/830, enquanto fontes arqueológicas apontam para contatos com regiões cristãs, podendo tal contato ser proveniente do primeiro ou do segundo momento da perspectiva tripartida. Já para o século VIII, como é o caso do báculo irlandês encontrado na Ilha de Helgö, delimitar se tais contatos seriam fruto do primeiro ou do segundo momento torna-se impossível pelo atual momento de nossas fontes, ou seja, as datações dessas fases tornam-se pela própria natureza da materialidade algo que não conseguimos levar para além da fase de suposição. O segundo momento na Escandinávia que se daria pelo início dos esforços dos líderes laicos é sem dúvida de mais fácil datação, até por tal momento já ser possibilitado pelas fontes literárias e pelas fontes legislativas escandinavas, por mais que caibam a essas fontes suas próprias produções críticas e seus próprios estudos.

A arqueologia se destaca no estudo de tal perspectiva por aspectos como, por exemplo, a possibilidade de análise dos processos desencadeados pelos esforços missionários, elemento de parco acesso pelas fontes literárias. Contudo, não se torna uma ciência auxiliar, buscando apenas confirmar ou negar a história, trazendo novas perspectivas desencadeadas pelo estudo da materialidade atrelado à compreensão da mesma como produto de uma interação recíproca entre homem e matéria, interação que não era apenas guiada pelos pressupostos religiosos, políticos e sociais de um dado povo, mas que permitia a construção e a negociação de tais pressupostos, de tal forma que ao homem construir o mundo esse acaba por construir a si próprio (GRÄSLUND, 2003, p. 483-496).

Junto à abordagem arqueológica passam a surgir alguns problemas. Dentre esses elementos podemos citar o questionamento da delimitação dos depósitos funerários, esses divididos entre os pertencentes a uma prática cristã ou a uma prática pré-cristã. Inicialmente essa mudança passa a ser apontada em linhas gerais, diferenciando os depósitos pré-cristãos que contavam com uma maior complexidade e variação dos depósitos cristãos de emprego da inumação, em orientação Leste-Oeste, nos jardins das igrejas e sem a presença de artefatos depositados. Era esperado por esse preceito que a materialidade se apresentasse como um reflexo da identidade cultural de um dado povo, ou seja, esperava-se que a religião pudesse ser lida diretamente de determinados pressupostos de expressão material. Um cristão, dessa forma, teria seu depósito funerário de acordo com práticas tradicionais que imprimiriam a ideia de uma dada cultura no artefato, ou seja, as identidades tanto do depósito funerário como do próprio cristão seriam reflexos de preceitos culturais reiterados pela pura tradição.

Contudo, o processo de cristianização corre o risco de ser estudado dessa maneira por uma lista de elementos preestabelecidos, esses que devem ser cumpridos para que se considere tal processo como realizado, compreendendo-o dessa forma como um desenvolvimento de via de mão única que buscava um ideal, o cristianismo presente na Escandinávia durante o século XIII, o que poderia caracterizar tal abordagem por uma compreensão evolutiva e teleológica. Tal perspectiva, portanto, não deixa espaço para pensar a variedade encontrada na cultura material, pois os estudos dos depósitos funerários logo a problematizariam, passando a apontar uma variação que não permitiria uma compreensão de tal maneira estruturalista; passava a se questionar o que deveria ser compreendido como cristão ou pré-cristão, termos que derivam de compreensões que seriam apontadas como variáveis durante as mais diversas relações espaçotemporais (LUND, 2013, p. 46-63).

Por tal nova perspectiva os depósitos funerários onde se encontram presentes artefatos como os pingentes em formato de cruz, os relicários e os jarros de cerâmica tating, com decorações cruciformes em suas bases, foram reinterpretados. Dentre tais depósitos podemos citar o caso do Bj854, na cidade viking de Birka, onde foi escavada uma inumação, com orientação Leste-Oeste, feita em uma câmara funerária e contando com elementos como: um jarro de cerâmica tating; uma vasilha de pendurar de origem irlandesa feita de bronze, com decorações em forma de peixe, possivelmente utilizada para o ritual de lavar as mãos durante as missas; um colar com um pingente representando possivelmente o martelo do deus Thor e dois broches retangulares de estilo continental com o formato de cruz.

Bj854 é um depósito pelo qual podemos passar a pensar em um exemplo de uma religiosidade mista, parte cristã e parte pertencente à antiga religião nórdica. Caso que nos ilustra um momento de cristianização no qual as interpretações e incorporações dos elementos cristãos não se encontravam ditados por leis e nem instituições, mas que não deixavam de ser por tal fato atrelado ao que poderíamos denominar de uma primeira expressão cristã, possibilitando uma maior compreensão da variação de sua expressão. Exemplos como o supracitado passam a questionar as interpretações estruturalistas, levando-nos a pensar em um processo de cristianização mais longo e de expressões mais múltiplas do que os apresentados pelas teorias já supramencionadas.

O longo processo que a arqueologia passaria a apontar não se restringiria, no entanto, a observar as primeiras expressões do cristianismo na Escandinávia, levando em conta uma perspectiva de um processo de longa duração aspectos como, por exemplo, o desenvolvimento das leis cristãs, as construções das primeiras igrejas e as execuções dos primeiros ritos funerários nos jardins dessas igrejas passavam a ser colocadas em perspectiva. Tais elementos levariam ainda a mais uma nova compreensão do processo de cristianização, a compreensão da múltipla temporalidade, essa que substituiria a primeira compreensão de um movimento único e homogêneo, demarcado muitas vezes por atos simbólicos como a cristianização dos reis escandinavos.

Como exemplo de tal aspecto podemos pensar o período de construção das primeiras igrejas em regiões como as compreendidas pelo reino da Noruega, assim apontamos que enquanto a região de Veøy tem sua primeira igreja já na primeira metade do século X a região de Jämtland só terá sua primeira igreja no século XII. Exemplo de uma organização que tinha seus sacerdotes concentrados em poucas igrejas principais de cada região, muitas vezes lideradas pela realeza ou por uma aristocracia próxima desses reis, e que passaria a ter suas paróquias desenvolvidas apenas a partir do final do século XI ou começo do século XII, momento de início de dispersão do poder clerical e de maior participação das aristocracias locais. Torna-se dessa maneira o processo de cristianização mais dinâmico e descentralizado do que antes pensado, levando em consideração suas mais diversas expressões e as temporalidades de cada uma delas (WELINDER, 2003, p. 509-530).

Concluímos a presente abordagem por esperar ter entregue ao leitor opções de perspectiva de leitura sobre a cristianização da Escandinávia. Muito mais do que buscar trazermos conclusões sobre tal processo, pretendemos fomentar as mais diversas opções de observação, levando o leitor às suas próprias perspectivas e esperando assim fomentar possíveis novos trabalhos sobre o presente tema. Acreditamos que, como qualquer processo histórico a ser estudado, suas balizas e compreensões partem do ponto de observação do leitor em seu contato com a fonte, em um eterno processo hermenêutico. Buscamos assim formar ferramentas que permitam posições críticas àqueles que pretendam futuras pesquisas.

Munir Lutfe Ayoub

Ver também Culto a Freyr; Edda Poética; Feitiçaria rúnica; Freyja; Guerra e religião na Escandinávia; Magia escandinava; Mitologia escandinava; Mitologia escandinava (fontes); Nórdicos da Era Viking (religião); Religião nórdica antiga (conceitos); Símbolos rúnicos e afro-brasileiros.

BAGGE, S. (2014). *Cross & Scepter*: The Rise of the Scandinavian Kingdoms from the Vikings to the Reformations. Princeton: Princeton University Press.

BIRKELI, F. (1973). *Norske steinkors I tidlig middelalder*: et bidrag til belysning av overgangen fra norrøn religion til kristendom. Oslo: Den Norske Videnskaps-Akademi i Oslo.

GRÄSLUND, A.-S. (2003). "The Role of Scandinavia Women in Christianisation: The Neglected Evidence". In: CARVER, M. (org.). *The Cross Goes North*. York: York Medieval Press, p. 483-496.

LUND, J. (2013). Fragments of a Conversion: handling bodies and objects in pagan and Christian Scandinavia ad 800-1100. *World Archaeology*, 45/1, p. 46-63.

OLIVEIRA, A. (2017). "Conversão ao cristianismo". In: LANGER, J. (org.). *Dicionário de História e Cultura da Era Viking*. São Paulo: Hedra, p. 153-157.

______ (2015). "Cristianização da Escandinávia". In: LANGER, J. (org.). *Dicionário de Mitologia Nórdica*. São Paulo: Hedra, p. 111-114.

SANMARK, A. (2002). *Power and Conversion*: A Comparative Study of Christianization in Scandinavia. Uppsala: Uppsala University.

WELINDER, S. (2003). "Christianity, Politics and Ethnicity in Early Medieval Jämtland, Mid Sweden". In: CARVER, M. (org.). *The Cross Goes North*. York: York Medieval Press, p. 509-530.

Cristianização da Germânia

Para tratarmos da cristianização da Germânia devemos ter em mente algumas questões iniciais: em primeiro lugar, não podemos considerar a existência de uma Germânia, mas ao menos duas. Assim, precisamos delinear os limites de cada uma. Em segundo lugar, trata-se de processos plurisseculares (minimamente entre os séc. IV e IX) e multiformes (sendo alcançados por ação osmótica, por ação missionária e por ação militar), podendo ser considerados como concluídos apenas depois da elaboração do *Heliand*, que reimagina uma versão harmonizada dos evangelhos em antigo saxão e permeada pelo imaginário saxônio, após a primeira metade da década de 840.

As Germânias: A caracterização territorial da Germânia acaba, de modo quase inevitável, devendo suas primeiras considerações à obra de Públio Cornélio Tácito, que assim inicia sua *Germania: Germania omnis a Rhaetisque et Pannoniis Rheno et Danuvio fluminibus* [...]. Esta "Germânia indivisa" claramente se refere à Germânia Transrenana, onde habitavam as *gentes ultra Rhenum* (conforme referidas por Gregório de Tours), em contraposição a uma Germânia Cisrenana, há muito absorvida pelo Império Romano e dividida entre as seguintes províncias: Germânia Inferior (baixo curso do Reno), Germânia Superior (alto curso do Reno) e Récia (bacia danubiana, incluindo parte da Suíça, da Bavária, da Suábia, do Tirol e mesmo chegando à porção oriental da Lombardia). Já a Germânia Transrenana abarcava as regiões que viriam a ser agrupadas sob a chancela de Frísia, Saxônia (Westfália, Ostfália, Hesse-Angria e Nordalbíngia) e Turíngia.

Processos diferenciados de cristianização – As regiões cisrenanas foram cristianizadas ainda durante o domínio romano, ao menos nos ambientes urbanos, já que o cristianismo inicial era uma fé essencialmente urbana e o estabelecimento dos primeiros bispados nas regiões germânicas romanizadas vêm a corroborar este padrão: na Germânia Inferior, Colônia (Colonia Agrippinensis) em 313; na Germânia Superior, Mainz (Mogontiacum) em 343, Speyer (Novismagus) e Worms (Borbetomagus) em 346; na Récia, Augsburgo (Augusta Vindelicorum) em data indeterminada no século IV, Trento (Tridentum) em 387 e Chur (Curia) em 451. A Récia também passou a contar com mais duas sés episcopais entre os séculos V e VI (Passau, na segunda metade do século V, e Regensburgo em 530, já sob o domínio dos duques francos Agilolfings).

A crermos na análise de Ian N. Wood em *The Missionary Life – Saints and the Evangelisation of Europe 400-1050* (2001, p. 7), este processo teria funcionado por meio das redes familiares e das conexões pessoais e, no caso da aristocracia, pode ser mapeado por meio da prosopografia do império tardio e dos "círculos espirituais de homens como Jerônimo, Pelágio e Agostinho". Por outro lado, as populações romanizadas mais humildes destas regiões, foram afetadas pelo declínio das comunicações com Roma de forma pungente; como nos recorda Peter Brown em *A ascensão do cristianismo no Ocidente*: "o cristianismo destas regiões, em grande parte privado de orientação clerical, transformou-se numa religião popular" (1999, p. 95), cuja religiosidade era vivida por meio de sincretismos e de superstições, como as arroladas no *Indiculus superstitionum et paganiarum*, da primeira metade do século VIII.

A presença de evidências documentais, mesmo que esparsas, permite que se possa entrever nestas regiões uma situação interessante: após o colapso da autoridade romana e o assentamento de grupos populacionais considerados germânicos, tais como francos ripuários, suábios e bávaros, o processo de cristianização teria essencialmente ocorrido por ação osmótica, mais ligado à fusão entre as populações do que a uma atuação efetiva de evangelização, sendo esta mais ligada ao combate a bolsões de paganismo e dos casos mais flagrantes de superstição do que em relação a sociedades majoritariamente pagãs, como na fase seguinte. Exemplificando a atuação de combate a bolsões de paganismo e de superstição, poderíamos elencar as atuações dos primeiros *peregrini pro Christo*, muitos de origem irlandesa, que alcançaram as regiões germânicas através do reino dos francos, como Columbano, Galo, Kilian e Emmeram, entre outros, que atuaram principalmente como fundadores de estabelecimentos monásticos, mais do que propriamente missionários.

Em compensação, segundo Beda o Venerável em sua *Historia Ecclesiastica Gentis Anglorum*, por volta da década de 680, um asceta anglo-saxão de nome Ecgbert teria desejado evangelizar os germânicos continentais, aos quais ele considerava como aparentados de seu próprio povo. Para tanto, seus pupilos Willibrord, Wihtbert, Swithbert e os dois Ewalds, responderam a seu apelo. Entretanto, tanto Ecgbert quanto Willibrord haviam sido influenciados pelas ideias de Wilfrid, que havia sido missionário na Frísia.

Apesar dos esforços de Wilfrid, a Frísia e a Saxônia permaneceram pagãs. Mas tal situação começou a ser modificada nas primeiras décadas do século VIII, com a dupla atuação de Willibrord, a partir de Utrecht e de Echternach (próximo a Trier), onde fundou mosteiros ativos na tarefa de cooptar as elites locais ao cristianismo. E, principalmente após 716, quando se juntou a Willibrord mais um monge anglo-saxão, chamado Winfrid, posteriormente conhecido como São Bonifácio, "o apóstolo da Germânia". Apoiado por Carlos Martel e depois por Pepino o Breve, entre 722 e 739, Bonifácio foi elevado a bispo missionário e partícipe de decisões que resultaram em campanhas militares, principalmente contra os saxônios no Hesse.

Por cerca de 30 anos Bonifácio foi a figura mais importante da evangelização na região, onde deparou-se com pagãos, com cristãos que exerciam um cristianismo sincrético e oral e mesmo rivais na tarefa de evangelização, vindos da Frância e da Irlanda. Mas sua atuação, assim como o restante da cristianização da Germânia Transrenana, veio a acontecer em uníssono com as campanhas militares que visavam a expansão territorial dos francos sob os carolíngios. Bonifácio adotou um estilo agressivo de cristianização e buscava não apenas eliminar o paganismo, mas também corrigir o que considerava como cristãos imperfeitos que ali existiam. Assim, uma de suas primeiras providências foi abater o carvalho sagrado de Donar, próximo à atual Fritzlar entre 723 e 724, com o apoio de tropas francas.

No entanto, as campanhas de Carlos Martel se concentraram no Hesse e na Turíngia (718, 720, 724, 728, 729 e 738), assim como as campanhas de seus sucessores, Carlomano e Pepino o Breve (ambos lideraram na região, a partir de 743, nada menos do que dez campanhas em quinze anos), ao invés de progressivamente avançarem sobre as outras regiões saxônicas, frustrando a intenção de Bonifácio em evangelizar toda a Saxônia, já que veio a falecer em choque com pagãos frísios em 754. Mas seu legado foi considerável, principalmente o estabelecimento de uma firme conexão entre as obras de expansão da religião cristã e a expansão do *regnum Francorum*, relação que chegou ao paroxismo com o processo de conquista da Saxônia por Carlos Magno (772-804).

Carlos Magno e a conquista da Saxônia: Einhard destaca no início do capítulo VII de sua *Vita Karoli* que: "Nenhuma das guerras empreendidas pelo povo Franco foi mais extensa, mais difícil ou mais terrível [do que esta], porque os saxônios, como virtualmente todos os povos habitantes da Germânia, eram naturalmente ferozes, adoravam demônios e se opunham à nossa religião".

Esta dificuldade pode ser mais bem compreendida pelo fato de que a Saxônia pré-conquista pouco possuía em termos de unidade, fosse em política (com a presença de confederações tribais dos vestfálios, ostfálios, angários e nordalbíngios, ao menos a partir da segunda metade do séc. VIII), etnicidade ou cultura material; mesmo suas fronteiras eram pouco definidas. Em termos religiosos, os saxônios cultuavam divindades como Saxnot, Wotan, Donar, Logi, Tiuw e Ertha; ademais, realizavam cultos à volta de grandes carvalhos esculpidos, do qual o mais famoso foi o Irminsul, nas proximidades de Obermarsberg, na Westfália, visto como o equivalente saxônio da Yggdrasil, a árvore-eixo dos mundos. Seu paganismo possuía um panteão relativamente coeso, possuíam rituais, mas não necessariamente templos e um clero estruturado.

As campanhas militares empreendidas por Carlos Magno a partir de 772 diferem daquelas de seus antecessores posto que penetram muito mais profundamente nos territórios saxônios, buscando tanto a sua união ao crescente domínio franco quanto estabelecer a conversão de suas populações ao cristianismo.

Os anos iniciais das guerras saxônias foram caracterizados pela violência religiosa: em 772, Carlos Magno ocupou a fortaleza de Eresburg e suas forças destruíram o pilar sagrado Irminsul. Os angários, aproveitando-se da ausência de Carlos Magno (ocupado com a absorção do reino lombardo no Norte da Itália), responderam devastando o Hesse dominado pelos francos em 774 e destruindo as igrejas cristãs; na mesma ação, os vestfálios realizaram uma incursão na Frísia. Como resposta, em 775 os francos travaram nova campanha: capturaram Syburg, no Ruhr, e reconstruíram Eresburg que, a partir de então, tornou-se o quartel-general de Carlos Magno. Em 776 a campanha foi retomada com tal vigor que, por volta do outono, a ameaça de novos ataques forçou os angários e aliados vestfálios à capitulação. Próximo às cabeceiras do Rio Lippe, Carlos construiu a fortaleza de Paderborn e usou-a como centro de uma nova marca para defender a região e centralizar a administração, além de ali constituir um bispado encarregado da evangelização na região.

Porém, em 778 os angários e vestfálios aproveitaram-se da oportunidade dada pelo envolvimento franco na Espanha para se rebelarem. Liderados pelo nobre vestfálio Widukind, Angária e Vestfália sublevaram-se contra os carolíngios. Os rebeldes avançaram até o Reno, devastando Hesse, e tentaram, sem sucesso, assaltar a abadia de Fulda. Carlos reagiu rapidamente e lançou ofensivas entre 779 e 782, instalando condes e missionários nos territórios ocupados para pacificá-los. Desta forma a cristianização prosseguia: foram reportados batismos em massa nos anos de 775, 776, 777, 780 e 785, como resultado direto da violência e do poder que dela procedia.

Ainda em 782 os vestfálios liderados por Widukind contra-atacaram: igrejas foram queimadas, missionários postos em fuga e parte considerável da hoste franca que havia permanecido na região foi derrotada na batalha dos promontórios de Süntel, próximo ao Rio Weser. Carlos Magno reagiu da pior maneira possível a esta derrota: ordenou a decapitação de 4.500 prisioneiros saxônios em Verden. A força parecia ser o melhor meio de subjugar e cristianizar os saxônios, sendo estes os objetivos da *Capitulatio de partibus Saxoniae*, pela qual praticamente todas as faltas eram puníveis com a morte. Finalmente, em 785, Widukind capitulou e, em uma cerimônia ocorrida em Attigny, o vestfálio recebeu o batismo, tendo Carlos Magno como padrinho.

A Vestfália volta a se rebelar no ano de 793; nesse mesmo ano, a Ostfália capitulou, assim como os assentados entre o Elba e o Eider. Entre 794 e 799, a escalada dos conflitos (a rebelião das áreas "pacificadas", somadas às expedições contra o Norte) trouxe à guerra uma ferocidade ainda maior. Para submeter os recalcitrantes Wihmuodi e Nordalbíngios, Carlos Magno impôs uma brutal, porém efetiva, política de remoção populacional. Milhares de famílias foram deportadas das margens do Elba para as regiões francas da Gália e outras regiões germânicas. Como contrapartida, milhares de famílias francas foram realocadas na região, na qual Carlos Magno fundou Hamburgo em 804, encerrando o ciclo das ditas "Guerras Saxônicas".

Einhard conclui suas ponderações acerca das Guerras Saxônicas de Carlos Magno reforçando seu caráter de conquista religiosa: "Esta guerra, que se estendeu por tantos anos, foi concluída sob a condição – proposta pelo rei e aceita pelos saxônios – que estes, renunciando à adoração demoníaca e abandonando as cerimônias de seus pais, receberiam os sacramentos da fé e da religião cristãs, e então, estando unidos aos francos, se tornaram um único povo com estes". Praticamente todas as fontes do século IX concordam com o veredito: para elas, a Saxônia (agora unificada como província carolíngia) foi cristianizada durante o período da conquista. Tal ponto de vista pode ser constatado em fontes como o *Traslado de São Vito*, nas três *Vidas de São Liudger*, na *Vida de São Willehad*, nas duas versões do *Traslado de Santo Alexandre*, no *Traslado de Santa Pusinna*, na *Vida de Santo Anskar*, na *Vida da Virgem Liutberga*, no *Traslado de São Libório*, na *Vida de São Meinolfo* e na *Vida de São Sturmi*, por exemplo.

A revolta dos Stellinga e a composição do Heliand: Contudo, as tensões políticas que perpassavam todo o Império Carolíngio, sobretudo aquelas relacionadas à sucessão imperial, explodiram violentamente na década de 830, com diversas rebeliões encabeçadas pelos filhos de Luís o Piedoso. Quando este morreu em 840, as rebeliões se transformaram na assim chamada *Brüderkrieg*, a Guerra Fraternal, travada entre 840 e 843 por Lotário, Luís (dito o Germânico) e Carlos (dito o Calvo), oficialmente encerrada apenas com o Tratado de Verdun que repartiu o território imperial em 843.

No correr desta guerra civil, que dividiu a aristocracia saxônia entre os que apoiavam Lotário e os que apoiavam Luís e cujos combates se desenvolveram principalmente na Bavária e na Frância, é que as camadas inferiores da população saxônia encontraram chance para a sua rebelião, a assim chamada Rebelião dos *Stellinga* (Companheiros).

Os ditos *Stellinga* possuíam uma agenda interessante: alijar do poder a aristocracia saxônia, então plenamente integrada à estrutura de poder carolíngia; também desejavam livrar-se das leis escritas dos carolíngios e reinstaurar os antigos costumes saxônios e, finalmente, os *Stellinga* romperam seus votos cristãos e reverteram ao paganismo. Em suma, desejavam voltar ao tempo pré-conquista.

Receberam importante apoio do próprio Lotário que, tendo sido derrotado em duas grandes batalhas (Ries, na Bavária, e Fontenoy na Frância), encontrava-se desesperado a ponto de cogitar aliar-se aos *Stellinga*, ao rei pagão da Dinamarca, Harald Klak, e aos eslavos pagãos além do Elba. Todavia, esta tentativa de uma coalizão pagã fracassou devido à rápida ação de Luís o Germânico em concerto com os agora reunidos aristocratas saxônios para destruir a rebelião.

Uma solução para a questão da alienação de grande parcela da população frente ao cristianismo foi adotada a partir da percepção de Rábano Mauro (principal líder da Igreja franca oriental) da necessidade de cooptação dos corações e as mentes da população. Para tanto, foi iniciado um considerável esforço para a tradução dos evangelhos e de outros textos bíblicos para os vernáculos germânicos, a serem utilizados diretamente na pregação.

O apogeu desta escola de pensamento foi o *Heliand* (Salvador), composto em antigo saxão, com quase 6.000 versos aliterativos (quase o dobro do *Beowulf*), o *Heliand* provavelmente seja a principal obra literária (sobrevivente) composta em algum dos idiomas germânicos durante a Alta Idade Média, sendo, assim como o *Beowulf*, uma de obra-prima das técnicas narrativas destes povos; mas, diferente daquele, o *Heliand* é também uma obra-prima religiosa.

Os anônimos monges que o compuseram partiram de uma tradução do *Diatessarão* de Taciano (obra do séc. II que combinava os quatro evangelhos em uma narrativa harmonizada) para o antigo saxão, no entanto reimaginada em língua e cultura saxônicas, em estilo épico, no qual Cristo foi transformado em um "poderoso chefe" e "senhor de condes"; Herodes "um renomado doador de anéis", os doze apóstolos de Cristo "seus leais guerreiros"; as cidades foram reimaginadas: Belém se transforma na fortificada Bethlehemaburg, assim como Roma se torna a poderosa Romsburg; os pastores de ovelhas próximos a Natividade se tornam pajens cuidando dos cavalos dos guerreiros que testemunharam o nascimento do Nobre dos Nobres, por exemplo.

Um dos pontos altos desta obra pode ser constatado em sua versão do Pai-nosso:

Fadar ûsa firiho barno, thu bist an them hôhon himila rîkea, geuuîhid sî thîn namo uuordo gehuuilico. Cuma thîn craftag rîki. Uuerða thîn uuilleo obar thesa uuerold alla, sô sama an erðo, sô thar uppa ist an them hôhon himilo rîkea. Gef ûs dago gehuuilikes râd, drohtin the gôdo, thîna hêlaga helpa, endi alât ûs, hebenes uuard, managoro mênsculdio, al sô uue ôðrum mannum dôan. Ne lât ûs farlêdean lêða uuihti sô forð an iro uuilleon, sô uui uuirðige sind, ac help ûs uuiðar allun ubilon dâdiun.	Pai de todos nós, filhos dos homens, Estás no poderoso reino celeste, Bendito seja teu nome em cada palavra. Que venha o teu poderoso reino. Seja feita a tua vontade em todo o mundo – assim na terra como no alto, em seu poderoso reino celeste. Dá-nos sustento a cada dia, bom senhor, Tua santa ajuda e perdoa-nos, Protetor do Paraíso, De nossos muitos crimes, como nós perdoamos a outros homens. Não deixes que as pequenas criaturas malignas nos levem a fazer sua vontade, como merecemos, Mas ajuda-nos contra todos os feitos maléficos.

Devemos notar que esta aproximação mais intimista da evangelização, combinando à pregação uma versão do texto sagrado com a qual a população podia de fato se relacionar, foi coroada de êxito, ao menos do ponto de vista de que cessaram as reclamações dos hagiógrafos em relação ao comportamento religioso dos saxônios, assim como desapareceram resistências formais ao predomínio do cristianismo, encerrando assim o longo processo de cristianização da Germânia.

Vinícius César Dreger de Araújo

Ver também Cristianismo antigo; Cristianização da Irlanda; Cristianização da Rússia; Cristianização dos eslavos; Igreja; Igreja irlandesa; Igreja Ortodoxa oriental; Jesus Cristo; Vulgata (Bíblia).

BROWN, P. (1999). *A ascensão do cristianismo no Ocidente.* Lisboa: Presença.

BÚA, C.; FERNÁNDEZ ÁLVAREZ, M.P. & JUANES, I. (trad.) (1996). *Heliand.* Madri: Marcial Pons.

NOBLE, T.F.X. & HEAD, T. (orgs.) (1995). *Soldiers of Christ* – Saints and Saints' Lives from Late Antiquity and the Early Middle Ages. Londres: Sheed & Ward.

REMBOLD, I. (2018). *Conquest and Christianization* – Saxony and the Carolingian World, 772-888. Cambridge: Cambridge University Press.

WOOD, I. (2001). *The Missionary Life* – Saints and the Evangelisation of Europe 400-1050. Londres: Longman.

Cristianização da Irlanda

A chegada do cristianismo à Irlanda deve ser entendida como um processo gradual e não como um evento único e extraordinário. Afinal, a Irlanda nunca esteve de fato isolada e acredita-se que o cristianismo, por influência gaulesa, já possuía algum número de seguidores entre os irlandeses no século IV E.C. No entanto, é apenas um século mais tarde que ele se consolida e começa seu processo contínuo de afirmação, adequação e transformação social por meio da Igreja irlandesa.

Segundo consta nas crônicas de Próspero da Aquitânia, foi no ano de 431 que o Papa Celestino enviou Paládio com a incumbência de se tornar o primeiro bispo da Irlanda e assim organizar os cristãos que já estavam por lá. Neste momento, Paládio teria fundado três igrejas na região de Leinster, sudeste da ilha, uma delas com dois seguidores seus. Conclui-se por este relato que, ao menos em sua primeira tentativa de organização diocesana, a cristianização da Irlanda se deu a partir de Gales e via Leinster.

No entanto, a data de chegada de Paládio à Irlanda entra em conflito com outro registro famoso desse processo de cristianização, pois também seria pela década de 430 que o então missionário Patrício teria chegado na ilha, com o intento de também criar uma diocese irlandesa. No entanto, Patrício – que foi também bispo – teve uma atuação um pouco diferente de Paládio, pois não apenas interveio em uma outra região geográfica da Irlanda, mais precisamente nas áreas correspondentes a Ulaid e Connaught (entre o Norte e Oeste da ilha), como também apresentou o cristianismo para uma audiência que não o conhecia.

Esse contraste é digno de nota para compreendermos que a Irlanda, durante seu processo de cristianização, apresentava diferentes influências e visões da fé cristã. Enquanto Patrício orientava-se a partir de sua vivência junto de irlandeses que desconheciam a fé em Cristo, Paládio atuava para grupos já cristianizados, embasados em um cristianismo profundamente influenciado pelo viés galês. Isso sem contar a prática de outros grupos existentes em regiões como Munster, ao sul da ilha, onde um cristianismo embrionário florescia com certa influência da fé tal qual era praticada na Gália.

Este processo desde o início já se mostrava como plural. E é nesse sentido que a atuação cristã na Irlanda dinamizou a troca cultural entre irlandeses, galeses e a cultura latina, transformando a Irlanda profundamente. No entanto, mesmo com a atuação de Paládio e depois Patrício, esse processo teve dificuldades, pois inicialmente a Irlanda gaélica não possuía uma herança romana sólida, o que dificultava a formação do modelo diocesano que ambos os bispos tentaram implementar na ilha. Outro fator impeditivo era ausência de grandes cidades e centros de referência, próprios de uma sociedade gaélica em constante disputa territorial entre dinastias.

É neste momento que a atuação missionária de Patrício, bem como seus princípios expostos em seu texto mais disseminado, *As Confissões*, teve um papel-chave na dinâmica de conversão irlandesa ao cristianismo. Os textos de Patrício são de grande relevância, pois são os primeiros relatos contemporâneos da conversão dos irlandeses ao cristianismo. Independente da qualidade do texto em si, ou dos temas abordados que não eram alinhados às grandes polêmicas da época (como a heresia de Pelágio, p. ex.), é a própria confissão e vida de Patrício e seu exemplo de vida e conversão enquanto ainda se encontrava no cativeiro irlandês que marcam a conversão irlandesa em seu caráter socialmente transformador.

Segundo a atuação de Patrício, batismos foram feitos aos montes, diversas ordenações clericais tomaram forma, uma série de presentes e trocas de influência junto aos reis locais se firmaram, bem como outras tantas perseguições e desavenças. Vale lembrar que, segundo uma datação mais próxima da realidade histórica, Patrício teria atuado na Irlanda entre os anos 456 e 490, logrando êxito em impor suas crenças sobre todos os mais diversos níveis sociais, algo que se mostrou bem característico do cristianismo irlandês nos séculos que se seguiram.

A Igreja irlandesa, que se forma com a conversão, era fluida. Aceitava mulheres como abadessas, seguia cálculos baseados em crenças locais para as festividades como a Páscoa, possuía uma liturgia de influência notoriamente pagã, sem contar nos aspectos sincréticos com relação aos primeiros cultos e santuários instalados. Este descompasso entre a comunidade cristã romana e irlandesa se manteve por alguns séculos, ao menos até o século VIII, quando Patrício foi canonizado como santo e as duas comunidades religiosas se aproximaram.

No entanto, até este momento, a cristianização da Irlanda havia formado um grupo bem distinto dos demais, com cultos pagãos mesclados aos cristãos em um sincretismo bem incomum no Europa da época. Liturgias adaptadas, uma forma de tonsura própria e uma série de guias de conduta, os penitenciais, eram característicos. Outros grandes exemplos dessa diferenciação eram os diversos santuários e práticas célticas inseridas no culto cristão na Irlanda, como é o caso do culto a Santa Brígida de Kildare, religiosa associada à antiga divindade celta Brigit. Com a cristianização, ela teve suas tradições relacionadas a fogueiras purificadoras, fontes milagrosas etc. ainda associadas à prática cristã no local. Tradição que perdurou até tempos recentes e mostra a força da variação irlandesa de sua própria conversão, criando uma visão única da influência latina que recebeu.

Patrício também é o responsável pela introdução de diferentes formas de organização eclesiástica na Irlanda, tanto do modelo episcopal, seguindo a ideia bretã e gaulesa da Igreja, mas também do modelo de vida monástica, que após a morte de Patrício ganha uma força e disseminação fora do comum por toda a ilha. Muitos autores colocam que o sucesso do modelo monástico irlandês se deve à própria tendência ascética de seus religiosos, principalmente por ser a Irlanda a única região do Oeste europeu que produziu uma conversão cristã sem mártires, o que os fez desenvolver ideias de "martírios diferenciados", responsáveis por alimentar a reclusão própria dos monastérios irlandeses.

Sobre estes martírios, nós podemos defini-los entre martírios "verdes" e "brancos". Afinal, não tendo mártires com histórias violentas para se inspirarem, a tradição hibérnica adotou o martírio verde, que consistia em um ascetismo direto, buscando o isolamento em regiões ermas e sem contato social. Este modelo isolado foi aos poucos associando-se com o ideal monástico e o alimentando. Já o martírio branco parte de algumas atividades e penitenciais próprios de santos como Patrício, Collum Cille (irlandês fundador de monastérios em Iona, Derry e Durrow), e, sobretudo, São Columbano, famoso pela atividade do *peregrinatio*. A partir destas vivências, era colocado em prática um modelo de vida cristã que buscava o abandono de toda e qualquer posse material em busca da peregrinação sem rumo definido e para a glória de Deus. Esse sistema de martírio branco promoveu não apenas a disseminação do modelo cristão irlandês dentro da ilha e até mesmo fora dela, mas formou toda uma tradição de novos monastérios com essas características diferenciadas.

Logo então os mosteiros se tornam disseminados no território irlandês como base de sua própria conversão. Suas características são diferenciadas e refletem a própria distinção irlandesa com relação a sua visão sobre o cristianismo. O Caso da diocese de Armagh exemplifica bem isso. Afinal, em um primeiro momento, os líderes que se sucediam eram bispos. Já no final do século V, um destes bispos, Cormac, foi declarado o primeiro Abade da região. Pelos próximos dois séculos que seguiram, o chefe da Igreja de Armagh era tanto bispo quanto abade e, por fim, já no século VIII, o abade já não era mais bispo, mas possuía um bispo subordinado para administrar os sacramentos episcopais, demonstrando o triunfo de um modelo de referência monástica sobre as atividades cristãs da ilha.

Esse impulso monástico, disseminado por um ideal ascético, viraliza no século VI, cria uma pluralidade de mosteiros como os de São Finnian de Clonard, sob a influência dos galeses Cadoc e Gildas, de onde formam-se os 12 apóstolos da Irlanda, cada um fundando outros mosteiros como os de Collum Cille, Ciarán, Brandão, Cainneach etc. Esses mosteiros não apenas assentam as bases do cristianismo irlandês, como também formam seu aspecto sincrético e distinto. Como o caso do Mosteiro de Santa Brígida, em Kildare, que era mantido por uma abadessa e um bispo-abade ao mesmo tempo, organizando uma vida monástica tanto para homens como para mulheres, seguindo a mesma regra e usando a mesma igreja em comum.

Estes mosteiros seguiam, então, o esquema de formar uma comunidade, fechada em si, contendo elementos próprios como uma igreja, refeitório, cozinha, biblioteca, *scriptorium* e demais locais de clausura dos monges e cultivo de sustento local. Estes mosteiros, muito provavelmente seguiam a regra de São Columbano de "orar diariamente, jejuar diariamente, estudar diariamente e trabalhar diariamente", em um sistema isolado que propiciou, entre outras características famosas dos monges irlandeses, a atividade copista, que ocupava grande parte do processo de fixação dos mosteiros na localidade e que produziu as primeiras relíquias do cristianismo hibérnico sob a forma de manuscritos e iluminuras.

A partir destes mosteiros, a cristianização da Irlanda não apenas passou a se afirmar localmente, como também passou a influenciar, por meio de intercâmbios, outros monastérios da Europa, sobretudo no continente. E essa influência parte de uma cultura cristã irlandesa forjada em seu longo processo de cristianização diferenciado. Uma mescla entre o nativo e o estrangeiro e que, consolidada na então Igreja irlandesa por volta do século VI, passa a se expandir e modificar profundamente a sociedade irlandesa pelos séculos seguintes.

Erick Carvalho de Mello

Ver também Cristianismo antigo; Cristianização da Germânia; Cristianização da Rússia; Cristianização dos eslavos; Igreja; Igreja irlandesa; Igreja Ortodoxa oriental; Jesus Cristo; Vulgata (Bíblia).

CONNOLLY, S.J. (1998). *The Oxford Companion to Irish History*. Oxford: Oxford University Press.

NICHOLLS, K.W. (2003). *Gaelic and Gaelicized Ireland in the Middle Ages*. Dublin.

O' FIAICH, T. (2011). *The Beginnings of Christianity*: 5th and 6th centuries. In: MARTIN, F.X. & MOODY, T.W. (orgs.). *The Course of Irish History*. Cork.

RICHTER, M. (1988). *Medieval Ireland*: The Enduring Tradition. Dublin.

SANTOS, D.V.C. (2008). Os Pais da Igreja e as obras de Patrício: Uma análise da cristianização da Irlanda. *Praesentia* 9.

Cristianização da Rússia

Características – Igual ao que sucedeu antes com outros povos eslavos (Grande Morávia, Império Búlgaro, Polônia), a cristianização da Rus' de Kiev, primeiro Estado eslavo oriental e germe da Rússia, foi forçosa e em direção vertical, de cima para baixo: primeiro se batizou o príncipe ou governante e em seguida obrigou a batizar-se o resto de seu povo. Isso teria uma consequência contraproducente para a implantação do cristianismo entre os eslavos orientais, e foi a persistência de numerosos elementos da religião eslava pré-cristã sobretudo na religião popular (ritos, festas e costumes) que levaram séculos para erradicar-se e que em algumas zonas rurais da Rússia, Ucrânia e Bielorrússia se manteriam inclusive até nossos dias. É o que se tem chamado de *dvoeverie* ou "dupla fé".

Outro efeito negativo atestado em outros reinos eslavos medievais (como Bulgária ou Boêmia) seria a reação violenta por parte dos setores da nobreza ou do campesinato, com revoltas populares anticristãs ou intentos de nobres para restaurar o cristianismo. Sem dúvida, este último não se deu na Rus' de Kiev, sendo mais parecido a uma rebelião de bruxas ou feiticeiras na região de Rostóv durante o ano de 1071, que tem sido recolhida na *Crônica dos anos passados*.

Precedentes - Segundo uma fonte bizantina de primeira ordem, as homilias do Patriarca Fócio, do século IX, os Rus' (*Rhōs* em grego) haviam sitiado Constantinopla no ano de 860 e se haviam convertido ao cristianismo em 867. Este evento significa que já estava aberta a rota desde o Mar Báltico até Bizâncio e que era possível a realização de uma expedição militar organizada que requeria importantes preparativos, tal e como fora descrito em meados do século X por Constantino VII Porfirogênito no capítulo 9 de sua obra *De Administrando Imperio*. Voltando para a *Crônica* dos anos passados, a expedição dos Rus' contra Constantinopla se atribui a Askold e Dir, dois homens de Riurik que não pertenciam a seu clã e que governariam em Kiev fora do seu controle. Nada se sabe sobre essa suposta primeira conversão ao cristianismo dos Rus', que não é mencionada pela *Crônica*.

A presença de varegues cristãos em Kiev está testemunhada pela mesma *Crônica* muitos anos depois, ao narrar a retificação do tratado de paz que havia sido firmado entre bizantinos e Rus' no ano 945, durante o reinado do Príncipe Igor. Segundo este relato, os Rus' cristãos haviam jurado o tratado na Igreja de Santo Elias em Kiev, enquanto os Rus' não cristãos não o haviam feito perante o ídolo do deus Perun. É muito interessante a equiparação de Santo Elias e o deus pagão Perun, pois na religião popular que seguiu a cristianização, dentro da chamada *dvoeverie* (dupla fé), que mencionamos antes, os santos cristãos adquiriram os atributos e funções dos antigos deuses pré-cristãos, sendo precisamente Santo Elias quem assumiu os atributos e funções dos antigos deuses pré-cristãos e também quem assumiu grande parte das funções de Perun como deus meteorológico da tormenta.

Pouco depois, o Príncipe Igor seria assassinado pela tribo eslava dos drevlianos, que se negou a pagar mais tributos, assumindo a princesa viúva Olga a regência em Kiev durante a pouca idade de seu filho Sviatoslav. Depois da sangrenta e tripla vingança executada contra os assassinos de seu marido, Olga havia empreendido uma intensa política exterior de contatos diplomáticos com as grandes potências europeias cristãs da época: bizantinos e germanos. No ano 946 ou 957 havia visitado em Constantinopla o Imperador Constantino VII Porfirogênito e sob seu apadrinhamento se havia batizado, segundo o relato da *Crônica*. Sem dúvida, nas fontes bizantinas (*De ceremoniis*, escrita pelo próprio Constantino) somente se menciona sua visita, mas não o seu batismo. E no ano 959 Olga havia enviado uma embaixada ao rei germano Óton I com a suposta petição de que mandara os bispos.

Em todo caso, o batismo da Princesa Olga havia sido a título pessoal e não teve consequências para a religião de seu reino, já que seu filho e sucessor Sviatoslav seguiu sendo pagão, apesar dos supostos esforços infrutíferos de sua mãe para convertê-lo. O relato do batismo da princesa Olga tal como tem chegado até nós através da *Crônica* parece inspirado pela história do Rei Salomão e a rainha de Sabá, apresentando tons lendários, ao mostrar a princesa eslava como uma mulher astuta capaz de superar em inteligência ao homem mais sábio da terra, o imperador bizantino, em um claro exemplo de tipologia ou prefiguração bíblica.

Batismo do Príncipe Vladimir de Kiev – Apesar dos incertos precedentes mencionados, o Príncipe Vladimir I, neto de Igor e Olga e filho de Sviatoslav foi o autêntico cristianizador da Rus' kievita e por extensão dos eslavos orientais com seu batismo no ano 988. Porém Vladimir não havia sido cristão toda a sua vida, nem tampouco uma vida exemplar, a julgar pelo que nos tem transmitido a *Crônica*. Pelo contrário, ao empossar o trono de Kiev no ano 980 após Rodnar assassinar a seu irmão Iaropolk, a primeira medida que tomou foi a de reformar o panteão oficial dos deuses venerados no santuário da colina atrás de seu palácio de Kiev, a cujos ídolos se ofereciam sacrifícios humanos de jovens de ambos os sexos.

Somente oito anos depois de sua reforma do paganismo, Vladimir se converteu ao cristianismo no ano 988. Segundo a *Crônica*, a sua conversão havia sido realizada na colônia grega de Quersoneso, na Península da Crimeia. Porém outras versões situariam seu batismo na cidade de Kiev ou em Vasilevo. Se seguimos a versão mais difundida, que é a que apresenta a *Crônica*, Vladimir havia adotado o cristianismo por sua vontade própria e pela força. Depois de atacar e submeter a cidade grega de Quersoneso, o príncipe havia pedido aos coimperadores bizantinos Basílio II e Constantino VIII a mão de sua irmã, a princesa Ana, da Dinastia Porfirogênita, como pagamento de resgate pela cidade. Apesar da aceitação inicial do pagão e depois do envio da reticente princesa bizantina, o Príncipe Vladimir havia mudado de opinião, sobrevindo uma cegueira, tal como Saulo de Tarso no caminho de Damasco. Sua futura esposa lhe disse: "Se queres livrar-te desta enfermidade, então se batize logo". E dito e feito, "o bispo de Quersoneso batizou a Vladimir com os papas imperiais e quando impôs a mão, ele recobrou imediatamente a visão".

No entanto, o relato do batismo de Vladimir parece uma amálgama de distintas narrações, como se o compilador da crônica tivesse recompilado todos os relatos que circulavam neste momento (princípios do séc. XII) sobre a cristianização dos Rus' e os houvera postos juntos, com as consequentes contradições. Entre essas histórias contrapostas destacam-se os episódios das distintas religiões (Búlgaros do Volga muçulmanos, cazares judeus, alemães católicos e gregos ortodoxos) que enviaram emissários a Vladimir para intentar converter a sua fé, e, ao contrário, Vladimir enviou seus próprios emissários para os distintos povos mencionados para decidir que fé adotaria.

Finalmente, o príncipe se desencantará com a versão ortodoxa do cristianismo, apesar de que quando ocorreu o batismo de Vladimir ainda não havia ocorrido o Cisma do Oriente (1054). Isso é um indício de que quando se compilou a *Crônica* o Cisma já havia sido produzido. Ao julgar pelas palavras da Crônica, o que fez o monarca se decidir pelo cristianismo dos gregos foi o relato de seus emissários, que ao irem a Constantinopla ficaram impressionados pelo luxo dos templos e pela pompa e beleza do ritual bizantino. No entanto, as razões da conversão da Rus' de Kiev ao cristianismo não seriam por motivos estéticos ou formais, como parece afirmar o texto, senão também políticos. Ao adotar o cristianismo, Vladimir havia tomado uma dupla finalidade política de caráter interno e externo: de um lado, contribuía para dar unidade ao seu reino conquistado mediante uma nova ideologia comum (a religião), e por outro, conseguia equiparar-se ao mesmo nível que outras potências europeias cristãs, para desta forma poder falar de igual para igual.

As crônicas bizantinas guardam silêncio sobre o batismo de Vladimir e a de Miguel Psellos menciona unicamente a sua ajuda militar a Basílio II como contrapartida de seu acordo matrimonial para ajudar-lhe a sufocar a rebelião de Bardas Skleros e Bardas Phokas na Ásia Menor. Ao voltar a Kiev da Crimeia, Vladimir levou consigo a Princesa Anna, assim como a vários clérigos gregos, junto com diversos ícones e vasilhas para celebrar a liturgia, além das relíquias de São Clemente I (o terceiro bispo de Roma depois de São Pedro) e seu discípulo Febo, quem, segundo a lenda, havia morto em exílio em Quersoneso depois de ser jogado no Mar Negro com uma âncora no pescoço e cujos restos haviam sido redescobertos no ano 861 por Constantino o filósofo, evangelizador dos eslavos da Grande Morávia junto a seu irmão Metódio no ano 863 (cf. o verbete "Cristianização dos eslavos").

Ao regressar a Kiev, segundo a *Crônica*, Vladimir havia destruído os ídolos dos deuses pagãos, construindo em seu lugar a Igreja de São Basílio, onomástica do imperador bizantino, como seu padrinho, havendo tomado o príncipe este mesmo nome de batismo. E havia ordenado o batismo coletivo obrigatório de todos os kievitas no Rio Dnieper. Além disso, ordenou a construção da primeira igreja de pedra da Rus' de Kiev, dedicada a Santa Maria, mais conhecida como Desiatinnaia ou igreja do dízimo, por haver sido financiada com o dito imposto. Assim mesmo, promoveu a construção de igrejas por todo o seu reino e a fundação de escolas para instruir as crianças nas sagradas escrituras.

Após a morte de Vladimir no ano de 1015 ocorreu em seu reino uma luta fratricida pelo poder entre seus numerosos descendentes. Segundo a Crônica, seu filho Sviatopolk ordenou assassinar os seus meio-irmãos Boris e Gleb, mais novos do que ele. Pouco depois de seu assassinato, os irmãos começaram a ser venerados como santos e *strastoterptsy* "sofredores da paixão", convertendo-se nos primeiros santos orientais a serem canonizados até o ano 1072. Dessa forma seu culto quase como de santos nacionais serviria para fortalecer e legitimar a nova religião que acabava de ser implantada no reino, assim como a dinastia reinante.

Enrique Santos Marinas

Ver também Cristianismo antigo; Cristianização da Germânia; Cristianização da Irlanda; Cristianização dos eslavos; Eslavos pré-cristãos (religião); Igreja; Igreja irlandesa; Igreja Ortodoxa oriental; Jesus Cristo; Mitologia eslava; Vulgata (Bíblia).

ÁLVAREZ-PEDROSA NÚÑEZ, J.A. (2017). *Fuentes para el estudio de la religión eslava precristiana*. Zaragoza: Pórtico.

BUTLER, F. (2002). *Enlightener of Rus'*: the image of Vladimir Sviatoslavich across the centuries. Bloomington: Slavica.

HOLLINGSWORTH, P. (1992). *The Hagiography of Kievan Rus'* – Translated and Introduction by Paul Hollingsworth. Cambridge: Harvard University Press – Ukrainian Research Institute of Harvard University.

LENHOFF, G. (1989). *The Martyred Princes Boris and Gleb*: A socio-cultural Study of the Cult and the Texts. Columbus: Slavica.

OSTROWSKI, D. (2006). The Account of Volodimir's Conversion in the Povest' vremennykh let: A Chiasmus of Stories. *Harvard Ukrainian Studies*, vol. 28, 1-4, p. 567-580.

Cristianização dos eslavos

Introdução – Os eslavos se cristianizaram em um lapso de tempo bastante amplo, desde o século VII até o século XII, em uma área geográfica muito extensa que vai desde a conversão dos eslavos ocidentais de Carantania (as modernas regiões de Estíria e Caríntia no Sul da Áustria e Eslovênia) no século VII, passando pela missão de Constantino-Cirilo e Metódio na Grande Morávia em 863, o batismo do Príncipe Boris-Miguel da Bulgária em 864, o batismo do Príncipe Mieszko da Polônia em 965, a conversão de Vladimir de Kiev em 988 e chegando até a destruição armada e extermínio do paganismo entre os eslavos do Báltico no século XII.

Trata-se portanto de uma cristianização forçada, em direção vertical de cima para baixo, o que provoca a sobrevivência de crenças e costumes pagãos entre as classes populares. É o que entre os eslavos orientais se conhece como *dvoeverie* (dupla fé, fé mista), na qual convivem elementos do antigo paganismo junto ao cristianismo oficial (cf. o verbete "Mitologia eslava"). Por outro lado, temos a relação entre a existência de um Estado organizado e a cristianização: os povos eslavos que contavam com o dito Estado, a cristianização se produz pelo batismo do príncipe por motivos políticos, o que obriga a conversão de seu povo.

Pelo contrário, os povos eslavos que carecem de Estado e de príncipe (os eslavos do Báltico), se negam a cristianizar-se, mantendo o paganismo como um sinal de identidade própria.

Ainda que as principais conversões dos eslavos ocorressem a cargo do Império Bizantino (Grande Morávia, Bulgária, Rus' de Kiev), a iniciativa havia tomado inicialmente os bispados da Baviera e Áustria (Salzburgo, Passau e Regensburg, sobretudo), que começaram já desde o século VII a mandar missionários aos eslavos de Carantania e posteriormente aos da Grande Morávia. As missões bizantinas tiveram lugar no século IX em uma época de florescimento do império em que se levou a cabo a exportação de sua cultura através da religião, com o envio de uma série de missões diplomáticas e evangelizadoras por parte do Imperador Miguel III "o Ébrio" (840-867) e do Patriarca Fócio (858-867; 877-886).

Na mesma época se produz uma rivalidade crescente entre Roma e Constantinopla, que entram em conflito pela jurisprudência sobre o território da antiga prefeitura romana de Ilírico, que abarcaria as províncias de Nórico, Panônia, Dalmácia, Média Superior, Macedônia e Epiro, cujas regiões haviam sido ocupadas como resultado de um massivo movimento migratório que teve lugar entre os séculos V e VII, no que havia sido denominado "A grande expansão eslava". A tensão entre Roma e Constantinopla crescerá até o conhecido "Cisma de Fócio" entre os anos de 863 e 867, justificado teologicamente pelos bizantinos na controvérsia do *Filioque* (cf. o verbete "Igreja Ortodoxa oriental"). Por consequência, é possível distinguir três modelos de conversão dos povos eslavos: o modelo germânico mais agressivo; o modelo missioneiro-político bizantino e a oscilante atitude romana.

Conversão dos eslavos de Carantania – Foi impulsionada pelos duques e bispos da Baviera entre os séculos VII e IX. Nela desempenharam um papel essencial missioneiros de origem irlandesa e escocesa. Um dos mais famosos foi Virgílio (forma latinizada de Fergil), que foi enviado por Pepino o Breve (*c.* 715-768) ao duque bávaro Odilo em 745, estabelecendo o seu centro de operações em Salzburgo. Primeiro como abade do monastério de São Pedro em Salzburgo, declinou a ser nomeado bispo até 767, morrendo em 784.

Mas não foi o único missionário irlandês. Em Salzburgo Virgílio foi o sucessor de seu compatriota Ruperto (*c.* 660-710), um dos últimos grandes clérigos irlandeses na Europa continental. A virtude das missões irlandesas era a total ausência de implicações políticas, pois os missionários não subordinavam os seus convertidos a nenhum centro eclesiástico ou político existente. Porém com o tempo essa foi também a sua debilidade: os que vieram depois se encarregaram de introduzir uma organização convencional. De fato, os métodos dos missionários irlandeses que Ruperto e Virgílio haviam empregado na Carantania não sobreviveram à anexação da Baviera ao reino franco oriental em 788, com a subsequente reorganização carolíngia dos monastérios bávaros seguindo o modelo da ordem beneditina. A partir de então, a vinculação política das missões germanas foi absoluta. A atividade missionária do bispo Ruperto entre os eslavos da Carantania foi narrada na crônica latina *Conversio Bagoariorum et Carantanorum* (A conversão dos bávaros e carantanos). Ela havia sido escrita em Salzburgo nos anos de 870, provavelmente pelo próprio bispo Adalwino, para conhecimento do Rei Luís o Germânico (*c.* 806-876) o recente enfrentamento vivido entre os missionários bávaros e os gregos Constantino-Cirilo e Metódio na Grande Morávia.

Cristianização da Grande Morávia – Em 863 o governante de um dos primeiros estados eslavos centro-europeus, o Príncipe Rastilav (Rostilav) da Grande Morávia, fez uma petição ao imperador bizantino Miguel III para que lhe enviasse missionários que ensinassem a seu povo as sagradas escrituras em sua própria língua, frente aos missionários francos que desde muito tempo ocupavam o seu território pregando em latim. Dessa forma, o Príncipe Rastilav pretendia sair da influência religiosa e política dos bispados bávaros sobre o seu território. Por isso, o Estado da Grande Morávia ocupava o território das atuais República Tcheca, Eslováquia e Hungria, além de partes do sudoeste da Alemanha, o sul da Polônia e o oeste da Ucrânia. Este fato ocasionou o começo da escritura e da literatura eslava. Pois Miguel III e seu Patriarca Fócio mandaram como missionários os irmãos da Tessalônica, Constantino "o filósofo" e Metódio, o qual levaram consigo para a Grande Morávia o primeiro alfabeto eslavo, o glagolítico, junto com a tradução do antigo eslavo dos evangelhos e outros livros litúrgicos que necessitavam em suas tarefas evangelizadoras. Acabava de nascer, portanto, a primeira língua eslava por escrito: o antigo eslavo.

No ano 869 Constantino e seu irmão Metódio viajaram juntos para Roma para solicitar a bênção do Papa Nicolau I para a liturgia em antigo eslavo, assim como as suas traduções dos livros litúrgicos para a língua vernácula eslava. Neste sentido, ao passar por Veneza, protagonizaram uma disputa com os "hereges trilíngues" e "pilatinos", como os denomina Constantino o filósofo em sua hagiografia, com os clérigos latinos que aceitaram exclusivamente como línguas sagradas as três da inscrição que Pilatos ordenou colocar sobre a cruz de Cristo: hebreu, grego e latim.

Em sua viagem para Roma, Constantino o filósofo levava consigo as relíquias de São Clemente, que segundo a lenda havia sido condenado ao exílio na colônia grega de Quersoneso na Península da Crimeia no Mar Negro, sendo lançada ao mar com a âncora no pescoço. Em uma missão diplomática anterior, destinada a ganhar os cazares como aliados de Bizâncio, Constantino havia redescoberto seus restos em uma ilha próxima da Crimeia. Mais tarde seu translado para Roma em 869 havia sido reconhecido por parte do Papa Adriano II, sucessor de Nicolau I após o falecimento deste, recebendo a bênção de sua tradução dos evangelhos e da liturgia em antigo eslavo.

Constantino o filósofo cai gravemente enfermo em Roma e morre no ano 869 depois de tomar os hábitos com o nome monástico de Cirilo, com o que seria mais conhecido. Por sua vez, Metódio é nomeado arcebispo da sede de Sirmium (atual Srmská Mitrovica, em Kosovo), reivindicando dessa maneira o papa a jurisdição sobre toda a antiga diocese de Ilírico. Apesar disso, a sede física de Metódio não se encontrava nesta antiga cidade romana, mas em algum lugar da Grande Morávia que não havia sido identificado. A sua volta para a Grande Morávia em 870 se encontrava em oposição radical dos clérigos bávaros, que os considerava um herege pelo seu uso da liturgia em antigo eslavo.

Com a subida ao trono da Grande Morávia do Príncipe Svatopluk, de orientação pró-germana, Metódio será julgado e encarcerado em Regensburg em 871. Apesar das reiteradas petições do Papa João VIII, Metódio não será libertado até 873, regressando a sua diocese. Não obstante, João VIII cedeu em parte às exigências do clero bávaro, proibindo a liturgia em antigo eslavo, que deveria realizar-se em latim, porém permitindo o sermão na língua vernacular. Com a morte de Metódio em 885, seus discípulos serão expulsos e vendidos como escravos pelos missionários bávaros e a liturgia em antigo eslavo será proibida definitivamente pelo Papa Estêvão V. Muitos dos discípulos de Constantino-Cirilo e Metódio serão acolhidos pelo Primeiro Império Búlgaro pelo Príncipe Boris, que acabava de batizar-se em 864.

Cristianização da Bulgária - No ano de 864, o príncipe búlgaro Boris (852-889) se converteu ao cristianismo, caindo abaixo da área de influência de Bizâncio, depois de haver oscilado entre Roma e Constantinopla. Desse o princípio teve muito claro que a dependência eclesiástica requereria uma dependência política e por esse motivo contatou tanto o Patriarca Fócio como o Papa Nicolau I com a sua pretensão de conseguir uma certa autonomia para a Bulgária. Finalmente, o seu batismo foi apadrinhado pelo imperador bizantino Miguel III, depois de que este infligiu uma séria derrota para a Bulgária, que acabava de aliar-se com o reino franco oriental em um ataque conjunto com a Grande Morávia. Depois de converter-se ao cristianismo, Boris abdicou em favor de seu filho Vladimir, que protagonizou um regresso ao paganismo manifestando desta forma a oposição da nobreza com a nova religião. Seu pai se viu obrigado a voltar para o monastério de onde havia se retirado para derrotar o seu filho mais velho e nomear como sucessor o seu filho mais novo Simeão, que havia sido educado em Constantinopla para converter-se em uma alta autoridade eclesiástica. Será precisamente Simeão I (893-927) quem levará o seu reino para a máxima expansão territorial, sendo conhecido como o Primeiro Império Búlgaro e constituindo uma verdadeira ameaça para o Império Bizantino. Simeão também foi o impulsionador do florescimento cultural que viveram as letras do antigo eslavo, criando duas escolas literárias no país: a de Ohrid no Oeste, em torno do lago do mesmo nome (pertencente à atual Macedônia) e a de Preslav, no Oeste da Bulgária. Será desse meio que se criará o segundo alfabeto eslavo, o cirílico, sendo a obra provável de algum discípulo de Constantino-Cirilo e Metódio. Progressivamente este novo alfabeto mais parecido com o grego e que acabou impondo-se e substituindo o glagolítico.

Cristianização dos eslavos ocidentais – A conversão dos eslavos ocidentais será impulsionada a partir do ano 800 por Carlos Magno e seus sucessores em sua progressiva reconquista do território ocupado pelos eslavos durante a "grande expansão eslava", baseada na promoção de assentamentos monásticos que servem de desenvolvimento agrário e de suporte para a colonização germana da costa báltica, combinado com o espírito de cruzada que caracterizou a predicação de São Bernardo de Claraval. Neste processo que durará vários séculos desempenhou um papel muito importante o mosteiro beneditino de Corvey em Westfália, fundado em 815 por monges procedentes do monastério de Corbie na Picardia, assim como personalidades como São Vicelino (1086-1154), bispo de Oldenburg chamado "o apóstolo de Holstein", ou Santo Óton de Mamberg (1060/1061-1139), também conhecido como o apóstolo da Pomerânia. Isso não será um obstáculo para que em determinados momentos os imperadores germanos selem alianças militares com os eslavos pagãos em suas guerras contra os polacos. O último episódio da conversão dos eslavos do Báltico será a conquista e o batismo forçoso dos eslavos da Ilha de Rügen, junto à costa báltica da Alemanha, levado a cabo pelo Rei Valdemar I da Dinamarca e seu bispo Absalão, no ano de 1168. Esses eslavos eram conhecidos como "ranos" ou "rugianos" e serão os últimos povos eslavos a serem convertidos ao cristianismo.

Enrique Santos Marinas

Ver também Cristianismo antigo; Cristianização da Germânia; Cristianização da Irlanda; Cristianização da Rússia; Eslavos pré-cristãos (religião); Igreja; Igreja irlandesa; Igreja Ortodoxa oriental; Jesus Cristo; Mitologia eslava; Vulgata (Bíblia).

ÁLVAREZ-PEDROSA NÚÑEZ, J.A. (2009). *Las respuestas del Papa Nicolás I a las consultas de los búlgaros* – Edición crítica, traducción y comentario. Granada: Centro de Estudios Bizantinos, Neogriegos y Chipriotas.

CURTA, F. (2006). *Southeastern Europe in the Middle Ages, 500-1250*. Cambridge: Cambridge University Press.

DVORNIK, F. (1926). *Les Slaves, Byzance et Rome au IXe siècle*. Paris: Champion [reimpr. 1970].

VLASTO, A.P. (1970). *The Entry of the Slavs into Christendom*: An Introduction to the Medieval History of the Slavs. Cambridge: Cambridge University Press.

Cruzadas

As Cruzadas constituem um dos temas clássicos da historiografia, "uma das grandes forças da nossa história", como afirmou o historiador britânico Jonathan Riley-Smith. No senso comum, o fenômeno é frequentemente apresentado de forma descritiva, linear e factual, sem maiores reflexões sobre a natureza, projeções e debates que o envolvem. A título de exemplo, a própria numeração utilizada em livros didáticos e historiográficos (Primeira, Segunda, Terceira Cruzadas...) é uma mera convenção estabelecida no século XVIII. Naquele período, certos representantes anticlericais do pensamento iluminista, entre eles Voltaire, procuravam desqualificar o movimento, que seria o resultado da loucura e fanatismo da Cristandade.

Em termos historiográficos, os principais trabalhos começaram a aparecer no início do século XX, com destaque para as produções de Carl Erdmann, René Grousset e Steven Runciman. A principal obra de Erdmann obteve inicialmente uma difusão muito limitada, já que foi escrita em alemão e publicada durante o governo nazista (1935). Com sua tradução para o inglês (1977), os estudos acerca da ideia de Cruzada foram renovados. Os livros de Grousset (década de 1930), por sua vez, ganharam várias reedições e contribuíram para consolidar uma escola francesa. Por fim, a obra do inglês Runciman, *History of the Crusades*, lançada entre 1951 e 1954, tornou-se um dos maiores clássicos e continua influente.

A partir dessa primeira tradição acadêmica, surgiu um debate centrado na natureza do movimento, opondo duas correntes que são classificadas como "tradicionalistas" e "pluralistas". Para os primeiros, influenciados sobretudo por Runciman, podemos considerar como "Cruzadas" somente uma campanha militar que pretenda retomar a cidade sagrada de Jerusalém do controle muçulmano; para os segundos, a "Cruzada" pode ser lançada em qualquer território e contra qualquer inimigo. É interessante salientar que, no século XIII, havia uma diferenciação entre Cruzadas na Europa (*crux cismarina*) e no Oriente (*crux ultramarina*).

Essa querela historiográfica permanece atual. Autores "tradicionalistas" como Hans E. Mayer, Paul Rousset e Jean Flori consideram que toda Cruzada revela traços de uma guerra santa, mas nem toda guerra santa apresenta sinais de uma Cruzada. Esta era particular devido ao seu objetivo primordial, a reconquista do túmulo de Cristo (o Santo Sepulcro) em Jerusalém. Segundo Rousset, será sempre inútil tentar batizar de "Cruzada" uma expedição cujo objetivo essencial não seja a libertação do Santo Sepulcro. O medievalista suíço toma como exemplo o caso da Reconquista ibérica. Embora detenha muitos atributos cruzadísticos como a crença na justiça imanente e a peregrinação a um local sagrado, falta à Reconquista o objetivo capital da Cruzada: a libertação de Jerusalém.

Já os "pluralistas", influenciados por Grousset e Erdmann, são representados sobretudo por uma vertente anglo-saxã, da qual fazem parte Giles Constable, Norman Housley, Elizabeth Siberry e, principalmente, Riley-Smith. Tais historiadores ampliaram o uso do termo "Cruzada" para definir algumas guerras santas, como a investida dos reinos ibéricos contra os árabes na Reconquista, a guerra conduzida pela Ordem Teutônica frente aos eslavos no Báltico, a atuação da Ordem do Hospital contra os muçulmanos no Mediterrâneo e a vitória cristã contra os otomanos na batalha de Nicópolis (1396).

Carlos de Ayala Martínez sublinha que talvez seja o momento de superar essa distinção "pouco operativa" entre "tradicionalistas" e "pluralistas", "admitindo que todos, de alguma maneira, têm razão". Seja como for, podemos apontar elementos que aproximariam uma guerra santa à Cruzada: o incentivo do papado por meio das bulas; a concessão de indulgências; a crença na justiça imanente; a peregrinação armada aos locais santos; o porte da cruz; a bênção das armas e dos soldados; o discurso de combater em nome de Cristo; a demonização dos adversários; a ação das ordens militares de cavalaria; a intenção de conversão; a invocação aos santos guerreiros; a presença de clérigos no campo de batalha; as implicações escatológicas; a noção de vingança ou *faida*; as promessas de recompensas espirituais ou materiais; o indício de antijudaísmo etc.

Durante a Idade Média ocidental, teólogos e canonistas sintetizaram a doutrina agostiniana da "guerra justa" em três critérios, que a Cruzada deveria se enquadrar: (1) causa justa; (2) autoridade legítima; (3) intenção correta. De acordo com Riley-Smith, a Cruzada era um tipo "especial de guerra santa" porque carregava um componente penitencial. De fato, os primeiros cruzados eram verdadeiros "peregrinos armados", pois tinham como um dos principais propósitos a defesa das rotas que conduziam até Jerusalém. Fundia-se guerra e expiação dos pecados na *peregrinatio paenitentialis*. Para a Cristandade latina, Jerusalém era o local de peregrinação por excelência e o centro do mundo.

Todavia, com o IV Concílio de Latrão (1215), desataram-se, parcialmente, os vínculos entre peregrinação e expedição armada. Admitiu-se, ainda, que "Cruzadas" poderiam ser lançadas contra heréticos e todos aqueles que recusassem as pretensões do papado. Inocêncio IV (1243-1254), por exemplo, tratou sua guerra contra o imperador germânico Frederico II como uma "Cruzada". Antes dele, Pascoal II (1099-1118) havia proibido aos cristãos ibéricos a participação em projetos cruzadísticos na Palestina, já que as indulgências também seriam concedidas àqueles que ficassem na Hispânia para combater os mouros. A equiparação total entre a Cruzada jerosolimitana e a Reconquista seria realizada no I Concílio de Latrão (1123).

Em meados do século XX, alguns historiadores, muitos deles influenciados pelo marxismo ortodoxo, destacaram causas socioeconômicas para as Cruzadas. Eles enfatizaram fatores como os anseios materiais dos secundogênitos desprovidos de herança, as ambições dos mercadores italianos e o crescimento demográfico. Desde o fim do século passado, contudo, importantes pesquisadores como Riley-Smith e Thomas Madden começaram a ressaltar o componente religioso (espiritual e penitencial), considerado a essência do fenômeno. O americano Madden lembra dos recentes estudos computadorizados de documentos, cujos resultados indicam que os aristocratas que recrutavam e lideravam os exércitos já eram, em sua grande maioria, homens ricos, com relevante quantidade de feudos na Europa. Eles sabiam do risco que corriam e, mesmo assim, gastaram enormes somas para empreender essas perigosas jornadas. Dos que sobreviveram às viagens e aos combates, poucos conseguiram angariar uma fortuna superior à que anteriormente dispunham. Com razão, Madden conclui que a principal motivação das Cruzadas não foram os ganhos econômicos, mas, sim, as recompensas espirituais (remissão dos pecados, salvação), alcançadas com atos de "penitência, de caridade e de amor".

Nas últimas décadas, a historiografia sobre as Cruzadas recebeu atualizações significativas. Uma abordagem interessante é analisá-las pelo viés da alteridade (a questão do "outro"), cuja popularização, entre o grande público, se deu após a publicação de *Les Croisades vues par les Arabes* (1983), de Amin Maalouf. O autor afirma que Saladino era "um dos soberanos mais prestigiosos da história" e apresenta textos muçulmanos nos quais os cruzados (os *franj*) são representados como bárbaros invasores e incivilizados. Outro renovado ponto de vista, mas dessa vez procedente da tradição ocidental, é a obra *God's War: A New History of the Crusades* (2006), do britânico Christopher Tyerman. Com esse título, referência ao livro de Runciman, Tyerman pretendia escrever uma história global das Cruzadas e atualizar a obra de seu conterrâneo.

As Cruzadas são efetivamente cercadas por muitos debates e explicadas por instigantes perspectivas historiográficas. Ninguém pode negar, entretanto, que a convocação do Papa Urbano II no Concílio de Clermont (1095) angariou milhares de adeptos, que marcharam ao Oriente e conseguiram reconquistar Jerusalém (1099). Menos de dois séculos depois, a situação era totalmente desfavorável, com os cruzados sendo expulsos de Jerusalém (1244) e de São João de Acre (1291). A partir do fim do século XIII, nenhuma

Cruzada foi lançada, ainda que vários autores (como Raimundo Lullio), monarcas (como Henrique V da Inglaterra), papas (como Pio II) e aventureiros (como Cristóvão Colombo) tenham sonhado com a recuperação da Cidade Santa.

Guilherme Queiroz de Souza

Ver também Conflitos religiosos na Antiguidade; Cruzadas do Báltico; Guerra e religião na Escandinávia; Guerra e religião no Medievo; Poder e religião no Medievo.

AYALA MARTÍNEZ, C. (2009). Definición de cruzada: estado de la cuestión. *Clío & Crímen*: Revista del Centro de Historia del Crimen de Durango, n. 6, p. 216-242.

BLASCO VALLÉS, A. (2010). Consideraciones sobre las Cruzadas. *Mirabilia Journal* – Electronic Journal of Antiquity, Middle & Modern Ages, vol. 10, p. I-XII.

CONSTABLE, G. (2001). "The Historiography of the Crusades". In: LAIOU, A.E. & MOTTAHEDEH, R.P. (orgs.). *The Crusades from the Perspective of Byzantium and the Muslim World*. Washington: Dumbarton Oaks, p. 1-22.

FLORI, J. (2013). *Guerra santa* – Formação da ideia de Cruzada no Ocidente cristão. Campinas: Editora da Unicamp.

MAALOUF, A. (1983). *As Cruzadas vistas pelos árabes*. São Paulo: Brasiliense.

MADDEN, T.F. (2016). Las Cruzadas y la actualidad. *Revista Chilena de Estudios Medievales*, n. 9, p. 103-114.

RILEY-SMITH, J. (2002). *What were the Crusades?* São Francisco: Ignatius.

ROUSSET, P. (1980). *História das Cruzadas*. Rio de Janeiro: Zahar.

RUNCIMAN, S. (2002). *História das Cruzadas*. 3 vols. Rio de Janeiro: Imago.

TYERMAN, C. (2010). *A Guerra de Deus:* uma nova história das Cruzadas. 2 vols. Rio de Janeiro: Imago.

Cruzadas do Báltico

As Cruzadas na região do Mar Báltico aconteceram durante a Segunda Cruzada (1147-1149) e continuaram até o século XV. Elas foram conduzidas principalmente por nobres daneses e germânicos e, em menor parte, por suecos que se aventuraram em território finlandês. Durante os séculos XIII e XVI vários reis, príncipes e outros nobres detentores de exércitos (ou então meros cavaleiros com a disposição e o equipamento necessários para se engajarem em batalhas) seguiram rumo ao Báltico. Lá, passaram a acumular indulgências ao se envolver em atividades bélicas que seus contemporâneos consideravam como parte das Cruzadas, investindo no que consideravam a proteção da Cristandade, combatendo, exterminando e tentando converter tribos pagãs localizadas nos territórios das atuais Letônia, Lituânia, Estônia e Finlândia, bem como nas extintas Livônia e Prússia.

Inúmeras tribos pagãs das mais diversas origens habitavam esses territórios ainda durante a Idade Média. É importante mantermos em mente que essas populações não estavam unificadas ou representadas por alguma concepção de reino, nação ou regência centralizada de líderes. Esses povos viviam em tribos e compartilhavam entre si traços étnicos, linguísticos e religiosos (afinal, aos olhos dos cruzados, eram todos pagãos) ou, por vezes, o mero fato de viverem em alguma região próxima ao Mar Báltico.

Os povos prússios localizavam-se na parte mais baixa do Rio Vístula, representados pelos pomesanianos, os nadruvianos e os bartianos. Os lituanos eram basicamente a combinação de duas grandes tribos, que seriam os zemaiciai (chamados, nas crônicas medievais, de samogícios) e os Aukstaiciai, que eram habitantes das áreas ao norte e leste do Rio Niemen. Ao Norte da parte baixa do Rio Dvina viviam os letigalianos e, ao Sul, os semigalianos e os selonianos. Já a península entre o Báltico e o Golfo de Riga era habitada pelos curonianos e, ao norte deles, na parte costeira mais ao sul do Golfo da Finlândia, encontravam-se os estonianos. Os lívios ocupavam as terras que cercavam a bacia do Rio Dvina e os vodos viviam na ponta do Golfo da Finlândia. As tribos no extremo norte do Báltico eram os fínicos, dentre os quais se incluem várias tribos, que são referidas coletivamente como fínicos, além dos carelianos.

Conforme todos esses povos começaram a se deparar com os cruzados, dois fatores viriam a se mostrar essenciais e definitivos ao longo dos vários anos de embate, somando uma desvantagem para os pagãos. Primeiramente, conforme dito, cada tribo era responsável somente pelos seus e não respondia, então, a um comando maior. Sendo assim, as tribos operavam como pequenas unidades políticas de oposição aos cruzados, mas cada uma desenvolvia as próprias estratégias e formas de organização e enfrentamento, sem qualquer uniformidade ou ofensiva organizada. Por mais que em alguns momentos tenham ocorrido alianças entre esses povos em levantes específicos contra os cruzados, isso de maneira nenhuma representa o modo como a resistência de tais tribos se organizou nesse período.

Um segundo fator de desunião era a barreira linguística. Os idiomas dos povos do báltico eram divididos em dois grupos linguísticos que não possuíam nenhuma relação entre si e eram radicalmente diferentes. Os letões, lituanos e antigos prússios falavam línguas pertencentes ao ramo das línguas bálticas, que, por sua vez, são componentes do grupo indo-europeu, enquanto os finlandeses, estonianos, vodos e lívios se comunicavam em idiomas do ramo fino-úgrico, inserido no grupo das línguas urálicas. Este fator foi decisivo e sem dúvida dificultou para que surgisse uma consciência unificada de resistência dessas tribos frente o avançar dos cruzados.

As possíveis motivações que levaram à sanção de uma Cruzada no Báltico são das mais variadas. Portanto, é difícil, senão irreal, apontar uma única causa para que houvesse uma empreitada desse porte. É provável que a nobreza danesa tenha começado a virar sua atenção para as terras bálticas porque invadir e conquistar essa região seria mais viável e menos dispendioso economicamente do que tentar fazer o mesmo em terras inglesas.

Experiências prévias haviam mostrado aos daneses o quanto era caro manter a posse das terras conquistadas por eles na Inglaterra: era necessário manter sempre grandes exércitos ou um vasto número de mercenários contratados nelas para que os ingleses não retomassem o controle à força. Investimentos no Báltico seriam, aos olhos deles, um modo mais rápido de se obter riquezas.

Ainda no caso específico dos daneses, havia outro fator de peso. Durante o século XI, a Dinamarca vinha sendo frequentemente alvo de incursões de eslavos do Báltico. Os ataques começaram a ser tão frequentes que a nobreza danesa passou a ficar cada vez mais acuada e em posição defensiva. Atacando essas tribos invasoras em seu próprio território, eliminando-as, seria um modo preventivo e eficaz de evitar futuras ou novas ameaças por parte deles. Por último, essa região era elemento-chave para o sucesso econômico. Cinco grandes rios da Europa desembocam no Báltico, fazendo dele um ponto estratégico onde convergiam várias rotas de comércio. Além disso, o âmbar, amplamente desejado na época, era encontrado em grandes quantidades na região, e quem dominasse tais locais teria sem dúvida muitos lucros.

Numa escala mais ampla, uma Cruzada conduzida Báltico afora seria interessante não somente para os daneses, mas também para a nobreza germânica e o próprio clero. Certamente era desejável abrir a região para a recepção massiva de missionários e a construção de igrejas e, uma vez surgindo os primeiros pagãos convertidos, seria necessário protegê-los dos outros pagãos; alguns bispos desejavam adquirir novas terras para expandir sua influência e o domínio de suas dioceses; os nobres, em busca de riquezas, enxergavam nas Cruzadas a oportunidade perfeita para eliminar atividades piratas/incursoras, extinguir os roubos e bandos de assalto das principais rotas e, por fim, abrir novos mercados e comércios. Não podemos eliminar aqueles que simplesmente buscavam por novas aventuras como um modo de obter honra, glória e reconhecimento, inspirados no *ethos* do cavaleiro heroico e defensor da Cristandade aos moldes do protagonista do poema épico *La chanson de Roland* (A canção de Rolando), escrito na França do século XI.

Talvez tenham sido esses os fatores que pesaram quando, em 1147, a Igreja convocou os nobres do Norte da Europa para se juntarem às missões da Cruzada na Terra Santa. Uma vez recebida a demanda, os nobres requisitaram que pudessem realocar essa missão de defesa da Cristandade para a região do Báltico, lutando contra os pagãos que o habitavam. A Igreja respondeu não só conferindo a autorização, mas também pedindo, com veemência, que buscassem ou a completa conversão ou a completa destruição daqueles pagãos, proibindo que fosse feita qualquer oferta de paz a eles, mesmo que mediante pagamentos, taxações e tributos. Portanto, é a partir do ano de 1147 que se fazem presentes o envolvimento papal e sua aprovação para que as expedições no Báltico fossem consideradas oficialmente como parte das Cruzadas. Com isso, foram oferecidas aos cruzados do Báltico as mesmas recompensas que àqueles da Terra Santa, como as indulgências e outros benefícios sociais que protegiam tanto eles, que estavam lutando pelo cristianismo, quanto suas famílias, que ficavam em casa.

A primeira grande expedição ficou conhecida como a Cruzada dos vênedos, cuja participação foi de forte cunho germânico e dinamarquês. Os vênedos eram várias tribos de eslavos ocidentais que estavam espalhados do sul do Mar Báltico até a bacia de Kiel, no Rio Vístula. Pertenciam a eles as tribos dos vagrianos, abotritos, polábios, liutizianos, rugios e pomeranos. Essa primeira Cruzada tende a ser vista como uma mistura de motivos religiosos com expansionismo territorial, pois os nobres daneses e germânicos desejavam expandir seus domínios territoriais para áreas dominadas por esses povos. Para obtenção da autorização, os germânicos acusaram os habitantes da Ilha de Rügen de terem se convertido falsamente ao cristianismo para, logo em seguida, terem aderido ao paganismo novamente. Com isso, obtiveram a autorização e indulgência do Papa Eugênio III que, em sua bula papal *Divini Dispensatione* II, argumentou que a luta espiritual dos nobres germânicos e daneses cristãos no Báltico conferiria a eles os mesmos méritos e recompensas do que aos que se aventuravam pela Terra Santa. Ao término dessa Cruzada, que não foi bem-sucedida, alguns poucos espólios foram obtidos e apenas um dos líderes tribais acabou por aceitar o batismo. Os inimigos pagãos da Igreja ainda estavam longe de ser eliminados da região e a Ilha de Rügen, por exemplo, sequer foi alvo de missões.

As melhores documentações que temos sobre as Cruzadas no Báltico foram escritas pelas ordens militares, como a Crônica de Henrique da Livônia (1229) e a Crônica Rimada da Livônia (1290). A primeira dessas ordens a surgir foi a Ordem dos Irmãos Livônios da Espada, composta pelos monges guerreiros que exerciam autoridade em nome do bispo de Riga. Muitos de seus membros eram germânicos provenientes de classes sociais diversas, apesar de que, em alguns documentos escritos por cronistas avessos à ordem, eles eram descritos como "ricos mercenários que foram banidos da Saxônia por seus crimes". A maioria dos estudiosos, porém, traça as origens desses cavaleiros ao condado de Namburgo ou à área de Bremen-Lübeck, onde o bispo tinha grande parte de seus contatos. A ordem contava com cerca de 120 homens e mostrou-se difícil de ser controlada, chegando a ser acusada de diversos crimes enquanto atuava.

Contudo, o sucesso militar da Ordem dos Irmãos Livônios da Espada era inegável. Essa elite militar fortemente armada operava segundo as estratégias concebidas pelo bispo de Riga e os líderes da ordem, tendo subjugado diversas tribos e ampliado em larga escala o controle da Igreja no território da Livônia. A realização dessa tarefa nem sempre era fácil, pois os povos nativos detinham os maiores números e o conhecimento geográfico da área. Com o tempo, a ordem não podia mais contar com a mera vantagem de seus armamentos e equipamentos superiores: as tribos começaram a vestir armaduras e a usar armas capturadas de seus inimigos mortos, ou então a comprá-las de mercenários clandestinos que houvessem sido banidos pela ordem papal. Frente a isso, grande parte do sucesso da ordem se deve à sua estratégia de recrutar os próprios nativos, fosse pelo uso de força, fosse pela persuasão (ambos terminando no batismo). Muitos dos líderes tribais, é importante ter em mente, enxergavam nessa união uma oportunidade de receberem proteção da ordem contra eslavos e lituanos – inimigos também do bispo de Riga – ou então a chance de angariarem forças para se reaver com antigas tribos inimigas e atacá-las, como no caso de alguns livônios e letões que se juntaram à ordem para invadir e saquear tribos estonianas.

Muitas das tribos da Livônia foram as primeiras a serem absorvidas pela ordem ou então conquistadas por ela. À parte todos os ganhos e vantagens materiais oferecidos nessa absorção ou união com os cruzados, muitas dessas tribos não quiseram se submeter à segunda fase do processo, que implicava em batismo e submissão de seu povo a uma elite de padres e nobres cruzados donos de terras. Já antes de 1237, diversas tribos haviam se rebelado e muitas outras viriam a seguir seu exemplo nos anos seguintes, mostrando paulatinamente que essa superestrutura colonial não era suficiente para subjugar todos esses povos.

Boa parte da culpa dessas rebeliões foi depositada na Ordem dos Irmãos Livônios da Espada. Isso aconteceu devido ao fato de terem conquistado o território livônico quase que em sua totalidade, mas tendo ficado somente com um terço dele, entregando o resto para o controle do bispo de Riga (conforme havia sido firmado num tratado ainda em 1204). O custo para manter a ordem ativa militarmente era muito alto, enquanto as terras que puderam ficar em sua posse eram pouco produtivas; assim, decidiram aumentar os impostos dos camponeses, que foram se sentindo cada vez mais explorados e terminaram por organizar uma revolta de larga escala, que estourou em 1222 e contou com o levante de vários livônios recém-convertidos. Além disso, a ordem fez um cerco em terras estonianas pertencentes ao reino dinamarquês mesmo após repreensão por parte do Papa Honório III: a Ordem dos Irmãos Livônios da Espada ia sendo vista, em Roma, com cada vez mais repulsa e descrédito. Em 1236, Folkwin, líder da ordem, decide invadir a Lituânia, auxiliado pelo príncipe de Pskov. Desgastados e com seus cavalos presos em terrenos pantanosos, foram emboscados e quase todos mortos pelos lituanos, sendo esse o fim da Ordem dos Irmãos Livônios da Espada.

Os poucos sobreviventes foram absorvidos pelos cavaleiros teutônicos, oriundos da Germânia, onde desfrutavam de considerável prestígio. A primeira tarefa dada a eles era a de retomar a Livônia e mantê-la defensável. Por volta de 1236 esse território já havia sido reconquistado e o rei lituano Mindaugas foi convencido a aceitar o batismo e aliar-se a eles. Com ajuda de Mindaugas, os cavaleiros teutônicos batalhavam para subjugar a província prussiana de Samland. A estratégia por eles adotada consistia em formar alianças com os povos da fronteira para então somarem esforços e vencerem o inimigo mais forte. Visando isso, subjugaram à força as tribos lituanas dos curonianos, semigalianos e samogícios (estes eram os mais ameaçadores). Os termos para submissão eram brandos: bastava que aceitassem o batismo e então poderiam manter seus fortes e seus próprios regentes; os cavaleiros teutônicos lutariam por eles quando precisassem, desde que também lutassem pelos cavaleiros quando fosse exigido.

Essa estratégia começou a falhar quando, em 1259, os samogícios quebraram a trégua e atacaram Von Hornhausen da Livônia, em Schoten, território da Curônia, e mataram 33 de seus cavaleiros. Ele tentou fugir para a Prússia e buscar reforços, mas ele e seu exército foram emboscados em Durbe, o que levou à sua própria morte e à de outros 150 cavaleiros. As notícias dessa derrota e do levante samogício logo correram a região, fazendo com que todos os lituanos e a maioria dos prussianos aderissem ao movimento, rejeitando o cristianismo e declarando abertamente guerra à Ordem Teutônica. A tradição acadêmica costuma atribuir essa rebelião a um erro político por parte dos cavaleiros teutônicos, pois os povos das regiões de Dvina e Vístula, governadas diretamente por eles, mantiveram-se leais. As tribos que se rebelaram foram justamente aquelas que, depois de subjugadas militarmente, haviam recebido imposições mais brandas. Ainda assim, a ordem começou a ser vista com descrédito a partir do momento em que foi derrotada pelos samogícios.

Mesmo lutando para recuperar sua supremacia militar, a Ordem Teutônica nunca mais foi a mesma. Eles viriam a sofrer outras grandes derrotas nos anos de 1262, 1270, 1279 e 1287, ao longo das quais quatro de seus líderes foram mortos em batalha. Seus inimigos tinham a vantagem numérica e conseguiam emboscá-los com relativa frequência. Os curônios foram subjugados em 1623, mas os semigálios e selonianos não chegaram a ser vencidos pela ordem. Os samogícios permaneceram insistentemente inimigos e opositores ferrenhos às atividades da ordem.

Ao longo do século XIII os cavaleiros teutônicos também foram responsáveis por uma série de intervenções na Prússia, já que as tribos prussianas estavam devastando as terras do Duque cristão Conrado da Mazóvia e matando vários membros da Igreja. Esse processo levaria cerca de 50 anos, considerando que os prussianos eram mais numerosos e possuíam organizações militares mais avançadas do que a dos povos na região do Dvina. Inclusive, antes da Ordem Teutônica começar sua investida, esses povos haviam resistido com sucesso a diversos ataques poloneses que visavam convertê-los ou subjugá-los. Desejando intervir nessa região e retomar dos pagãos o território que era, segundo a Igreja, cristão por direito, o Papa Honório III e o bispo Cristiano passaram os anos de 1217 a 1223 organizando uma Cruzada invencível contra os prússios. Houve, a princípio, uma grande retaliação por parte dos pagãos, fazendo com que se clamasse pela intervenção dos cavaleiros teutônicos. Aprendendo com a experiência dos irmãos livônios da espada, a ordem adotou a estratégia de construir uma linha de fortes próximo ao Rio, que serviria não só como base, mas também para onde podiam atrair as tribos mais próximas e encurralá-las. Essa linha defensiva ia se ampliando conforme as tribos eram eliminadas, avançando cada vez mais em direção ao interior, seguindo em direção ao Rio Niemen e somando suas forças à de cavaleiros germânicos e poloneses ao longo do caminho.

É importante considerarmos as Cruzadas no Báltico não apenas como meras batalhas de sobreposição do cristianismo contra o paganismo, das quais o primeiro viria a ser o vencedor. Acima de tudo o Báltico foi, na época, um cenário que propiciou frequentes e intensos intercâmbios entre diferentes perspectivas e identidades religiosas. Os cruzados e suas diferentes ordens vinham de um contexto religioso comum, que invocava uma identidade cristã comunitária (mas não por isso homogênea e predominantemente harmoniosa) encarregada de lutar pela derrota e desaparecimento do paganismo. No entanto, os cruzados viveram por anos a fio em abundante proximidade com as tribos pagãs locais; aliás, em diversos momentos foram feitas alianças de povos pagãos com os cruzados por terem como inimigos uma tribo em comum, conforme citado anteriormente. Foi como o caso dos letões da região de Imera que, com a chegada dos cruzados, viram a oportunidade perfeita de aliança para somar forças e retaliarem povos lituanos e livônios que os oprimiam havia tempos, conforme a Crônica de Henrique da Livônia.

Esses contatos têm sido vistos cada vez mais como campos de intercâmbio religioso de mútua influência, campos esses em que as crenças religiosas dissolvem as barreiras entre o que é pagão e o que é cristão. Os próprios cavaleiros teutônicos foram acusados, pelo bispo de Riga, de praticar magia e manifestar comportamentos pagãos. Há relatos de que em certas ocasiões eles teriam queimado seus mortos, um costume funerário condenado pela Igreja, ou feito uso de magias divinatórias que teriam aprendido com os pagãos lituanos. As próprias fontes cristãs de que dispomos não parecem negar o verdadeiro poder das divindades pagãs, por mais que as considerem como falsos deuses. Na Crônica Rimada é dito que o deus Perkūnas, adorado pelos lituanos, congelou o Mar Báltico para que eles pudessem atravessá-lo com mais facilidade. Pedro de Duisburg, que escreveu os feitos dos teutônicos em forma de crônica conta como, graças ao costume de lançar pequenas pedras ou gravetos para fins divinatórios, os lituanos previram uma emboscada teutônica e deram meia-volta enquanto gritavam que era uma armadilha dos germânicos.

Embora as Cruzadas no Báltico envolvam necessariamente um embate identitário de cunho predominantemente religioso é preciso ter em mente que, mesmo colocando-se como inimigos, por várias vezes os cristãos reconheciam o poder e a atuação dos deuses pagãos, bem como o oposto. Certamente que, mesmo após séculos em contatos e embates, tanto pagãos quanto cruzados estavam prontos para matar seu inimigo em nome da lealdade à própria religião; mas, ainda assim, não deixavam de acreditar na possível eficácia da religião e dos deuses do outro. Podemos enxergar as Cruzadas no Báltico como um depoimento de quão complexa a natureza humana pode ser quando um choque de crenças religiosas em vários níveis ocorre.

Victor Hugo Sampaio Alves

Ver também Báltico pré-cristão (religião); Cristianização dos eslavos; Finlândia pré-cristã (religião); Sámi (religião).

ÁLVAREZ-PEDROSA ÑÚNEZ, J.A. (2004). La cristianización de los eslavos del Báltico. *'Illu Revista de Ciencias de las Religiones*, n. 13, p. 27-42.

CHRISTIANSEN, E. (1997). *The Northern Crusades*. Londres: Penguin.

EIHMANE, E. (2009). "The Baltic Crusades: A clash of two identities". In: MURRAY, A. (orgs.). *The Clash of Cultures on the Medieval Baltic Frontier*. Londres: Ashgate, p. 37-51.

JENSEN, C.; JENSEN, K. & LIND, J. (2001). Communicating Crusades and Crusading Communications in the Baltic Region. *Scandinavian Economic History Review*, v. XLIX, n. 2, p. 25.

KLAVINŠ, K. (2006). The Ideology of Christianity and Pagan Practice among the Teutonic Knights: The case of the Baltic Region. *Journal of Baltic Studies*, n. 37, vol. 3, p. 260-276.

MAŽEIKA, R. (2017). "Granting Power to Enemy Gods in the Chronicles of the Baltic Crusades". In: ABULAFIA, D. & BEREND, N. (orgs.). *Medieval Frontiers*: Concepts and Practices. Londres: Routledge.

______ (2014). Pagans, Saints and War Criminals: Direct Speech as a Sign of Liminal Interchanges in Latin Chronicles of the Baltic Crusades. *Viator*, n. 45, vol. 2, p. 271-288.

URBAN, W. (2006). "Baltic Crusades". In: MURRAY, A. (org.). *The Crusades*: An Encyclopedia. Santa Barbara: ABC-CLIO, p. 145-151.

Culto a Freyr

Na história do cinema e das representações artísticas ocidentais, as representações envolvendo rituais, festivais ou cenas religiosas da fé nórdica pré-cristã são muito raras ou praticamente inexistentes. Isso gerou um imaginário onde valores exóticos e mesmo macabros acabam ocupando as informações que a sociedade atual mantém sobre o tema da antiga religiosidade da Escandinávia (LANGER, 2016).

Em particular, uma cena da série *Vikings* (terceira temporada, terceiro capítulo: *Warrior's fate*) vem ocupando um particular interesse dos espectadores e mesmo do público ligado ao neopaganismo, por justamente conceder supostos detalhes de um ritual pouco conhecido entre os nórdicos, os sacrifícios relacionados aos vanes. Anteriormente, a série já havia detalhado outros cultos, mais famosos, envolvendo o templo de Uppsala na Suécia. Primeiramente detalharemos a cena, analisando cada pormenor fílmico e, em seguida, realizaremos algumas reflexões sobre o imaginário do antigo ritual nórdico na arte ocidental.

No episódio, o acontecimento tem lugar em um assentamento nórdico da Inglaterra, onde, após a primeira e bem-sucedida colheita, os pagãos resolvem realizar um culto ao deus Freyr para comemorar seu êxito. Ao som de tambores e chocalhos, o culto é presidido pela personagem Lagertha, iniciado após um símbolo ser marcado com sangue em um bloco de pedra. Ao contrário da maioria das pessoas presentes, Lagertha porta uma indumentária totalmente branca e realiza uma invocação ao deus Freyr, afirmando que ele é a deidade da luz e da abundância, filho de Njord e aquele que decide quando a luz e a chuva chegam e quando o solo será fértil. Uma procissão se aproxima portando diversas tochas acesas e reunindo-se em volta de um bovídeo, que é decapitado por um homem, sendo o seu sangue recolhido por diversas pessoas ao seu redor. Através do sangue sacrificado, ele deverá fertilizar a Mãe Terra com seu falo, fecundando o seu útero. Ao redor do sacrifício, uma estátua com figura antropomórfica aparece salpicada de sangue. Após isso, Lagertha molha os dedos com o sangue do animal, passando em diversas partes de sua face e peito, enquanto duas pessoas escorrem tigelas de sangue sobre seu corpo. Ela mesmo carrega outra tigela e com ajuda de duas mulheres borrifa o líquido sacrificial sobre a terra, aberta com sulcos para a plantação. Também destacamos a presença de uma trilha sonora de coro rítmico com compasso ternário, concedendo à cena um caráter ainda mais misterioso.

A realização de sacrifício (*blót*) a Freyr para obter boas colheitas (*til árs*) é algo respaldado em algumas fontes medievais, destacando seu aspecto de deus da fertilidade e fecundidade (BOYER, 1997, p. 58). A prosperidade devido a Freyr aparece em *Hakonar Saga Aðalsteinsfóstra* 14 e surge relacionado à expressão *friðr* (paz), onde o segundo brinde é dedicado a ele para se obter boas colheitas. A invocação de Lagertha, ao caracterizar o filho de Njord como deus da abundância, que controla as chuvas, os raios do sol e a vegetação sobre o solo, advém de uma famosa frase de Snorri (*Gylfagining* 24). O detalhe do falo é importante, pois é atestado em muitas fontes, como no relato de Adão de Bremen (*Gesta Hammaburgensis* IV) e na narrativa de Volsi (*Völsa þáttr*), além de comumente ser interpretado como o principal detalhe da estatueta de Rallinge (séc. X E.C.).

O detalhe da pintura a sangue de um desenho geométrico semelhante a um X com pontos, inserido dentro de uma forma quadrangular, não ocorre em gravuras de monumentos da Era Viking. Signos formados por quatro runas dispostas sobre duas hastes, denominadas pelos epigrafistas de cruzes rúnicas, surgem desde o período de migrações, como na fíbula de Soest (MAREZ, 2007, p. 130). Mas a forma apresentada na cena é mais condizente com os padrões simbólicos utilizados na Islândia a partir do final do Medievo, popularizados nos famosos *galdrastafur* e nos grimórios islandeses.

O detalhe do boi decapitado é um pouco mais complexo. O sacrifício realizado para o deus Freyr (*Freysblót*) geralmente envolvia cavalos e javalis e mais raramente bois. Na *Viga-Glum saga* 9 um boi velho é oferecido a este deus; na *Brandkrossa þáttur* 1, um fazendeiro mata e oferece um boi para Freyr, sendo em seguida realizado um banquete sacrificial (*blótveizla*) aos membros da comunidade. Este é um elemento ausente do episódio da série e fundamental para sociedades que dependiam diretamente de seus animais em um estilo de vida e clima inóspitos: o consumo e aproveitamento total das vítimas imoladas. Alguns pesquisadores consideram o *blótveizla* como um importante momento de unidade social, estabelecendo uma ligação mágica e propiciatória entre os deuses, os homens e seus ancestrais (BOYER, 1986, p. 186).

O detalhe do sangue também é verificado em diversas fontes. O sangue sacrificial (*hlaut*) de animais ou humanos era borrifado sobre estátuas, por todo o templo ou local da consagração e nas pessoas (*Kjalnesinga saga* 12 e *Hákonar saga góda* 14, que também confirma o detalhe das fogueiras e tochas da cena de vikings, descritas em uma cerimônia em Trøndelag, Noruega). Alguns pesquisadores acreditam que a aspersão do sangue (*stokkva fórnarblódi*) era o momento central do rito sacrificial nórdico (BRAY, 2004, p. 125). Códigos de leis islandesas, como o *Úlfljótslog*, mencionam que os líderes utilizavam anéis que eram aspergidos de sangue sacrificial obtido em rituais. O sangue invocava o poder da deidade sobre o mundo dos homens, como em cerimônias para obter informações do futuro (*blótspánn,* inclusive citado no poema éddico *Hymiskvida* 1).

Quanto à uma mulher presidir o ritual para Freyr, apresenta-se como um detalhe equivocado. Justamente o simbolismo de virilidade e falicismo da deidade é algo exaltado nas fontes, seja pelo seu caráter de soberania, de poder militar ou de fecundidade, levando a maioria das descrições do *freysblót* a serem liderados por figuras masculinas (REAVES, 2008, p. 5). Quando surgem mulheres nas fontes, elas estão relacionadas a uma procissão com uma imagem dessa deidade em uma carroça, realizando uma peregrinação na primavera para abençoar a terra de uma determinada comunidade (como em *Ögmundar þáttr*) e relacionadas aos simbolismos da hierogamia. A túnica branca utilizada por Lagertha também é fantasiosa. Justamente pelo contrário, a cor preta era relacionada a Freyr – segundo a *Gesta Danorum* 1 os animais imolados ao deus eram geralmente de coloração escura – e também identificada à alma e à fertilidade em outras tradições pré-cristãs (REAVES, 2008, p. 10).

A cor branca tem sido uma opção canônica para os artistas europeus representarem os sacerdotes e sacerdotisas das religiosidades pré-cristãs em geral, desde o romantismo oitocentista, até mesmo para os druidas. Nas pinturas *Ofring til Tor* (1831, de Johan Lund) e *Nerthus* (1909, de Carl Emil Doepler), ambos os sacerdotes nórdicos possuem longas barbas e indumentária branca, este último um detalhe também presente na profetisa ressuscitada por Odin em uma pintura de Carl Doepler de 1900. Na cena da série *Vikings*, esta cor certamente foi utilizada não somente pela referência canônica da arte ocidental, mas para causar impacto cênico – logo depois do sacrifício, dois ajudantes despejam parte do sangue sobre o corpo de Lagertha, originando duas imensas manchas vermelhas por todo o comprimento da roupa. Algo que recorda a primeira cena da série televisiva *Roma* (HBO, 2005), quando a personagem Átia é aspergida com o sangue de um boi sacrificado, em referência ao mitraísmo oriental que penetrou no Império Romano. Como o grande público desconhece maiores detalhes sobre as religiosidades antigas da Europa, certamente os produtores de *Vikings* optaram por perpetuar uma referência fílmica consagrada e de forte impacto visual.

Ainda mais fantasioso é o momento em que Lagertha, com ajuda de duas mulheres, borrifa o sangue sacrificial sobre sulcos retilíneos abertos sobre o campo (à espera da semeadura), numa referência à fertilidade. O equívoco neste caso é que o ato de aspergir era considerado algo que deve ser realizado somente por homens, representando a fecundação de um ser feminino, a terra. Numa sociedade fortemente estruturada num simbolismo de dominação e submissão sexual, perpetuando o poder de penetração (o falocentrismo religioso, cf. HEDEAGER, 2011, p. 115-118), seria lógico imaginar homens nesta tarefa. Até mesmo os camponeses europeus cristianizados (como a França do séc. XII E.C.) excluíam as mulheres destas ações que antecediam as colheitas, uma prática advinda dos tempos pagãos e que sobrevivia no cotidiano rural: "só o homem podia lavrar, malhar o trigo com o mangual ou podar as vinhas e as árvores [...] A terra era mulher, cabia ao homem fecundá-la" (VERDON, 2006, p. 47).

De maneira geral, a cena do sacrifício a Freyr foi mais correta do que a reconstituição de ritual em Uppsala, realizada durante a primeira temporada da série *Vikings* (episódio 8, *Sacrifice*): está menos sombria e exótica, sem sacerdotes calvos e com maquiagem escura sobre os olhos. Do mesmo modo, ao compararmos com outras cenas envolvendo religiosidade nórdica antiga no cinema (LANGER, 2016), ela é historicamente muito mais pertinente e detalhada, promovendo avanços no conhecimento de um público amplo sobre estes rituais antigos. O problema são seus pequenos equívocos, que tratamos ao longo deste pequeno ensaio, mas também de suas *limitações* sobre a funcionalidade dos deuses nórdicos. Devido a várias sistematizações, estudos acadêmicos tradicionais ou popularizações de manuais, a visão que temos dos deuses são de funções muito restritas e muitas vezes dicotômicas (esp. a teoria da tripartição de Georges Dumézil). Odin e Thor são sempre vistos como deuses da guerra; Freyr, Freyja e Njord como deuses da fertilidade. Os primeiros seriam adorados pela elite guerreira, aristocracia e homens. Os segundos seriam cultuados exclusivamente por camponeses. Nesta visão, não há espaços para fronteiras ou dinamismos para outras funções sociais e outras características. Mas existem fontes que apontam elementos do deus Thor também para o mundo do campo: o simbolismo do martelo é um deles. Thor e Odin eram cultuados do mesmo modo por mulheres e nem sempre as deusas eram vistas como benignas ou defensoras extremadas do universo feminino.

No caso de Freyr, ele não era somente um deus da fertilidade ou adorado unicamente no universo rural. Seus aspectos de soberania e marcialidade são encontrados nos diversos cultos mantidos pela realeza, especialmente no sacrifício e consumo ritual de cavalos (DAVIDSON, 2001, p. 104), além do drama mítico e hierogâmico com Gerd (em conexão com a realeza sagrada). Ele está relacionado do mesmo modo a um simbolismo com embarcações e conexões com procissões náuticas com sentido religioso (funerário e também de fertilidade). A deusa Freyja não era somente ligada à sexualidade, mas também ao mundo marcial. O simbolismo do javali reflete a complexa natureza e os muitos aspectos que os deuses vanes possuíam e que vão muito além da sua mera classificação como deidades da fertilidade (PIRES, 2015, p. 11-22).

Neste sentido, a série *Vikings* colabora para perpetuar a visão dicotômica que o Ocidente criou sobre os deuses nórdicos: de um lado, reis e guerreiros cultuando somente as deidades da guerra (os ases); de outro, os deuses que promovem a fertilidade dos campos (os vanes). Num mundo onde a fé não era estabelecida por textos sagrados não existia sacerdócio profissional e a tradição era mantida pela oralidade, confluíam variações sociais e geográficas na religiosidade. Apesar de o ritual servir basicamente como um momento de comunhão entre deuses e homens – e neste sentido a série *Vikings* é correta –, ele era variável em sua forma e utilizado em contextos diferentes. O detalhe do sacrifício animal na cena do episódio (mas percebido sem a inclusão do *blótzveila*) pode colaborar para o público moderno pensar em um ritual mantido exclusivamente pela presença de uma morte sangrenta, sem maiores contextos. Alguns analistas pensam atualmente a imolação nórdica de animais como reflexo da cosmogonia (a morte de Ymir e a subsequente criação das partes do mundo por meio de seus membros), onde o sacrifício explica a ordem da natureza e do mundo e a presença do *hlaut* seria a forma física onde o cosmos e a sociedade seriam renovados (BRAY, 2004, p. 135).

A ficção e a arte podem servir tanto como instrumento de reflexão sobre o passado como meio para analisarmos os nossos próprios valores. Elas não podem ser vistas como completas em si ou totalmente corretas em suas formas de reconstituições históricas. Mas podem ser um importante meio para que as pessoas possam prosseguir em seus interesses e se aprofundar no estudo da religiosidade nórdica antiga.

Johnni Langer

Ver também Edda Poética; Feitiçaria rúnica; Freyja; Magia escandinava; Mitologia escandinava; Mitologia escandinava (fontes); Nórdicos da Era Viking (religião); Religião nórdica antiga (conceitos).

BOYER, R. (1997). *Héros et dieux du Nord*. Paris: Flammarion.

______ (1986). "Le blót". In: *Le monde du double*: la magie chez les anciens Scandinaves. Paris: Berg, p. 176-187.

BRAY, D. (2004). "Sacrifice and Sacrificial Ideology in Old Norse Religion". In: HARTNEY, C. & MCGARRITY, A. (orgs.). *The Dark Side*: Proceedings of the Seventh Australian and International Religion, Literature and the Arts Conference, 2002. Sydney: RLA, p. 123-135.

DAVIDSON, H. (2001). "The cult of Freyr". In: *The lost beliefs of Northern Europe*. Londres: Routledge, p. 103-107.

HEDEAGER, L. (2011). *Iron Age myth and materiality*. Londres: Routledge.

LANGER, J. (2015a). "Blót". In: LANGER, J. (org.). *Dicionário de Mitologia Nórdica*: símbolos, mitos e ritos. São Paulo: Hedra, p. 75-77.

______ (2015b). "Sacrifício escandinavo". In: LANGER, J. (org.). *Dicionário de Mitologia Nórdica*: símbolos, mitos e ritos. São Paulo: Hedra, p. 428-433.

PIRES, H. (2015). Vaningi: o javali e a identidade dos Vanir. *Revista Brasileira de História das Religiões* – Dossiê: mito e religiosidade nórdica, n. 23, p. 11-22.

REAVES, W. (2008). *The Cult of Freyr and Freyja* [Disponível em: www.academia.edu/9715739].

VERDON, J. (2006). Camponeses: heróis medievais. *História Viva* 34, p. 4.648.

Culto aos santos

O termo latino "*sanctus*", como substantivo ou adjetivo, foi incorporado pelos cristãos no contexto do Império Romano e do mundo mediterrânico, figurando já no Novo Testamento. A palavra era utilizada para se referir tanto aos vivos quanto aos mortos, como uma forma de reverenciar alguém que ocupava uma função ou um lugar de destaque na sociedade, tal como um imperador ou um representante da alta hierarquia eclesiástica. Em outro sentido, era aplicado a tudo o que transcendia à condição humana, era puro, inviolável e estava consagrado a Deus.

O conceito, no âmbito das comunidades cristãs, foi ganhando o significado de uma separação que implicava sacralização. Dessa forma, quando se atribuía a algo ou a alguém o epíteto de *sanctus*, na prática estava se operando uma transmissão de sacralidade que singularizava aquele objeto ou aquela pessoa, pelo alto grau de perfeição que havia adquirido, retirando-o(a) da normalidade e apresentando-o(a) como alvo de uma especial devoção.

Nos primeiros três séculos da era comum, em uma conjuntura na qual o cristianismo ainda era tratado como uma *religio illitica* pelas autoridades romanas, os seus adeptos eram constrangidos a jurar fidelidade ao imperador e a prestar culto às divindades reconhecidas pelo Estado romano. Aqueles que se recusavam e morriam testemunhando sua fé em Cristo geralmente eram aclamados pelas comunidades cristãs como alvo de devoção, pois os contemporâneos consideravam aquele ato como uma aproximação à Paixão de Cristo, que tinha o poder de redimir todos os pecados e, literalmente, abrir as portas para o paraíso celeste. Assim, foi se constituindo o costume de visitar os que estavam próximos ao martírio para suplicar sua intercessão junto a Deus.

A partir do século II, o termo de origem grega "*martyrs*", que significava inicialmente testemunha, foi utilizado para designar essas pessoas que morriam em nome da fé cristã. Foram os mártires, por testemunharem sua fé em Cristo com o próprio sangue e com a vida, os primeiros a serem cultuados pelos cristãos como personagens que ultrapassaram a condição humana por seu sacrifício, ou seja, como santos.

Tudo indica que o culto aos mártires se originou da iniciativa dos fiéis das diferentes comunidades cristãs e, aos poucos, foi abarcado pela hierarquia eclesiástica. Como apontam os testemunhos, a aclamação pública dos mártires geralmente se dava por intermédio de um reconhecimento pelo grupo (*vox populi*). Mas a preocupação com as devoções particulares e a ausência de um controle sobre estas práticas, dentre outros aspectos, estimularam os bispos a centralizarem a responsabilidade pelo reconhecimento e pelas práticas litúrgicas associadas aos mártires. Do século IV em diante o reconhecimento dos mártires, o estabelecimento de um culto público e o desenvolvimento de uma liturgia própria para este tipo de devoção passaram a integrar um conjunto de prerrogativas eclesiásticas que fortalecia a figura do prelado diocesano perante as populações cristãs.

Também foi no século IV que o cristianismo se tornou a religião de alguns imperadores e de outras autoridades romanas, alterando sensivelmente o tratamento que era dispensado aos cristãos pelos representantes do Estado. Assim, as perseguições, as torturas e execuções que caracterizaram os martírios cristãos nos primeiros séculos foram diminuindo e, paulatinamente, os mártires foram substituídos por outras figuras que passaram a ser alvo da devoção dos cristãos: bispos e ascetas, os chamados "confessores".

Desde os primeiros séculos do cristianismo o termo "confessor" era utilizado para identificar aqueles que confessaram a sua fé cristã diante das autoridades romanas, mas que, por alguma razão, não chegaram a ser martirizados. Aos poucos o mesmo vocábulo passou a designar aqueles cristãos que se distinguiam por sua vida virtuosa, seguindo os ensinamentos de Cristo.

Foi nesse sentido que os ascetas, ao recusarem os prazeres do mundo em favor de uma vida em solidão e regrada, passaram a ser equiparados aos mártires no final do século IV, pois sofreriam uma espécie de martírio prolongado, o chamado "martírio branco"; sem sangue, mas marcado pela constante mortificação do corpo. Por isso esses homens, paralelamente à difusão do ascetismo como um ideal de perfeição do cristianismo, passaram a ser alvo da devoção dos cristãos, vistos como homens de Deus (*viri Dei*).

A ascensão dos bispos como figuras cultuadas no âmbito do cristianismo seguiu uma trajetória diferente daquela dos ascetas. As autoridades episcopais eram responsáveis pela elaboração e manutenção de um calendário eclesiástico com as datas litúrgicas a serem celebradas em cada diocese, e também pela preservação e atualização do Martirológio, um calendário específico que registrava as festas dos mártires. Os prelados que já tinham morrido também eram listados, rememorados e celebrados, ainda que de forma secundária e após a celebração dos mártires. Com a afirmação do poder episcopal a partir do século V, aqueles sacerdotes passaram a integrar os martirológios, sendo celebrados e glorificados junto aos mártires.

A começar pelo século V, portanto, o culto aos santos se expandiu entre os cristãos do Ocidente e do Oriente como uma prática de devoção não só aos mártires, mas também a figuras que eram consideradas referências de perfeição e mediadoras na relação com o sagrado. A par do desenvolvimento das devoções, consolidavam-se as prerrogativas da autoridade episcopal no reconhecimento eclesial da santidade, no estabelecimento do culto público, na execução de uma liturgia específica, na proteção das relíquias e na promoção dos cultos aos santos.

No caso dos confessores, ao contrário dos mártires, não existia um ato de fé que, por si só, simbolizasse a excepcionalidade de sua vida e de sua morte e justificasse a sua entrada no paraíso celeste. Por isso, as virtudes manifestadas durante a sua trajetória, os milagres realizados, tanto em vida quanto após a morte, e a vinculação do santo com a comunidade tornaram-se os principais critérios para a aclamação pública da santidade. O equilíbrio entre tais critérios e o peso de cada um para o reconhecimento da santidade demonstraram-se bastante variáveis ao longo dos séculos medievais e continuaram a ser utilizados como forma de sinalizar uma santidade, mesmo após o estabelecimento dos processos de canonização.

A maior parte dos rituais vinculada ao culto aos santos foi estabelecida nos primeiros séculos do cristianismo: a fixação de uma data festiva, geralmente o dia da morte; a convocação dos fiéis da diocese para a celebração desta data; a realização da festividade em local próximo ao sepulcro do mártir ou do santo, reforçando a importância das relíquias;

a leitura de um panegírico no dia da celebração e a invocação da proteção do mártir/santo pelos devotos. Tais rituais foram pouco alterados nos séculos seguintes.

O mesmo se pode dizer em relação à oficialização do culto no âmbito das dioceses, pois ao longo dos séculos V ao X os prelados exerceram prerrogativas de autoridade, de controle e de tutela das relíquias e das liturgias associadas aos santos. Tal controle não significou um afastamento total dos fiéis no tocante ao reconhecimento e ao estabelecimento dos cultos, pois as preferências comunitárias continuaram a ser consideradas pelos bispos, cada vez mais interessados em consolidarem-se como figuras de liderança e de autoridade. Mas a decisão final sobre os cultos e o controle sobre as práticas a eles relacionados passou a ser apanágio do poder episcopal, o que era compatível com as funções que os mesmos sacerdotes passaram a exercer no período.

Vale destacar que também no âmbito da vida religiosa foram promovidos cultos à santidade, tendo como objeto de devoção os fundadores de institutos e cenóbios, bem como os monges, cônegos e frades que se destacaram por suas virtudes e/ou ganharam *fama sanctitatis* por milagres que lhes foram atribuídos. Eles eram cultuados pelas comunidades e pelos fiéis a elas vinculados e, em muitos casos, elevados ao altar com anuência episcopal.

Se nos primeiros séculos do Medievo a dinâmica de reconhecimento da santidade e oficialização de cultos foi paulatinamente migrando das comunidades cristãs para a órbita das prerrogativas episcopais, nos séculos seguintes a lógica da hierarquia e centralização das decisões se fez ainda mais presente com a Igreja romana se alçando a uma posição superior às demais dioceses.

No final do século X, mais precisamente em 995, foi registrado o primeiro caso de uma canonização confirmada pelo papado. Nesse ano foi canonizado o bispo de Augusta, Santo Ulrico, por ocasião de um sínodo realizado no palácio de Latrão. Este caso foi apontado como a primeira canonização papal, porque o santo em questão não tinha vivido em território sob a jurisdição da diocese romana, e sim na atual Alemanha. A avaliação da pertinência do reconhecimento de Ulrico como santo em um sínodo romano pode ser vista, portanto, como um indício do exercício do poder papal sobre o reconhecimento da santidade.

No século seguinte passou a ser mais frequente o envio de petições à Sé Romana solicitando autorização para o estabelecimento de cultos públicos em diferentes regiões da Europa. Ainda no século XI o papado tomou decisões para unificar os martirológios e os demais calendários festivos utilizados nas igrejas, de forma que os personagens celebrados em qualquer parte fossem devidamente recomendados pela hierarquia romana. A realização, primeiramente, dos sínodos e, posteriormente, dos chamados de concílios gerais em Latrão, naquele e nos séculos seguintes, também contribuiu para que as diretrizes romanas fossem difundidas, de modo que o papado pudesse exercer autoridade e controle sobre as relíquias e os cultos aprovados.

Nos séculos XII e XIII o avanço da autoridade papal no campo do reconhecimento da santidade e da oficialização dos cultos foi ganhando formas jurídicas e administrativas com o estabelecimento dos processos de canonização. Os processos objetivavam centralizar em Roma os procedimentos de avaliação de uma causa de santidade, por intermédio de um modelo de inquérito que acentuava a autoridade papal na formação das comissões de investigação e reservava ao pontífice a palavra final sobre o estabelecimento de um culto oficial de valor universal. As bases jurídicas, procedimentais e burocráticas estabelecidas nos séculos XII e XIII criaram um modelo de reconhecimento da santidade e de oficialização de cultos que se perpetuou até os dias atuais, com poucas modificações.

A ampliação da jurisdição romana nas causas de santidade e a noção de um exclusivismo papal sobre as canonizações se tornou mais evidente quando o Papa Alexandre III (1159-1181) enviou uma epístola (1171/1172) ao Rei Kol da Suécia, um texto no qual o papa manifestava explicitamente a sua autoridade para intervir no culto aos santos e proibia aquele monarca de cultuar publicamente o seu antecessor sem a autorização da Sé Romana. Essa epístola, conhecida como *Audivimus*, serviu de base para que os papas seguintes avançassem na direção de um centralismo romano, criando procedimentos de inquérito que acentuavam o poder do pontífice e da cúria romana nas causas de canonização.

O avanço deste projeto romano de centralização ficou mais evidente nos pontificados de Inocêncio III (1198-1216), Honório III (1216-1227) e Gregório IX (1227-1241), já que os processos de canonização se tornaram regra para o reconhecimento oficial da santidade pelo papado, demarcando uma linha visível entre os cultos oficializados por Roma e que podiam ser celebrados em todo o mundo, e aqueles que só tinham um reconhecimento local e que não poderiam extrapolar os limites de uma diocese.

As atas de inquéritos e as bulas de canonização dos séculos XII e XIII que foram preservadas dão testemunho desse avanço das prerrogativas papais no tocante à institucionalização do culto aos santos. No entanto, também apontam os limites deste projeto.

Os bispos continuaram exercendo prerrogativas sobre os cultos locais e, na maior parte dos casos, eram convocados a participar dos processos de canonização presidindo inquéritos preliminares para informar a cúria romana sobre os candidatos que tinham seus processos abertos em Roma. Da mesma forma, as comunidades religiosas e de fiéis não foram plenamente alijadas do estabelecimento de novos cultos, pois geralmente se reservava algum espaço para que leigos e religiosos participassem como testemunhas nos inquéritos abertos por Roma e conduzidos em outras regiões. Destaca-se, ainda, que a iniciativa para abertura de processos de canonização provinha, em muitos casos, de grupos sociais diversos, como comunidades ou institutos religiosos, episcopados, autoridades leigas etc.

Pelo menos no que se refere ao culto aos santos, a lógica da centralização no papado não efetivou o desaparecimento das bases iniciais do reconhecimento social de uma santidade. Tal lógica, contudo, objetivou a conformação daquelas bases a um modelo papal de oficialização dos cultos. Como assinalado, a Igreja romana continuou dependendo dos grupos locais – eclesiásticos, religiosos e leigos – para o avanço dos processos de canonização, seja como solicitantes da abertura formal da causa e/ou como membros das comissões e/ou como testemunhas nos inquéritos. Os esforços feitos na elaboração de imagens de santidade que dialogassem com as diversas organizações sociais e na promoção dos cultos oficiais também apontam para a necessidade que a Sé de Roma tinha em considerar os quadros locais nas causas de canonização. Mas faz-se relevante realçar: a decisão final cabia ao pontífice.

Thiago Azevedo Porto

Andréia Cristina Lopes Frazão da Silva

Ver também Cristianismo antigo; Cultura e religiosidade; Igreja; Jesus Cristo; História das religiões.

FOUCAULT, M. (2011). *A verdade e as formas jurídicas*. Rio de Janeiro: NAU.

KLANICZAY, G. (2016). "The Power of the Saints and the Authority of the Popes – The History of Sainthood and Late Medieval Canonization Processes". In: SALONEN, K. & KATAJALA-PELTOMAA, S. (orgs.). *Church and Belief in the Middle Ages* – Popes, Saints, and Crusaders. Amsterdã: Amsterdam University Press, p. 117-140.

KLANICZAY, G. (org.) (2004). *Procès de canonisation au moyen âge:* aspects juridiques et religieux. Roma: École Française de Rome.

KLEINBERG, A. (2005). *Histoires de saints*: leur rôle dans la formation de l'Occident. Paris: Gallimard.

PACIOCCO, R. (2013). "Le canonizzazioni papali nei secoli XII e XIII. Evidenze a proposito di 'centro' romano, vita religiosa e 'periferie' ecclesiastiche". In: ANDENNA, C. et al. *Die Ordnung der Kommunikation und die Kommunikation der Ordnung* – Zentralität: Papsttum und Orden im Europa des 12. und 13. Vol. 2. Stuttgart: Franz Steiner, p. 277-299.

______ (2006). *Canonizzazioni e culto dei santi nella christianitas (1198-1302)*. Assis: Porziuncola.

PIETRI, C. (1991). "L'évolution du culte des saints aux premiers siècles chrétiens: du témoin à l'intercesseur". In: *Les fonctions des saints dans le monde occidental (IIIe-XIIIe siècles)*. Roma: École Française de Rome, p. 15-36.

PRUDLO, D.S. (2015). *Certain Sainthood*: Canonization and the Origins of Papal Infallibility in the Medieval Church. Ithaca: Cornell University Press.

VAUCHEZ, A. (1988). *La sainteté en Occident aux derniers siècles du Moyen Âge* – D'après les procès de canonisation et les documents hagiographiques. Roma: École Française de Rome.

Cultura e religiosidade

Desde o Iluminismo, o fenômeno religioso ocupou o interesse dos acadêmicos, mas levaria muito tempo para que fosse instaurada uma disciplina configurada como história das religiões. No século XVIII predominava a crença em uma essência universal do sentimento religioso, atrelada à ideia de uma natureza humana. Apesar de viajantes europeus já registrarem formas diferenciadas de crenças pelo mundo, a abordagem teológica ainda imperava plenamente (HERMANN, 2010, p. 315). A ideia do *homo religiosus* foi o substrato fundamental dos estudos oitocentistas e de grande parte da fenomenologia, a exemplo de Mircea Eliade. Este último, em suas obras, procurou mais um sistema descritivo do que explicativo, buscando uma tipologia genérica das formas e práticas religiosas (CARDOSO, 2005, p. 211). A essência da religião era mais buscada do que a sua história. Ao construir seu modelo comparativo, Eliade buscava a essência dos fenômenos de crença, criando generalizações, regras a-históricas e interpretações irracionalistas (HERMANN, 2010, p. 321).

Instaurada como disciplina no Oitocentos, a etnologia dedicou-se a sistematizar as diferentes sociedades, sendo as crenças uma chave fundamental para a organização destas. Mas nesta época as teorias evolucionistas, os modelos biológicos e as ideias político-sociais eurocêntricas referendavam as religiões enquanto partes de um processo de evolução espiritual. Foi com o surgimento da sociologia que o papel social das religiões passou a ocupar um patamar mais importante nas reflexões acadêmicas. Ainda assim, pesquisadores como Émile Durkheim buscavam as características essenciais de todas as religiões: uma explicação genérica ainda era o objetivo das investigações (HERMANN, 2010, p. 316-318).

As interpretações mais recentes questionam a existência de uma natureza humana e se preocupam muito mais com sua reelaboração histórica. Também não se busca mais a origem dos mitos ou das crenças, objetivos comuns ao positivismo, cientificismo e ideologias oitocentistas (HERMANN, 2010, p. 323-324). A visão antropológico-histórica tem se multiplicado desde a segunda metade do século XX, enfatizando os aspectos culturais do fenômeno das crenças coletivas. Mas temos que levar em conta que se as interpretações sobre cultura se modificaram, obviamente, os enfoques culturais da religião também. Tradicionalmente, o social é pensado enquanto a totalidade das relações que os grupos mantêm entre um mesmo conjunto, enquanto a cultura seria o social visto de seus aspectos individuais: "cultura é o conjunto dos comportamentos, saberes e saber-fazer característicos de um grupo humano ou de uma sociedade" (LAPLANTINE, 1999, p. 120). Por sua vez, os estudos de aculturação levaram a uma redefinição de cultura, recebendo esta um referencial mais dinâmico e deixando de ter um caráter monolítico. Ela não existiria em estado puro, sempre igual: toda cultura estaria em permanente processo de construção, desconstrução e reconstrução, sendo a aculturação universal. Com isso não existiriam culturas puras nem mestiças, mas mistas. E essa dinâmica é construída sincronicamente, isto é, historicamente (CUCHE, 2002, p. 137-142).

A antropologia cultural define a religião como uma crença no sobrenatural, atuando como uma força coercitiva de uma sociedade. Criam-se pessoas qualificadas para tratar esse sobrenatural, os sacerdotes e suas técnicas, e também templos e hierarquias, originando os aspectos institucionais que são característicos das religiões (TITIEV, 1979, p. 290-298). E quanto teria de uniformidade a religião em uma sociedade? Os sentimentos, sonhos, mitos, utopias, a magia, os medos passaram a ser estudados especialmente pela Nova História Cultural, originando as pesquisas de religiosidade folclórica: "a religião popular é um momento essencial da cultura popular" (FRANCO JÚNIOR, 1996, p. 33).

E o que seria exatamente uma cultura popular? Existem diversas interpretações, as mais importantes giram em torno de dois referenciais: o que concebe as culturas populares como sem criatividade e marginais, e outra, que identifica nela autonomia e autenticidade. Hoje em dia, os antropólogos percebem que elas não são totalmente dependentes, nem autônomas, e sim uma reunião de elementos originais, importados, emprestados ou inventados. Como qualquer cultura, não é homogênea, mas construída numa situação de dominação e contestação (CUCHE, 2002, p. 146-156). Uma das noções mais importantes da nova historiografia, a circularidade e o hibridismo cultural - no caso das pesquisas de Carlo Ginzburg - demonstraram que crenças populares e de elite, apesar de diferentes, quando em contato realizam trocas e ressignificações. Um dos grandes estereótipos religiosos modernos, o sabá, nasceu efetivamente do cruzamento conflituoso entre cultura folclórica e erudita durante o final da Idade Média (GINZBURG, 2001, p. 22). Dessa maneira, o autor conseguiu identificar relações diacrônicas entre mitos e ritos, recusando a interpretação fenomenológica que buscava uma essência religiosa e empregando um método comparativo historiográfico (HERMANN, 2010, p. 329).

E foi justamente no campo das pesquisas sobre cultura e religião popular que se abriu o enfoque da história religiosa de um campo tradicional, institucional, para o estudo das sensibilidades: "os sentimentos religiosos fortemente enraizados não podem ser alcançados a não ser através de suas expressões culturais" (FRANCO JÚNIOR, 1996, p. 33). Além disso, os historiadores culturais estão adotando um conceito de religião mais amplo, que permita sair dos discursos da tradição judaico-cristã; que possibilite estudar as manifestações de crença de pessoas não filiadas a nenhuma instituição; abandono da busca de uma essência nas religiões e entender os sentimentos de crença a partir de recortes históricos; que crie condições para se ir além da teologia e pensar as crenças e práticas, tanto comunitárias quanto individuais, entrando no campo das religiosidades (BELLOTTI, 2004, p. 100). Para outros, o conceito de religiosidade substitui o de "superstição", com forte carga pejorativa, e o de "religião popular", que implica radicalismos com relação a crenças oficiais. Com isso, poderíamos ter com esse conceito três níveis de análise: a religião formal; os sentimentos, atitudes e comportamentos do religioso; as práticas e manifestações concretas (CARDOSO, 2005, p. 222-223).

Em outro viés, podemos entender a religiosidade como um campo de articulação entre a religião, a magia e o mito - conceitos tradicionalmente opostos ou com vínculos, dependendo do enfoque teórico. A antropologia cultural tradicionalmente separa as crenças no sobrenatural em dois tipos básicos: aquelas realizadas em épocas específicas do ano (religiosas) e as feitas em momentos de crise (mágicas). Quase sempre os ritos mágicos não possuem estrutura institucional e igrejas, mas nem sempre são realizados no ambiente domésticos ou individual (existem ritos mágicos públicos, como em épocas de guerra ou catástrofes, TITIEV, 1979, p. 307). A oposição entre essas duas formas de crenças, entre uma mais complexa, com conteúdo teológico (religião) e outra de caráter mais simples ou pré-científica (magia), também vem sendo descartada entre os pesquisadores. Na realidade, ambas se interpenetram. As duas são sistemas simbólicos e de conhecimento, de forte caráter social, mas diferenciando-se quanto ao seu exercício: a magia tende ao individual e é fonte de imoralidade, anomia, enquanto a religião tem forte conotação moral e coesão (MONTEIRO, 1986, p. 15). Quanto aos mitos, são narrativas orais e imagéticas que fundam/explicam a realidade natural por meio de sentidos culturais (MASSENZIO, 2005, p. 141); operando como modelo de comportamento, guia para o cotidiano e o transcendente, e como discurso metafórico sobre o divino, o natural e o humano (FRANCO JÚNIOR, 1996, p. 38-39).

Em nosso referencial, magia, religião e mito fazem parte dos mesmos sistemas de crença de uma sociedade em dada época, mas podem diferir em sua cosmologia e em sua visão de mundo. A diferença não está tanto em seu instrumental, na estrutura da prática, e sim no contexto de sua operacionalidade. Na Inglaterra tardo-medieval, as cerimônias católicas não possuíam a mesma devoção para todos os membros: enquanto os sacerdotes e aristocratas seguiam o missal dentro da estrutura teológica vigente, a maior parte do público, constituído por camponeses e analfabetos, aguardava ansiosamente o momento da consagração da hóstia, que para eles era um momento mágico. Após o ritual, a hóstia (que não era engolida pelos comungantes) era utilizada para operações mágicas, como cura a doentes ou proteção contra má sorte (THOMAS, 1991, p. 42). Até hoje, muitos católicos fervorosos recorrem em ambiente doméstico a serviços de benzeções e práticas de curas mágicas (não totalmente aceitas pelos eclesiásticos), enquanto padres rezam missas pelo rádio ou TV e seus devotos bebem um copo de água, supostamente "consagrado" durante a cerimônia em seus lares (GUERRIERO, 2003, p. 26). Com isso, percebemos que no Medievo:

1) Os indivíduos de uma mesma cultura compartilhavam dos mesmos mitos (na Era Viking, a mitologia escandinava; no cristianismo medieval, essencialmente as narrativas de origem bíblica), mas nem sempre com conotações, interpretações e sentidos idênticos.

2) As pessoas de uma mesma cultura compartem genericamente da mesma religião, mas selecionam as categorias míticas conforme sua categoria social ou a rede de relações sociais da qual fazem parte (na Era Viking, existiam cultos específicos para deuses da fertilidade entre os camponeses (os vanes e Thor), enquanto a elite perpetuava mais os ritos odínicos. Mas em momentos sazonais existiam celebrações que envolviam todos os membros da sociedade).

3) Os integrantes da mesma cultura partilham de crenças mágicas, mas elas podem se diferir em sua estrutura pelo viés social. (No mundo cristão, ocorria a magia popular, de origem folclórica, e a erudita, que mesclava a tradição oriental e eclesiástica entre os letrados. Ambas podiam utilizar a Bíblia como repertório mágico.)

A relação entre apreensão cultural e social da religiosidade é uma perspectiva que necessita sempre ser equalizada: o conceito de cultura pode ser muito útil para objetos materiais, normas de comportamento e processos de pensamento, enquanto sociedade se distingue das outras por apresentar configurações específicas em uma rede fechada de relações sociais (CARDOSO, 2005, p. 278). Tanto a religião quanto a magia utilizam o mito como instrumento de controle do sobrenatural, com variações ao nível social. Na religião pagã, as divindades podem ser celebradas em oferendas e sacrifícios públicos e sazonais (como Odin, nos cultos escandinavos, neste caso enfatizando sua autoimolação na árvore cósmica de Yggdrasill), mas também invocadas em rituais privados, a exemplo da utilização de deuses para aplacar doenças em inscrições de amuletos (a placa rúnica de Ribe conclama Odin para combater a dor e anões maléficos). Nesse caso as narrativas míticas são selecionadas conforme o contexto operacional do(s) praticante(s). Estelas com cenas mitológicas foram muito empregadas para demarcar sepulturas de guerreiros na Ilha de Gotland. Sendo membros da aristocracia nórdica, os temas que mais aparecem representados nestes monumentos foram vinculados ao triunfo marcial do morto chegando ao palácio do Valhalla, onde reina Odin. Enquanto as práticas funerárias são terrenos típicos da religião, por sua vez os rituais envolvendo algum tipo de auxílio são da magia. Aqui a seleção da narrativa oral mitológica pode envolver outros aspectos da mesma deidade – nos rituais de seiðr, Odin surge relacionado à magia da deusa Freyja, em seus aspectos xamânico e psicopompo.

O conceito de religiosidade pode tornar esse quadro muito mais instrumental aos historiadores, possibilitando perceber os espaços específicos de cada prática, sem perder de vista a dinâmica e o contexto de relação entre elas. Com a cristianização da Escandinávia (no séc. XI), os relatos míticos desaparecem dos cultos públicos, substituídos pela tradição judaico-cristã, mas não da oralidade e do mundo privado. O folclore dará sobrevivência às narrativas dos antigos deuses, preservados em vários tipos de literatura no período cristão (séc. XIII-XV), e atuando ininterruptamente no universo da magia, mesmo com o desabrochar dos tempos modernos (séc. XVI). Seja com operações mágicas dos tempos vikings que ainda existem no mundo camponês, seja com ritos mesclados ao universo ocultista de origem oriental, o mito adapta-se aos novos tempos.

A religiosidade deve ser sempre pensada como um sistema simbólico extremamente dinâmico, produto constante de hibridismos e ressignificações culturais, de preservação ou inovação de elementos autóctones e estrangeiros. Sem apelarmos para uma ideia de natureza humana universal, inconsciente e anistórica (seja o *homo symbolicus*, o *homo religiosus* ou os arquétipos), empregamos aqui com muito mais propriedade um enfoque sincrônico, onde os hibridismos religiosos são refletidos a partir de conexões, embates e mesclas socioculturais em um dado momento histórico.

Johnni Langer

Ver também Animismo; Arqueologia das religiões; Economia e religião no Medievo; Educação e religião no Medievo; Guerra e religião no Medievo; História das religiões; Mito; Paganismo; Religião; Religiosidade popular no Medievo; Xamanismo euroasiático.

BELLOTTI, K.K. (2004). Mídia, religião e história cultural. *Rever*: Revista de Estudos da Religião n. 4, p. 96-115.

CARDOSO, C. (2005). *História das religiões* – Um historiador fala de teoria e metodologia. Bauru: Edusc, p. 209-230.

CUCHE, D. (2002). *A noção de cultura nas ciências sociais*. Bauru: Edusc.

FRANCO JÚNIOR, H. (1996). *A Eva barbada*: ensaios de mitologia medieval. São Paulo: Edusp.

GINZBURG, C. (2001). *História noturna*: decifrando o sabá. São Paulo: Cia das Letras.

GUERRIERO, S. (2003). *A magia existe?* São Paulo: Paulus.

HERMANN, J. (2010). "História das religiões e religiosidades". In: CARDOSO, C. & VAINFAS, R. (orgs.). *Domínios da história*. Rio de Janeiro: Campus, p. 315-336.

LAPLANTINE, F. (1999). *Aprender antropologia*. São Paulo: Brasiliense.

MASSENZIO, M. (2005). *A história das religiões na cultura moderna*. São Paulo: Hedra.

MONTEIRO, P. (1986). *Magia e pensamento mágico*. São Paulo: Ática.

THOMAS, K. (1991). *Religião e o declínio da magia*. São Paulo: Cia das Letras.

TITIEV, M. (1979). *Introdução à antropologia cultural*. Lisboa: Fundação Calouste Gulbenkian.

Cultura material e religião

Ver Amuletos e talismãs; Arqueologia das religiões; Arte e religião na Antiguidade; Arte e religião no Medievo; Bebidas e religiosidade no Medievo; Feitiçaria rúnica; Igrejas: arquitetura e arte; Labirintos sámi; Tambores no xamanismo.

Dana (Danu)

A deusa identificada como Danu, ou mesmo Dana, é o nome especulativo para aquela que seria a deusa mãe dos antigos celtas continentais, baseando-se em algumas poucas evidências toponímicas e correlações com divindades indianas. No geral, esse nome especulativo é referenciado a partir de comparações com outras referências divinas presentes na mitologia galesa e irlandesa, como a deusa Dôn e a irlandesa Ana.

No entanto, a identificação divina de Danu junto da mitologia celta é cercada por uma grande controvérsia, não apenas pela ausência de seu referencial como parte da mitologia celta, mas também por conta de seu paralelo com outras divindades irlandesas e galesas. Para além disso, com o tempo, Danu passou a figurar como uma explicação plausível para o nome dos deuses celtas irlandeses Tuatha de Danann, presentes no ciclo mitológico irlandês e parte do Lebor Gabála, o livro das invasões. Neste contexto, Tuatha de Danann seria traduzido como "A tribo da deusa Danu" e isso por si só serviu de base para sua compreensão como a deusa mãe entre os celtas insulares. O problema é que essa referência é puramente especulativa e sua disseminação acabou assumindo um *status* canônico.

Mas como essa controvérsia surgiu e qual seria a possível relação entre Danu e as demais divindades célticas? Compreender essas diferenciações é entender não apenas o *status* canônico da divindade, mas também quais leituras atuais se obtém dela. Afinal, entre sua formação inventiva e sua relativa canonicidade, muitas aproximações foram feitas e mesmo a consolidação das atribuições de suas divindades correlatas, como Dôn e Ana, foram estipuladas a partir dessa especulação mitológica.

O primeiro ponto que devemos observar aqui é o fato da necessidade de se explicar a origem divina dos deuses do ciclo mitológico irlandês ou mesmo de se entender a sacralidade da terra para os antigos celtas, algo recorrente nos estudos de mitologia e, sobretudo, religiosidade céltica. As correlações entre Anu, Dôn e demais divindades com a especulação de Danu é notória nesse caso. Buscamos aqui uma figura que explica a relação dos celtas com a terra, com seus cultos locais, com a fertilidade, maternidade e, no geral, com a soberania.

Miranda Green apontará que a figura divina feminina será em grande parte a personificação da ideia geral de soberania entre os antigos celtas. Nesse sentido, é notório que a deusa celta é também a deusa da terra, o espírito ou mesmo a essência irlandesa de onde a fortuna, a fertilidade e até a prosperidade do território serão dependentes.

O mito da soberania feminina é dinâmico e complexo e enquadra muitas formas das descrições mitológicas irlandesas, o que explica potencialmente a representação de Danu como a possível progenitora de seres tão poderosos como os Tuatha de Danann. Vale lembrar que, nesse contexto social de onde o mito se produz, as mulheres em si não eram plenamente soberanas, mas a soberania era algo concebida em si como feminina.

Com isso, se explica a ideia de uma deusa mãe como local de origem dos poderes das figuras mitológicas e, consequentemente, na própria percepção céltica de uma deusa materna, expressa de maneira difusa e não necessariamente identificável, apesar de suas representações femininas espalhadas pelo mundo céltico. A deusa mãe denota fertilidade, origem e soberania da terra, ao mesmo tempo em que esses atributos em geral não são identificáveis com as mulheres existentes no campo social e mundano das sociedades célticas.

Essa inflexão nos ajuda a compreender como a representação especulativa de Danu é forte em seu simbolismo, mas carece de qualquer comprovação histórica e social de seus usos entre as populações célticas do passado, ou mesmo entre seus monges e demais estudiosos do século XIX, que cunharam sua presença a partir da indefinição da origem soberana dos Tuatha de Danann presente no ciclo mitológico irlandês.

Outra questão que se coloca aqui é sobre a própria origem ou definição dos Tuatha de Danann. Afinal, o nome Tuatha de Danann não é tão antigo quanto as demais inscrições divinas célticas da Antiguidade, mas sim uma definição pós-cristã, descritos durante a Idade Média e que possivelmente possuíam inclinações diferenciadas sobre isso.

Mark Williams vai referendar a formulação desta nomenclatura a partir dos próprios monges que compilaram o registro, que, a partir do século X, o nome Tuatha de Donand surge e ao longo dos dois séculos seguintes acaba por transformar-se no Tuatha de Danann que hoje nós conhecemos. Essa mudança tem uma explicação linguística e própria da mentalidade cristã que a compilou. O nome Tuatha Dè explicaria algo como "O povo de deus", algo que seria no mínimo confuso para monges que escreviam sobre os israelitas como o verdadeiro povo do Deus bíblico.

Com o tempo, a tendência foi associar esse povo de deus com algo mais substancial e que explicaria a própria formação etimológica da palavra "*Donand*", algo como "O povo dos deuses da habilidade", oriundo da expressão "*trí dé dána*", ou seja, os três deuses da habilidade. Esta teoria explica uma certa diferenciação, mas não explica toda a tradição que associou as habilidades dos Tuatha de Danann por tanto tempo com uma figura divina feminina até então desconhecida.

Muito provavelmente existe uma corruptela de tradições que surgiram quase ao mesmo tempo durante sua compilação. Isso explica a associação dos Tuatha de Danann com as suas próprias habilidades divinas, sua diferenciação com o povo de deus bíblico e, principalmente, a formulação já existente nos textos da mitologia céltica, seja ela galesa ou irlandesa, de que essas habilidades ou mesmo a magia própria desses deuses vem de uma deusa maior e antiga, mantenedora de suas vidas enquanto deuses, mas também de seus poderes e de sua soberania.

Afinal, a tradição irlandesa menciona uma certa deusa Ana, segundo o glossário de Cormac mac Cuilennáin (Sanas Cormaic), compilado no século X e que identifica Ana como a mãe dos deuses do povo irlandês. Diz que ela teria nutrido os deuses e que seu nome – apesar de nos parecer uma corruptela latina irlandesa – significaria algo como abundância, mantenedora etc. Cormac ainda dá a entender a correlação desta divindade com as "Paps of Ana", duas formações montanhosas em formato de seios, localizadas no condado de Kerry.

A partir destas correlações, a tradição passou a compreender a existência dela como uma deusa mãe primordial perdida entre as tradições mitológicas irlandesas. Proinsias Mac Cana afirma que Danu e Anu/Ana são na verdade a mesma deusa com mudanças apenas por conta da tradição textual. Ainda vai além e diz que algumas compilações textuais, principalmente nas que contam sobre a trágica história dos filhos de Tuireann, mostram uma narrativa que deixa bem claro que a mãe de Brian, Luchar e Iucharba é Danu, o que seria prova dessa sua existência na tradição como um todo.

A ideia de uma deusa mãe local com esse nome ganha força, então, na sua associação com a figura da mãe-terra, com a soberania e com o ideal de abundância. Paralelos são feitos a partir da mitologia indiana, onde outra deusa Danu existente figura características próximas e, de forma mais próxima, com a mitologia galesa ao se associar Ana/Danu com Dôn.

Dôn é a deusa mãe galesa que, segundo a tradição, é irmã de Math fab Mathonwy, mãe de Arianrhod, Gwydion, Gilfaethwy, Gofannon e Amaethon. Apesar de não ficar claro os poderes divinos de Dôn, o próprio folclore galês deixará implícito seu aspecto de deusa mãe ligado à fertilidade e demais características de soberania, atributos pelos quais toda a cosmovisão da deusa mãe feminina é desenvolvida.

É aqui que compreendemos a relação direta entre as diferentes visões sobre o nome especulativo Danu. É impossível relacioná-la a uma visão coesa dentro da mitologia celta, pois sua própria definição dentro da tradição textual é meramente especulativa, quando não controversa. O que é possível apenas é ligá-la a outras tradições já existentes dentro do paganismo céltico e compreendê-la, a partir desta diferente ligação, com a ideia de deusa mãe de atributos maternais, mantenedores e de soberania da terra. Estes atributos existentes nos mitos celtas estão presentes na construção artificial feita sobre o nome especulativo Danu e sua compreensão está no cerne do entendimento de diferentes divindades como Ana ou Dôn e mesmo do poder mágico dos Tuatha de Danann/Donand. Compreender Danu é compreender a tradição que a produziu e, mais além, entender o ideal de deusa mãe na mitologia céltica em diferentes campos transversais.

Erick Carvalho de Mello

Ver também Calendários religiosos celtas e germanos; Celtas (religião); Mitologia celta; Igreja irlandesa.

GREEN, M.A. (1997). *Celtic Goddesses*: Warriors, virgins and mothers. Londres: British Museum.

MacCANA, P. (1996). *Celtic Mythology*. Londres: Bounty Books.

MacKILLOP, J. (2004). *Dictionary of Celtic Mythology*. Oxford University Press.

WILLIAMS, M. (2016). *Ireland's Immortals*: A History of the gods of Irish Myth. Princeton: Princeton University Press.

Deusa Mãe

É no limiar entre o visível e o invisível, o conhecido e o desconhecido, que se encontra a representação da Deusa Mãe, quer seja na arte rupestre, quer seja nos versos dos poetas da Antiguidade Clássica. Criada a partir de uma tensão dinâmica, ela oscila entre a virgem e a Mãe fértil e fecunda, ora associada à terra, ora à imagem da natureza opulenta, da qual o homem toma seu alimento.

As transformações sofridas pela imagem da Deusa Mãe estão associadas às transformações sofridas pelos agrupamentos humanos, de caçadores coletores livres e soltos, no Paleolítico; a estáticos e fixos no Neolítico, com o início da cerealicultura. Esse pêndulo formado pela deusa e seu séquito sofre um adensamento de significados, consolidando uma estrutura mítico-religiosa a partir do fim do período neolítico e comum às diversas culturas e civilizações em todo o mundo.

Etimologicamente, a palavra "mãe" traz em si a ideia de útero, matriz, onde será gerado/produzido o filho, o qual ela nutrirá em seu seio. Em Chantraine encontramos as seguintes definições: "matriz, nutriz, molde, útero, o coração da mata, a rainha das abelhas" entre outros. O lexema *mãe* pode ser definido como *aquela que gera*, a matriz ou geratriz, em primeiro lugar; e *aquela que nutre*, a nutriz, em segundo lugar. A noção de gerar e nutrir, para o termo "mãe", está na maioria dos idiomas de origem indo-europeia. Portanto, uma deusa mãe está associada em seu mito à geração e nutrição do grupo.

As primeiras representações femininas datam de mais de 30 mil anos, as chamadas Vênus paleolíticas, nelas sobressaem os seios, o púbis e o útero, as nádegas, em detrimento da caracterização de rosto, braços, mãos e pés, permitindo depreender que esses traços são os relevantes na representação de uma mulher/mãe à qual é atribuído um valor simbólico. Nos nichos arqueológicos, as estatuetas femininas foram encontradas em maior número que qualquer figura humana, possuíam ali uma posição de destaque, quer pela disposição dos objetos, quer por sua dimensão em relação às demais figuras representadas.

Nas cavernas paleolíticas observa-se a instauração da mulher/mãe no centro das representações; é o reconhecimento da necessidade do *gerar*, as representações associam-na à terra fértil e fecunda, este movimento de identidade entre a terra e a deusa irá se adensar no período neolítico com a cerealicultura. O homem paleolítico vislumbrou a relação existente entre a fêmea e a terra, a fertilidade e a fecundidade, com os ciclos da natureza e as fases da Lua – daí a representação maciça da fêmea, da vulva e dos machos potentes nas cavernas.

O período neolítico mostra a continuidade dessa representação, acrescentando à imagem da deusa a de seu consorte, geralmente os grandes oponentes dos agrupamentos humanos, objetos de caça pelo grupo, como o touro selvagem, o bisão ou o leão, mais tardiamente. A junção da Mãe ao seu consorte abre espaço para a Senhora terrível, a que doa a vida ao agrupamento humano mas também a toma em sua cólera. O temor pela seca, fome, morte acompanha o motivo da deusa de ora em diante, ela também é responsável pelo lado negro da existência. Do medo nasce o desejo de aplacar a cólera da deusa e fazê-la propícia às necessidades do grupo: se ela dá vida, é isso que deve exigir em retribuição; se ela é fértil, deve ser fecundada para gerar. Nascem assim os primeiros ritos propiciatórios, atestados pelos vestígios de ossos animais e humanos, pelas pontas de flechas e pelas pinturas rituais de mãos mutiladas – furtivas lembranças de atos narrados no mito da deusa mãe e de seu jovem filho/amante em diversas culturas posteriores ao Neolítico.

Num contínuo de abstração, as religiões pagãs, agora instituídas com ritos e mitos, concebem uma religião complexa que tem como centro a deusa mãe-terra e sua união com o touro ou leão, o nascimento de uma filha e/ou filho que os substituirão. Nesse modelo de sucessão cíclica, observa-se a sacralização da natureza e suas fases, configurada na jovem virgem que se torna mãe após se unir ao touro/deus/rei, que por sua vez também deverá ser substituído no leito da deusa/rainha por um mais jovem quando suas forças decaírem. Como a natureza que se renova a cada ano, a deusa mãe e seu consorte também devem se renovar – morrer para renascerem mais fortes, mais fecundos.

As religiões pagãs cultuaram inúmeras deusas às quais eram atribuídos o poder de favorecer a vida como um todo, fosse ligada à natureza, fosse à raça humana, doadoras de fertilidade e fecundidade, ou seu similar, a riqueza. Dentre essas deusas temos Inanna, para os sumérios; Ísis, no Egito; Istar, na Mesopotâmia; Cibele, na Frígia; entre os gregos é Gaia, a terra, que produziu todos os seres, mortais e imortais, e é responsável por sua nutrição, os seios de Gaia são os frutos da terra: as sementes, as frutas e mesmo os pequenos animais. Mas também assume esse papel Deméter, deusa do cereal; entre os romanos é Ceres. Entre os povos nórdicos encontramos Friga, Fulla, Freya, Dama, todas ligadas à fertilidade.

As deusas mães, geralmente associadas à terra, são denominadas ctônicas ou negras, alusão ao mundo subterrâneo, domínio da grande Mãe, de onde os seres humanos retiram o alimento, os metais para fabricação de armas, utensílios agrícolas e, posteriormente, moedas. Ligadas intimamente às cavernas, grutas e região das sombras, podem ser associadas às serpentes, muitas vezes seu apanágio. Em Creta, a deusa das serpentes é um exemplo dessa ligação da deusa mãe com a serpente.

As transformações por que passam as imagens das deusas mães levam do natural, as Vênus pré-histórica, ao cultural, Inanna, Ísis, Istar, Cibele, Deméter, Ceres, Afrodite, Dama. O mesmo ocorre com os amantes, de animais passam a consortes viris "plenificados" no caçador destemido e, principalmente, dono de bois – valor econômico, social e guerreiro sob o qual se oculta o macho que se une à deusa. Igualmente, o banquete de casamento, que representa fartura, *status* e riqueza nesse universo cultural e racional, esconde, na verdade, o componente mítico da fertilidade/fecundidade despertada pela união do par divino.

Em seu aspecto virginal, de jovem filha, a deusa é dócil e benigna, é promessa de vida, mas após unir-se ao amante (quase sempre em uma união não consentida), ela se torna mãe, exigindo um tributo ou compensação pela violência sofrida – o grupo deve oferecer-lhe um sacrifício idêntico ao que recebe dela: vida, daí os relatos de sacrifícios humanos, emasculações ou castrações – é a face terrível e ameaçadora da Deusa Mãe, também chamada de Senhora dos animais ou Mãe Terrível. A alternância entre virgem e Mãe representa o ciclo da natureza que leva da flor ao fruto e dele à semente, dois lados/momentos da mesma divindade e da natureza: vida/morte – primavera/inverno.

Com o passar do tempo, os hábitos, os ritos, tendem a se abrandar, o homem racionaliza o sagrado e relativiza os sacrifícios. A morte pode ser ritual: voltar ao seio da terra, estar sepulto/oculto em suas entranhas equivale a descer aos antros profundos, às grutas labirínticas, através da espiral, para lá enfrentar o medo da morte e do desconhecido e, finalmente, poder renascer renovado. Dramatizar a união da deusa com seu consorte por meio da dança e/ou da união do rei/sacerdote com a rainha/deusa é reviver o primeiro enlace, o que deu origem ao mundo e que é responsável pela fecundidade da terra. A castração é, por vezes, substituída pela abstinência sexual ou o celibato.

Um bom exemplo é o mito de Afrodite relatado nos hinos homéricos. Apesar da racionalização e da diluição do motivo da Deusa Mãe em uma deusa bela e ricamente vestida, Afrodite é ainda a deusa com rosto de serpente, a que ama/devora o pênis e cuja vestimenta está toda inscrita no âmbito do sexual, senhora do desejo e, portanto, da fecundidade. Sua união com Anquises, jovem e belo troiano, senhor das feras; isolado no Ida, ele fecunda a deusa com o risco consentido da morte e/ou castração. O relato dos amores de Afrodite e Anquises apresenta o mesmo arcabouço narrativo visto para outros deuses: Zeus e Europa, Minos e Pasífae, Teseu e Ariadne, ou para a deusa neolítica e seu consorte. Após a união, a deusa fecundada se afasta do jovem amante e neófito, a morte é substituída pelo silêncio – ele não deve relatar o que viveu junto à deusa, os ritos pelos quais passou. O silêncio é um dos componentes da morte – é a ausência – impossibilidade de troca/diálogo com o outro, é a marca do iniciado.

Assim como Afrodite, Inanna, deusa da fertilidade, do sexo e da guerra, se une a Dumuzi, um pastor tal qual Anquises; Ísis, esposa de Osíris, é a responsável por ressuscitar o marido, senhora da vida, é a mãe divina do faraó; Cibele, ligada à natureza, é a divindade que rege o ciclo vida-morte-renascimento, une-se a seu filho e amante Átis, que morre para dar vida à natureza. Podemos observar relatos semelhantes em todas as culturas antigas, em todas encontramos, ao menos, uma deusa da fertilidade, da vida/morte – uma deusa mãe.

Os amantes das deusas mães, nas sociedades mais sofisticadas, fixaram-se no trono e se perpetuaram em uma imagem de força e poder que, embora guardem nas aventuras amorosas o germe da virilidade e ferocidade do antigo consorte animal, assemelham-se ao *homo cultus* em sua valorização de poder político e econômico e em sua racionalidade.

Sob a tutela da Deusa Mãe encontram-se, geralmente, atividades importantes para o grupo e que ficam a cargo das mulheres, como a fiação, a confecção de utensílios de cerâmica, os ritos fúnebres e os ligados ao nascimento, o cuidado da prole, o sexo, o matrimônio, a prostituição e, em algumas culturas, a guerra e a morte. É interessante notar que a escrita, a fala é domínio das deusas mães, assim como os oráculos. Vale lembrar que na substituição do panteão feminino pelo masculino, os deuses assumem os oráculos da deusa. Exemplo é o oráculo de Delfos, na Grécia, um dos mais conhecidos da Antiguidade. Na origem o oráculo era dedicado a uma deusa ctônica, Píton, uma enorme serpente, morta por Apolo ao assumir o santuário. No entanto, as sacerdotisas mantiveram o antigo nome, pitonisas, lembrança da deusa Píton que presidia o oráculo.

Em algumas culturas, como a grega por exemplo, observa-se uma distribuição dos antigos poderes da Deusa Mãe para diversas deusas, é como se a Deusa Mãe se fragmentasse em várias deusas, cabendo a cada uma um recorte de suas atividades. É assim que Afrodite rege o sexo, a fertilidade, os nascimentos, as prostitutas; ao passo que Hera é responsável pelo casamento, pelos filhos legítimos; Deméter ocupa-se do cereal, dos campos, da fertilidade dos animais e dos seres humanos, atribuições legadas a uma única Deusa Mãe anterior.

Na religião cristã é possível divisar a antiga Deusa Mãe em Maria, mãe de Jesus, porém desassociada, aparentemente, do sexo. Maria funde a virgem à mãe, unindo duas facetas de mitos pagãos, mas não deixa de ser a protetora dos nascimentos, das parturientes, do casamento e mesmo dos mortos.

Com o fim do paganismo e início do cristianismo as deusas e seus ritos são "banidos". A nova mentalidade, agora voltada para a interiorização do homem e de sua fé, divide o mundo entre o bem e o mal e busca a salvação na vida além-túmulo; cinde a Deusa Mãe, ela não mais terá múltiplas faces que conjugam o positivo e o negativo, ela terá apenas duas: a Mãe, boa e virgem; a fêmea, má e prostituta. Seu reino também lhe é tirado, os poderes geradores, marca do feminino, passam para o masculino, agora é o Deus Pai que gera a vida, não mais da matéria, do ventre-terra, mas do verbo, do espírito. Seu corpo/mundo ctônico ganha novo senhor, satã, o que governará a matéria, o desejo, o sexo. Estes que traziam todo um valor positivo e renovador, transformam-se em antivalor, eles não mais renovam, mas perdem, maculam o espírito impedindo-o de chegar até ao Pai, ao paraíso, localizado distante da mãe-terra-natureza.

Flávia Regina Marquetti

Ver também Baba Yaga; Dana (Danu); Freyja; Hécate; Ishtar; Lilith; Shakti.

CHANTRAINE, P. (1980). *Dictionnaire étymologique de la langue grecque* – Histoire des mots. Paris: Klincksieck.

DAREMBERG, M.M.-C. & SAGLIO, E.D.M. (1887). *Dictionnaire des antiquités grecques et romaines.* Paris: Hachette.

DELPORTE, H. (1993). *L'image de la femme dans l'art préhistorique.* Paris: Picard.

DONNARD, A. (2009). "Celtas". In: FUNARI, P.P.A. (org.). *As religiões que o mundo esqueceu.* São Paulo: Contexto.

DUMÉZIL, G. (1924). *Le festin d'immortalité* – Étude sur la mythologie comparée indo-européenne. Paris: Gallimard.

GRALHA, J. (2009). "Egípcios". In: FUNARI, P.P.A. (org.). *As religiões que o mundo esqueceu.* São Paulo: Contexto.

HOMERO (1967). *Hymnes.* Paris: Les Belles Lettres.

KRAMER, S.N. (1972). Le rite du mariage sacré Dumuzi-Inanna. *Revue de l'Histoire des Religions*, vol. 181, p. 121-146.

LANGER, J. (2015). *Fé nórdica*: mito e religião na Escandinávia medieval. João Pessoa: Editora da UFPB.

______ (2010). *A religiosidade dos celtas e germanos.* São Luís: UFMA.

LÉVÊQUE, P. (1985). *Bêtes, Dieux et Homme* – L'imaginaire des premières religions. Paris: Messidor/Temps Actuels.

MARQUETTI, F.R. (2013). *Da sedução e outros perigos* – O mito da Deusa Mãe. São Paulo: Editora Unesp.

SISSA, G. (1987). *Le corps virginal*. Paris: Vrin.

TREUIL, R. et al. (1989). *Les civilisations égéennes du Néolithique et de l'Age du Bronze*. Paris: Universitaires de France.

TRIOMPHE, Robert. *Le lion, la vierge et le miel*. Paris: Les Belles Lettres, 1989.

WOLKSTEIN, D. & KRAMER, S.N. (1983). *Inanna, Queen of Heaven and Earth* - Her Stories and Hymns from Sumer. Nova York: Harper & Row.

Deuses do trovão

Diversas religiões e mitologias pré-cristãs contavam com a presença de uma divindade do trovão em seus respectivos panteões. Geralmente, essas deidades eram de grande importância e tidas como indispensáveis para o bem-estar dos seres humanos e deuses, para a manutenção da vida na terra e para a regulação do cosmos. Não é fato surpreendente, então, que não apenas narrativas mitológicas, mas também cultos, rituais e templos dedicados a esses deuses tenham sido descobertos, identificados e apontados por vários pesquisadores.

Na Escandinávia pré-cristã, essa divindade do trovão era *Thor*. Trata-se de uma figura extremamente importante dentro da religião politeísta desses povos, sendo tido por eles como o mais forte dos deuses e a quem eram direcionados diversos cultos. Conforme explica Johnni Langer, seu nome deriva do nórdico antigo *Þórr* e *Þunnar*, do germânico ocidental *Þonar*, do antigo alto-alemão *Donar*, do anglo saxão Þunor e do protogermânico *ÞunraR*, sendo todos esses nomes que originalmente significavam trovão. Em fontes primárias provenientes da Escandinávia, outros nomes utilizados para designá-lo são *Vingthórr* (Thor das batalhas), *Hlórridi* (grande deus do temporal) e *Ása-Thórr* (o deus *Thor*, apesar de que alguns autores defendam que o nome significa *Thor dos Æsir*).

As principais fontes literárias sobre o deus são os poemas eddicos *Thrymskvida*; *Hárbardsljód*; *Hymiskvida*, *Völuspá*, *Alvíssmál*, *Lokasenna* e *Grímnismál*. Os dois primeiros capítulos da Edda em Prosa, o *Gylfaginning* e o *Skáldskaparmál*, também trazem narrativas, descrições e epítetos do deus. Alguns poemas escáldicos também tratam de *Thor*, como *Thórsdrápa* de Eilífr Godrúnarson, outro poema, de mesmo nome, por Eynseinn Valdísarson, *Ragnarsdrápa* de Bragi Boddason; *Vellekla 15* de Einar Skálaglamm; *Háustlong*, por Þjóðólfr de Hvini; na *Eyrbyggja Saga*; no livro da colonização da Islândia, o *Landnámabók*; e, por fim, na obra de Adão de Bremen, sua *Gesta Hammaburgensis*.

John Lindow defende que uma das principais funções de Thor seria a de atuar enquanto matador de gigantes (os *Jötunn*, inimigos ferrenhos dos deuses). Assim, um de seus papéis simbólicos seria o de manter as forças caóticas longe, numa tentativa de manter o equilíbrio cósmico e o bem-estar da comunidade. Thor se manifesta, desse modo, enquanto campeão e protetor dos deuses e homens. Aliás, sua proximidade com a raça humana é algo surpreendente e notável: é frequente que, em suas aventuras, Thor seja descrito com um companheiro de viagens humano, *Thjálfi*.

Thor não era um deus implicado somente no fenômeno dos trovões, mantendo regência completa sobre as mais diversas manifestações atmosféricas. Richard Perkins afirma que Thor teria sido conhecido, ao menos em território islandês, como uma entidade criadora, controladora e sopradora dos ventos. Em um caminho diametralmente oposto, Declan Taggart analisou diversas das fontes primárias escritas sobre o deus e chegou até mesmo a questionar a relação entre Thor e os trovões, alegando ser possível que o deus estivesse muito mais relacionado a outros fenômenos físicos como vulcanismos e terremotos.

Como a chuva estava associada diretamente à fertilidade dos campos, Thor, assim como outros deuses do trovão, estava relacionado também a cultos agrários e de fertilidade. Por conta disso, o culto a ele era de importância central entre os camponeses. Segundo as fontes literárias, a arma empunhada pelo deus, o martelo *mjöllnir*, era utilizado não somente para ser arremessado contra os gigantes e matá-los, mas possuía também uma conotação mágico-ritual importante na vida dessas pessoas, sendo usado para consagrar nascimentos, casamentos, mortes, funerais, juramentos ou propriedades. *Mjöllnir*, além disso, manifestava funções ligadas à ressurreição e à fertilidade da vida, operando possivelmente como símbolo fálico.

Os povos finlandeses, vizinhos dos escandinavos, também possuíam em sua religião pré-cristã uma divindade do trovão, chamada *Ukko* (que, acredita-se, significa "homem velho") ou *Ukkonen* (avô). O problema com as fontes primárias que tratam desse deus é o mesmo quando tentamos desvendar qualquer aspecto da religião finlandesa: o primeiro relato que temos de *Ukko* é tardio (*c.* 1550 E.C.), escrito por um clérigo finlandês e, portanto, que fala da antiga religião da Finlândia de uma perspectiva declaradamente cristã. Trata-se dos escritos de Mikael Agricola, que traduziu, para o idioma finlandês, o Salmo de Davi. Antes de apresentar sua tradução, Agricola lista uma série de divindades do politeísmo finlandês que, presumiu, continuavam a ser adoradas nas províncias de Carélia e Häme, obviamente censurando tal prática com veemência. Nessa lista, Agricola afirma que *Ukko* era o responsável por trazer as chuvas, o bom tempo e as novas colheitas. De alguma forma, o deus manteve-se vivo no folclore finlandês ainda durante a Modernidade adentro, mesmo após a completa conversão de seu povo ao cristianismo. Notamos sua presença na epopeia finlandesa, a *Kalevala*, escrita por Elias Lönnrot no século XIX. Conforme dito por Juha Pentikäinen, Lönnrot atribiu a *Ukko* algo além do poder de controlar o clima e suas manifestações, posicionando-o como deus soberano de todo o cosmos, enquanto divindade suprema.

Ukko possuía também seu equivalente entre os estonianos, povos também de origem fino-úgrica. Aparentemente, o deus estoniano do trovão era igualmente concebido como um homem velho, o que se nota por seu nome, *Äikene*, cujo significado é "pequeno homem velho". Outra característica que os estonianos e os finlandeses compartilham é o fato de que ambos os povos, em períodos mais antigos de sua história, fizeram uso de palavras que serviam tanto para se referir ao seu deus do trovão quanto para se referir ao fenômeno do trovão propriamente dito. Entre os finlandeses, essa palavra era "*Pitkäinen/Pitkämöinen*", e, entre os estonianos, "*Piker/Pitkne*".

Os povos sámi, por sua vez, também tinham o seu deus do trovão. Na obra de Schefferus, escrita em 1674, é descrita a crença sámi em um grande deus dos céus que seria responsável pela produção e arremesso dos raios: esse deus dos céus e dos trovões seria *Aijeke*, nome que, também segundo o próprio Schefferus, significa "o grande avô". O autor também aponta para uma diferença de epíteto: esse deus dos céus, *Aijeke*, ao produzir trovões era chamado de *Tiermes*. Somado ao seu poder de governar os céus, os sámi também acreditavam que ele fosse o responsável por reger questões ligadas à vida e à morte, às doenças, bem-estar e saúde dos homens, além de ser tido como um protetor contra "demônios" que habitavam certas pedras e montanhas, destruindo-os com seus raios. Nesse sentido, encontramos um deus do trovão com traços muito semelhantes aos do deus escandinavo *Thor*. É relevante apontar, também, que entre os sámi do Sul e na Península de Kola essa divindade do raio era conhecida por *Hovrengaellis* ou *Horagalles*, mas não se sabe se esta é meramente uma variação do nome da divindade ou se, de fato, trata-se de outra entidade.

Os deuses do trovão se manifestaram, também, entre os povos bálticos (estes, indo-europeus). Uma das maiores diferenças entre os panteões bálticos e os fino-úgricos é que, no caso dos primeiros, as divindades do trovão não são tidas como deuses supremos do céu: esse lugar pertencia ao deus *Dieṿas* (originado do protobáltico *Deivas*). Já o deus do trovão era conhecido, na Lituânia, como *Perkūnas*, na Letônia, como *Pērkons* e, na Prússia, como *Perkonis*. As similaridades desses com outros deuses indo-europeus do trovão são várias: *Perkūnas* é descrito como senhor dos trovões, dos raios e do vento; usa um grande machado como arma e se locomove numa carroça puxada por um bode (parecido com *Thor*, porém, no caso deste, são dois bodes). É conhecido por ter o temperamento tempestuoso, implacável e impaciente, apesar de muito justo e correto. *Perkūnas* é inimigo declarado dos demônios, espíritos malignos e dos homens injustos ou maldosos. O deus elimina seus inimigos arremessando o machado em sua direção, ou, então, fazendo uso de seus raios.

Para os bálticos, de maneira muito similar aos outros povos supracitados, as divindades do trovão também estavam relacionadas ao bem-estar e à saúde da raça humana. Desse modo, *Perkūnas* possuía o poder de curar diversas enfermidades e mazelas, além de atuar em prol da fertilidade tanto dos campos quanto da população. Autores como Endre Bojtár defendem a ideia de que o substantivo "*Perkūnas*" era originalmente a palavra utilizada para denotar simplesmente o trovão. Graças à influência de povos eslavos que tinham seu próprio deus do trovão, *Perun*, e à proximidade entre as duas palavras, os lituanos tomaram o conceito como modelo e passaram a usar a palavra "*Perkūnas*" para se referir à sua divindade do trovão.

Perun era tão importante entre os eslavos que o Príncipe Vladimir mandou ser erguida, em Kiev, uma grande estátua de madeira do deus em uma colina próxima a seu palácio (980 E.C.). O tio de Vladimir, Dobrynya, também havia erguido uma estátua semelhante em Novgorod onde, segundo as crônicas eslavas da época, eram realizados sacrifícios. Após ser convertido e batizado, o Príncipe Vladimir ordenou que todas as estátuas de ídolos pagãos fossem destruídas, exceto a de *Perun*: esta, ele mandou que fosse amarrada ao rabo de um cavalo e então puxada até as margens do Rio Dnieper, onde doze homens bateriam nela com varas. Isso foi feito para castigar o demônio que havia enganado e desgraçado os homens. Quando, finalmente, a estátua foi arremessada no rio, as crônicas contam que as pessoas choravam.

Essas descrições e outras que mencionam *Perun* estão na *Crônica Primária Russa*, conhecida também como *Crônica de Nestor* ou *Crônica dos Anos Passados*, escrita entre os anos de 852-1110 E.C. É também nessa obra em que é descrito um acordo de paz entre o Príncipe Rus de Kiev, Igor, e os bizantinos: para selar o juramento, enquanto os bizantinos juraram cumprir sua palavra em nome de Deus, Igor e os russos prometeram honrar sua palavra em nome de *Perun*. Contudo, a primeira fonte escrita sobre o deus é ainda mais antiga. Trata-se da obra de Procópio de Cesareia, historiador bizantino que escreveu, no século VI, sobre uma tribo eslava, os esclavenos. Em sua obra, Procópio afirma que "um deus, o criador dos raios, é tido o único regente do universo".

Dessa forma, no caso de *Perun*, nos deparamos com uma divindade dos raios e trovões que parecia deter os poderes de um deus supremo. Além disso, o deus eslavo dos trovões possui muitas características análogas às de *Thor*, sendo ambos relacionados aos carvalhos, árvores frequentemente atingidas por raios, o que, para seus respectivos povos, era visto como arremessos de raio por parte dos deuses. Além disso, *Perun* também porta uma arma, que, no seu caso, é uma maça. Inclusive, Krappe defende a relação entre o nome do martelo de *Thor*, *mjöllnir*, e uma palavra em russo para denominar raios, *molnija* (молния). Outra semelhança, ainda polêmica, é encontrada em uma narrativa reconstruída pelos filólogos Vladimir Toporov e Vyacheslav Ivanov com base na mitologia comparativa indo-europeia e em muitos contos folclóricos eslavos. Nessa narrativa, *Perun* supostamente batalha contra um dragão serpentiforme (provavelmente trata-se de uma manifestação do deus *Volos*, mas é incerto) e o mata. Caso os filólogos tenham sido precisos na reconstrução do mito, teríamos um paralelo interessante com a narrativa de *Thor* que luta contra *Jörmunganðr*, a serpente de *Midgard*. Um detalhe relevante é que as fontes primárias fazem referência ao culto a *Perun* mencionando os eslavos do Sul e do Leste, mas não existem relatos de culto ao deus entre os eslavos do Oeste, que seriam os atuais tchecos, poloneses, eslovacos e sérvios.

Victor Hugo Sampaio Alves

Ver também Culto a Freyr; Edda Poética; Feitiçaria rúnica; Magia escandinava; Mitologia báltica; Mitologia escandinava; Mitologia escandinava (fontes); Mitologia eslava; Mitologia finlandesa; Nórdicos da Era Viking (religião); Religião nórdica antiga (conceitos).

BOJTÁR, E. (1999). *Foreword to the past*: a cultural History of the Baltic People. Budapeste: Central European University Press.

GIMBUTAS, M. (1963). *The Balts*. Londres: Thames and Hudson.

HOLMBERG, U. (1964). *The mythology of all races*. Vol. 4: Finno-Ugric, Siberian. Nova York: Cooper Square.

KRAPPE, A.H. (1941). Picus who is also Zeus. *Mnemoysne*, vol. 9, n. 4, p. 241-257.

LANGER, J. (2015). "Mjöllnir". In: LANGER, J. (org.). *Dicionário de Mitologia Nórdica*: símbolos, mitos e ritos. São Paulo: Hedra.

______ (2015). "Thor". In: LANGER, J. (org.). *Dicionário de Mitologia Nórdica*: símbolos, mitos e ritos. São Paulo: Hedra.

LINDOW, J. (2001). *Norse mythology*: a guide to the Gods, Heroes, Rituals, and beliefs. Nova York: Oxford University Press.

PENTIKÄINEN, J. (1999). *Kalevala Mythology*. Bloomington: Indiana University Press [edição ampliada].

PERKINS, R. (2001). *Thor the Wind-Raiser and the Eyrarland Image*. Londres: Viking Society for Northern Research.

SALO, U. (1990). "Agricola's Ukko in the light of archaeology: a chronological and interpretative study of ancient finnish religion". In: AHLBÄCK, T. (org.). *Old Norse and Finnish Religions and Cultic Place-Names*. Åbo: Donner Institute, p. 92-190 [Scripta Instituti Donneriani Aboensis, 13].

SCHEFFERUS, J. (1674). *The History of Lapland*. Estocolmo: George West & Amos Curtein.

TAGGART, D. (2015). *Understanding diversity in Old Norse Religion*: taking Þórr as a case study [tese de doutorado em Filosofia apresentada à Universidade de Aberdeen].

Deusas e entidades femininas

Ver Baba Yaga; Dana (Danu); Deusa mãe; Freyja; Hécate; Ishtar; Lilith; Shakti.

Diabo e inferno no Medievo

A percepção do mal, dos seus agentes e dos lugares de dor, penitência e sofrimento, foram, durante a Idade Média (séc. V-XV), quase exclusividade de algumas criações imaginárias presentes na arte e na literatura que nos remetem a seres demoníacos e infernais. Dessa forma, no Ocidente e Oriente medievais, o cristianismo por meio de sua instituição mais poderosa, a Igreja, fez uso da concepção maléfica da matéria para criar um sistema complexo de representações, símbolos e ritos que nos remetem a Lúcifer, satanás, em resumo, o diabo, o inferno e seus seguidores.

As origens do mal na literatura remontam às antigas religiões e textos babilônicos (MINOIS, 2004, p. 12) que, em uma narrativa dessemelhante à do Gênesis, não colocam o homem como o primeiro culpado, aquele que submeteu a humanidade ao pecado original. Partindo para uma comparação mais direta, as personificações do mal nas culturas ocidentais e orientais nos dão uma perspectiva de como este, enquanto conceito e como algo vivido e sentido, chegaram aos ocidentais. De acordo com Jeffrey Burton Russel, as formulações paralelas do diabo em culturas diversas e muito distantes no espaço podem nascer de estruturas universais do pensamento humano, ou podem ser produto de um processo, ainda desconhecido, de difusão cultural (RUSSEL, 1991, p. 45).

Pensando mais pontualmente o mal no âmbito literário cristão, vemos que o cristianismo nasce no seio do judaísmo e que, como afirma Doods, o diabo penetrou no Ocidente através do judaísmo tardio, que transformou satanás, de emissário de Deus, em seu adversário (DOODS, 1968, p. 38). A luxúria pela beleza das mulheres propiciou a queda nos apócrifos judaicos, tema que sofre grandes mudanças durante o início da Antiguidade Tardia, em que a teoria da queda pelo orgulho de Lúcifer torna-se a explicação mais aceita. Nesse caminho, o cristianismo começa a constituir representações do demônio e de sua morada, o inferno, em distintas fases e distintos períodos, em um longo processo de fixação de concepções que logo constituiriam a ortodoxia. O cristianismo, como uma religião monoteísta de percepção dualista, procurou, em sua formação, substituir a luta entre Deus e satanás, presente no Velho Testamento, por uma luta entre Jesus Cristo e satanás, no Novo Testamento.

O mal e o diabo, na teodiceia cristã, assumem contornos e características mais profundos do que vemos na tradição anterior. A figura de satanás no Novo Testamento assume outra roupagem, sendo entendida somente no contraponto com a figura de Cristo. Dessa forma, os autores neotestamentários consideram a figura diabólica inserida em uma batalha entre o Reino de Deus e o reino das trevas, e a função do diabo no Novo Testamento é ser um princípio contrário ao de Cristo. Os padres apostólicos, sob o signo da perseguição, caracterizavam o tempo em que viviam, devido a suas vicissitudes, como sob o domínio do diabo, em uma incessante luta dos filhos da luz contra os filhos da escuridão no macrocosmo, enfatizando o martírio como a semente da Igreja, uma entrega total do coração, morada do espírito, o qual será o palco da dita batalha no microcosmo (ESTEVES, 2015, p. 115).

Escritores da Patrística como Atanásio, Sulpício e Jerônimo mostram a luta, no plano pessoal, físico e mental, de homens que abandonam o mundo em busca da comunhão real com Deus, propondo um modelo de conduta que será aceito e praticado em períodos posteriores como uma forma ideal de purificação. Agostinho, vivendo entre a cidade e o deserto, deu mais do que uma contribuição à demonologia, estabelecendo os devidos lugares de Deus e do diabo, ao tratar do livre-arbítrio e da predestinação, excluindo de Deus a responsabilidade pela criação do mal, que, do seu ponto de vista, fica relegado ao diabo. Assim, vemos a distinção empregada na nomenclatura em que Lúcifer nos remete ao mais belo e luminoso dos anjos, aprisionado nas profundezas do seu reino, o inferno, satã (o adversário, tentador e acusador), o grande servidor de Lúcifer, e a legião de demônios (*diaboli*) que o acompanha, divisão mais sensível no período da Baixa Idade Média, que mostra a diversidade das potências infernais.

O termo literário mais associado ao diabo é "inimigo" (*hostis, adversus*), o inimigo da humanidade, que comanda aqueles que praticam a maldade no mundo. Vemos mais frequentemente o substantivo empregado juntamente com os adjetivos "cruel", "antigo" (*antiquos*), "antiquíssimo", "invejoso" (*inuidus*), o que nos remete tanto ao diabo tentador e testador do Velho Testamento quanto ao diabo que tenta Jesus e os cristãos no Novo Testamento (ESTEVES, 2015, p. 212).

A caracterização animalesca também se reveste de um tom pejorativo para designar o diabo. Dessa forma, o cão, o lobo e a serpente são apresentados como agentes do diabo, a última, mais presente nas fontes tardo-antigas e medievais. No Salmo 21,17-21, o cão é representado como animal desleal atuando contrariamente à vontade de Deus. O lobo, no Novo Testamento, assume a selvageria e a voracidade presente nas passagens bíblicas de Lc 10,3; Jo 10,2; At 20,29; Mt 7,15; 10,16 e Ez 22,27, todas mostrando o lado pejorativo e decadente do animal selvagem, em oposição ao bom pastor que cuida de seu rebanho de ovelhas, ou é associado àqueles que arrebatam suas presas e, como em Ezequiel, derramam sangue, destroem as almas, dotados de infinita avareza (ESTEVES, 2015, p. 213).

A serpente, símbolo da tentação no paraíso, encontra-se descrita tanto metaforicamente quanto literalmente pelo veneno que expele, que contamina as pessoas, tornando-as seguidoras do mal. Ademais, é caracterizada como um ser de extrema astúcia, que tem violentos ferrões, de grande malícia, caracterização simbólica que nos remete ao texto bíblico, pois é responsável pela expulsão de Adão e Eva do paraíso (Gn 3,1-14), relacionada, como podemos comprovar, ao veneno, como Dt 32,33, também presente em Sl 57,5, e cujo veneno está associado à decadência moral (ESTEVES, 2015, p. 213-214).

O dragão, ser mitológico presente em diversas narrativas orientais, é apresentado no simbolismo literário cristão como "antiquíssimo", "monstruoso" e "derrotado", sendo, na primeira caracterização, descrito como o velho inimigo do homem, ou melhor, o próprio diabo como vemos no Livro do Apocalipse: "[...] o dragão, a antiga serpente, a que se chama diabo ou satanás [...]" (Ap 20,2).

Outra maneira de representar a ação diabólica é por meio dos vícios. Estes aparecem imputados às pessoas que agem sob a influência do mal ou em relação direta com o próprio diabo; dentre as citações, temos a "inveja", a "gula", a "luxúria", a "vaidade", a "ira", a "avareza" e, indiretamente, a "preguiça".

Na literatura cristã, vemos que satanás e seus anjos caídos, além de povoarem o inferno, sua morada, andam livremente pelo mundo com o intuito de espalhar o mal. Na Segunda Epístola de Pedro, vemos que Deus precipitou os anjos pecadores ao Tártaro, entregando-os ao abismo das trevas, onde ficariam reservados até o dia do julgamento (2Pd 2,4). Nos relatos hagiográficos, fontes privilegiadas para o estudo do imaginário, os demônios possuem os corpos daqueles que praticam o mal e fazem deles sua morada, sem distinção, em grande medida, com relação à posição social da pessoa.

Existe também uma sensível diferença entre a percepção do mal no Islã e no Oriente medieval. Tendo sofrido grande influência do judaísmo e do cristianismo, os muçulmanos, longe do dualismo cristão, acreditam que Deus criou o diabo e permitiu sua queda e sua ação no mundo. Na mística, o diabo (*Iblis* ou *Shaytan*) é amaldiçoado por Deus a praticar o mal no mundo e aceita essa tarefa por seu infinito amor ao Criador. Por outro lado, os bizantinos e a teologia oriental ortodoxa dão uma maior ênfase no caminho apofático, acreditando no diabo como uma criatura de Deus que tenta afastar os cristãos do caminho correto. Pseudo-Dionísio o Areopagita, no século VI, trabalha detalhadamente a hierarquia celeste, e João Damasceno, no século VIII, sob forte influência patrística, mostra o mal como o não ser, uma perturbação da ordem natural. Do século X ao XV, a Igreja Bizantina é constantemente atacada com visões dualistas, como o bogomilismo. Na cultura popular bizantina, como afirma Russel (2003, p. 45), o diabo figura como aquele das *Vitae* do deserto, tentador, monstruoso e repulsivo.

Do século XI ao século XIII, sob influência da escolástica, a figura diabólica torna-se mais colorida, presente na arte por meio de uma iconografia específica, o que nos leva a vislumbrar uma relação íntima entre o diabo da arte e o diabo da literatura. Segundo Russel, a elaborada literatura de visão do inferno influenciou as artes de representação tanto quanto Dante, e algumas pinturas são virtualmente ilustrações de tais visões (RUSSEL, 2003, p. 245-246). O imaginário em torno do satânico atinge seu ápice com a demonologia nos séculos XIV e XV, período marcado por guerras, peste, fome, conflitos internos no papado e ameaças heréticas a uma Igreja em crise. Jean Delumeau (1993, p. 143) mostra-nos que o mal adquire um sentido tão presente que "dá à crença no demônio o valor de um mito cósmico explicativo". É durante esse período, estendendo-se até o século XVI, que as visões e as representações infernais ganham uma enorme potência.

Georges Minois mostra-nos que a crença em um inferno futuro para os ímpios começou a se difundir a partir do século III. Mas o mundo infernal criado pela cultura popular é mostrado como um todo confuso, exuberante, cuja única certeza é sofrimento (MINOIS, 2005). Lagos de enxofre, fogo e gelo, demônios torturadores, essa é a visão que terão os pecadores após a morte, pois pecar significa a morte da alma: "depreciar a penitência e persistir na culpa supõe cair no inferno depois da morte. Portanto, pecar significa a morte, e perder a esperança, cair no inferno [...]", afirma Isidoro de Sevilha (1971, p. 333) no século VII.

O inferno aparece caracterizado nas sagradas escrituras como um lugar de sofrimento, onde se perde toda a esperança. No Apocalipse de João é identificado com o lugar da segunda morte, o "lago de fogo que arde com enxofre" (Ap 20,10) para onde o diabo foi lançado. No Evangelho de Mateus como o "fogo eterno, preparado para o diabo e os seus anjos" (Mt 25,41), um lugar reservado para a "destruição eterna" (2Ts 1,9), onde aqueles que praticam o mal serão enviados pelos anjos à "fornalha ardente, onde haverá choro e ranger de dentes" (Mt 13,41-42).

A geografia do além, assunto de extrema importância para os cristãos, também sofre modificações. O inferno monástico, a partir do século V, torna-se mais detalhado e terrível, pois os monges do período têm quase o monopólio completo do discurso sobre o inferno. São Bento, São Gregório, São Bonifácio, Salviano de Marselha, Gregório de Narek, Rábano Mauro e muitos outros elaboraram uma imagem duradoura, adaptada aos costumes do seu tempo. Beda o Venerável, em sua *História Eclesiástica da Inglaterra*, relata quatro viagens ao inferno, feitas por dois monges e dois laicos, como forma de advertência aos pecadores, mostrando as punições e os tormentos daqueles que se desviaram da retitude cristã (BEDE, 1990).

A mensagem monástica é clara, todos estão sujeitos às penas infernais. No início do século IX, um monge chamado Wetti, de Reichenau, na Germânia do Sul, acometido por uma enfermidade, é levado por um anjo, como de costume, ao inferno, onde encontra o Imperador Carlos Magno sendo torturado severamente em decorrência de sua luxúria. A ideia de salvação para os fiéis ou de condenação coletiva para os ímpios começa a ser lentamente substituída por uma noção de penitência individual, em que cada um é responsável por suas condutas no mundo. O período que vai do século VI ao X corresponde ao começo do citado processo, que é acompanhado por um crescente medo do inferno.

A partir do século XI, com o desenvolvimento da escolástica, o inferno teológico, implacável construção racional, apoiado pelas Escrituras e pela razão, admite numerosos elementos populares interpretados de forma simbólica, influenciando grandemente as construções imagéticas e literárias posteriores. É também nesse período, como afirma Minois (2005, p. 195), que o inferno é assimilado pelas elites e pela massa de cristãos, entrando definitivamente nas estruturas mentais coletivas e individuais, tornando-se, no século XII, um dos lugares mais conhecidos da Cristandade.

Nesse caminho, a arte medieval também populariza o inferno, apoiando-se, sobretudo, sob o tema do Apocalipse e no Evangelho de Mateus. O ponto de junção entre o inferno descrito por teólogos, o inferno dogmático e o inferno popular podem ser encontrados no final do século XIV, na *Divina comédia*. Dante, longe da confusão encontrada nos relatos de visões infernais anteriores, organiza, classifica, estrutura e ordena o inferno detalhadamente: caminhos, passagens, salas, seres, punições, descritos dentro da estrutura infernal que compreende os nove círculos infernais.

Germano Miguel Favaro Esteves

Ver também Bruxaria medieval; Igreja; Inquisição; Mulher e o diabo no Medievo.

A Bíblia de Jerusalém. 3. ed. São Paulo: Paulus, 2004.

BEDA [o Venerável] (1990). *Ecclesiastical history of the English people*. 4. ed. Londres: Penguin.

DELUMEAU, J. (1993). *História do medo no Ocidente*: 1300-1800, uma cidade sitiada. São Paulo: Cia. das Letras.

DOODS, E.R. (1968). *Paganos y cristianos en una época de angustia* – Algunos aspectos de la experiencia religiosa desde Marco Aurelio a Constantino. Madri: Cristiandad.

ESTEVES, G.M.F. (2015). *Entre santos e demônios*: a percepção do mal na teologia e hagiografias do Reino Visigodo de Toledo (séculos VI-VII). Assis [tese de doutorado].

ISIDORO DE SEVILHA (1971). "Sentencias libro II". In: RUIZ, J.C. & ISMAEL, R.M. *Reglas monásticas de la España Visigoda* – Los tres libros de las "Sentencias. Madri: BAC, p. 303-397.

MINOIS, G. (2005). *Historia de los infiernos*. Barcelona: Paidós.

______ (2004). *As origens do mal* - Uma história do pecado original. Lisboa: Teorema.

RUSSEL, J.B. (2003). *Lúcifer* – O diabo na Idade Média. São Paulo: Madras.

______ (1991). *O diabo* – As percepções do mal na Antiguidade e no cristianismo primitivo. Rio de Janeiro: Campus.

Druidismo

O druidismo é a prática atribuída aos antigos druidas, grupo de prestígio das antigas sociedades célticas da Idade do Ferro, oriundos da aristocracia. A prática do druidismo era plural e carregava em si funções muito além da religiosidade, onde podemos observar, por exemplo, seu espectro político e filosófico. A influência dos druidas no contexto histórico dos antigos celtas é preponderante para o entendimento de suas práticas, principalmente porque, ao longo dos séculos, a imagem dos druidas foi moldada por dezenas de estereótipos que não condizem com sua relevância no mundo celta.

Quando se procura definir o que era um druida e o druidismo, é um consenso a sua identificação com a prática religiosa. No entanto, como nos alerta Filippo Olivieri, é necessário buscar algo além dessa simplificação do termo, pois suas práticas ao longo da história demonstram uma total conexão com as diferentes características das populações célticas.

Nossas principais fontes sobre estas práticas druídicas estão espalhadas e fragmentadas. É possível encontrar referências aos druidas na cultura material da Idade do Ferro, dos relatos medievais presentes na literatura irlandesa e, sobretudo, nas descrições de autores clássicos. Inclusive, nestes relatos gregos e romanos, é possível perceber como o olhar do Outro observa com espanto a existência de sábios versados em fisiologia e demais conhecimentos entre os gauleses. Afinal, o druida era, independentemente de suas atribuições, visto como um "bárbaro ambíguo" que, ao mesmo tempo que demonstrava possuir conhecimento dos astros e do mundo ao seu redor, era um conhecedor da religião, dos sacrifícios humanos e demais práticas não civilizadas que estavam sob sua chancela e mediação.

Independentemente da percepção e estranhamento do mundo clássico aos druidas, a verdade é que o druida, em suas múltiplas funções, ocupava uma posição de prestígio por seu conhecimento e treinamento. Segundo Plínio o Velho, a própria palavra "druida" denotava isso, pois é oriunda do vocábulo gaulês que significa "aquele que possui o conhecimento do carvalho", árvore que possivelmente tinha ligação direta com a sabedoria entre os antigos celtas. Esta proposição era de tamanho prestígio que até mesmo os autores romanos não tentavam fazer correlações deste nome com sua própria cultura, reproduzindo o nome na íntegra pelo que ele próprio evocava.

Neste sentido, antes de se definir a origem dos druidas e de suas práticas, é necessário explicitar que todo o conhecimento que se obtém dos druidas vem de fontes de segunda mão. Os druidas, bem como as populações celtas da Idade do Ferro, não possuíam o costume de registrar sua história, tendo seu conhecimento pautado na transmissão oral. Por isso, qualquer descrição do druidismo historicamente construído deve ser feita com cautela e tendo em mente que muitas de nossas informações podem ser, de alguma forma, simplificações ou generalizações sobre o que realmente eram as práticas druídicas dentro do mundo celta.

É difícil conceber a possível origem do druidismo. Sabe-se, a partir de comentários apoiados em Júlio César, que os druidas teriam surgido na região da Britânia e de lá se alastrado. Outros falam que eles seriam fruto de um amálgama entre a influência filosófica jônica e elementos nativos, principalmente por meio de contatos comerciais e coloniais, como o que ocorria ao Sul da Gália com Massália, colônia grega [Foceia] na região. Claro que preconceitos gregos poderiam ter perpetuado essa visão, pois os celtas também eram passíveis de criar seu próprio sistema filosófico, diretamente conectado com a própria vivência social céltica.

As atividades druídicas estão registradas em um enorme conjunto de citações datadas no século III a.E.C., com plena atividade entre os séculos II a.E.C. e I E.C. até as fontes irlandesas do Medievo, que os citam já de forma residual na dinâmica de suas sociedades em processo de cristianização. Os druidas são mencionados de diferentes formas e lugares, mas não necessariamente ocupavam todo o vasto território habitado pelas populações celtas. Afinal, o único limite e posicionamento geográfico que as fontes clássicas nos permitem inferir é da floresta de Carnutes, na Gália, onde uma assembleia era constituída.

Vale lembrar que este relato, dentro do contexto da Guerra das Gálias, nos permite especular sobre o poder político e mediador bélico dos druidas, pois foram provavelmente as deliberações dessas reuniões oficiais que instigaram a revolta do chefe gaulês Vercingetorix contra Roma. Afinal, o poder dos druidas perpassava diversos níveis da sociedade céltica transversalmente, aumentando o prestígio desse grupo em suas práticas. Por isso, o conhecimento deles era tão restrito e secreto em suas postulações passadas em anos de tradição oral e nunca colocadas por escrito.

Essa restrição se aplica na própria ordenação da casta druídica, que ao que parece não possuía druidesas. O único relato que se tem notícia sobre druidas femininas encontra-se no século III E.C., em um momento onde a prática druídica não mais existia na Gália já romanizada. Esse relato tardio mostra, de maneira controversa, as condições de ação de uma druidesa que nada mais seriam do que uma adivinha em uma estalagem. Em nada comparável ao vulto druídico existente na Gália de séculos anteriores ou mesmo em outras partes do mundo céltico.

A prática divinatória era uma das atribuições druídicas, bem verdade, mas eles não eram de forma alguma limitados apenas a isso. Inclusive uma leitura dos textos clássicos nos permite uma pequena diferenciação entre druidas e vates, que seriam então responsáveis apenas pela divinação e práticas sacrificiais técnicas. Aos druidas cabia a análise e regulação das práticas, bem como inúmeras outras funções.

Essas funções estavam diretamente ligadas à própria atuação da religião, fio condutor de todas as outras atribuições druídicas, perpassando diferentes níveis. Afinal, a própria ocupação política dos druidas se dava com o aval religioso, pois eles, em sua prática cotidiana, validavam as cerimônias religiosas e regulamentavam o acesso dos cidadãos a certos conhecimentos, detendo assim o monopólio sobre a educação e ditando o direito em assuntos onde a justiça habitual era falha ou mesmo inconclusiva.

Entre suas funções básicas, destaca-se o elemento religioso que permitia o aumento de influência no campo político. Era então o sacrifício que marcava a ordem das coisas, a adivinhação que atribuía legitimidade a sua fala e o conhecimento astronômico que delimitava o momento correto de agir socialmente, colocado por augúrios unicamente acessíveis pelo druida. Com estes três elementos religiosos, era garantido o controle político em uma grande visão de mundo unificada que os atrelava à figura do druida.

O druida, então, funcionava como um mediador durante os conflitos, até mesmo porque a própria ideia de guerra entre os celtas antigos incluía procedimentos rituais que tornava a presença do druida parte cotidiana em momentos de conflito, tanto entre grupos célticos como com grupos mediterrâneos. Neste sentido, a articulação entre poder e culto permitia ao druida o controle sobre a convocação e mesmo a orientação de assembleias, evidenciando também certo poder sobre as demandas sociais e a resolução de conflitos.

Esta característica está diretamente ligada com sua atuação no campo da justiça, pois como intermediários entre homens e deuses seus julgamentos possuíam direta correlação religiosa, ao mesmo tempo que alinhada com as demandas das elites e demais grupos de prestígio colocados em evidência em grandes eventos igualmente regulados pelo saber druídico, como os festins, assembleias e demais ritualizações coletivas.

Este controle do momento propício para as ações em sociedade era de grande relevância e profundamente conectado com outro conhecimento druídico, que era o conhecimento astronômico céltico. Esse, segundo seus comentaristas clássicos, era bem desenvolvido. Um indício disso pode ser visto nas referências astronômicas presentes em diversos objetos votivos e na interpretação da arte celta, em especial a do período lateniano, com suas dimensões religiosas bem delimitadas em suas composições e que possuíam um caráter diretamente ligado com o controle social, por meio da transmissão mediada de seus conhecimentos.

Este conhecimento era instrumentalizado pelas elites da Idade do Ferro europeia, de onde os próprios druidas faziam parte, para a confecção de calendários (o de Coligny é o maior exemplo) e assim estabelecer rituais, festas, planejamento de colheitas e até mesmo direcionar a construção e o uso de santuários.

Entre estes usos, também era possível a conexão com a prática da adivinhação, de onde é provável que os druidas utilizassem plantas, sacrifícios ou mesmo o voo de pássaros como base interpretativa de seus presságios divinatórios. Neste campo, esses procedimentos muito provavelmente também eram utilizados para fins mágicos e medicinais, de onde o conhecimento druídico também era referência.

A partir destes procedimentos, segundo as fontes textuais, é possível inferir algumas de suas crenças mais gerais, como a ideia de um fim do mundo em caráter escatológico, a ideia de diferentes planos espirituais entre o plano divino ao céu, o mundo humano terreno e o mundo inferior, todos verticalizados e suportados pelas árvores em torno do seu conhecimento. Os druidas eram os possuidores desse conhecimento e reguladores de outras práticas ritualizadas, como a ideia de sacrifícios humanos, da valorização da cabeça cortada após o combate ou mesmo dos ensinamentos ligados à imortalidade da alma em outros corpos.

Todos esses ensinamentos foram registrados de diferentes formas e aos poucos se perderam, seja com a romanização na Gália, seja com a cristianização da Irlanda, que ainda no século VI e VIII E.C. relatava os druidas como uma sombra do passado e de um misticismo pálido, mas ainda presente folcloricamente em suas sociedades.

Erick Carvalho de Mello

Ver também Calendários religiosos celtas e germanos; Celtas (religião); Dana (Danu); Mitologia celta; Igreja irlandesa.

BRUNAUX, J.-L. (2006). *Les Druides*: Des philosophes chez les barbares. Paris: Seuil.

______ (1996). *Les Religions gauloises*: V-I siècles av. J.-C.: Nouvelles approches sur les rituels celtiques de la Gaule indépendante. Paris: Errance.

GREEN, M.A. (2010). *Caesar's Druidas*: Story of an Ancient Priesthood. Yale.

OLIVIERI, F.L. (2014). *Os druidas*. São Paulo: Perspectiva.

Economia e religião no Medievo

O antropólogo E.E. Evans-Pritchard, numa série de conferências realizadas em Aberystwyth em 1965, abordando as principais teorias acerca da religião primitiva dominantes na antropologia social, propunha que a religião devia ser abordada não como um fenômeno social isolado, mas concebida nos termos da totalidade da cultura e da sociedade nas quais estão situadas. Tratava-se de compreendê-la à maneira como os psicólogos da *Gestalt* se referiam à *Kulturganze*, ou pelo que Mauss chamava de *fait total*. "Eles (os fatos religiosos) devem ser vistos como uma relação de partes entre si dentro de um sistema coerente, de modo que cada parte só faz sentido quando considerada em relação às demais e o próprio sistema também fazendo sentido somente enquanto relacionado com outros sistemas institucionais, agora num sistema mais amplo de relações" (EVANS--PRITCHARD, 1978, p. 154).

Passados mais de cinquenta anos a perspectiva, inovadora em sua época, tornou-se, pouco a pouco, um consenso (RODRÍGUEZ BECERRA, 1989, p. 7). Centrada na análise dessa sua forma elementar de manifestação que são os rituais, a antropologia da religião ressalta, da complexidade das mensagens que veiculam, o caráter polissêmico que os caracteriza, ao exprimirem relações que remetem ao sobrenatural, mas também ao econômico, ao social, e a todo um sistema cultural de um povo. Assim, em seus processos de constituição e transformação, destacam-se as relações da religião com a economia, mas também com a política, com as formas de organização social, com a ecologia, e com todos os elementos constitutivos da cultura. As crenças e práticas religiosas cumprem, portanto, um papel destacado na preservação e na transformação das estruturas humanas, sociais e psíquicas.

Como bem destacou Jean-Claude Schmitt, "no mundo medieval, onde as forças produtivas conhecem apenas fraco desenvolvimento (em vista daqueles da economia industrial) e onde as relações dos homens entre si e com a natureza eram singularmente estreitas, a religião, entendida num sentido amplo, como sistema de interpretação do mundo e de ação simbólica sobre este, possuía um campo de extensão extremamente vasto: ela informava o conjunto das representações que os homens tinham de suas atividades [...]" (SCHMITT, 1976, p. 945). Em grande parte das sociedades pré-modernas em que a terra é o meio de produção fundamental - dentre elas a sociedade medieval - a natureza é representada como se fosse regida por um conjunto de forças misteriosas e superiores ao homem, mas que precisam ser mobilizadas uma vez que são determinantes para o resultado da atividade produtiva. Não é à toa, portanto, que a produção envolve, com frequência, uma série de atos simbólicos por meio dos quais os indivíduos procuram agir sobre os poderes invisíveis que controlam a reprodução da natureza e que se imagina que podem conceder ou negar ao homem a realização de seus desejos, o de uma boa colheita, o da reprodução dos rebanhos, o da própria mão de obra familiar, o da abundância da caça.

Toda prática, a produtiva inclusive, é, portanto, uma totalidade orgânica na qual os aspectos materiais e os ideais estão intimamente articulados, e não há sentido em pretender atribuir maior importância ou primazia a qualquer um deles. O conjunto de atividades que materializam a produção humana das suas condições sociais de existência, assim como a apropriação desigual dos seus frutos nas sociedades fundadas na desigualdade, constitui um "ato" complexo que, em contextos como o medieval, fazia convergir em si diversas manifestações que diferenciamos hoje sob o rótulo de econômicas, religiosas, políticas, ideológicas etc. Esse todo complexo e tão intrinsecamente articulado torna extremamente difícil e artificial qualquer pretensão de seccioná-lo em níveis distintos e isolados com base em rígidas fronteiras de separação.

Em tais sociedades, apesar da diversidade das formas e níveis que a referência assume em cada uma delas, concebe-se o funcionamento da natureza a partir de regras decalcadas de uma analogia com o "mundo humano". As forças invisíveis que regem a natureza assumem a condição de "sujeitos", de seres dotados de vida própria, de consciência, de vontade, e que são capazes de se relacionarem entre si e com o homem (antropomorfização). Além de seus elementos visíveis, a natureza é também integrada por mundos profundos imaginários habitados por sujeitos, ideias, que personificam as forças invisíveis, os poderes superiores e misteriosos do universo. Assim, poderíamos dizer que, nestas sociedades, o que chamamos de mundo natural e de mundo social se equivalem mais ou menos plenamente, e, o que é mais importante, ambos dependem da ação de poderes e/ou seres que nós consideraríamos sobrenaturais. Ora, num mesmo movimento em que se "humanizam" as forças sobrenaturais, por analogia também se sobrenaturalizam as potências sociais.

Claude Lévi-Strauss demonstrou, em um célebre estudo (LÉVI-STRAUSS, apud GODELIER, 1981, p. 159), que nas sociedades primitivas as relações de parentesco constituem a estrutura de organização do mundo mítico. Todas as narrativas míticas que "explicam" a origem do fogo, da água, da comida, dos animais, por exemplo, descrevem as aventuras de personagens sobre-humanos que, ligados entre si por relações de pais a filhos, de irmãos e irmãs etc., estão sujeitos a todos os conflitos inerentes às relações de parentesco. Ora, na maioria das sociedades primitivas, as relações de parentesco constituem *objetivamente* a estrutura dominante das relações sociais, o esquema essencial de organização da sociedade. Parece haver, portanto, uma relação de correspondência íntima entre a condição objetivamente dominante das relações de parentesco na vida social e seu papel de *armadura sociológica* do mundo ideal dos mitos.

A antropologia nos fornece, assim, uma achega importante para considerarmos as articulações profundas que se manifestam no campo das religiosidades e das formas de apropriação material e simbólica da natureza na sociedade medieval. Comecemos por reafirmar a unidade profunda dos fenômenos a que nos referimos, explicitando, ademais, aquela que nos parece configurar a sua mais adequada percepção. Não se trata, em primeiro lugar, de conceber as expressões da religiosidade como meros reflexos do processo de produção e apropriação da natureza, mas de ressaltar a estreita articulação destes elementos: na sociedade em questão, nem a produção pode ser pensada como forma material apenas, alheia às manifestações da sacralidade, nem a religião pode ser concebida como expressão puramente ideal ou metafísica, alheia às atividades cotidianas da existência e da reprodução da existência humana.

Em segundo lugar, afirmar a unidade profunda destes fenômenos não implica negar as contradições e conflitos que esgarçam e tensionam as suas articulações, simplificando e empobrecendo o seu funcionamento como se fosse pautado por uma mera repetição *ad nauseam*. Mesmo as sociedades alheias à oposição de classes, estruturadas com base no parentesco, não estão isentas de conflitos que se expressam também no campo mítico. E o que diremos de uma sociedade como a que abordamos, em especial da sua *armadura sociológica* estruturante do campo mítico, sociedade caracterizada por níveis extremos de hierarquia e desigualdade sociais, fundada na exploração de classe, em especial na apropriação senhorial dos excedentes camponeses? Se as distintas classes sociais vivenciam, até certo ponto, um mesmo sistema social de forma diversa e até contraditória, talvez seja esta a referência de base que faz com que nestas sociedades complexas o fenômeno religioso seja complexo e diverso em suas manifestações.

Ou seja, mais do que uma atividade ou ato restrito em seu campo de realização, a produção e apropriação do produto do trabalho constituem uma atividade plural, complexa e múltipla em suas esferas de manifestação, encharcadas, poderíamos dizer, de religiosidades no caso da sociedade medieval. Da leitura essencialmente religiosa do mundo – que o concebe governado por seres dotados de uma consciência e de um poder superiores aos do homem – decorre que a religião se configura imediatamente como um meio de ação sobre estes personagens ideais, análogos ao homem, portanto capazes de escutar, de *ouvir* seus apelos e de responder favoravelmente. Por essa razão, toda representação religiosa do mundo é inseparável de uma prática (imaginária) sobre o mundo, a da prece, do sacrifício, da magia, do ritual. Portanto, todo fenômeno religioso envolve sempre, necessariamente, crenças e práticas, fé subjetiva e pragmática.

Dentre a documentação medieval, a liturgia da Igreja nos fornece indicações preciosas sobre a articulação que consideremos. Um exemplar seu, o *Liber Ordinum* (FÉROTIN, 1996), coletânea de rituais e orações da Igreja ibérica vigente entre os séculos VI e XI, registra uma série de bênçãos e orações reveladores da concepção cristã da divindade provedora, do "Deus Produtor". Fonte do milagre da reprodução das sementes, senhor das condições ideais da produção, uma série de ritos definem o sentido cristão das relações do homem com a natureza, contrapondo-se aos rituais de fertilidade e de proteção circunscritos e combatidos sob a acusação de pagãos. Assim, na bênção das sementes, o oficiante refere-se a Deus como Criador de todas as criaturas, "que deste condição a todas as sementes de gerar, criar e frutificar; rogamos-te que piedoso voltes o olhar à nossa prece, e assim atribuas uma graça superior nos cultivos das sementes, a fim de que retorne cem vezes mais numerosa e fecunda pelos anos seguintes" (FÉROTIN, 1996, p. 166).

Na bênção dos primeiros frutos da colheita, o sacerdote invoca o Senhor na sua condição de pleno proprietário da terra que foi entregue ao homem em usufruto – elemento material central da relação – rogando-lhe que se volte sobre as primícias "dos frutos ou qualquer gênero de alimento, o qual nós, teus servos, oferecemos a ti; [...] pelas quais imploramos a tua clemência, Deus nosso Senhor, para que o sol não abrase a terra e as plantas, que o granizo não irrompa, nem a tempestade destrua; mas, com tua proteção, sejam conduzidas à maturidade, para que teu povo te bendiga por todos os dias de sua vida" (FÉROTIN, 1996, p. 168). Em uma outra oração de bênção dos graos, a liturgia avança em um paralelismo simbólico entre a "germinação" sagrada de Jesus Cristo e o milagre cotidiano da reprodução da semente, originado da concessão divina aos homens da chuva, "a fim de que germinasse a erva na terra, evoluindo até a maturidade" (FÉROTIN, 1996, p. 167).

Ainda na liturgia visigótica, os rituais cristãos de fertilidade, proteção e "controle" da natureza, submetidos em conjunto ao poder amplo e discricionário e aos dons divinos, dirigissem-se também ao exorcismo e à bênção dos meios de produção. Após o arroteamento de um novo campo, na cerimônia de sua sagração, o oficiante vincula a própria atividade produtiva à prescrição divina ao homem, para que trabalhasse a terra e fosse alimentado pelo pão, rogando, em seguida, ao Onipotente, a concessão do benefício da abundância a seus servos. Na bênção das novas foices a serem utilizadas na poda das vinhas e de árvores frutíferas, o produto dos campos caracteriza-se, mais uma vez, como dom divino, decorrendo a abundância dos frutos do contato "mágico" com o instrumento ungido pelo Senhor (FÉROTIN, 1996, p. 167).

E seria possível considerar, a par deste último, o ritual da bênção da rede de pesca, ampliando-se a uma atividade vinculada ao *saltus* a concepção ampla da divindade provedora que envolve, antes de mais, o próprio instrumento, neste *locus* tradicional de "manifestação demoníaca". À rede, submetida ao olhar divino diante de seu altar, requisitava o oficiante a proteção crucial que lhe permitiria produzir o alimento em abundância. "Não permitas embaraçá-la com alguma arte dos inimigos, nem se emaranhar pelas palavras detestáveis dos encantadores" (FÉROTIN, 1996, p. 174). Isto posto, a bênção consecutiva requisitava "apenas" a cotidiana manifestação do dispensador de todos os bens, concepção com base na qual o alimento, ou o produto do trabalho, decorre menos da ação humana do que da misericórdia do Senhor (FÉROTIN, 1996, p. 174).

Assim, a relação a que este verbete remete baseia-se na perspectiva de que as relações sociais de produção, complexo e fundamental mecanismo de estruturação das sociedades humanas, realizam-se, organicamente, sob a forma de relações religiosas, jurídicas e políticas particulares – modos de dominação e coerção, formas de propriedade e organização social – que não são meros reflexos ou apoios secundários, mas elementos constitutivos das relações de produção desde os primórdios da sua efetivação. A "esfera" da produção é dominante não no sentido de se manter distinta das formas jurídico-políticas e religiosas, ou de precedê-las lógica e historicamente, mas exatamente no sentido de que essas são formas da produção, são os *atributos* de um sistema produtivo particular. Talvez isso nos ajude, enfim, a entender o peso enorme da Igreja e da religião na estruturação da sociedade medieval.

Mário Jorge da Motta Bastos

Ver também Arte e religião no Medievo; Educação e religião no Medievo; Guerra e religião no Medievo; Igreja; Poder e religião no Medievo.

BASTOS, M.J.M. (2013). *Assim na terra como no céu* – Paganismo, cristianismo, senhores e camponeses na Alta Idade Média ibérica (séculos IV-VIII). São Paulo: Edusp.

EVANS-PRITCHARD, E.E. (1978). *Antropologia social da religião*. Rio de Janeiro: Campus.

FÉROTIN, M. (org.) (1996). *Le Liber Ordinum en usage dans l'Église Wisigothique et Mozarabe d'Espagne du Cinquième au Onzième Siècle.* Roma: Liturgiche.

GODELIER, M. (1981). "Fetichismo, religião e teoria geral da ideologia". In: CARVALHO, E.A. (org.). *Godelier*: antropologia. São Paulo: Ática.

RODRÍGUEZ BECERRA, S. (1989). "Introducción". In: *La Religiosidad Popular.* Vol. 1: Antropología & historia. Barcelona: Anthropos.

SCHMITT, J.-C. (1976). Religion populaire et culture folklorique. *Annales E.S.C.*, 31, p. 946-947.

Edda Poética

A Edda Poética, também conhecida como Edda Antiga ou, ainda, Edda Sæmundar, se entende enquanto um conjunto de poemas em nórdico antigo reunidos com base no manuscrito islandês GKS 2365 4to, o *Codex Regius* ou *Konungsbók*. O manuscrito em questão, escrito por volta de 1270, quase três séculos após a aceitação oficial do cristianismo na Islândia, possui curiosamente um conteúdo que é um dos mais empregados para discutir a religião nórdica antiga. Escrita originalmente para um claro acompanhamento visual, oral e dramático, o seu corpo poético e prossimétrico serviu de base para a escrita da Edda em Prosa de Snorri Sturluson, ao passo em que, ao elogiar a intelectualidade islandesa, Saxão Gramático poderia estar se referindo ao conteúdo desse manuscrito na escrita de seu *Gesta Danorum* (*Os Feitos dos Dinamarqueses*).

Com um conteúdo que compreende vinte e nove poemas sobre os deuses e heróis escandinavos, com fortes paralelos no mundo germânico, escritos em diferentes métricas, principalmente *Ljóðaháttr*, *Fornyrðislag* e *Málaháttr*, o manuscrito é presenteado ao rei da Dinamarca em 1662 pelo bispo islandês Brynjólfur Sveinsson, que já o possuía em 1643. Foi também, o bispo, responsável por nomear o *Codex Regius* como *Edda*, provavelmente ciente da sua ligação com o antigo orador das leis Snorri Sturluson, compilador e escritor da Edda em Prosa (chamada Snorra Edda). Naturalmente para diferenciar ambas as obras, o bispo atribuiu a Edda Poética ao trabalho de outro intelectual islandês medieval, Sæmundr Sigfússon, advindo daí o nome Sæmundar Edda (GUNNELL, 2005, p. 83).

Os poemas que lidam diretamente com questões cosmogônicas, cosmológicas e gnômicas são os primeiros do manuscrito: *Vǫluspá*, *Hávamál*, *Vafþrúðnismál*, *Grímnismál*, *Skírnismál*, *Hárbarðsljóð*, *Hymskviða*, *Lokassena* e *Þrymskviða*. Nos quatro primeiros poemas, o deus Óðinn está no centro e os eventos são levados a cabo pela sua busca por conhecimento. Os quatro últimos poemas são de teor humorístico e cujo deus Þórr figura como personagem central (na Lokassena ele surge como importante fator dramático). Em *Vǫlundarkviða* e *Alvíssmál*, encontramos temas ligados a outros seres que não são os deuses, mas elfos e anões, além de conteúdos referentes à ganância e vingança. A partir daí os poemas possuem questões do repertório heroico germânico.

Os três primeiros poemas são as baladas de Helgi na sequência *Helgakviða Hundingsbana I*, *Helgakviða Hjörvarðssonar* e *Helgakviða Hundingsbana II*. Os dois heróis de mesmo nome não são o mesmo personagem, mas a trama de seus poemas segue a mesma estruturação, onde após as primeiras batalhas há o encontro e relações com as Valquírias, morte no campo de batalha, além da promessa de renascimento do casal. Em seguida são apresentados os poemas que fazem referência a talvez um dos heróis mais conhecidos do mundo germânico, Sigurðr Fáfnisbani: *Grípisspá*, *Reginsmál*, *Fáfnismál* e *Sigrdrífumál* formam um quadro coeso sobre a vida do jovem herói conectado à demanda do Ouro de Andvari, o encontro com Óðinn, a vitória sobre o dragão Fafnir, a morte de Régin e, por fim, o encontro com a Valquíria Sígrdrífa que rende ao herói conhecimento rúnico; por fim, há uma lacuna de oito folhas, onde devem ter estado ao menos duzentas estrofes e figurado um conteúdo próximo às redações de outras versões do *Sigrdrífumál* e da *Völsunga saga*, e que devem ter contemplado, de algum modo, as narrativas dos outros poemas sobre Sigurðr Fáfnisbani.

Seguem então os poemas *Brot af Sigurðarkviðu*, *Guðrúnarkviða I*, *Sigurðarkvida in skamma* e *Helreið Brynhildar*. Esses são versos que lidam principalmente com a morte do herói, com atenções especiais aos sentimentos de angústia, raiva e culpa. Os próximos cinco poemas narram a vida de Gúðrun enquanto esposa do Rei Atli: *Guðrúnarkviða II* e *Guðrúnarkviða III* são basicamente diálogos de Gúðrun com o Rei Þjóðrekr e as ações que se desenrolam de tal relato; *Oddrúnargrátr* que nos apresenta o lamento de Oddrún, irmã de Atli, desejosa pelo casamento com Gunnar, mas impedida pela trama de vinganças que se desenrolaram com a morte de Sigurðr; *Atlakviða* e *Atlamál* lidam com a morte de Hǫgni, Gunnarr e Atli, ao passo em que serve também como trampolim para os dois últimos poemas do *Codex Regius* e giram em torno do terceiro e último casamento de Gúðrun com o Rei Jǫrmunrekr. Seguem, então, *Guðrúnarhvǫt* e *Hamðismál*, nos quais encontramos o lamento da mãe que precisa instigar os filhos, Hamðir e Sǫrli, à vingança contra o rei, e a dramática morte heroica após o conflito nos salões de Jǫrmunrekr.

Adicionalmente, é natural encontrar em edições modernas da Edda Poética versos que não estão no *Codex Regius*, mas que apresentam narrativas relativa à vida dos antigos deuses escandinavos e de suas interações com o mundo dos mortais, podendo ser citados *Baldrs Draumar*, *Rígsþula*, *Fjǫlsvinnsmál* e *Grottasǫngr*. O leitor pode ter mentalmente ligado o nome de diversos personagens dos poemas de Sigurðr Fáfnisbani a personagens históricos da Antiguidade germânica, a exemplos de Átila (Atli), Gundário (Gunnar), Teodorico (Þjóðrekr) e Hermenerico (Jǫrmunrekr). Além de mostrar uma vigorosa circularidade de ideias e da continuidade de uma memória sobre tais personagens, atentando para o fato de que o islandês antigo não é o único repositório medieval poético relevante a tais figuras, cujos versos também são encontrados em inglês antigo e em alto antigo alemão. De modo que os editores das edições modernas também incluem *Gátur Gestumblinda*, *Hervararkviða*, *Hlǫðskviða*. Adicionalmente, também é possível encontrar outras publicações, enriquecidas com certos poemas das sagas islandesas, os quais os editores acreditaram haver um conteúdo relevante aos elementos da religião nórdica antiga, a exemplo de *Darraðarljóð, Haraldskvæði, Eiríksmál* e *Hakonarmál*.

Como podemos ver, torna-se difícil estabelecer um parâmetro para a coletânea que não seja o seu material nuclear, os poemas e prosímetros do *Codex Regius*. Apesar de ser um ato muitas vezes pouco justificado, onde o editor escolhe apenas dar volume à edição com novos materiais, tal atitude nos leva a uma questão sensível e que toca o âmago das tipologizações do corpo literário da mitologia nórdica. O que caracteriza a "poesia éddica", diferenciando-a do outro maior grupo poético da literatura nórdica antiga, a "poesia escáldica"?

Primeiro, é possível estabelecer critérios formais referentes à métrica. Enquanto a primeira categoria, da Poesia Éddica, favorece a métrica Fornyrðislag, um desenvolvimento das linhas aliterativas da poética germânica e dividindo com outras línguas os seus traços mais elementares, por outro lado a Poesia Escáldica faz uso de diversas métricas, sendo *Dróttkvætt* uma estilização complexa do Fornyrðislag, com rimas internas nas últimas sílabas longas de suas linhas. Essas, contudo, não são as únicas métricas da poética escandinava medieval que conhece ainda inúmeras outras versificações.

Adicionalmente, há importantes considerações de conteúdo e funções que devem ser lembradas: a Poesia Éddica categoriza principalmente o conhecimento didático, heroico e mitológico, a Poesia Escáldica possui uma preocupação contemporânea, festiva ou de escárnio, estando os elementos mitológicos presentes, geralmente, nas *Kenningar*, um importante dispositivo mnemônico circunscrito ao conhecimento tradicional partilhado pelos ouvintes. Tais diferenças trouxeram implicações para a transmissão de tais corpos, onde geralmente a Poesia Éddica é mais flexível, sendo possível alterar o seu corpo, adicionar ou subtrair versos, e ainda ter um poema funcional, enquanto a Poesia Escáldica encontra-se muito bem emparelhada em sua fórmula métrica, o que também pode ter favorecido a conservação da autoria dos poetas que se dedicavam à sua composição.

A datação da Edda Poética também é pauta de forte debate entre os especialistas. Enquanto podemos datar concretamente o *Codex Regius*, produzido por volta de 1270, assegurando dessa forma que ao menos seja possível examinar o corpo poético nas configurações dessa época (não há certezas se são poemas originais ou em como o seu corpo foi alterado, tampouco essa deva ser uma preocupação para os pesquisadores), há certezas de que a poesia éddica tenha existido já no século IX, enquanto há provas materiais de que a poesia escáldica já estivesse sendo feita em métricas semelhantes (*Kviðuháttr*) também no mesmo século, encontrada na pedra de Rök, localizada na Suécia, sugerindo a coexistência de ambas as categorias (GADE, 2000, p. 66; 86-87).

Por fim, pensando ainda a transmissão, recepção e circularidade de seus temas, é necessário também considerar as trocas intelectuais com a cultura escrita continental, incluindo aqui a influência cristã na Edda Poética. Em Langer (2006, p. 60-62) é possível obter um mosaico de tais influências e, ao apontar a possibilidade de claras inspirações dos escribas islandeses no Velho e no Novo Testamento, em obras latinas como *Disticha*

Catonis, Rota Fortunae, Ilias Latina, ou mesmo em autores da Antiguidade como Sêneca, curiosamente é possível também apostar em uma interpretação islandesa sobre tal material, mais do que uma simples atitude passiva sobre a tradição poética nativa, uma *Interpretatio Norrœna* cujas atitudes podem ter ido da adoção de novas ideias ou simples trocas estilísticas.

Para quem busca uma leitura atualizada e traduzida, é seguro considerar a seleção estabelecida por Langer (2015, p. 148), na qual o autor destaca que as edições em inglês mais cuidadosas foram feitas por Carolyne Larrington, Lee M. Hollander, Henry Adams Bellows e Benjamin Thorpe. Em francês, a de Régis Boyer, as de Hans Kuhn e Karl Simrock em alemão, e em espanhol a de Luis Lerate. Igualmente válido é considerar a coletânea inacabada de Ursula Dronke que verte o texto original ao inglês e analisa detalhadamente os versos, semelhante ao trabalho de Gustav Neckel, revisado por Hans Kuhn, com tradução ao alemão. Em português ainda não existe uma tradução da Edda Poética baseada no *Codex Regius*. Ficam os votos para que um dia tal material possa ser apreciado pelo leitor lusófono.

Pablo Gomes de Miranda

Ver também Culto a Freyr; Feitiçaria rúnica; Freyja; Magia escandinava; Mitologia escandinava; Mitologia escandinava (fontes); Nórdicos da Era Viking (religião); Religião nórdica antiga (conceitos).

GADE, K.E. (2000). "Poetry and its Changing Importance in Medieval Icelandic Culture". In: ROSS, M.C. (org.). *Old Icelandic Literature and Society*. Cambridge: Cambridge University Press, p. 61-95.

GUNNELL, T. (2005). "Eddic Poetry". In: MCTURK, R. (org.). *A Companion to Old Norse-Icelandic Literature*. Oxford: Blackwell.

LANGER, J. (2015). "Edda Poética". In: LANGER, J. (org.). *Dicionário de Mitologia Nórdica* – símbolos, mitos e ritos. São Paulo: Hedra, p. 146-149.

______ (2006). Mythica Scandia: repensando as fontes literárias da mitologia Viking. *Brathair*, n. 6, vol. 2, p. 48-78.

LARRINGTON, C.; QUINN, J. & SCHORN, B. (orgs.) (2016). *A Handbook to Eddic Poetry* – Myths and legends of early Scandinavia. Cambridge: Cambridge University Press.

Educação e religião no Medievo

Na Idade Média, a educação recebida por uma pessoa relacionava-se à sua idade, ao gênero, entendido aqui como saberes sobre a diferença sexual, e ao lugar social ocupado. Via de regra, ela começava em casa, com a mãe, fosse a criança membro da aristocracia ou não. No primeiro caso, em geral, quando o menino completava sete anos, era colocado sob a tutela de um preceptor ou do pai para se aprofundar nos estudos, sobretudo das letras, e para a prática de exercícios físicos que garantissem que fosse um bom cavaleiro. As meninas aristocratas, por sua vez, dedicavam-se ao aprendizado do bordado, da música e mesmo da leitura.

Para além do ambiente doméstico, a educação também se dava em espaços formais, nos quais se reuniam professores e estudantes para troca de conhecimentos. Podemos denominar estes espaços como escolas, pois assim também faziam os medievais, ainda que a estruturação, os objetivos e os conteúdos estudados tenham sido diversos no período. Há notícias nos textos medievais que permitem concluir que foram organizadas escolas em paróquias, mosteiros, catedrais. A partir do século XIII, surgem as universidades, ainda com íntima relação com os episcopados.

Como destacam vários autores, a educação básica medieval era similar em todo o Ocidente: junto às paróquias, as crianças entre os 7 e 10 anos aprendiam, com os párocos ou membros do cabido, a ler e a escrever em latim, bem como os fundamentos da gramática, a fim de capacitá-los para a pronúncia correta desta língua. Também estudavam canto e eram introduzidos aos cálculos matemáticos. Os livros de estudo continham fragmentos de textos latinos, orações e salmos, surgindo, no final do período, obras direcionadas aos pais, espécies de manuais de educação, tal como a *Doutrina pueril*, de Raimundo Lullio, escrita entre 1274 e 1276. Essas escolas atendiam, sobretudo, aos filhos dos artesãos, mercadores, notários etc.

Os mosteiros da Europa Ocidental, em geral, possuíam uma escola, um *scriptorium* – onde eram copiados e produzidos manuscritos – e uma biblioteca. Essas escolas atendiam tanto aos monges quanto aos meninos que eram candidatos à vida monástica na *schola interior claustri*, bem como aos leigos, provenientes de famílias abastadas e nobres, na *schola exterior*. Nelas eram estudadas as chamadas artes liberais: o *trivium*, que compreendia a gramática, a retórica e a dialética, e o *quadrivium*, integrado pela aritmética, geometria, astronomia e música. Também refletiam sobre a Bíblia, os textos patrísticos, as hagiografias, bem como sobre textos de gramática e retórica da Antiguidade. O objetivo era desenvolver o raciocínio e a arte de falar, aprender a ler e escrever em latim, a contar, a calcular datas, além dos rudimentos da geometria e da música, dando especial destaque à métrica.

O método de ensino baseava-se na leitura, discussão e memorização. Os alunos realizavam anotações em forma de glosas, *loci communes* e *reportationes*. As aulas eram divididas em três etapas: a *lectio*, quando o mestre realizava a leitura de um texto bíblico, patrístico ou clássico e os comentava; as *quaestiones*, em que eram feitas perguntas ao professor, e a *disputatio*, quando professores e alunos debatiam questões diversas. Seguiam-se exercícios de memorização e escritos – o pensa.

Na biblioteca eram encontrados os livros que serviam de base para os estudos escolares e a elevação intelectual e espiritual dos monges. Em geral, o acervo da biblioteca era formado por obras bíblicas, incluindo aí não só Bíblias, mas também comentários bíblicos; textos litúrgicos; livros de caráter histórico e jurídico e, por fim, materiais de disciplina e espiritualidade monásticas.

Nos grandes mosteiros, os manuscritos eram produzidos por equipes com pessoal especializado. Em sua maioria, os copistas e iluminadores eram os monges. As cópias eram feitas dentro de uma certa margem de autonomia: muitos copistas redigiam colofões ao final, inseriam glosas para auxiliar o leitor, mudavam a ordem dos textos copiados ou introduziam elementos novos em vista dos manuscritos-modelo.

As escolas catedralícias também estavam associadas a um *scriptorium* e uma biblioteca. Essas escolas eram dirigidas pelos membros do cabido e estavam submetidas ao bispo, atendendo a clérigos e leigos pobres. Ali estudavam-se as artes liberais, com destaque para o *trivium*, apresentando, contudo, inovações em face aos estudos desenvolvidos nos mosteiros, voltados para o cultivo da espiritualidade ascética. As escolas catedralícias, sobretudo a partir do século XIII, especializaram-se em direito canônico, teologia e filosofia e, muitas vezes, acabavam por ser encampadas pelas universidades nascentes.

As universidades desenvolveram-se a partir do século XIII. Nestes novos centros de saber, urbanos, eram elaboradas reflexões a partir da leitura dos textos antigos, muitos dos quais recentemente traduzidos do árabe ou grego e reintroduzidos no Ocidente a partir, fundamentalmente, do século XII, e de obras de comentaristas mais recentes, sobretudo muçulmanos. Os conhecimentos produzidos respondiam às exigências de uma sociedade complexa e em expansão. Era necessário compreender o homem e a natureza, entender com maior profundidade a Deus, administrar os bens e as instituições, regrar os comportamentos... Não bastava mais perpetuar os saberes, mas elaborar novos e torná-los públicos.

Intimamente relacionado ao crescimento das universidades também se destacam os esforços do papado para incrementar a formação intelectual de seus clérigos, concedendo bolsas de estudo e licenças, como uma das estratégias que visava fortalecer a unidade da Igreja sob a autoridade do pontífice romano, lutar contra a ingerência secular em questões eclesiásticas, organizar e qualificar o corpo eclesial, combater a heresia, responder às demandas espirituais dos leigos. Neste sentido, muitos clérigos foram enviados às universidades, que também capacitaram leigos. Estas receberam muitos privilégios papais, mas o conhecimento ali produzido mantinha-se sob rígido controle eclesial.

Os alunos que recebiam a educação universitária tinham como objetivo obter e difundir o saber, ao mesmo tempo que ansiavam por fama e dinheiro. Diferentemente dos monges, estes novos letrados não se isolavam: estudavam, ensinavam e trabalhavam no mundo. Estabeleceram uma relação diversa com os livros, uma vez que não se preocupavam somente em preservá-los, mas também traduzi-los, comentá-los, discuti-los. Desejam não só aprender, mas também partilhar o que aprendiam.

Nesse sentido, certa dualidade marcava estes novos letrados. Ao mesmo tempo em que se empenhavam para ser compreendidos, ostentavam e se orgulhavam de seu saber. Os que não partilhavam de seus conhecimentos eram vistos, muitas vezes, com desprezo. Por outro lado, o conhecimento produzido no ambiente universitário gerava críticas quanto aos seus objetivos. Entendia-se, sobretudo nos cursos de artes e de teologia, que o saber deveria ser direcionado ao entendimento da divindade, negando-lhe, assim, um valor intrínseco.

Em virtude dos conhecimentos adquiridos, seja em direito, teologia, filosofia ou gramática, encontravam ocupação junto às chancelarias senhoriais, reais, monásticas e episcopais, imperial e papal, bem como nas próprias universidades e escolas catedralícias, como notários, escribas e tutores. Mesmo os que seguiam a carreira eclesiástica, em muitos casos, também desenvolviam outras atividades. O conhecimento universitário garantia, portanto, prestígio e rendimentos e, em muitos casos, ascensão social.

De maneira geral, a historiografia entende as universidades medievais dentro de um corte cronológico que chama a atenção para dois momentos: o do surgimento, em que a produção de conhecimento era viva e razoavelmente autônoma e inovadora; e o da sua consolidação como instituição educacional, sobretudo a partir da segunda metade do século XIV, em que estaria fadada à reprodução de saberes tradicionais.

Outro aspecto muito recorrente abordado pela historiografia especializada em relação às universidades é seu papel político, como instrumento para o fortalecimento da autoridade das monarquias, do império e do papado. Isso porque estes poderes, em grande medida, disputam pelo controle e outorga da *licentia docendi*, a licença para lecionar, bem como se esforçam em estabelecer novas corporações de estudos, como um meio tanto de legitimar seu poder quanto de criar repositórios de futuros administradores, doutores em direito e clérigos instruídos.

Com o surgimento das universidades, ampliou-se o campo intelectual no Ocidente medieval, pois a estes centros de ensino somavam-se outras escolas - paroquiais, monásticas, episcopais, citadinas - que ofereciam educação às pessoas, com conteúdos diversos e em níveis variados. Dessa forma, podemos falar de uma multiplicidade educacional no Medievo ocidental: pessoas com diferentes acessos à educação formal e, portanto, detendo conhecimentos distintos.

Andréia Cristina Lopes Frazão da Silva
Carolina Coelho Fortes

Ver também Arte e religião no Medievo; Guerra e religião no Medievo; Igreja; Poder e religião no Medievo; Vulgata (Bíblia).

AGUADÉ NIETO, S. (1994). *Universidad, cultura y sociedad en la Edad Media*. Alcalá de Henares: Universidad de Alcalá de Henares.

BEGLEY, R. & KOTERSKI, J. (2005). *Medieval Education*. Fordham: Fordham University Press.

DÍAZ Y DÍAZ, M.C. (1991). *Libros y librerias en La Rioja altomedieval*. 2. ed. Logroño: Instituto de Estudios Riojanos.

PAUL, J. (2003). *Historia Intelectual del Occidente Medieval*. Madri: Cátedra.

SOTO RÁBANOS, J.M. (1993). Disposiciones sobre la cultura del clero parroquial en la literatura destinada a la cura de almas (siglos XIII-XV). *Anuario de estudios medievales*, Madri, n. 23, p. 257-356.

VERGER, J. (2001). *Cultura, ensino e sociedade no Ocidente nos séculos XII e XIII*. Bauru: Edusc.

______ (1999). *Homens e saber na Idade Média*. Bauru: Edusc.

Encantamentos germânicos

O termo encantamento – *Zauberspruch*, "fórmula mágica" em alemão e *charm* em inglês – traz consigo um problema de categorização conceitual se aplicado ao mundo germânico continental e insular durante a Idade Média. Partindo-se de uma uniformização linguística, segundo a qual os idiomas alemão e inglês são originários do germânico antigo, não se pode, porém, chegar a uma univocidade relativa à área de atuação simbólica daquele. No mundo germânico antigo, a palavra mágica possuía uma ambivalência, pois encerrava em si uma dualidade significativa, polarizada entre os campos da magia, da religião e da cura. Cercados por uma natureza repleta de mistérios, seres sobrenaturais, manifestações cotidianas de divindades em todas as áreas da atuação humana, já César em seu *De bello gallico* (livro 6) e Tácito na *Germania* (livros 2, 8, 9, 10, 43 e 45) relatavam práticas de religiosidade e superstição germanas, em que se associava a palavra recitada ao gestual requerido para se alcançar o objetivo solicitado das divindades, criando um vínculo indissociável entre magia e religião. A própria linha demarcatória ainda não foi traçada com total exatidão. Segundo Montero (1990), citando James Frazer, dois seriam os critérios distintivos entre elas, abarcando a antropologia: para o antropólogo, a magia *trabalharia com forças que seriam imanentes à natureza, enquanto a religião veneraria forças transcendentes; a magia se definiria como um culto individual, tendendo para o privado, enquanto a religião constituiria um fenômeno coletivo e público*. Todavia, elementos do mágico estão presentes dentro da esfera religiosa e vice-versa, configurando um espaço de intermediações e inter-relações. Nesse sentido, as fórmulas de encantamento, de cura e de esconjuro são comuns dentro das comunidades germânicas continentais e no espaço geográfico da atual Inglaterra até meados do século XI, quando o cristianismo se afigura definitivamente como religião dominante.

Principalmente após Carlos Magno (742-814 E.C.) ter iniciado campanhas militares para aumentar o reino franco às custas de outras regiões ocupadas por outros povos germânicos, sente-se a presença do elemento eclesiástico como fundamental para a consecução do projeto do rei, futuro imperador cristão. Visando à manutenção e coesão de seus territórios, os homens da Igreja consideraram como objetivo primeiro a erradicação das práticas de religiosidade pagãs – doravante por nós denominadas pré-cristãs ainda vigentes – e a substituição pelos valores advindos da fé no Deus cristão. Em um primeiro momento, devido à impossibilidade do afastamento total de muitos germanos, principalmente os saxões, das tradições antigas, houve o estabelecimento de uma interface entre a oralidade pagã e a escritura cristã, que começa a se configurar em pequenas orações e bênçãos que apresentam um caráter sincrético.

Esse processo de incorporação e adaptação das tradições germânicas ligadas ao mundo dos deuses estende-se no continente e nos reinos anglo-saxões da Inglaterra do século VIII ao XI. Nesse recorte espaçotemporal coletamos dois *corpora* de fórmulas, que, embora incompletos, passamos a listar:

Encantamentos em antigo-inglês	**Encantamentos em antigo-alto-alemão**
Encantamento 1: Para a terra infrutífera Encantamento 2: O encantamento das nove ervas Encantamento 3: Contra um anão Encantamento 4: Para uma repentina pontada Encantamento 5: Para a perda de gado Encantamento 6: Para o nascimento atrasado Encantamento 7: Para a doença do elfo aquático Encantamento 8: Para um enxame de abelhas Encantamento 9: Para a perda de gado Encantamento 10: Para a perda de gado # 2 Encantamento 11: Encantamento para viagem Encantamento 12: Contra um quisto	Encantamento de defesa Para um cavalo manco Para o fluxo de sangue do nariz Para a enfermidade dos cavalos que se denomina morte Para marcar a casa contra o demônio Para o verme que está no cavalo Oração ao sangue de Bamberg Contra a paralisia da população Contra a paralisia Contra a exostose Contra o verme devorador Encantamento contra a doença dos cavalos A oração das abelhas de Lorsch As fórmulas mágicas de Merseburg Contra a dor nos olhos Para o enfermo Contra vermes Encantamento para viagem Oração ao sangue de Estrasburgo Oração pelos cães de Viena

As doze fórmulas em antigo-inglês e as vinte *Zaubersprüche* em antigo-alto-alemão podem ser inseridas em uma proposta de classificação tipológica. Há em dois *charms* menções explícitas a figuras mitológicas do mundo germânico (encantamentos 3 e 7), embora o encantamento 8 trate metaforicamente das valquírias, virgens guerreiras de Odin, figuradas como abelhas, três referem-se a problemas com a sanidade física (números 4, 6 e 12), os encantamentos 1 e 2 lidam com aspectos relativos ao plantio e uso de ervas em receitas curativas e os restantes (números 5, 9, 10 e 11) oferecem proteção contra o roubo de gado e para a realização de viagens seguras. As fórmulas de encantamento em antigo-alto-alemão, por outro lado também solicitam proteção contra enfermidades (dez encantamentos), praticamente ordenam o exorcismo do mal que acomete o enfermo (três encantamentos), duas relacionam-se ao sangue, duas aplicam-se à defesa e contra a presença do demônio, uma pede proteção aos cães, importantes animais que ajudavam seus proprietários no pastoreio e as duas restantes são emblemáticas no trato com a religiosidade germânica e a inserção do deus cristão naquelas práticas, a saber, *A oração das abelhas de Lorsch* e as duas *Fórmulas mágicas de Merseburg*. As últimas, inclusive, são alguns dos pouquíssimos resquícios escritos que estão absolutamente isentos de elementos cristãos, enquanto a primeira parece ter origem similar ao *charm* 8, em que as abelhas representam o conjunto dos germanos habitantes do campo, que devem evitar o retorno à floresta, metáfora do *pagus*, a fim de continuarem a honrar a Deus, Cristo e Maria.

Em suma, as fórmulas de encantamento germânicas, redigidas nos estratos iniciais do inglês e do alemão, pertenciam à práxis cotidiana da expressão da nova fé, imbuída dentro de antigas manifestações de relação com o sagrado. Independentemente do sentimento de ligação com o(s) deus(es), acreditava-se na eficácia daquelas, pois compartilhavam-se das mesmas ideias básicas e imagens do mundo. *Cristo ou Wotan, Freia ou Maria, Phol ou um santo, não há diferença: são denominações de portadores de poder, aos quais as pessoas se colocam dispostas e das quais se tem esperança de auxílio.*

Álvaro Alfredo Bragança Júnior

Ver também Amuletos e talismãs; Magia escandinava; Mitologia escandinava; Religiosidade popular no Medievo.

BRAGANÇA JÚNIOR, Á.A. (2011). "Práticas religiosas germânicas à luz da literatura: Natureza, Asgard e Céu". In: LUPI, J. *Deuses, cavaleiros e deusas*. Florianópolis: Insular, p. 75-82.

DEROLEZ, R. (1974). *Götter und Mythen der Germanen*. Wiesbaden: Suchier & Englisch.

LANGER, J. (2005). Religião e magia entre os vikings: uma sistematização historiográfica. *Brathair*, 5 (2), p. 55-82.

MEYER, R.M. (s.d.). *Altgermanische Religionsgeschichte*. Essen: Athenaion.

MONTERO, P. (1990). *Magia e pensamento mágico*. 2. ed. São Paulo: Ática.

RODRIGUES, L. (1994). *Anglo-Saxon verse charms, maxims & heroic legends*. Middlesex: Anglo-Saxon Books.

WIPF, K.A. (1975). Die Zaubersprüche im Althochdeutschen. *Numen*, vol. 22, Fasc. 1, p. 42-69.

Epopeia de Gilgamesh (Gilgameš)

A Epopeia de Gilgameš está entre as obras mais importantes da literatura sumério-acadiana. Os babilônicos criaram uma composição poética, de caráter épico, cujo valor literário pode ser equiparado às grandes obras memoráveis conhecidas e sem paralelos no Oriente antigo. A Epopeia Gilgameš apresenta dois temas que interpelam a humanidade inteira ao longo da história: o motivo da amizade e a problemática da morte. Segundo a concepção mesopotâmica, não existe vida após a morte, assim, há que viver cada dia da melhor maneira, pois somente os grandes feitos sobreviverão na memória dos homens.

Segundo Bouzon (1998, p. 125) a epopeia se configura em: "uma fonte historiográfica de valor inestimável para o estudo das ideias e das concepções do homem da Baixa Mesopotâmia desde o III milênio a.E.C., quando apareceram os primeiros textos sumérios da saga de Gilgameš". Gilgameš teria sido rei da I Dinastia de Uruk, no período protodinástico II (2750-2600 a.E.C.) e segundo a lista dos reis suméria ele foi o quinto rei desta dinastia. Gilgameš é descrito como filho do Rei Lugalbanda e da deusa Ninsum e nos textos seu nome é precedido pelo determinativo divino "*dingir*".

Foi durante a passagem do II para o I milênio a.E.C. que surgiram o maior número de exemplares e as diferentes versões da Epopeia de Gilgameš. A mais importante destas descobertas foi a Biblioteca de Assurbanipal, em Nínive, uma das capitais do Império Assírio. Ali foram identificados entre 2.500 e 3.000 versos, distribuídos em onze tabletes, que comporiam a versão mais longa e mais completa desta obra literária. Esta vigorosa disseminação da epopeia se deve, em grande parte, à potência do Império Assírio que conquistou e dominou enormes extensões territoriais, impondo seu poder político e militar, mas também divulgando sua cultura (JOANNÈS, 2001, p. 125-128).

A versão ninivita, como é chamada, possui ainda uma característica peculiar, a grande uniformização do texto, onde desde as versões do século IX até 205 a.E.C. não há variações significativas. Jean Bottéro, um dos grandes tradutores da epopeia, sugere que esta unificação literária é obra de um "editor" ou revisor. Em uma espécie de catálogo bibliográfico datado do início do I milênio a.E.C., contendo os títulos das obras literárias e seus possíveis autores (reais ou imaginários), aparece a menção de que a "série de Gilgameš" era atribuída à "Sînleqe'unnemi o Exorcista", uma espécie de grande intelectual de sua época (BOTTÉRO, 1992, p. 51). Sua versão da Epopeia de Gilgameš é considerada clássica e definitiva. O texto, com 2.000 linhas, está organizado em onze tabletes cuneiformes, subdivididos em unidades de narrativa, semelhante aos cantos da Ilíada e da Odisseia, onde a métrica era baseada em dois quesitos: de um lado a semântica e de outro a fonética. O final do XI tablete encerrava a obra, com a repetição dos quatro versos que estavam no início do I tablete, respeitando um procedimento de estilo poético presente na literatura de todo o antigo Oriente Próximo.

Retomo aqui meu estudo (POZZER, 2014) sobre as diversas versões e apresento uma síntese do poema (PARPOLA, 1997). O primeiro tablete apresenta Gilgameš como o maior de todos os reis, sendo 1/3 divino e 2/3 humano, que se tornou sábio a partir das experiências da vida: o sofrimento, as viagens a lugares desconhecidos e seus grandes feitos, dentre eles a construção da grande muralha de Uruk. Também é narrada a criação de Enkidu pela deusa Aruru, ao moldá-lo de argila e depositá-lo na estepe para viver com os animais selvagens como um homem primitivo, para frear a arrogância e os excessos de poder cometidos por Gilgameš (BLACK & GREEN, 1992, p. 132-133).

A população de Uruk vivia aterrorizada tanto pelas constantes guerras e pela imposição de Gilgameš de que todas as jovens recém-casadas deveriam passar a primeira noite com ele. É relatado o encontro de Enkidu com Šamhat, a cortesã, que, através da iniciação sexual, o torna inteligente e o traz à vida civilizada. No final do tablete são descritos os dois sonhos que Gilgameš teve ao contar à sua mãe, que os interpretou como um bom presságio.

No segundo tablete, bastante fragmentado, ocorre o encontro de Enkidu com os pastores, que dão continuidade ao seu processo civilizatório, ao comer o pão e beber a cerveja. A cortesã convence Enkidu a vir a Uruk, onde ele encontra Gilgameš e o impede de gozar o "direito da primeira noite" com a noiva de um dos pastores. É quando eles entram em um feroz combate, na rua, sendo assistidos por uma multidão que se aglomera para ver esta luta de titãs. Depois de uma importante lacuna, o texto retoma com a apresentação de Enkidu como grande amigo de Gilgameš e a proposta de Gilgameš para uma expedição à floresta de cedros.

O terceiro tablete contém as informações sobre os preparativos e a partida da expedição à floresta de cedros para matar Humbaba, apresentado como o "monstro guardião da floresta". O texto assinala, ainda, o temor de Ninsum, a mãe de Gilgameš, com esta perigosa aventura. Após uma lacuna de cerca de 20 linhas, o texto apresenta as recomendações do conselho de anciãos da cidade de Uruk aos dois amigos.

O quarto tablete, bastante fragmentário, conta o percurso da viagem dividido em seis etapas: três dias de caminhada, intercalados com dias de parada para repouso e alimentação. A cada uma das noites Gilgameš tinha um sonho que, ao amanhecer, era decifrado por Enkidu. O texto narra o primeiro encontro com Humbaba e o terror que seu grito causou a Gilgameš. No final do tablete Gilgameš pede a ajuda de Enkidu para prosseguir e conseguir adentrar na floresta, com uma expressão que ficará conhecida como "a união faz a força".

O quinto tablete da versão ninivita conservou apenas algumas linhas dos seus mais de 300 versos. Felizmente o texto de Uruk completa a narrativa. Neste documento são relatadas a luta feroz entre Gilgameš e Enkidu contra Humbaba, a intervenção do deus Šamaš a favor dos dois heróis, a hesitação de Gilgameš em matar Humbaba e a insistência de Enkidu para fazê-lo. Finalmente é Enkidu que mata o guardião da floresta e Gilgameš que leva a sua cabeça para Uruk. Antes de partir eles cortam um cedro portentoso que será levado até Nippur, a cidade-santa.

No sexto tablete é descrito o fascínio exercido pela beleza de Gilgameš sobre a deusa Ištar, que ao vê-lo banhado, com roupas limpas, penteado e ornado com os adereços reais, apaixona-se por ele. Ela se insinua sexualmente e lhe promete poder e glória se ele aceitar desposá-la. Mas Gilgameš a renega, lembrando a triste sorte de cada um dos seus ex-amantes, atraindo toda a fúria da deusa sobre ele. Ao sentir-se humilhada, Ištar pede a seu pai, o grande Enlil, que envie à terra o Touro Celeste, animal feroz e implacável, para destruir Uruk e, assim, vingar-se de Gilgameš. Porém, o Touro Celeste é morto pelos heróis Gilgameš e Enkidu que lhe retiram o coração e o oferecem à Šamaš (BLACK & GREEN, 1992, p. 47-51).

Ištar veste luto e se lamenta pela morte do Touro Celeste. Enkidu, ao ouvir seu pranto, arranca uma pata do Touro e joga-a no rosto da deusa, insultando-a gravemente. O tablete termina com a menção de um sonho que Enkidu teve naquela noite.

É no sétimo tablete que é narrado o adoecimento e a morte de Enkidu. Os dois heróis viajam a Nippur, onde Enkidu queixa-se sobre sua doença, diante da porta monumental que ele e Gilgameš mandaram construir com o cedro trazido da floresta.

Enkidu toma consciência de sua doença e da proximidade de sua morte e amaldiçoa todos àqueles que o tiraram de sua vida selvagem. Depois Enkidu relata seu sonho, onde ele habitava o mundo dos mortos. O texto termina contando o agravamento de sua doença e a sua morte.

Bastante mal conservado, o oitavo tablete guarda a narrativa dos funerais de Enkidu e a triste lamentação de Gilgameš e seu luto pela morte do amigo.

O nono tablete inicia com Gilgameš chorando o desaparecimento de Enkidu, vagando desesperado na estepe, quando decide ir ao encontro de Utanapištim, o herói do dilúvio que se tornou imortal. O texto segue com o relato desta viagem encantada, habitada por seres mitológicos com características antropozoomórficas. Após um longo e difícil caminho, Gilgameš chega a um maravilhoso jardim.

O décimo tablete identifica a taberneira Siduri como a guardiã do jardim, que, em um primeiro momento, barra a passagem de Gilgameš e o faz contar os motivos que o trouxeram até ali. Ele, então, narra toda a história, a morte de Enkidu e a sua negativa em aceitar a própria morte. Siduri o permite seguir adiante, indicando as dificuldades do caminho e o barqueiro Uršanabi que o levaria até Utanapištim. Feita a travessia do mar de águas mortais, com alguns percalços, Gilgameš encontra Utanapištim. Este o interroga sobre as razões de seu terrível estado físico e emocional e Gilgameš explica-lhe, longamente, seu desespero e seu medo da morte. Utanapištim tenta consolar Gilgameš dizendo que os grandes deuses impuseram tanto a vida como a morte aos homens e que nada poderia ser feito para mudar isto.

O décimo-primeiro tablete inicia com o questionamento de Gilgameš sobre imortalidade de Utanapištim e este lhe revela um segredo: a narrativa detalhada do dilúvio e a intervenção de Ea para que ele e sua família sobrevivesse.

A narrativa do dilúvio retoma, literalmente, grande parte do poema de Atrahasîs, da construção do barco, dos sete dias de dilúvio, do banquete oferecido aos deuses e de como Utanapištim e sua esposa (que não é nomeada no texto) são abençoados por Enlil, que lhes concede a vida eterna, esclarecendo que Gilgameš jamais a obterá desta mesma maneira. Utanapištim, então, diz que Gilgameš deve se submeter a uma prova que demonstre sua profunda vontade de superar a morte: ele deveria passar seis dias e sete noites sem dormir. Utanapištim passa a depositar junto a Gilgameš um pão para cada dia que ele dorme e, ao final do sétimo dia, ele acorda Gilgameš, que pensava ter dormido apenas algumas horas e mostra os pães envelhecidos como a prova de sua fraqueza. Gilgameš cai em desespero, pois pressente que a morte é inevitável.

Utanapištim dá ordem a Uršanabi, o barqueiro, de levá-lo de volta, mas sua esposa, consternada com a aflição de Gilgameš, pede que lhe seja concedido um favor. Assim, Utanapištim desvela o mistério de como ele pode obter a "planta da juventude", mergulhando no fundo do mar. Gilgameš consegue encontrar a planta e inicia a viagem de volta para Uruk, na companhia de Uršanabi. No trajeto eles param para se repousar e beber água fresca de uma fonte quando uma serpente, atraída pelo odor da planta, rouba-a e desaparece, deixando sua pele velha como vestígio. Gilgameš então chora e se desespera, tendo como única alternativa voltar para Uruk de mãos vazias. O tablete termina com a chegada à magnífica cidade que, orgulhosamente, Gilgameš mostra a Uršanabi.

Assim se encerraria a epopeia, mas na versão ninivita foi adicionado o XII tablete, que apresenta uma outra variante da morte de Enkidu e a visão mesopotâmica do mundo dos mortos. Nesta glosa, Gilgameš havia deixado cair dois instrumentos musicais no mundo dos mortos e Enkidu resolve entrar lá para buscá-los, apesar dos insistentes conselhos de Gilgameš para não o fazer. Enkidu então é condenado a ficar ali para sempre, como morto. Gilgameš chora e implora aos deuses que libertem seu amigo, mas tudo o que ele obtém é o favor de Ea de liberar Enkidu por um breve momento, quando os dois amigos se reencontram e travam um longo diálogo. Gilgameš quer tudo saber sobre o mundo dos mortos e Enkidu descreve o horror de ver seu próprio cadáver e o destino de diferentes tipos de personagens no mundo subterrâneo.

A Epopeia de Gilgameš conheceu uma extraordinária difusão no mundo antigo oriental que nenhuma outra obra literária alcançou. Mas esta expansão também congregou um outro fenômeno. O texto foi apropriado, remanejado, traduzido, condensado e recopiado por várias gerações de escribas, os intelectuais de sua época, evidenciando uma nítida permanência da tradição oral que, de certa forma, era recriada pelos narradores e pelo fenômeno das interações culturais em todo o antigo Oriente Próximo (VAN DE MIEROOP, 2013).

A Epopeia de Gilgameš apresenta dois temas que interpelam a humanidade inteira ao longo da história: o motivo da amizade e a problemática da morte. Nas versões acádicas Enkidu é identificado como o melhor amigo de Gilgameš. O texto narra o nascimento desta amizade e de como ela foi sendo construída ao longo do tempo, com companheirismo, ajuda mútua e solidariedade. Já o tema da morte ganha força na narrativa a partir do surgimento da doença e da morte de Enkidu. Gilgameš toma consciência da finitude da vida ao presenciar, impotente, a morte do amigo. Uma tristeza profunda ocupa seu coração e este desespero é o motor que o impulsiona a enfrentar uma nova e dificílima aventura: a descoberta do segredo da imortalidade de Utanapištim, aquele que sobreviveu ao dilúvio. E novamente surge uma contradição, pois, ao mesmo tempo que lhe é revelado este enigma, ele percebe que nunca terá a vida eterna. Gilgameš recebe como consolo as sábias palavras da taberneira Siduri: cabe ao homem viver a vida de cada dia, alegrar-se com os filhos e a esposa e deixar seu nome gravado na história através de atos grandiosos. Segundo a concepção mesopotâmica, o homem só tem uma vida, há que vivê-la da melhor forma, pois só continuaremos existindo na memória dos homens, graças às boas realizações que fizermos.

Katia M.P. Pozzer

Ver também Ishtar; Mito; Mesopotâmia (religião e mitologia); Politeísmo; Religião.

BLACK, J. & GREEN, A. (1998). *Gods, Demons and Symbols of Ancient Mesopotamia*. Londres: British Museum.

BOTTÉRO, J. (1992). *L'Épopée de Gilgameš* – Le grand homme qui ne voulait pas mourir. Paris: Gallimard.

BOUZON, E. (1998). *Ensaios babilônicos* – Sociedade, economia e cultura na Babilônia pré-cristã. Porto Alegre: Edipucrs.

PARPOLA, S. (1997). *Epic of Gilgamesh*. Helsinki: University of Helsinki.

POZZER, K.M.P. (2014). "A Epopeia de Gilgameš: Amizade e Morte na Mesopotâmia". In: SANTOS, D. (org.). *Grandes epopeias da Antiguidade e do Medievo*. Blumenau: Edifurb, p. 42-53.

VAN DE MIEROOP, M. (2013). "Beyond Babylonian literature". In: ARUZ, J.; GRAFF, S. & RAKIC, Y. (orgs.). *Cultures in Contact* – From Mesopotamia to the Mediterranean in the Second Millenium B.C. Nova York: Metropolitan Museum of Art, p. 276-283.

Eslavos pré-cristãos (religião)

Problemas metodológicos – Um dos principais problemas metodológicos para o estudo da religião eslava pré-cristã é o caráter indireto das fontes. Os eslavos, de modo semelhante a outros povos indo-europeus em sua origem, possuíam uma cultura ágrafa. Devido ao fato de que começaram a fazer uso da escrita muito mais tarde do que outros povos indo-europeus, a partir do século IX e vinculado à cristianização, não nos deixaram nenhum texto sagrado nem relato mítico de primeira mão.

Isso nos leva a um segundo problema metodológico: a manipulação religiosa das fontes. Os textos nos quais se descreve o paganismo eslavo são em sua maioria obras de autores cristãos ou muçulmanos, quer dizer, monoteístas, que tratam a religião autóctone com um certo antipaganismo notável e por isso é preciso aplicar para todas as fontes uma crítica extrema. Mas se esta crítica se leva ao máximo, podemos ficar sem nenhuma informação, como já sucedeu nos anos de 1930 e principalmente com a escola germana, que tendia a considerar como estrangeiro para a cultura eslava a todo elemento que tinha em comum com outra cultura indo-europeia.

Outro problema que encontramos é a grande dispersão espaçotemporal e linguística, tanto nas línguas e povos eslavos, como dos informantes sobre sua religião pré-cristã. Os textos em que encontramos algum tipo de referência para a religião eslava pré-cristã vão desde o século V até a segunda metade do século XVI. Trata-se, portanto, de um lapso de onze séculos. Em questão à dispersão geográfica dos povos eslavos, teve sua origem em um acontecimento histórico conhecido como a "Grande Expansão Eslava", um massivo movimento migratório que se deu de fins do século V ao princípio do VI. É nesse movimento que os eslavos entram na história ao se chocar com os grandes estados europeus da época: o reino germânico dos francos e seu sucessor no Império Carolíngio, assim como o Império Bizantino, de onde procede nossa informação principal sobre eles.

Em sua expansão até o Ocidente o número de fontes que são contemporâneas com práticas pagãs vivas vai ser maior. Os eslavos radicados nas ribeiras do Báltico criam uma série de estados independentes, sendo o último o da Ilha de Rügen, que foi conquistada e cristianizada pelos daneses em 1168. Existe um número importante de cronistas latinos de origem germânica, que chegam até começo do século XIII, que nos contam sua visão de um paganismo ainda vivo.

A expansão dos eslavos até o Leste vai gerar um modelo de estado muito peculiar, baseado no modelo de assentamentos comerciais que os escandinavos criaram para controlar as rotas dos grandes rios que uniam o Báltico com o Mar Negro e o comércio entre o Norte da Europa e Bizâncio. Existe uma série de textos em árabe que registram as práticas religiosas desta área e que são muito interessantes, se bem que criam problemas sérios de interpretação, posto que às vezes não está claro até que ponto os viajantes árabes estão falando dos escandinavos radicados no Volga ou dos habitantes eslavos da mesma zona. Em qualquer caso, os textos referidos a um âmbito geográfico de onde se desenvolverá o primeiro Estado eslavo oriental, a Rus' de Kiev, e contemporâneos dos fatos que descrevem (séc. X). Após a conversão ao cristianismo do ano 988 são autores cristãos os que escrevem a história do Principado de Kiev e a quem devemos nossa informação sobre o período pré-cristão do dito Estado.

Fontes – As fontes sobre a religião eslava pré-cristã podem ser de vários tipos: históricas, arqueológicas, folclóricas, iconográficas e procedentes dos dados linguísticos. Se realizamos uma valorização das fontes históricas de maior ou menor valor, em primeiro lugar devemos mencionar os autores contemporâneos de um paganismo "vivo". Dentro deste grupo se distinguem de um lado autores com "curiosidade antropológica" ou interesse estratégico e por outro lado os missionários cristãos que necessitam conhecer bem os povos a evangelizar. Em segundo lugar e com menor valor se encontram os textos que não são contemporâneos com os fatos que narram. E em terceiro e último lugar temos que situar as condenações de sobrevivências de práticas pagãs na sociedade cristianizada.

As fontes arqueológicas são as únicas em dar provas do caráter direto, porém são de difícil interpretação e sem testemunhos textuais. As fontes folclóricas são complementares e entre os eslavos são muito valiosas. Ainda assim, congregam o perigo de interpretar como sendo eslavas práticas folclóricas de caráter universal e de tomar como antigas as interferências ideológicas dos folcloristas do século XIX. Enquanto as fontes iconográficas são complementárias e às vezes recolhem elementos de obras apócrifas e do folclore. Mas é muito difícil determinar se representam elementos característicos da cultura eslava ou se são ornamentais. Por último, sobre os dados linguísticos cabe decidir se são complementares, mas insuficientes por si mesmos e às vezes discutíveis, necessitando ser comparado com outras fontes.

Reconstrução da religião eslava pré-cristã – Os problemas metodológicos mencionados fazem necessário a reconstrução da religião eslava pré-cristã mediante o método comparativo, chegando à comparação de todos os níveis: a comparação de todos os tipos de fontes (históricas, arqueológicas, folclóricas, iconográficas e dos dados linguísticos), assim como os testemunhos sobre todos os povos eslavos e destes com outras culturas e povos indo-europeus: escandinavos, fino-úgricos, bálticos, germânicos e iranianos.

Mitologia eslava – Semelhante a outros aspectos da religião eslava pré-cristã se faz necessário uma reconstrução mediante a comparação (cf. o verbete "Mitologia eslava").

Autoridades religiosas – Este é um dos temas mais polêmicos e questionáveis entre os estudiosos. A julgar pelos testemunhos das fontes históricas, somente é confirmada a existência de uma classe profissional entre os eslavos ocidentais, principalmente entre os eslavos do Báltico. No entanto, se observarmos atentamente todas as fontes em seu conjunto, também encontraremos algumas referências a sacerdotes entre os eslavos orientais. Estes pertenciam ao *Livro da resina preciosa* do viajante árabe Ibn Rusta (séc. X), que fala da existência de médicos entre os Rus' que ofereciam sacrifícios humanos e animais mediante enforcamento e a *Crônica dos tempos passados*, em cujo prefácio correspondente ao ano 1072 se narra a chegada de um "mago" ou falso profeta a Kiev anunciando catástrofes naturais, assim como uma rebelião sucedida na região de Rostov e instigada por dois feiticeiros de Jaroslavl no contexto de uma época de crise e fome. Em ambos os casos, a crônica se refere a personagens como *volkhvy* "bruxos, feiticeiros".

Espaço ritual – Entre os distintos povos eslavos estão atestados três tipos principais de espaços rituais: espaços naturais, santuários com ídolos ao ar livre e templos de madeira. Os primeiros se encontravam em todas as áreas geográficas eslavas e consistem principalmente em árvores e bosques sagrados, rios e lagos sagrados, ilhas sagradas, rochas e montanhas sagradas. No que diz respeito aos santuários com ídolos ao ar livre, estão documentados tanto por fontes históricas como arqueológicas majoritariamente entre os eslavos orientais, mas também narrados entre alguns ocidentais. Entre os eslavos orientais e meridionais recebem o nome de kapishche: "altar de ídolos". No que diz respeito aos templos de madeira, estes são mencionados quase exclusivamente pelas fontes históricas entre os eslavos ocidentais, como por exemplo na cidade de Szczecin (Polônia), onde são chamados *continas*. Sem dúvida também temos alguns testemunhos, como a saga escandinava *Saga Ólafs Konúngs Tryggvasonar en mesta* (composta em 1300 mas baseada em materiais anteriores), ou "os prados de outro" do viajante árabe Mas'ūdī (séc. X) que nos faz pensar na existência de templos fechados na Rus' de Kiev.

Ritos e cultos – Entre os eslavos destacam-se especialmente os ritos de fertilidade e culto aos mortos, estando ambos estreitamente relacionados entre si. Uma das descrições mais detalhadas sobre os ritos realizados pelos povos eslavos encontramos na *Gesta Danorum* de Saxo Gramático, ao descrever os ritos agrários de fertilidade que tinham lugar anualmente no santuário de Arkona, na Ilha de Rügen, em relação com o ídolo do deus Sventovit. A estes ritos assistia todo o povo, consistindo dessa forma um elemento de coesão da comunidade e um sinal de identidade da mesma forma que o era o santuário.

Saxo Gramático nos conta também que se efetuava alguns ritos militares de adivinhação antes das batalhas, utilizando para isso um cavalo branco dedicado ao deus Sventovit, que se fazia passar por cima de lanças cravadas no solo. Isto coincide com os oráculos praticados com o cavalo do deus Svarozhits entre os liutícios ou com o carvalho negro do deus Triglav na cidade de Szceccin, como atestam Thietmar de Merseburgo e Helmoldo de Bosau respectivamente.

Com referência ao culto dos mortos, é possível afirmar que o rito funerário generalizado entre todos os povos eslavos era a incineração, variando no tratamento das cinzas, que em alguns povos se inumavam em um túmulo funerário, enquanto em outros se depositavam em uma urna. A incineração estava associada a um banquete funerário, que entre os eslavos orientais se denominava *tryzna*. Da mesma forma, em todos os povos eslavos existem menções ao sacrifício ritual das viúvas, que às vezes realizavam sua autoimolação mediante enforcamento, enquanto em outras ocasiões se limitavam a provocar autolesões.

Festividades dedicadas aos mortos – Entre os eslavos orientais e meridionais estão bem documentados os festivais de caráter anual dedicados ao culto dos mortos, ainda que marcados por traços de ritos agrários de fertilidade. Ambos tinham lugar na primavera. A *Radunitsa* coincidia com a semana santa cristã e estava dedicada aos espíritos dos mortos chamados *navii*, que acreditavam que voltariam ao mundo dos vivos pelo calor das fogueiras acendidas para chamar-lhes, oferecendo-se uma série de alimentos e bebidas, assim como o conhecido "banho dos mortos".

Em segundo lugar, as *Rusalias*, também chamadas *Semana das Rusalias* ou *Semik*, eram celebradas no Pentecostes e eram dedicadas às *rusalki*, nome tardio das divindades menores das águas que os sermões do século XIII chamavam *bereginy* ou *vily*. Tratava-se de donzelas que haviam sido mortas jovens ou com morte violenta sem haver completado o seu ciclo vital, convertendo-se em "mortos sem descanso". Para evitar que fossem perigosas para os humanos ou para a fertilidade da terra, a elas eram realizadas oferendas que incluíam sacrifícios de galos e galinhas.

Sacrifícios – Em todas as áreas eslavas estão atestados sacrifícios sangrentos de animais e seres humanos, assim como oferendas de alimentos e bebidas. Sobre os sacrifícios humanos, ainda que em textos mais tardios se discuta as menções exageradas dos autores cristãos para aumentar a crueldade dos pagãos, já estavam presentes em testemunhos mais antigos de autores bizantinos sobre os eslavos meridionais, o que parece confirmar sua autenticidade e Antiguidade.

Artefatos religiosos – Nas fontes históricas se menciona a veneração de ídolos por parte de todos os povos eslavos. A maioria deles era feita de madeira e depois da cristianização foram jogados em rios e lagos, não permitindo que fossem conservados. Ainda assim foram encontrados alguns, como o famoso ídolo de pedra que apareceu no fundo do Rio Zbrucz, tributário do Dnieper, apresentando quatro lados com quatro cabeças e distintos atributos (espada, cavalo, chifre, anel), alguns deles semelhantes aos ídolos do deus Sventovit de Arcona, tal como o descreve Saxo Gramático. Apesar disso, desconhece-se a identidade do deus que o ídolo pode representar. Também foram encontrados pequenos ídolos de madeira em várias áreas geográficas eslavas, assim como figurinhas antropomórficas e zoomórficas de metal.

Religião popular – Entre os povos eslavos a religião popular desempenhou um papel muito importante. Por ter sido a cristianização da maioria dos povos eslavos de caráter forçado e numa direção vertical de cima para baixo (primeiro se batiza o príncipe e depois obriga-se a cristianização de todo o seu povo), as práticas pré-cristãs seguem por muitos séculos depois da cristianização oficial na religião popular. É o que se chama *dvoeverie*, "dupla fé", entre os eslavos orientais, ainda que tenha sido questionado recentemente por Stella Rock como um "mito acadêmico".

Enrique Santos Marinas

Ver também Baba Yaga; Cristianização da Rússia; Cristianização dos eslavos; Mitologia eslava; Paganismo medieval.

ÁLVAREZ-PEDROSA NÚÑEZ, J.A. (2017). *Fuentes para el estudio de la religión eslava precristiana*. Zaragoza: Pórtico.

ROCK, S. (2007). *Popular Religion in Russia* – "Double belief" and the making of an academic myth. Londres/Nova York: Routledge.

SŁUPECKI, L.P. (1994). *Slavonic Pagan Sanctuaries*. Varsóvia: Institute of Archaeology and Ethnology, Polish Academy of Sciences.

Etnias e religião

Ver Báltico pré-cristão (religião); Celtas (religião); Eslavos pré-cristãos (religião); Etruscos (religião); Hinduísmo; Mesopotâmia (religião e mitologia); Nórdicos da Era Viking (religião); Roma antiga (religião).

Etruscos (religião)

Dizia Tito Lívio que os etruscos eram os mais religiosos dos homens. Tal opinião era muito comum na Antiguidade, até o ponto que os autores cristãos, como Clemente de Alexandria e Eusébio de Cesareia, os consideravam os inventores do sacrifício. Esta impressão igualmente podia se manifestar em sentido negativo e assim também o cristão Arnóbio afirmava que a Etrúria era "a mãe de todas as superstições". E parece que a religião, admitindo a sua importância na vida dos antigos, tinha entre os etruscos uma presença muito intensa. Por desgraça, a documentação disponível apenas permite conhecer as particularidades do culto, se bem que à medida que se avança nas investigações dos documentos observa-se um panorama que não se distancia muito dos outros povos itálicos, Roma incluída. Assim se pode apreciar por exemplo nos textos conhecidos no *liber linteus* da múmia de Zagreb ou uma de Cápua, dos calendários que mencionam as festas, as divindades e os rituais que se devem cumprir em cada momento.

Também no panteão existem semelhanças, porém elas suscitam muitos problemas. Era muito numeroso, se bem que não é fácil penetrar no significado de cada divindade. Umas são conhecidas pelo seu nome a partir das inscrições e outras por representações, porém nem sempre é possível estabelecer a correspondência entre uma e outra. Em algumas ocasiões se observa a ambiguidade sexual, de maneira que não é seguro afirmar se uma divindade é masculina ou feminina. Alguns deuses têm um nome de origem itálica, porém suas aparências e funções se aproximam de seus correspondentes gregos. Tal é o caso de Stehlans, identificado ao Hefesto grego e por sua vez muito relacionado com o nativo Velchans, o que faz muitos pensarem que se trata da mesma divindade com dois nomes. Da mesma forma itálico é o nome de Nethuns, assimilado a Poseidon, igual a Fufluns, deus da vegetação que por influência grega se vincula a Dioniso, advindo daí o seu epíteto de Pachies (Baco).

Da Grécia chegou Apulu (Apolo), que se adaptou ao modelo grego com elementos da divindade nativa Suri. A mesma procedência grega tem Aritimi ou Artumes (Artemis) e Turms (Mercúrio), com nome etrusco e que atua como psicopombo no inferno. Também Herele (Héracles), porém a diferença da Grécia não é um herói mas um deus. Singular é o caso dos Dióscuros, cuja tradução ao etrusco é literal, Tinas Cliniar, "filhos de Tinia". Outras divindades são de procedência latina, como Uni (Juno) e Menerva (Minerva). De um ponto de vista iconográfico, se ajustam em geral aos critérios gregos, mas não em tudo e também são admitidos os mitos gregos referidos a todas estas divindades.

À cabeça do panteão figura Tinia (Zeus, Júpiter), cujo símbolo é o raio; porém não parece gozar de uma autoridade tão absoluta como seus paralelos gregos e latinos, já que para lançar algum raio teria que consultar aos conselhos dos deuses. Grande importância tinha Uni no âmbito político, divindade poliádica em diversas cidades da Etrúria. Mesmo assim eram relevantes Turan (Afrodite), que incorpora alguns mitos gregos, como o de Adonis (Atunis) e Minerva, com especial dedicação curotrófica e também um componente ctônico e adivinhatório. Thesan, equivalente à Eos grega e à Mater Matuta latina, aparece sobretudo nas portas como divindade empórica. Laran (Ares, Marte) é representado com armadura. Cel era a deusa terra e Calu a principal divindade infernal.

Os etruscos tinham uma peculiar percepção do divino, segundo se observa em sua capacidade para interpretar a vontade dos deuses. Estes intervinham continuamente na vida dos homens, que vem condicionar a sua existência aos desígnios divinos. Os etruscos viviam então pendentes da vontade dos deuses, os quais os leva a manter uma relação fluida com eles, sempre em posição de inferioridade e não isenta de temor. Porém o temor à divindade não chega a provocar uma sensação de angústia, senão que é assumido em um profundo fatalismo. Acreditavam que tudo tinha um princípio e seu final e que isso já estava escrito. Os deuses haviam decidido o destino dos homens, para quem comunicavam seus desígnios ao chegar o momento.

Aqui surge uma visão particular do espaço e do tempo. Os etruscos não buscavam uma explicação física para os fenômenos da natureza, estes eram provocados pelos deuses para transmitir a sua vontade. Os arúspices, encarregados de interpretar os prodígios, atuavam de maneira técnica, não intuitiva, de forma que analisavam com o fim de tirar conclusões. Seu saber era resultado de uma larga tradição baseada na observação dos fatos e codificação dos resultados. A ciência aruspicial se convertia então em especialistas sobre os temas mais diversos relativos à natureza, porém o seu objetivo o leva a considerar antes de tudo o "porquê" e não o "como". A única resposta possível se encontrava na esfera divina.

A relação dos etruscos com o tempo oferece assim certas singularidades. Segundo as suas crenças, a História se constituía em uma concepção geral do tempo, que começava com a criação. No texto bizantino da *Suda* figura uma cosmogonia etrusca que fala de um deus demiurgo criador do mundo, no qual empregou a metade do tempo prescrito, seis milênios, concedendo outros tantos para a história dos homens. O conteúdo é muito similar ao do primeiro capítulo do Gênesis bíblico, mostrando a capacidade dos etruscos para assimilar qualquer influência, nesse caso judaico-cristã. O relato da criação aparece em outro texto etrusco, chamado "a profecia de Vegoia", conservado no *corpus* dos agrimensores romanos e que data de finais do século II ou começo do I a.E.C. Nele Júpiter é o deus criador, que separou os elementos primordiais e ordenou o cosmos. Reclamou para si a Etrúria, introduziu a *limitatio* dos campos e da sacralidade das pedras que os limitava e implicitamente reconhece a autoctonia dos etruscos, primeiros habitantes sobre a terra, a qual habitavam graças à ação do deus criador.

Além de sua origem, os etruscos também escreveram o seu final, expresso na doutrina dos *saecula*. Segundo Censorino, os deuses concederam aos etruscos uma duração de dez séculos, cujo término sucederá ao *finis nominis Etrusci*. O século etrusco não teria uma duração constante, a não ser, como diz o próprio Censorino, que era o mais largo espaço da vida humana definido pelo nascimento e morte. O homem não podia saber quando se produz o final de um século, já que desconhece quando morrerá o mais longevo nascido no dia do início do século, pelo qual a intervenção dos deuses é necessária para advertir no momento preciso. Também o homem é vítima do destino. Sua vida se divide em 12 hebdômadas. Até os 70 anos se podia aumentar a vida mediante os ritos apropriados, porém passada essa idade era inútil consultar os deuses e a partir dos 84 anos os deuses se esqueciam dos homens, a quem nem sequer avisavam que chegava o seu final. Mas enquanto isso, se preocupavam: Plínio e Sêneca falam de um tipo específico de raios (*fulmina familiaria, perpetua*) que apareciam nos momentos de importância da vida dos homens, como o nascimento e o matrimônio.

Surge então o conflito entre liberdade e determinismo, quer dizer, se o homem tem liberdade ou pelo contrário vive condicionado para o fim que os deuses lhe têm reservado. O destino exerce uma forte influência, porém por sua vez o homem dispõe de mecanismos que, se não o retiram, podem ao menos diminuir os seus efeitos. Na religiosidade etrusca interpretam um papel importante dois aspectos principais: por um lado, a opressão de um universo divino que tudo controla, e, por outro lado, o excepcional desenvolvimento que alcançou a adivinhação. Ambos estão estreitamente relacionados, pois a sensação de abatimento que envolve o homem implica a necessidade de conhecer a vontade dos deuses. E com efeito, as técnicas adivinhatórias, instrumento fundamental de conhecimento e controle do destino, constituíam a parte mais importante dos livros sagrados.

Outra peculiaridade da religião etrusca é a existência de profetas cuja revelação foi registrada em uma literatura sagrada. Para eles, em certa medida entra uma categoria das religiões do livro, frequente entre os povos orientais, mas inexiste no mundo clássico. Sem dúvida, se diferencia destes últimos pela ausência de conteúdos dogmáticos, já que eram de caráter ritual e adivinhatório. O profeta mais conhecido, além da mencionada Vegoia, era Tages. Segundo a tradição, quando um camponês arava seu campo na cidade de Tarquinia, surgiu do sulco um menino que tinha cabelos brancos e imediatamente se pôs a falar. Se trata de um *puer senex*, entre os etruscos símbolo da sabedoria. A revelação de Tages foi compilada em alguns livros sagrados, os chamados *libri Tagetici*, que junto a outros escritos de conteúdo similar configuram a *Etrusca disciplina*.

A partir de Cícero, a literatura sagrada etrusca de divide em três categorias: os *libri haruspicini*, *fulgurais* e *rituais*. Ainda que não reflitam o sentido originário da *disciplina*, esta classificação se aceita como válida por razões metodológicas e de caráter expositivo. Em sentido amplo, "haruspicina" é o termo que se aplica ao conjunto da ciência praticada pelos arúspices, abarcando para tanto os aspectos que compreende a *Etrusca disciplina*. Mas em sentido restrito, ao que se refere a classificação ciceroniana, os livros aruspicinais se centram nas técnicas da extispicina, quer dizer, a análise e interpretação dos signos que se mostram nos *exta*, as vísceras dos animais sacrificados, sendo a hepatoscopia a parte especializada no fígado. Os livros fulgurais tratavam sobre a doutrina relativa aos raios como expressão dos desígnios divinos. Por último os livros rituais ofereciam um conteúdo muito variado.

Os intérpretes e depositários desta sabedoria eram os arúspices, que pertenciam à classe sacerdotal. Não existem informações sobre a abertura da ciência aruspicinal nas classes populares, se bem que surgiram charlatães que se diziam possuidores deste saber e que enganavam ao povo: são os *haruspices vicani* que Cícero desprezava. Este saber se transmitia no seio das grandes famílias e desde o momento em que foi aceito pelo Estado romano, se criou um colégio de arúspices, o *ordo LX haruspicum*, com o fim de fixar uma doutrina oficial, sobretudo a relacionada aos assuntos públicos romanos. O presidente do colégio, conhecido com o título de *haruspex primarius* o *maximus*, chegou a converter-se no arúspice oficial do imperador romano.

A extispicina está relacionada ao sacrifício cruel. É nesse momento privilegiado das relações entre o homem e os deuses que se faz necessária esta forma de adivinhação. O sacrifício significa uma participação da vítima que implica uma cuidadosa divisão dos espaços humano e divino, já que uma parte do animal corresponde aos homens e outra aos deuses. Nas religiões itálicas, os homens têm direito às carnes, que são consumidas em uma comida ritual, enquanto os deuses recebem as vísceras, que, depois de haverem sido cozidas, eram jogadas ao fogo que ardia sobre o altar. Tal repartição se explica porque os *exta* representam os órgãos vitais e especialmente o fígado, que de acordo com uma ideia muito propagada era considerado o lugar onde palpitava a energia vital. Sua oferenda significava o reconhecimento do maior poder dos deuses.

Entre as vítimas sacrificiais, sãs e sem defeitos, as mais importantes eram os ovinos. Os *exta*, os órgãos fatídicos, eram seis: o baço, o estômago, os rins, o coração, os pulmões e sobretudo o fígado. Antes de abrir o corpo das vítimas, o arúspice invocava as divindades que presidiam as diversas partes do organismo suscetível de serem analisadas. O exame, efetuado segundo as prescrições muito exatas, começava por observar a posição da víscera dentro do corpo e, uma vez extraída, se analisava a cor e o aspecto externo, de onde era possível obter já algumas conclusões. Nesta operação o sacerdote adotava uma postura ritual, que levava a sustentar o fígado com a mão esquerda e apalpar com a direita e devia orientar-se sempre para o sul. A parte principal consistia em determinar quais eram as divindades envolvidas, o que se conhecia porque cada um tinha sua sede em uma parte da víscera. Assim se observa em um fígado de bronze, achado casualmente em 1878 perto de Piacenza e confeccionado no ano 100 a.E.C., um autêntico manual da arte aruspicial. Em seu aspecto externo, o fígado está dividido pela *incisura umbilicalis* em duas partes, uma das quais contém o nome do sol, *usils*, e a outra da lua, *tivr*, que correspondem respectivamente à parte favorável (*pars familiares*) e à desfavorável (*pars hostilis*). Na parte interna, a superfície está subdividida em uma rede de casas, cada uma delas com o nome de uma ou duas divindades, conforme uma organização muito precisa. Destacam-se três protuberâncias (*processus papillaris*, *processus pyramidalis* e *vesica fellea*) que tinham o seu valor adivinhatório. A mais importante era a primeira, chamada *caput iecinoris*. O arúspice tinha que levar em conta se o fígado teria ou não essa protuberância e em caso positivo o seu volume e eventuais deformações. Sua ausência significava o presságio mais negativo, anunciador de grandes desgraças. As informações ruins, causadas por um corte ou amputação, eram desfavoráveis, ainda que em certos momentos podiam ser um sinal positivo.

Os registros em que estavam divididos o fígado de Piacenza se estruturam em dois grupos: um interno e outro externo. Os do exterior são sem dúvida de maior interesse, pois as 16 casas reproduzem o mesmo esquema que regia a divisão do céu para a observação dos raios. O fígado se orienta também de acordo com os pontos cardeais, com um norte e um sul, um lado do sol levante e outro do sol poente, definindo quatro séries de acordo com os quadrantes da abóbada celeste. A primeira série, em uma sequência que começa no ponto norte e segundo o sentido das agulhas do relógio, é o domínio de Tinia, que figura em três casas, e de Uni: em que aparecem Catha, uma divindade solar, e Nethun, representando igualmente um conjunto favorável. [...] A terceira, que se situa no quadrante entre o sul e o oeste, está ocupada pelas divindades vinculadas à terra e à fertilidade (Fufluns, Selva, Letham), que já começam a apresentar aspectos inquietantes. A última série é o solar dos deuses do destino, do inferno e da noite (Cel, Culsu, Vetis, Cilen), representando portanto o setor mais desfavorável. No interior se contam 24 casas. As seis do lado esquerdo, com divindades ctônicas e noturnas, se dispõem em uma forma radial ao redor do símbolo da lua, enquanto no lado direito a distribuição seja mais complexa, embora também se observem correspondências com as divindades presentes nesta parte do perímetro. A oposição entre *pars familiaris* e *pars hostilis* se expressa claramente nesta distribuição. Os signos que contêm respondem ao mesmo esquema daqueles outros que os deuses podem enviar através do céu ou refletidos em qualquer outra parte do universo.

O exame das vísceras tinha lugar no contexto do sacrifício. Este era normalmente do tipo chamado "consultório", quer dizer, que tinha como fim estabelecer uma comunicação direta com os deuses e conhecer os seus desígnios. Para os etruscos, no sacrifício se produzia um intercâmbio entre homem e divindade, de forma que esta última recebia a vida do animal e proporcionava ao homem a informação requerida.

A teoria dos raios era tratada nos *libri fulgurales*, cujos fundamentos se conhecem sobretudo através de algumas passagens de Sêneca e de Plínio, dependentes dos escritos do nobre etrusco Aulo Caecina. Segundo Sêneca, a prática adivinhatória estava marcada por três momentos, definidos pela observação, a interpretação e a expiação. A abóbada celeste era dividida em 16 regiões, ocupadas cada uma delas pela divindade respectiva segundo uma distribuição similar à do fígado de Piacenza. A parte compreendida entre o norte e o leste era considerada a *summa felicitas* e pelo contrário o oeste e o norte definiam a região mais negativa. Porém não se tinha em conta somente o local de procedência do raio, senão sobretudo a região do céu ao qual este retorna, em virtude da teoria do *reditus fulminis*. Segundo ele, o sinal mais favorável se produzia quando o raio procedia da primeira região e retornava à mesma.

Os deuses fulguratórios eram nove e os raios eram de onze classes, pois Júpiter tinha três. Um aspecto crucial da doutrina etrusca era o relativo a estas três *manubiae* de Júpiter. O primeiro raio ele envia ao solo e tem consequências favoráveis; o segundo requer a consulta dos doze *Di consentes* e podia reportar algumas vantagens, mas também prejuízos; o terceiro é completamente destrutivo e somente o emite após haver convocado os *Di superiores et involuti*, misteriosas divindades das quais se desconhecia o nome e o número, possivelmente as que controlavam o destino e que se situavam por cima do próprio Júpiter. Outros aspectos tinham também importância, dando lugar a diferentes classificações. Assim, pela cor, se distinguia entre branco, negro e vermelho. Especial significado tinham os chamados *fulmina regalia*, que golpeavam um lugar público e somente anunciavam a ameaça da monarquia. Outros eram denominados *fatídica*, porque estavam em relação com o destino do homem. A lista dos diferentes tipos pode alargar-se consideravelmente, posto que em definitivo faziam alusão a qualquer preocupação do indivíduo e do Estado. Porém existia também a possibilidade de provocar, mediante os ritos oportunos, que Júpiter lançasse o raio para obter um benefício. Uma vez cumprido todo o processo, se fazia necessário purificar o lugar de onde o raio havia caído. O poeta Lucano representa a cena deste ritual de purificação cumprido pelo arúspice Arrunte, que, sussurrando orações sombrias, recolhia os restos do fogo provocado pelo raio e os enterrava em um lugar dedicado ao deus que o havia lançado. Esta tumba fulgural se conhecia com o nome de *bidental*.

Entre os fenômenos atmosféricos, os etruscos concediam também grande valor aos trovões. Conhece-se um calendário brontoscópico por uma tradução grega, da época bizantina, sobre uma versão latina redigida por Nigido Fígulo a partir de um original etrusco. O texto se articula seguindo a ordem dos meses e dos dias, de forma que para cada data o significado do trovão é indicado com precisão. Os presságios podem ser favoráveis ou nefastos e se referem às inquietudes da vida camponesa ou à situação política e social. Com respeito a estes últimos, o calendário apresenta uma cidade governada pelos poderosos, que temem o surgimento de conflitos com o povo e a ameaça da chegada de um rei, qualificado geralmente como tirano. São em definitivo as mesmas preocupações que se faziam sentir com maior força no ânimo dos arúspices, defensores de uma ordem aristocrática.

Por último, os *libri rituales* continham um repertório doutrinal muito variado. Neles se incluíam os rituais de fundação, assim como os relativos à organização política e as relações com o exterior. Também tinham o seu lugar as normas sobre o *ius terrae Etruriae*, os referentes à divisão e organização dos campos, assim como os *libri fatales*, que permitiam conhecer os segredos do destino e relacionados com a medida do tempo. Mesmo assim, neste conjunto de livros se consideravam aspectos divinatórios através dos chamados *libri ostentaría*, centrados na interpretação dos prodígios (*ostenta*) que não eram contemplados nas séries anteriores. Por último, nesta coleção se incluíam os *libri acheruntici*, que mencionavam o caminho após a morte.

As crenças etruscas no além-morte se conhecem sobretudo pelas representações sobre monumentos funerários e algumas alusões na literatura latina. Os etruscos elaboram um corpo doutrinal próprio, em que a influência grega não chegou a alterar a sua essência. Não se tem uma ideia clara sobre o inferno etrusco. Em algumas representações aparece rodeado por um muro com uma porta custodiada por demônios. A viagem ao mundo do além realizada pela alma do defunto (*inthial*) começa no momento da morte, com os ritos funerários que asseguram que o defunto alcance a sua meta. Estes consistiam em banquetes e jogos, alguns de certa crueldade como o chamado "de Phersu". Na época arcaica se representa em algumas ocasiões um barco ou um defunto montado num hipocampo – mais tarde sobre outros seres marinhos fantásticos, o que sugere que o inferno se situava em uma ilha. A partir do século IV a.E.C. é frequente a cena de uma viagem por terra, em carroça, a cavalo ou a pé, sendo que se o defunto havia desempenhado um cargo, figura um cortejo com a pompa do magistrado e sempre acompanhado por demônios.

Às vezes se representa a porta do inferno, entreaberta, que marca o final da viagem. Desconhece-se o que havia do outro lado, se bem que não era um mundo lúgubre como o inferno grego. Algumas vezes a tumba estava decorada com uma cena de banquete na presença de Aita e Phersipnei, adaptação etrusca dos gregos Hades e Perséfone. Não se observam cenas de crueldade ou castigo sobre os defuntos, salvo nas representações de mitos gregos, os quais indicam que as almas não penetravam e que até mesmo podiam alcançar a felicidade. Segundo as indicações dos autores latinos, que remetem aos *libri Acheruntici*, mediante a oferenda de sangue de alguns animais a determinadas divindades, os defuntos se asseguravam desta felicidade. Trata-se de uma divinização, pois as almas dos mortos se convertiam nos *dii animales*.

O inferno estava cheio de demônios, sendo os mais frequentes Vanth, Tuchulcha e Charun. Vanth era o demônio feminino da morte, normalmente representado com asas; sua principal função era acompanhar o defunto no mundo dos mortos, mas também se encarrega de comunicar a morte, devido à qual leva um papel com o nome do desafortunado. Tuchulcha tem uma aparência horripilante: na tumba "dell'Orco" aparece como um ser alado, com um grande bico em vez de nariz e orelhas de asno e também leva serpentes nos braços e outras menores na cabeça. Charun é a forma etrusca do Caronte grego, porém se em princípio é representado como barqueiro, a partir do século IV a.E.C. sua semelhança com Caronte se limita ao nome. Sua figura é assim mesmo terrorífica: nariz em forma de gancho, cabelo encaracolado, orelhas animalescas e duas grandes presas. Seu principal atributo era o martelo e aparece acompanhando o defunto em sua última viagem e como guardião do inferno. Apesar de sua aparência, estes demônios não tinham como objetivo atemorizar as almas. Seus atributos são símbolos de seu caráter, não instrumentos destinados ao suplício. Sua missão era guiar ao defunto para que este chegue ao seu destino final.

Ainda que similar em muitos aspectos a outras religiões itálicas, a etrusca oferecia um atrativo que lhe permitia sobreviver mesmo com a desaparição do povo etrusco. A principal razão era a sua especial facilidade para comunicar-se com a ordem divina. Quando no ano 47 E.C. o Imperador Cláudio reorganizou o colégio dos sessenta arúspices, seu propósito era combater o auge das superstições estrangeiras. A tradição etrusca se representava como eficaz instrumento de defesa do paganismo, como a alternativa nacional aos profetas e livros sagrados das religiões orientais. Por ela as relações com o cristianismo não podiam ser amistosas, e se os autores cristãos vilipendiavam os arúspices, a influência destes últimos sobre o imperador se dirigia em algumas ocasiões contra o cristianismo. Porém tal atitude não responde a uma reação egoísta, senão para a convicção de que a sua tradição bastava para satisfazer as necessidades religiosas do mundo romano. Seu prestígio não era pequeno e assim no ano 408 E.C., com Roma ameaçada pelo godo Alarico, de acordo com o Papa Inocêncio I, o poder imperial recorreu aos arúspices como última medida para deter o perigo.

Jorge Martínez-Pinna Nieto

Ver também Paganismo; Politeísmo; Religião; Roma antiga (religião).

BRIQUEL, D. (1997). *Chrétiens et haruspices* - La religión étrusque, dernier rempart du paganisme romain. Paris: École Normale Supérieure.

CLEMEN, C. (1936). *Die Religion der Etrusker*. Bonn: L. Röhrscheid.

DE GRUMMOND, N.T. & SIMON, E. (orgs.) (2006). *The Religion of the Etruscans*. Austin: University of Texas Press.

JANNOT, J.-R. (1998). *Devins, dieux et démons* - Regards sur la religion de l'Étrurie Antique. Paris: Picard.

KRAUSKOPF, I. (1987). *Todesdämonen und Totengötter im vorhellenistischen Etrurien* - Kontinuität und Wandel. Florença: L.S. Olschki.

MONTERO, S. (1991). *Política y adivinación en el bajo Imperio Romano*: emperadores y harúspices. Bruxelas: Latomus.

PFIFFIG, A.J. (1975). *Religio Etrusca*. Graz: Akademische.

THULIN, C.O. (1906-1909). *Die etruskische Disciplin*. Göteborg: Zachrissons Boktryckeri.

VAN DER MEER, L.B. (1987). *The Bronze Liver of Piacenza* - Analysis of a Polytheistic Structure. Amsterdã: J.C. Gieben.

Feitiçaria rúnica

Dentre os tipos de práticas mágicas existentes na Europa desde a Antiguidade algumas das mais peculiares são as maldições. Essa tradição milenar, influenciada pelo Oriente antigo, também existiu na Escandinávia da Era Viking. Diversas fontes literárias nórdicas preservam referências sobre maldições (em específico as envolvendo runas), sendo as mais famosas: *Skírnismál* 36 (poema éddico, séc. X); *Egils saga skalla-Grímssonar* 57 (saga de família, séc. XIII); *Bósa saga ok Herrauðs* 5 (saga lendária, séc. XIV). As três possuem alguns elementos em comum, especialmente a intenção malévola da magia: no primeiro, Skirnir tenta forçar Gerd em casar com o deus Freyr por meio da gravação em um bastão da runa *þurs*; no segundo, Egil ergue um bastão da infâmia com runas contra os reis da Noruega; e no terceiro, a feiticeira Busla ameaça um rei com maldições e runas. Até que ponto essas referências literárias podem apontar indícios de práticas que realmente ocorreram nos tempos nórdicos pré-cristãos? Ao lado de alguns acadêmicos pós-modernistas que percebem os temas mágicos na literatura nórdica como totalmente fantasiosos a epigrafista Mindy Macleod (2000; 2006) defende uma radical posição que as runas nessas três narrativas citadas são totalmente artificiais, anacrônicas, falsas e romanticamente interpoladas para o prestígio do herói na literatura, o que para nós é um grande exagero.

O poema *Skírnismál* vem sendo muito estudado recentemente e vários pesquisadores alegam que sua narrativa foi utilizada ainda na Escandinávia da Era Viking como recurso dramático ritualizado (TERRY GUNNELL, 1995) ou como elemento de legitimação política para a elite governante segundo Gro Steinsland. No específico detalhe da maldição, Skirnir lança a declaração associando a runa *þurs* ("gigante") com a difamação *ergi (Þurs ríst ec þer oc þria stafi: ergi oc eþi)*, uma tradição também preservada nos tempos após a cristianização, como podemos perceber na inscrição de Bergen de 1335. Nos poemas rúnicos norueguês e islandês (séc. XIII e XV), a runa *þurs* causa flagelos e tormentos às mulheres. Em muitos amuletos e inscrições da Era Viking, ela está associada com poderes negativos e como causadora de dor e coisas desagradáveis. O estudo da poesia éddica (e em consequência, da mitologia) como fonte direta para a reconstituição da religiosidade pré-cristã é algo muito discutido, mas preferimos seguir a tendência em pensar que tanto o mito quanto o ritual obtinham seu simbolismo da ideologia religiosa, portanto, é legítimo interpretar a maldição rúnica de *Skírnismál* como conectada à mesma estrutura e semântica ritual que originou as inscrições preservadas do período pré-cristão.

Como produtos mais tardios do que os poemas éddicos, as sagas islandesas ocupam um debate mais intenso com relação a seu conteúdo mágico de origem pagã. Tradicionalmente, a narrativa de Egil erigindo um bastão da infâmia (*niðstang*) contra os reis da Noruega foi interpretada como um reflexo direto de práticas pré-cristãs por muitos pesquisadores. Quanto ao encantamento de Busla, as posições são mais divididas. Rudolf Simek e Macleod acreditam que a *Buslubæn* não foi mais antiga do que a saga datada do século XIV, mas Gallo (2004) defende uma Antiguidade maior ao poema, derivado indiretamente de tradições pré-cristãs. Analisando algumas inscrições datadas da Era Viking, percebemos mais alguns elementos que confirmam essa nossa posição.

Tanto na *Egils saga* quanto no *Buslubæn*, a figura do cavalo é um elemento-chave. No primeiro caso, a cabeça de um equino é inserida ao alto de um bastão com runas, enquanto no segundo ele é intrínseco à maldição (*hestar streði þik*, "cavalos te estuprem"). Na inscrição de Roes percebemos ao lado de uma pequena frase, o desenho esculpido de um garanhão em posição excitada. A inscrição em antigo gotlandês *Iu þin Uddr rak* ("Uddr lançou este cavalo") possui um sentido mágico segundo a interpretação de Alain Marez (2007, p. 191): "Esta é a maldição que Urd lançou". Aqui o cavalo possui uma relação de depravação, possivelmente projetada para uma figura masculina. Em outra inscrição, Eggjum, também percebemos a figura de um cavalo com runas, mas associada a outro contexto: *alu missyrki* ("proteção contra o violador" – última frase da inscrição). Neste caso, o simbolismo do cavalo como agressão fálica serve para proteger o monumento contra vândalos, uma estratégia típica também em outras *runestones* (ao evocarem maldições de proteção).

Dessa maneira, a maldição rúnica essencialmente era vinculada a uma agressão relacionada a um contexto de sexualidade, tanto masculina quanto feminina. Seja utilizando o ritual do *niðstang*, ou maldizendo um rei para ser estuprado por cavalos, seja ao esculpir a runa *þurs* para um ser feminino ou ao desenhar a imagem de um garanhão em uma inscrição, o praticante de magia estava requisitando o fundamental conceito de "*ergi*" – a palavra nórdica que provocava a reação mais violenta e pejorativa, significando a covardia, a efeminação, a ninfomania, a perversão, a perda da honra. Em última palavra, o fim da identidade sociossexual normal (o *status* sexual) e o recebimento de uma conotação marginalizada ou uma natureza não humana. Transmutado no terrível insulto *Níð* (com pena de proscrição em leis nórdicas aos seus executantes).

Mas voltando à problemática inicial, as citações de maldições rúnicas na literatura não poderiam ser apenas clichês literários, sem vínculo com práticas reais, antigas ou contemporâneas em relação às fontes? Somos partidários de que o *corpus* literário não pode ser interpretado simplesmente como fonte direta das ações sociais. Ele é uma reinterpretação, mas não podemos cair no erro em considerá-lo apenas produto de sua época ou pura fantasia. Ele também preservou informações do passado distante, no caso, de tradições religiosas antigas. A maldição rúnica do poema *Skírnismál*, por exemplo, pode ser interpretada na perspectiva de Catharina Raudvere (2012) como um ritual fictício, ou seja, produto de um texto mitopoético que não pode ser pensado literalmente, mas que também foi baseado na estreita relação entre discurso e ação social e, com isso, ele serve como fonte para os estudos dos rituais pré-cristãos, desde que se saiba interpretá-lo corretamente enquanto formulação poética.

Quanto às narrativas das sagas, pensamos como Bernt Thorvaldsen (2010) de que as maldições poéticas circulavam em *continuum* entre a oralidade e as formas escritas. As maldições da literatura não são necessariamente descrições literais das práticas, mas estão associadas com a magia na mente dos redatores e refletem certo grau de adaptação semântica. É tarefa do pesquisador tentar descobrir quais foram os níveis de adaptação e quais os elementos que formavam parte do *continuum* em cada fonte específica. Se a magia fosse apenas um simples clichê literário nas sagas islandesas (como defende Mindy Macleod ou Clive Tooley no caso de *Völsi*), ela não seria uma prática proibida nas leis nórdicas em plena Idade Média Central. Já para Thomas DuBois (2006), as sagas contêm material etnográfico sobre os rituais pagãos, mas também diversas idealizações e morais cristãs, todas atreladas a tradições submersas no cotidiano contemporâneo das sagas. Mas é preciso cuidado na filtragem e leitura das fontes. A *Buslubœn* lança o amaldiçoado para Hel (*í hel gnaga*), mas em nenhuma inscrição rúnica pré-cristã existe qualquer tipo de associação de uma maldição com seres do submundo (ou a situações escatológicas, no pós-vida ou em outros mundos), como era comum na tradição clássica. Com certeza, trata-se de uma adição já nos tempos cristãos (a própria concepção de Hel é variável das fontes mais antigas até as sagas tardias). Concordamos totalmente com Gallo (2004) de que *Skírnismál* e *Buslubœn* contêm maldições ficcionais, mas que ao mesmo tempo são inestimáveis para o estudo do paganismo nórdico.

Para concluir, podemos afirmar até o presente momento que as tradições de maldições rúnicas na Escandinávia pré-cristã não eram tão complexas, corriqueiras e instrumentalizadas quanto as maldições do mundo clássico pagão. Não existem indícios de invocações a poderes do submundo. Enquanto na Antiguidade greco-romana os malefícios existiam praticamente em todos os campos sociais (incluindo esferas jurídicas, comerciais e privadas), no mundo nórdico eles estiveram mais relacionados a alguns aspectos dos conflitos de membros das comunidades e como elementos de proteção aos mortos e monumentos funerários. O simbolismo mais destacado nesses dois contextos é o relacionado ao cavalo, não somente por ser um animal intermediário entre os mundos na cosmovisão (e importante símbolo religioso e de *status*), mas também por ser a principal figuração da agressão fálica (o *Níð*) e a principal personificação do conceito de *ergi*. Quanto aos rituais mais complexos envolvendo maldição rúnica nas sagas islandesas (as *níðstangs* mencionadas em *Egils saga* 57 e *Vatnsdæla saga* 34, além da peculiar maldição rúnica da *Grettis saga* 79), elas ainda são motivo para debates entre os acadêmicos e em futuras análises mais detalhadas.

Johnni Langer

Ver também Culto a Freyr; Edda Poética; Freyja; Magia escandinava; Mitologia escandinava; Mitologia escandinava (fontes); Nórdicos da Era Viking (religião); Religião nórdica antiga (conceitos); Símbolos rúnicos e afro-brasileiros.

BOYER, R. (1986). *Le monde du double*: la magie chez les anciens Scandinaves. Paris: Berg.

DUMÉZIL, G. (2000). "La malédiction du scalde Egil". In: *Mythes et dieux de la Scandinavie Ancienne*. Paris: Gallimard, p. 343-368.

GALLO, L.L. (2004). Persistents motifs of cursing from Old Norse Literature in Buslubœn. *Linguistica e Filologia* 18, p. 119-146.

MacLEOD, M. & MEES, B. (2006). *Runic amulets and magic objects*. Londres: Boydell.

MAREZ, A. (2007). "Rites et maledictions". In: *Anthologie runique*. Paris: Les Belles Lettres, p. 178-196.

THORVALDSEN, B. (2010). "The poetic curse and its relatives". In: RANKOVIC, S. (org.). *Along the oral-written continuum*. Londres: Brepols, p. 253-267.

Finlândia pré-cristã (religião)

Quando pretendemos vislumbrar uma possível reconstrução da religião finlandesa pré-cristã é necessário que façamos, antes de tudo, uma distinção de cunho étnico. "Finlandeses" é um termo que se pode mostrar um tanto quanto abrangente, sendo empregado para designarmos diversos povos de origem fino-úgrica espalhados pelas regiões ao norte, principalmente em território russo e no Báltico, onde hoje seriam os países da Suécia, Finlândia e Estônia. Durante a Antiguidade até quase metade da Idade Média esses povos estavam disseminados vivendo em pequenas comunidades e eram todos denominados, sem muita distinção, como "fínicos", fosse pelos germânicos, fosse pelos escandinavos.

Temos, englobados por essa terminologia, divisões desses povos em subgrupos: os fínicos do Báltico (ou balto-fínicos), como os estonianos (tribos dos setos e võros), vepsianos, vótios, Ingrianos, lívios e os carélios (costumeiramente considerados orientalizados, graças à sua localização geográfica que propiciou intenso contato com os eslavos), e os finlandeses propriamente ditos; o outro grupo seria o dos fínicos do Volga, também chamados fínicos orientais, dentre os quais se encontram os mari, mordovianos, muromianos e os extintos permianos. Trataremos especificamente dos finlandeses, embora eles certamente compartilhem elementos, símbolos, costumes, deuses e rituais em comum com muitos desses outros povos.

O primeiro problema que surge nesta empreitada de reconstruir a religião pré-cristã dos finlandeses é o das fontes primárias de que dispomos. Não restou nenhuma fonte escrita do período pré-cristão desse povo, obrigando-nos a fazer uso de fontes arqueológicas, estudos onomásticos/etimológicos e da já tardia poesia folclórica. Basicamente, a menção mais antiga que temos sobre essa religião está nos escritos de Mikael Agricola, responsável por ter feito a primeira tradução dos Salmos de Davi para o finlandês, no ano de 1550. Em seu prefácio, Agricola lista os nomes de alguns deuses que supostamente ainda seriam, na época, alvo de culto na Carélia e em Häme, conferindo também breves descrições das atuações e regências de cada divindade. Certamente que, por ser um clérigo comprometido com sua crença, Agricola termina sua lista deixando sua abominação à essas práticas pagãs. Não podemos, contudo, relevar o fato de que ele foi o primeiro compilador e sistematizador da religião finlandesa pré-cristã.

Outras fontes de que dispomos são a *Kalevala*, epopeia nacional da Finlândia escrita por Elias Lönnrot no século XIX, além dos poemas folclóricos, cantos e lamentos que circulavam em oralidade em plena Idade Moderna e são ricos em símbolos e temas mitológicos e religiosos. O problema é que cada tipo de fonte requer ampla filtragem antes que o tomemos por retratos fidedignos da religião finlandesa antiga. Lembremos, então, que esses materiais nos dão acesso a poucos e fragmentados resquícios do que essa religião um dia foi, resquícios esses que se mostram como depósitos onde elementos e temas pré-cristãos se misturam às influências de séculos de cristianização. Há toda uma tradição acadêmica que se esforça para fazer essa separação e trataremos, agora, de algumas possíveis evidências por ela levantadas sobre o período pré-cristão da religião finlandesa.

É também imprescindível mantermos em mente que a Finlândia e seu povo localizavam-se em uma área que era ponto de convergência entre inúmeros povos, culturas e religiões. Basta um breve olhar para o mapa da Europa para percebermos que o território finlandês conecta não somente o sul europeu ao seu extremo norte, como estabelece uma ponte entre Ocidente e Oriente. O próprio cristianismo chegou aos finlandeses de duas maneiras distintas. Do leste, vieram as influências do cristianismo ortodoxo russo, principalmente sobre os povos da Carélia, enquanto do oeste, sobretudo em Cruzadas conduzidas nos anos de 1155, 1238 e 1239, a Igreja Católica Apostólica Romana forçou seu caminho Finlândia adentro. A localização geográfica do país também foi o que possibilitou seu contato com inúmeros povos desde a Idade do Bronze, principalmente com os escandinavos, os povos sámis e outros povos habitantes do Báltico. Nesse cenário, considerar possíveis intercâmbios religiosos é imprescindível, evitando qualquer tentativa de encontrar uma religião finlandesa "pura".

Várias pinturas em pedras datadas da Idade do Bronze e Idade do Ferro trazem representações do homem em atividades de caça, considerada sagrada. Predominam nessas pinturas as imagens dos alces e dos ursos, importantíssimos tanto na vida cotidiana quanto no mundo simbólico/religioso dos antigos finlandeses. Na visão desses povos, homens e animais tinham seus respectivos espíritos guardiões e, portanto, antes de caçar era necessário uma cerimônia em que o xamã contatava os espíritos dos animais prestes a serem caçados. Em nome da comunidade, o xamã, por meio do transe, era capaz de se tornar o seu próprio espírito guardião (que seria, numa leitura moderna, uma espécie de *alter-ego*). Dessa forma, ele consultava os espíritos guardiões do animal que viria a ser caçado, pedindo permissão e perguntando se obteriam sucesso na caça. Era igualmente necessária uma cerimônia pós-caça para retornar o animal caçado ao comando de seu guardião e assegurar, assim, sucesso em caçadas futuras.

O ritual de caça dos ursos, por exemplo, dividia-se em três estágios, todos acompanhados por cantos. Ele se inicia com um canto destinado ao guardião dos ursos, *Hongotar*, pedindo a ele que desse permissão e sucesso na caça. Logo após matarem o urso eles entoavam uma canção que atribuía sua morte a outro fator, como devido à queda de uma árvore, por exemplo. Isso acontecia para que se evitasse um desejo de vingança por parte da raça dos ursos. Em seguida, um grande banquete com a carne do urso era arranjado, o *peijaiset*. Quando os caçadores são vistos chegando, se inicia um canto que proclama a chegada de um importante convidado, pedindo que todos abram caminho. O urso era levado até a extremidade mais distante da sala principal, tida como o lugar de honra dos convidados, a tupa. A matriarca da casa, que já aguardava no local, recebia os caçadores e o convidado de honra. O banquete se iniciava, também acompanhado por cantos. Todos os ossos do urso deveriam ser preservados e iam sendo reunidos em um prato separado conforme sua carne era comida. A cabeça era comida por último: antes disso, seus dentes eram arrancados e distribuídos entre os caçadores. Por fim, o espírito do urso deveria ser retornado, e então todos saíam da casa para testemunhar a última parte da cerimônia. Havia então uma espécie de procissão funerária até o local onde os ossos seriam enterrados. Cantos de lamento acompanhavam esse momento. O crânio do urso era pendurado em um pinheiro, enquanto seus ossos eram enterrados próximos à raiz da árvore.

Aparentemente, não só os finlandeses, como também diversos outros povos fino-úgricos acreditavam que somos dotados de duas almas. Uma delas era a alma pessoal, ligada intrinsecamente ao corpo. Era costumeiro, quando alguém morria, que seus parentes e amigos continuassem visitando seu túmulo com frequência, chorando, lamentando e depositando comida; mas paravam quando o corpo finalmente se deteriorava, sinal de que a alma já havia cessado de existir. Por sua vez, a outra alma que o homem possuía, chamada *löyly* – algo como "sopro" – era capaz de deixar seu corpo: sobretudo minutos antes de morrer, em seu último suspiro, a pessoa liberaria essa alma para fora de si. Os finlandeses acreditavam que essa alma, uma vez fora do corpo, assumia formas visíveis que poderiam ser animais ou até mesmo semi-humanas.

Imediatamente após esse sopro ter saído do corpo, os finlandeses abriam a porta de sua casa para que a alma pudesse voar livremente mais rápido. Os parentes se agrupavam rapidamente em volta do morto, em forma de círculo, enquanto pediam desculpas pelos desentendimentos que tiveram ao longo da vida. Eles acreditavam que o morto logo empreenderia uma longa jornada e, então, vestiam-no com um chapéu e colocavam novas e limpas proteções ao redor de seus pés (como se estivessem embrulhando-os), calçando-os em seguida com sapatos feitos de bétula. As fontes descrevem que esse momento era de muito choro e lamentação, mas permeado por admiração.

Após uma espécie de procissão, o morto era colocado num caixão de madeira e então enterrado, ou colocado entre duas grandes tábuas de madeira. É possível, contudo, que o costume funerário mais antigo não fosse o da inumação, mas simplesmente o ato de deitar o morto no chão, num local específico. Essa ideia é reforçada pela evidência linguística, visto que a palavra "*kalma*" servia para designar tanto "túmulo" quanto "cadáver", reforçando a hipótese de que não havia distinção entre uma coisa e outra, e o cadáver, ao ser deitado, transformava-se no túmulo em si. Em algumas regiões da Finlândia também foram encontrados ossos queimados, compactuando com relatos trazidos na *Crônica de Henrique da Livônia* (1229): em alguns casos, portanto, havia cremação dos mortos. A área onde os mortos eram enterrados – ou deixados – era delimitada e separada de outros espaços, constituindo uma espécie de cemitério. Esses locais geralmente eram florestas ou outros tipos de lugares em que houvesse presença de pinheiros (*kuusikko*).

O culto aos ancestrais era parte fundamental da religião finlandesa, mostrando haver uma comunicação com os mortos mesmo depois que haviam partido. Essa comunicação não era feita com um único parente falecido, mas era, na verdade, um canal estabelecido para com todos os ancestrais da família. A família era vista como uma grande unidade, composta indiscriminadamente por vivos e mortos. Estes detinham o papel de guardiões da moral e das tradições, sendo vistos como a fonte mantenedora de ordem na sociedade. Nesse aspecto, a função dos mortos era dupla: por um lado, eram fortemente estimados e queridos por serem considerados os verdadeiros protetores da família, assegurando-a prosperidade e cuidados; por outro, despertavam medo e cautela, pois puniriam quem negligenciasse os rituais e normas sustentadoras da vida em comunidade. Todos os anos, o primeiro gado a nascer e os primeiros frutos a surgir eram dedicados aos antepassados.

Semelhante a muitos povos do Norte, os finlandeses concebiam o mundo dos homens como uma região cercada por um enorme rio. Essa correnteza consistia na própria fronteira entre o mundo dos vivos e o dos mortos: cruzando-a, se chegaria a *Tuonela*, o reino dos mortos. Segundo as crenças, essa fronteira se encontrava no extremo norte, onde seria possível cruzar o rio e adentrar *Pohjola*, uma terra sombria, gélida e de maus agouros. Do outro lado ficaria a terrível cachoeira de *Tuonela*, que transformava tudo de cabeça para baixo. O reino dos mortos, então, era concebido como uma inversão do mundo dos vivos. Alguns autores defendem que essa concepção de *Tuonela* não seja originalmente finlandesa, mas uma influência de povos ocidentais, como os escandinavos.

A estruturação do cosmos era vista de maneira tripartida e verticalizada: o mundo de cima, dos deuses, o do meio, habitado pelos homens e, embaixo, o reino dos mortos. Uma grande árvore cósmica – também vista como pilar ou montanha cósmica – localizava-se no centro do universo, sustentando esses três mundos. O topo dessa estrutura estaria fixado à estrela *Polaris*, que é um ponto fixo visto no céu do Norte e em torno do qual todas as outras coisas se moveriam. Essa estrela seria chamada pelos finlandeses de *Pohja nael* (prego do céu) ou *Pohjantähden* (estrela do Norte). Essa divisão dos mundos, sustentados por uma árvore ou pilar cósmico e mantido por um ponto fixo no céu (a *Polaris*), é uma crença presente em inúmeros povos euroasiáticos.

A religião dos finlandeses era politeísta. Apesar de acreditarem num vasto panteão de deuses e em espíritos guardiões, eles não pareciam fazer uma distinção fortemente hierárquica de suas divindades. Dentre os principais deuses estavam *Ukko*, deus dos climas e da fertilidade (alguns cantos se dirigem a ele como "deus supremo") e *Ilmarinen*, que presidia a paz e sobretudo o âmbito do ar. Na *Kalevala*, o deus assume o papel de ferreiro cósmico e herói cultural, responsável pela confecção do *sampo*, poderoso artefato mágico em torno do qual gira toda a trama da epopeia. Havia também espíritos que atuavam como guardiões locais, os *haltijat*. Esses espíritos, que podiam ser tanto femininos quanto masculinos, possuíam áreas de atuação muito específicas e operavam protegendo, guardando e auxiliando como podiam dentro de seus âmbitos de regência. A cada um desses espíritos era atribuído, por exemplo, o domínio sobre uma cachoeira, uma floresta, um gado específico, a casa de uma família e outras coisas do tipo. Os *haltijat* asseguravam, então, a prosperidade de cada um desses locais.

Por fim, não haveria como não ressaltar o caráter essencialmente xamânico da religião finlandesa pré-cristã. O fato de que imperava, entre os finlandeses, a concepção de que tudo era dotado de espírito – pessoas, animais e seres inanimados, como pedras e cachoeiras – e que era possível acessar, em vida, esses diferentes espíritos e comunicar-se com eles é uma prova disso. Por meio desse contato com outros espíritos era possível saber o que acontecia em regiões longínquas, curar doenças, obter sucesso na caça e na pesca, realizar a jornada de um recém-falecido para o mundo dos mortos, além de pedir conselhos relevantes para a resolução de problemas da comunidade. Grande parte do que engloba a religião finlandesa pré-cristã desemboca, de alguma forma, em práticas xamânicas.

O xamanismo também constituía uma visão de mundo que superava as cisões manifestas na concretude do observável: os espíritos de todos os seres eram passíveis de comunicação e expressão, os diferentes mundos espirituais podiam ser acessados para que de lá fossem trazidas as ferramentas para solucionar questões da comunidade. Havia uma figura especializada nesses conhecimentos ritualísticos – e que também era muito relevante socialmente dentro das comunidades, inclusive detendo um extenso saber sobre os próprios antepassados da tribo, seus feitos, o folclore, a mitologia e a magia – o *tietäjä*. Por meio de um êxtase ou "inspiração" atingidos ritualisticamente, o *tietäjä* (algo como "aquele que vê") conseguia comunicar-se com outros espíritos e acessar mundos espirituais que não o nosso, enquanto nesse estado induzido de alteração da consciência.

Os rituais se iniciavam com o *tietäjä* chamando pelos espíritos auxiliares, pedindo por sua ajuda enquanto entoava inúmeros cantos formulaicos. Inclusive, alguns autores defendem a hipótese de que na verdade o *tietäjä* seria simplesmente o especialista versado na arte dos cantos e entoamentos, e que a figura do xamã propriamente dita estaria representada pelos *noita*, espécie de feiticeiros. Estes, também por meio do entoar de uma música – e provavelmente acompanhados de instrumentos, como tambores ou os *kanteles* – atingiam o êxtase e se aventuravam espiritualmente. No momento em que o xamã caía em transe, a figura essencial de seu ritual passava a ser seu ajudante, que assumia e dava continuidade ao canto. Portanto, o ato de cantar ou de recitar de maneira cantada era primordial no contexto religioso e ritualístico dos finlandeses. Aliás, a palavra "*runo*", utilizada hoje para nos referirmos aos poemas antigos dos finlandeses significava, originalmente, "sinal mágico, cântico".

Victor Hugo Sampaio Alves

Ver também Báltico pré-cristão (religião); Cristianização dos eslavos; Cruzadas do Báltico; Paganismo; Politeísmo; Religião; Sámi (religião).

FROG, M. (2014). "Mythological thinking and the Viking Age in Finland". In: AHOLA, J.; FROG, M. & TOLLEY, C. (orgs.). *Fibula, Fabula, Fact*: The Viking Age in Finland. Helsinki: Finnish Literature Society, p. 437-482.

HOLMBERG, U. (1964). *The mythology of all races*. Vol. 4: Finno-Ugric, Siberian. Nova York: Cooper Square.

LANGER, J. (2018). Thor, estrelas e mitos: uma interpretação etnoastronômica da narrativa de Aurvandil. *Revista Brasileira de História das Religiões*, ano XI, n. 31, p. 221-256.

PENTIKÄINEN, J. (1996). "Introduction and foreword". In: PENTIKÄINEN, J. (org.). *Shamanism and Northern Ecology*. Nova York: Mouton de Gruyter, p. 1-29.

SALO, U. (1990). Agricola's Ukko in the light of archaeology: a chronological and interpretative study of ancient Finnish religion. *Scripta Instituti Donneriani Aboensis*, vol. 13, p. 92-190.

SARMELA, M. (2009). *Finnish Folklore Atlas*. Helsinki: Ethnic Culture of Finland.

SIIKALA, A.-L. (1990). Singing of incantations in Nordic Tradition. *Scripta Instituti Donneriani Aboensis*, vol. 13, p. 191-205.

Freyja

No panteão nórdico a deusa Freyja (cujo nome pode significar "Senhora") é a divindade feminina mais conhecida da mitologia nórdica e da religião nórdica antiga. Entretanto, não significa que nos mitos ela tivesse um papel de destaque. Em geral as narrativas míticas privilegiam os deuses, concedendo às deusas uma posição secundária, normalmente de coadjuvantes. Neste caso, isso ocorre também com Freyja, a qual, mesmo sendo alvo da disputa de deuses e gigantes, ainda assim, ela não possui uma presença forte ou em nível de protagonismo. Tal viés deve-se à condição de que nos mitos Freyja seja mais lembrada por sua beleza, sexualidade e volúpia, do que suas funções relacionadas aos ritos de fertilidade, fecundidade e práticas mágicas.

Freyja era uma das Vanir, família de deuses associada com a fertilidade, a agricultura, a caça, a natureza, os rebanhos, mas também associada com a riqueza, a magia, entre outras características. Ela era filha de Njörd, o deus dos mares e irmã de Freyr, que algumas narrativas sugerem ser seu amante, pois Snorri Sturluson na Edda em Prosa (XIII) comenta que o incesto não era tabu entre os Vanir. A mãe de Freyja e Freyr não é mencionada nos mitos conhecidos. Além disso, outros familiares da deusa, seu marido Óðr é uma divindade desconhecida, sendo dito que ele costumava viajar e passar muito tempo fora, o que causava tristeza em Freyja, ao ponto de ela chorar "lágrimas de ouro". Desse relacionamento o casal teve duas filhas, Hnoss e Gersemi, cujos nomes significam "precioso". Porém, consistem em divindades sem importância mitológica.

As principais informações mitológicas sobre Freyja são encontradas na Edda em Prosa (XIII), especialmente no *Gylfaginning*, e na Edda Poética (XIII), nos poemas *Grimnísmal* (Os ditos de Grimnír), *Lokasenna* (Escárnios de Loki), *Thrymskvida* (O poema de Thyrm), *Hyndluljód* (O canto de Hyndla) e *Oddrúnargrátt* (O lamento de Oddrún). E de composição mais tardia, temos o poema *Sörla þáttr* (XIV), que narra a história do roubo do colar de Freyja, o Brisingamen. Preciosa joia que foi roubada por Loki, em mais uma de suas travessuras. Nessas fontes mitológicas é informado também que Freyja estava associada a alguns animais: dois gatos, os quais Snorri Sturluson diz que puxavam a carroça da deusa, um javali chamado Hildisvini (porco guerreiro) e ao falcão, pois a deusa possuiria uma capa feita de penas dessa ave, que permitia ela se transformar no animal ou simplesmente voar.

Britt-Mari Näsström trabalhou com a teoria de que algumas concepções sobre a deusa Freyja teriam sido influenciadas pelo culto de deusas da área do Mediterrâneo como Cibele e Ísis, alegando-se que os ancestrais dos nórdicos, tiveram contato com tais deusas na época das Migrações Nórdicas (V-VI E.C.), quando adentraram os territórios do Império Romano, embora a autora discorde dessa teoria. Por outro lado, Näsström destacava outra teoria, essa seguindo a visão indo-europeia de estudos mitológicos baseada em Georges Dumézil, em cuja teoria aponta-se que Freyja teria paralelo com deusas orientais como Anat, Ishtar, Astarte e Saravasti, sendo Freyja a personificação da "Grande Deusa do Norte". Langer comenta que essa teoria esteja em desuso atualmente.

A teoria da "grande deusa" foi abordada por diferentes estudiosos como Näsström e Lotte Motz, os quais apontam que Freyja representasse o arquétipo da "deusa trina", algo visto entre os gregos antigos, os hindus e outros povos. Neste caso, essa trindade feminina poderia ser formada por Freyja-Frigga-Skadi, ou Freyja-Frigga-Iduna, ou Freyja-Frigga-Jörð. A deusa Frigga era a esposa de Odin, rainha dos deuses, personificando a protetora do lar e das famílias, algo parecido com as funções de Hera e Juno. Skadi era uma giganta caçadora, sendo madrasta de Freyja. Iduna era a deusa responsável por guardar as maçãs da juventude, as quais prolongavam a vida dos deuses, mas excetuando-se essa atividade, ela não tem uma função religiosa conhecida. Jörð era uma giganta, sendo mencionada como mãe de Thor, mas não tendo atribuições religiosas conhecidas. Davidson já apontava problemas para sustentar essa teoria que atualmente também está em desuso.

A condição dessas outras mulheres em estar associadas com o ambiente doméstico, a caça, a natureza e a terra, foram consideradas elementos que estavam associados com Freyja, pela condição de ela ser uma deusa da fertilidade e do amor. Estudiosos como Hilda Davidson, Stephen Grundy e Britt-Mari Näsström comentam que devido às semelhanças com esses atributos domésticos, familiares e relacionados com a proteção e saúde das mulheres durante a gravidez e o parto, exista a teoria de que Freyja e Frigga pudessem ser nomes ou personalidades para a mesma divindade. Inclusive o marido de Freyja, Óðr, poderia ser outro nome para Odin.

Apesar dessas várias teorias, sendo que algumas hoje foram abandonadas ou questionadas quanto a sua sustentação argumentativa, sabe-se que o culto a Freyja existiu e foi bem difundido em determinadas regiões da Escandinávia. A toponímia de países como Noruega e Suécia revela lugares dedicados ao culto da deusa como Frøihov (Templo de Freyja) e Frǫvi (Santuário de Freyja). Langer comenta que em alguns desses lugares foram encontrados restos de oferendas, especialmente de ossos de animais, sendo o sacrifício de animais algo comum na sociedade nórdica. Animais como cavalos, vacas, cães, cabras e ovelhas eram comumente sacrificados a vários deuses. Pela condição desses sacrifícios de animais terem sido encontrados em localidades cuja toponímia estava associada com o nome da deusa, existe essa sugestão de que possa ter sido feito para ela.

Porém, como eram feitos esses ritos, não se sabe. Quantas pessoas estariam envolvidas, se haveria cantos, orações, instrumentos musicais, se sacerdotes estariam envolvidos, ou teria sido um rito particular, ou feito por uma família. Não se pode identificar tais características devido à falta de informações a respeito. Bernárdez comenta que o culto a Freyja estaria associado a ritos agrícolas, os quais seriam celebrados publicamente, porém o culto a deusa parece ter estado restrito a determinados lugares da Noruega e da Suécia. O autor reforça tal opinião baseando-se no culto às *Dísir*, espíritos femininos ou deusas menores, associadas com a natureza e a fertilidade. Inclusive um dos epítetos de Freyja é Vanadís (A *dís* dos Vanes). Anualmente as *Dísir* recebiam um culto chamado *disáblot* (sacrifício as dísir), realizado no inverno, sendo um culto público. Nässtrõm compartilha dessa hipótese apontando que o culto de Freyja poderia ter alguma semelhança com o *disáblot*, onde se sabe que oferendas eram feitas, um altar era erguido, comidas eram preparadas para a ocasião e preces realizadas.

Para Hilda Davidson o culto a Freyja teria tido um caráter mais privado e doméstico, onde as bênçãos da deusa estariam voltadas para o bem-estar da família e a prosperidade da mesma, no caso, a prosperidade estaria associada diretamente à agricultura e pecuária, fonte de sobrevivência e riqueza da maior parte da população escandinava da Era Viking. Davidson comenta que embora o *disáblot* fosse celebrado publicamente, havia casos de ele ser celebrado dentro do lar. A autora também assinala que o culto agrícola a Freyr era mais comum do que o de Freyja.

Além das *dísir*, Freyja também estava associada com as Valquírias. Na Edda em Prosa conta que metade dos guerreiros falecidos em combate eram levados pelas valquírias até Folkvangr (Campo do Povo), o salão de Freyja. Tal condição a associava com os mortos. A outra metade era levada a Valhalla (Salão dos Mortos), o lar de Odin. Apesar dessa singela menção das valquírias em relação a Freyja, não se sabe exatamente por qual motivo essa deusa estaria associada com os guerreiros mortos. Isso levou alguns estudiosos como Bernárdez e Nässtrõm a cogitar se Freyja estaria associada com cultos aos mortos, pois Davidson e John Lindow apontam lugares onde teriam ocorrido sacrifícios de animais à deusa. Além disso, sabe-se que seu irmão Freyr estava associado a um culto aos mortos na Suécia. Porém, essa teoria carece de melhores argumentos.

Brenda Prehal, ao analisar túmulos de Ingiríðarstaðir (Vale do Silêncio) na Islândia, elaborou a hipótese de que em alguns daqueles túmulos, onde encontrou-se restos humanos e de ossos de gatos, possa ter havido alguma espécie de culto aos antepassados e de sacrifícios de animais e humanos, associados a Freyja. Davidson já tinha cogitado uma possível ligação de Freyr com o culto de antepassados e o depósito de oferendas em túmulos, mas na Suécia. Prehal sugere que o fato de Freyja receber as almas dos mortos em seu salão pudesse ser indicativo de sua associação com culto aos antepassados.

Quanto à área mágica, a deusa Freyja era associada com o *seiðr*, um tipo de magia usada para fins benéficos ou maléficos. Algumas sagas mencionam que as *seiðkonur* (praticante de *seiðr*) invocariam um espírito em forma de falcão, o qual supostamente seria uma referência a Freyja. Outros relatos dizem que algumas dessas feiticeiras usariam capas ou luvas feitas de pelo de gato branco. Todavia, essas sagas não explicam como os ritos eram realizados. Entretanto, o uso de gatos em práticas mágicas continuou na Escandinávia. Em 1471 e 1490, na Suécia, duas mulheres, chamadas Catarina e Margarida, foram condenadas por fazer uso de "magia negra". No caso, elas usavam gatos em seus rituais.

Dentro desse campo mágico, as *völvas* (advinhas) parecem ter tido alguma ligação com Freyja, como sugere alguns estudiosos como Hilda Davidson. Na *Saga de Erik, o Vermelho* (*Eiríks saga rauða*), conta que uma *völva* visitou a Groenlândia. Ela usava luvas feitas de pelo de gato. Em outras sagas há menções de *völvas* andarilhas, as quais visitavam casas e plantações, lendo o futuro ou a sorte das pessoas, ou realizando alguma prática mágica.

Näsström e Motz cogitam a teoria de que um dos cultos a Freyja poderia envolver o transporte de uma estátua da deusa ou de uma sacerdotisa, que representaria a divindade. Ambos os autores cogitam que Freyja possa ter sido adorada de forma parecida como se fazia com a deusa germânica Nerthus, em que um dos ritos envolvia o transporte de uma sacerdotisa em uma carroça. De acordo com essa teoria, crenças relacionadas a Nerthus teriam sido adaptadas pelos nórdicos na figura de Njörd e de Freyja. Todavia, Davidson recomenda cautela para essa afirmação, embora ela reconheça que possa ter havido uma continuidade de práticas similares, mas não com Freyja, mas com seu irmão Freyr, onde há relatos que na Suécia uma carroça transportava uma estátua do deus.

A condição da religião nórdica antiga não ter possuído dogmas e uma estrutura centralizadora que estipulasse normas para a realização dos ritos favorecia o surgimento de várias formas de manifestação religiosa. Nesse sentido não se pode descartar a hipótese de que pudesse haver ritos públicos e privados para Freyja, pois tais ocorrências poderiam ser resultantes de questões regionalistas.

Com o advento do cristianismo, Freyja, como outras divindades nórdicas, passou a ser atacada pelo dogma monoteísta cristão. Apesar disso, houve confrontos entre a religião local e a religião estrangeira. Na Islândia do século X, o poeta cristão Hjalti Skeggjason, durante o *Althing* (assembleia), proferiu versos que insultava Freyja, comparando-a com uma cadela. O público, indignado com a ofensa, baniu Hjalti da região. No caso, Freyja devido a sua associação com a magia e a sexualidade, passou a ser malvista, encarada como uma feiticeira e uma prostituta. Por sua vez, seus elementos associados com o lar, a fortuna, a fertilidade, foram atribuídos à Virgem Maria.

Leandro Vilar Oliveira

Ver também Culto a Freyr; Edda Poética; Feitiçaria rúnica; Magia escandinava; Mitologia escandinava; Mitologia escandinava (fontes); Nórdicos da Era Viking (religião); Paganismo; Religião nórdica antiga (conceitos); Símbolos rúnicos e afro-brasileiros.

BERNÁRDEZ, E. (2002). *Los mitos dos germânicos*. Madri: Alianza.

DAVIDSON, H.R.E. (2004). *Deuses e mitos do Norte da Europa*. São Paulo: Madras [trad.: Marcos Malvezzi Leal].

GRUNDY, S. (1996). "Freyja and Frigg". In: BILLINGTON, S. & GREEN, M. (orgs.). *The concept of the Goddess*. Londres/Nova York: Routledge.

LANGER, J. (2015). "Freyja". In: LANGER, J. (org.). *Dicionário de Mitologia Nórdica*: símbolos, mitos e ritos. São Paulo: Hedra, p. 185-191.

MOTZ, L. (1998). The Great Goddess of the North. *Arkiv för nordisk filologi*, vol. 113, p. 28-57.

NÄSSTRÖM, B.-M. (1995). *Freyja*: The Great Goddess of the North. Lund: University Lund.

PREHAL, B. (2011). *Freyja's cats*: perspectives on recent Viking Age finds in Þegjandalur North Iceland [dissertação de mestrado em artes, Hunter College, Nova York].

SIMEK, R. (1993). *Dictionary of Northern Mythology*. Cambridge: D.S. Brewer.

Gênero e religião

Ver Baba Yaga; Bruxaria medieval; Deusa mãe; Deuses do trovão; Lilith; Mulher e religião no Medievo; Sexualidade e religião na Antiguidade.

Gnósticos

Abordar e estudar o gnosticismo é uma árdua tarefa, que demanda em grande medida um alto grau de erudição, tanto com relação ao mergulho nas fontes do cristianismo primitivo quanto à controversa historiográfica, que apresenta mudanças profundas e diferentes pontos de vista de tempos em tempos (MARKSCHIES, 2002, p. 15-50).

Dessa forma, tratar sobre os gnósticos é quase que ao mesmo tempo tratar sobre questões que nos remetem ao início do cristianismo, que nos primeiros séculos do Império Romano apresentou-se de diversas formas, de acordo com o contexto sociocultural de cada grupo ou comunidade. Esse é o caso dos gnósticos, cuja literatura surgida em meados do século II fora considerada por muitos como portadora de um credo religioso não cristão, de onde veio a divisão entre cristãos e gnósticos (AMARAL, 2017, p. 101). É importante salientar, em um primeiro momento, que o termo "*gnóstikos*", tinha uma conotação positiva na Antiguidade, não se aplicando a pessoas, mas sim a faculdades, atividades intelectuais ou operações mentais, a um conhecimento teórico, imediato.

O primeiro autor que traçou considerações sobre os gnósticos no período foi Irineu de Lyon (180 E.C.), em sua obra *Adversus Haereses*, em que o autor age a favor da detecção e da destruição da falsamente conhecida *Gnósis*. Irineu afirma que as falsas interpretações do cristianismo tinham sua gênese em um único mestre demoníaco, Simão o Mago, que praticava magia para o povo de Samaria. Em uma certa ocasião, Pedro e João dirigiram-se até a localidade a fim de que todos recebessem o Espírito Santo, e Simão, também querendo ser detentor desse poder, ofereceu dinheiro aos apóstolos, sendo duramente repreendido (At 8,9-24).

Irineu acreditava que os distintos grupos cristãos do período, mais especificamente os grupos heréticos que condenou, como os gnósticos, os valentinianos e os marcionitas, eram todas manifestações de um único fenômeno errôneo, a falsa *gnósis*, ou, como a historiografia nomeia, o gnosticismo. Sob o ponto de vista historiográfico, como nos mostra David Brakke, os historiadores da atualidade consideram que os primeiros cristãos necessitavam estabelecer sua identidade distanciando-se do paganismo greco-romano por um lado, e do judaísmo por outro, e às vezes de uma terceira via, o que nos remete diretamente ao gnosticismo (BRAKKE, 2013, p. 19).

Sob o ponto de vista de Irineu, sempre existiu uma fé cristã verdadeira, a ortodoxa, e toda a diversidade cristã, sensivelmente refletida nos movimentos heréticos que combatia, é inspirada fortemente pelo poder e pela ação dos demônios e seus satélites, sempre no intuito de afastar aqueles que seguiam o caminho da retitude cristã (BRAKKE, 2013, p. 21).

De acordo com autores como Phillip Rosseau (1985), Bart Ehrman (2003) e Karen King (2003), qualquer modelo que contemple a diversidade cristã no período pré-Niceia deve conhecer não somente a presença da diversidade, mas também a estratégia de fixação de uma ortodoxia, o caráter híbrido e fluido dos escritores e dos movimentos do cristianismo primitivo. Dessa forma, novos estudos acerca do cristianismo primitivo gravitam em torno da diversidade, da retórica e da etnicidade (BRAKKE, 2013, p. 30). Segundo Alain le Boullec, a noção de heresia e ortodoxia são remetidas a um discurso destinado a estabelecer limites e criar uma identidade própria (BOULLUEC, 1985, p. 207).

O gnosticismo, dessa forma, apresenta-se em um primeiro momento pelo olhar de Irineu de Lyon, que em um grande esforço caracterizou e nomeou todos os grupos cristãos que se lhe opunham. De fato, o termo "gnosticismo" surge somente no século XVII com Henry Monroe (1614-1687) e, nesse caminho, após a descoberta dos textos de Nag Hammadi em 1945, onde se encontravam diversos textos de natureza gnóstica, um grupo de pesquisadores reuniu-se em Medina no ano de 1966, na tentativa de formular uma definição mais exata do que seria o gnosticismo.

Assim, os pesquisadores asseveraram que a ideia de *gnósis* remetia a dois principais pontos: (1) uma centelha divina, procedente do mundo espiritual, para a qual deveria despertar a pessoa; (2) um movimento descendente do divino (sabedoria) até a esfera do destino para recobrar a energia divina perdida (BRAKKE, 2003, p. 43). Já em 1977, Kurt Rudolph, em sua obra *A natureza e história do gnosticismo*, apresenta-o como uma religião dualista que adota uma atitude negativa perante o mundo e a sociedade do período, que propõe a libertação do espírito das correntes que o prendem à existência terrena (RUDOLPH, 1977).

O ponto de vista dos primeiros Padres da Igreja e dos exegetas cristãos mostra-nos que os gnósticos eram dualistas, que acreditavam em um deus criador inferior, que odiava o mundo e a sociedade, que Cristo não fora humano e que sua depreciação para com o corpo os conduziu a adotar uma ascese extrema ou a viver como libertinos desenfreados (BRAKKE, 2013, p. 44).

Na tentativa de lançar luz sobre o assunto, Christoph Markschies propõe um modelo de oito características, entre as quais inclui a distinção entre um deus criador inferior e um deus supremo, distante e transcendente, uma experiência de alienação do mundo, uma noção de centelha divina dentro do ser humano e, por fim, como uma característica direta, a tendência ao dualismo (MARKSCHIES, 2003, p. 15-17). Marvin Meyer, por sua vez, debruçando-se sobre os textos descobertos em Nag Hammadi, mostra-nos que a religião gnóstica é uma tradição que sublinha o ponto principal da *gnósis* (o conhecimento místico), compreendido através de alguns aspectos da sabedoria, frequentemente personificada, apresentada nos relatos da criação, sobretudo no Gênesis, interpretada por diversas tradições religiosas e filosóficas, a fim de mostrar um caminho iluminado a uma vida de conhecimento (MEYER, 2005, p. 42).

Em resumo, vemos que o mito da criação gnóstica se ocupa em grande medida de explicar a origem e o destino do universo e proclamar a salvação humana, utilizando-se da combinação de escrituras judaicas, especulações mitológicas e filosóficas platônicas e meditações reveladoras sobre a estrutura da mente humana (BRAKKE, 2013, p. 89). Assim, os gnósticos configuram-se como uma das representações mais ricas do cristianismo primitivo e tardo-antigo, no seu uso das escrituras e da filosofia helenística própria do período.

Assim, a adoção de um dualismo que parte da perspectiva metafísica, de um deus, incognoscível, criador, e de deuses menores nas funções demiúrgicas e providenciais com relação à criação do mundo sensível são alguns exemplos de como o platonismo foi utilizado pelos gnósticos para a explicação da gênese do mundo.

Conforme o pensamento gnóstico, o Primeiro Princípio, o Deus Supremo, pai do Pleroma, o Espírito Invisível, é incognoscível e transcende toda a criação, em essência é um intelecto e, por ser a fonte de tudo o que existe, é "a vida que dá vida, uma felicidade que dá felicidade, um conhecimento que dá conhecimento" (*The Secret Book of John*, II, 4, 3-8); "Ele não é corpóreo, ele não é incorpóreo, não é grande, não é pequeno, não é quantificável, nem é ele uma criatura. De fato, ninguém pode imaginá-lo. Ele não é uma coisa entre as existentes, antes é uma coisa muito superior a estas; [...] antes sua característica própria é a de não participar dos reinos eternos (éons) ou dos espaços do tempo (*The Secret Book of John*, III, 22-30).

O Segundo Princípio chamado comumente pelos gnósticos como *Barbero* ou *Barbelo*, nome que significa "emissão", "projétil" ou "grande", contém em si uma complexa estrutura de éons, que são a emanação mais imediata do Deus Supremo. Os éons são ao mesmo tempo atores, lugares, extensões de tempo e formas (modos) de pensamentos, e muitas das vezes são caracterizados por nomes de qualidades ideais, abstrações ou operações mentais como inteligência, verdade, forma, intelecto, sabedoria, entre outros. O importante é que os éons que compõem o pleroma derivam diretamente do conhecimento e do pensamento que o espírito invisível tem de si mesmo (BRAKKE, 2013, p. 91-92).

Segundo esse pensamento, de grande influência platônica, o universo material em que vivemos é uma cópia imperfeita, de um mundo espiritual ideal ou de formas ideais que constituem uma única realidade, imutável e eterna. Dessa forma, o mundo material está destinado a perecer por ser uma imitação falida do pleroma.

É do Barbelo, em muitas versões do mito gnóstico, como no Livro dos Segredos de João, que, contemplando o Primeiro Princípio, engendra uma chispa, o Autoengendrado, o Cristo. Ele é um éon, o mais importante deles, engendrado pela relação direta entre o Barbelo e o próprio Deus incognoscível, sendo, portanto, o primogênito entre eles (AMARAL, 2017, p. 108). Assim, o personagem descrito como o autogerado, o "Cristo", que descerá para reencarnar em Jesus de Nazaré, é uma figura-chave dentro do conjunto, atuando como uma espécie de pivô entre os seres supremos.

Atentamos que, nos mitos gnósticos, existe uma complementaridade sexual nos éons. Enquanto o Espírito Invisível é assexuado, os éons configuram-se em pares masculino/feminino, e em ao menos uma versão do mito, a violação da complementaridade sexual, por parte do éon mais distante, a sabedoria (24º éon), quebra a harmonia do pleroma, o que resulta na criação do mundo material. Quando a sabedoria dá à luz a um éon por conta própria, este resulta em um pensamento imperfeito, um pseudoéon, o primeiro ser divino que não pertence à plenitude dos imortais, algumas vezes identificado como o Deus do Antigo Testamento ou a um grande demônio.

Assim, o demiurgo gnóstico, também identificado como o filho do último éon, recebe o nome de *Ialdabaoth*, e é em si produto da corrupção do mundo da perfeição espiritual, e sua obra, o universo, e seu governo serão também corrompidos e corruptores (AMARAL, 2017, p. 110). Outras obras gnósticas adotam uma perspectiva mais positiva em relação ao universo material, sem apresentar o éon Sabedoria em termos negativos. A sabedoria é tida como inocente, e sua criação *Ialdabaoth,* criado em um ato de vontade divina.

Os gnósticos, por fim, mostram-nos diversas ideias acerca da criação, origem do universo material e de seu governante, mas todas as versões concordam que *Ialdabaoth*, o Deus deste mundo, é arrogante e ignorante, e tal mundo, sendo espelho de sua criação, caracteriza-se por trevas e corrupção. A matéria será o expoente máximo desse mal, e a esta percepção se acrescentará o mal de origem judaica, o anjo caído.

O pensamento gnóstico externado por meio da literatura nas obras de Valentim (100-175 E.C.), Basílides de Alexandria (?-140 E.C.) e de outros cristãos, mesmo que indiretamente, como Clemente de Alexandria (160-215 E.C.) e Orígenes (185-261 E.C.), que levam em suas obras inúmeras características relativas ao mito gnóstico, circulou em grande medida por toda a bacia do Mediterrâneo, encontrando grande oposição daqueles que consideravam suas concepções equivocadas, mais pontualmente por Irineu de Lyon, Hipólito de Roma e Epifânio de Salamina, herisiólogos que combateram duramente o pensamento e as obras gnósticas.

Germano Miguel Favaro Esteves

Ver também Cristianismo antigo; Heresias medievais; Igreja; Inquisição; Poder e religião no Medievo; Religião.

AMARAL, R. (2017). *As origens platônicas da cosmovisão cristã* – A gênese do universo e do homem entre o último período antigo e o alvorecer da Cristandade. Campo Grande: Life.

BRAKKE, D. (2013). *Los gnósticos*. Salamanca: Sígueme.

BROWN, P. (2012). *El mundo de la Antiguedad Tardia*. Madri: Gredos.

EHRMAN, B. (2003). *Lost Christianities*: The Battles for Scripture and the Faiths We Never Knew. Nova York: Oxford University Press.

KING, K.L. (2003). *What is Gnosticism?* Cambridge: Belknap.

LE BOULLUEC, A. (1985). *La notion d'hérésie dans la littérature grecque (II-III siècles)*. Paris: Etudes Augustiniennes.

MARKSCHIES, C. (2003). *Gnosis*. Londres/Nova York: T & T Clark.

MEYER, M. (2005). *The gnostic discoveries*: the impact of the Nag Hammadi Library. Nova York: HarperCollins.

RUDOLPH, K. (1977). *Gnosis*: The Nature and History of Gnosticism. Nova York: Harper & Row.

The Secret Book of John. In: BARNSTONE, W. & MEYER, M. (orgs.) (2003). *The gnostic Bible*. Boston: Shambhala, p. 70-104.

Grécia antiga (religião)

A religião grega antiga sempre foi objeto de intensa investigação científica de diferentes áreas do conhecimento ao longo dos séculos. Há muito material sobre esse tema, além de uma multiplicidade de abordagens. Entre elas estão as propostas de Vernant (2006) e Vegetti (1994), que sugerem pensar a religião grega antiga a partir de um olhar comparativista com as religiões monoteístas, para assim entender alguns conceitos fundamentais para o fenômeno religioso dos gregos antigos. Eles sugerem pensar a religião grega a partir daquilo que ela não é. Dessa forma, a religião grega não possui divindades transcendentais, eternas, oniscientes e onipresentes; não é uma religião dogmática e também não tem um livro sagrado nem um corpo sacerdotal fixo. Nem mesmo a palavra "religião" existia no vocabulário grego antigo: as expressões que mais se aproximam de nossa ideia de religião são "*tá tōn theōn*" (as coisas dos deuses); "*tó sébas pròs toùs theoús*" (deferência aos deuses) e "*thrēskeúō*" (prescrição dos cultos). Portanto, para conhecer a religião grega devemos conhecer o vocabulário que os antigos gregos utilizavam para expressar suas relações com o sagrado.

O vocabulário religioso – Zaindman e Pantel (2006, p. 8-15) demonstram que para entender a religião grega é fundamental a compreensão de conceitos ligados ao sagrado, à purificação e poluição, e à piedade e impiedade. O sagrado é expresso por palavras como "*híeron*", "*hósion*" e "*hágion*". A primeira palavra indica o sagrado ou aquilo que está sob proteção divina ou irá entrar em contato com o divino por meio dos cultos; a segunda indica a situação do homem com relação à divindade, determinando o que é permitido de acordo com a divindade e com as convenções humanas e que, por isso, pode ser utilizado para indicar um estado de pureza do sujeito; a terceira é utilizada para templos, rituais ou objetos do rito, e também expressa o sagrado conforme o grau de pureza, imprescindível para o contato com o divino. A purificação é expressa pela palavra "*katharós*" e a pureza está relacionada a aspectos físicos, desempenhando a água um importante papel nos rituais de purificação. Já a palavra "*miasma*" indica a poluição que tem o poder de contágio e pode prejudicar toda a coletividade, como bem exemplifica a tragédia *Édipo Rei* que se inicia com o sofrimento da cidade de Tebas com a peste provocada pelo *miasma* de um assassino impune. Um estudo completo sobre o tema do *miasma* foi realizado por Parker (1996). A piedade e a impiedade são expressas pelas palavras *eusébeia* e *asébeia*. A primeira indica um sentimento que leva a uma atitude correta com relação ao divino, respeitando os cultos cívicos, participando das cerimônias familiares e respeitando a tradição dos antepassados. Assim, a piedade é uma obrigação, pela qual se deve honrar os deuses, a cidade, os heróis, os mortos e os familiares. A segunda palavra, por sua vez, é a ausência do respeito devido às coisas sagradas. Leite (2017) e Zaidman (2001) aprofundaram o estudo dessas noções. Assim, ligado ao vocabulário que explica o fenômeno religioso, desenvolve-se também a ideia daquilo que pode perturbar sua ordem: *miásma*, *asébeia*, *átheos*. A ausência da crença nos deuses só começa a ganhar forma após o século V a.E.C. e o problema da irreligiosidade e da perseguição aos filósofos só se acentua no século seguinte (para mais informações, cf. o verbete "Conflitos religiosos na Antiguidade"). Portanto, a crença nos deuses na Grécia antiga não dependia de uma revelação e não tinha caráter doutrinal, estando sempre aberto o contato entre o homem e a divindade, desde que ele não estivesse com um *miasma*. A crença nos deuses não se chocava com um plano intelectual, o que permitiu o desenvolvimento da filosofia e de outras ciências que buscavam uma explicação para além do plano religioso dos fenômenos naturais e sociais.

O mito e o rito – Além do vocabulário, o fenômeno religioso grego também é analisado a partir da perspectiva do mito e do rito, que foi amplamente trabalhado por Burkert (1993). Uma das ideias centrais do autor é a constituição da pólis como uma grande comunidade sacrificial. O rito do sacrifício sangrento comandado pela cidade é uma oferta votiva à divindade, seguida de um banquete festivo, que conecta a esfera humana e a divina, além de, ao mesmo tempo, reforçar a ligação entre os homens. Esse rito relembra o mito de Prometeu, demarcando o espaço de homens, deuses e animais no cosmos. O rito é uma atividade cotidiana realizada em nome da cidade e em seu benefício, sendo um dever do cidadão sua participação. Já o mito é uma narrativa tradicional que proporciona um significado para aspectos importantes da vida. Uma característica fundamental do mito é sua diversidade, pois não havia uma versão de maior autoridade e isso concedia uma liberdade para os poetas fazerem adaptações a partir de um núcleo central da narrativa. A riqueza do mito está na sua constante adaptação. Nossas principais fontes de conhecimento sobre os mitos gregos são as tragédias e os estudos dos períodos helenístico e romano (Diodoro Sículo, Dião Crisóstomo, Plutarco, Flégon, Pausânias, Ateneu, Antonino Liberal, Filóstrato, Diógenes Laércio, Heráclito Paradoxógrafo, entre outros). Os estudos atuais sobre os mitos gregos valorizam o seu aspecto performático, o que reforça mais uma vez a ligação entre o mito e o rito na religião grega, pois a observância do ritual exige uma crença nos mitos. Os principais ritos são as danças, as músicas, as competições esportivas, as orações, as libações, os hinos, as procissões – como a famosa procissão da estátua de Dioniso em Atenas durante os festejos das Grandes Dionisíacas – e os sacrifícios sangrentos. A adesão aos ritos religiosos tradicionais se dava não apenas pela crença nos mitos, mas principalmente pelo respeito aos costumes ancestrais (*nómos*, *eusébeia*). A tradição era um dos responsáveis pela manutenção da religião e o principal fator de sua transmissão de uma geração a outra. Assim, os ritos e os mitos impunham aos habitantes da cidade um modelo de comportamento baseado em um "dever fazer", que era fundamental para estimular o modelo de bom cidadão, largamente demonstrado na literatura grega.

Os deuses – Os homens tinham que ter respeito, veneração e deferência aos deuses. O politeísmo é uma característica central da religião grega. Segundo Burkert (1993), o politeísmo ocorre quando várias divindades são adoradas no mesmo local e ao mesmo tempo por uma comunidade. No caso grego essas divindades estão envolvidas em processos naturais e sociais, e podem tanto se complementar mutuamente quanto ser diametralmente opostas. Portanto, um dos caminhos para se entender as divindades gregas é compreender as diversas relações que elas estabelecem entre si, sendo este o núcleo central das narrativas míticas sobre o panteão olímpico formado por Zeus, Hera, Poseidon, Ares, Hades, Dioniso, Afrodite, Apolo, Artêmis, Atena, Hermes e Hefesto. Alguns exemplos são a ligação entre Atenas e Poseidon, Apolo e Dioniso, e Hades e Deméter. O panteão grego já estava estabelecido na época arcaica, mas não era uma entidade fixa, como demonstra a incorporação de divindades estrangeiras ao logo do tempo, como é o caso de Dioniso e Afrodite. A poesia e as artes plásticas consolidaram as características dos deuses e as narrativas sobre eles. As principais fontes sobre os deuses são os poemas de Homero, Hesíodo e os chamados Hinos Homéricos, que são poemas de vários autores anônimos dedicados aos deuses e que durante a Antiguidade foram atribuídos a Homero. A partir da arte os deuses são personificados encarnando valores importantes para os gregos, como a beleza e a força. A representação antropomórfica irá dominar no campo literário e iconográfico, apesar de as divindades não terem uma forma física, como demonstra o mito de Sêmele, que morreu instantaneamente quando Zeus lhe apresentou sua verdadeira forma. Além da forma humana, os deuses podem assumir formas de animais, como Zeus, que se transforma em um boi branco no mito do rapto de Europa e em um cisne no mito de Leda. Assim como cada divindade tem uma representação, também possui um campo específico de atuação, que muitas vezes é indicado pelo epíteto que acompanha o nome da divindade, como é o caso de Atena *Polias*, Atena "patrona da cidade". Atena e Apolo são as divindades com o maior número de santuários nas cidades gregas, pois são divindades ligadas à civilização e à inteligência. Já fora das cidades, predominam templos de Poseidon, Dioniso, Hera e Artêmis, que são divindades ctônicas ou ligadas a ritos de passagem da vida comum. As divindades, além de individuais, também poderiam ser concebidas de forma coletiva, como é o caso das musas (Clio, Euterpe, Tália, Melpômene, Terpsícore, Erato, Polímnia, Urânia e Calíope), das Erínias (Tisífone, Megara e Alecto), que perseguem os assassinos, das Parcas (Cloto, Láquesis e Átropos), que controlam os destinos dos homens, e das Graças (Eufrosina, Aglaia e Tália) que eram ligadas às festividades e prosperidade.

O mundo sobrenatural – Além das divindades, a religião grega era povoada de *daímones* e heróis. Os *daímones* são formas misteriosas de poder divino que podem atuar na vida dos homens de forma benéfica ou maléfica e não há um culto específico para eles. Os heróis são personagens de um passado distante, que devido à sua glória são cultuados. O culto aos heróis tem caráter territorial e cívico, e as cerimônias normalmente acontecem em seus túmulos, que muitas vezes podem estar localizados na ágora. O herói pode ser o fundador da cidade ou patrono de partes do território, como é o caso das tribos atenienses que receberam o nome de dez heróis depois das reformas de Clístenes. Os heróis não são intermediários dos homens com a divindade e podem interferir diretamente nos assuntos humanos.

Religião cívica – Um dos aspectos mais marcantes da religião grega é sua dimensão cívica, pois a cidade tomava para si a responsabilidade de organizar o sistema religioso, com suas festas dispostas no calendário religioso, que ordenava o cotidiano. O principal rito envolvia o sacrifício sangrento e o banquete festivo, custeados pela cidade. Dessa maneira, a pólis oferecia a base para que a religião grega operasse e ao mesmo tempo essa era a faceta ideológica mais importante da vida daquela, pois ditava os costumes que deveriam ser seguidos. Os grandes festejos organizados pela cidade demonstram a dimensão espetacular da vida religiosa e eram tão importantes que ao longo do ano havia mais de trezentos festejos religiosos na Grécia, sendo sessenta deles na região da Ática (PEREIRA, 1988), com destaque para as Grandes Panateneias, em honra a Atena, e as Leneias e as Grandes Dionisíacas, em homenagem a Dioniso. Além das festas, a construção de templos demonstra a força da dimensão cívica da religião, pois exigia um grande esforço coletivo. Dessa maneira, participar da religião cívica proporcionava um sentimento de pertencimento à cidade, pois o mesmo grupo que se reunia nos rituais era o corpo cívico que participava, em maior ou menor grau, da vida política da cidade.

Religião pan-helênica – Cada cidade tinha um sistema religioso próprio que se manifestava na religião cívica. Esse sistema estava integrado a outro mais complexo, a religião pan-helênica que traz o arcabouço da tradição de mitos e ritos compartilhados por todos os gregos. Assim eram os cultos pan-helênicos: abertos a todos os gregos e exercidos em templos cuja influência extrapolava os limites de seu próprio território. Um exemplo é o templo de Delfos e sua função oracular (para mais informações, cf. o verbete "Oráculos gregos") e o santuário de Olímpia, que reunia de quatro em quatro anos competições esportivas e artísticas. Outras competições ocorriam nos templos de Nemeia, Corinto e Delfos. Durante essas celebrações acontecia a trégua sagrada, com a suspensão dos conflitos para que os gregos pudessem se locomover aos locais do culto. Esses templos eram ricos e possuíam uma estrutura arquitetônica complexa, além de funções que ultrapassavam a dimensão religiosa, como bancos e proprietários de grandes rebanhos.

Religião familiar e agrária – A religião está em todas as dimensões da vida do grego antigo, não havendo divisões, que foram criadas por estudiosos para facilitar seu entendimento (VIAN, 1994). O aspecto familiar e agrário era o mais antigo da dimensão religiosa grega. A religião familiar estava concentrada no culto de Héstia, o fogo, que assegurava a estabilidade da vida do *oikos*. Vários ritos que marcavam os estágios da vida, como nascimentos e falecimentos, eram celebrados. O culto aos mortos era tão importante, que a cidade controlava seu procedimento por meio da legislação, como é o caso de Atenas com as leis de Sólon. Já os cultos agrários eram apotropaicos e tinham o principal objetivo de promover a fecundidade. As principais divindades eram Deméter e Dioniso.

Mulheres – As mulheres desempenhavam um importante papel na religião, participando de diversas formas de ritos cívicos e domésticos. As mulheres eram responsáveis por proporcionar o primeiro contato do sujeito com os mitos. Por isso, era por meio da religião que a mulher, mesmo excluída do exercício pleno da cidadania, conseguia participar da pólis.

Priscilla Gontijo Leite

Ver também Hécate; Magia e feitiçaria grega; Mitologia grega; Romanos (religião).

BREMMER, J.N. (1994). *Greek Religion*. Oxford: Oxford University Press.

BURKERT, W. (1993). *Religião grega na Época Clássica e Arcaica*. Lisboa: Fundação Calouste Gulbenkian [trad.: M.J. Simões Loureiro].

LEITE, P.G. (2017). *Religião e jogos de poder*: o Contra Mídias de Demóstenes. Curitiba: Prismas.

PARKER, R. (1996). *Miasma*: Pollution and Purification in Early Greek Religion. Nova York: Clarendon.

PEREIRA, M.H.R. (1988). *Estudos de história da cultura clássica*. Vol. 1: Cultura grega. Lisboa: Fundação Calouste Gulbenkian.

VEGETTI, M. (1994). "Os homens e os deuses". In: VERNANT, J.P. (org.). *O homem grego*. Lisboa: Presença, p. 229-263 [trad. Maria Jorge Vilar de Figueiredo].

VERNANT, J.-P. (2006). *Mito e religião na Grécia Antiga*. São Paulo: Martins Fontes.

VIAN, F. (1994). "La religion grecque à l'époque archaïque et classique". In: *Histoire des religions*. Vol. 1. Ligugé: Aubin.

ZAIDAN, L.B. (2001). *Le commerce des dieux* – Eusebeia: essai sur la piété en Grèce ancienne. Paris: La Découverte.

ZAIDMAN, L.B. & PANTEL, P.S. (2006). *Religion in the Ancient Greek City*. Cambridge: Cambridge University Press.

Guerra e religião na Escandinávia

A "religião" para nós evoca algo ortodoxo, um credo, com regras de comportamento mais ou menos rígidas que geralmente incorporam conceitos de obediência e adoração. Em maior ou menor grau, todas as crenças mundiais do nosso tempo se enquadram nesta categoria. Na Escandinávia antes da vinda do cristianismo, no entanto, ninguém teria entendido esse conceito. O que entendemos por religião era outra dimensão do indivíduo, inexplicavelmente ligada a todos os outros aspectos da existência. Nesse sentido, os vikings tinham um sentido mais frouxo do que o islamismo ou o cristianismo, no que se refere à religião, bem como as fronteiras entre o nosso mundo e o próximo.

A guerra é uma escolha racional, mas há sempre o desejo de todos os lados de procurar certa ideologia por trás da racionalidade da guerra – para acoplar o pragmatismo das decisões a várias crenças, princípios ou dogmas. As religiões aceitam que a guerra pode ser o mal menor – o último recurso para derrotar um tirano e restaurar a paz e a harmonia. A relação entre religião e guerra é, portanto, muito complexa. A complexidade da conexão entre religião e guerra surge da ambiguidade das atitudes religiosas em relação à guerra. Tolerância e intolerância coexistem em muitos textos religiosos.

Os contornos das normas de guerra remontam há 3.000 anos e originam-se de diversas tradições religiosas. As normas de guerra também evoluíram de impulsos humanitários, doutrinas militares e ideias de filósofos. A questão é se as diferenças religiosas são as principais causas da violência, ou se essas diferenças são exploradas como uma ferramenta para recrutar soldados e simpatizantes para guerras que surgem por outras razões e para outros propósitos, como cobiça por poder, apetite por terra, água ou outros recursos, desejo de domínio estratégico global ou para obter ganhos políticos domésticos.

A religião se relaciona com a guerra e com questões políticas desde os tempos mais antigos. Podemos exemplificar os gregos, que faziam consultas aos oráculos sobre o futuro pessoal e sobre o destino de suas guerras também. Somos animais culturais e é a riqueza de nossa cultura que nos permite aceitar nossa indiscutível potencialidade para a violência, mas também acreditar que sua expressão é uma aberração cultural (KEEGAN, 2006, p. 18). A violência e o sagrado são inseparáveis, as condutas religiosas e morais visam a não violência de uma forma imediata na vida cotidiana e, muitas vezes, de forma imediata na vida ritual, paradoxalmente por intermédio da própria violência.

Não há possibilidade de separar a religião de um contexto cultural e nesse mesmo sentido a guerra. Cada sociedade tem seus próprios sistemas religiosos e maneira de praticar suas incursões bélicas. Por serem específicas (na forma, nos ritos e cultos) a cada sociedade, o entrelace entre guerra e religião se dá de forma diferente em cada uma. Em algumas, o segundo influencia nas razões, motivações ou no início da guerra, podendo ainda influenciar nos ritos antes e após as batalhas. Em outras, a religião interfere nos ritos feitos antes e após as guerras. Como exemplo, os escandinavos acreditavam que o ato de receber um presente de um deus era muito importante e simbólico.

A guerra entre os escandinavos, durante a Era Viking, foi bastante importante em vários aspectos para aquela sociedade. A guerra foi um espaço para afirmações identitárias e fortalecimento do poder real. Os escandinavos da Era Viking precisavam da guerra: ela era um dos principais traços da sociedade nórdica. Não havia uma divisão clara entre guerra e religião. O ritual e o mundo sobrenatural – a religião, em certo sentido – era tão importante para o combate das lutas quanto à afiação das espadas.

O esforço na guerra entre os escandinavos está atrelado à sua forma de religiosidade, pois entre os vikings não existia a noção do "nada" após a morte, para eles a morte não era jamais um termo absoluto nem mesmo de ruptura radical, era considerada uma simples mudança de estado. Como exemplo, os guerreiros mortos com honra nos combates seriam levados pelas Valquírias (termo derivado do original nórdico *valkyrja* (pl. *valkyrjar*), que significa "aquela que escolhe os mortos") ao Valhalla, nesse sentido, essa passagem poderia ser vista também como uma recompensa.

Price nos atenta para o uso do termo "guerra" quando utilizado na tentativa de recuperar um ponto de vista antigo, quando nos referimos aos escandinavos. O entendimento "moderno" de uma guerra que começa após um período de paz ou em um momento de ruptura não pode ser aplicado à Era Viking. A guerra "moderna" envolve sempre uma suspensão da normalidade e a chamada regra da lei, as guerras dariam início, desta forma, a um período à parte dos acontecimentos cotidianos, porém na Era Viking não existia uma divisão clara entre guerra e acontecimentos cotidianos, ela já estava atrelada a um comportamento social, indo além de uma "cultura guerreira" dominada pelos homens implicando todos os membros da comunidade, independentemente de sexo ou gênero.

As dimensões rituais da batalha começam antes do início das batalhas com o intuito de aumentar a força dos próprios guerreiros ou para induzir a falta dela nos inimigos, garantir invulnerabilidade (habilidade muito associada aos Berserkir), destreza, conseguir poderes extraordinários às suas armas, buscando um fortalecimento sobrenatural da violência. Esse fortalecimento para Price formava um elo entre o sagrado e o profano numa ritualização da agressão crucial para uma sociedade guerreira. Uma dimensão religiosa utilizada nas batalhas é o Seiðr. Ele foi usado para atacar outros em forma de espírito, para remover a sorte de uma pessoa e até para levar os inimigos à loucura e em seu uso no campo de batalha, em vez de violência direta, envolveu principalmente a obscuridade do julgamento, o congelamento da vontade, a hesitação fatal.

A preparação física da guerra foi apoiada por uma estrutura de rituais destinados a produzir sucesso na batalha. Óðinn dava armas aos seus seguidores escolhidos, e uma vez as tendo recebido, eles se comprometiam com ele, prometendo-lhe seus leais serviços até a morte e além dela. Acreditavam ainda que espadas, escudos, capacetes e anéis podiam ser abençoados pelas divindades pagãs. Ainda como exemplo da relação entre a religião e os ritos feitos após as guerras são as cremações. Entre os seguidores de Odin, a queima dos mortos era muito importante. Eles acreditavam que todos os objetos queimados na pira com seus donos seguiam com eles até Valhalla. Por isso a importância de colocar espadas junto com o morto para que ele tivesse com o que lutar ao lado de Odin no Ragnarök.

O papel e significado das armas no rito funerário – e na sociedade viva – não eram uniformes em toda a Escandinávia, tendo como base a combinação de artefatos selecionados para o enterro em nível local ou regional, demonstrando que as armas provavelmente tinham um valor considerável não apenas na batalha, mas também como símbolos de poder, posição e riqueza.

Entre os escandinavos, além de rituais para colheitas frutíferas e prosperidade, uma grande parte de seus rituais também foi direcionada para obter sorte na batalha e vitória. Tais rituais podem ser vistos na *Saga dos Ynglingos* 8: "Deviam-se realizar sacrifícios por um ano próspero no início do inverno, na metade do inverno se devia sacrificar pela fertilidade, e o terceiro, no verão, era o sacrifício para a vitória". Segundo Davidson esses sacrifícios eram feitos na época do ano em que os escandinavos, após planejamentos, partiam em suas incursões, nesse sentido os rituais de batalha eram muito importantes para os homens na Era Viking. Essa importância dada aos rituais e a presença de uma magia de batalha vão estar presentes em várias histórias contidas nas sagas islandesas.

Além destes rituais, os vikings valorizaram vários ideais militares, dentre os quais a força e a coragem de Thor, a habilidade com armas (no sentido de manejo pessoal), a habilidade na navegação, que era claramente um atributo imensamente útil que poderia ser aprendido pela experiência diária e, além disso, havia também o ideal mais escorregadio de Odin, o astuto deus da guerra, que era simultaneamente o deus da poesia, da educação, o engano e a trapaça. A associação de todas essas qualidades em um contexto doutrinário da guerra viking nos diz que ao contrário do imaginário de desorganizados e intempestivos eles nem sempre iam de maneira imprudente para um ataque frontal. Eles, assim como outras grandes sociedades guerreiras, planejavam e utilizavam artimanhas antes das empreitadas.

Monicy Araujo Silva

Ver também Culto a Freyr; Edda Poética; Feitiçaria rúnica; Freyja; Magia escandinava; Mitologia escandinava; Mitologia escandinava (fontes); Nórdicos da Era Viking (religião); Religião nórdica antiga (conceitos); Símbolos rúnicos e afro-brasileiros.

DAVIDSON, H.R.E. (2004). *Deuses e mitos no Norte da Europa*. São Paulo: Madras [trad.: Marcos Malvezzi Leal].

______ (1998). *The Sword in Anglo-Saxon England*: its archaeology and literature. Woodbridge: The Boydell Press.

______ (1993). *The Lost Beliefs of Northern Europe*. Londres/Nova York: Routledge.

______ (1988). *Myths and symbols in pagan Europe*: early Scandinavian and Celtic religions. Nova York: Syracuse University Press.

GRIFFITH, P. (1995). *The Viking Art of War*. Londres: Greenhill.

KEEGAN, J. (2006). *Uma história da Guerra*. São Paulo: Companhia das Letras.

PEDERSEN, A. (2008). "Viking Weaponry". In: BRINK, S. & PRICE, N. (org.). *The Viking World*. Nova York: Routledge, p. 170-180.

POPOVSKI, V.; REICHBERG, G.M. & TURNER, N. (orgs.). *World religions and norms of war*. Tóquio: United Nations University.

PRICE, N.S. (2002). *The Viking way*: religion and war in late Iron Age Scandinavia. Uppsala, Uppsala University Press.

Guerra e religião no Medievo

A espada desembainhada e o imperativo religioso. Duas figuras que parecem sintetizar a história medieval. E uma relação que não admite meio-termo. De modo geral, as gerações de eruditos, teólogos, filósofos e intelectuais que tentaram decifrar o que as une agruparam-se ao redor de duas grandes teorias. Duas interpretações rivais, quase inconciliáveis, pontos de vista que se repelem. Contudo, embora aparentemente incapazes de coabitar a mesma mente, as duas opiniões tomaram forma na Prússia.

A primeira, pelos escritos de Immanuel Kant. Em 1795, enquanto cartografava o sinuoso caminho que levasse à paz universal, esse filósofo de Königsberg formulou a seguinte certeza: porque diferenciam e separam os indivíduos, as religiões semeiam nos povos a "inclinação para o ódio mútuo e o pretexto para a guerra". Porque afasta da razão prática e da moderação, por estipular barreiras morais naturalmente inexistentes, a religião é, sob tal perspectiva, a habitual coveira da convivência pacífica. Repetida de muitas maneiras na literatura científica, a opinião fixou-se assim: há um vínculo empírico universal entre religião e guerra, sendo aquela a causa mais recorrente desta última. A ideia ganhou o mundo e seu sotaque prussiano pode ser ouvido em outras línguas. No francês de *La violence et le sacré*, publicado por René Girard em 1972; no inglês de Barbara Ehrenreich em *Blood Rites: Origins and History of the Passions of War*, de 1977, entre tantos outros.

Já a segunda opinião surgiu com o traçado austero da experiência militar. Em 1832, uma publicação pôs em circulação ideias ensinadas pelo Major-general Carl von Clausewitz, falecido diretor da Escola Militar de Berlim. Logo nas primeiras páginas deixadas por esse sobrevivente das batalhas napoleônicas de Iena, Borodino e Waterloo, os leitores se viam diante da definição certeira: "a guerra não é somente um ato político, mas um verdadeiro instrumento político, uma continuação das relações políticas, uma realização destas com a entremistura de outros meios". Nada de religioso. A guerra fora emancipada do sagrado. Por esse ângulo, ela é encarada como um campo de relações secularizadas, racionais, utilitárias, que dizem respeito ao Estado e suas teias diplomáticas, econômicas e territoriais. Transmitida para os *fronts* da ciência, a definição passou a ser ouvida assim: a guerra replica a lógica social da governança, não da religião. Entre ela e essa, contradições. A vida pelas armas perverte a integridade moral da crença; a autoridade religiosa teria sido, mais de uma vez, um ventríloquo maquiavélico do heroísmo e da lealdade dos guerreiros. Essa segunda opinião não é menos popular. Ainda que ajustada ou corrigida aqui e acolá, ela povoa páginas conhecidíssimas. Como *Über den Prozess der Zivilisation*, de Norbert Elias, 1939; e *Fields of Blood: Religion and the History of Violence*, de Karen Armstrong, 2014.

A escrita da história medieval abrange algumas das mais valiosas oportunidades para o estudo das relações entre a guerra e a religião. Sobretudo, porque estudos dedicados ao Medievo indicam que a complexidade antropológica e a diversidade histórica envolvendo tais temas não são adequadamente explicadas por uma dessas duas opiniões. Mas por uma perspectiva situada em algum ponto intermediário ou que estaria além de ambos.

Observe-se a China. Durante os longos períodos Song (960-1279) e Ming (1368-1644) é possível reconhecer certa influência do confucionismo numa série de estratégias defensivas e aquisições territoriais das principais lideranças dinásticas, apesar da insistência dos estudiosos em caracterizar os escritos de Confúcio como parte de uma cultura antimilitarista. Na realidade, deve-se admitir: à primeira vista, algumas características fariam da realidade chinesa uma prova da validade da definição clausewitziana. Na medida em que enfatizou a moderação prática dos valores morais, educou os monarcas sobre o uso criterioso de todos os meios possíveis (a guerra entre eles) para a manutenção da paz e justificou o direito de resistir pelas armas ao mandatário que viola o *Ren* (humanidade) e o *Yi* (justiça), o confucionismo teria sido uma filosofia política. Isto está correto. Mas não é tudo. Os confucianos eram igualmente devotados à ideia de que o mundo espiritual afetava a vida em muitos aspectos. Sacrifícios, deidades, comunicação com os mortos: o que aparentemente seria uma filosofia política estava repleto de atos de crença no sobrenatural, fatos religiosos, tal como demonstram os *Xiaozi Zhuan* – coletâneas de biografias compiladas no século X. Tais nuanças criam um cenário desafiador. Se por um lado é preciso reconhecer que o confucionismo era um dos motivos que levavam chineses para a batalha, por outro não se pode perder de vista que a China medieval (assim como a Coreia e o Japão) não conheceram guerras religiosas nos moldes do judaísmo antigo ou das cruzadas medievais.

Uma opinião difundida situa no extremo oposto do caso oriental a religião que a Idade Média não herdou dos antigos: o islamismo. O advento do Islã é frequentemente mencionado como principal exemplo da religião como pretexto para a guerra, um suposto "caso de manual" do pensamento kantiano. Afinal, confrontos armados como os que Muḥammad liderou nos arredores do "Poço de Badr" (624) ou a colisão de exércitos muçulmanos sob a brisa do Rio Zab (750) foram decisivas para a formação do rol de verdades reveladas como o novo monoteísmo. Esses e dezenas de outros confrontos definiram princípios fundamentais da vida muçulmana: a guerra incidiu sobre o reconhecimento da legitimidade dos governantes, deslocando a linha divisória entre as virtudes e os vícios do chefe da comunidade dos crentes (*Umma*); afetou os modos de identificar se o mundo se revela puro ou corrompido, ordenado ou caótico; fez da administração de espólios, prisioneiros e terras provas de ignorância (*djahilia*) ou cumprimento (*furqan*) dos preceitos divinos. É o que narra, por exemplo, a notória *Sirat Rasul Allah* ("Vida do mensageiro de Alá"), escrita por Muḥammad ibn Ishaq ibn Yasār, em meados do século VIII. O Islã é uma "religião da espada" - não faltou quem apregoasse tal conclusão. Visão apressada e simplória.

Simplória porque incompleta, tendenciosa. Sim, a história medieval é marcada por uma série de contextos em que demandas sociais pela reforma e purificação da fé islâmica ocorreram como processos de conquista do governo e construção de supremacias territoriais, e *vice-versa*. A lista incluiria fatímidas (atual Egito, séc. X), seljúcidas (atual Turcomenistão, séc. XI), almorávidas (Saara, séc. XII) e até mesmo otomanos (atual Turquia, séc. XIII). Por outro lado, algumas das mais eficientes forças militares do Islã foram caracterizadas pela instalação de um ambiente imperial em que massivos repertórios jurídicos asseguravam um ambiente de pluralidade religiosa. Pluralidade amiúde frágil, mas efetiva o suficiente para ser percebida por cristãos coptas e nestorianos - minoritários no Império Bizantino - como uma rede de proteção pública, como registram diferentes passagens da *Siyar al-Bi'ah al Muqaddash*, a "História do patriarcado copta de Alexandria", conforme a nomenclatura adotada nas traduções latinas para uma coleção de histórias egípcias compiladas a partir do século X.

Não se trata de pincelar um retrato idílico da coexistência religiosa. Mas de reconhecer que os califados - sobretudo omíadas e abássidas - perpetuaram a complexidade do próprio Corão, cujos versos desaprovavam judeus e cristãos contemporâneos a Muḥammad como "maiorias depravadas" (Sura 5), mas acolhia suas crenças, incluindo-as entre os "adeptos dos Livros" que seriam recompensados por "Deus no dia do juízo final" (Sura 2 e 5). A *jihad* menor, um estado de guerra defensiva contra infiéis, ditava apenas uma parcela das relações islâmicas com os não muçulmanos. Tais relações eram regidas por diversos fatores, tais como a obediência tributária, submissão jurídica, assimilação letrada: fatores que extrapolam o alcance de disputas e tensões de crença. Em diversas cidades, como Córdoba do século IX, o derramamento de sangue é parte de uma linguagem religiosa à qual os governantes muçulmanos resistem abertamente.

Quando se observa detidamente, tanto "guerra como resposta emocional provocada pela religião" quanto "a religião como véu legitimador do militarismo político" se revelam opiniões que arranham a superfície do que está em jogo. Uma abordagem alternativa tem sido formulada por autores como Azar Gat, Peter Turchin e Ian Morris. Nem Kant, nem Clausewitz. O modelo mais adequado para a compreensão histórica seria o de uma renovada teoria evolutiva. Nela, a questão assume os seguintes contornos: guerra e religião são repertórios de resposta a demandas práticas, que emergem através da altamente intrincada interface que liga as pressões ambientais aos desejos coletivos. Violência e sagrado evocam poderosas motivações para ações coletivas porque são vivenciadas como soluções adaptativas, meios eficientes de controle interacional e autonomia material. Os historiadores costumam captar algo dessa interface que liga o natural e o cultural ao debaterem a *etnicidade*. Conceito sobre o qual essa história da guerra tem lançado nova luz. O que tem revelado implicações promissoras para a investigação do "horror sagrado" muitas vezes atribuído a vikings, saarianos e mongóis.

Por fim, o cristianismo. Na história medieval, o caso mais controverso, mais polêmico. De suas múltiplas trajetórias no tempo e no espaço persistem evidências que perturbam o hábito de referir-se a essa religião no singular, como se regida por uma atitude geral e constante sobre a relação entre crer e guerrear. Tal complexidade ganhou maior visibilidade a partir de 1905, quando o teólogo Adolf von Harnack atribuiu uma ética militarizada aos cristãos primitivos, caracterizando os seguidores de um credo de reputação pacifista como *Militia Christi*, isto é, "soldados de Cristo" – expressão que envolve o tempo apostólico em fortes cores templárias. Teria sido o cristianismo primitivo formador de um novo *esprit de corps* para a condução de conflitos? Eis uma pergunta insaciável, cujo apetite por respostas se renova a cada década. Os diversos autores, dos teólogos aos historiadores, concordam em ao menos um aspecto: o século IV é um divisor de águas, um ponto de virada decisivo para os séculos medievais.

O que quer que o cristianismo tenha sido, ao menos militarmente, ele assumiu aspectos específicos pouco depois do ano 300. Foi então que normas, ritos e princípios da fé palestina – um "culto ostensivamente pacifista", diria David Bachrach – passaram a incorporar aspectos da religião da guerra vigente nos espaços públicos e entre as legiões romanas. As transformações abarcaram duas amplas categorias: as práticas religiosas daqueles que participavam de batalhas e campanhas, e o *modus vivendi* adotado pela população para interceder pelos guerreiros em marcha. Práticas consideradas pagãs durante os três primeiros séculos se tornaram cada vez mais comuns sob os imperadores cristãos. Bênçãos de estandartes, orações triunfalistas, o nome de Deus figurando nos gritos de guerra que antecedem a carnificina estão entre as instruções do *Strategikon*, texto escrito pelo Imperador Maurício no final do século VI.

Se é plausível afirmar que entre os anos 500 e 800 o cristianismo inscreveu as relações de poder e hegemonia em novas molduras ideológicas, não é menos demonstrável o argumento de que a guerra deslocou as fronteiras entre o humano e o divino, cujos limites se tornaram mais fluidos. Observe-se as palavras que o monge Beda, conhecido como "O Venerável", faz ecoar da garganta de um sacerdote ao redigir a *Historia Eccle-*

siastica Gentis Anglorum (*c.* 731): "se eles evocarem seu Deus contra nós, estarão em luta conosco mesmo que não portem armas, pois estarão nos atacando com orações hostis". Sermões, liturgias, procissões, dias santos, esmolas, confissões, adoração de relíquias: tudo pode ser encontrado nos campos de batalha e nos cercos medievais. Nessa densa religião pública protagonizada pelos exércitos, a guerra ganharia fortes conotações cristocêntricas: a presença de Jesus podia ser sentida em meio ao derramamento de sangue, como acreditaram os reis otônidas do século X e os bispos guerreiros do século XI. As exigências militares foram causas diretas das ressignificações espirituais do homicídio, do porquê santos e papas terem oferecido respostas tão diferentes para a mesma pergunta: que riscos espreitam a alma do cristão que toma a vida alheia? A tal ponto que, talvez, um pontífice como Hilário, morto em 461, não admitisse as opiniões de um Alexandre II, falecido em 1073.

Entre os cristianismos, as relações entre guerra e religião são complexas, plurisseculares e diversificadas. Elas formam uma história muito maior do que a história das cruzadas. Que, no entanto, fazem jus a uma atenção diferenciada. Não somente pela profundidade temporal - um apogeu de quase duzentos anos, 1090 a 1270, e uma incidência que avança Modernidade adentro - e pela amplitude geográfica - a "mentalidade de cruzada" foi encontrada em Jerusalém e em Al-Andaluz, no Báltico e em Languedoc, na Inglaterra e até nas Américas. Mas igualmente pela densidade histórica que lhe é atribuída: as cruzadas são consideradas a fase de culminância dos processos de santificação da vida pelas armas, uma síntese única de ideias seculares e práticas populares sobre a peregrinação, a penitência, a redenção e o combate. As cruzadas diferiam dos conflitos anteriores. Pois nelas a guerra e a paz são responsabilidades singulares, não somente do imperador, do rei ou do aristocrata, mas do *Populo Christiano*, do "povo cristão". A cruzada consumou a realidade narrada nos *Historiarum Libri Quinque* de Raul Glaber e na *Chronicon* de Ademar de Chabannes: uma Igreja que responde às multidões.

Em certo sentido, a documentação confere lastro a essa avaliação, que é partilhada por diversos estudiosos e reúne em frágil consenso até mesmo obras concorrentes, como *What Were the Crusades?*, competente manual publicado por Jonathan Riley-Smith em 1977, e *La Guerre Sainte: la formation de l'idee de croisade dans l'Occident Chrétien*, estudo de fôlego que Jean Flori trouxe à baila em 2001. Nenhuma outra campanha medieval teria suscitado tantos registros escritos quanto a primeira cruzada, de 1095-1099. As cenas da convocação papal dirigida a uma audiência oceânica, que transbordava espaços eclesiais, e de paisagens rasgadas por uma coluna infindável de penitentes de torso desnudo e guerreiros encouraçados dos pés às cabeças calaram fundo na memória das elites cristãs, que as recordavam séculos depois, na superfície brilhante dos manuscritos iluminados de *Les Passages d'Outremer*, 1465-1493, e nos versos escritos por Gonzalo Fernández de Oviedo y Valdés, 1478-1557, para imortalizar a conquista de Granada pelos reis católicos. A esta altura dos acontecimentos, o imaginário da cruzada era apropriado pelos grandes conflitos armados dos séculos XIV e XV, cuja mescla de escatologia camponesa e revolução das técnicas militares, hegemonia nacional e ideais cavalheirescos, conferia novos e veementes nuanças aos enlaces entre a guerra e a religião.

Leandro Duarte Rust

Ver também Cruzadas; Cruzadas do Báltico; Guerra e religião na Escandinávia; Igreja; Inquisição; Poder e religião no Medievo.

ARMSTRONG, K. (2016). *Campos de Sangue*: religião e história da violência. São Paulo: Companhia das Letras [trad.: Rogério Galindo].

BACHRACH, D. (2003). *Religion and the Conduct of War, c. 300-1215*. Woodbridge: Boydell.

CRUZ, A.B.C. (2018). *As interações cristão-muçulmanas no Egito a partir da História do Patriarcado Copta de Alexandria* (639-1146) [tese de doutorado em História, Uerj].

DUPRONT, A. (1997). *Le Mythe de croisade*. 4 vols. Paris: Gallimard.

GAT, A. (2016). *War in Human Civilization*. Oxford: Oxford University Press.

HALFOND, G.I. (org.) (2015). *The Medieval Way of War*: Studies in Medieval Military History in Honor of Bernard S. Bachrach. Farnham: Ashgate.

KANG, D.C. (2014). Why was there no religious war in premodern East Asia? *European Journal of International Relations*, vol. 20, n. 4, p. 965-986.

RUST, L.D. (2018). *Bispos guerreiros*: violência e fé antes das cruzadas. Petrópolis: Vozes.

SMITH, K.A. (2013). *War and the Making of Medieval Monastic Culture*. Woodbridge: Boydell.

Hádice (hadith)

Definição – O vocábulo “hádice” [H.], aportuguesamento do árabe *ḥadīth* (pl. *'aḥādīth*), tem o significado primário de *narrativa* ou *discurso*; quando precedido de artigo, *al-ḥadīth*, designa de modo específico uma tradição referente ao Profeta Muḥammad, seja uma história da qual ele é o principal personagem, um dito que lhe é atribuído, algo realizado ou falado em sua presença ou, mais raramente, alguma história que teria narrado aos seus próximos. O termo faz parte do mesmo campo semântico de *ḵhabar*, que significa *informação* ou *notícia*, e de *athar* (pl. *āthār*), que significa *vestígio*, *remanescente* ou *reminiscência*, e que eventualmente foram usados tanto como sinônimos de H. quanto para designar ditos e feitos dos companheiros (*aṣ-ṣaḥābah*), familiares e sucessores do Profeta do Islã. Ele também se vincula a *sunna*, vocábulo que se refere ao conjunto das normas e costumes implementados e seguidos por Muḥammad e pelos membros das primeiras gerações de seus seguidores, normas e costumes que se encontram fixados em certo número de H. e que considerável parcela dos muçulmanos considera como de obrigatória observância para seus correligionários de todos os tempos e locais.

Certos versos do Corão (p. ex. 24:54 e 33:21) instruem os muçulmanos a imitarem Muḥammad e obedecerem a seus julgamentos nas mais diversas matérias, de modo que os seus atos e ditos possuiriam uma relevância religiosa por si mesmos. Assim sendo, considerados como ao menos parcialmente inspirados, entretanto, os H. não se equivalem ao próprio texto corânico, que é admitido como diretamente revelado por Deus aos seres humanos. Como o Corão consigna um conjunto de normas relativamente exíguo, há nos H. instruções sobre virtualmente todos os comportamentos e situações possíveis de serem experimentadas por um muçulmano em sua vida, desde detalhamentos sobre suas obrigações rituais até conselhos sobre a benevolência devida para com as mulheres, os escravos e os animais. Efetivamente, uma grande parte da *Sharīah*, o código jurídico islâmico, edificado através dos séculos e variavelmente implementado em regiões de governo muçulmano, funda-se proporcionalmente mais nos H. do que no próprio texto do Corão, o qual, entretanto, procura ecoar com toda fidelidade.

Como certos H. incluem feitos e ditos reconhecidamente pouco afins ao espírito do Corão e do Islã inicial, e como não poucos se contradizem entre si, sua autenticidade se tornou objeto de estudo sistemático, erudito e polêmico. Em sua forma clássica, o H. tem duas partes complementares: o *isnād*, que é a cadeia de narradores que o transmitiu como verdadeiro e que idealmente remonta até algum personagem particularmente próximo de Muḥammad, e o *matn*, que é a narrativa propriamente do dito ou feito atribuído ou de alguma forma associado ao Profeta. Os H. individuais foram e são classificados por especialistas como (1) *ṣaḥīḥ*, plenamente de acordo com o texto corânico e transmitidos através de uma cadeia ininterrupta de narradores, todos de sólido caráter, memória, ortodoxia e piedade; (2) *ḥasan*, de acordo com o texto corânico e transmitido através de uma cadeia ininterrupta de narradores, todos de sólido caráter e ortodoxos, mas de eventual memória ou piedade questionáveis; (3) *ḍa'īf*, de acordo com o texto corânico, mas transmitido por uma cadeia de narradores de alguma forma interrompida ou pontuada por um ou mais indivíduos problemáticos; (4) *maqlūb*, que está de acordo com o texto corânico, mas cuja cadeia de narradores não se preservou; (5) *mawḍ'*, que não está de acordo com o texto corânico e que, portanto, foi reconhecidamente forjado ou erroneamente atribuído a Muḥammad. Como esperado, diferentes estudiosos e grupos confessionais no interior do Islã classificam certos H. de forma diversa entre si, ou lhes atribuem relevâncias relativamente desiguais. De modo exemplar, os xiitas consideram como mais importantes os H. que de alguma forma envolvem ou foram transmitidos pelos familiares mais próximos do Profeta, os membros de sua Casa, *Ahl al-Bayt*, enquanto rejeitam aqueles associados aos omíadas e a outros que consideram que falsificaram a mensagem do Islã inicial em favor de ambições e outros interesses escusos. Uma pequena minoria dos muçulmanos, associados a grupos confessionais diversos, por sua vez, rejeitou toda a autoridade dos H., fazendo repousar suas práticas e doutrinas unicamente naquilo que consta no Corão.

Desenvolvimento - Os H. passaram a ser considerados como dotados de autoridade religiosa depois de um processo não curto. Em princípio, deve-se considerar que o Islã não só sobreviveu à morte de Muḥammad, mas rapidamente se espalhou para além da Arábia, causando uma natural curiosidade entre todos os que tinham contato com este movimento para obter mais informações sobre os ditos e os feitos de seu Profeta. Tal situação era agudizada pelo fato de que, apesar de o Corão fazer uma série de referências a partir das quais se pode inferir dados sobre a vida de Muḥammad, ele não é, em absoluto, um relato biográfico, nem mesmo uma narrativa centrada em sua trajetória de vida, como são os evangelhos intracanônicos com relação a Jesus. Por outro lado, aqueles que conheceram o Profeta do Islã parecem ter estado ansiosos por contar aos demais aquilo que haviam ouvido e vivido em sua presença, e muitos dos companheiros mais próximos de Muḥammad se estabeleceram em regiões não árabes, onde é razoável supor que tenham sido vivamente questionados sobre ele. No mesmo período, alguns de seus antigos opositores, que oportunamente passaram ao novo movimento por conveniência, procuravam ativamente a oportunidade de contar histórias que de alguma forma absolvessem os seus atos pretéritos. Nesse momento inicial, portanto, deve ter havido uma dinâmica circulação e elaboração de H., assim como uma pequena tentativa inicial de registrá-las e certificá-las. A *Sīrat Rasūl Allāh* de Muḥammad ibn Isḥāq ibn Yasār (m. 773 AD/111 AH), a mais antiga das biografias subsistentes do Profeta do Islã é em larga medida um registro de diferentes H. organizados em forma de uma narrativa contínua.

Nos séculos iniciais do Islã, houve aqueles que sustentaram que os H. deveriam ser transmitidos apenas oralmente, sem jamais receber um registro escrito; de modo talvez irônico, há nos livros dos tradicionalistas (*muḥaddithūn*) mesmo alguns H. que apresentam argumentos neste sentido. Abū Dawūd (m. 889 AD/267 AH), por exemplo, curiosamente registrou as duas tradições, uma após a outra, primeiro um H. afirmando que Muḥammad determinou que seus ditos e feitos fossem registrados por escrito, e depois um outro H. afirmando que ele proibiu que esses fossem registrados por escrito. De acordo com este estudioso persa, que compilou uma das mais importantes coleções canônicas de H. reconhecidas pelos muçulmanos sunitas, as cadeias de transmissão de ambas as ordens do Profeta são fiáveis, o que aumenta ainda mais a confusão. Seja qual for a justificativa que possa ter inicialmente sido apresentada para que o registro escrito dos H. fosse considerado como proibido, houve, já bem cedo, personagens que fizeram anotações para sua própria orientação, e tais anotações formaram base para trabalhos maiores, tanto em seu volume quanto em sua sistematicidade, que foram produzidos posteriormente. Entre estes, pode-se mencionar as compilações de ʻUrwah ibn al-Zubayr ibn al-ʼAwwam al-Asadi (m. 713 AD/91 AH), sobrinho de Āʼishah bint Abū Bakr (m. 678 AD/56 AH), a mais jovem das esposas do Profeta do Islã, que registrou muitas histórias que lhe foram transmitidas por sua tia; e de Muḥammad ibn Shiḥāb al-Zuhrī (m. 742 AD/120 AH), que se estabeleceu na Síria dominada pelos omíadas e foi tutor dos filhos do Califa Hisham ibn ʻAbd al-Malīk (m. 743 AD/121 AH). Existem mesmo referências antigas a alguns esparsos registros (*ṣaḥifas*) de H. que remontariam aos imediatos companheiros e esposas do Profeta.

Não havia inicialmente, entretanto, a noção de que os H. constituíam uma fonte de dados religiosamente autorizados a partir dos quais se devia organizar a vida das gentes inseridas na *Dar al-Islam*, o então jovem ecúmeno islâmico; e isso simplesmente porque não havia então nada como um *corpus* de tradições que pudesse servir de referência aos muçulmanos. Depois da morte de Muḥammad, o Corão permaneceu como única fonte de orientação, uma posição que se fortaleceu conforme os primeiros califas afirmavam com clareza que eram herdeiros da governança do Profeta, mas não de sua missão religiosa específica, ou seja, de que seus ditos e feitos não continham uma relação tão direta com a vontade divina quanto os de Muḥammad. Apenas gradualmente os muçulmanos tiveram de lidar com situações para as quais o Corão não dispunha de uma resposta direta, facilmente disponível, e passaram a sentir necessidade de desdobrar a autoridade deste texto sagrado e do homem pelo qual ele havia sido revelado em uma série de outros enredos normativos. Efetivamente, conforme cresceu a demanda por estas histórias, sua oferta foi imensamente aumentada. Indivíduos e grupos de várias regiões pelas quais se difundiu o Islã desenvolveram interesse por essas tradições referentes ao Profeta, e não poucos deles se empenharam em fazer viagens e formar bibliotecas que os permitissem ter acesso às tradições registradas por personagens instalados em diferentes países. A peregrinação periódica a Meca (*hajj*) também acabou por proporcionar uma oportunidade para muçulmanos das mais diversas proveniências se encontrarem e conhecerem outros tantos enredos associados a Muḥammad.

Também de modo gradual, diante da formação de partidos divergentes no interior da *Dar al-Islam* e da cristalização de suas rivalidades em termos não apenas político-dinásticos, mas também teológicos, foi sendo desenvolvida a necessidade de distinguir os diversos H. entre os mais e menos autorizados. Há razões importantes para acreditar que a compilação e triagem de H. tiveram desenvolvimento ainda antes do final do primeiro século depois da Hégira, mas foi no final do século seguinte, na esteira das importantes mudanças sociopolíticas, intelectuais e religiosas que envolveram o fim da Dinastia dos Omíadas e a afirmação da Dinastia dos Abássidas, que parece ter se tornado fundamental a ideia de que cada H. deveria ser validado por uma cadeia completa e suficientemente documentada de transmissores. Muḥammad ibn Isḥāq citou personagens que considerou como autoridades fiáveis para conferir certificação aos episódios que mencionou na *Sīrat Rasūl Allāh*, mas nem sempre se preocupou em reconstituir uma cadeia completa da transmissão dos enredos referentes a eles. Mālik ibn Anas (m. 795 AD/173 AH) procedeu da mesma forma em seu *al-Muwaṭṭa'*, compilação de preceitos jurídicos que chegou a ser considerado por seus contemporâneos como o livro mais importante do Islã depois do Corão. Efetivamente, dos mil e setecentos H. consignados no *al-Muwaṭṭa'*, parte significativa aparece ao lado de cadeias de transmissão apenas parciais, enquanto outros são considerados como autênticos mesmo sem a exposição de quaisquer dados sobre a sua comunicação através do tempo. Quando os livros de H. começaram a ser entusiasticamente compilados, tanto por pensadores interessados em fundamentar nessas tradições o exercício da autoridade pelos abássidas quanto por outros, sunitas e xiitas, empenhados em se opor a estes governantes em nome da fidelidade ao Islã primitivo, já haviam se firmado como ponto pacífico que cada H. deveria ser composto de *matn* e *isnād*, e que deveria, de forma verossímil e suficientemente documentada, remontar o mais possível a um dos companheiros ou parentes mais próximos do Profeta.

Enquanto os tradicionalistas colecionavam numerosos enredos e verificavam as suas cadeias de transmissão, laboriosamente verificando sua autoridade, outros pensadores muçulmanos não estavam dispostos a colocar ênfase tão grande na relevância dos H. Como resultado disso, desenvolveu-se áspera polêmica entre as partes. Em grande parte como resultado da extraordinária capacidade argumentativa de Abū 'Abdullāh Muḥammad ibn Idrīs al-Shāfi'ī (m. 820 AD/198 AH) e do empenho de seus alunos, o partido favorável à valorização dos H. acabou tornando-se hegemônico. Ao dissertar sobre as bases da *Sharī'ah*, al-Shāfi'ī argumentou que quando o Corão menciona *o Livro e a sabedoria* dadas por Deus ao Profeta para que os transmitisse aos fiéis (cf., p. ex., 2:151, 3:164, 4:113, 62:2), isso se refere, de modo específico, ao próprio Corão e aos H. Desta forma, atribuiu-se aos H. uma inspiração secundária, pois, embora não fosse a eterna Palavra de Deus, também representava uma orientação divina que deveria ser levada em alta consideração pelos fiéis. Alguns dos discípulos de al-Shāfi'ī, por sua vez, enfatizaram tanto a autoridade dos H. que atribuíram a seu mestre o juízo de que até mesmo o Corão deveria ser interpretado à luz destas tradições, não o contrário.

As primeiras compilações mais formais de H. (*muṣannaf*) foram reuniões de relatos de ditos e feitos de Muḥammad atribuídos a um ou outro de seus companheiros ou parentes. Este arranjo, contudo, logo foi abandonado por inconveniente, pois as pessoas interessadas na orientação prática que lhes podia conferir o conhecimento dos H. preferiam consultar apenas as tradições referentes a um ou outro tema em particular, e, na ausência de índices, precisariam ler muitas coisas que lhes eram irrelevantes antes de finalmente encontrar aquilo que procuravam desde o início. Os livros de Abū Dawūd al-Ṭayālisī (m. 825 AD/203 AH) e de Aḥmad ibn Ḥanbal (m. 863 AD/241 AH) são talvez os primeiros que dispõem os H. desta forma depois do arranjo pioneiro empreendido por Mālik ibn Anas no *al-Muwaṭṭa'*. Eventualmente seis dessas compilações prevaleceram como mais autorizadas sobre as demais: a *Ṣaḥīḥ al-Bukhārī*, organizada por Muḥammad al-Bukhārī (m. 870/248 AH), que contém sete mil e duzentos e setenta e cinco H.; a *Ṣaḥīḥ Muslim*, organizada por Muslim Nīshāpūrī al-Ḥajjāj (m. 875 AD/253 AH), que contém nove mil e duzentos H.; a *Sunan Abī Dāwūd*, organizada por Abū Dawūd al-Ṭayālisī, que contém quatro mil e oitocentos H.; a *Jami' at-Tirmidhi*, organizada por Abū 'Īsā Muḥammad al-Tirmidhī (m. 892 AD/270 AH), que contém três mil e novecentos e cinquenta e seis H.; a *Sunan al-Ṣughrā*, composta por Abū 'Abd al-Raḥmān Aḥmad al-Nasa'ı (m. 915 AD/293 AH), que contém cinco mil e duzentos e setenta H.; e a *Sunan ibn Mājah*, composta por

Abū 'Abdillāh Muḥammad ibn Mājah (m. 889 AD/267 AH), que contém quatro mil e dois H. De modo talvez significativo, todos esses tradicionalistas eram sunitas persas que seguiram o método de trabalho do medinense Mālik ibn Anas. Suas compilações contêm materiais biográficos, notas exegéticas, detalhes das normas de observância religiosa, lei, comércio, guerra e muitos outros aspectos, privados e públicos, individuais e coletivos, de comportamento que se consideraram ideais aos muçulmanos e que remeteriam com alguma segurança, em última instância, ao próprio Profeta. Todos os H. consignados na *Ṣaḥīḥ al-Bukhārī* e na *Ṣaḥīḥ Muslim* são normalmente considerados fiáveis, enquanto os outros livros foram diversamente avaliados pelos estudiosos; críticas mais ou menos fundamentadas, contudo, foram feitas até mesmo sobre alguma das tradições registradas por al-Bukhārī, Muslim e Mālik ibn Anas. A maior parte dos xiitas, por sua vez, por desconfiarem de muitas das autoridades citadas pelos tradicionalistas sunitas, consideram como fontes mais confiáveis de H. as seguintes compilações: a *Kitāb al-Kāfī*, composta por Muḥammad ibn Ya'qūb al-Kulaynī (m. 951 AD/329 AH), que contém dezesseis mil e cento e noventa e nove H.; a *Man lā yahduruhu al-Faqīh*, composta por Abū Já'far Muḥammad ibn Babawāyh al-Qummī (m. 991 AD/369 AH), que contém nove mil e quarenta e quatro H.; e a *Tahdhib al-Ahkam* e a *Al-Istibsar*, compostas ambas por Abū Já'far al-Tusi (m. 1067 AD/445 AH), que contém respectivamente treze mil e quinhentos e noventa e cinco mil e quinhentos e onze H. Uma série de comentários críticos e glosas foram escritos tanto às compilações de H. da tradição sunita quanto aos da tradição xiita, e muitos desses trabalhos aceitam algumas das histórias que aí estão consignadas ao passo que rejeitam outras. Também se organizaram obras maiores, que reuniram H. de várias fontes sem uma preocupação maior de hierarquizá-las entre si, como o *Tafsīr al-Baghawī*, composto por Husayn ibn Mas'ūd al-Baghawī (m. 1122 AD/500 AH).

Entre meados do segundo e do terceiro século do Islã, desenvolveu-se uma intensa disputa entre os tradicionalistas informados pelos ensinamentos de al-Shāfi'ī e os pensadores que sustentavam que o Corão deveria ser interpretado apenas pela razão, que também tinha de ser guia principal de toda ação humana, inclusive em matéria de observância religiosa e de formulação e aplicação das leis. Os racionalistas, *pessoas de opinião* (*ahl ar-ra'y*), observaram que o número de H. registrados como válidos pelas pessoas da tradição (*ahl al-ḥadīth*) havia crescido de forma completamente desproporcional nas décadas anteriores, e criticaram os compiladores que lhes eram contemporâneos por sua excessiva credulidade. Havia ainda então muitos contadores de histórias (*ḳuṣṣāṣ*) que inventavam enredos extraordinários para divertir ou enaltecer seus ouvintes e os atribuíam a Muḥammad; e alguns deles se tornaram falsificadores hábeis, que recitavam impecáveis cadeias de transmissão para autorizar seus contos, pelos quais normalmente recebiam algum pagamento. Muitos muçulmanos convertidos do judaísmo e do cristianismo atribuíram ao Profeta do Islã ditos e feitos, inclusive milagrosos, previamente constantes na Bíblia hebraica, no Novo Testamento, em textos apócrifos e em hagiografias diversas. Outros fabricavam tradições para espalhar doutrinas e práticas minoritárias, que a maioria dos muçulmanos já então considerava como heréticas. Certo H. destes, por exemplo, menciona que Muḥammad teria dito a certo companheiro: "Eu sou o selo dos profetas e não haverá profeta depois de mim a menos que Deus queira". A última declaração, *a menos que Deus queira*, é tão comum no árabe coloquial que esse H., anexado a uma boa cadeia de transmissão, poderia facilmente passar sem comentários adicionais. Estudiosos perspicazes, contudo, notaram que ele tinha uma inclinação à dissidência e à heresia não obstante um bom *isnād*, pois poderia servir para autenticar as pretensões de novos candidatos a profetas, dispostos a reformar e/ou cindir o Islã em outros movimentos. No outro extremo, havia também muçulmanos demasiado zelosos, que ficaram tão perturbados com aquilo que percebiam como a lassidão da devoção em seu tempo, que inventaram H. para exortar os homens a viver retamente. Tais enxertos, de origens e funcionalidades muito diversas, foram impiedosamente apontados pelos racionalistas e por aqueles que rejeitavam de todo a relevância religiosa dos H., mas não puderam diminuir o interesse por tais tradições. Isso levou, ao contrário, ao refinamento do estudo crítico dos H. (*'ilm al-ḥadīth*), que se tornou uma das bases da erudição histórica islâmica e manteve relações importantíssimas, mesmo intestinas, com a teologia e ciência jurídica muçulmanas. O *corpus* do volumoso material tradicional testado por esse campo de conhecimento de elevado prestígio social, de fato, fornece regulamentos detalhados para todos os aspectos da vida neste mundo, assim como para uma adequada preparação dos fiéis para a sua admissão no paraíso. Através dos H. o Islã ganhou um maior peso, uma sistematicidade e um fechamento que, observam certos autores ocidentais, parecem ter sido de todo desconhecidos pelos primeiros seguidores de Muḥammad.

Alfredo Bronzato da Costa Cruz

Ver também História das religiões; Islamismo; Religião.

AMIR-MOEZZI, M.A. (2016). *The Silent Qur'an and the Speaking Qur'an*: scriptural sources of Islam between history and fervor. Nova York/Chichester: Columbia University Press [contribuições de E. Kohlberg e H. Ansari, tradução de E. Ormsby].

A'ẒAMĪ, M.M. (2001). *Studies in early ḥadīth literature, with a critical edition of some early texts.* Lahore: Suhail Academy.

BEESTON, A.F.L. (org.) (1983). *The Cambridge History of Arabic Literature.* Vol. 1: Arabic literature to the end of the Umayyad period. Cambridge: Cambridge University Press.

BERG, H. (2005). *The development of exegesis in Early Islam*: the authenticity of Muslim literature from the formative period. Londres/Nova York: Routledge.

DONNER, F.M. (2006). *Narratives of Islamic origins*: the beginnings of Islamic historical writing. Princeton: Darwin.

GUILLAUME, A. (1987). *The traditions of Islam*: and introduction to the study of the ḥadīth literature. Salém: Ater.

JUNYBOLL, G.H.A. (2016). *Studies on the origins and uses of Islamic ḥadīth*. Londres/Nova York: Routledge.

MOTZKI, H. (org.) (2016). *Ḥadīth*: origins and developments. Nova York/Londres: Routledge.

______ (2000). *The biography of Muḥammad*: the issue of the sources. Leiden: Brill.

SIDDIQI, M.Z. (1993). *Ḥadīth literature*: its origins, development and special features. Cambridge: Islamic Texts Society.

Hécate

Hécate (Ἑκάτη ou Ἑκάτα) é uma deusa da religiosidade greco-romana e, enquanto tal, seu mito esteve envolto em diversas lendas, relatos maravilhosos, crenças e ritos. Seu mito, no entanto, é destituído de uma teogonia própria, estando ligado a outros mitos e lendas gregos. O nome Hécate tem etimologia incerta, podendo referir-se a algo como "aquilo que atinge a longa distância" (SARIAN, 1997, p. 15).

As origens da deusa Hécate são questionadas pelos estudiosos entre ser um culto da Cária (Ásia Menor) ou da própria Hélade. Tal questionamento sobre as origens do culto a Hécate, no entanto, não se mostra como algo de grande importância em nossa perspectiva, sendo mais importante percebermos sua delineação no imaginário grego do que a matriz originária do culto em si. Sabemos que é na Ásia Menor e nas Ilhas Egeias, próximas ao litoral asiático, que o culto de Hécate teve maiores repercussões. Conforme o geógrafo grego Estrabão (*Geografia*, XIV, 2, 25), o templo mais famoso da deusa estava situado em Lagina, na região da antiga Cária (atual Turgut, na Turquia). O festival de Hécate em Lagina ganhou proporções grandiosas na época romana.

Sobre a mitologia envolvendo a divindade, de acordo com o poeta Hesíodo (séc. VIII a.E.C.), referência fundamental para compreender ideias gregas arcaicas sobre as origens divinas, Hécate era filha do titã Perses com a ninfa Astéria. Muito honrada com diversos dons por Zeus Cronida e respeitada pelos demais deuses, no *Hino à Hécate* (*Teogonia*), Hesíodo lhe atribui características muito diferentes das quais ela será associada mais tarde, são elas: auxílio nos tribunais, assembleias e combates; ajuda aos competidores em jogos, aos pescadores a ter abundância na pesca e auxílio na multiplicação do número de animais de um rebanho. Portanto, Hécate era uma divindade ligada à opulência e à honra, conforme o poeta. Além disso, na obra de Hesíodo, ela é força nutriz da juventude.

No entanto, diferente das atribuições hesiódicas, a deusa Hécate aparecerá; em outros autores, em objetos da cultura material e na arte greco-romana; possuindo aspectos muito complexos quanto às suas formas e associações. Robert Von Rudloff (1999) apresenta um estudo sobre os epítetos de Hécate e sobre o que os mesmos demonstrarão de suas qualificações, são eles: Προπυλαιαν/*propylaia* (características apotropaicas), πρόπολος/*propolos* (características de guia e companheira), Φωσφόρος/*phosphoros* (característica de iluminadora e ligação com proteção nos nascimentos, com a manhã, com a noite, com as estrelas, com a lua e como guia), κουροτρόφος/*kourotrophos* (característica de proteção nos nascimentos e nutriz da vida) e χθόνια/*chthonia* (da terra, diferente dos deuses olímpicos). Cada um destes epítetos estava envolvido em mitos, lendas e ritos.

No século V a.E.C., a divindade de Hécate se ligou às superstições e às práticas de magia, aspecto que teve grande desenvolvimento em torno de seu mito nas épocas helenística e romana. Durante o período romano, seu culto se estendeu por todo Mediterrâneo, onde a deusa ganhou diversos poderes, tornando-se cada vez mais associada à magia, como atestam diversos textos mágicos que evocam seu nome conforme seus diferentes atributos e personalidades. Além de aparecer em textos mágicos, atestando sua relação com a prática mágica propriamente, poetas romanos como Horácio (65-8 a.E.C.), por exemplo, ao representarem cenas de práticas mágicas em sua literatura (*Sátira*, I, 8), apresentam Hécate como divindade evocada para cumprimento do rito.

Segundo Haiganuch Sarian (1997, p. 15), Hécate pode ser um epíteto da deusa Artêmis e, ao mesmo tempo, o nome próprio de uma divindade de origem asiática. No entanto, conforme Gilvan Ventura da Silva (2003, p. 215), não devemos confundir a Hécate ctônica (de caráter subterrâneo), possuidora de três faces e principal divindade evocada nas práticas de cunho mágico, com a Hécate celeste, associada à Artêmis, deusa da caça, associada à lua e ao mundo selvagem e feminino. Apenas a primeira teve seu culto desenvolvido no mundo latino, onde foi denominada de Hécate Trívia e muitas vezes associada à deusa egípcia Ísis e à Perséfone, senhora do submundo.

A ligação de Hécate com o mito de Perséfone parece ter sido o que conferirá à primeira um caráter ctônico e, da mesma forma, intermediário. Tal ligação virá de lendas em que Perséfone é raptada pelo deus do submundo morada dos mortos, Hades. Durante o rapto, Perséfone pede ajuda e Hécate a escuta. A mãe de Perséfone, Deméter, deusa da vegetação e agricultura, passa a procurar a filha e encontra Hécate em sua gruta. Ao encontrar Perséfone e após ficar acordado que Perséfone passaria metade do ano na terra com Deméter e no submundo Hades, Hécate acompanha a jovem deusa ao submundo para garantir que o acordo se cumpra. A partir de então, as histórias em torno de Hécate passam a ter um caráter maternal e associado com a proteção dos jovens. A gruta que era a morada da deusa passa a simbolizar o estado intermediário de Hécate. Assim, ela passa a ser vista como aquela que não se encontrava nem no submundo, nem na superfície, mas entre estes dois mundos (JOHNSTON, 1990, p. 28).

Dessa mesma característica intermediária estão as associações de Hécate com a lua e com os *daimones,* intermediários entre deuses e humanos. E, a partir da ligação com o noturno, com os mistérios e com a magia, Hécate está associada ao nome da divindade grega Enodia, deusa das estradas, considerada por estudiosos como um dos outros vários epítetos de Hécate.

Portanto, a relação da deusa Hécate com a magia parece ter surgido na Grécia Clássica. Em torno do século V a.E.C. já temos κατάδεσμοι, lâminas de imprecações mágicas (cf. o verbete "Magia"), evocando Hécate. Também em parte do *Corpus Hippocraticum* (Coleção Hipocrática) do século V a.E.C., textos considerados como tratados médicos e atribuídos a Hipócrates de Cós, vemos o estudioso comentando sobre como sintomas da chamada doença sagrada (a epilepsia) eram atribuídas aos deuses pelos curandeiros que ele vê como charlatões. A Hécate caberia a culpa pelos sintomas noturnos da doença, pelos delírios, pesadelos, tremores, saltos para fora da cama e pelo sonambulismo (HIPÓCRATES, *Da doença sagrada*).

Hécate aparece nos textos gnósticos e nos papiros mágicos gregos (cf. o verbete "Magia"), em geral, contendo três formas ou três rostos, o que a caracteriza como deusa dos cruzamentos e a protetora dos caminhos. Nas encruzilhadas, lugares propícios para os rituais mágicos por serem espaços abertos a todos os lados, eram feitas oferendas de pães, queijo, ovos e peixes à Hécate. Geralmente cães, o animal preferido da deusa, sempre presentes em suas representações, eram sacrificados nesses ritos.

Cultos mistéricos também estavam difundidos em honra à Hécate, incluindo procissões, sacrifícios, cantos e ritos de iniciação, semelhantes aos cultos mistéricos de Ísis. Considerada uma divindade perigosa e poderosa, acreditava-se na vingança de Hécate junto de seu exército de larvas, lêmures, *daimones* e almas de mortos insepultos ou que haviam passado por mortes violentas e/ou prematuras, principais agentes das práticas mágicas na crença do universo greco-romano.

Com o aumento das especulações neoplatônicas no contexto da Antiguidade tardia, Hécate passou a ser associada ao reino celestial e, por sua vez, à teurgia (cf. o verbete "Magia") com caráter soteriológico. Em estudo sobre o tema por meio da obra *Oráculos caldaicos*; comentário de textos oraculares do século II E.C., escrito em grego; Sarah Johnston (1990) refuta os argumentos simplistas de estudiosos anteriores de que a associação de Hécate com as práticas de teurgia teria ocorrido por sua ligação já estabelecida com *daimones* e magia. Assim, Johnston busca explicar a referência à Hécate dentro de um elaborado sistema filosófico e identifica três papéis cosmológicos para ela nos *Oráculos caldaicos*. Tais papéis são o elemento que a teriam conduzido ao elaborado processo de especulações e práticas teúrgicas: (1) transmissora de ideias; (2) divisora e vínculo entre os mundos sensível e inteligível; (3) fonte da alma individual e de vida.

Em *Oráculos caldaicos*, Hécate é a alma do universo, identificada com a Alma Cósmica de Platão, dessa deusa procederia o Mundo-Alma, emanando a matéria e a ordem da natureza. Hécate é, nessa obra, uma governante do mundo sublunar e figura central do sistema teológico e do ritual caldaico por ser intermediária entre o soberano transcendente e o cosmos. Hécate aparece como mãe virginal, é fértil e é uma fonte de vitalidade e é identificada como ventre da vida, a partir da qual todo o cosmos foi criado.

Portanto, o mito de Hécate transformou-se, agregou novos elementos e tomou novas características e atributos durante a história do chamado mundo antigo, da Grécia arcaica até a Antiguidade tardia. Desse longo contexto, temos diversos testemunhos textuais e materiais sobre a divindade, o que tentamos apontar de maneira geral, mostrando como os ritos e práticas mágico-religiosas em torno de Hécate foram se transformando conforme seus novos atributos e conforme os mitos aos quais ela ia sendo relacionada de forma dinâmica e histórica, como é próprio dos mitos e de seus ritos.

Por fim, cabe ressaltar que Hécate esteve intimamente associada à lua, à magia e ao elemento noturno, sendo, diante disso, uma deusa de elementos e símbolos considerados culturalmente como femininos por excelência. Assim, há discussões de estudiosos que concordam que Hécate seja uma deusa das mulheres (como MALHADAS & SARIAN, 1978 e CARNEVALE, 2012) e outros que não concordam por defenderem que seus atributos não eram exclusivamente práticas e símbolos ligados às mulheres gregas e romanas da Antiguidade (como RUDLOFF, 1999).

Semíramis Corsi Silva
Daniel de Figueiredo

Ver também Gregos (religião); Magia e feitiçaria grega; Magia romana; Mitologia grega; Mitologia romana; Romanos (religião).

CARNEVALE, T.M. (2012). *Hekate, de deusa ctônica dos atenienses do período clássico à deusa da feitiçaria no imaginário social do Ocidente* [dissertação de mestrado em História defendida na Uerj].

JOHNSTON, S. (1990). *Hekate Soteira*: a study of Hekate's roles in the Chaldean Oracles and Related Literature. Atlanta: Scholar's Press [American Classical Studies, 21].

RUDLOFF, R. (1999). *Hekate in ancient Greek religion*. Victoria: Horned Owl.

SARIAN, H. (1997). Hécate duplo de Artêmis. Uma interpretação da cratera Ática de Toronto. *Boletim do CPA*, Campinas, n. 4, p. 15-22.

SARIAN, H. & MALHADAS, D. (1978). *Teofrasto*: os caracteres. São Paulo: EPU.

SILVA, G.V. (2003). *Reis, santos e feiticeiros* – Constâncio II e os fundamentos místicos da *basileia* (337-361). Vitória: EdUfes.

SILVA, S.C. (2003). *Práticas de magia e universo feminino*: feiticeiras romanas na obra do poeta Horácio (65-8 a.C.) [trabalho de conclusão de curso em História defendido na Unesp/Franca].

Heresias medievais

A problematização das heresias medievais passou por consideráveis reviravoltas nas últimas duas décadas, com avanço considerável em relação à crítica das fontes e, principalmente, da crítica ao fenômeno herético em si. Em uma conceituação tradicional, podemos citar Nachman Falbel (1999, p. 13): "A palavra 'heresia' (do grego *hairesis*, [...] que significa *escolher*), [...] designava uma doutrina contrária aos princípios da fé oficialmente declarada". Tal visão encontra-se relacionada, por exemplo, com aquela presente no cânon 751 da versão atual do *Codex Iuris Canonici* (aprovado por João Paulo II em 1983): "erro voluntário e pertinaz de um cristão contra uma verdade que se deve crer por fé divina e católica". Os hereges, aqueles que, por estas definições, erram em sua fé, quando propagam seus erros, passam a ameaçar a unidade da fé.

Podemos completar tal raciocínio citando Robert Moore, no posfácio de *Inventar a heresia? - Discursos polêmicos e poderes antes da Inquisição* (2009, p. 280): "[...] o herege era aquele que dividia a comunidade e outorgava a si mesmo o privilégio de escolha como lhe convinha, por quais Escrituras ele se deixaria guiar [...]". Dessa forma, alguns elementos se destacam no conjunto destes pensamentos: a escolha consciente que leva ao erro doutrinário, à propagação do erro e a divisão da comunidade dos fiéis a partir disto.

Dadas tanto a amplitude conceitual da heresia quanto a amplitude cronológica do período medieval, será necessário que abordemos o problema a partir de alguns recortes que balizarão nossa análise: a diferenciação entre as heresias tardo-antigas e as heresias propriamente medievais e as transformações no Ocidente a partir do século XI.

Heresias tardo-antigas e heresias medievais - As heresias tardo-antigas possuem características muito específicas: originárias do mundo mediterrânico oriental, influenciadas pelo ecúmeno intelectual de matiz helenístico, se concentraram em discussões acerca da natureza do Cristo, da natureza da Trindade e das relações entre ambas. Grande parte destas heresias não teve relevância maior para o Medievo, a não ser como parte de listagens compiladas por autores eclesiásticos como Agostinho de Hipona (no *De heresibus*) e de Isidoro de Sevilha (nas *Etymologiae*), que buscavam assim estabelecer uma tradição herética que sempre deveria ser combatida.

A exceção, evidentemente, é o arianismo, ao qual diversas populações de origem germânica, como os godos, os vândalos, os suevos, os burgúndios e os lombardos haviam se alinhado quando de sua cristianização inicial. Todavia, a questão ariana no Ocidente foi resolvida até fins do século VII, quando os lombardos se converteram à ortodoxia romana.

O intervalo entre os séculos VIII e XI não se apresenta como um vácuo, em termos de heresias como, por exemplo, a atribuída a Gottschalk de Orbais no Império Carolíngio, no século IX. No entanto, trata-se de irrupções localizadas e com pequeno impacto, diferentemente daquele das ditas heresias da Idade Média Central e da Baixa Idade Média que, novamente segundo Falbel (1999, p. 13), poderiam ser assim caracterizadas: "[...] seu cunho popular, assentado sobre uma nova visão ética da instituição eclesiástica e do cristianismo como religião vigente na sociedade ocidental".

Reformas institucionais e espirituais no século XI - Ligado a isso, estabelecemos nosso segundo recorte, o das mudanças presentes no Ocidente a partir do século XI em relação à vivência religiosa por parte dos laicos, assim como transformações no interior da instituição eclesiástica, tradicionalmente descritas sob o rótulo da "Reforma Gregoriana". Como bem aponta Leandro Rust (2011, p. 147): "Não houve, a rigor, uma "Reforma" no século XI. Mas dédalos de reformas capazes de abrigar [...] regras díspares acerca de concubinagem, da sexualidade clerical, da simonia ou até mesmo da investidura laica". Estas reformas múltiplas e multiformes concentraram seus esforços em questões internas da Igreja, suas relações com os monarcas e, de forma geral, com o laicato.

Por outro lado, simultaneamente, também surgiu um renascimento espiritual ebuliente entre os leigos no Ocidente, um ardente desejo por uma vivência religiosa mais significativa: a busca pela *vita apostolica*, uma retomada do que consideravam ser a espiritualidade da Igreja primitiva, inspirada nos Atos dos Apóstolos (At 2,42.44-45) e nos escritos dos Padres do Deserto – a vida comunitária, pobre e eremítica.

Embora este desejo tenha levado a uma explosão de formas diferenciadas de vivências religiosas, estas foram, em grande parte, rapidamente institucionalizadas, como a fundação de ordens eremíticas (como a dos Camaldulenses), novas ordens monásticas (como a dos Cistercienses), ordens de cônegos (como a dos Premonstratenses) e as ordens militares (como a do Templo e a do Hospital), todas apoiadas pelas aristocracias locais e regionais; mas aparentemente não foi o suficiente para saciar esta necessidade coletiva. Assim, o espaço entre a instituição eclesiástica e a vivência religiosa de parte da população viria a ser ocupado por meio dos ditos movimentos heréticos.

Esse impulso pela *vita apostolica*, particularmente pela propagação da palavra por meio da pregação itinerante, afetou indivíduos das mais variadas extrações, como Pedro de Bruys, Pedro Valdo, Roberto de Arbrissel, Norberto de Xanten e Tanquelmo entre muitos outros. O método de pregação da palavra era o mesmo, tanto para aqueles considerados como reformadores ortodoxos quanto para os considerados heréticos, sendo que a distinção entre uns e outros era difícil de ser traçada. Embora Pedro de Bruys, Henrique "de Toulouse", Éon de L'Étoile, Tanquelmo, Arnaldo de Bréscia, Pedro Valdo, os Pobres Lombardos e os *Fraticelli* tenham sido considerados heréticos, suas concepções atacavam os mesmos pontos atacados pelos reformadores, mas se encontravam tanto fora do controle da hierarquia eclesiástica quanto suas reivindicações diferiam principalmente na intensidade de suas diatribes, que impossibilitaria seu acordo com a instituição.

As heresias dos séculos XI-XIII e além – Basicamente, as heresias em questão seriam o valdismo e o catarismo. De forma resumida, estas seitas, assim como outros grupos "heréticos" menores, seriam originários do sul da França, nas proximidades das regiões de Albi, Lyon e Toulouse.

São atribuídas à dissidência valdense as seguintes características: um retorno aos evangelhos como fonte da fé, pobreza evangélica e a pregação. Seu fundador, Pedro Valdo, após sua conversão religiosa, se tornou aliado do bispo Guichardo de Lyon (1170-1183), na longa luta do prelado para reformar seu cabido catedralício, resistida ferrenhamente pelos cônegos da catedral. Apenas após a substituição episcopal, devido ao falecimento de Guichardo, é que Valdo e seus seguidores passaram a ser considerados como heréticos.

Já em relação ao dito catarismo, é necessário pontuarmos que nenhuma fonte originária do Midi francês se refere aos hereges como cátaros ou mesmo albigenses. Estas denominações, que se tornaram canônicas, só aparecem em documentos oriundos das regiões setentrionais francesas ou escritos por nortistas. Jean-Louis Biget (in: ZERNER,

2009, p. 230) pontua com clareza: "A multiplicidade de nomes conferidos às "seitas evangelistas" dos séculos XI e XII atesta seguramente a pluralidade da dissidência e seu caráter autóctone [...]".

Esta observação é importante por duas razões: a primeira contempla uma questão central neste debate, a coerência dos grupos heréticos, criando um único movimento de amplo escopo, não seria obra dos hereges, mas sim da própria Igreja, ao reunir os diferentes grupos sob uma única chancela, a do catarismo. Já a segunda razão estaria na rediscussão da origem oriental das crenças de caráter dualista associadas a esta heresia, ao invés de raízes locais que, de certa forma, reproduz a lógica eclesiástica do rosário de heresias, das longas listagens, nas quais se passou a enxergar relações causais entre os movimentos ali descritos.

Pouquíssimo se sabe do catarismo diretamente por suas fontes, já que as mesmas são tardias (segunda metade do séc. XIII) e se resumiriam a dois exemplares do Novo Testamento, um escrito em provençal (acompanhado por um ritual litúrgico) e outro em latim (acompanhado de um apócrifo de João, conhecido pelos inquisidores como "Segredo dos hereges"). O terceiro documento é uma coletânea doutrinal na qual se discute o dualismo, mas não o associa aos movimentos dualistas originários do Oriente.

Assim, as principais fontes para o estudo do catarismo são os processos inquisitoriais, os textos elaborados pelos inquisidores e os tratados dos polemistas anti-heréticos. Por volta de 1235 começaram a surgir tratados sobre heresia com origens diferenciadas: seus autores se apresentam como hereges arrependidos e reconciliados, principalmente cátaros. Estes tratados trazem em si as acusações mais contundentes acerca do dualismo cátaro, suas relações com outras heresias e criam uma história repleta de cisões e divisões doutrinárias entre os hereges, em uma clara contraposição à unidade que a Igreja buscou construir. Inocêncio III (1198-1216) inaugurou uma política tríplice contra os heréticos: estabeleceu a definição jurídica que criminalizou a heresia (ao associá-la ao crime de lesa-majestade); lançou a cruzada contra a França meridional e, ainda mais importante, esvaziou o potencial surgimento de novos grupos heréticos ao integrar à Igreja novas formas de religiosidade, como o franciscanismo, por exemplo. Já os grupos considerados como irredimíveis passaram a ser enfrentados pela recém-criada Inquisição (por Gregório IX em 1233).

O combate a esses grupos, tivessem ou não todas as características que lhes foram imputadas, foi essencial para o estabelecimento de uma normatividade confessional no interior da Cristandade ocidental, assim como para o desenvolvimento do aparato administrativo burocrático da Igreja romana. No entanto, não foi menos importante para os avanços institucionais e jurídicos das monarquias tardo-medievais e modernas. Porém, transformações contextuais posteriores, que vieram a ser conhecidas como Crise do Século XIV, trouxeram novamente à baila a necessidade de uma nova renovação da Igreja, especialmente quando levamos em consideração o assim denominado Grande Cisma do Ocidente (1378-1417), no ápice do qual reinavam três papas, um em Roma, outro em Avignon e outro em Pisa.

Esse escândalo veio a ser a conclusão de um processo iniciado com a transferência da sede papal de Roma para Avignon, em 1305, sob Clemente V. A raiz do Grande Cisma estaria justamente na questão da restauração de Roma como a Santa Sé, misturada com o contexto caótico das relações entre os reinos europeus, polarizados pelos conflitos conhecidos como Guerra dos Cem Anos (1337-1453), que veio a envolver não apenas França e Inglaterra, mas também Escócia, Castela, Portugal, partes da Renânia e o Norte da Itália, em seus conflitos subsidiários. Em meio a uma percepção apocalíptica que além do Cisma e das guerras também abarcou quebras sucessivas nas safras (devido a mudanças climáticas) e, evidentemente, as epidemias de peste bubônica, o questionamento da atuação da Igreja retornou em força com John Wycliffe (1328-1384) e Jan Hus (1369-1415), que estabeleceram reivindicações cuja forma final viria se dar com o período das Reformas Protestantes entre os séculos XVI e XVII.

Vinícius César Dreger de Araújo

Ver também Gnósticos; Igreja; Inquisição; Poder e religião no Medievo; Religião.

FALBEL, N. (1999). *Heresias medievais*, São Paulo: Perspectiva.

LADURIE, E.L.R. (1997). *Montaillou, povoado occitânico de 1294 a 1324*. São Paulo: Cia. das Letras.

MOORE, R.I. (2007). *The Formation of a Persecuting Society*: Authority and Deviance in Western Europe 950-1250. Londres: Blackwell.

VAUCHEZ, A. (1995). *A Espiritualidade na Idade Média Ocidental* - séculos VIII a XIII. Rio de Janeiro: Jorge Zahar.

WAKEFIELD, W.L. & EVANS, A.P. (trad.) (1991). *Heresies of the High Middle Ages* – Selected sources, translated and annotated. Nova York: Columbia University Press.

ZERNER, M. (org.) (2009). *Inventar a heresia?* – Discursos polêmicos e poderes antes da Inquisição, Campinas: Ed. Unicamp.

Hinduísmo

A diversidade pode ser considerada como a característica mais marcante deste sistema religioso e cultural que a partir do século XIX começou a ser denominado "hinduísmo", mas cujas origens remotas apontam para o terceiro milênio antes de Cristo. Em linhas gerais, podemos considerar o hinduísmo como um conjunto de práticas religiosas e sociais adotadas pela maioria dos povos da Índia, Nepal, e Indonésia em menor escala, além de comunidades em outros continentes que se autointitulam hindus, e que se formam após processos de diásporas que se iniciam com as próprias expansões marítimas do século XVI.

Conforme dissemos anteriormente, somente no século XIX o termo "hinduísmo" foi cunhado pelos ingleses que estabeleciam seu domínio neocolonial sobre a Índia, justamente para designar a "exótica" e colorida religião da maioria da população local. Assim, ao falarmos do hinduísmo na Antiguidade tratamos de um conjunto de práticas e crenças que antecedem o próprio termo através do qual se designa hoje esse sistema religioso. No entanto, se o conceito de hinduísmo é relativamente recente, e pode ser compreendido em parte como fruto de um olhar orientalista (utilizando aqui o conceito de orientalismo proposto por SAID, 1996), o conceito de hindu é seguramente anterior.

De acordo com Gavin Flood (2014, p. 26) trata-se de um termo que remete à geografia persa do século XVI, onde *Al Hind* era utilizado para designar os povos que viviam a leste do Rio Indo (ou *Sindhu* em sânscrito). Ou seja, um termo que nasce para nomear populações que não eram muçulmanas e que viviam naquela região. Já no fim do século XVIII, os Britânicos, que lançavam suas bases na região, dão uma nova roupagem ao termo "hind", que na forma de *hindoo* ou *hindu* passa a ser utilizado na língua inglesa para se referir genericamente aos povos do Hindustão, região hoje localizada no Noroeste da Índia. Com o passar do tempo, o termo se expande no vocabulário colonialista britânico para todos os indivíduos do subcontinente indiano que não fossem muçulmanos, sikhs, jainistas ou cristãos. O sufixo "ismo" é agregado à palavra "hindu" por volta da terceira década do século XIX para designar inicialmente as práticas religiosas dos brâmanes das castas superiores. Pouco tempo depois, o termo "hinduísmo" passa a ser apropriado pelos próprios indianos de diversas castas e práticas religiosas para se autoidentificar, cultural e religiosamente, num complexo processo de construção de sua identidade nacional e libertação do jugo colonial.

Desta forma, o hinduísmo agrega um conjunto muito variado de práticas sociorreligiosas, de tradições e sistemas de pensamento. Entretanto, podemos afirmar que existe sim um conjunto comum de textos, práticas, doutrinas, histórias e experiências pessoais que, por suas características comuns, podem ser englobadas pelo termo "hinduísmo".

A questão das práticas, por sinal, é algo que desde suas antigas origens bramânicas se estabelece como característica fundamental deste sistema religioso, ao qual seus próprios praticantes muitas vezes intitulam *sanatana-dharma* (a religião eterna). A esse respeito, diz Flood (2014, p. 33): "Uma característica marcante do hinduísmo é que a prática precede a crença. O que um hindu faz é mais importante do que aquilo em que acredita". Por isso o hinduísmo não pode ser considerado propriamente um credo, embora existam múltiplos sistemas de crenças baseadas em diversas divindades. A questão central desta tradição é a aceitação do *Dharma*, ou seja, a prática correta ou cumprimento dos deveres de cada indivíduo nesta vida. Por sua vez, as fronteiras do *Dharma* individual, ou seja, do que se deve ou não fazer, são definidas de acordo com a estratificação social (grupo ou casta) e de gênero ao qual este indivíduo pertence. E esta ordem social é também uma ordem divina, relacionada às mais antigas cosmogonias védicas da criação, como o famoso hino X-90 do Rig-Veda, no qual os membros de um gigante despedaçado dão origem à divisão social da Índia, sendo a casta superior dos brâmanes (sacerdotes) originária da boca do gigante, os guerreiros (xátrias) dos braços deste gigante, os vaixiás (produtores) das pernas deste, e os escravos (xurdas) de seus pés (cf. FERREIRA; GNERRE & POSSEBON, 2011).

O conceito de *Dharma* pode ser compreendido como religião, mas também significa o próprio domínio ritual, um conjunto de leis e normas sociais. Partindo assim desta precedência da prática sobre a crença, bem como do múltiplo conjunto de crenças que seriam abarcadas pelo hinduísmo, fica clara a dificuldade de enquadrá-lo dentro de noções ocidentais de religião, que preveem sistemas unificados de credos e teologias por exemplo. A ritualística no entanto pode ser considerada um elemento central do hinduísmo, e a compreensão desta ritualística passa pela compreensão de uma série de pontos históricos e culturais, que de acordo com Loundo (2012) encontram tensões e divergências nos estudos contemporâneos, sobretudo entre as abordagens de indólogos (que valorizam os textos antigos que teriam dado origem aos rituais) e de antropólogos, que valorizam pesquisas de campo onde nem sempre os preceitos textuais se fazem norteadores das práticas registradas. Outro ponto importante que este autor traz para nossas considerações a respeito da ritualística é que na verdade ela representa sim um domínio central do hinduísmo, porém não é o único. A tradição na verdade abarca dois domínios distintos da experiência humana que pressupõem diferentes qualificações, disposições e fontes literárias. Assim, o domínio do ritualística (*dharma*), embora seja fundamental, representa um aspecto do hinduísmo: justamente aquele que se ocupa da ação produtiva de objetos transcendentes mas efêmeros, que podem ser relacionados aos próprios desejos humanos. O segundo domínio fundamental do hinduísmo é aquele que se ocupa da salvação definitiva ou da busca espiritual última (*mokṣa*) que conduz à compreensão de que todo e qualquer desejo, seja ele por objetos mundanos ou transcendentes, se baseia num erro fundamental sobre a compreensão da natureza da alma, já que esta, em última instância e na totalidade de sua completude, não deseja absolutamente nada (LOUNDO, 2012, p. 33).

Mokṣa pode ser compreendido como um estado de libertação final do *atman* (ou alma) do ciclo de renascimentos e mortes (*samsara*), um domínio no qual todos os ritos perdem o sentido de sua existência, e nada resta a ser realizado. Assim, *Dharma* e *Mokṣa* representam domínios distintos deste mesmo sistema religioso, mas não são necessariamente contraditórios para a maioria dos praticantes. Afinal a realização correta do *Dharma* é muitas vezes compreendida também como um caminho para a própria realização de *Moksha*, embora desde a Antiguidade sempre tenham existido grupos de retirantes (*Sadhus*) que abandonam suas determinações dármicas e se retiram para o isolamento nas grandes montanhas da Índia.

A partir desta abordagem preliminar desses conceitos centrais da tradição podemos ter elementos para observar seu desenvolvimento histórico. Vale lembrar, no entanto, que a compreensão profunda de tais conceitos não é uma tarefa fácil. Esta dificuldade para de fato compreendermos, a partir dos textos da tradição, o que significam termos como *Dharma* e *Moksha* passa pelas estruturas do próprio sânscrito, a língua sagrada associada a esta religião, que continua sendo um desafio para a maioria dos pesquisadores. De acordo com o famoso pesquisador Surendranath Dasgupta (1922), existem centenas de trabalhos em sânscrito sobre a maioria dos sistemas de pensamento indiano e quase uma centésima parte deles foi traduzida. Devemos lembrar que o autor escreve esta afirmação no início do século XX, e que nas últimas décadas importantes traduções vêm sendo produzidas. No entanto, o próprio autor aponta justamente para essa dificuldade na tradução em função dos modos de expressão desta língua, na qual um mesmo termo varia sistematicamente em função de seu contexto. Assim, para aqueles que desejam compreender a fundo os conceitos que norteiam a tradição, bem como os elaborados sistemas de pensamento indiano, torna-se imprescindível um estudo detalhado do sânscrito. Quando falamos anteriormente de sistemas de pensamento indiano nos referimos na verdade às seis escolas centrais do hinduísmo, aceitas desde a Antiguidade pela ortodoxia hindu-bramânica com "pontos de vista" válidos sobre a tradição. Tais escolas se configuram historicamente da seguinte forma: o *Pūrva - Mīmāṁsā* (que apresenta uma filosofia do ritualismo sacrificial), o *Vedānta* (que corresponde à metafísica não dualista exposta nos Upaniṣad), o *sāṁkhya* (cuja principal contribuição é a enumeração das categorias da existência, ou *tattva*), o yoga (no caso específico da escola filosófica fundada por *Patañjali*), o *Vaiśeṣika* (que se assemelha ao *sāṁkhya* na sua tentativa de reconhecer as categorias da existência por outro ângulo) e finalmente o *Nyāya* (que é uma teoria da lógica e da argumentação).

A compreensão da maioria dos textos e conceitos filosóficos e religiosos abarcados por esta tradição depende não só de um conhecimento da língua, mas também de vivências experienciais relacionadas justamente às práticas e rituais acima mencionados. Tais práticas e rituais – que dão unidade a este complexo sistema religioso – estão descritas desde o primeiro milênio antes de Cristo nos textos centrais da tradição, que formam uma espécie de eixo unificador. Esta vasta produção textual que compõe o corpo do hinduísmo está, por sua vez, historicamente relacionada às origens da própria civilização indiana, e a um passado remoto que no olhar de muitos pesquisadores (sobretudo do séc. XIX) se perde nas brumas do tempo (GULMINI, 2002).

Apesar desse passado de difícil datação por uma série de motivos, existe hoje um certo consenso entre historiadores contemporâneos do sul da Ásia como Gavin Flood (2014), sobre uma cronologia do hinduísmo baseada na produção de textos sagrados que se encontram intrinsecamente relacionados a determinadas fases da história do povo indiano. Esta proposta cronológica se baseia em cinco grandes etapas, cuja divisão resume de certa forma importantes processos históricos da civilização indiana.

Na primeira etapa teríamos o desenvolvimento da chamada civilização do Vale do Indo (*c.* 2500 a 1500 a.E.C.), que talvez corresponda às raízes mais profundas da grande árvore do hinduísmo. Boa parte do que se conhece a respeito desta civilização se deve a duas das maiores descobertas arqueológicas das primeiras décadas do século XX: As cidades de Harappa e Mohenjo Dharo, localizadas ao longo do extinto Rio Indo, cujo leito se situava em um território que corresponde hoje ao Paquistão. Como todo registro do passado, a historiografia indiana também foi sendo construída com base em preocupações do presente, e por isso temos uma série de controvérsias históricas envolvendo estes sistemas de datação da tradição indiana, sobretudo no que diz respeito às datações mais antigas das civilizações védicas e dravídicas, bem como as causas de sua extinção, e a controversa hipótese da invasão dos povos arianos como causadora da extinção da civilização dravídica, hipótese hoje cada vez mais questionada (a esse respeito, cf. BIANCHINI, 2012). Assim, da mesma forma que olhamos com ressalvas as traduções para línguas ocidentais, também devemos olhar com ressalva algumas dessas periodizações, aceitando que podem existir determinadas "imprecisões" históricas e que determinadas teorias explicativas podem sim ser questionadas.

Pensamos de toda forma que alguns elementos importantes do hinduísmo podem sim ser remontados a esse período primordial no qual se desenvolve a chamada civilização harapiana-dravídica, que teria sido sufocada pela cultura *ārya* do período védico posterior. Mas, com o passar do tempo, conceitos e crenças advindos deste mundo dravídico vão sendo incorporados na religiosidade védica, sobre a qual trataremos a seguir. Um exemplo disso seriam as práticas do *yoga*, que mal se apresenta nos textos védicos mas que renasce com grande força nos textos produzidos em período posterior, e que teria suas origens dravídicas comprovadas pela descoberta arqueológica do famoso selo de *Pashupati* (cf. FEUERSTEIN, 2006). Outros elementos de origem dravídica fundamentais no contexto do hinduísmo posterior seriam o culto à deusa (shaktismo) que se dissemina de forma intensa pela Índia medieval e o próprio shivaísmo, o culto do deus Shiva, que aparece nos Vedas com o papel secundário de *Rudra*, e estaria relacionado às feras e regiões distantes de montanhas (nas quais permanecem reminiscências dravídicas), mas adquire grande força na religiosidade posterior.

Seguindo essa divisão cronológica, na segunda etapa temos o período de escrita dos Vedas (ou período védico – *c.* 1500-500 a.E.C.). Nessa fase (cuja datação pode ser significativamente anterior de acordo com outros pesquisadores), temos o surgimento da chamada cultura ariana, de forma distinta da dravídica – embora hoje se admita uma continuidade necessariamente maior entre a cultura ariana e a cultura do Vale do Indo do que havia sido pensado pelos historiadores ocidentais do fim do século XIX e início do século XX. Neste período os textos dos Vedas foram escritos, e neles temos as bases para o *Dharma* e o Ritual. Ou seja: temos neste período as bases para as práticas que são o elemento central do hinduísmo desde a Antiguidade. O nome "Vedas" designa um conjunto de textos sagrados, uma espécie de cânon do hinduísmo, sobre os quais se fundamentam a sociedade e espiritualidade indianas. O termo "*veda*" significa justamente "saber revelado", e sobre os sentidos dessa revelação discorreremos de forma mais detalhada no verbete específico destinado ao tema. De forma preliminar, podemos dizer que são textos organizados na forma de hinos, aos quais corresponde uma métrica sânscrita específica para ser entoada na forma de mantra. Há um consenso entre os linguistas em afirmar que o sânscrito é uma língua de origem indo-europeia (escreve-se *saṁskṛta*) e seu nome designa "bem-feito", bem-acabado. Trata-se de um termo que surge em oposição às línguas populares (prácritos) faladas no período védico, consideradas bárbaras pelos povos arianos (GULMINI, 2002, p. 13).

Nos Vedas temos todo um universo mítico-ritual do período ariano, descrito nas primeiras narrativas míticas do panteão hindu. Tais textos fazem parte da sabedoria revelada (*Śruti*), que foram catalogados pelos sábios em quatro livros: Rig-Veda (ou *ṛg-veda*): "Sabedoria das estrofes recitadas", Sāma-Veda: Sabedoria das estrofes cantadas (1.549 hinos). Yajur-Veda: Coletânea que contém as fórmulas a serem murmuradas pelos sacerdotes da classe adhvaryu no decorrer dos ritos sacrificiais. Atharva-Veda: Conhecimento de Atharvan: uma coleção que contém os mais diversos temas, mas principalmente ensina magia e medicina popular.

Para o indólogo alemão Heinrich Zimmer (2003) o panteão védico primordial representava originalmente todo o universo, onde se projetavam as ideias e experiências dos homens. Nascimento, crescimento e morte eram projetados sobre os eventos cósmicos. As estrelas, as nuvens, o vento, as tempestades, a terra, o sol... todos esses elementos eram associados a divindades específicas que por sua vez refletiam aspectos das experiências humanas. Deuses como *Indra*, armado com seu raio e ladeado por seu séquito de cavaleiros do vento e das tempestades (os *maruts*) eram super-homens dotados de poderes cósmicos; mas, ao mesmo tempo, poderiam ser chamados a participar de uma festa por meio de oblações e rituais védicos. Divindades como Agni (o Deus fogo), Soma (o deus que encarna os conhecimentos da bebida sagrada de mesmo nome) eram os primeiros a serem convocados para a realização dos rituais, seguidos por deuses superiores como o próprio Indra e Varuna (sobre deidades, cf. FERREIRA; GNERRE & POSSEBON, 2013).

Os mitos devem ser narrados em forma de cânticos que têm uma entoação certa para que se obtenha os poderes rituais. Isso é um pressuposto importante para a compreensão dos textos dos Vedas: são textos para serem entoados junto dos rituais, ou melhor, textos para serem praticados. Ainda segundo Zimmer (2003), esta etapa da religião védica equivale ao período homérico na Grécia (Teogonia), que foi seguido por um crepúsculo dos Deuses e mitos, e esteve relacionado à própria decadência das cidades-estados e a invasão de Alexandre o Grande. No entanto, na cultura indiana, com o fim do período védico não se observa este crepúsculo dos deuses, mas sim uma transformação da religiosidade hindu, sobretudo com o surgimento dos Upaniṣad, um conjunto de textos sagrados desenvolvidos na Índia no período Bramânico, entre 1000 e 400 a.E.C. Nesses textos que correspondem ao fim do veda (conhecidos também como *Vedanta*) as deidades anteriores não serão depostas, mas incorporadas a uma visão mais ampla e profunda - como senhores que fazem parte do império de um rei mais poderoso - o poder sagrado representado pelo *Brahman*, cuja presença pode ser experimentada em todos os seres através do *ātman* (ZIMMER, 2003, p. 244-249).

Justamente neste período bramânico, temos três tendências distintas tanto em textos como em práticas religiosas. Primeiro, duas tendências que aceitam os ensinamentos dos Vedas: (a) Os *bhāhmanas*: uma grande coleção de textos redigidos em prosa (ao contrário dos Vedas, que eram em versos) nos quais são expostos raciocínios explicativos sobre questões védicas. Tais textos apresentam uma continuidade da tradição védica, com exegeses e desenvolvimentos agora escritos em prosa; (b) um desvio dos Vedas, ou seja, textos que apresentam questionamentos e ideias novas, presentes nas coleções dos *āranyaka* (textos das florestas, produzidos pelos ascetas que se retiram para a floresta em busca da jornada interior, sem os ritos bramânicos) e a coleção dos Upaniṣad (cujo significado é "ensinamentos obtidos por aproximação respeitosa"). Ambos os conjuntos de textos tomam por base os Vedas, mas contêm ideias advindas provavelmente da civilização dravídica, que começam a vir à tona nestes textos, como é o caso do yoga. E por fim temos (c) as tendências que fogem do cânone bramânico dos Vedas, como o budismo e o jainismo, que representam uma importante ruptura com a tradição védica e o hinduísmo. Essa ruptura fica evidente principalmente nas crenças e ensinamentos do Buda aos seus discípulos, que dispensam qualquer conhecimento védico para alcançar o fim do sofrimento. Dentre estas diferentes levas de textos, consideramos relevante compreender que com os Upaniṣad temos uma inflexão importante na tradição hindu, pois tais textos participam do caminho do conhecimento (*jñānamārga*), cujo centro é a busca de Moksha, e que neste período começa a se contrapor ao caminho da atividade ritualística (*karmamārga*). Ou seja, representam uma tradição que mesmo dentro do hinduísmo vai se desvinculando da complexa ritualística bramânica.

Na terceira fase de desenvolvimento histórico do hinduísmo temos o período épico e purânico (*c.* 500 a.E.C.-500 E.C.), que corresponde à época de redação dos grandes épicos da Índia: o Mahābhārata e o Ramayana, assim como grande parte dos Puranas, textos populares nos quais emerge a ideia de *Trimūrti*, isto é, o trio de deidades centrais do panteão hindu posterior ao védico, composto por Brahma (deidade associada à criação, mas que não corresponde ao conceito de Brahman absoluto referido acima), Vishnu (deidade associada à preservação da existência) e Shiva, deus da destruição ou transformação. Os Puranas trazem variadas narrativas mitológicas associadas a estas e outras divindades. Já entre os épicos, temos em primeiro lugar o Mahābhārata (grande Índia), que narra a fundação da Índia (terra dos *bhārata*), a partir da guerra entre os clãs pandavas e kauravas, e os fatos que conduzem a uma batalha mítica de *Kurukshetra*. A obra teria sido escrita pelo sábio *Vyasa* (também um autor mítico) e tem como um de seus principais personagens o próprio Deus *Kṛṣṇa*, que auxilia Arjuna, o herói dos pandavas. Este épico contém 110.000 slokas (estrofes), distribuídas em 100 capítulos. Segundo Heinrich Zimmer, trata-se de uma epopeia oito vezes maior do que a Odisseia e Ilíada de Homero juntas (cf. ZIMMER, 2003). Já o poema épico Ramayana traz uma narrativa centrada no deus-rei *Rāma* (uma encarnação de Vishnu, sobre o qual discorreremos adiante). Dentro do Mahābhārata temos o texto do Bhagavadgītā (ou "canção do venerável" em português) que se torna, sobretudo a partir da tradição Vaishnava gaudya do século XVI, um dos textos mais importantes do hinduísmo (sobre o Bhagavadgītā e o Mahābhārata, cf. verbete específico neste dicionário). Em termos histórico-sociais, como nos lembra Flood (2014, p. 44), temos neste período o desenvolvimento de importantes reinos e dinastias, como é o caso da Dinastia Gupta (*c.* 320-1500 E.C.). Nele se situa, também, o desenvolvimento das grandes tradições do vaishnavismo (relacionadas sobretudo à disseminação do texto do Bhagavadgītā, conforme observamos acima, e a entoação do Maha Mantra de Krishna), do shivaísmo (o culto a Shiva, sobretudo no Norte da Índia, associado ao Shiva Purana) e shaktismo (o culto a Shakti, cf. verbete deste dicionário).

Na quarta fase desta classificação histórica temos o chamado período medieval do hinduísmo (*c.* 500-1500 E.C.), caracterizado pela consolidação da tradição devocional (*Bhakti*) que ocorre, simultaneamente com o desenvolvimento das tradições teístas do vaishnavismo (sobre o culto a Vishnu nesse período, cf. VARELLA, 2014), shivaísmo e shaktismo. Temos, nesse período, a composição de uma importante literatura devocional e poética, assim como a composição da literatura tântrica (sobre Tantra, cf. verbete específico neste dicionário). Por fim, já saindo do escopo histórico de nosso dicionário, teríamos o período moderno do hinduísmo (*c.* 1500 E.C. até o presente) sobre o qual não iremos discorrer aqui, tendo em vista que nossa meta foi trazer um panorama de temas, textos e conceitos centrais que compõem a tão diversificada tradição hinduísmo até o século XVI.

Maria Lucia Abaurre Gnerre

Ver também Bhagavadgītā e Mahābhārata; Politeísmo; Shakti; Religião; Tantrismo; Vedas.

BIANCHINI, F. (2012). "A origem da civilização indiana no vale do Indo-Sarasvati: Teorias sobre a invasão ariana e suas críticas recentes". In: POSSEBON, F. & GNERRE, M.L.A. (orgs.). *Cultura Oriental - filosofia, língua e crença*. João Pessoa: Ed. da UFPB.

DASGUPTA, S. (1922). *A history of Indian philosophy*. Cambridge: Cambridge University Press.

FERREIRA, M; GNERRE, M.L.A. & POSSEBON, F. (2011). *Antologia védica*. João Pessoa: Ed. Universitária UFPB.

FEUERSTEIN, G. (2006). *A tradição do yoga*. São Paulo: Pensamento.

FLOOD, G. (2014). *Uma introdução ao hinduísmo*. Juiz de Fora: Ed. da UFJF.

GNERRE, M.L.A. (2010). *Religiões orientais*: uma introdução. João Pessoa: Ed. Universitária UFPB.

GULMINI, L. (2002). *O Yoga sutras de Patanjali*: tradução e análise da obra à luz de seus fundamentos contextuais, intertextuais e linguísticos [dissertação de mestrado, Faculdade de Filosofia, Letras e Ciências Humanas/USP].

LOUNDO, D. (2012). "O ritual na tradição védica: abertura, pluralidade e teleologia". In: GNERRE, M. & POSSEBON, F. (orgs.). *Cultura oriental*: língua, filosofia e crença. João Pessoa: Editora da UFPB.

SAID, E. (1996). *Orientalismo* – O Oriente como invenção do Ocidente. São Paulo: Companhia das Letras.

VARELLA, L. (2014). *A mística devocional (Bhakti) como experiência estética (rasa)*: um estudo do Bhakti-Rasāmrta-Sindhu de Rūpa Gosvāmī [tese de doutorado, UFJF].

ZIMMER, H. (2003). *Filosofias da Índia*. São Paulo: Palas Athenas.

A História das Religiões, da maneira como a conhecemos hoje, desenvolveu-se sobretudo ao longo do século XIX. Na época, conforme recorda Eduardo de Albuquerque, ela preocupava-se com os períodos mais antigos e as prováveis origens das religiões, fazendo uso de métodos que visavam determinar a precisão dos textos de diversas tradições religiosas, comparando não apenas os discursos sagrados deles abstraídos, como também fazendo comparações entre as próprias religiões por meio de seus ritos, símbolos, mitos e instituições. O exercício de tais comparações foi permitindo, então, a elaboração de diversas teorias sobre a origem e expansão das religiões, até que, na segunda metade do século XIX, elas enredaram-se de tal maneira que começou a haver uma espécie de retorno ao empírico. Foi justamente nesse momento em que houve a distinção, dentro da História das Religiões, entre a Antropologia e a Sociologia, que passaram a assumir, de maneira gradativa até os dias atuais, o papel de estruturar a seu modo as teorias e pressupostos sobre a religião.

Epistemologicamente, a História das Religiões enquanto disciplina acadêmica possui um duplo alicerce: a *Ciência da Religião Histórica* e a *Ciência da Religião Sistemática* – também conhecida como *Ciência da Religião Comparativa*. Nos tempos atuais, essa distinção é considerada como referente a duas subáreas das *Ciências da Religião*, e não a duas disciplinas distintas. Conforme explica Klaus Hock, a *Ciência da Religião Histórica* objetiva descrever o desenvolvimento histórico das mais variadas religiões dentro de uma perspectiva singular, valendo-se de métodos histórico-críticos e do apoio de ciências afins como a Psicologia, a Sociologia, a Antropologia e a Etnologia. A cunhagem do termo "História da Religião" pertence à própria história intelectual europeia e, portanto, até o século XVII ele era posto em uso exclusivamente enquanto uma grande história investigativa da religião judaico-cristã. Próximo ao término desse século passou-se a empregar o termo, também, para o estudo de algumas tradições religiosas fora do círculo judaico-cristão, mas foi apenas durante a segunda metade do século XIX que *História da Religião* adquiriu o *status* de *terminus technicus* que designava uma disciplina científica.

Para que se compreenda melhor a evolução e consolidação da História da Religião é prudente que façamos assim como ela faz com as tradições religiosas que pretende estudar: traçando suas origens e primórdios. O início desse campo de estudos é indissociável do começo dos próprios estudos de religião, inaugurado em meados do século XIX pelo filólogo e orientalista alemão Max Müller. Embasado em pressupostos da Antropologia e da Etnologia, o estudioso veio a criar a metodologia da religião comparada para traduzir de maneira adequada os Upaniṣad – textos sagrados da cultura e religião hindu –, apresentando-a em seu livro *Lectures on the Science of Language* (mais precisamente em 1861). Conforme esclarecido por Mota, Max Müller foi o responsável por iniciar o processo de sistematização teórica do fato religioso, abrindo espaço para que a religião se tornasse objeto de investigação científica.

Mas há ainda uma série de outros acontecimentos que, se analisados num *continuum*, podem ser considerados como sementes do trabalho pioneiro de Müller. Karina Bellotti os elenca muito bem. Dois eventos históricos muito anteriores ao século XIX foram essenciais para que ciência e religião se distanciassem: a Reforma Protestante e o Iluminismo. A Reforma Protestante do século XVI foi determinante nesse sentido porque demonstrou que a hegemonia cristã, entendida enquanto único sistema explicativo aceito na sociedade europeia, era passível de crítica. Assim, ao estabelecer uma concorrência religiosa com a Igreja Católica - que viria a culminar nas guerras religiosas do século XVII - e enfraquecendo sua hegemonia, o protestantismo não só mostrou outras possibilidades explicativas e religiosas - ainda que igualmente cristãs -, como ainda terminou por abalar a visão, até então vigente, de que religião e política eram uma só esfera de poder. A partir da Reforma Protestante, a instância da religião passaria a rivalizar com instâncias de natureza política e social, além da própria ciência, que ia, aos poucos, aparecendo cada vez mais distanciada de princípios religiosos em suas explicações.

Nesse aspecto, o impacto causado pelo Iluminismo nos séculos XVII e XVIII foi obviamente ainda maior. Ainda segundo Bellotti, nesse período houve uma ferrenha oposição entre os filósofos, representantes máximos do racionalismo, e a religião, fosse a encarnada por instituições, fosse a popular. Foi também nesse período em que surgiram movimentos organizados que representavam esse distanciamento em relação à religião, como o ateísmo e o deísmo. O ápice desse movimento racionalista, já num momento posterior, foi a publicação de *A origem das espécies* (1859), de Charles Darwin. Os pressupostos evolucionistas do autor, conforme veremos adiante, foram importados e aplicados também nas ciências humanas e no estudo das religiões.

Assim, ao olharmos para os primórdios da História das Religiões, conseguimos identificar um tripé que ofereceu o ambiente propício para seu surgimento: o *cientificismo*, que possibilitou que a religião pudesse se tornar um objeto de pesquisa tão passível de análise quanto qualquer outro fenômeno social, cultural ou natural; o *imperialismo*, que contribui para o surgimento do interesse, em vários cientistas, quanto a culturas consideradas por eles "exóticas" ou "primitivas"; e, por fim, o *evolucionismo*, insistentemente aplicado por cientistas sociais a partir do século XIX para tentar categorizar e caracterizar o desenvolvimento humano, caindo, contudo, numa perspectiva atemporal e a-histórica. Certamente que isso não significa que concordemos ou estejamos exaltando de alguma maneira esses *-ismos* que acabaram de ser citados, mas apenas elencamos algumas das implicações deles advindas, que tiveram algum impacto no estudo das religiões ou na perspectiva que se teve sobre as mesmas.

Mantendo nosso foco nas origens da História das Religiões, agora em nível de contribuições individuais oferecidas por autores pioneiros e incontornáveis, Adone Agnolin oferece um delineamento extremamente preciso dessa trajetória, o qual seguiremos nesse momento. Falemos a respeito das diferentes vertentes encarregadas do estudo das religiões, das quais a História da Religião por vezes retirou conceitos e pressupostos posteriormente e, por outras, necessitou se fortalecer epistemologicamente para apontar suas críticas referentes ao modo como se conduziam os estudos sobre religião.

A primeira delas é a *vertente sistemática*, à qual pertencem autores como o supracitado Max Müller, além de Edward Tylor e Émile Durkheim. Elegendo o método comparativo, Müller visava, por meio da linguagem, levar em consideração a personificação de fenômenos, naturais ou outros, para enfocar tanto o problema da mitologia quanto o da linguagem. Para o autor, a mitologia seria uma patologia da linguagem em que o símbolo passa a ser o simbolizado. Apesar disso, ainda assim a mitologia se configura enquanto linguagem verdadeira de uma religião verdadeira, apresentando-se como um modo específico de experiência primordial vivida a qual não é, para o homem posterior, inteiramente acessível. O pressuposto de Müller é fundamentalmente o da possibilidade de uma comparabilidade entre diferentes religiões, seja a do homem mitológico, "selvagem", seja a do homem "civilizado". Mesmo alegando que ambos os tipos de religião mereciam o mesmo respeito, e que as religiões antigas, ao serem estudadas, poderiam parecer cronologicamente estranhas se pensadas nos contextos culturais que buscavam entendê-las, ainda assim a proposta de Müller continha a premissa de que as religiões poderiam ser contrapostas, indo da conservação de seu passado unificante em direção a um "progresso" diversificante. Essa abordagem do filólogo e orientalista alemão, que toma os povos "primitivos" por depositários do elemento primordial e fundamental – a religião –, foi chamada de *vertente sistemática romântica*.

Pertencem à *vertente sistemática positivista* autores como Edward Tylor. Conforme o nome da vertente acusa, Tylor propôs delinear a religião e seu espaço na sociedade dentro de uma perspectiva positivista, civilizacional e progressista, tipicamente inglesa. Conforme consta em seu livro *The Religion of the Savages* (1866), os primitivos seriam detentores de uma forma rudimentar de religiosidade, propondo, em seguida, uma comparação histórico-religiosa entre esses diversos povos. Visando não uma forma de distinção, mas de equiparação, Tylor, afirma Mota, colocou os dados colhidos em relação analógica para que elaborasse, a partir deles, um sistema religioso. As religiões, assim, tinham suas dimensões históricas desconsideradas ao serem reduzidas a meros sistemas classificatórios. Conforme esclarece Agnolin, a teoria animista criada por Tylor não denominava e classificava as religiões de acordo com o nome que recebiam, por exemplo, das culturas em que existiam; pelo contrário, as religiões eram fundadas, em termos de sistemas, pelo próprio classificador e por aquilo que, para ele, as caracterizava ou parecia caracterizar – como o próprio animismo.

Portanto, conforme Agnolin aponta com propriedade, tanto os pressupostos de Tylor quanto os de Müller apresentavam seus relativos julgamentos éticos e acabaram por instituir, cada um à sua maneira, um suposto devir histórico da religião. Esta se encontrava, para eles, em processo de degeneração ou evolução, do mais primitivo e indiferenciado ao mais evoluído, civilizado e específico, ou então migrando do "religioso" para o laico. Por conta da necessidade de sua constituição enquanto sistemas, as religiões foram ordenadas, organizadas e classificadas segundo estágios, degraus ou etapas, constituindo uma ótica processual dentro dos moldes do "processo civilizador".

Émile Durkheim, também representante da *vertente sistemática positivista*, foi por um viés um pouco diferente do de Tylor. Em sua obra *Les Formes Élémentaires de la Vie Religieuse* (1912), o autor elegeu o sistema totêmico utilizado em tribos australianas e o extrapolou para todas as demais formas de religião. Admirado com a simplicidade dessas tribos e da religião por elas expressa, Durkheim julgou ser mais apropriado detectar, ali, as formas mais elementares da religião e da vida religiosa. Ora, certamente que sua visão positivista o levou a generalizar essa suposta forma elementar da religião para todas as sociedades que pudessem ser tidas por "simples" ou "primitivas". O autor acaba por constituir um tipo de sistema religioso, também fazendo uso do mecanismo de equiparação de fatos religiosos colocados em relações de analogia. Ainda segundo Agnolin, mesmo que rejeitando a sociologia biológica de Müller – mitologia e religião enquanto doenças da linguagem – e a psicologia de Tylor – o animismo –, Durkheim realmente se esforça para fundar sua análise sobre dados históricos. O problema reside justamente no fato de que ele o alcança por meio da redução do conceito e da experiência de religião a uma lei sociológica que, por generalizá-la, termina também por des-historificá-la. Conforme vimos, apesar de todas as suas intenções e aspirações à história, todas as conclusões a que chegaram os autores da vertente sistemática acabaram, de uma maneira ou outra, por retirar a religião (ou melhor, as religiões) de sua ocorrência e existência pautadas na história, negligenciando suas peculiaridades e particularidades diacrônicas.

Mas o problema da a-historicidade ao lidar com os estudos da religião encarnou com muito mais potência na *vertente fenomenológica*. Recapitulemos a questão como o fez Karina Bellotti. O teólogo Rudolf Otto, em seu livro *O sagrado* (1917), e também o filósofo Gerardus van der Leeuw, em *Fenomenologia da religião* (1933), terminaram por reconhecer abertamente a dimensão do sentimento e do irracional não apenas como parte intrínseca da religião, mas também como sua parte explicativa. Manifestando oposição ferrenha às explicações de antropólogos e historiadores, que submetiam o fenômeno religioso à razão humana, Otto e Van der Leeuw romperam com o evolucionismo e o etnocentrismo quando atribuíram a essência da religião à categoria do sagrado, que estaria igualmente presente em todas as religiões. Se, por um lado, ambos os autores romperam com o etnocentrismo e a visão evolucionista "civilizadora" ao defenderem uma universalidade idêntica do sentimento religioso, por outro acabaram por criar seu constructo de uma essência religiosa localizado completamente fora da história.

Aquele que se tornou o representante da *vertente fenomenológica* mais lido e amplamente divulgado até os dias de hoje foi, sem dúvida, o romeno Mircea Eliade. Em obras como *O sagrado e o profano* (1959), *O mito do eterno retorno* (1971) e ao longo dos volumes do *Tratado de história das religiões* (1949), o autor visa a defesa e consequente análise, usando de diferentes culturas religiosas, das categorias binomiais criadas por ele: o sagrado/profano. Eliade chega à constatação de que, em sociedades arcaicas e tradicionais, existiria uma busca pela experiência sagrada, que levaria à consagração de momentos profanos ou cotidianos; o real e autêntico seria somente aquilo revestido de sacralidade e o cotidiano seria efêmero, ilusório, privado de valor. O homem histórico, das sociedades desenvolvidas, estaria dividido entre a resistência ao sagrado e a impossibilidade de renunciar a ele totalmente. Uma das questões fundamentais de Eliade foi investigar o lugar específico da religião, seja nas sociedades antigas, seja nas sociedades contemporâneas. Para isso, lançou mão do método comparativo para investigar as manifestações do sagrado – as hierofanias –, forma pela qual ele se faria conhecer.

Dentre as principais acusações que seu trabalho sofre estão as de que tais categorias não universalmente identificáveis de maneira empírica, ao contrário do que alega. Agnolin resume de maneira brilhante o viés do autor romeno: para ele, a multiplicidade de fenômenos culturais espalhados por todo o mundo são a expressão de uma mesma essência religiosa (por isso Eliade é chamado, também, de essencialista). Aqui notamos um quê da teoria arquetípica proposta por Carl Gustav Jung, somada ao *a priori* de Immanuel Kant. Os símbolos, na perspectiva do autor, são manifestações do sagrado (hierofanias) e, assim sendo, ele se impõe por si mesmo e basta em si só. A função do contexto histórico na constituição e interpretação dos símbolos é negligenciada, apagando qualquer papel constituinte do contexto histórico particular de cada povo quando no momento de manifestação de seus símbolos religiosos. Entende-se, portanto, por que a História das Religiões, quando voltou à sua ascensão, partiu com críticas ferozes em relação à hermenêutica eliadiana. Ainda assim, a erudição do autor e seu infindável fôlego para coletar materiais de inúmeras culturas – além de uma inegável habilidade retórica – são aspectos que se destacam.

As maiorias críticas surgidas à *vertente fenomenológica* vieram daquela que se tornou a maior expoente e a representante máxima da História das Religiões, a *Escola Italiana de História das Religiões*. A fenomenologia considerava as categorias de sagrado e profano feito um dado real das sociedades humanas, por meio do qual seria possível observar a manifestação dessa essência do homem religioso – o *homo religiosus*, de Eliade. Portanto, defendem os italianos, os fenomenólogos e essencialistas deixaram de tratar o binômio sagrado/profano como aquilo que era: uma categoria artificial criada para tentar entender o mundo religioso, e passaram, assim, a tomá-lo como uma certeza intrínseca e inerente a qualquer manifestação religiosa. Conforme lembra Agnolin, a primeira oposição a Eliade veio de Raffaele Pettazzoni, que destacou, em sua obra, como cada fenômeno deveria ter sua formação histórica repercorrida e recuperada, impondo a necessidade imperativa – e, consequentemente, opondo-se às indagações fenomenológicas – de se historicizar os fenômenos para que fossem interpretados dentro do devir histórico. Cada fato cultural, dentre os quais se encontra a religião e suas expressões, necessitava ter sua gênese e sua formação traçados historicamente.

Segundo Elton Nunes, *a Escola Italiana* constitui uma das fecundas escolas teóricas no campo de estudos da História das Religiões. A Escola foi fundada pelo supracitado

Raffaele Pettazzoni, que realizava um trabalho intenso pautado na Filologia, na Etnologia e, obviamente, na História. Estabelecendo debate com diversas correntes de pensamento na época, Pettazzoni chegou a uma proposta teórico-metodológica até então original e nunca experimentada. Sua empreitada não foi nada fácil; ela vai para muito além de simplesmente retomar a historicidade do fenômeno religioso. Almejando o resgate dessa historicidade, o autor italiano precisou também contornar um historicismo radical, ainda filho do positivismo e, posteriormente, o próprio marxismo clássico, que delegava à religião nada mais do que mera etapa a ser superada na militância ideológica de transformação da sociedade capitalista.

O delineamento do pensamento de Pettazzoni, ainda segundo Nunes, apresenta de maneira clara suas linhas gerais de afirmação metodológica que terminam por deixar clara sua abordagem em relação às religiões. A primeira delas é o fato de que a religião deve ser entendida enquanto um fenômeno histórico-social-civilizacional que tem relativa autonomia em relação aos demais objetos históricos como a arte, a economia e a política. Assim, o fenômeno religioso é passível de análise por meio da investigação de sua história, da gênese à sua atual conjuntura. Outra importante linha teórica do autor é a defesa de que há uma relação de mútua influência entre a sociedade e as religiões, criando um jogo de forças em que a primeira influencia a segunda e vice-versa. Essa premissa termina por afirmar a importância da religião como fenômeno objetificável historicamente e, ao mesmo tempo, constituído localmente, dentro de peculiaridades e vicissitudes. Entender a religião em seu devir histórico era, para Pettazzoni, compreender o próprio processo de constituição civilizacional e cultural de uma sociedade, da mesma maneira como o estudo desses processos auxilia no entendimento de consolidação da religião presente na sociedade em questão.

Pettazzoni também elegeu o método comparativo como base de seu trabalho, apesar de que com roupagens e aplicações novas. Por meio da comparação, ele não buscava, ao contrário da empreitada essencialista, identificar uma universalidade da religião. O autor defendia que, ao analisarmos outra religião, deparamo-nos com conceitos e constructos diferentes dos nossos e identificamos, enfim, outra civilização. Portanto, há que se buscar, na comparação, as diferenças e singularidades das expressões religiosas, devendo-se, para esse fim, postular um mínimo de conceitos flexíveis para o momento de análise do campo, conceitos esses que deverão ser descartados, revisados, modificados e revisitados ao longo do processo de análise entre documentação e prática. Quando se analisa uma religião e seu encarnar histórico em uma sociedade específica, os conceitos devem ser criados *a posteriori*, na tentativa de se explicar o que foi desvelado, e não o oposto – a exemplo da categoria sagrado/profano, usada com certo autoritarismo como modelo explicativo universal ao qual a religião de qualquer sociedade, em qualquer período histórico, deveria se encaixar.

Façamos, neste momento, uma síntese do pensamento teórico-metodológico de Pettazzoni, pautados por Nunes. Para o autor da *Escola Italiana de História das Religiões*: a religião é um fenômeno que dialoga com a cultura e a civilização, que as influencia e é por elas influenciada; as múltiplas formas de compreendermos a dialética entre religião e cultura se iniciam pelas fontes escritas e continuam na análise de campo das práticas cotidianas da sociedade em questão; por meio do diálogo cultural-civilizacional, é necessário entender os processos específicos e locais de interação e relação entre religião e a região/cultura específica em que está inserida. Certamente que tais pressupostos não morreram com Pettazzoni, e tampouco permaneceram estáticos. Autores posteriores – alunos e sucessores de diversas gerações do pioneiro italiano – continuaram seu trabalho, fazendo cada um suas contribuições e revisitações pertinentes, como, por exemplo, Angelo Brelich, Ernesto de Martino, Dario Sabbatucci, Vittorio Lanternari, Ugo Bianchi, Marcelo Masenzio, Adriano Santiemma, Gilberto Mazzoleni, Nicola Maria Gasbarro, dentre outros.

Outra importantíssima – e agora incontornável – contribuição da *Escola Italiana*, seja por sua inovação, seja por seu nível preciso de percepção e crítica, é o do próprio conceito de religião. Conforme esclarecido por Eliane da Silva, a *Escola Italiana* caminhou rumo à conclusão de que o conceito "religião" foi construído histórica e culturalmente no Ocidente, atrelando-se inevitavelmente a um etnocentrismo europeu e à tradição cristã. O vocábulo "religião", portanto, é também um produto histórico da nossa cultura ocidental e está sujeito a alterações ao longo do tempo, não possuindo qualquer significado imanente, original ou absoluto que possamos reencontrar. Fomos nós que, com necessidades científicas, filosóficas e até mesmo teológicas, criamos o conceito e lhe conferimos sentido. A dimensão temporal – e por isso histórica – é o palco onde ocorrem as tramas simbólicas das religiões, dos mitos e dos ritos, que são sempre fenômenos culturais e, dessa forma, o conceito de religião deve ser amplo o bastante para que abarque, em sua universalidade, todas as formas particulares de religião, operando no domínio da pluralidade.

Nesse sentido, uma saída interessante para definição de religião é a de Angelo Brelich, segundo o qual o historiador dos fenômenos religiosos deve possuir certa base teórica para definir aquilo que foi, em determinado período histórico, e em uma sociedade-cultura específica, entendido por religião. Não haveria a possibilidade de se trabalhar com uma categoria genérica e atemporal de "religião", que está, portanto, sempre atrelada a um contexto histórico e cultural específico e peculiar. Para a *Escola Italiana*, a singularidade das religiões não poderia mais ser negligenciada em prol de um estruturalismo-essencial vazio.

Conforme recapitulam André Prado e Alfredo da Silva, a preocupação da *Escola Italiana de História das Religiões* reside em considerar o fenômeno religioso como produto histórico no contexto da religião-cultura, da singularidade histórico-antropológica, transformando o antigo método comparativo usado também pela História das Religiões em seu início, agora em um método crítico, atento às diferenças históricas e peculiaridades contextuais da prática religiosa. O método por eles eleito é tão crítico a ponto de levar em debate, conforme vimos, até mesmo o próprio conceito de Religião, sua etimologia e seu caráter de origem europeia. Apesar de sua crítica ao conceito de religião, Angelo Brelich vê o método comparativo como sendo o mais adequado para a História das Religiões, desde que empregado de modo a assegurar as singularidades, as diferenças e particularidades históricas. Portanto, desde seu surgimento no século XIX a disciplina de História das Religiões traz consigo o método comparativo como característica e consolida-se nele. Os ecos desse comparativismo continuam até serem retomados pela *Escola Italiana de História das Religiões* e revisitados de modo a se adequarem à historicidade que passou a ser exigida.

Por fim, elenquemos os principais traços característicos da História das Religiões, conforme o fez Greschat. Os interesses elementares desse campo de estudos se dão a respeito das origens e períodos mais antigos das expressões e atos religiosos; com a precisão dos textos sagrados; com a comparação das próprias religiões entre si, buscando relações entre mitos, ritos, símbolos e instituições; com o diálogo interdisciplinar com a Antropologia-Etnologia, a Linguística, a Psicologia e a Sociologia. O método histórico e comparativo é central. A História das Religiões analisa o fenômeno da religião de maneira longitudinal, reconstruindo o desenvolvimento histórico de uma religião entre dois pontos de seu *continuum* histórico.

Victor Hugo Sampaio Alves

Ver Animismo; Arqueologia das Religiões; Cultura e religiosidade; Economia e religião no Medievo; Educação e religião no Medievo; Guerra e religião no Medievo; Idolatria; Magia; Mito; Paganismo; Politeísmo; Religião; Religiosidade popular no Medievo; Xamanismo euroasiático.

AGNOLIN, A. (2008). O debate entre História e Religião em uma breve História da História das Religiões: origens, endereço italiano e perspectivas de investigação. *Projeto História*, n. 37, p. 13-39.

BELLOTTI, K.K. (2011). História das Religiões: conceitos e debates na Era Contemporânea. *História*: questões e debates, n. 55, p. 13-42.

GRESCHAT, H.-J. (2006). *O que é Ciência da Religião?* São Paulo: Paulinas.

HOCK, K. (2010). *Introdução à Ciência da Religião*. São Paulo: Loyola.

MOTA, J.F. (2016). História das Religiões, uma proposta metodológica. *Fênix, Revista de História e Estudos Culturais*, vol. 13, p. 1-13.

NUNES, E.O. (2011). A Escola Italiana de História das Religiões: A constituição de um espaço historiográfico. *Anais do XXVI Simpósio Nacional de História* – Anpuh, São Paulo, p. 1-21.

PRADO, A.P. & SILVA, A.M. (2014). História das religiões, história religiosa e ciência da religião em perspectiva: trajetórias, métodos e distinções. *Religare*, vol. 11, n. 1, p. 04-31.

SILVA, E.M. (2011). Entre religião, cultura e história: a escola italiana das religiões. *Revista de Ciências Humanas*, v. II, n. 2, p. 225-234.

Idolatria

"Idolatria" é um termo utilizado para definir religiões consideradas "falsas" sob o olhar dos preceitos teológicos cristãos. Para os acadêmicos, a idolatria pode ser considerada um termo demasiadamente amplo e, portanto, as dificuldades de definição são semelhantes às problemáticas apresentadas nas tentativas de se definir o termo "religião". Daniel Barbu realizou uma discussão profunda a respeito do conceito de idolatria, o qual, assim como ocorre com o politeísmo e o paganismo, é uma das palavras que foram apropriadas para se referir às religiões antigas. No entanto, a concepção de idolatria refere-se a uma compreensão de "religião falsa" e, consequentemente, tornou-se um conceito comum de ser encontrado em estudos de religiões antigas, como é o caso do paganismo, do judaísmo e do islamismo, assim como das religiões da Índia e das Américas, as quais foram conceituadas enquanto manifestações religiosas de idolatria, pela Igreja Católica.

Ressalta-se que a concepção de idolatria remete ao sentido de "adoração inapropriada", sob o olhar do discurso teológico cristão. O termo remete à Antiguidade tardia e sua utilização é identificada ainda no período moderno. Nas compreensões de Daniel Barbu, a palavra "idolatria", em seu sentido literal, possui origem grega: *eidōlo-latreia* se refere à ideia de *latreia* (culto) e *eidōlon* (ídolo). O referido termo é elucidado por Clemente de Alexandria (150-215 E.C.), que compreendia a idolatria como uma distribuição do "Uno" em "muitos deuses". Posteriormente, Tertuliano (160-225 E.C.) interpretou a idolatria enquanto forma de transgressão; sob a compreensão de Tertuliano, a idolatria pode existir sem um ídolo. Mais tarde, o teólogo Tomás de Aquino, no século XIII, argumentou que a idolatria era a adoração perversa, não religiosa, de coisas que foram criadas no lugar de Deus, sendo a idolatria concebida na adoração com ou sem implicação de imagens.

O conceito de idolatria, portanto, pode ser compreendido enquanto um termo polêmico e controverso, seu significado está localizado em concepções judaico-helenistas, em que havia extensos debates sobre religião e imagens. É importante frisar que a palavra "idolatria" também foi moldada por meio do significado atribuído à palavra "ídolo", da tradução grega das Escrituras hebraicas. No entanto, as concepções do significado da palavra "ídolo" não são homogêneas, já que, nos poemas homéricos, "ídolos" são imagens fugazes dos mortos ou de um herói, cujo corpo foi levado embora. Pavel Horák elucida que a palavra "idolatria" se transformou em uma ferramenta discursiva crítica na gramática cristã, com a finalidade de se formar uma identidade religiosa cristã distinta das demais religiões mediterrâneas que disputavam espaço. Com isso, utilizam-se formas de afirmar a identidade da religião cristã enquanto uma crença "verdadeira".

Goshen-Gottstein problematiza a utilização do termo, para conceber ideias sobre as religiões antigas, em seu livro *Same God, Other God: Judaism, Hinduism, and the Problem of Idolatry* (2016). Entende-se que a idolatria é um termo que emergiu diante de incompreensões, uma vez que as interpretações das formas de adoração do outro estão intrinsecamente influenciadas pelas atitudes, pela alteridade e pela identidade religiosa. Sendo assim, a idolatria é um termo que pode ser considerado, em sua concepção, uma questão relacional. Dessa forma, apresenta-se em variações que diferem, dentro de cada compreensão religiosa. Diante deste entendimento, Pavel Horák conclui que a ideia de idolatria está envolvida em interpretações confusas sobre o que seria um "ídolo" e, portanto, considera-se um termo ambíguo. Mediante estas interpretações, seus respectivos sentidos são direcionados para o entendimento daquilo que é "falso", imaginário e não verdadeiro.

No livro *Critical terms for religious studies*, editado por Mark Taylor (2008), são realizadas discussões temáticas a respeito das religiões, envolvendo olhares de áreas como: antropologia, psicologia, sociologia e literatura. Na obra são problematizadas as inúmeras maneiras como se buscou classificar as religiões e, assim, termos como "*heathen*", "pagão/paganismo", "idolatria", "politeísmo", "religião verdadeira", "religião falsa", "superstição" e "magia", são compreendidos como conceitos subjetivos. Jonathan Smith enfatiza que as referentes ideias sobre os ritos, cultos e religiões remetem uma forma dualista e reducionista de diferenciação da religião "do outro", em que observa-se uma relação com as compreensões heréticas de quando os termos começaram a ser adotados, para nomear crenças classificadas enquanto "religiões naturais" que, por fim, foram consideradas formas de idolatria.

Questões levantadas a respeito da origem da idolatria foram demasiadamente problematizadas, já que o conceito refere-se tanto à ideia de culto a ídolos e/ou imagens quanto também diz respeito a crenças e culto a animais e elementos naturais. No entanto, houve um entendimento com maior ênfase de que a idolatria se tratava de "culto à imagem", o que direcionou em inúmeras tentativas de reformular o que se entendia por idolatria e, assim, sua prescrição ocorreu de forma gradual. Os acadêmicos estão em consenso em considerarem o termo "idolatria" controverso, apontando que sua compreensão remete às interpretações referentes ao século XVI, repercutindo até o século XVIII. Por meio destas análises, os estudiosos começaram a adotar outros termos dentro de cada categoria de compreensão religiosa, em uma tentativa de se absterem de interpretações teológicas e, por fim, o termo "idolatria" foi substituído pelo termo "politeísmo".

Susan Sanae Tsugami

Ver Animismo; Arqueologia das Religiões; Cultura e religiosidade; Economia e religião no Medievo; Educação e religião no Medievo; Guerra e religião no Medievo; História das religiões; Magia; Mito; Paganismo; Politeísmo; Religião; Religiosidade popular no Medievo; Xamanismo euroasiático.

BARBU, D. (2016). Idolatry and the History of Religions. *Studi e Materiali di Storia delle Religioni*, n. 82/2, p. 537-570.

GOSHEN-GOTTSTEIN, A. (2016). *Same God, Other God*: Judaism, Hinduism, and the Problem of Idolatry. Nova York: Palgrave Macmillan.

HORÁK, P. (2016). The Image of Paganism in the Age of Reason: From Idolatry towards a Secular Concept of Polytheism. *Pomegranate*, vol. 18, n. 2, p. 125-149.

SMITH, J. (2008). "Religion, Religions, Religious". In: TAYLOR, M.C. (org.). *Critical terms for religious studies.* Chicago: University of Chicago Press, p. 269-284.

______ (1987). "Polytheism: Degeneration or Progress?" In: SCHMIDT, F. *The inconceivable polytheism*: studies in religious historiography. Londres: Harwood Academic, p. 9-60.

Igreja

Até meados do século passado, investigar e escrever sobre a história da Igreja demandava sólido conhecimento filológico e de crítica textual por parte dos eruditos e, com frequência, noções do direito e, sobretudo, da teologia. Ademais, os principais autores se notabilizavam pela publicação de traduções e edições críticas e, especialmente, de manuais autorais. Fruto do manejo extensivo de ampla base documental, estas obras tendiam a indicar um desenvolvimento unívoco, quase reto, no qual dissensões e objeções à Igreja eram vistas, por regra, como desvios à afirmação institucional do papado, dos concílios ou das ordens religiosas.

Deste modo, a história institucional eclesiástica era articulada a contextos específicos, por vezes não isentos de controvérsias, como o da passagem do cristianismo dito "primitivo" ao "constantiniano", o chamado Renascimento Carolíngio e a "Reforma Gregoriana", sob a liderança de "grandes figuras", nomeadamente os bispos dos principais centros cristãos. Destaca-se ainda que a interpretação histórica era usualmente teleológica, linear e comprometida com o juízo emanado de documentação abordada sob ótica religiosa.

Não obstante, nas últimas décadas diversas contribuições historiográficas permitiram, gradualmente, repensar a Igreja, sobretudo no que diz respeito ao período medieval. Em conjunto, tais pesquisas passaram a oferecer interpretações alternativas que contestam, ao menos em parte, a perspectiva tradicional e apologética.

Vinculados às premissas dos *Annales* e ao surgimento ou renovação dos estudos políticos, culturais e da arte, estas investigações foram igualmente influenciadas pela chamada "virada linguística", e por contribuições da antropologia, sociologia e arqueologia, dentre outras. Além disso, frente aos debates em ebulição desde os anos de 1960 e à adesão de historiadoras ao estudo da Igreja, novos protagonistas até então negligenciados, como mulheres, camponeses e leprosos, foram valorizados e velhos conhecidos, como homens santos, judeus, pagãos e hereges, foram considerados sob um novo olhar. Igualmente, dilatou-se o horizonte temático tradicional, com a exploração de assuntos como corpo, sexualidade e gênero, e a rediscussão de temas como santidade e piedade popular, bem como violência comunitária, para além do contexto da Inquisição e das Cruzadas.

O giro metodológico também se expressou de duas formas: por um lado, com a aproximação de suportes da cultura material e a expansão do *corpus* textual analisado, com destaque para a relevância assumida pelas hagiografias. Por outro, considerando a própria documentação textual, verificou-se o crescente interesse por aspectos como autoria, datação, público-alvo e circulação, que deram uma nova dimensão interpretativa à história.

Em linhas gerais, passou-se a atribuir maior importância às "periferias", aos centros alternativos de poder eclesiástico e aos âmbitos regionais e locais do(s) cristianismo(s). Nestes termos, mesmo as relações entre cristãos e grupos mono e politeístas passaram a ser reexaminadas. Contestou-se as limitações interpretativas de uma história da Igreja construída em períodos específicos de intensa transformação, dando-se maior atenção à perspectiva processual.

Em suma, tais mudanças incidiram na escrita da história da Igreja. Com efeito, os referidos manuais autorais passaram a dividir espaço com análises detidas em contextos e *corpora* mais específicos: isto se deve tanto às novas demandas metodológicas que envolvem os diferentes documentos quanto à maior diversidade temática e redefinições conceituais, antes ressaltadas.

Estas análises foram gradativamente apresentadas em artigos e obras coletivas. Convém sublinhar que os enfoques destas últimas hoje variam menos em função da periodização e região abarcadas, e mais pela temática e documentação elencada. Em que pese a relevância de tais análises na renovação dos estudos históricos, o sucesso editorial das obras coletivas revela uma dupla dificuldade da área: relacionar a história da Igreja à periodização tradicional do Ocidente, da Antiguidade à Contemporaneidade e, em especial, produzir sínteses capazes de reunir as demandas atuais de modo crítico e profundo.

Uma vez reconhecidos os desafios e as potencialidades que abarcam o "estado da questão" historiográfico, passamos às linhas gerais da dinâmica institucional da Igreja, centrada no Ocidente medieval e estendida até a Idade Média Central (séc. XI-XIII), quando se firmam as bases de atuação do papado.

Embora os estudiosos das chamadas comunidades paleocristãs se deparem com especificidades analíticas e metodológicas nem sempre compartilhadas com os medievalistas, reconhece-se que estas comunidades se caracterizavam por marcante diversidade litúrgica, disciplinar e escriturística, particularmente no que concerne aos evangelhos.

Provenientes das cidades do Mediterrâneo Oriental, tais comunidades se destacavam também pela proeminência de profetas, anciãos e professores, e pela considerável influência feminina no sacerdócio cristão. Ao que parece, epíscopos e presbíteros possuíam relevância secundária, e somente aos poucos os primeiros passaram a acumular funções pastorais e rituais que ultrapassavam suas atribuições iniciais como gestores das provisões.

Ainda que seja exagerado atribuir um peso decisivo ao século IV, este momento é marcado por importantes mudanças nos rumos eclesiásticos. Para além da crescente adesão das províncias ocidentais e, ao menos parcialmente, de populações campesinas ao cristianismo, aos poucos os bispos se afirmaram como lideranças políticas e sociais citadinas.

Sob a chancela e as benesses legais e fiscais concedidas por Constantino e muitos de seus sucessores, os bispos foram reconhecidos como porta-vozes das comunidades cristãs, assumindo atribuições públicas tão variadas quanto a cunhagem monetária, a construção de edifícios, e a defesa e diplomacia das cidades.

Em linhas gerais, embora tenham ocasionado alguma instabilidade, as migrações e o assentamento dos "bárbaros" não alteraram estruturalmente as relações entre autoridades seculares e episcopado delineadas desde Constantino. Após décadas iniciais de relativa convulsão na definição dos limites territoriais das dioceses, de interferência em processos eletivos e de exílio de bispos adversários, as elites eclesiásticas entraram em acordo com os novos soberanos: amiúde, tais alianças se firmaram com a conversão dos monarcas ao credo niceno, associada à convocação régia de concílios "nacionais", como os de Orleans (511), Braga (561/572) e Toledo (589).

Em paralelo à afirmação política do episcopado, o monasticismo se estabeleceu no Ocidente, sobretudo em áreas rurais. Tal cenário político-eclesiástico se manteve até meados do século VIII, com a chegada dos carolíngios ao poder no reino franco.

Estes buscavam garantir principalmente legitimidade política e religiosa a sua linhagem e contar com a *expertise* clerical nos esforços intelectuais e administrativos, reunidos no que ficou conhecido como Renascimento Carolíngio. Por sua vez, o episcopado gálico e sucessivos bispos de Roma se beneficiaram do empenho pela uniformização litúrgica e curricular, pela ocupação de boa parte dos quadros burocráticos, por eventuais doações e pela sucessiva fundação de mosteiros. Estes geralmente acompanharam as áreas de expansão carolíngia no centro-norte europeu, com frequência seguindo a vertente beneditina propagada pela sede romana.

Diversos pesquisadores consideram adequado situar neste contexto o esboço do que seria o "papado" da Idade Média Central, já que, além das mencionadas vantagens recém-adquiridas, os bispos de Roma obtiveram dos carolíngios o chamado "Patrimônio de Pedro". Este correspondia aos territórios centrais da Península Itálica, ao redor de Roma e, até então, sujeitos à ingerência de bizantinos e lombardos.

Tal proeminência, entretanto, não se deu sem problemas. As tensões entre os carolíngios e os representantes da sede romana se delineavam desde que a notória "Doação de Constantino" (*c.* 750) passou a ser divulgada pelo clero: por esta se supunha que o referido imperador garantia o legado da parte ocidental do *Imperium* aos bispos de Roma.

O que estava em jogo era a primazia imperial ou papal nos assuntos religiosos, uma vez que ambos se proclamavam como porta-vozes dos interesses "universais" da Ocidente cristão. Tal disputa se acirrou no século X, protagonizada não mais pelos carolíngios, mas pelo Sacro Império Romano-Germânico, que reivindicava o título imperial, desde a fragmentação do território franco. Seus governantes eram acusados pelo papado de crescente interferência na nomeação de bispos em seus domínios. Esta denúncia se somava a outras que criticavam a corrupção e o relaxamento moral por parte dos clérigos e foram propagadas por leigos e mesmo por religiosos, caso dos membros da recém-fundada Ordem de Cluny, promovendo uma reação que se convencionou chamar de "Reforma Gregoriana".

Sobre tal expressão, há que se atentar a dois aspectos fundamentais: esta etapa histórica da Igreja se desenvolveu em meio às transformações políticas e socioeconômicas da Idade Média Central (séc. XI-XIII), relativas à expansão da atividade comercial e urbana e ao despontar de outras instâncias de poder, como as comunas, a cavalaria e as ordens militares, as universidades, as ordens mendicantes e afins.

O processo de centralização política e institucional conduzido pela sede romana desde meados do século XI, culminante no que muitos consideram uma "Teocracia Papal" nas primeiras décadas do século XIII, envolveu duas tendências bem marcadas. Por um lado, buscou superar a crítica à moral clerical e, por outro, ampliou significativamente o conjunto de medidas administrativas, jurídicas, disciplinares e litúrgicas que, dado o seu impacto, conferiram os contornos para a noção historiográfica de "reforma".

Pode-se dizer que as primeiras medidas visavam vedar a influência imperial na indicação dos bispos e, sobretudo, dos papas. Desta forma, somada às disputas ferrenhas pela prerrogativa da investidura – que ocasionaram episódios de mútua excomunhão –, o papado estabeleceu o colégio de cardeais, responsável por apontar o sucessor papal, em um procedimento eletivo gradativamente incrementado e que ficou conhecido como conclave.

Além disso, a Cúria Romana se empenhou na organização de suas bases administrativas, diplomáticas, jurídicas e fiscais. Para tal, contou com o apoio das *Artes* do Direito e, sobretudo, da Teologia, propagadas nas universidades dos grandes centros urbanos. Além da reorganização das finanças, a burocracia sistematizou e revisou disposições de decretos e cânones conciliares precedentes, e sua chancelaria se preocupou em cunhar e monopolizar expressões jurídicas, como a substituição de *Vigário de Cristo* por *Vigário de Deus*. Estas serviriam para indicar a proeminência da Sede Romana, em correspondências enviadas a outras sedes, a monarcas e, em especial, aos representantes do Sacro Império.

Ao reivindicar a exclusividade no controle das heresias, a atuação papal se associou ao estabelecimento do Tribunal do Santo Ofício, o que lhe conferiu ainda mais legitimidade na construção de um discurso de distinção frente ao poder temporal. Muitos historiadores associaram as crescentes denúncias de heresia ao fortalecimento institucional da Inquisição e à tentativa de subjugar as diversas dissidências que se opunham aos propósitos do papado. Essa assertiva deve ser tomada com alguma cautela, já que tais propósitos estiveram em disputa e, como dito, as decisões papais não foram isentas de contradições e mudanças súbitas.

Temas como a busca do controle pelos processos de canonização e a normatização disciplinar e litúrgica de clérigos procurando distingui-los de laicos receberam atenção em sucessivas bulas papais e, sobretudo, nos concílios de Latrão. Celebradas entre 1123 e 1215, as quatro assembleias expressaram a apoteose da Sede Romana. Nelas, por exemplo, foram normatizados o casamento e a confissão e severas restrições foram impostas a grupos marginalizados pelos cristãos, como judeus, leprosos e hereges.

Por fim, cabe destacar a relevância das Cruzadas no processo de afirmação do papado. Dentre os diversos aspectos que se associaram à eclosão destas expedições, destacam-se o empenho eclesiástico pela "domesticação" da atividade guerreira, bem como o fato de a convocação à Primeira Cruzada em 1096 pelo Papa Urbano II ser, ela própria, um *tour de force* das aspirações romanas.

Neste sentido, é correto assumir que no século XIII a Igreja e, sobretudo, o papado, estavam associados às forças tradicionais e às ascendentes na Idade Média Central. Contudo, tais articulações eram frequentemente tensionadas e passariam a ser colocadas à prova nos séculos de "crise" feudal.

Leila Rodrigues da Silva
Paulo Duarte Silva

Ver também Cristianismo antigo; Igreja irlandesa; Igreja Ortodoxa oriental; Igrejas: arquitetura e arte; Jesus Cristo; História das religiões.

AMES, C. (2012). Medieval religious, religions, religion. *History Compass*, vol. 10, n. 4, p. 334-352.

BROWN, P. (1999). *A ascensão do cristianismo no Ocidente*. Lisboa: Presença [orig. de 1996].

LE BRAS, G. (1976). *Histoire du Droit et des institutions de l'Eglise en Occident*. Paris: Cujas.

MITRE FERNÁNDEZ, E. (2003). *La Iglesia en la Edad Media*. Madri: Síntesis.

The Cambridge History of Christianity. Cambridge: Cambridge University 2006 [9 vols.].

ULLMANN, W. (1972). *A short history of the Papacy in the Middle Ages*. Londres: Methuen.

VAN ENGEN, J. (2002). The future of Medieval Church History. *Church History*, vol. 71, n. 3, p. 492-522.

VAUCHEZ, A. (2013). *Cristianismo*: Dicionário dos Tempos, dos Lugares e das Figuras. São Paulo: Forense Universitária.

Igreja irlandesa

As bases da Igreja irlandesa se encontram já no início da conversão da ilha ao cristianismo por volta do século V. Nesse momento é possível encontrar as primeiras disputas territoriais e de modelos a serem instrumentalizados nos séculos seguintes de maneira a formalizar a vivência cristã na ilha. Sua história, bem como suas reformas, está intimamente ligada com a história irlandesa, e compreender como ela se estrutura aos poucos durante os séculos da Idade Média europeia é a chave de entendimento para a própria compreensão da sociedade irlandesa da época e dos séculos seguintes.

É necessário compreender que antes de se cristianizar, a Irlanda era um território de domínio gaélico com estruturas políticas, sociais e religiosas seguindo este padrão. Seu isolamento da influência romana durante a Antiguidade tardia foi responsável pela afirmação da estrutura gaélica no território e o enorme poder que gozavam suas tradições, bem como a estrutura política tribal dos *Túaths*.

Os reis dessas comunidades gaélicas inicialmente não apoiaram a Igreja em seu início, mesmo com o sucesso da conversão das primeiras comunidades irlandesas já no século V por figuras como Paládio ou mesmo Patrício. No entanto, essa posição foi mudando a partir do momento que as comunidades gaélicas passaram a nutrir certo respeito pela existência de uma classe intelectual cristã e, gradativamente, quando membros da nobreza gaélica passaram a se converter ao cristianismo.

Este fator de conversão foi preponderante para a disseminação do cristianismo na ilha, seu amálgama com as tradições gaélicas preexistentes e o sucesso cultural do cristianismo junto ao mundo da vida hibérnico. Esse processo não apenas fortaleceu o cristianismo irlandês como um todo, mas garantiu que as comunidades religiosas, formadas em geral por monges isolados, passassem por um momento de expansão territorial, unindo-se em paróquias interligadas pelos seus próprios laços de fundação.

Neste processo, nos primeiros três séculos de formação da Igreja irlandesa, se observa o desenvolvimento de um padrão intelectual extremamente alto para a época, principalmente no tocante ao trabalho copista, ao uso da caligrafia e da compilação de textos, do trabalho em metal, de esculturas, bem como o desenvolvimento proverbial dos estudos latinos e da própria exegese cristã. Os textos penitenciais e atos de confissão são marcas desse desenvolvimento cultural praticado pelos monges irlandeses e podem ser comprovados não apenas pelo registro textual irlandês, mas na interação destes religiosos hibérnicos com as diferentes comunidades religiosas no continente.

Este desenvolvimento comprova que a Igreja irlandesa estava plenamente conectada com a cultura irlandesa, mas também fora dela. A prática da *peregrinatio* dinamizava e integrava o cristianismo como um todo dentro da ilha, mas também fortalecia, por meio da peregrinação, seus laços emocionais com Roma e outras tradições cristãs continentais. É relevante então compreender que para a Igreja irlandesa desse período não existia uma diferenciação de sua Igreja para com o mundo, mesmo que suas práticas internas estivessem intimamente ligadas com a própria vivência cultural gaélica da ilha.

No século VIII a Igreja irlandesa está plenamente consolidada na estrutura social irlandesa. A secularização da Igreja irlandesa parece um processo irreversível e paróquias estão intimamente ligadas a estruturas de poder familiar das comunidades gaélicas. É possível perceber que a Paróquia de Armagh, por exemplo, ganha proeminência sobre as demais e o culto a Patrício passa a ser utilizado com intenção política clara por sua centralidade.

Um paralelo pode ser traçado sobre a estrutura política daquele momento e da mesma forma que reis do clã Uí Néill eram considerados individualmente os reis mais poderosos da Irlanda na época; apesar de não serem os reis legitimados de toda a ilha, os bispos de Armagh exerciam estratégia política similar em sua negociação política paroquial. Afinal, os próprios abades vinham também de famílias nobres e as estratégias se mesclavam. E talvez seja por isso que neste momento a primeira grande reforma irlandesa ocorre em resposta ao processo de secularização.

As disputas de poder em meio às disputas de poder familiar sobre a paróquia forçam um movimento de reforma conhecido como *Céli Dé*. Este movimento identificado na língua gaélica como "servos de Deus" ou simplesmente os "clérigos verdadeiros" (*fircleirigh*), buscavam a sua própria maneira a rejeição da participação mundana dos clérigos, com ênfase na piedade individual e no isolamento, uma reação direta à secularização da Igreja irlandesa.

As raízes da reforma encontram-se ao sul da ilha, na região de Munster, e a partir dali expandindo-se por diferentes partes da Irlanda. Os monges passam a formar mosteiros isolados para facilitar a prática da fé, devotando suas vidas ao trabalho braçal, à pobreza e castidade, bem como um controle total sobre seu estilo de vida a partir de uma dieta rígida e cânticos motivacionais.

Essa reação e primeira reforma, entretanto, não fez parar o processo de secularização da Igreja irlandesa que continuará gradualmente durante toda a Era Viking na Irlanda. Vale lembrar que a Irlanda da Era Viking foi um momento de grande inflexão na cultura monástica irlandesa, em que os relatos feitos pelos monges criaram toda uma narrativa de horror sobre ela.

Claro que os ataques vikings eram temidos por interromper de maneira abrupta o cotidiano da vida monástica irlandesa; mas, no entanto, a historiografia recente indica que possivelmente estes ataques não eram tão devastadores quanto a narrativa cristã demonstra, equiparando-os aos demais perigos da vida medieval à época.

Para além disso, após o século XI, pode-se perceber que os monastérios continuam como grandes centros de produção e divulgação intelectual na Irlanda e que, pelas conexões maritais, as comunidades escandinavas se misturaram à vida irlandesa e consequentemente se cristianizaram também.

A grande reforma e modificação da estrutura eclesiástica irlandesa ocorre, no entanto, ao longo do século XI e XII, quando o contato com a Inglaterra e com demais comunidades no continente se intensifica e em 1152 ocorre o Sínodo de Kells. Este movimento promove uma robusta reforma em toda a base da Igreja irlandesa de maneira a defini-la nos termos mais ou menos próximos ao que poderia ser visto em épocas modernas.

Por meio dessas reformas algumas modificações foram observadas, como a criação de dioceses locais que se seguiram a construção de catedrais em pedra, o acerto com a Igreja continental em suas práticas e estratégias de atuação (algo que a peculiaridade gaélica da estrutura eclesiástica irlandesa havia negligenciado) e também uma continuidade de reformas menores e gradativas que visavam adequar a preponderante base monástica irlandesa ao novo modelo e que vai durar até a dominação inglesa do território irlandês.

Com o avanço da dominação inglesa e ao longo do século XIII, XIV e XV, ocorre um processo crescente dos bispados que se subdividem em paróquias cada vez mais fragmentadas em um modelo que permanece consistente até o século XIX. Nesse mesmo período ordens mendicantes vão aparecendo em território irlandês e franciscanos e dominicanos são notoriamente percebidos em suas atividades religiosas pela ilha.

Nesse mesmo período as áreas de dominação inglesa passam a agir de maneira diferente das áreas de predomínio gaélico, não apenas na prática religiosa, mas sobretudo na escolha de seus líderes. Além disso, muitas ordens religiosas passam a atuar no oeste gaélico irlandês e, com a Reforma Anglicana de Henrique VIII, grande parte destes mosteiros não foram afetados pela ação reformista que previa a dissolução das comunidades papais nas áreas de domínio inglês. Esta característica fez com que mesmo com a formação da Igreja da Irlanda ligada ao ato de supremacia inglês, as comunidades religiosas irlandesas mantivessem sua atividade contínua e a vivência religiosa católica oriunda de intercâmbios continentais e de ações promovidas pela contrarreforma católica.

Com a divisão das Igrejas causada pela Reforma Anglicana, a vivência da Igreja irlandesa de matriz católica se modifica e entra em um novo momento a partir do século XVII. A Igreja se mantinha por meio de uma relação ambígua de subserviência política com a coroa e lideranças católicas contrárias ao poder monárquico estabelecido. Após o levante de 1798 a Igreja irlandesa acaba por se encontrar imersa nas contendas de sua própria comunidade, que cada vez mais crescia e se voltava para o nacionalismo típico do século XIX.

Durante o século XIX inclusive a Igreja se vê cada vez mais próxima do Estado, seja pela promoção da educação ou pela vontade de suas próprias paróquias. A politização da Igreja seguia a dos fiéis em grande parte com certa autonomia, principalmente depois dos movimentos de comunidades católicas de Daniel O'Connell e o crescente *modus vivendi* irlandês católico direcionando-se ao nacionalismo, mesmo que muitas lideranças da Igreja não aprovassem.

Os movimentos independentistas que criaram o Estado livre irlandês em 1922 também formaram grande pressão sobre a relação entre o Estado irlandês e a Igreja. Afinal, mesmo constitucionalmente neutro no aspecto religioso, o recém-criado Estado livre irlandês precisava de apoio institucional e claramente adotou uma identidade católica em sua afirmação republicana na parte sul da ilha. Esse movimento político acabou relegando aos católicos do norte da ilha a uma vida civil de segunda classe e um crescente radicalismo político polarizado que resultou em grande parte da motivação armamentista do conflito norte-irlandês dos anos de 1970.

No entanto, já nos anos de 1950 e 1960 a Igreja teve suas relações com o Estado irlandês abaladas pelas decisões econômicas do país em seu alinhamento a tendências liberais. A Igreja adota um posicionamento cada vez mais fechado em resposta, redirecionando seu posicionamento com certas questões sociais e provocando a erosão de sua influência quase plena sobre as decisões políticas de seus fiéis. É com este quadro que a Igreja irlandesa adentra o século XXI, com muitos desafios e poucas propostas de inserção na vida das comunidades irlandesas cada vez mais alinhadas com agendas progressistas e emancipatórias bem diferentes das diretrizes papais mais ortodoxas.

Erick Carvalho de Mello

Ver também Cristianismo antigo; Igreja Ortodoxa oriental; Igrejas: arquitetura e arte; Jesus Cristo; História das religiões.

CONNOLLY, S.J. (1998). *The Oxford Companion to Irish History*. Oxford: Oxford University Press.

ENGLISH, R. (2006). *Irish Freedom*: The History of nationalism in Ireland. Londres.

NICHOLLS, K.W. (2003). *Gaelic and Gaelicized Ireland in the Middle Ages*. Dublin.

O' FIAICH, T. (2011). "The Beginnings of Christianity: 5th and 6th centuries". In: MARTIN, F.X. & MOODY, T.W. (orgs.). *The Course of Irish History*. Cork.

RICHTER, M. (1988). *Medieval Ireland*: The Enduring Tradition. Dublin.

Igreja Ortodoxa oriental

Conceito básicos – Não confundir com "Igrejas Ortodoxas orientais". Com esta última denominação se designa a todas as áreas cristãs que se separaram da Igreja como consequência de sua rejeição da teologia resultante do Concílio Ecumênico de Calcedônia no ano 451. Em troca, a "Igreja Ortodoxa oriental", também conhecida simplesmente como "Igreja apostólica ortodoxa", engloba ao conjunto de igrejas bizantinas que se separaram de Roma no conhecido "Cisma do Oriente" no ano 1054.

O termo "ortodoxa" procede da palavra grega "*orthódoxos*", "de fé reta ou correta". O epíteto "apostólica" se refere ao que se considera descendente dos doze apóstolos, os primeiros discípulos de Cristo. Nesse sentido, com a progressiva desaparição dos apóstolos, os bispos se converteram nos mantenedores da palavra evangélica e do testemunho dos discípulos diretos de Cristo. Estabelecendo assim um princípio de continuidade, os bispos passaram a ser elementos essenciais na transmissão da Palavra de Deus. Assim se constituiu a denominada "sucessão apostólica".

Organização e funcionamento – Ocupando o bispo o lugar mais alto dentro da hierarquia eclesiástica, sem dúvida, sua figura não se entende sem um papel como mestre e predicador. Da mesma forma, é impossível dissociar de sua função litúrgica dentro da comunidade que pertence. Se o funcionamento da Igreja bizantina está intimamente unido ao episcopado, é principalmente porque este preside a "divina liturgia" (a missa). Portanto, o bispo não pode ter um papel mais central, servindo ele mesmo como intermediário entre a fé professada e o rito celebrado.

Se a eclesiologia ortodoxa baseia a sua resposta à questão do que é a Igreja no episcopado e a liturgia, é porque está reconhecendo a diocese como a rede fundamental que sustenta a toda a sua organização e sobre a que toda a comunidade dos crentes está representada. A diocese é a divisão administrativa situada abaixo da autoridade de um bispo. E um conjunto de dioceses forma uma "igreja local". Assim, todas as dioceses ortodoxas da Grécia formam a Igreja da Grécia e a reunião de todos os bispos de uma Igreja forma um sínodo.

Além dos bispos, o outro pilar do funcionamento da Igreja Ortodoxa é a "sinodalidade" ou "conciliaridade", que se manifesta na reunião de todos os bispos de um concílio, especialmente se este é de caráter ecumênico. Este último termo tem que ser compreendido em seu sentido original grego "universal". Concebido os concílios como assembleias eucarísticas, a sinodalidade ou conciliaridade reflete o consenso dos hierarcas sobre questões de fé ou de organização da Igreja. Assim, no I Concílio Ecumênico de Niceia, celebrado no ano 325 por iniciativa do Imperador Constantino o Grande, se fixou o dogma da religião cristã na oração do Credo. Concretamente, assistiram mais de trezentos bispos procedentes tanto da Ásia Menor, Palestina e Egito como da Europa.

Portanto, o episcopado não era totalmente independente na tomada de decisões. Posto que um concílio, além de ser a manifestação da sinodalidade que inspira, não adquire uma verdadeira autoridade até que não seja recebido pelo corpo eclesiástico (clero e povo). Os concílios ecumênicos possuíam uma grande importância para o trabalho de definição da fé, mas também para a organização da Igreja. E é da experiência conciliar de onde surgiu o funcionamento institucional seguido até hoje pela Igreja Ortodoxa.

Liturgia, sínodos, concílios, todas essas reuniões criaram a necessidade de organizar-se e de estruturar-se ao redor de uma presidência. Da presidência da Eucaristia (*proestos*) vai se fundar e inspirar a presidência sinodal desenvolvendo um esquema administrativo para organizar o funcionamento da Igreja. A criação de uma pentarquia composta por cinco patriarcas históricos (por ordem de precedência: Roma, Constantinopla, Alexandria, Antioquia e Jerusalém) forma a base organizativa, quer dizer, canônica, da Igreja Ortodoxa no que diz respeito às decisões dos concílios ecumênicos, em particular o de Calcedônia de 451. Cada patriarcado engloba a um conjunto de dioceses com outros bispos, arcebispos e metropolitas em sua chefia. As sedes patriarcais correspondem com as quatro cidades mais importantes do Império Romano (Jerusalém se adicionou devido a sua relação especial com os acontecimentos da paixão e morte de Cristo).

A tradição bizantina sempre tem estado vinculada a esta forma de organização. Foi comum ao Oriente e Ocidente até que em 1054 a instituição da pentarquia se deu por terminada bruscamente com a ruptura da comunhão com Roma por parte de Constantinopla, no que foi chamado de o Cisma do Oriente. Sem dúvida, a ortodoxia reconhece até hoje a sede de Roma com uma certa honra, ainda que negando-lhe a sua autoridade universal. Esta última colocaria em questão a integridade inteira do episcopado.

A pentarquia se converteu no modelo das chamadas "autocefalias" locais dentro da Igreja Ortodoxa, quer dizer, das igrejas nacionais independentes. A primeira em ser reconhecida foi a de Chipre, que obteve o título de Igreja autocéfala no Concílio Ecumênico de Éfeso em 431, a partir do qual seguiram um grande número de autocefalias, sobretudo as missões evangelizadoras bizantinas do século IX.

Após a queda de Constantinopla em 1453 e depois de centenas de anos debaixo do domínio turco-otomano, o funcionamento da Igreja Ortodoxa havia se centralizado fortemente em torno do patriarcado de Constantinopla. Paralelamente, a Igreja autocéfala russa, fundada após o reconhecimento em 1585 do metropolitano Job como o primeiro "patriarca de Moscou e de toda a Rus'" pelo patriarca ecumênico de Constantinopla, acabou submetida ao poder político do Estado, no que culminou com a substituição da figura do patriarca por um santo sínodo em 1721 pelo czar Pedro o Grande.

Em um contexto completamente diferente, entre finais do século XIX e metade do século XX se viveu um novo auge da autocefalia. A ascensão dos nacionalismos nos Bálcãs e as sucessivas independências nacionais dentro do Império Otomano fez com que as aspirações dos novos estados-nações passassem também por igrejas nacionais autocéfalas. Desta forma, a proclamação sucessiva da autocefalia das igrejas da Sérvia (1879), da Romênia (1885) e de muitas outras até o final da Segunda Guerra Mundial, fosse um sintoma do fenômeno de secularização nos países ortodoxos.

A proclamação da autocefalia por parte de uma Igreja nacional, por regra geral lhe segue um período de cisma com sua Igreja mãe, após o qual pode ser reconhecida oficialmente. Em princípio, todas as igrejas autocéfalas estão em comunhão entre si com o patriarcado ecumênico de Constantinopla, exceto em ocasiões extraordinárias. Este é o caso na atualidade da Igreja Ortodoxa Russa, que em outubro de 2018 rompeu relações com o patriarcado de Constantinopla depois de que este reconheceu a autocefalia da Igreja Ortodoxa Ucraniana. Esta havia sido proclamada desde a independência do país após a queda da União Soviética em 1991, sem ser reconhecida pelo patriarcado de Moscou, mais do que como uma Igreja autônoma sob sua autoridade.

Por último, o funcionamento da Igreja Ortodoxa não pode ser entendido sem falar do monasticismo. De fato, a regra requer que o episcopado ortodoxo proceda de origem monástica. Herdeiros dos anacoretas e eremitas cristãos que se retiraram aos desertos do Egito no século IV, distingue-se por seu radicalismo, sinal de uma total consagração a Deus, substituindo o martírio do sangue pelo do autossacrifício. Estar no mundo sem ser do mundo, esse foi o programa iniciado pelas primeiras comunidades cristãs, retomado e reproduzido pelo monasticismo ortodoxo.

O monasticismo floresceu especialmente na Palestina com o monastério de São Sabas (fundado no séc. V), ou no Egito com o monastério de Santa Catarina no Monte Sinai (fundado no séc. VI), assim como em Constantinopla com o de Studion criado por São Teodoro Estudita (759-826). Também se criaram outros grandes centros monásticos, sendo o mais característico e emblemático de todos o Monte Atos, que segue sendo até hoje o símbolo de uma tradição milenarista. Entretanto, este esteve em maior relevância com o movimento místico hesicasta que se desenvolveu ali a partir do século XIV. O movimento hesicasta (do grego *hesychia*: "paz ou silêncio interior"), através de seu fundador Gregório Palamas (1296-1359), afirma a realidade da experiência de Deus na oração e na contemplação.

Dogma – Este assunto mereceria muito mais espaço, porém nos referiremos unicamente às diferenças teológicas que deram lugar ao Cisma do Oriente de 1054. Estas se baseiam na disputa do *Filioque*, que se refere à noção da Trindade e concretamente a procedência de uma das três pessoas, o Espírito Santo, que para os ortodoxos procederia única e exclusivamente do Pai, se bem que para os católicos procede tanto do Pai quanto do Filho.

Esta divergência surgiu com motivo da introdução da fórmula *Filioque* ("e do filho" em latim) na oração do Credo que foi criada no Concílio de Niceia de 325 e que fundamentou as bases do dogma cristão. Com o passar dos séculos esta fórmula que estava ausente da oração original foi introduzida no reino visigodo da Península Ibérica, sendo posteriormente adotada pelo Império Carolíngio e finalmente pelo papado de Roma. Não é assim que a Igreja de Constantinopla, que no século IX já protagonizava um precedente do cisma nas figuras do Patriarca Fócio e no Papa Nicolau I, que se excomungam mutuamente entre 863 e 867. Nessa ocasião, ainda que os motivos oficiais fossem as discrepâncias teológicas pelo *Filioque*, havia que buscar as causas reais da rivalidade crescente entre Roma e Constantinopla motivada pela crise do modelo da Pentarquia e pela disputa da jurisdição de ambas as sedes sobre os territórios ocupados por distintos povos eslavos que foram objeto de missões evangelizadoras durante esse século (Grande Morávia, Bulgária).

Enrique Santos Marinas

Ver também Baba Yaga; Cristianização da Rússia; Cristianização dos eslavos; Igreja; História das religiões; Mitologia eslava.

DUCELLIER, A. (1992). *Bizancio y el mundo ortodoxo*. Madri: Biblioteca Mondadori.

DVORNIK, F. (1926). *Les Slaves, Byzance et Rome au IXe siècle*. Paris: Champion [reimpr. 1970].

GARZANITI, M. (2014). *Gli slavi* - Storia, culture e lingue dalle origini ai nostri giorni. Roma: Carocci.

KAZHDAN, A.P. (1991). *The Oxford Dictionary of Byzantium*. 3 vols. Nova York: Oxford University Press.

Igrejas: arquitetura e arte

No contexto da formação inicial do cristianismo, entre os séculos IV e VIII, diversos espaços foram se constituindo como referenciais voltados para a religião que se consolidava. Assim, em um primeiro momento, as casas dos fiéis eram utilizadas como *locus* de reuniões, até posteriormente se deslocar para espaços nos quais poderiam mostrar de forma mais explícita e especializada os instrumentos da salvação característicos da nova religião, tais como a Eucaristia e o Batismo. Gradativamente, portanto, os espaços sagrados do cristianismo foram sendo constituídos, dentre os quais podemos citar os locais de peregrinação, os locais onde estavam alocadas as relíquias sagradas, os túmulos dos santos, as igrejas, os batistérios, entre outros. Ocorreu, portanto, desde o começo do cristianismo, uma multiplicação dos lugares de culto e, dentre eles, o âmbito das igrejas foram os principais. Além disso, foram as igrejas medievais que serviram como principal *locus* de desenvolvimento visual e arquitetônico do Ocidente medieval, de modo que há uma relação intrínseca entre as manifestações visuais e arquitetônicas e as propostas de divulgação da mensagem e da espiritualidade cristãs entre os séculos X e XIV.

Durante a história do Ocidente medieval, diversos estilos arquitetônicos e visuais se manifestaram nas construções e imagens: ostrogodo, lombardo, anglo-saxão, visigodo, islâmico, bizantino, carolíngio, entre outros. Entretanto, os dois estilos que mais se manifestaram de forma global foram o românico, entre os séculos XI-XII, e o gótico, entre os séculos XIII-XIV. O românico é considerado como o primeiro estilo que surgiu após o final do Império Romano a apresentar características comuns a todo o Ocidente medieval. Já o gótico surgiu em um momento no qual a Cristandade já estava unificada territorialmente, principalmente contra os inimigos externos. De todas as formas, os dois estilos surgiram em contextos nos quais havia uma unicidade territorial e vinculada à noção de Cristandade.

"As pinturas são a leitura daqueles que não sabem ler". Com estas palavras, São Gregório Magno, por volta do ano 600, resumiu sucintamente a função das imagens no âmbito religioso do Medievo. De todos os modos, deve-se ressaltar o aspecto amplo do termo "imagem", cuja origem vem do latim, "*imago*", que se refere a uma noção que remete não somente aos objetos figurados, mas também às imagens das metáforas e das obras literárias. As imagens medievais obedeciam a um contexto de interpretação fixa, ou seja, os homens e as mulheres medievais deveriam observar e interpretar o que a imagem apresentava. Jean-Claude Schmitt, ao apresentar seus estudos sobre o simbolismo das imagens medievais, comenta que toda imagem elaborada no contexto do cristianismo aparenta ser uma epifania, ou seja, uma manifestação divina, além do fato de a imagem medieval presentificar o invisível no visível. Ainda de acordo com Schmitt, as imagens medievais apresentam uma tripla função: lembram a história sagrada, suscitam o arrependimento dos pecadores e instruem os iletrados. Para os patrocinadores destas imagens, ou seja, aqueles que pagavam pela preparação das mesmas, suas funções iam além, pois era também uma forma de cumprir o contrato feito com Deus através do gasto para a feitura da obra, uma vez que se gastava somas consideráveis de dinheiro para comprar os materiais, o pagamento dos pintores, escultores etc. Assim, de acordo com Georges Duby "aquilo a que chamamos arte [...] não tinha outra função que a de oferecer a Deus as riquezas do mundo visível [...] toda a grande arte era então sacrifício". Nas ações e comportamentos de homens e mulheres medievais, a obra a ser feita tornava-se digna de Deus, pois era ao ser divino que ela se destinava. De fato, a Igreja, desde o começo do cristianismo, explorou ao máximo este caminho pedagógico, aproveitando diversos espaços do âmbito sagrado para apresentar imagens voltadas para o aprendizado bíblico dos fiéis. Em tais imagens, por exemplo, foram utilizados frequentemente histórias da Bíblia, assim como a ação de personagens bíblicos, como os santos. Por outro lado, não se pode esquecer a contextualização das representações visuais nas igrejas. Por exemplo, de acordo com Jacques Le Goff, a ideia de Deus na época carolíngia difere-se em relação à ideia de Deus dos séculos XII-XIII: no primeiro contexto citado, a expressão privilegiada nas representações visuais é a de Deus Pai, "um homem idoso, a um tempo diretor e protetor", representação que convinha às necessidades de uma sociedade que estava se constituindo lentamente e com muitas dificuldades; no segundo contexto, já temos uma ideia de Deus Filho, em uma posição entronizada, relacionando-se com o contexto político da época, no qual temos a existência de diversos reinos cristãos. Em relação às imagens elaboradas em um contexto religioso, deve ser observado que a ornamentação interior era muito escassa, embora fossem feitas representações visuais, como, por exemplo, a pintura românica na abside de San Climent de Taül (*c.* 1123), Catalunha, Espanha, hoje localizada no Museu Nacional d'Art de Catalunya. Estas representações foram feitas nos mais diferentes tipos de suportes, tais como vitrais, afrescos, iluminuras, miniaturas, tapeçaria, mosaicos, calendários, retábulos, marfim, entre outros.

Além dos aspectos visuais, os aspectos arquitetônicos também tiveram suas funções no contexto religioso medieval. E mais ainda: serviram como formas de externar o contexto de religiosidade de algumas fases do cristianismo. O românico foi o primeiro estilo arquitetônico amplo surgido após a queda do Império Romano a apresentar elementos e características comuns em todo o Ocidente medieval. As origens do românico estão vinculadas às reformas da vida religiosa dos séculos X e XI, surgidas em um contexto de tranquilidade no Ocidente medieval e quando o cristianismo ainda se apresentava como um "verniz" em quase todo território. Segundo Raul Glaber, esta arquitetura pode ser definida como monástica, uma vez que muitos arquitetos pertenciam ao monacato e porque foram os monges que difundiram essa característica arquitetônica pelo Ocidente medieval. Entretanto, o seu apogeu foi o século XII, coincidindo, portanto, com o contexto político do feudalismo. Algumas características do românico apresentam relações entre as funções religiosas e arquitetônicas, como, por exemplo, o fato de o mesmo ter sido patrocinado por uma iniciativa monástica; ter sido construído em um contexto no qual o panorama social do Medievo era rural e demonstrar em sua arquitetura uma relação com a espiritualidade monástica. De acordo com Garcia-Villoslada, o sistema arquitetônico românico representa "o espírito unitário, forte, harmônico e profundamente religioso" do contexto em questão, voltado para "a comunhão da mesma fé, da mesma liturgia e da mesma arte".

Na arquitetura românica, observamos a presença de muitos elementos que não somente foram novidade, mas também eram uma continuidade com o contexto romano. Por exemplo, as naves centrais e laterais já apareciam nas construções romanas. Já o transepto (transformando, portanto, a planta em um formato de cruz), a girola e as torres foram elementos surgidos no contexto do cristianismo. Em especial a girola, com as chamadas capelas ou absidiolos (local para abrigar as relíquias), pois o seu surgimento nas construções religiosas representou a influência do culto às relíquias sagradas na arquitetura monástica da época, construindo-se um local específico para a alocação das mesmas em um âmbito sagrado, além do fato de sua localização, um corredor que envolta a abside, facilitar aos fiéis a peregrinação e a visita as mesmas. Ainda internamente, a divisão espacial das igrejas românicas representou a divisão social entre clérigos e leigos, a qual se acentuou cada vez mais a partir do século IX no Ocidente medieval, com espaços reservados especificamente para estes dois grupos. Por exemplo, para os especialistas da religião cristã, estava reservada a abside e o cruzeiro (este geralmente para o clero), diferenciando-os de grande parte dos visitantes que estavam destinados a ocupar as naves (central e laterais). Outros elementos também devem ser destacados, como, por exemplo, as abóbadas (de berço e de aresta), os arcos de 180 graus ou também conhecidos como arcos romanos (presentes em diversas partes do edifício românico), o portal, o tímpano (local que serviu como espaço de representações visuais) e a rosácea, esta bem mais desenvolvida no contexto gótico. Em se tratando de uma construção monástica, o claustro se fazia presente como uma espécie de anexo, mas vinculado à arquitetura do edifício. Outros elementos também se fizeram presentes na arquitetura românica, como, por exemplo, as muralhas.

Outro estilo que se manifestou no Ocidente medieval a partir do começo do século XII com o auge entre os séculos XIII e XIV foi o gótico. O contexto no qual este estilo surgiu ou se desenvolveu foi o da definição da Cristandade, tanto interna (com o auge das realezas cristãs medievais) quanto externa (a presença da Igreja Ortodoxa Grega no Oriente e o contexto islâmico com as Cruzadas e a Reconquista). Portanto, o gótico surgiu em um contexto de unificação da Cristandade e sua identificação com o território do Ocidente medieval. Deve-se destacar também o contexto citadino pelo qual o Ocidente medieval passava, ou seja, cada vez mais ocorrendo uma concentração demográfica nos âmbitos das cidades, além das questões de manifestação da espiritualidade medieval voltadas para o evangelismo no mundo e para a recuperação dos ensinamentos e exemplos de Cristo. O epicentro do desenvolvimento do gótico é apontado por muitos autores como a região setentrional do reino francês, precisamente durante o século XII, e sua irrupção pelo território ocidental durante os séculos XIII e XIV. Devemos considerar também o aspecto demográfico, o qual, no contexto do gótico, apresentava-se distinto dos séculos do surgimento do românico, ou seja, um aumento populacional localizado principalmente nos núcleos urbanos. Ao contrário da arquitetura românica, a construção do gótico obedeceu a um patrocínio das realezas medieval, se bem que, em alguns casos, podemos encontrar exemplos de construções de catedrais realizadas com a ajuda popular, como no caso da Catedral de Santa Maria del Mar, em Barcelona.

Em relação aos elementos do gótico, muitos que observamos na arquitetura românica se mantiveram, tais como as naves centrais e laterais, o transepto (não sendo um elemento de presença obrigatória), a girola, as torres, a abside, o cruzeiro, as abóbodas, o tímpano e a rosácea (esta mais desenvolvida no contexto gótico, incluindo, p. ex., vitrais em suas constituições). Entretanto, alguns elementos foram incluídos como uma novidade neste estilo arquitetônico, como, por exemplo, os vitrais, o arco ogival, os arbotantes e os contrafortes de pedra. Em comparação com as construções românicas, as construções góticas eram mais elevadas, mais amplas internamente, obedecendo a questões de aumento demográfico, com construções que duravam décadas, com dimensões que asseguravam o seu excepcional prestígio, conforme destacado por Jacques Le Goff, com um destacado aspecto exterior e um grandioso aspecto interior. Além da extrema elevação, uma das diferenças em relação às construções românicas era que os edifícios góticos eram mais abertos, com uma ampla abertura espacial interna e iluminados, ao contrário da perspectiva românica, com uma construção mais fechada, delimitada, enclausurada. Daí a intensa presença de vitrais nestas construções, algo que irá permanecer, por exemplo, em muitas catedrais neogóticas que foram construídas nos séculos XIX e XX. Georges Duby define, inclusive, esta característica do gótico como uma ideia antirromânica elaborada por Suger no começo das construções góticas no território setentrional do reino francês do século XII. Neste sentido, visualmente o que mais se destaca como diferença dos dois estilos é a iluminação: "tratava-se acima de tudo de deixar penetrar a luz" na catedral gótica, segundo Alain Erlande-Brandenburg. Este foi um aspecto muito presente nas catedrais góticas medievais, tanto é que Georges Duby intitulou um dos capítulos do seu livro *O tempo das catedrais* como *Deus é luz*, conferindo ao contexto gótico uma criação mística e unitária da Cristandade: "era, portanto, necessário ainda que, desde o coro até a porta, a erupção luminosa pudesse difundir-se sem obstáculo por todo o espaço interior da igreja e que o edifício inteiro se tornasse assim símbolo da criação mística". Deve-se destacar alguns aspectos em relação ao pórtico ocidental, compreendido como um local de acolhida, onde muitas vezes a ideia de Deus Filho, ou seja, o Cristo, foi representado com a seguinte frase: *ego sum janua* (Eu sou a porta), passando a ideia de que a salvação seria alcançada pela devoção a sua pessoa.

Luciano José Vianna

Ver também Arte e religião no Medievo; Educação e religião no Medievo; Guerra e religião no Medievo; Igreja; Poder e religião no Medievo.

DUBY, G. (1979). *O tempo das catedrais*. Lisboa: Estampa.

ERLANDE-BRANDENBURG, A. (2002). "Catedral". In: LE GOFF, J. & SCHMITT, J.-C. *Dicionário Temático do Ocidente Medieval*. Vol. I. Bauru/São Paulo: Edusc/Imprensa Oficial do Estado, p. 173-184.

GARCÍA DE CORTÁZAR, J.Á. (2012). *Historia religiosa del Occidente medieval* (313-1464). Madri: Akal.

GARCÍA-VILLOSLADA, R. (1958). *Historia de la Iglesia Católica*. Vol. 2: Edad Media (800-1303): La cristiandad en el mundo europeo y feudal. Madri: BAC.

LE GOFF, J. (2010). *Héroes, maravillas y leyendas de la Edad Media*. Barcelona: Paidós.

______ (2007). *O Deus da Idade Média*. Rio de Janeiro: Civilização Brasileira.

______ (1992). *O apogeu da cidade medieval*. São Paulo: Martins Fontes.

SCHMITT, J.-C. (2002). "Imagem". In: LE GOFF, J. & SCHMITT, J.-C. *Dicionário Temático do Ocidente Medieval*. Vol. I. Bauru/São Paulo: Edusc/Imprensa Oficial do Estado, p. 591-605.

SIMSON, O.v. (1982). *La catedral gótica* – Los orígenes de la arquitectura gótica y el concepto medieval de orden. Madri: Alianza.

VAUCHEZ, A. (1995). *A espiritualidade na Idade Média ocidental*. Rio de Janeiro: Jorge Zahar.

Iniciação e mistério

Ver Mistérios gregos; Mitraísmo; Oráculos gregos; Xamanismo euroasiático.

Inquisição

Poucos temas são tão caracteristicamente medievais quanto "a Inquisição". Não porque o termo designe alguma essência daquele tempo, mas por provocar maneiras de pensar idênticas às que instruem o significado de "medieval". Aceitar a existência de uma Idade Média foi, para muitas gerações europeias, um modo de enfatizar a Modernidade: medieval era o nome cabível ao mundo moderno em forma embrionária, em vias de ser, movendo-se em transição. Durante muito tempo, a "Idade Média" batizou a imagem incompleta do que existiu entre os séculos XVI e XVIII. Tal é o caso da Inquisição: nome que projeta traços de uma instituição moderna sob a reputação de obra medieval.

A maior parte das características usualmente consideradas inquisitoriais são posteriores a 1478, ano em que os monarcas Fernando II, de Aragão, e Isabel I, de Castela, estabeleceram o *Tribunal del Santo Ofício de la Inquisición* em solo ibérico. Um primeiro passo para desfazer a projeção anacrônica está em constatar que havia inquisição muito antes de existir inquisidores. A palavra latina "*inquisitio*" integrava o vocabulário empregado na redação de diplomas otônidas e sálios, séculos IX a XI. À época, ela identificava um procedimento investigativo, instaurado pela autoridade imperial visando a obtenção de provas e testemunhas no âmbito de um litígio jurídico - como a contestação de uma isenção fiscal, uma disputa sobre a posse de terras e bens ou a autoria de roubos e incêndios, como demonstram os diplomas de Carlos III, morto em 888, ou de Oto I, falecido em 973. Era um processo legal genérico, competência *ad hoc* - casuísta, provisória - que a realeza delegava a seus agentes, quer clérigos ou laicos. Portanto, nos termos da língua portuguesa atual, talvez a *inquisitio* registrada em documentos anteriores ao Ano Mil transmitisse um significado histórico mais preciso ser traduzida como "inquirição".

A tradução teria ainda a vantagem de reportar o nome a uma cultura jurídica ainda mais antiga. Afinal, a definição corresponde ao emprego do substantivo "*investigatio*" ("investigação") e do verbo "*inquirere*" ("inquirir") no âmbito do Direito Romano, já desde a era republicana. Nos escritos de Cícero (cônsul em 63 a.E.C.) ou nos despachos de Adriano (imperador entre 117 e 138), *inquisitio* era um procedimento técnico de busca por evidências, que, uma vez reunidas, eram apresentadas como fórmulas verbais perante um juiz (*iudex*, *arbiter*): um cidadão romano investido por um magistrado (usualmente, o *preator*) da autoridade para arbitrar o caso. Como ação legal acusatória, o procedimento precedia o cristianismo e a "Idade Média".

Com a ascensão política do papado a partir da segunda metade do século XI – processo usualmente conhecido como "Reforma Gregoriana" – a *inquisitio* foi absorvida pelo contínuo fortalecimento da jurisdição eclesiástica. A afirmação da autoridade pontifícia como legislador autônomo, emancipado da subordinação ao governo secular, modificou a autocompreensão da hierarquia clerical: a concepção de magistério sacerdotal foi transformada, ampliada década a década através de uma progressiva incorporação das prerrogativas e atribuições de operador do ordenamento jurídico. O bispo de Roma tornou-se modelo de um novo ideal de sacerdócio, no qual o cuidado pastoral implicava a vigilância permanente e extensiva sobre a obediência cristã não só em matéria sacramental, penitencial e confessional, mas igualmente quanto à integridade dos laços de parentesco, de propriedade ou de imunidades fiscais, bem como à averiguação das acusações de transgressões, delitos, danos de diversas ordens. Entre as obrigações do magistério espiritual passavam a figurar questões que consideraríamos de natureza patrimonial e penal.

As principais evidências da transformação estão reunidas nas coleções canônicas então compiladas. Na *Collectio Canonum* concluída pelo Bispo Anselmo de Lucca antes de 1086, nos dezessete livros que integram o *Decretum* de Ivo de Chartres, morto em 1115, e, sobretudo, na massiva obra apresentada por Graciano em 1140 como *Concordia Discordantium Canonum*, leis, cânones e decretos oriundos de diversos séculos, espaços e línguas cristãs são selecionados, organizados e comentados segundo uma lógica original: a concepção do sacerdócio como um regime disciplinar original e extensivo, distinto e irredutível à autoridade secular.

O novo perfil institucional redefinia o lugar social cabível à autoridade eclesiástica em um Ocidente profundamente transformado. A Cristandade latina dobrava de tamanho. Rituais e normas romanas chegavam a horizontes mais e mais longínquos: conversões, evangelizações e fundações religiosas eram vinculadas à autoridade petrina nos Cárpatos, na Escandinávia, na Islândia, na Groenlândia, no Báltico. A fronteira religiosa avançava também na estrutura social interna: a espiritualidade provocava mobilizações populares, agitando mentes e modificando comportamentos fora dos limites da cultura escrita aristocrática, como nas assembleias da "Paz de Deus". A compreensão do sagrado era descentrada, pluralizada e tensionada por sincretismos culturais amplificados pela integração territorial, pelas pressões que o crescimento demográfico impunha sobre padrões da vida comunitária, por contrastes sociais agravados pela urbanização e monetarização do cotidiano, pela circulação de ideias escatológicas e práticas reformadoras.

Imersa nesta nova sociedade, a Igreja adotou novos repertórios de classificação social e ação normativa. Observada através da lente desses repertórios, a Europa das multidões era uma Europa de hereges. A cultura eclesiástica do século XII difundiu a percepção de uma ocorrência em larga escala de dissidências. O novo regime disciplinar eclesiástico – causa de tal realidade tanto quanto uma reação a ela – proporcionou um novo campo de intervenção social a uma elite cristã formada por novas instituições, como as escolas de direito de Bolonha e as universidades de Paris e Oxford, e habituada, pelo convívio com o novo papado e as monarquias nacionais, a empregar mecanismos de controle efetivamente estatais. Com efeito, numerosos "intelectuais cristãos" tomaram parte do processo de cristalização de um amplo imaginário de estereótipos de inimigos da fé, abarcando desde hereges dualistas a leprosos, de judeus a bruxas, sarracenos a homossexuais. Tais estereótipos justificaram a implantação de um crescente rol de medidas persecutórias diretamente supervisionadas pela autoridade clerical, como a denúncia, o confisco de bens, encarceramento, exílio e execução. A *inquisitio* tornou-se o epicentro do novo regime disciplinar. Era parte da intrincada "sociedade repressora" que tomou forma depois do Ano Mil - conforme a expressão consagrada por Robert Ian Moore em um estudo de 1987.

A estruturação de uma jurisdição eclesiástica centralizada na *inquisitio* é, usualmente, situada entre as décadas de 1160 e 1220, tendo como cenário as regiões do Languedoc e norte italiano. O propósito principal das ações estabelecidas era o combate a hereges dualistas mais conhecidos como "cátaros". Proclamadas por Alexandre III no Concílio de Tours, em 1163, as medidas que visavam desmascarar a "condenável heresia que apareceu há pouco e infectou as províncias" foram ampliadas nas décadas seguintes, através das decisões de concílios como os reunidos em Latrão, em 1179 e em 1215, e de bulas papais como a *Ad Abolendam*, 1184, ou a *Vergentis in Senium*, de 1199. Com o decorrer do tempo, o combate à heresia catalisou as ações repressoras. Não apenas multiplicando os alvos das inquietações eclesiásticas - pois os cátaros tornavam-se parte de uma relação maior, onde eram enfileirados "patarinos, pobres de Lyon, arnaldistas e josefinos" -, mas ao ampliar o rol de condutas criminalizadas - o transgressor já não era somente aquele se desviava da "verdadeira doutrina", mas quem acolhia, protegia ou favorecia um desviante - e ao agravar a tipificação infracional - a heresia foi alçada de delito de "falsidade e desobediência" para o patamar de "crime de lesa-majestade".

Durante esse período, os procedimentos inquisitoriais eram considerados uma obrigação inerente à atuação dos bispos. A eficiência, a abrangência e as prioridades da ação persecutória reproduziam a acidentada cartografia do poder episcopal ocidental. Constituída sobre bases materiais e humanas regionais, a inquisição era um fenômeno descentrado, cujo desenrolar era possibilitado tanto quanto limitado por correlações de forças locais, perpassado por conflitos, motivações e interesses que lhe precediam e, muitas vezes, extrapolavam. Marginalizadas em abordagens influenciadas por obras como *History of the Inquisition of the Middle Ages*, de 1888, tais características ganharam maior ênfase em estudos recentes, como *Inquisition and Medieval Society*, de 1997, e *Heresy and the Persecuting Society in the Middle Ages*, de 2006.

A partir da década de 1220, o papado e as monarquias nacionais promulgam uma série de medidas que dissociaram os procedimentos inquisitoriais da rotina diocesana. Pela força da lei *Cupientes*, promulgada por Luís IX em 1229, ou da decretal *Excommunicamus*, ditada por Gregório IX em 1231, depreende-se que a *inquisitio* consistia em um aparato legal diferenciado: sua abrangência territorial, durabilidade processual e severidade punitiva eram instauradas pela autoridade competente, sobrepondo-se à organização das igrejas locais. A superação do modelo de uma "inquisição episcopal" foi marcada pela ascensão de novos operadores do "combate à depravação herética", missão que deixava de ser atribuída genericamente à função de bispo – como se inerente a esse grau da ordem sacerdotal – e era nominalmente transferida para agentes individualizados. A maioria dos homens investidos de prerrogativas inquisitoriais era recrutada entre as ordens religiosas recém-fundadas, principalmente entre os dominicanos. Tinha início a era dos inquisidores medievais.

A *inquisitio* tornou-se, então, mais complexa do que um repertório procedimental. Esse passava a ser o nome cabível a um sistema acusatório autônomo e complexo, dotado de locais específicos de acionamento – locais instituídos como cortes eclesiásticas –, operado por agentes teologicamente especializados e municiados de um repertório variegado de medidas coercitivas e punitivas. As transformações evidenciam-se na formação de uma literatura especializada, que reordenava a tradição cristã para finalidades específicas, delineando exigências, competências e instruções para treinamento e aprimoramento da conduta inquisitorial. Dentre esses "manuais de inquisidores" (nomenclatura moderna e algo anacrônica), o *Practica Officii Inquisitionis Haeretice Pravitatis*, concluído por Bernardo Gui em 1324, e o *Directorium Inquisitorum* que Nicolau Eymerich escreveu, provavelmente, em 1376, alcançaram grande repercussão.

O predomínio da autoridade apostólica na constituição das ações inquisitoriais – o que costuma valer ao período 1250-1450 a alcunha de "Inquisição Papal" – transcorreu em meio a constantes ambiguidades de jurisdição. Em Aragão, Inglaterra ou Sicília, não era incomum que grupos tentassem mobilizar, conforme seus interesses hegemônicos e necessidades prementes, as poderosas estruturas de repressão legalmente ao alcance dos inquisidores. De modo similar, os incrementos cerimoniais públicos (registrados dos sermões aos autos de fé), a ampliação das redes de investigadores e sítios carcerários, a sofisticação processual do inquérito e da memória arquivística e a radicalização dos processos de estigmatização de minorias e crenças religiosas evidenciam a violência inquisitorial como realidade multifacetada. Que não resultava somente de um poder soberano, mas eclodia de um cotidiano violento, pontuada por estratégias locais e de curta duração. Realidade distante da imagem da Inquisição como um fenômeno de contornos gerais, continentais e englobantes, um aparelho centrípeto de coação e perseguição. Em suma, distante da forma organizacional que teria prevalecido sobre o Ocidente a partir a fundação dos tribunais inquisitoriais "nacionais" na Espanha, 1478, em Portugal, 1536, e na Itália, 1542.

Leandro Duarte Rust

Ver também Bruxaria medieval; Igreja; História das religiões; Mulher e o diabo no Medievo.

AMES, C.C. (2009). *Righteous Persecution*: Inquisition, Dominicans, and Christianity in the Middle Ages. Filadélfia: University of Pennsylvania Press.

FRASSETTO, M. (org.) (2006). *Heresy and the Persecuting Society in the Middle Ages*: Essays on the Work of R.I. Moore. Leiden: Brill.

GIVEN, J.B. (1997). *Inquisition and Medieval Society*: power, discipline & resistance in Languedoc. Ithaca/Londres: Cornell University Press.

MERLO, G.G. (2011). *Eretici del Medioevo*: temi e paradossi di storia e storiografia. Milão: Morcelliana.

MOORE, R.I. (1987). *The Formation of a Persecuting Society*: power and deviance in Western Europe (950-1250). Oxford: Basil Blackwell.

NIRENBERG, D. (1996). *Communities of Violence*: persecution of Minorities in the Middle Ages. Princeton: Princeton University Press.

PETER, E. (1989). *Inquisition*. Berkeley e Los Angeles: University of California Press.

SULLIVAN, K. (2013). *The Inner Lives of Medieval Inquisitors*. Chicago/Londres: The University of Chicago Press.

Ishtar (Ištar)

A deusa Ištar pode ser considerada como a mais célebre do panteão mesopotâmico. Sua concepção foi construída ao longo dos séculos a partir da fusão de três divindades diferentes: uma guerreira e quase viril, de origem semita, Ištar; outra, suméria, feminina e padroeira do amor livre e do sexo, Inanna; uma terceira, identificada ao Planeta Vênus (Dilbat), estrela da manhã e do entardecer. Sua simbologia numérica estava associada ao número 15, que é a metade do número 30, atribuído a seu pai, o deus Sîn, deus lua (ASCALONE, 2006, p. 142).

Os sumérios do período arcaico (cerca de 3100 a.E.C.) escreviam seu nome com o sinal *mùš* antecedido pelo determinativo divino, resultando em ^{d}*mùš*, cuja leitura, nos períodos neossumério e posteriores era Inanna. Acredita-se que a forma original do nome era *Innin*, uma divindade pré-suméria protetora da vegetação, venerada pelos primeiros camponeses que povoaram o sul mesopotâmico a partir do IV milênio a.E.C. e que foi reinterpretada pelos teólogos sumérios (JOANNÈS, 2001, p. 421). Os povos semitas, nos períodos paleoacádico e paleobabilônico, escreveram o nome da deusa com as sílabas *eš*$_4$-*tár*, e mais tarde essa escrita tornou-se estável com as sílabas *iš-tar*. Porém, é importante salientar que todas estas grafias estão relacionadas com o Planeta Vênus, a "estrela do pastor" (BLACK; GEORGE & POSTGATE, 2000).

Como um espelho das sociedades humanas, os deuses mesopotâmicos também exerciam suas capacidades amorosas: tinham esposas, concubinas e amantes e o domínio do sexo era próprio da deusa Inanna/Ištar. Sua figura tornou-se tão importante que seu nome, a partir do período paleobabilônico, serviu para designar toda a espécie de divindade feminina, como sinônimo de *iltu*, substantivo comum para deusa na língua acádica e, com o passar do tempo, tornou-se a mais exuberante divindade feminina da Mesopotâmia (BOTTÉRO & KRAMER, 2011).

A Ištar do país de Akkad é frequentemente representada por uma figura feminina com armas, acompanhada de um leão, expressando seus aspectos guerreiros. Ela ainda aparece vinculada ao processo de legitimação do poder real quando um novo soberano sobe ao trono, em troca de sua proteção ela é agraciada com muitas oferendas.

Comumente representada pelos assírios com seus atributos guerreiros, Ištar é também a senhora dos animais selvagens e, em várias representações está associada ao leão. O leão era considerado como o animal mais poderoso do mundo selvagem, e por isso, pertence à simbologia real: as metáforas assimilam o monarca a um leão ou a um touro. Dentre os animais selvagens, o leão possui um lugar particular no imaginário do Oriente Próximo: símbolo das forças do mundo caótico da estepe, considerado como o rei dos animais selvagens (POZZER, 2018).

A construção dessa mitologia pode parecer contraditória com o modelo de sociedade patriarcal da época, mas no imaginário mesopotâmico havia lugar para esta peculiar figura feminina e nos dá indícios da existência de mulheres que rompiam com a ordem estabelecida. Ištar, a grande senhora, rainha do céu e das estrelas, deusa das deusas e possuidora de toda a força divina era a personificação divinizada do feminino, em toda a complexidade que este arquétipo possuía no horizonte social mesopotâmico.

Katia M.P. Pozzer

Ver também Épico de Gilgamesh; História das religiões; Mesopotâmia (religião e mitologia); Politeísmo; Religião.

ASCALONE, E. (2006). *Guide des Arts* – La Mésopotamie. Paris: Hazan.

BLACK, J.; GEORGE, A. & POSTGATE, N. (2000). *A Concise Dictionary of Akkadian*. Wiesbaden: Harrassowitz.

BOTTÉRO, J. & KRAMER, S. (1993). *Lorsque les dieux faisaient l'homme*. Paris: Gallimard.

JOANNÈS, F. (org.) (2001). *Dictionnaire de la Civilisation Mésopotamienne*. Paris: Robert Lafont.

POZZER, K.M.P. (2018). Arte, sexo e religião: a deusa Ištar na Mesopotâmia. *Revista das Questões*, vol. 2, p. 1-17.

SASSON, J.M. (org.) (2000). *Civilizations of the Ancient Near East*. Peabody: Hendrickson.

Islamismo

Primórdios e desenvolvimento inicial do Islã. O Islã é considerado a terceira religião monoteísta, surgida cronologicamente após o judaísmo e o cristianismo. Caracteriza-se, assim como as suas antecessoras, pela vinculação à ideia de uma verdade revelada por um deus único que, nos três monoteísmos, é essencialmente o mesmo. Grande parte das fontes escritas acerca do período inicial do desenvolvimento do Islã são relatos posteriores aos acontecimentos, dada a predominância da oralidade na Península Arábica no decorrer do século VIII. Pouco se conhece da vida de Muḥammad antes das revelações que o alçaram à condição de profeta da nova religião, mas sabe-se ao certo que ele era um mercador árabe do clã ou "casa" dos hachemitas e da tribo coraixita. Nasceu em 570, em Meca, na época um centro comercial importante, lugar de passagem e de encontro de muitas caravanas.

No ano de 610 Muḥammad teria recebido, através do Anjo Gabriel, revelações vindas diretamente de Deus (Allah, em árabe), quando encontrava-se na gruta de Hira, lugar onde habitualmente recolhia-se para meditar. Gabriel aparecera, então, dando a ele ordem para que recitasse o que lhe era, pouco a pouco, revelado. Durante um largo período de tempo foram diversas as aparições e, a partir delas, o conteúdo das revelações formaria a base de uma nova religião. Quando Muḥammad decidiu tornar públicas as mensagens recebidas, passou a ser considerado por diversos seguidores como um novo profeta. Era o mensageiro das palavras de um deus único, mas em um lugar no qual conviviam, entre outros, judeus, cristãos, zoroastristas e também pagãos. No início do século VII havia uma grande diversidade de origens e também de religiões entre os mercadores que tinham em Meca um dos mais importantes centros comerciais da região.

As revelações deram origem ao livro sagrado dos muçulmanos, o Corão, ou *Qur'an* (palavra árabe cuja tradução mais aceita é "recitação"). O texto do Corão representa as palavras divinas e Muḥammad foi apenas o mensageiro e não o autor do que é considerado no Islã como a revelação de mensagens sagradas, verdadeiras e emanadas diretamente de Allah.

Uma das fontes mais utilizadas pelos historiadores para as pesquisas sobre Muḥammad e sobre o novo monoteísmo que começava a se desenvolver na Península Arábica é a obra de Muḥammad bin Jarir al-Tabari, que data do início do século X e registra inúmeros acontecimentos, na maioria dos casos fazendo referência a uma cadeia de transmissão oral. Al-Tabari fornece mais de uma versão para os mesmos fatos, dependendo da variedade de testemunhas que se manifestaram sobre eles até o momento em que foram colocados por escrito. O material que compilou é de grande importância para o estudo dos primórdios do Islã (Al-TABARI, 1995).

Além de cronistas como Al-Tabari e do próprio Corão, outros textos essenciais para entender os primeiros anos da religiosidade muçulmana são os *hadith* (cujo significado é "conversação" ou "narrativa", mas também traduzidos como os "ditos" de Muḥammad), um conjunto de falas e de ações, atitudes e comportamentos. Os *hadith*, considerados as "tradições", foram escritos bem depois da morte do Profeta ocorrida no ano de 632 e servem de guia até mesmo para estabelecer a lei islâmica (*shari'a*). De acordo com os muçulmanos, os companheiros que mais conviveram com Muḥammad foram os responsáveis pelo registro das revelações divinas por ele recebidas, o que levou à existência, inicialmente, de mais de uma versão do Corão, todas elas posteriormente consolidadas em um único texto pelo Califa Uthman, que reinou de 644 a 656.

As palavras "Islã" e "muçulmano" originam-se na raiz verbal árabe *slm* ou *aslama* com o significado de "submissão" e "aquele que se submete" (a Allah). A data considerada pelos muçulmanos como fundadora do Islã é o ano de 622, quando Muḥammad deixou Meca – cidade na qual despertava suspeitas por difundir uma nova religião e onde era alvo de intrigas entre grupos distintos de comerciantes – e foi para Medina. Na época, Medina chamava-se Yathrib e só depois, em homenagem ao próprio Muḥammad, passou a ser designada pelo nome de *Medinat al nabi*, a cidade do Profeta. A ida para Medina ficou conhecida como a *Hégira* ("migração") e marca o início do calendário muçulmano. Durante vários anos os habitantes de Meca rejeitaram as tentativas de Muḥammad de unir as tribos em torno da nova religião, já que muitos temiam problemas em seus negócios com mercadores que professavam outros cultos. Só após algumas lutas internas é que aqueles que haviam acompanhado o Profeta em sua ida para Medina puderam regressar à sua cidade natal.

O santuário da Caaba (cuja tradução literal é "cubo"), construção que tem no seu interior uma pedra negra, provavelmente um meteorito, já existia na cidade de Meca em tempos pré-islâmicos e era um ponto de encontro de muitos peregrinos. Diversas lendas relatam sua origem e uma delas refere-se ao deus Hubal, dos nabateus. Foi Muḥammad quem tomou a decisão de consagrar a Caaba a Allah quando seu grupo de muçulmanos conseguiu retornar a Meca. Foram, então, retirados do seu interior todos os ídolos que ali estavam. Quando Muḥammad morreu, em 632, a Península Arábica já se havia unido em torno da fé islâmica e parte dos que permaneceram cristãos ou judeus aliavam-se aos muçulmanos e às suas diversas tribos principalmente de acordo com os seus muitos interesses comerciais.

A grande fratura – Após a morte de Muḥammad seu primeiro sucessor foi Abu Bakr, amigo de longa data e um dos primeiros a acreditar nas revelações divinas. Bakr foi também o primeiro a usar o título de califa (*khalifa*, cujo significado é sucessor), tendo exercido o poder de 632 até 634, ano de sua morte. Depois dele, seguiram-se Omar (634-644), Uthman (644-656) e Ali (656-661). Os quatro receberam a alcunha de "os bem guiados" por sua fidelidade a Muḥammad. No entanto, após a morte de Ali, ocorreram sérias disputas dentro da comunidade islâmica (*umma*), que culminaram no rompimento radical entre duas facções. De um lado, os que acreditavam que o novo líder deveria ser escolhido entre os seguidores da tradição (*sunna*), mas não necessariamente descendentes de Muḥammad e, de outro, aqueles que, sendo partidários de Ali (*xiit'Ali*), primo e genro do Profeta, defendiam o direito à sucessão apenas dentro da descendência familiar.

Embora alguns analistas tenham enfatizado as diferenças doutrinárias entre xiitas e sunitas, é importante destacar o peso da disputa pelo poder e o caráter marcadamente de guerra civil que assolou a região. Após inúmeros confrontos ocorreu uma violenta batalha na cidade de Karbala, no ano de 681, na qual Husayn, filho de Ali, que estava sendo preparado para a função de califa, foi morto juntamente com diversos companheiros e membros de sua família. Após a morte de Husayn o rompimento foi definitivo entre os chamados sunitas, conhecidos como "o povo da tradição" e os xiitas, "partidários de Ali" e da sucessão na linhagem da família do Profeta.

O posicionamento do chamado "povo da tradição" coadunava-se perfeitamente com as práticas das tribos da região que davam ênfase à chefia política da comunidade e, por isso mesmo, tal posicionamento contava com o apoio da maioria das lideranças políticas. Os sunitas mantiveram-se como o grupo numericamente mais relevante dentro do Islã. Esta foi a maior fratura que, posteriormente, teve outras ramificações, porém de menor amplitude.

Com o califado nas mãos dos sunitas, os xiitas viram-se cada vez mais alijados do poder centralizado da corte, reforçando seu relacionamento com o Imã, que era por eles considerado o líder religioso supremo da comunidade. Este corte que dá ênfase aos imãs como líderes religiosos altamente respeitados e responsáveis pela transmissão de ensinamentos foi se afirmando como uma característica do xiismo, já que para o sunismo é possível manter uma relação com Deus (Allah) através da leitura do Corão e os clérigos apenas orientam as preces. Tais divergências que inicialmente não estavam sendo colocadas na disputa pela sucessão de Muḥammad, passaram a ser mais significativas com o tempo, aprofundando-se entre os dois grupos de muçulmanos (PALAZZO, 2014, p. 164).

Omíadas e abássidas, as dinastias do expansionismo – Após a guerra civil que levou à divisão definitiva entre sunitas e xiitas o califado, com sede na cidade de Damasco, ficou com a família dos omíadas, que reinou entre 661 e 750. Iniciava-se, assim, um importante período de expansão e consolidação do Islã não apenas na Península Arábica mas também no norte da África, na Pérsia, com incursões também na Europa e com a invasão dos muçulmanos na Península Ibérica, no ano de 711, conquistando o reino cristão visigodo. O sunismo se estabeleceu, desde os seus primórdios, associado a um Estado centralizado e burocraticamente organizado em torno de uma corte de caráter absolutista, com a autoridade político-militar que era exercida pelos califas.

Com relação ao papel da religião na estrutura do califado, Fuad I. Khuri, especialista nas divisões do Islã e em mudanças culturais, refere-se à importância do Estado como a estrutura que passará a garantir a supremacia da lei divina (KHURI, 2006, p. 99). Ao governante, então, não caberia a atividade de criar leis mas sim a de cuidar para que a lei emanada de Deus, a *shari'a*, fosse aplicada. Quando os omíadas foram derrubados, após violentos conflitos, uma nova família assumiu o califado, a dos abássidas. No ano de 749, Al Saffah, descendente de Al Abbas, um tio Profeta, conseguiu arregimentar diversas tropas para que o proclamassem califa na mesquita da cidade de Kufa. Foi a aproximação com os persas que proporcionou aos novos califas um apoio essencial para sua permanência no trono. Em 762, Al-Mansur, o segundo califa da Dinastia Abássida, fundou Bagdá para ser a nova capital do reino, dando início a construção da cidade. Com esta decisão ficava geograficamente evidente a maior proximidade em relação à Pérsia, o que era importante, já que os persas apoiavam ostensivamente a nova dinastia (MAROZZI, 2014, p. 8).

A Idade de Ouro do Islã – O período abássida é considerado pelos historiadores como o de especial florescimento da cultura islâmica. A chamada Casa da Sabedoria, *Bayt al-Hikma*, é lembrada como um centro de múltiplas atividades cuja memória permanece ainda presente, testemunho de um período da história do Islã no qual o poder califal exercia o mecenato nas ciências, na filosofia, nas artes e na literatura. Al-Mansur foi o responsável pela criação de uma Biblioteca Real, na qual reuniam-se grandes sábios da época tanto para usar seu acervo quanto para discussões de caráter acadêmico.

Mais adiante, o Califa Harun Al-Rashid manteve o interesse de Al-Mansur no sentido de fazer de Bagdá um polo de desenvolvimento cultural em todo o Império Islâmico. Adquiriu para a Biblioteca Real obras de matemática e de astronomia de um grande cientista indiano, Brahmagupta, e convidou também diversos matemáticos e astrônomos dos arredores da região iraquiana para trabalhar em Bagdá. O grande interesse dos muçulmanos pela matemática e pela astronomia era, entre outros motivos, movido também pela necessidade de estabelecer com clareza a direção de Meca para a realização das preces diárias. Este direcionamento deveria, então, ser muito acurado. No reinado de Al-Mamun (813-833), filho de Al-Rashid, continuou a se desenvolver a Casa da Sabedoria. Uma grande coleção de textos foi acumulada em Bagdá tanto sob o patrocínio do próprio califa quanto devido ao mecenato de particulares que continuavam a se destacar como patronos do saber (AL-KHAKILI, 2011, p. 67-78).

Um dos cientistas mais importantes que frequentou a Casa da Sabedoria a convite de Al-Mamun foi o matemático, astrônomo e geógrafo Muḥammad ibn Musa al-Khwarizmi (780-850), nascido na região do atual Uzbequistão. Al-Khwarizmi é considerado o primeiro matemático que fez dos cálculos algébricos uma disciplina independente e essencial para o conhecimento científico. O seu Tratado de Álgebra no qual ele desenvolve diversas e importantes equações foi dedicado ao Califa Al-Mamun, mecenas de suas pesquisas.

Mais adiante, mesmo com o declínio do poder abássida, a semente lançada pelos encontros na Casa da Sabedoria continuou a germinar em outros lugares, pois os deslocamentos eram frequentes e o mundo islâmico se estendia em um vasto e diversificado espaço geográfico. Ibn Sina/Avicena (980-1037) e Ibn Rush/Averróis (1126-1198), entre muitos outros, deixaram sua marca não apenas no Oriente mas também no Ocidente e na cultura ocidental. No Egito, um califado xiita da Dinastia Fatímida e do ramo ismaelita reinou de 909 até 1171, sendo destronado pelos sunitas curdos Ayubidas e também foi responsável por diversas realizações culturais.

A especificidade de Al Andalus – No século VIII, tropas árabes e berberes vindas do Marrocos, mas a mando do califado na Síria, deram início à conquista muçulmana da Península Ibérica, tentadas pelo que se dizia ser um reino visigodo extremamente rico. O primeiro contingente de conquistadores cruzou o Estreito de Gibraltar em 711, estendendo então o domínio islâmico ao Ocidente. Iniciava-se naquele ano o que veio a se constituir em um período de grande desenvolvimento para a Espanha. A população, insatisfeita com os reis visigodos que exigiam pesados impostos e perseguiam os judeus com violência, recebeu muito bem os muçulmanos que, depois de 711, continuaram a chegar em vários momentos, não apenas como invasores, mas também em correntes migratórias diversas.

Al Andalus, nome dado a toda a região da Península Ibérica que foi governada pelos muçulmanos, prosperou. Foram implantados sistemas de irrigação com canais subterrâneos para que a água não se evaporasse, o que permitiu o cultivo de extensos pomares, com frutos diversos. Os conquistadores construíram palácios e residências de luxo utilizando materiais de edifícios visigodos e romanos e adaptando-os ao estilo do que vinha sendo feito no Oriente e no norte da África.

Em 750, quando os omíadas foram derrotados pelos abássidas no Oriente Médio, ocorreu um incidente que teve repercussões em Al Andalus. O jovem Abû'l-Mutar-rif' Abd-al-Rahmân bin Mu'âwiya, único omíada que conseguiu escapar com vida do massacre de sua família, fugiu para o Marrocos, onde viveu durante quatro anos, seguindo depois para a Península Ibérica, já que corria a informação de que lá viviam vários simpatizantes da sua dinastia, destronada (BARRUCAND & BEDNORZ, 2002, p. 30).

Na Espanha, Abd-al Rahmân teve a chance de retomar suas ambições políticas e, em 756, foi proclamado emir. Durante seu governo, transplantou para Córdoba a exuberância que tinha sido característica da corte síria de Damasco, quando sua própria família reinava. Desenvolveu durante seu emirado uma relação importante com mercadores que faziam o transporte de produtos de luxo do Oriente e do resto da Europa para a Península Ibérica. Apesar de ser um descendente da dinastia derrotada, não enfrentou, porém, nenhum tipo de retaliação da parte dos abássidas que reinavam no Oriente Médio, talvez pela distância geográfica de seu emirado, talvez porque os interesses dos mercadores contribuíssem para a integração comercial do mundo islâmico já largamente expandido.

Foi Abd-al-Rahmân quem iniciou, em 780, a construção da mais bela mesquita da Espanha e um dos grandes marcos da arquitetura islâmica no mundo. Considerada como uma obra-prima do Islã medieval, posteriormente os demais governantes muçulmanos de Córdoba a ampliaram, tanto para tornar evidente o prestígio da cidade quanto por necessidade de espaço para o número crescente de fiéis, mantendo sempre o plano inicial e o mesmo estilo

Os muçulmanos permaneceram na Espanha do século VIII ao XV quando, em 1492, caiu o último bastião ibérico do Islã, o reino da Dinastia Násrida de Granada. Foram quase oito séculos de convivência, de disputas e de fecundos encontros que deixaram sua marca não apenas na cultura ibérica mas europeia. Filósofos cristãos como Raimundo Lullio, instigados pelos muçulmanos, com eles dialogaram mesmo que com o objetivo de contradizê-los.

Durante algum tempo após a rendição do reino násrida, os muçulmanos viveriam com certa tranquilidade na Península Ibérica, mesmo após a expulsão dos judeus, ocorrida em 1492. No entanto, não tardariam as medidas para que a religião do reino fosse única, sem tolerância alguma para qualquer outra forma do que era considerado desvio ou até mesmo heresia. Era a centralização da monarquia absoluta que se afirmava. Em Granada, a insistência com os muçulmanos para que se convertessem ao cristianismo foi especialmente violenta, o que levou a um grande descontentamento da parte deles.

A sociedade granadina, longe de estar decadente quando Fernando e Isabel se apoderaram da cidade, mostrava-se na realidade brilhante e única, porém sem um exército forte ou aliados de peso para enfrentar o cerco das tropas dos reis de Castela e Aragão. Em seguida, as conversões forçadas e também a grande queima de livros ordenada pelo franciscano Francisco Jiménez de Cisneros, cuja influência sobre Isabel era considerável, marcou tragicamente o fim de um riquíssimo encontro cultural em solo ibérico (EISENBERG, 1992/1993, p. 107-124).

A expansão turca e o início da Idade Moderna europeia – O século XV é em geral considerado como um marco do final da Idade Média na Europa, com a expansão das chamadas Grandes Navegações. Uma de suas características mais marcantes é, também, a consolidação do poder dos turcos, poder este que já avançava lentamente sobre territórios do Oriente Médio. A expansão de tribos turcas unificadas iniciou-se já no século XI. Em 1050 elas atacaram o Irã, o Iraque e a Síria. Em 1071 formou-se o reino turco seldjúcida que tomou do Império Bizantino toda a região leste da Anatólia.

Diversas populações de etnia turca vinham se islamizando desde o século VIII e vários grupos atuavam como mercenários em exércitos árabes – o que lembra muito a atuação das tribos ditas bárbaras ao final do Império Romano do Ocidente. O próprio processo de assimilação cultural foi semelhante, pois assim como os germânicos cristianizaram-se em massa ao se instalar no Império Romano como conquistadores, os turcos islamizaram-se quando conquistaram terras do Império Califal.

Os otomanos, igualmente uma dinastia turca, entraram em luta contra os seldjúcidas e os eliminaram em 1302. Em sua expansão imperialista, foram os otomanos que tomaram Bizâncio em 1453. Deu-se, então, uma nova e ampla unificação dos muçulmanos sob a sua hegemonia. O final do chamado Islã Clássico, que correspondia ao período medieval na história europeia, ocorreu com o início do poder centralizado dos otomanos.

Carmen Lícia Palazzo

Ver também Hádice; História das religiões; Jihad; Religiões; Sufismo; Zoroastrismo.

AL-KHAKILI, J. (2011). *The House of Wisdom*. Nova York: Penguin.

AL-TABARI, M.J. (1995). *The History of Prophets and Kings*. Albany: Suny.

BENLABBAH, F. & CHALKHA, A. (2010). *Los moriscos y su legado*. Rabat: Instituto de Estudios Hispano-lusos.

EISENBERG, D. (1992/1993). "Cisneros y la quema de los manuscritos granadinos". *Journal of Hispanic Philology*, n. 16, p. 107-124.

GRUNEBAUM, G.E.v. (1969). *Medieval Islam* – A Study in Cultural Orientation. 7. ed. Chicago/ Londres: The University of Chicago Press [Disponível em: https://oi.uchicago.edu/sites/oi.uchicago.edu/files/uploads/shared/docs/medieval_islam.pdf – Acesso: 20/11/2018].

KHURI, F.I. (2006). *Imams and Emirs*: State, Religion and Sects in Islam. Londres: Saqi.

MAROZZI, J. (2014). *Bagdá*: cidade da paz, cidade de sangue. São Paulo: Amarylis.

PALAZZO, C.L. (2014). As múltiplas faces do Islã. *Revista Saeculum* n. 30, jan./jun, p. 161-176.

PEREIRA, R.H.S. (org.) (2007). *O Islã clássico* – Itinerários de uma cultura. São Paulo: Perspectiva.

STARR, S.F. (2015). *Lost Enlightenment*: Central Asia's Golden Age from the Arab Conquest to Tamerlane. Princeton: Princeton University Press.

Jihad islâmica

Antes de tratarmos o conceito de *jihad* devemos esclarecer que o mesmo é derivado do direito islâmico, denominado *sharia*. Em várias sociedades islâmicas, ao contrário do que ocorre na maioria das sociedades ocidentais, não há separação entre a religião e o direito, todas as leis são fundamentadas na religião e baseadas nas escrituras sagradas e no caminho de vida do Profeta Muḥammad, denominado Suna. O Alcorão é uma das fontes da jurisprudência islâmica, onde se encontram as palavras de Allah reveladas ao Profeta Muḥammad, a outra fonte são os *hadith*, registros que narram a vida e os caminhos do Profeta. A jurisprudência islâmica chama-se fiqh, constituída pelas decisões dos acadêmicos islâmicos, em suas exegeses das fontes da shari'a. Madhhab é o nome pelo qual se conhece as diferentes escolas de interpretação e jurisprudência, essas podem ser divididas entre as escolas sunitas, denominadas Hanafi, Maliki, Shafi'i e Hanbali; e as escolas xiitas, denominadas Zaidi e Ja'fari.

Podemos iniciar a explicação sobre o jihad definindo-o como um substantivo verbal sem plural, derivado da palavra "*jãhada*", que no léxico arábico significa esforço ou luta. O jihad pode ser dividido em uma explicação tipológica na qual podemos apresentar muitos tipos de esforço como, por exemplo, o jihad das mãos, da língua, do coração e da riqueza. O jihad das mãos pode ser definido como o esforço tomado pelo muçulmano, por suas próprias mãos, na tentativa de evitar que outros cometam atos considerados como abomináveis. O jihad da língua é por sua vez a exortação praticada por qualquer muçulmano na tentativa de converter os infiéis, ou um discurso proferido na tentativa de elevação da moral dos mujahideen, os guerreiros do jihad, ou ainda um discurso proferido contra algum tirano, pois para o Islã enfrentar um tirano é também uma forma de jihad. O jihad do coração defini-se como a proteção de si mesmo contra qualquer ação tentada pelo mau, proteção alcançada pelo ódio a qualquer atitude ou prática proibida pelas leis islâmicas. O jihad da riqueza é o esforço de fornecer aos combatentes de Allah qualquer aparato material dos quais esses necessitem, como, por exemplo, o fornecimento de armamentos (ALSUMAIH, 1998).

Para melhor compreensão de tal termo podemos ainda observar a definição do mesmo pelas escolas de interpretação e jurisprudência sunitas; dessa forma a escola Maliki define jihad como a luta dos muçulmanos contra os infiéis para a propagação das palavras de Allah; a escola Shafi'i define jihad como a luta em causa de Allah; a escola Hanafi define jihad como o chamado do Islã e a luta contra os que não aceitam esse chamado; e a escola Hanbali define jihad como a luta contra os infiéis. Jihad, portanto, significa no Islã o esforço do crente em favor de sua religião. Ou seja, não podemos resumir jihad como guerra, para tal o léxico árabe possui termos como harb; o jihad é restritamente a luta e o esforço em nome de Allah. A lógica do jihad, no entanto, está longe de ser unívoca e a compreensão do que seria o esforço em nome de Allah traz ao mundo islâmico diversas interpretações, o presente trabalho demonstrará interpretações diversas de tais termos.

Compreendendo-o primeiramente como uma guerra em nome de Allah, vale ressaltarmos que um guerreiro em sua luta, por mais que pratique as obrigações religiosas ou/e leve consigo amuletos durante a guerra não se torna ainda um mujihadi, guerreiro do jihad, se não luta com pureza de espírito. Os esforços para a obtenção de ganhos materiais, de honra ou de fama, podem pôr tais objetivos em perigo, pois os despojos e a fama não são o objetivo de tal guerreiro, sendo seu objetivo único a defesa e a difusão do Islã, só no outro mundo deve o mujihadi esperar sua verdadeira recompensa. Se faltar a intenção religiosa, tratar-se-á então de uma guerra comum, harb; uma guerra sem objetivo religioso é, no entanto, proibida ao muçulmano, de modo que toda guerra deve estar, sob o ponto de vista religioso, indissoluvelmente ligada à fé. O desempenho no jihad, levado até o martírio, é tão meritório que o perdão dos pecados, e até mesmo o ingresso no paraíso, são esperados como recompensa.

Ao tratarmos sobre os esforços de guerra do jihad logo notaremos que podemos dividi-lo em dois, os atos de expansão e os de defesa, no entanto, não por uma mera lógica belicista, mas por uma cosmovisão que é baseada em premissas religiosas. Para entender tal conceito devemos esclarecer que segundo a concepção islâmica o mundo é dividido em duas esferas: a denominada casa do Islã, dar-al-islam, na qual os muçulmanos possuem o poder e vivem conforme a shari'a; e a denominada casa da guerra, dar-al-harb, que permanece sob o domínio dos descrentes. Os atos de expansão seriam, assim, os atos tomados para a conquista dos territórios pertencentes ao dar-al-harb e sua incorporação ao dar-al-islam, e por sua vez os atos de defesa seriam os atos tomados toda a vez que o dar-al-islam se encontrasse em perigo por algum ataque externo.

Na dar-al-islam todos os homens podem conservar suas religiões desde que os não muçulmanos paguem a jizya ao Estado Islâmico. Este imposto aplica-se aos homens adultos, não deficientes e em idade de cumprirem o serviço militar, estando, no entanto, alguns homens como os sacerdotes livres de seu pagamento. Para essas comunidades de protegidos, denominados em árabe como dhimmis, a shari'a é obrigatória em suas relações com os muçulmanos e com os órgãos do Estado. A defesa de tais protegidos é definida como uma das formas de jihad, e a não possibilidade de defendê-los força o Estado islâmico, pelas leis da shari'a, a devolver a jizya. Os descrentes do dar-al-harb devem, ao contrário, ser combatidos até estabelecerem um pacto de paz com a dar-al-islam ou até se converterem ao islamismo; tal combate é definido também como jihad.

No caso da guerra de expansão, é o jihad um dever coletivo, denominado em árabe fard kifaya, para a comunidade muçulmana. Contudo, no caso da dar-al-islam estar ameaçada cada muçulmano capaz, inclusive mulheres e crianças, tem o dever individual, denominado em árabe fara ain, para com o jihad. A declaração do jihad de maneira coletiva é direito exclusivo do chefe, Imã, do conjunto da comunidade local de muçulmanos, umma. Em princípio, a dar-al-harb deve ser combatida até se chegar à imposição da shari'a no mundo inteiro, que será, então, uma única dar-al-islam (KELSAY, 1993).

Outra interpretação é a predominante no sufismo, os sufistas passariam a dividir o jihad entre o maior e o menor, sendo o maior jihad, pela compreensão sufista, uma luta interna de cada ser humano para sua purificação e para livrar-se de seus demônios, e o menor jihad definido como a luta contra os infiéis. Tal compreensão, no entanto, só viria a surgir no século XI E.C., guiada pela leitura sufista das fontes da religião; são fontes da religião para os sufistas o Alcorão, a Suna e os atos e os dizeres dos santos sufistas. Contudo, tal compreensão apoiada pelo sufismo é compreendida e apontada por muitos estudiosos como questionável, uma vez que o *hadith* que apresenta o Profeta Muḥammad apoiando tal compreensão é considerado um *hadith* fraco, pois o mesmo não se encontra presente em nenhum dos seis *hadith* canônicos do sunismo, todos compilados no século IX E.C. (ARBERRY, 2008).

Para além da interpretação sufista surgiria no século XIX a chamada interpretação modernista, essa que se oporia à chamada interpretação islamista. Enquanto os modernistas defendem uma reinterpretação do jihad, definindo o mesmo como uma luta de defesa do Islã, além de defender novos conceitos como o jihad da língua e da caneta, reinterpretando o esforço para com o Islã como um esforço de educação e propagação de seus fundamentos, os segundos seguem defendendo que o Jihad seria na verdade todo e qualquer esforço, inclusive o esforço de expansão e guerra contra a dar-al-harb. Os modernistas passavam assim a buscar uma defesa das acusações sofridas em relação ao jihad no Ocidente, rejeitando o antigo conceito de jihad com o objetivo de buscar nos esforços muçulmanos uma nova compreensão.

A abolição do califado otomano em 1924 ainda causaria uma maior acentuação desses dois grupos, muitos muçulmanos passariam a argumentar que as leis que os comandavam a partir desse momento eram leis infiéis, e conclamavam os muçulmanos a um jihad para superação de seus atuais líderes e para o restabelecimento do califado islâmico, o único capaz de reestabelecer a lei muçulmana. Contudo, os modernistas diziam que tal ato de guerra não era o caminho, e conclamavam a um jihad de educação das comunidades muçulmanas que as levassem a uma mudança interna, com o objetivo de que a moral e as leis muçulmanas fossem obedecidas. A relação com os não muçulmanos também seria motivo de debate entre esses dois grupos, os islamitas acreditavam que uma paz firmada com as nações não muçulmanas deveriam durar certo tempo antes que o novo esforço de guerra fosse lançado, por sua vez os modernistas pregavam um estado de paz sem tempo delimitado para com os não muçulmanos (SIVAN, 1990).

Podemos concluir, dessa forma, que ao considerar o jihad como um esforço dos muçulmanos para a propagação do Islã não conseguimos defini-lo de forma unívoca; tal esforço dependerá da interpretação de cada linha de compreensão muçulmana para ser definido, podendo o mesmo mudar de um esforço bélico a um esforço de propagação pela educação, a depender das escolas interpretativas das fontes da lei islâmica. Como qualquer jurisprudência, a jurisprudência islâmica está, dessa maneira, sujeita aos olhares e compreensões daqueles que buscam sua aplicação, e tentar diminuir o jihad a um conceito unívoco bastaria para empobrecermos nossa compreensão não apenas do próprio termo, mas também do funcionamento do mundo islâmico.

Munir Lutfe Ayoub

Ver também Conflitos religiosos na Antiguidade; Cruzadas; Guerra e religião no Medievo; Hádice (haddith); Islamismo; Religião.

ALSUMAIH, A.M. (1998). *The Sunni Concept of Jihad in Classical Fqih and Modern Islamic Thought.* Newcastle: University of Newcastle.

ARBERRY, A.J. (2008). *Sufism*: An Account of the Mystics of Islam. Londres: Routledge.

KELSAY, J. (1993). *Islam and War*: A Study in Comparative Ethics. Westminster: John Knox Press.

SIVAN, E. (1990). *Radical Islam*: Medieval Theology and Modern Politics. New Haven: Yale University Press.

Jesus Cristo

"'Quem é este...?', perguntaram os discípulos em estado de admiração" (Mc 4,41). Desde o século I essa pergunta é constantemente refeita em um processo de busca para as intenções desse judeu, que desafiou a ortodoxia judaica, sacerdotes corruptos, vendilhões do templo, legalistas e o Império Romano.

Recuperar sua memória e interpretá-la é um trabalho que perdura quase dois milênios. Exercício este que precisa estar ancorado em critérios, principalmente, históricos, arqueológicos, antropológicos e teológicos para extrair elementos formadores de uma narrativa embasada na documentação e contexto.

Para tanto, certas observações precisam ser feias para a análise do personagem histórico Jesus Cristo. Não se pode afirmar que a história é o registro dos fatos que se sucederam no passado, pois os acontecimentos registrados seguem o entendimento de quem os narrou e os interpretou. A documentação não é, necessariamente, reprodução do real, ou seja, o documento não é, *a priori*, o reflexo do acontecimento, e sim um meio de acesso aos acontecimentos e personagens que se põe a pesquisar. A história enquanto discurso se encontra numa categoria diferente daquela na qual o passado está. A maneira pela qual o historiador busca entender o passado é crucial para determinar as diferenças entre conhecimento histórico e abstração ficcional. O acesso histórico que se tem sobre Jesus não representa, de fato, quem foi. A documentação sobre Ele é idealização de seus autores, por isso, toda a documentação precisa ser problematizada com intuito de extrair ao máximo o que ela tem a oferecer, inclusive as omissões dos autores.

A construção de uma certeza alicerçada e mediada pela ortodoxia cristã, seja de protestantes ou católicos, sofreu abalo durante o Iluminismo e no prenúncio da Modernidade, como o surgimento da imprensa e universidades, que tornou possível o acesso ao material canônico fora dos arraiais confessionais teológicos. Também cabe destaque a ascensão de uma nova classe social, a burguesia, que desejava um *modus vivendi* menos rígido, o que era incompatível com a piedade religiosa vigente. O Renascimento, com a valorização do ser humano, redescobriu o humanismo greco-latino, que forneceu as bases para a sistematização do pensamento burguês. A Igreja passou a ser questionada como fonte de poder secular, e emerge um processo de dessacralização e parte do discurso religioso foi reduzido ao aspecto cultural.

O cristianismo passa adequar às necessidades intelectuais, morais e sociais dos tempos modernos. A adaptação desejada pelos modernistas não era de fato superficial, mas pretendia alcançar os fundamentos, para que se desmoronasse o edifício eclesiástico. A partir do século XIX surgiram movimentos que buscaram critérios para renovação teológica, pastoral, bíblica, litúrgica, patrística, tomista e do pensamento social. Busca restrita a poucos intelectuais, porém de forte impacto; sendo possível a partir de estudos transdisciplinares através da documentação, um retorno às fontes da vida cristã. Nesse processo torna-se objeto de estudo a pesquisa sobre Jesus, fazendo um contraponto ao pensamento eclesiástico, essencialmente supersticioso e ortodoxo.

Nessa busca pelo passado de Jesus é crucial determinar uma proposta heurística baseada na instrumentalidade dos campos epistemológico, ideológico e metodológico. A historiografia como narrativa histórica busca a reconstrução do objeto a ser pesquisado, ao final apresentará uma proposta de resposta, pois não há síntese inquestionável e passível de limitações e críticas. No processo de narrar a história de Jesus precisa-se observar a forma, o conteúdo e os limites desse objeto de investigação ao ser interpretado por diferentes práticas discursivas.

No campo metodológico, para se chegar ao Jesus pela via da reconstrução histórica, cabe o cruzamento de três vetores, constituindo uma triangulação que serve de base exegética e hermenêutica. O primeiro vetor é a antropologia cultural, onde há relação entre a cultura mediterrânea e a sociedade judaica, fortemente agrária inserida num ambiente essencialmente religioso. O segundo vetor é a dimensão greco-romana e judaica nos séculos I e II E.C. As relações Império Romano e província judaica, cultura helênica e religiosidade judaica constroem a paisagem onde Jesus desenvolveu seu ministério. O terceiro vetor é a análise da documentação textual e material.

No século I da era cristã, a Judeia estava sob domínio romano, que gerou desordem sistêmica aos judeus, que desejavam se libertar dos opressores, restabelecer a monarquia, desmontar os entraves econômicos e conter o excesso de influência cultural externa. Acreditavam na vinda de um libertador que assumiria as funções de rei, profeta e messias.

Vários assumiram esse papel; dentre esses, um homem de origem camponesa ensinando a obediência à Lei de Deus, carismático, fazendo discursos que atraíram multidões e combateu as injustiças com a paz. Seu nome em hebraico é *Yeshua* e em grego *Iesoús*, o qual após sua morte passou a ser conhecido como *Iesoús Christós* (Jesus Cristo).

Nos evangelhos de Mateus e Lucas, Jesus nasceu em Belém, uma pequena aldeia ao sul de Jerusalém. Analisar esse nascimento insere-se no campo mitológico e não histórico, pois em 1Sm 17,12 diz que Davi era um efrateu de Belém (Judá). À medida que a injustiça social e dominação estrangeira colonial assolam o território judaico, no imaginário social, idealizaram um futuro rei davídico para trazer de volta a paz e glória de um passado artificialmente construído, por isso projetaram um idealismo utópico. Na narrativa de Mateus e de Lucas, Jesus é o messias davídico, esperado em muitos círculos do judaísmo como esperança de futuro. Em Lc 1,32 lê-se que Jesus será chamado filho de Davi e terá o seu trono. Gestou-se uma descendência messiânica a partir de Davi até Jesus. Jesus ao mesmo tempo que é considerado Deus/filho de Deus, também é o messias davídico.

O programa social de Jesus na documentação apresenta o desejo de reconstruir uma sociedade a partir dos princípios de comensalidade, justiça, igualitarismo religioso e político, em um cenário que o empobrecimento se ampliava; observável pela perda das terras de pequenos e médios proprietários para os latifundiários ou mediante a elevada carga tributária, gerando enriquecimento das elites locais e do próprio Império Romano. Em resposta a esse sistema, Jesus adotou o projeto de Reino de Deus, posicionando-se contrário ao Império Romano, assim como toda e qualquer forma de extorsão praticada. Em resposta teve uma execução político-religiosa mediante morte de cruz.

Resgatar a tradição de Jesus requer analisar os ditos sobre Ele em três níveis de camadas redacionais: (i) palavras, atos e acontecimentos medulares, (ii) esses dados são aplicados em novas situações, problemas e circunstância, ou seja, ressignificação em múltiplos contextos, (iii) gestam-se novas sentenças e histórias. Para a atestação em que *nível* um relato de Jesus se encontra é preciso de uma completa listagem documental, material e textual, canônico e extracanônico, alocados em seu contexto histórico e literário. De posse desse inventário precisa-se fazer estratificação cronológica; o processo investigativo sobre Jesus dar-se-á por uma sequência de estratos. Nessa metodologia, o primeiro estrato está, em tese, mais próximo em uma dimensão cronológica do Jesus histórico. O fato de estar mais próximo cronologicamente, ainda assim, não significa que sejam dados atestados pela história.

Os mais diversos estudos sobre Jesus, um pregador errante conhecido por seus posicionamentos políticos e engajamento social, *grosso modo*, possibilitaram a construção de quatro perfis: (i) Jesus real: refere-se a um homem, o Jesus da história. A busca por reconstruí-lo dá-se pela antropologia e não teologia, (ii) Jesus histórico: a partir da documentação, propõe-se reconstruir o contexto de Jesus, no qual em grande parte é a Galileia, (iii) Jesus teológico: dogmas instituídos pela tradição eclesial, sobretudo a partir dos primeiros concílios que formularam a base epistemológica sobre a cristologia, (iv) Jesus da fé: símbolo de um deus que se fez homem e morreu pelos pecados da humanidade.

O cristianismo é um fenômeno plural em sua essência, observado nas comunidades irmanadas em Jesus nos séculos I e II que não possuíam uniformidade sobre as compreensões teológicas de seu tempo, fato observável nos quatro evangelhos canônicos; cada um apresenta uma cristologia. Idealizar uma leitura monolítica gera distorções e inibem a objetividade científica na reconstrução do contexto sociocultural do mundo mediterrâneo e da Galileia em especial, como província do Império Romano. A partir do século IV formam-se as bases para entendimento homogêneo sobre Jesus, que serão fortalecidas pela Cristandade após a queda do Império Romano em 476.

A reconstrução desse personagem torna-se possível a partir de critérios sociopolíticos, antropológicos e tipológicos de reconstrução histórica. À medida que os estudos avançam nessa perspectiva, indicam a hermenêutica de *cristianismos*, assumindo a pluralidade desse movimento, ao mesmo tempo que contesta o discurso rarefeito produzido pela ortodoxia cristã.

A academia ao fazer uma análise historicista de Jesus deseja resgatar sua memória, história, perguntas e dilemas. As análises produzidas não são para agredir, mas trazer sérias reflexões sobre o Jesus histórico e os usos desse personagem ao longo da história, sendo amplamente utilizado para legitimar guerras, colonialismos, imperialismos e intolerância religiosa.

Felinto Pessôa de Faria Neto

Ver também Cristianismo antigo; Igreja; História das religiões; Religião.

A Bíblia TEB (1995). São Paulo: Loyola; Paulinas.

CARMO, S.M. & ANDRADE, A.L.P. (2015). O processo da pesquisa sobre o Jesus histórico e o surgimento do judaísmo messiânico. *Horizonte*, vol. 13, n. 40, out./dez., p. 2.194-2.220.

CHEVITARESE, A.L & FUNARI, P.P.A. (2012). *Jesus histórico*: uma brevíssima introdução. Rio de Janeiro: Klínē.

CHEVITARESE, A.L. (2013). Entrevista com André Leonardo Chevitarese: um novo olhar sobre o estudo do Jesus histórico e do paleocristianismo. *Romanitas* – Revista de Estudos Grecolatinos, n. 1, p. 5-12.

CROSSAN, J.D. (1995). *Jesus: uma biografia revolucionária.* Rio de Janeiro: Imago [trad.: Júlio Castañon Guimarães].

______ (1994). *O Jesus histórico*: a vida de um camponês judeu no Mediterrâneo. Rio de Janeiro: Imago [trad.: André Cardoso].

HORSLEY, R.A. & HANSON, J.S. (1995). *Bandidos, profetas e messias*: movimentos populares no tempo de Jesus. São Paulo: Paulus.

SCHIAVO, L. (2009). A busca pelas palavras e atos de Jesus: o Jesus Seminar. *Caminhos*, vol. 7, n. 1, p. 29-53.

Judaísmo

Judaísmo é a religião mais antiga do Ocidente e a origem das outras duas religiões monoteístas que nela se baseiam. Trata-se de uma religião que alterna tradições muito antigas, incluindo amplas influências politeístas e animistas, com refinadas noções de espiritualidade, pensamento filosófico e uma capacidade de interação com outros saberes e religiões que a transformaram num complexo conjunto.

Periodização: Há múltiplas possibilidades de se definir períodos e eras na evolução do judaísmo. Optamos por uma divisão tradicional mas crítica, usando do próprio judaísmo para definir.

1) *Período pré-mosaico* – Seria um período lendário ou semilendário no qual tradições orais seriam transmitidas pelos anciãos das tribos e sendo mescladas influências múltiplas de povos e culturas regionais e das grandes culturas do Crescente Fértil. Os patriarcas são personagens mitológicos que definem um complexo identitário coletivo para as tribos e geram uma unidade parcial e frágil entre tribos de diversas origens: algumas locais e algumas das cercanias ou possivelmente vindas ora do Egito (Êxodo), ora da Mesopotâmia (migrações).

Há hipóteses diversas que afirmam que cada um dos patriarcas seria de uma das regiões: Abraão seria das montanhas centrais (Judá e Samaria); Isaac da região do Deserto do Neguev, ao sul; e Jacó da região norte (Galileia e vales). Assim os três fariam um amplo conjunto familiar, generacional e geográfico.

2) *Período mosaico* – Seria um período de curta duração (tradição) enfocado no Êxodo, ou um período de média duração no qual um personagem parcialmente histórico ou mais possivelmente mítico é moldado pelos profetas e escribas, já no período seguinte (profético). São redigidas diversas legislações, algumas arcaicas e outras posteriores que são atribuídas a um legislador único que é apenas um receptor da Lei revelada pelo Deus tribal e posteriormente "nacional" e universal.

O código contido no Livro do Êxodo se configura como o mais antigo; o código sacerdotal o complementa e está na sua maioria no Livro do Levítico; já a camada mais recente é a assim denominada reforma deuteronômica que está contida no livro do mesmo nome, o Deuteronômio. Ainda que atribuído a Moisés, este último sai da periodização, pois se trata de um texto criado pelos profetas e escribas do reino de Judá. Ou seja, pertence a ambos e faz uma conexão e uma sutil adaptação de uma sociedade tribal, nômade e pastoril para a realidade de um reino, sedentário e agrícola em meio a uma ampla crise social e sob a ameaça de potências externas.

3) *Período profético* – Este período é ainda mais complexo. Com o objetivo didático faremos sua divisão em três subetapas: período do primeiro templo, exílio ou cativeiro da Babilônia e o período pós exílico denominado "retorno a Sião" (*Shivat Tzion*).

O profetismo hebraico é um tema amplo e que demandaria um tópico especial. Havia profetas que prestavam serviços a poderosos, por vezes ajudavam os reis antes de combates, ou a tarefas cotidianas como a descrição do encontro de Saul e Samuel quando o primeiro quer falar com o "visionário" e lhe perguntar o paradeiro das mulas de seu pai (1Sm 9). Ou seja, era tal como a pitonisa de Delfos, um tipo de oráculos que serviam de prestadores de serviços de adivinhação. Mas surgem profetas que se relacionam com o pacto de Deus com os patriarcas e com Moisés, o que seriam os profetas de Deus.

Os primeiros profetas eram isolados e atuavam na defesa do pacto, no combate da idolatria, mas não havia profetas que se envolviam em questões sociais. Caso de Débora que assessorou Barak no combate com os cananeus (Jz 4–5). Caso de Samuel que, como juiz e profeta, dirigiu o povo e encaminhou a criação da monarquia (1Sm 9–16).

Há uma primeira guinada quando o Profeta Natan argumenta e consegue a autocondenação do poderoso Rei Davi por adultério com Bat Seba (Bat Sheva), indução de homicídio de Urias. Trata-se do desrespeito de três entre os dez mandamentos. Apresenta-se como um severo libelo contra o abuso de poder monárquico no Oriente antigo em que reis eram sacralizados ou divinizados (2Sm 11–12). Os efeitos imediatos desta atitude real se explicam de forma alegórica na crise dinástica ocorrida entre Davi e Absalão, que gerou uma guerra civil, a qual na narrativa do escriba e/ou profeta se delineia como uma punição ao poderoso rei. Mesmo sendo este o tronco de uma dinastia que será a árvore do rei ungido (messias) libertador e posteriormente o redentor. Os dois livros de Samuel são uma forma de legitimar a dinastia, mas mesmo assim acusam e mostram a punição em vida de Davi, pelo Deus que o escolhe.

a) *Período do primeiro templo: era dos profetas sociais* – A reviravolta na questão profética que passa de puramente religiosa, para uma sutil mescla da religião, com o social, isto ocorre, a nosso ver, com a atuação do Profeta Elias (*Eliahu Hanavi*). Esse personagem que tanto combateu o culto de Baal (idolatria e a negação do Deus único) quanto imbricou a defesa do monoteísmo à questão social. Fez isto ao criticar Acabe (*Achav*), o rei de Israel, (o Reino do Norte, após a cisão do império de Davi). Acabe e sua esposa fenícia Jezabel, através de um ardil mentiroso e criminoso, condenaram o camponês Urias, para usurpar e se apropriar de sua propriedade (1Rs 21ss.). O rei e sua esposa são punidos por Deus com mortes violentas. A lição implícita é que os pequenos camponeses herdaram suas terras de Deus.

Há aqui os primórdios do profetismo de cunho social que associou o pacto com o povo e a concessão da denominada terra santa, a uma percepção de sociedade justa e solidária. Nesta se idealiza a conquista e a divisão das terras de Canaã (terra de Israel) entre as famílias das tribos invasoras. Há sacralidade neste minifúndio legado por Deus.

A visão da sacralidade da posse da terra estará associada ao profetismo, pelo menos de maneira parcial, e fundamentará a interpretação do desagrado de Deus com o rompimento e desrespeito do pacto: a idolatria foi o tema central e principal, mas o segundo em relevância foi a (in)justiça social. O foco é conservador e tradicionalista.

O profetismo passa a ser uma espécie de movimento social religioso a partir das crises sociais geradas pelas invasões de saque empreendidas pelos arameus (ou sírios). Estes não conseguiam invadir e ocupar as cidades muradas, mas saqueavam os campos e tornaram os camponeses arruinados. Isso causou a ruína dos camponeses, fim do sistema comunitário criado e sacramentado pela Lei mosaica, gerando o acúmulo de terras e o surgimento de latifúndios e setores marginalizados que migraram para as cidades. Os profetas criticam a idolatria e a associam à injustiça social, caso de Amós, Miqueias, Isaías e Jeremias. Não seria o caso de todos os profetas: Oseias nada fala desse tema, por exemplo.

Os profetas sociais consideravam a idolatria como acoplada à injustiça social, pois se tratava de um pacto com Deus e que trazia ao povo de Israel certos deveres e obrigações: seguir os preceitos (*mitzvot* = cf. verbete "Bíblia hebraica"), cultuar apenas o Deus único e não participar nem cultuar os deuses dos povos vizinhos professando algum tipo de idolatria aos *baalins* (deuses cananeus e fenícios) e *astarotes* (deusas), e tampouco a outras entidades de povos da região.

O texto profético foi redigido parcialmente no final do período do primeiro templo, mas concluído, editado e estruturado seja no período do cativeiro da Babilônia (*c.* 586-536 a.E.C.), seja no retorno a Sião, que é a libertação e autorização de volta à terra de Israel, no período persa, e a reconstrução do que viria a ser o segundo templo. Ou seja: reflete sobre fatos históricos "já ocorridos" e analisa seus efeitos. É retroativo.

Os profetas do período do primeiro templo advertiam que Deus iria punir a idolatria e a injustiça social com um castigo, que viria do Norte e que geraria uma destruição ímpar e o exílio. Os dois reinos que sucederam ao império de Davi e Salomão foram ambos conquistados e na sequência tiveram parcelas majoritárias de sua população exiladas.

O reino de Israel (centro e norte da terra de Israel) que era mais rico e poderoso foi o primeiro. Os assírios tomaram e arrasaram a capital Samaria por volta de 722 a.E.C. e exilaram seus habitantes, fazendo trocas de população entre alguns dos povos dominados do leste e os habitantes do reino de Israel. Assim desenraizavam populações.

Não se sabe o que restou desses exilados, que se mesclaram com populações do Oriente. Seu destino gerou diversos mitos e lendas que falam das "dez tribos perdidas". Já as populações do Oriente que foram forçadas a emigrar e repovoar o reino de Israel (Samaria) adotaram o deus local (IHWH ou Elohim) e se tornaram os samaritanos. Nunca foram aceitos pelos "judeus", por serem considerados impuros, mas se tornaram seguidores do mesmo Deus, numa vertente separada. Alguns sobreviveram até hoje.

Já o reino de Judá (montanhas centrais) sobreviveu aos assírios, mas se viu no meio de um conflito entre a Babilônia e o Egito e acabou se revoltando contra o domínio babilônico e foi vítima de uma retaliação do Rei Nabucodonosor que cercou e destruiu Jerusalém em 586 a.E.C. e queimou o templo. A população urbana e mais culta foi exilada, e permaneceram apenas camponeses na região das montanhas da Judeia (Judá). Começava o "cativeiro da Babilônia" denominado em hebraico como "*Galut Bavel*".

b) *O exílio/cativeiro da Babilônia (c. 586-536 a.E.C.) e seus profetas* – Estimamos que boa parte dos escritos dos profetas do período do primeiro templo tenha sido escrita no período do cativeiro. O exílio foi longo (meio século), mas não tão longo que a memória dos exilados perdesse a lembrança dos profetas que advertiam para os riscos da idolatria e da injustiça social. Esta lembrança fermentou a noção que havia um pacto e como os profetas advertiram sobre o desrespeito ao acordo realizado por Deus com Moisés, e com as tribos no sopé do Monte Sinai teria ocorrido o castigo: o exílio.

Essa concepção religiosa começa a delinear uma filosofia da história, que aos poucos, gradualmente, gera uma identidade coletiva do povo judeu (o que sobrara das doze tribos ou dos dois reinos Israel e Judá) ou também povo de Israel. Esta concepção de pacto passa a ser associada a uma missão universal, que faria este povo minúsculo e sem poder ou riqueza almejar transmitir aos demais povos sua fé, seus valores e compartilhar com outros povos a pertinência ao pacto. O cristianismo irá desejar herdar esta missão.

De um aglomerado de povos nômades agregados em tribos e que ocuparam um espaço periférico aos poderosos impérios egípcio no vale do Rio Nilo e mesopotâmico na região dos rios Eufrates e Tigre, atual Iraque, uma nova religião definia um sentido teleológico e universal à existência humana neste mundo. E na reflexão coletiva que os judeus fizeram no cativeiro da Babilônia entenderam que, se soubessem se arrepender dos erros do passado recente e voltassem a viver sob a égide da Lei de Moisés, seriam perdoados e Deus os receberia de volta no pacto.

Cria-se de maneira intuitiva e casual os hábitos de ler Salmos e orar para Deus dando início à sinagoga e ao que viria ser o livro de orações (*sidur* que deriva da palavra "*seder*" ou ordem). Os judeus diaspóricos a partir deste momento nunca mais se distanciaram da oração, do livro de rezas e da sinagoga.

Os profetas do exílio são alguns, mas escolhemos o assim denominado segundo Isaías, que tem sua profecia entre os capítulos 40 e 66 do Livro de Isaías, e Ezequiel. Ambos têm claras referências escatológicas e messiânicas. Entendiam que o ungido os libertaria a mando de Deus. Salientaríamos o alegórico capítulo 37 de Ezequiel denominado "vale dos ossos secos" que pode ser interpretado, e foi, até como prevendo o final dos tempos e o renascimento/reencarnação dos justos. Na sua época evocava a volta dos judeus a sua terra (Israel) e a reconstrução de Jerusalém e do templo.

Isso se deu de maneira quase plena com a tomada da Babilônia pelo rei persa Ciro, que liberta os cativos judeus e lhes permite retornar a "Sião" (leia-se Jerusalém) e reconstruir o templo (neste caso o segundo). Ciro chegou a ser visto como messias.

O segundo Isaías foi "descoberto" só na Modernidade, pois tem fortes vínculos com o primeiro. Descreve e continua com a expectativa messiânica e a escatologia do fim das guerras, paz e justiça social que já emana do primeiro Isaías. Este é anterior ao outro.

4) *O período do segundo templo (536 a.E.C.-70 d.E.C.)* – Trata-se de um largo período e que será analisado sob alguns de seus focos. Não enfocaremos mais o profetismo, mas seguiremos analisando e refletindo sobre a Lei e sua inserção no cotidiano judaico.

a) *A edição da Lei de Moisés (Torá), a sinagoga, e o livro de orações* – Os que retornaram do cativeiro tinham o apoio do governo persa sob certas condições. Não poderiam se tornar independentes, mas obtiveram um direito de autonomia. Poderiam reger suas vidas pela lei judaica, mas a população camponesa era iletrada ou semiletrada e a compreensão da lei era complexa. O caminho adotado foi inserir lado a lado com os sacrifícios de animais no segundo templo, o hábito sinagogal já adquirido no período do cativeiro.

Para poder entender e praticar a Lei de Moisés, revelada no sopé do Monte Sinai, e não se desviar dos caminhos de Deus, urgia editar esta mesma obra. Os cinco livros ou Pentateuco eram considerados revelação divina, através de Moisés, e no final do século VI a.E.C. um escriba de nome Ezra (Esdras) fez a edição definitiva deles. Foi denominado com o nome "Torá" (ensinamento ou lei) e compõe a primeira parte da Bíblia hebraica (cf. o verbete "Bíblia hebraica").

A partir desse momento se estabelece nas sinagogas rituais de leitura da Torá ou Lei. Essa obra era copiada pelos escribas em pergaminho(s) com extremo cuidado, e montada em hastes de madeira no formato de um imenso rolo. Esse livro era lido todas as semanas do ano, de forma cíclica. Havia trechos atribuídos às cinquenta semanas do ano (no ciclo lunar eram ora 50 ora 54 semanas); a todas as festas eram atribuídas leituras específicas. Para praticar a Lei e obedecê-la teria que se entender seu conteúdo.

A leitura semanal era realizada no sábado, mas nas segundas e quintas-feiras que antecediam era parcialmente lida e comentada para que os camponeses pudessem ouvir. Isso porque devido a legislação do *shabat* (sábado judaico que começa no pôr do sol de sexta-feira e termina no pôr do sol do sábado) havia restrições de locomoção aos fiéis. Ler nos dias de feira (segundas e quintas) integrava os camponeses. Deste modo o conhecimento da lei se fez de maneira vertical: os sábios não só liam para a comunidade a Lei mosaica, mas também a comentavam. Estes comentários podiam ser literais e apenas analisar o que estava escrito ao "pé da letra", ou ser analíticos aprofundando saberes e refletindo no contexto da época. Um sólido entendimento gera uma prática.

Estes comentários poderiam derivar novos pensamentos e análises e gerar solução para novos problemas e realidades. Cria-se lenta e gradualmente um amplo acervo cultural de análises, reflexões e legislações derivadas da Lei mosaica. Aparecem assim leis derivadas que no futuro criarão a Lei oral. Primeiramente a Mishná (séc. II d.E.C.) e depois as duas *Guemarot* (séc. IV e VI) (cf. o verbete "Talmude").

b) *Encontros e desencontros entre o judaísmo e o helenismo* – Esta temática também é ampla e vamos enfocar genericamente como os contatos entre duas culturas tão importantes na formação do mundo ocidental se deram. Os gregos eram comerciantes e navegadores e já tinham tido contatos com os judeus por alguns séculos. Mas esta aproximação se intensificou com as conquistas de Alexandre o Magno no século IV a.E.C. e a ampla divulgação do estilo de vida helenístico nas margens orientais do Mediterrâneo e nos espaços dos reinos helenísticos selêucida (Síria e Mesopotâmia) e ptolomeu ou lágida (Egito e Israel).

Enfocaremos dois momentos marcantes. O primeiro deles se dá no espaço de uma cidade cuja fundação é atribuída a Alexandre: a metrópole denominada Alexandria, situada próxima ao Delta do Nilo. Os primeiros colonizadores convidados por Alexandre foram gregos, egípcios e judeus. A convivência entre esses grupos não foi fácil: conflitos e polêmicas ocorrerão através dos séculos. Há também expressivas trocas culturais.

Uma delas é a tradução da Bíblia hebraica do hebraico ao grego. Esta tradução é descrita de uma maneira que mescla lenda com história. O rei lágida Ptolomeu II propõe a tradução e a financia. São convocados setenta e dois (72) sábios judeus que sabiam as duas línguas com fluência e profundidade. Recebem estadia plena em condições de trabalho, mas são proibidos de se comunicar por todo o período que trabalham na tradução. Ao final as setenta e duas versões são comparadas e não têm nenhuma diferença. Isso mostra o interesse dos helenizados no judaísmo e a forma que os judeus do Egito helenístico estavam aculturados e já não sabiam ler em hebraico na sua maioria. Este é um exemplo de aproximação

Por outro lado, no período helenístico encontramos um violento conflito na ocupação selêucida da região da Judeia no início do século II a.E.C. O Rei Antíoco III conquistara a região até então pertencendo aos monarcas ptolomeus do Egito. Há uma forte helenização entre os habitantes de Jerusalém e outras cidades da região. Nesses locais há a prática de esportes nus, teatros e termas, locais de estudo e debate de filosofia e artes gregas, enfim um amplo processo de helenização e perda de valores judaicos.

A população camponesa segue em sua religiosidade judaica pouco alterada e vê com repúdio esta aproximação de judeus aos padrões culturais dos "gregos". Num certo momento há disputas pelo cargo de sumo sacerdote (*cohen hagadol*) e os tradicionalistas se revolta. Ocorre uma imediata repressão destes e muito são escravizados e reprimidos. Um processo aparente de helenização forçada começa a ser executado, mas não há certeza disso, se de fato ocorreu ou se trata de um mito.

Irrompe uma revolta camponesa e lentamente, por meio de uma guerra de guerrilhas e com a aliança de Roma republicana, os "poucos" camponeses vencem os invasores e reinauguram o templo que tinha sido profanado. Essa revolta se torna vitoriosa e é vista como um milagre, gerando uma festa celebrada até nossos dias: Chanucá ou (re)inauguração do templo.

A sequência é que a nova dinastia denominada hashmoneus (ou macabeus devido ao apelido de um líder inicial) se estabelece, mas atua de forma contraditória a seus princípios originais. Entra no circuito de comércio internacional e arruína os camponeses judeus (que ajudaram na guerra e venceram os helenizados) que produziam com custo maior; adota padrões culturais helenizados; conquista povos vizinhos e em alguns faz conversões forçadas ao judaísmo, como por exemplo os edomitas ou idumeus da região de Edom.

Não tarda que numa briga dinástica, entre dois candidatos ao trono asmoneu, haja a intervenção romana e a região se torne inicialmente um reino associado e depois uma província romana. Um convertido de origem edomita, denominado Herodes, se torna o governante. Excelente administrador e bem relacionado com os governantes de "fato", os romanos, ele é odiado pela maioria da população. A sua família ainda governa por alguns anos e depois a região é anexada por Roma, já no período imperial.

A resistência judaica é tenaz, mas Roma reprime com força. A maior revolta ocorre entre os anos 66 e 70 d.E.C. Nessa guerra demorada e devastadora o país é assolado por matanças, escravizações e ao final a cidade de Jerusalém é assediada pelo exército imperial, tomada, queimada e seu templo é destruído. Desde então nunca mais foi reconstruído.

O judaísmo terá que se recompor e num gradual processo faz um projeto religioso que mesmo almejando a reconstrução de um terceiro templo, quando o Messias viesse, segue existindo no âmbito da cultura, da sinagoga, da Lei e da ética judaica.

A elaboração do Talmude (cf. o verbete "Talmude") é realizada em etapas no próximo meio milênio. O projeto educacional judaico já existia, mas agora se aprimora. A maioria do povo judeu sai de sua terra em função das guerras e revoltas contra Roma e da falta de condições econômicas na região. Uma ampla diáspora judaica, seja na Babilônia (desde o cativeiro), seja no Império Romano, se torna um fato consumado.

Os judeus obtêm direitos minimalistas de autonomia e seguem criando seus filhos em comunidades judaicas, às margens de maiorias, ora hostis, ora tolerantes. A dispersão se acentua com as perseguições do Império Romano na esteira das revoltas.

A diáspora judaica seguirá por cerca de dois milênios, e nesta o judaísmo se formata para sobreviver, sem templo, sem sacrifícios, sem uma terra e sem governo próprios. A interação na diáspora com cristãos ou muçulmanos gerará ora conflitos e perseguições, ora trocas culturais ricas. Um exemplo final é a interação do judaísmo com o neoplatonismo e mais tarde com o neoaristotelismo que gerará uma filosofia judaica no Medievo.

Sergio Feldman

Ver também Bíblia hebraica; História das religiões; Magia hebraica e cristã antiga; Religião; Talmude.

EPSTEIN, I. (s.d.). *Judaísmo.* Lisboa/Rio de Janeiro: Ulisseia.

GOLDBERG, D.J. & RAYNER, J.D. (1989). *Os judeus e o judaísmo.* Rio de Janeiro: Xenon.

HERTZBERG, A. (1964). *Judaísmo.* Rio de Janeiro: Zahar.

JACOBS, L. (2003). "Judaism". In: SKOLNIK, F. *Encyclopaedia Judaica.* Vol. 11. 2. ed. Detroit: Thomson Gale/Keter, p. 512-517 [o verbete completo segue até a p. 520].

______ (1981). "Judaísmo". In: COMAY, A. (org.). *Valores del judaísmo.* Jerusalém: Keter.

ROTH, C. (1967). "Judaísmo". In: ROTH, C. *Enciclopédia Judaica* (E-L). Rio de Janeiro: Tradição, p. 705-706 [vol. 2 da Biblioteca de Cultura Judaica].

SELTZER, R.M. (1990). *Povo judeu, pensamento judaico.* Rio de Janeiro: A. Koogan [vol. 1 da Biblioteca Enciclopédica Judaica].

Labirintos sámi

Os labirintos sámi são um tipo muito específico de estrutura cuja ocorrência se dá em praticamente toda a área de *Sápmi* – termo empregado para designar a região habitada pelos povos sámi, que abrange geograficamente parte dos territórios das atuais Noruega, Suécia, Finlândia e o extremo norte da Rússia. O nome *Sápmi* substituiu a antiga designação *Lapônia*, que significava algo como "Terra dos lapões", outro nome – hoje em dia, pejorativo – utilizado para se referir aos povos de etnia sámi.

Antes de prosseguir abordando a questão dos labirintos, é relevante elencar algumas breves informações sobre os povos sámi. Principalmente durante a Idade Moderna eles foram chamados de lapões, termo intrinsecamente relacionado a um etnocentrismo consolidado sobretudo por volta do ano de 1673, na obra de Johannes Schefferus, que defendia implicitamente o direito dos nórdicos (principalmente os suecos) de colonizarem os sámi por serem superiores e civilizados em relação a esses povos. Ao contrário de seus vizinhos nórdicos, os sámi não eram povos de origem indo-europeia. Eles são originários da família fino-úgrica, que engloba também os povos finlandeses e estonianos, embora haja diferenças genéticas, sociais, culturais e religiosas entre todos eles. As principais atividades desses povos eram a pesca, a caça de animais – tanto para alimentação quanto para extração e comercialização de suas peles – e principalmente o pastoreio de renas, animal de importância última para os sámi que, consequentemente, praticavam o nomadismo com base nas migrações desse animal.

Partindo para a questão específica dos labirintos, é interessante começar ressaltando alguns de seus aspectos morfológicos. Esses labirintos não eram construídos com paredes ou outras estruturas intransponíveis erguidas: eram feitas escavações superficiais no chão e, em seguida, eram depositadas pedras grandes, geralmente arredondadas, em cima das linhas que haviam sido escavadas. Sua forma era relativamente padronizada, seguindo geralmente uma tendência circular ou então com pequenas variações, como por exemplo em formato oval ou em forma de ferradura de cavalo. Se vistos de cima, os labirintos sámi apresentavam seus contornos em um desenho que lembra muito o cérebro humano representado de maneira bidimensional. Devido a essas particularidades em seu desenho, formato e composição, por vezes pode ser difícil identificar a ocorrência de um labirinto sámi genuíno. Como são feitos por nada mais além de pedras posicionadas no chão, deve-se tomar cuidado para não tomar certas paisagens naturais por labirintos, pois, por vezes, o arranjo natural e ocasional de pedras em certos locais específicos pode dar a falsa impressão de que se trata de uma modificação intencional por parte do homem.

Apesar desse tipo de monumento dos povos sámi ser chamado de labirinto, vale a pena ressaltar que ele difere do típico conceito ocidental atribuído a essa palavra. Ao contrário dos exemplos trazidos pela mitologia greco-romana, nos labirintos sámi não existem falsos caminhos e nem becos sem saída: no lugar disso, possuem uma única entrada, muito bem definida, seguida por vários círculos concêntricos que levam invariavelmente ao centro da construção.

A ocorrência dessas estruturas é observada por todo território escandinavo, mais precisamente em todas as regiões da área denominada *Sápmi*, conforme explicado. Contudo, as regiões onde mais são encontrados esses labirintos correspondem às áreas da Finlândia e Suécia, o que não é de modo algum uma surpresa, visto a forte presença de povos sámi nessas regiões. Ocorrências menos numerosas são observadas também na Carélia e na Noruega, especialmente em *Finnmark*, nome dado a uma área ártica e costal da Noruega que faz fronteira com a Finlândia e a Rússia, e que antes da colonização norueguesa era habitada originalmente pelos sámi.

Grande parte desses labirintos é encontrada em regiões litorâneas e costais, ou então próximas a grandes lagos – às vezes até mesmo em pequenas ilhas –, o que levanta a hipótese de que haja uma relação entre eles e a água, conforme levantado por Olsen. Alguns deles são encontrados em áreas florestais e de caça. Há certos critérios que foram empregados por Edvinger e Broadbent para que se descobrisse se esses labirintos eram de fato autoria dos sámi: um deles surgiu por meio da observação de que grande parte dessas estruturas é encontrada em áreas conhecidas por serem regiões de pastoreio de renas, uma atividade extremamente típica e caracterizante desses povos; outro fator extremamente relevante é que frequentemente esses labirintos encontram-se juntos ou muito próximos a sítios de inumação reconhecidamente sámi, evidenciando não somente a questão da autoria, mas também uma relação entre essas estruturas e ritos funerários.

É curioso notar que a existência desses labirintos não havia sido relatada até a chegada da Idade Moderna, por mais que estudos e exames arqueológicos apontem que as datas de suas construções propriamente ditas encontram-se sempre entre os anos de 1200 a 1700 E.C. Um dos principais divulgadores dos labirintos sámi foi o norueguês Ernst Manker. Em meio a suas muitas expedições realizadas por volta dos anos de 1943-1956, patrocinado pelo Museu Nórdico de Estocolmo, Manker teve contato e tornou-se familiarizado com uma série de sítios sagrados, principalmente na região montanhosa da Suécia. Ele colhia informações sobre esses monumentos diretamente com moradores locais, e então, em grande parte das vezes, dirigia-se até o suposto local para verificar as informações que havia recebido. Ernst Manker posteriormente reuniu todas essas informações e as publicou, no ano de 1957, em um livro intitulado *Lapparnas heliga ställen*, ou seja, *Sítios sagrados lapões*.

Nos relatos trazidos pelo norueguês, algumas dessas estruturas eram diferentes entre si na questão de morfologia, mas traziam algo em comum: além da predominância do formato circular, todas estavam conectadas com relatos de sacrifícios sendo realizados de maneira delimitada dentro de seu espaço. Algumas teorias interpretativas que vinculam até hoje a respeito da utilização desses espaços têm sua origem nesses relatos. Muitos pesquisadores creem que os sámi obviamente atribuíam poderes mágicos e sagrados a esses labirintos, o que os levava então a praticar, nesse espaço, sacrifícios ritualizados.

Estes seriam uma espécie de oferenda destinada às divindades, que visava trazer, para os sámi, êxito nas atividades de caça e pesca, o controle da maré e clima favorável; ou então como estratégias de manejo e fortalecimento frente a situações de morte, doença, gravidez e nascimento.

Uma teoria interessante a respeito da utilização sagrada desses labirintos é a de Bjornar Olsen, para quem os labirintos serviriam como metáfora física para um rito de passagem muito específico: o da transição da vida para a morte. Similar a outros ritos de passagem, o momento do morrer também é uma situação em que as fronteiras entre um estado social e outro são rompidas e transformadas. Portanto, quando um membro da comunidade morria, o xamã conduziria esse ritual, entrando sozinho no labirinto – expressando a separação, tanto simbólica quanto social, entre o indivíduo recém-falecido e sua vida. Ao adentrar o labirinto, o xamã demarcaria a separação entre o morto e sua vida/função social. A cerimônia, então, terminaria com o xamã saindo do labirinto e manifestando essa incorporação, agora plena, do indivíduo falecido nesse outro estado, que seria o da morte.

Pode-se indagar por que necessariamente a estrutura de um labirinto para a prática desse ritual. Não poderia qualquer estrutura cumprir essa função? A religiosidade sámi, frequentemente classificada como xamânica por essência, concebia a passagem para a morte como uma jornada estreita, tortuosa, difícil e longa, que deveria ser percorrida pelo falecido. Por isso a representação dessa jornada em formato de um labirinto concêntrico, caminhado por um xamã: enquanto alguém que conhece esse caminho, já o percorreu diversas vezes e voltou, ele seria uma figura auxiliar e porta-voz do falecido, ajudando-o a cumprir essa transição. Desse modo, somente o xamã pode incorporar a alma do indivíduo morto e transportá-la para sua nova moradia.

Os labirintos sámi ainda despertam inúmeras controvérsias e muitas incertezas ainda se manifestam a seu respeito. Afinal, são monumentos tão curiosos quanto enigmáticos, e seus significados ainda estão por ser desvendados. Inclusive, o número de estudos e menções a esses labirintos no meio acadêmico, até mesmo no exterior, são ainda tímidos.

Victor Hugo Sampaio Alves

Ver também Báltico pré-cristão (religião); Cristianização dos eslavos; Cruzadas do Báltico; Finlândia pré-cristã (religião), Sámi (religião).

ABERCROMBY, J. (1898). *The Pre- and Proto-Historic Finns.* Londres: Strand.

BROADBENT, N. (2010). *Lapps and Labyrinths:* Saami Prehistory, Colonization and Cultural Resilience. Washington: Smithsonian Institution Scholarly Press.

BROADBENT, N. & EDVINGER, B. (2007). Saami Circular Sacrificial Sites in Northern Coastal Sweden. *Acta Borealia:* A Nordic Journal of Circumpolar Societies, 23/1, p. 24-55.

OLSEN, B. (1996). Stone Labyrinth in Arctic Norway. *Caerdroia*, n. 27, p. 24-27.

RYDVING, H. (1993). The End of Drum-Time: Religious Change Among the Lule Saami, 1670[S]-1740[S]. *Historia Religionum*, n. 12.

Lilith

Lilith é a versão no idioma inglês para as palavras assírias *lillidu* e *lillitu*, que estão associadas à fertilidade e à grande descendência. *Lillitu* e *lillidu* designam, etimologicamente, um ser espiritual feminino com aparência de uma jovem madura que proporciona muitos filhos e grandes rebanhos de animais. Já a palavra "*lillissu*" significa eclipse lunar. As aproximações fonéticas o morfológicas entre estes vocábulos sugerem a ligação do feminino com a criatividade noturna e seus símbolos correspondentes.

No antigo poema épico mesopotâmico chamado *Ele que o abismo viu*, sobre as aventuras do herói Gilgamesh, há uma citação a Lilith. No texto – com compilação datada aproximadamente do século VII a.E.C. – sobre a árvore sagrada de Huluppu, o poema narra como a deusa Inanna encontrou a árvore sendo levada pela correnteza do rio e a plantou em seu jardim para obter boa madeira na posteridade. Com o passar dos anos, uma serpente passou a morar em suas raízes, uma ave noturna fez ninhos em sua copa e a donzela Lilith fez do tronco o seu lar. Inanna pediu a ajuda do seu irmão Gilgamesh para libertar a árvore e ele expulsou a serpente, a ave e Lilith; além de fazer um trono para sua irmã a partir do entalhe da madeira.

Por causa da história mítica sobre a árvore Huluppu, historiadores e literatos costumam associar a Lilith a serpente da árvore do texto bíblico pentateuco do Gênesis. No livro do Profeta Isaías (34,14-17), comenta-se sobre animais selvagens que se exilam em um lugar amaldiçoado e transformado em terra infértil pelo deus hebreu, sendo que uma das espécies de animais noturnos foi chamada de Lillitu. Esta passagem refere-se à desolação do reino de Édom, devido ao modo como seu povo humilhou os hebreus. O contexto da profecia explana como essa terra tornou-se um deserto. Como este é o único momento em que o nome de Lilith aparece nos textos da Bíblia, não é possível aos estudiosos do tema fazerem um estudo comparativo com outros termos bíblicos. Sendo assim, para determinar aproximadamente seu significado, recorre-se às linguagens cognatas como o acadiano e o aramaico.

No entanto, a tradição judaica conservou significados de Lilith em diversos documentos, o que é apontado por pesquisadores como Howard Schwartz (1991) e Judith Blair (2009) uma consequência devido ao longo período da presença da população hebreia nos períodos de reinado assírio. Direcionando Lilith como criatura mitológica, os textos judeus a descrevem como entidade feminina noturna e sombria. Seus atributos frequentemente são a lua, os ventos, as tormentas, a água, o pássaro noturno e a serpente.

O *Alfabeto de Ben-Sirach* – escrito entre os séculos VIII e XI E.C. – é o mais famoso texto histórico que apresenta Lilith como esposa original de Adão. Foi redescoberto e publicado para o público geral no séc. XIX, dando margem a interpretações místicas e esotéricas sobre a divindade de Lilith que perduram até a Contemporaneidade. O texto acerca da cocriação divina de Lilith e Adão também está presente no Talmude – conjunto de ensinamentos que formam a base para a lei judaica – apresentando o comentário que o demônio feminino Lilith pode gerar múltiplos demônios a partir da polução noturna e alertando que, por esse motivo, os homens devem evitar a solidão à noite.

As narrativas contidas no *Ben-Sirach* e no Talmude fazem parte do conjunto de histórias maravilhosas hebraicas chamado *Agadá*. Nas histórias populares do *Agadá* há a tradição de narrar Lilith como sendo a mulher criada simultaneamente com Adão; eles terminam por não entrar em acordo e Deus os reduz a pó, para posteriormente recriar o homem que depois se subdivide em fêmea. Torna-se perceptível que, popularmente, as narrativas do *Agadá* se relacionam com o texto bíblico do Gênesis que afirma primeiramente uma criação simultânea do homem e da mulher e, em versículos posteriores, apresenta a criação de Adão anterior à de Eva.

Segundo o *Alfabeto de Ben-Sirach*, o Talmude e outras narrativas presentes no Agadá, Lilith teria rejeitado Adão por não aceitar ser submissa a ele, uma vez que tinham sido criados a partir da mesma matéria. Então ela entoaria o nome de Deus e voaria em direção ao Mar Vermelho. A narrativa conta que Deus enviou três anjos para convencê-la a voltar, mas ela não aceitou e uniu-se a Samael, que nas narrativas judaicas e cristãs é descrito como um anjo, mas também como demônio ou como um rei babilônico, dependendo da versão textual ou da tradução. Lilith é amaldiçoada por Deus ao permitir que cem de seus filhos morressem todos os dias.

O texto de *Ben-Sirach* ainda informa que, por causa dessa maldição, as crianças recém-nascidas recebiam amuletos com os nomes dos anjos que tentaram convencer Lilith a voltar para o Éden, a fim de protegê-las da fúria dela. Do período da Alta Idade Média, na região assíria há vários materiais arqueológicos como tigelas de encantamentos com fórmulas mágicas, que eram enterradas sob as casas para proteger as famílias dos espíritos enviados por Lilith.

Um conto do *Agadá* relata que uma esposa pegou um espelho e toda a fina mobília do porão de seu próprio lar e orgulhosamente exibiu-a pelos cômodos de sua casa. Ela pendurou o espelho no quarto de sua filha, que possuía os cabelos negros e longos. A garota olhava-se, de relance, por todo o dia, e desta maneira ela era gradativamente seduzida pelo poder de Lilith. Aquele espelho tinha sido pendurado em um covil de demônios, e uma filha de Lilith tinha feito do espelho a sua casa. E quando o espelho fora pego de uma casa assombrada, este demônio feminino viera junto com ele.

Pois o espelho abria um caminho que dava direto para a caverna de Lilith. Esta caverna foi para onde Lilith fugiu quando abandonou Adão e o Jardim do Éden por toda a eternidade, a caverna onde ela uniu-se a Samael e gerou seus filhos. Multidões deles nasciam, que acabavam por, em bandos, saindo da caverna e espalhando-se no mundo. E quando eles querem retornar, simplesmente entram no espelho mais próximo.

De acordo com o conto, é por essa razão que é dito que Lilith faz sua casa em todos os espelhos. A filha de Lilith tinha feito do seu lar o espelho que era a todo momento olhado pela garota para o qual posava. Ela aguardou seu tempo e, um dia, ela escorregou para fora do espelho e possuiu a garota, entrando através dos seus olhos. Deste modo ela tomou o controle da moça, excitando seu desejo à vontade. Então, aquela jovem garota, controlada pelos desejos voluptuosos da filha de Lilith, passou a dormir com todos os jovens homens que viviam na mesma vizinhança.

Ao ler tais narrativas, fica perceptível o conceito demoníaco e negativo atribuído a Lilith pela crença judaica. Conceito este que não pertence ao significado original assírio de seu nome. Na definição de árvore da vida inserida na cabala (método místico judaico que se fundamenta na revelação divina), Lilith é listada como uma das Qliphoth, correspondendo à Sephiroth chamada Malkuth. Sephiroth são pontos específicos da árvore que representam estágios de sabedoria e de evolução espiritual.

Qliphah é o poder desequilibrado de uma Sephiroth. Uma Qliphah é o reverso da moeda, cujo lado oposto é uma Sephiroth. Malkuth é a Sephiroth mais baixa, o reino da terra, no qual flui toda a energia divina e na qual o plano divino é elaborado. No entanto, sua forma desequilibrada é como Lilith, a sedutora. O mundo material e todos os seus prazeres são caracterizados pela sedutora suprema e, de acordo com os ensinamentos da Kaballah, podem levar ao materialismo desequilibrado pela espiritualidade das esferas superiores, e isso acaba levando a uma descida à consciência animal. O demônio Lilith, a mulher má, é descrito como uma mulher bonita, que se transforma em um demônio azul, parecido com uma borboleta, e está associado ao poder da sedução.

Segundo os ensinamentos cabalísticos, todo aquele que utiliza a árvore como sistema mágico deve necessariamente conhecer ambas as esferas. Malkuth se relaciona com o mundo material, físico, com manifestações objetivas e palpáveis da realidade. Lilith, a Qliphoth, por outro lado, engloba os aspectos existentes, mas não notados na realidade cotidiana; as partes mais reprimidas da consciência. Esta Qliphah se manifesta no sono, mas pode ser acessada por outros meios. A imagem personificada de Malkuth é uma jovem coroada, sentada em um trono.

O Relevo de Burney, que se trata de uma peça em terracota suméria datada aproximadamente entre 1800 a 1745 a.E.C., foi durante muito tempo uma peça atribuída a Lilith por representar uma figura feminina em posição frontal e ereta, nua, portando grandes asas, com os braços arqueados para cima segurando objetos anelares, com pés de aves e sobre dois leões. Ladeada por corujas, esta figura foi por muito tempo tida como Lilith por arqueólogos e historiadores com base na leitura do poema de Gilgamesh. Pesquisas recentes, como a de Judith Blair, a identificam como uma das principais deusas dos panteões mesopotâmicos, como Ishtar, Innana ou Ereshkigal. Defendem que Lilith como aparece na Bíblia e nos relatos judaicos seria uma corruptela de uma entidade babilônica ligada ao poder de criação noturna e à subjetividade espiritual, distinta de divindades femininas com vestígios de cultos bem documentados e registrados.

Lilith é uma potência geradora e multiplicadora feminina a partir do aspecto noturno e sombrio, de origem assíria e anterior às tradições judaico-cristãs. O significado assírio do seu nome não alude à maldade e à demonização preconizada posteriormente. Ela, contudo, não foi caracterizada como deusa ou objeto de culto pelas fontes primárias ou pelos estudos científicos. Trata-se de um vestígio de entidade feminina que possivelmente teve grande importância nas religiões babilônicas e mesopotâmicas antigas, que foi inserida nas narrativas dos hebreus, com seu significado imbuído das crenças destes.

Andréa Caselli

Ver também Magia hebraica e cristã antiga; Mesopotâmia; Politeísmo; Talmude.

BLAIR, J. (2009). *De-demonising the old testament*: an investigation of Azazel, Lilie, Deber, Qeteb and Reshf in the Hebrew Bible. Tübingen: Mohr Siebeck, p. 63-95 [Forschungen zum Alten Testament 2 Reihe].

CIVIL, M. et al. (2008). *The assyrian dictionary of the oriental institute of the university of Chicago.* 4. ed. Chicago: Board, p. 207-209.

KAPRAN, A. (2002). *Sêfer Ietsirá*: o livro da criação. São Paulo: Sêfer, p. 212-254.

SCHWARTZ, H. (1991). *Lillth's cave*: hewish tales of the supernatural. São Francisco: Harper & Row, p. 120-122.

Livros sagrados e textos mitológicos

Ver Avesta; Bhagavadgītā e Mahābhārata; Bíblia hebraica; Corão; Edda Poética; Epopeia de Gilgamesh; Talmude; Vedas; Vulgata (Bíblia).

Magia

No mundo contemporâneo é comum nos depararmos com o uso constante do termo "magia" em livros de literatura e filmes. Diante desse contexto, a magia passa a ser entendida enquanto um fenômeno relacionado ao mundo da fantasia. No entanto, quando sua compreensão é voltada para o meio acadêmico, o termo "magia", portanto, é utilizado de forma ampla, sendo empregado tanto para compreender as interpretações populares quanto para debater e discutir fenômenos do escopo religioso. Os pesquisadores dos temas relacionados às religiões compreendem que o conceito de "magia" também foi empregado para se referir tanto à fantasia quanto à superstição e ao malefício. Wouter Hanegraaff elucida que o conceito de "magia" carrega em si inúmeras complexidades e problemáticas, mas que ainda apresenta desafios em sua definição, já que se trata de um conceito que permanece nos debates entre os pesquisadores até os dias atuais.

Em relação às complexidades que o conceito "magia" carrega, Owen Davies explica que os estudiosos, inicialmente, utilizaram o termo "magia" para nomear uma forma primitiva que as sociedades antigas ou "não colonizadas" possuíam para compreender seu mundo circundante. Por meio desse entendimento, a "magia" era considerada tanto uma explicação de acontecimentos da esfera religiosa quanto um meio de elaborar medicamentos. Entretanto, o conceito de "magia" possui múltiplos significados, além de que grande parte do que se compreende enquanto "magia" derivou das compreensões advindas dos séculos V e IV a.E.C. A "magia", então, passa a ser utilizada pelos gregos como uma maneira de descrever as práticas e os ritos que, posteriormente, seriam marginalizados. Segundo Marco Pasi, o termo "magia" nasceu na Grécia antiga; no entanto, possui em sua definição questões polêmicas, já que carrega estigmas.

A origem terminológica da palavra grega "*mageia*" advém da palavra persa "*magu*". Wouter Hanegraaff explica que seu significado ainda não está claro, mas que remete a uma forma de funcionalismo religioso. Segundo Owen Davis, os gregos passaram a utilizar a palavra "*mageia*"; remetendo, portanto, a uma forma cerimonial performática, utilizada pelos magos ou *magoi* (plural). Apesar disso, vale ressaltar que a palavra "*mageia*" não se tratava de um único termo utilizado pelos gregos para nomear as práticas mágicas. Diante das compreensões de Owen Davies, podem ser encontradas outras variações de palavras que os gregos utilizavam para se referir à magia; uma delas é a palavra grega "*nekromanteia*" (necromancia), a qual tratava de uma nomenclatura para definir atos que possuíam, como objetivo, a comunicação com os mortos, realizada com a finalidade de obter conhecimento profético. Outra forma de magia era o que se nomeava de *pharmaka*, relacionada às práticas de encantamentos, elaboração de medicamentos e de venenos.

Entretanto, para que se torne possível uma compreensão a respeito do que seria a magia, Wouter Hanegraaff propõe que o referido conceito seja entendido em dois cenários distintos. O primeiro refere-se à conotação que o termo adquiriu na cultura ocidental desde a Antiguidade até o presente, possibilitando uma maior compreensão de como as concepções são formadas no esoterismo ocidental. Em seguida, ressalta-se que a magia também deve ser entendida enquanto um conceito que envolve debates e estudos sobre "magia-religião-ciência", sendo estes influenciados pelo processo de distinção entre a magia e a religião. Este processo aconteceu devido às novas compreensões culturais que se iniciaram no Iluminismo, em um momento em que a ciência e a religião eram concepções que não possuíam demarcações distintas e, portanto, eram concebidas e compreendidas por meio do que se chamava de "magia natural".

Ademais torna-se importante ressaltar que as definições sobre magia nos estudos das religiões são influenciadas por alguns teóricos importantes, tais como: os intelectualistas Edward Tylor (1832-1917) e James Frazer (1854-1941); os funcionalistas, Émile Durkheim (1858-1917) e Marcel Mauss (1872-1950); e as concepções teóricas de Lucien Lévy-Bruhl (1857-1939). Com a finalidade de realizar uma contextualização histórica a respeito de como o conceito de "magia" se estabeleceu no cenário acadêmico, Owen Davies elucida que o primeiro pesquisador a publicar um modelo social a respeito de como a magia era concebida para os povos considerados "primitivos" foi Herbert Spencer (1820-1903), o qual acreditava que a magia poderia ser definida como uma protorreligião; para ele, a magia estaria embasada em associações simpáticas e culto aos ancestrais.

No entanto, Edward Tylor (1832-1917) formulou um outro modelo, argumentando que as concepções religiosas deste pensamento "primitivo" eram universais, mas que evoluíam em ritmos que diferiam de cultura para cultura. Edward Tylor compreendia a definição de magia como uma "pseudociência" que estaria baseada em uma suposição relacionada à analogia que os "homens primitivos" realizavam entre o pensamento e o real, que também poderia ser interpretada enquanto uma expressão do animismo; este último, por sua vez, era considerado por ele uma característica dos povos "primitivos", mas que, mais tarde, poderia evoluir para o politeísmo e o monoteísmo. Sob o olhar do referido autor, a "magia" seria um estágio primeiro e anterior à "religião", que evoluiria para um estágio mais elevado considerado como "ciência".

No entanto, Edward Tylor, autor muito influente para James Frazer (1854-1941), entendia que os estudos sobre magia, no âmbito acadêmico, eram importantes. Diante das pesquisas realizadas por Frazer, a magia estaria baseada em uma suposição de que as coisas agem sob outras por meio de uma relação simpática. Afirmou em seus estudos que o desenvolvimento intelectual humano se manifestava em três estágios: a magia, que teria precedido a religião e que, posteriormente, se desenvolveria para a ciência. Para Frazer, a essência da magia estava na crença em analogias imaginárias de forças invisíveis e correspondentes. Assim, a magia poderia ser compreendida enquanto um fenômeno que teoricamente estaria situado de maneira oposta à ciência. A magia, nas concepções de James Frazer, estaria baseada em duas leis: a lei do contágio, compreendendo que as coisas que estiveram ligadas, ainda que fossem separadas, continuariam se afetando por meio de uma relação de simpatia; e a lei da similaridade imitativa.

Apesar disso, algumas críticas surgiram como um contraponto aos conceitos de magia e religião. A crítica mais relevante é do sociólogo Émile Durkheim (1858-1917), que, em sua obra *As formas elementares da vida religiosa* (1912), rejeitou a ideia de que a religião era definida exclusivamente em termos de deuses e entidades espirituais, desconstruindo, assim, as definições de magia tanto de Edward Tylor quanto de James Frazer. Owen Davies ressalta que, diante dos preceitos de Émile Durkheim, a religião era caracterizada pela integração social e pelos valores e experiências compartilhados. No entanto, para ele, a Igreja era uma expressão de comunidade, enquanto a magia possuía, como objetivo, a transgressão entre indivíduos, mas que não obtinha função de vínculo social, mesmo que a magia e a religião pudessem compartilhar crenças, ritos e dogmas semelhantes.

Continuando os preceitos de Durkheim, Marcel Mauss (1872-1950) direcionou suas pesquisas para examinar aspectos dos rituais praticados por diferentes sociedades. Wouter Hanegraaff explica que Marcel Mauss compreendia as ações ritualísticas como qualquer rito que não está separado de um culto organizado, assim como considerava os elementos da magia compostos pelos feiticeiros e pelos atos mágicos. Por meio dessa compreensão, os feiticeiros seriam indivíduos, agentes dos ritos mágicos, podendo ser profissionais ou não. Os feiticeiros possuem qualidades que são adquiridas ou transmitidas de forma hereditária. Em outras palavras, são transmitidas de forma natural, podendo receber suas características mesmo antes do seu nascimento. Os atos dos feiticeiros são realizados por meio dos ritos que, por sua vez, devem ser executados em um momento e em um local apropriado. Para Marcel Mauss, os ritos religiosos eram compreendidos em suas diferentes figuras culturais, mas que, ainda assim, teriam sido fundadas diante de uma mesma concepção.

Um outro autor influente para a compreensão do conceito de "magia" foi o francês Lucien Lévy-Bruhl (1857-1939), que baseou seus estudos identificando contrastes na cosmovisão ou da mentalidade organizada na "causalidade instrumental". Sob essa perspectiva, as interpretações sobre magia consideram uma presença secundária ou mecanicista que mediam causa e efeito. Segundo Lévy-Bruhl, causa e efeito são compreendidos enquanto fenômenos associados e, assim, a participação era uma constante primária e foi considerada uma característica entre os "primitivos". No entanto, essa constante poderia estar presente em qualquer sociedade, sendo essa "primitiva" ou não. Após as concepções de Lucien Lévy-Bruhl, outros pesquisadores partiram do pressuposto de que a magia e a participação eram termos equivalentes e, com isso, inúmeras teorias foram formuladas interpretando a "magia" como um fenômeno que estaria fundamentado em uma maneira diferente de racionalidade.

Os avanços dos estudos sobre magia, religião e ciência trouxeram novas perspectivas desde as primeiras pesquisas realizadas nos estudos das sociedades "primitivas". Uma das contribuições mais relevantes para a área da antropologia e para os estudos das religiões foi realizada por Bronislaw Malinowski (1884-1942). Malinowski foi um antropólogo pioneiro na pesquisa de campo. Seu trabalho, no Pacífico e na África, formou contribuições muito importantes para a antropologia. O autor também fundou a escola funcional da antropologia social que, em sua visão, compreendia o surgimento da cultura para um propósito social. Em seu estudo, Malinowski considerou que os rituais mágicos eram compreensíveis, quando inseridos em seu contexto ambiental e social e, assim, os rituais mágicos propiciavam capacitação emocional, já que elaboravam soluções para situações da vida pragmática, quando os outros meios de adquirir conhecimentos, como a ciência, não eram suficientes.

Stanley Tambiah explica que as ideias de Malinowski eram inovadoras, pois diferiam das ideias de Edward Tylor e James Frazer, já que, para ele, a ciência era compreendida enquanto fenômeno separado da magia e, assim, uma de suas grandes contribuições refere-se às questões que foram levantadas por ele a respeito das diferenças entre culturas e suas atividades simbólicas. Malinowski se atentou a investigar sobre como o ritual e a magia estariam relacionados e conectados e como interagiam com as atividades pragmáticas dos povos. Diferentemente de outros autores já citados, Malinowski interpretou a ciência enquanto um campo que pertencia ao "profano", e a magia, em conjunto com a religião, enquanto práticas que estavam nos domínios do "sagrado". Realizou duas grandes considerações sobre a estrutura interna e a constituição dos ritos trobriandeses, interpretando a magia em sua função e utilidade. Ademais, o autor também atentou sua pesquisa para investigar sobre o poder das palavras e o papel da linguagem na magia.

Em relação às considerações sobre os ritos trobriandeses, Malinowski entendeu que, nesses rituais, as palavras e os atos são realizados de forma simultânea. Outra consideração realizada, nos estudos do autor, foi sua *teoria etnográfica da palavra mágica*, levantando algumas ideias sobre a linguística de John Austin (1911-1960). Segundo Paulo Ottoni, o ato da fala é composto por três atos simultâneos: o ato locucionário, o ato ilocucionário e o ato perlocucionário. Por meio desses três fenômenos, John Austin faz a distinção entre sentido e força e a produção do efeito sobre o interlocutor, sendo esta manifestada de forma consciente ou inconsciente. Por meio das ideias de Austin, Malinowski sugeriu que a *performance* mágica era constituída pela fórmula, pelo rito e pela condição do intérprete.

Assim sendo, as características apontadas, diante das condições que estavam presentes nos ritos trobriandeses, manifestavam-se por forma da expressão dramática que acontecia com gestos, movimentos cinésicos e palavras recitadas; o que para Malinowski, era a essência do ato mágico. No entanto, segundo Stanley Tambiah, o feitiço foi compreendido por Malinowski como um estado crítico que possuía a seguinte estrutura: *u'ula* (a fundação), *tapwana* (o corpo), *doginal* (a ponta) e demais outros poderes, disseminados como palavra mágica. Owen Davies aponta que, ao passo que os antropólogos começaram a explorar as tradições mágicas na África, as discussões sobre "magia" foram substituídas por uma nova categoria dentro dos estudos das religiões, sendo esta a feitiçaria e a bruxaria. Essa mudança da terminologia antropológica ocorreu por meio da necessidade com que Edward Evans-Pritchard (1902-1973) havia se deparado, para encontrar um termo mais adequado para os diferentes tipos de práticas mágicas que eram realizadas entre o povo zande, na África Central.

Sendo assim, a "bruxaria" foi uma alternativa encontrada por ele; no entanto, possuía sentido de infortúnio, causado por pessoas possuidoras de poder inato. As definições terminológicas entre bruxaria e feitiçaria são problemáticas e estão inseridas em longos debates e discussões. Ainda assim, as mudanças nas compreensões sobre as terminologias, em especial, a magia, demonstram como essas categorias são profundamente instáveis. Michael Bailey problematiza este fato e explica que essas terminologias geralmente são definidas por autoridades religiosas, jurídicas e intelectuais e que geralmente os termos utilizados representam um significado oposto ou distante das práticas e crenças em questão. Esses apontamentos, portanto, estão inseridos em um problema central de como as inúmeras culturas entendem e empregam as categorias relacionadas à magia.

Wouter Hanegraaff argumenta que a "magia", enquanto uma categoria conceitual associada à religião, passou a ser relacionada a inúmeros outros conceitos generalizadores, tais como: ocultismo, superstição, misticismo, esoterismo, irracional, pensamento primitivo, paganismo, idolatria, fetichismo, bruxaria, dentre outros conceitos que também carregam consigo diversas complexidades conceituais. As discussões a respeito da "magia" e sua tríade "magia-religião-ciência" podem ser entendidas enquanto uma questão polêmica e sua tríade ainda é problemática, já que se estabelecem no contexto intelectual por meio de questões normativas, ideológicas e nominativas. Identifica-se, portanto, sete categorias importantes que permeiam as discussões a respeito da "magia", sendo estas: a magia como uma sabedoria antiga; a magia como devoção aos demônios; a magia como uma filosofia e ciência natural; a magia como uma filosofia oculta; a magia como uma "pseudociência"; a magia como uma forma encantada de compreender o mundo; e a magia como uma psicologia.

As discussões que permeiam o conceito de "magia" sob o olhar de Marco Pasi e demonstram uma problematização histórica em relação à forma como o referido conceito se estabeleceu no cenário intelectual. Com isso torna-se importante ressaltar que tais concepções demonstram os diferentes entendimentos sobre a "magia" em seus diferentes períodos históricos. Sendo assim, o autor argumenta que os estudos acadêmicos sobre a magia só podem ser desenvolvidos quando há consciência histórica pela forma em que o processo do conceito de "magia" se estabeleceu. Tornando assim imprescindível realizar uma contextualização histórica com a finalidade de acessar os sentidos êmicos e éticos pelos quais o conceito de "magia" foi empregado no passado. Com isso identifica-se a necessidade de compreensão em relação aos demais aspectos do âmbito social, por exemplo: as funções sociais, a política, a religião e a ideologia.

Ressalta-se, portanto, que a "magia" não é um único objeto; nesse sentido, pode ser considerada enquanto um complexo de fenômenos históricos e, por isso, perpassa por modificações ao passo que ocorrem as mudanças na forma de uma sociedade compreender seu mundo circundante. Por meio desse entendimento, Marco Pasi argumenta que as problemáticas que permeiam o termo "magia" se manifestam nas tentativas de se obter uma definição simples e aplicável a qualquer situação histórica, já que se compreende que o termo "magia" tem sido utilizado historicamente de maneiras distintas, correspondendo funções diferentes em relação às diferenças culturais. Assim, considera-se problemático chegar a uma definição única de "magia", pois torna-se possível identificar as complexidades que envolvem a "magia" enquanto um fenômeno histórico.

Owen Davies ressalta que, no início dos anos de 1960, houve grande insatisfação com a teorização da "magia-religião-ciência", fato que levou a novas propostas na forma de compreendê-la e estudá-la. Os questionamentos levantados por pesquisadores como Margaret Murray (1863-1963) postulavam que estudar as ações ou símbolos da magia era insuficiente, pois estes deveriam ser interpretados por meio da concepção de mundo diferente da visão racionalista ocidental. A falta de compreensão dos pesquisadores pioneiros levou os observadores ocidentais a descreverem e interpretarem os povos "não colonizados" como "primitivos" ou "ignorantes". Assim, compreendeu-se que as tentativas acadêmicas realizadas anteriormente, para interpretar a magia, estavam equivocadas ao direcionar sua atenção para o ritual, o encantamento e o cumprimento de desejo, sem entender como esses povos concebiam seu mundo e o seu lugar de desejo, feitiço, emoção ou ritual.

Observa-se que o termo "magia" apresenta inúmeras problemáticas em sua compreensão, devido ao fato de que o conceito, desde seu surgimento, carrega carga teológica ou política, seja pela religião instituída ou pelo poder político dominante. Francisco Silva enfatiza que o termo "magia" - no mundo contemporâneo, e sua ampla utilização tanto nas crenças religiosas quanto na cultura *pop* - amplia mais ainda sua complexidade. No que diz respeito às religiões minoritárias, o termo "magia" é comumente utilizado como autodescrição de suas identidades religiosas e, por isso, também pode ser relacionado à ideia de contracultura, como uma das fundações do pensamento, como acontece com o paganismo contemporâneo e a utilização de inúmeros outros termos amplamente discutidos no cenário acadêmico, por exemplo: magia, paganismo, bruxaria e feitiçaria.

Diante de todas as problemáticas, o conceito de "magia" continua, até os dias atuais, promovendo muitas possibilidades de investigação. Nas compreensões de Michael Bailey, é possível obter uma ampla categoria para pesquisa, utilizando o olhar histórico para possibilitar uma maior aproximação do real significado que os elementos religiosos possuem. Ademais, Marco Pasi ressalta que alguns pesquisadores sugerem em seus estudos que é possível identificar pelo menos um padrão na história pelo qual as compreensões sobre a magia são manifestadas. No entanto, o referido termo, em sua história cultural ocidental, comumente passou a ser utilizado como um espaço conceitual em que são consideradas as inúmeras interpretações de práticas que eram consideradas inaceitáveis. E assim essas ideias e crenças teriam sido identificadas por uma única categoria de exclusão chamada de "magia".

Sob o ponto de vista histórico, Wouter Hanegraaff argumenta que as tentativas de se discorrer sobre a "história da magia" podem gerar equívocos desde seu princípio. Já que há o risco de produzir distorções a respeito das compreensões sobre como o conceito de "magia" é empregado e, com isso, pode acabar sendo descontextualizado, além de possibilitar um anacronismo. Por meio dessa compreensão o autor sugere como uma possibilidade de investigação, um aprofundamento direcionado para história dos conceitos e dos discursos que foram elaborados sobre a "magia" desde a Antiguidade até os dias atuais. Por fim, enfatiza-se a importância de compreender e utilizar os termos em seus devidos contextos históricos, uma vez que estes transformam-se ao passo que ocorrem as mudanças e transformações na forma como a sociedade percebe e interpreta seu mundo circundante.

Susan Sanae Tsugami

Ver também Amuletos e talismãs; Astrologia alexandrina; Astrologia mesopotâmica; Bruxaria medieval; Feitiçaria rúnica; Magia e feitiçaria grega; Magia escandinava; Magia hebraica e cristã antiga; Magia romana; Mandrágora; Mistérios gregos; Paganismo medieval; Runas cristãs.

BAILEY, M.D. (2006). The meanings of magic. *Magic, Ritual, and Witchcraft*, vol. 1, n. 1, p. 1-23.

DAVIES, O. (2012). *Magic*: A very short introduction. Nova York: Oxford University Press.

HANEGRAAFF, W. (2016). "Magic". In: MAGEE, G. *The Cambridge Handbook of Western Mysticism and Esotericism*. Cambridge: Cambridge University Press, p. 393-404.

MALINOWSKI, B. (1948). *Magic, science and religion and other essays*. Los Angeles: Tree Free.

MAUSS, M. (2000). *Esboço de uma teoria geral da magia*. Lisboa: Edições 70.

OTTONI, P. (2002). John Langshaw Austin and the performative view of language. *Delta: Documentação de Estudos em Linguística Teórica e Aplicada*, vol. 18, n. 1, p. 117-143.

PASI, M. (2008). Theses de magia. *Societas Magica Newsletter*, vol. 20, n. 1, p. 1-8.

SILVA, F.S. (2016). Magia: a religião do "outro". *Revista Veredas da História*, vol. 3, n. 2.

TAMBIAH, S.J. (1990). *Magic, science and religion and the scope of rationality*. Cambridge: Cambridge University Press.

Magia e feitiçaria grega

Não há como distinguir muito bem entre os conceitos de magia, religião e ciência na Antiguidade, segundo os padrões que hoje adotamos para as definições científico-acadêmicas. Esses campos do saber humano estavam bem imiscuídos nesse período. Some-se a esse fato a pluralidade de interpretações acerca do conceito de magia na Grécia antiga, em estudos que vêm sendo conduzidos desde a Antiguidade até os dias de hoje, e o resultado é a impossibilidade de se elaborar uma definição exata do que foi esse conjunto de atividades a que hoje denominamos "magia" para os gregos antigos. Collins (2008) fez um levantamento historiográfico sobre esse tema. Diante dessa dificuldade conceitual, a maioria das pesquisas opta por dividir o conceito em partes menores, ou fazer generalizações acerca do uso da magia pelos gregos antigos, que é a metodologia mais adotada. Portanto, seguiremos a linha tradicional e forneceremos uma visão geral do uso de "recursos mágicos" pelos cidadãos gregos da Antiguidade, destacando alguns dos tipos mais usados de magia, atestados pela quantidade de achados arqueológicos.

O termo grego mais antigo relacionado ao campo da magia é *goḗs*, "mago, feiticeiro", contudo ele foi superado pelo termo "*mágos*", derivado do termo mais conhecido "*mageía*", que deu origem à palavra portuguesa "magia". De acordo com os relatos de autores antigos como Heródoto, Xenofonte e Plutarco, as artes ditas mágicas englobavam os campos da alquimia, da astrologia e das artes exotéricas. Esses autores usam o termo "*mágos*" para se referir aos praticantes do zoroastrismo ou masdeísmo, uma religião fundada na Pérsia pelo Profeta Zaratustra, ou Zoroastro, como era chamado pelos gregos (PLATÃO. *Alcibíades I* 122A). O primeiro registro da palavra "*mágos*" é do século VI a.E.C. (HERÁCLITO, apud CLEMENTE DE ALEXANDRIA. *Protréptico*, 2.22.2); já o termo "*mageía*" aparece pela primeira vez em Teofrasto, na obra *História das plantas*. Graf (2002) realizou um estudo filológico detalhado dos termos relacionados ao campo da magia grega.

Outros vocábulos relacionados à área da magia incluem os verbos *katékhō*, *katatíthēmi*, *paradídōmi*, *katagráphō*, *engráphō*, *apográphō*. Os feitiços mais comuns eram os chamados *katádesmos* – maldições e pedidos, no plural, *katádesmoi* (PLATÃO. *República* II.364c), de *katádesis*, “amarra apertada”, e *katadéō*, “amarrar para baixo” ou “amarrar apertado”. As fontes literárias e epigráficas citam três diferentes palavras gregas para feitiço: além do termo já mencionado “*katádesmoi*”, o termo “*eukhá*”, em fontes epigráficas da Sicília (SGD 91), e a expressão *hýmnos désmos*, encontrada na peça *Eumênides*, de Ésquilo (331-332, 344-345). Em latim esses feitiços são conhecidos por *defixio*, do verbo *defigo*, “pregar, transfixar”, usados na Antiguidade para “amarrar” ou “conter, restringir” os inimigos, vítimas do encantamento, sem a necessidade de os matar. O termo latino e seus derivados, principalmente a palavra “*defigens*” (a pessoa que quer o feitiço), são predominantes nos estudos, o que pode ser explicado pelo peso da tradição, pois vem sendo mais utilizados desde a Idade Média.

A palavra “*ousía*” também é muito importante para entender o campo da magia grega. Ela designava as “partes” da vítima (mecha de cabelo, unhas, um pedaço da roupa, alguma oferenda que fosse de posse da vítima) que eram oferecidas junto com a lâmina de chumbo. Há também a palavra “*agōgḗ*”, do verbo “*ágō*”, “guiar” ou “arrastar”, usada para indicar feitiços de amor, literalmente aqueles que “arrastam” a vítima (a amada ou o amado) para os braços do *defigens*.

Os achados arqueológicos comprovam a existência de artefatos relacionados ao uso de “recursos mágicos” desde o século V a.E.C. Por toda a Grécia, e até mesmo em partes mais longínquas como a Sicília e a costa do Mar Negro, foram encontrados artefatos com e sem inscrições, como amuletos, lâminas de chumbo, bonequinhas “vodu” (estatuetas de chumbo) e papiros contendo seções inteiras de receitas mágicas. Essa abundante quantidade de achados indica que as práticas mágicas e de encantamento permeavam todas as esferas da vida cotidiana dos gregos antigos, e a partir disso podemos concluir que, para eles, havia sempre um motivo para se fazer uso de um bom encantamento. A magia era usada para os mais diversos fins, dos mais simples aos mais complexos: atrair a pessoa amada; obter vitórias em apostas e tribunais; se livrar de más previsões, de pessoas indesejadas e de doenças; conseguir uma renda maior ou boa sorte em empresas comerciais; ter boas colheitas e evitar ou combater pragas; conseguir a proteção e as benesses de algum deus ou deusa; proteger a casa, o trabalho e as pessoas queridas; induzir sonhos para si mesmo ou enviar sonhos a alguém; entre muitos outros motivos.

Tanto as fontes literárias quanto as arqueológicas, no caso as próprias *defixiones*, comprovam que os meios materiais dos feitiços eram o chumbo e a cera, ambos abundantes e baratos, e por isso mesmo acessíveis a todos. A desvantagem da cera é que ela não resiste à passagem do tempo e às intempéries do clima, e por esse motivo os feitiços escritos em cera não chegaram até nós. Portanto, os achados arqueológicos até o momento são todos de chumbo.

Outra conclusão advinda dos dados arqueológicos é que várias maldições poderiam ser utilizadas contra uma mesma “vítima”: as chamadas “maldições múltiplas”. Algumas das lâminas de chumbo mencionam que o *defigens* “amarra” a sua vítima tanto em chumbo quanto em cera, e várias lâminas com maldições cuja fórmula varia pouco e com o mesmo nome para a vítima, foram encontradas no mesmo local. A motivação para isso é desconhecida, mas uma hipótese é que o maior número de suportes asseguraria uma maior eficácia do feitiço.

A maioria das *defixiones* mais antigas encontradas na Sicília e na região da Ática são lâminas de chumbo que contêm apenas nomes de pessoas, o que nos indica que o ritual mágico era predominantemente oral. Já os achados de épocas mais recentes trazem maldições completas e detalhadas, que incluem até mesmo súplicas aos deuses, constituindo registros muito mais complexos do que os meros nomes nas lâminas de chumbo anteriores. Acredita-se que, com o maior letramento da população ao longo do tempo, também os rituais e os amuletos mágicos ficaram mais elaborados. Infelizmente, esses achados mais complexos são mais raros.

De acordo com Faraone (1991), os achados arqueológicos de encantamentos cujas fórmulas escritas são mais complexas revelam três tipos de possibilidade para um feitiço de "amarração": no primeiro tipo, o *defigens* usa o verbo na primeira pessoa e espera poder manipular sua vítima de maneira automática após a efetivação do feitiço; no segundo tipo, o *defigens* terceiriza a ação de amarração aos deuses ctônicos, e os feitiços são escritos em forma de prece para que os deuses do submundo "amarrem" a vítima; no terceiro tipo, o *defigens* faz uma *similia similibus*, processo em que a vítima do feitiço é assimilada a algo que ela não é (um corpo morto, p. ex.), que os pesquisadores explicam como uma "analogia persuasiva".

Além das *defixiones*, era extremamente popular o uso de amuletos, recursos que eram mais aplicados quando as práticas tradicionais já haviam sido esgotadas, como no caso de um doente não ter conseguido a cura nem através de um médico, nem de um curandeiro nem de um sacerdote. Às vezes os amuletos eram usados antes de qualquer outra coisa, para proteção e prevenção, como demonstram os achados do período romano. O número de achados arqueológicos correspondentes aos amuletos é superior ao das *defixiones*, e assim como elas, há artefatos sem e com inscrições, que também são mais elaboradas à medida que são mais recentes. O primeiro tipo de amuleto não nos permite saber contexto algum para seu uso, mas o segundo fornece informações preciosas a respeito do uso cotidiano ou em alguma ocasião especial desses elementos místicos. O campo dos amuletos mágicos usa vocábulos totalmente diferentes, mas com a mesma ideia de "amarração" da pessoa a quem se dirige o amuleto. As palavras gregas *períammon* e *períapton*, derivadas do verbo *periáptein*, "amarrar", eram usadas para nomear os amuletos, literalmente "aquilo que está amarrado à pessoa". Amuletos especiais de proteção contra pragas e doenças eram conhecidos como *phylaktḗrion*, do verbo *phylássein*, "proteger".

Não se tem certeza a respeito da profissionalização dos "serviços" de magia, pois as fontes não permitem confirmar se o sujeito que pretendia aplicar uma solução "mágica" para o seu problema fazia seu próprio encantamento, ou se contratava os serviços de algum profissional. A literatura grega indica que os "adivinhos" e "sacerdotes mendicantes", *mánteis* e *agýrtais* (PLATÃO. *República* II.364B) eram categorias profissionais de *mágoi* itinerantes, especializadas em divinações e soluções místicas, ridicularizados por uns e temidos por outros (BURKERT, 1991).

Os deuses gregos antigos relacionados ao campo da magia são Hermes, Gaia, Hécate e Perséfone, que aparecem diretamente mencionados em vários achados arqueológicos. A maioria das lâminas de chumbo foi encontrada em lugares onde se acreditava poder entrar em contato com esses deuses ctônicos, e assim muitas foram escondidas dentro de sepulturas, jogadas em veios de água subterrâneos, pregadas às paredes de santuários dessas divindades. No caso dos feitiços de amor, elas eram depositadas dentro da casa da "vítima". Em muitos casos, as lâminas foram encontradas acompanhadas das bonequinhas, que apresentavam as mãos e pés amarrados, e algumas tinham pequenas agulhas espetadas pelo corpo todo, daí a similitude com as bonecas usadas nos rituais do vudu.

Marina Pelluci Duarte Mortoza

Ver também Amuletos e talismãs; Hécate; Lilith; Magia; Magia escandinava; Magia hebraica e cristã antiga; Magia romana; Mandrágora.

BREMMEN, J.N. (2008). *Greek Religion and Culture, the Bible and the Ancient Near East.* Leiden: Brill.

BURKERT, W. (1991). *The Orientalizing Revolution* – Near Eastern Influence on Greek Culture in the Early Archaic Age. Cambridge: Harvard University Press.

______ (1985). *Greek Religion.* Cambridge: Harvard University Press.

COLLINS, D. (2008). *Magic in the Ancient Greek World.* Oxford: Blackwell.

FARAONE, C.A. & OBBINK, D. (orgs.) (1991). *Magika Hiera*: Ancient Greek Magic and Religion. Oxford: Oxford University Press.

GRAF, F. (2002). "Excluding the Charming: the Development of Greek Concept of Magic". In: MEYER, M. & MIRECKI, P. (orgs.). *Ancient Magic and Ritual Power.* Boston/Leiden: Brill, p. 29-42.

______ (1997). *Magic in the Ancient World.* Cambridge: Harvard University Press.

JOHNSTON, S.I. (2007). "Magic". In: JOHNSTON, S.I. (org.). *Ancient Religions.* Cambridge: Harvard University Press, p. 139-152.

MEYER, M. & MIRECKI, P. (orgs.) (2002). *Ancient Magic and Ritual Power.* Parte IV: Magic and Ritual Power in Greek Antiquity. Boston/Leiden: Brill, p. 207-387.

Magia escandinava

O conhecimento mágico entre os escandinavos é bastante antigo e pouco se conhece sobre suas práticas antes da Era Viking (VIII-XI). Os principais relatos que se conhecem da magia nórdica datam do período medieval, principalmente a partir do século IX em diante. Estudiosos como Hilda Davidson, Régis Boyer, Georges Dumézil e Thomas Du-

Bois estudaram a magia principalmente a partir da análise de fontes escritas como as sagas e as Eddas. Mais recentemente autores como Mindy MacLeod e Mees Mindy usam fontes literárias oriundas do folclore, mas também fazem uso da cultura material, analisando inscrições mágicas em objetos e construções. Autores como Neil Price e François-Xavier Dillmann analisam as influências de crenças xamânicas dos sámis (lapões) sobre a religião e a magia nórdica. Dillmann e Meylan são alguns autores que apontam influências célticas, germânicas e fino-úgricas na magia nórdica, como também analisam a relação dos cristãos e pagãos com a magia segundo as fontes literárias.

Entendemos a magia como um conjunto de crenças, práticas, costumes e códigos usados para se conseguir benefícios ou provocar malefícios, os quais se utilizam de elementos naturais como animais, plantas, minerais, objetos, pessoas, água, fogo etc. e de elementos sobrenaturais como os espíritos, deuses, monstros, seres fantásticos etc. Embora essa concepção não abranja a pluralidade de práticas mágicas, no entanto, ela é adequada para se entender a magia nórdica, pois ela estava associada não apenas com o cotidiano, mas com a religião, os mitos e a medicina.

Existem narrativas mitológicas que contam que deuses como Odin e Freyja ensinaram a humanidade as artes mágicas. Odin estava associado à magia rúnica e ao *galdr*, enquanto Freyja estava mais associada com o *seiðr*. Além desses dois exemplos, nas narrativas mitológicas e folclóricas, vemos deuses, gigantes, anões, elfos e humanos usando distintos tipos de saberes mágicos, fossem para causar benefícios ou malefícios.

Nesse ponto é preciso comentar que a magia nórdica era um campo de práticas distintas, inclusive não havia apenas um termo para se referir a esse conhecimento. Nas fontes escritas encontram-se vários termos usados para se referir à magia e à feitiçaria, termos como *fjölkynngi*, *fjöllkunnigur*, *fróðleiknur*, *margkunnandi*, *fyrnska*, palavras cuja etimologia se referem a conhecimento ou poder, pois a magia era considerada um tipo de conhecimento de origem divina e sobrenatural. Os praticantes de magia também recebiam nomes diversos, sendo chamados de *vikti*, *spámadr* (profeta), *galdrakind* (praticante de *galdr*), *seiðkona* (praticante de *seiðr*), *völva* (adivinha), *fála*, *hála*, *flagðkona* (feiticeira) etc. Observa-se pela nomenclatura adotada que alguns praticantes de magia eram denominados de acordo com o tipo de magia que realizavam, em outros casos o termo era genérico, referindo-se a eles como feiticeiro ou feiticeira. As palavras *heks* e *trollkvina*, que significam bruxa, somente se popularizou a partir do século XV, quando a feitiçaria passou a ser associada ao diabo.

Embora houvesse termos específicos para se referir aos praticantes de magia, essa não estava limitada às feiticeiras, feiticeiros, bruxas, sacerdotes e videntes, a população em geral poderia fazer uso de diferentes práticas mágicas, pois temos magias de caráter doméstico e individual, mas outras que eram realizadas publicamente e em grupo. Encantamentos e feitiços mais elaborados eram reservados aos especialistas, os quais em alguns casos sofriam preconceito social e podiam ser vistos como párias. Algo visto entre outros povos também.

Três tipos de práticas mágicas eram as mais comuns, como atestado nas Sagas, as quais contam histórias sobre reis, famílias, heróis, aventuras, batalhas etc. No caso, as magias mais citadas nessas obras são o *seiðr* (canto), usado principalmente para caráter divinatório, descoberta de objetos, cura de doenças, manipulação climática, mas também com intuito de proteção e ataque. O *galdr* (palavras mágicas), usado para curas, proteção, partos, sorte etc. E a magia rúnica, a qual fazia uso da escrita para poder exercer os encantamentos.

O *seiðr* era um tipo de prática mágica normalmente associado às mulheres, inclusive nos mitos ele teria sido criado pela deusa Freyja, embora que os mitos também contam que Odin, fizesse uso desse tipo de magia, e até se reuniria com suas praticantes. Mas em termos sociais, normalmente o *seiðr* estava associado ao público feminino, sendo os homens que o praticavam, socialmente malvistos e até considerados afeminados (*ergi*). O *seiðr* implicava em práticas relacionadas com a adivinhação, obtenção de boa sorte ou conceder má sorte; poderia ser usado também para proporcionar proteção ou lesão. Poderia ser usado para se encontrar objetos ou pessoas os quais estivessem perdidos. Era usado também na elaboração de venenos. Resolver problemas sociais como desavenças e brigas, ou solucionar problemas naturais como a fome ou tempestades. Por outro lado, poderia invocar tempestades ou pragas.

O *seiðr* costumava ser realizado durante a noite e em alguns casos, em plataformas específicas, chamadas *sejdhjallr*. Poderia ser feito de forma individual ou grupal, dependendo do intuito em questão. Relatos apontam para celebrações envolvendo danças, orgias, cantos e sacrifícios de animais. Alguns relatos apontam que as *seiðkonur* usariam bastões, mantos ou luvas feitas de pelo de gato branco. No caso, essa prática mágica possuía um uso ambíguo. O *seiðr* poderia ser usado para fazer o bem ou causar o mal. Poderia ser aplicado para gerar dores, ferimentos, doenças e até causar a morte de alguém. Por tal viés, as *seiðkonur* eram vistas com desconfiança, pois da mesma forma que elas poderiam ajudar, também tinham capacidade de causar males.

Se por um lado o *seiðr* era socialmente visto de forma duvidosa e até perniciosa, o *galdr* era mais bem aceito socialmente, inclusive tendo sido tolerado pelos clérigos cristãos. Seus praticantes poderiam ser homens ou mulheres os quais usariam encantamentos, palavras mágicas, objetos enfeitiçados e ervas curativas para proporcionar a cura de feridas e doenças, retirar "mau olhado", livrar-se de uma maldição, auxiliar em partos, afastar tempestades, pragas, animais selvagens etc. Como também era utilizado para se fabricar amuletos que concedessem segurança e boa sorte. No caso, os amuletos de proteção ou cura poderiam ter runas gravadas, fossem palavras ou uma frase curta, a qual pedia-se proteção contra os causadores das doenças e infortúnios.

MacLeod e Mees comentam que durante a Era Viking e nas épocas posteriores, as pessoas acreditavam que as enfermidades e acidentes fossem causados por ações sobrenaturais, sendo seus agentes, gigantes, trolls, bruxas, feiticeiras, feiticeiros e até os próprios vizinhos, os quais por algum motivo de inveja, vingança, ódio, "jogariam" aquela doença, má sorte, enfermidade, "mau olhado", maldição. No entanto, existem relatos que apresentam um uso ambíguo ao *galdr*. Langer cita o caso do poema *Buslubaen* (Conjuração de Busla), o qual narra que Busla utilizou *galdr* para amaldiçoar o Rei Hring dos Gautas, por causa de vingança. Nesse exemplo o *galdr* foi usado por Busla para causar dor, sofrimento e a morte do rei. Apesar desse caso peculiar, em geral o *galdr* era bem-visto socialmente.

Thomas DuBois comenta que o conceito de medicina não existia entre os nórdicos da Era Viking, inclusive a magia curativa ou magia medicinal era considerada algo comum. Tal condição teria levado os clérigos cristãos a manterem tolerância com esse tipo de magia. O *galdr* também fazia uso de várias plantas para se fazer medicamentos, inclusive algumas dessas plantas eram usadas para fins culinários também. Luciana de Campos comenta algumas dessas plantas mágicas como a artemísia (*Artemisia vulgaris*) usada pelas mulheres para tratar cólicas, enjoos e auxiliar durante o parto e a gravidez. A angélica (*Angelica archangelica*), chamada pelos nórdicos de *Ætihvönn*, era usada para problemas estomacais e respiratórios. A urtiga (*Urtica dioica*) e a macelinha (*Antehmis cotula*), usadas para tratar feridas, infecções, dores e outros sintomas.

O *galdr*, como comentado, poderia ser aplicado através de uso de amuletos, os quais recebiam inscrições com o encantamento que poderia pedir o afastamento de males ou a ajuda de algum deus como Thor ou Odin, para proporcionar proteção. No entanto, o uso desse suporte somente era possível, pois os nórdicos dispunham de uma escrita chamada *futhark* escandinavo. As runas não eram naturalmente mágicas, consistiam em letras as quais possuíam outros usos, dentre os quais servirem para se escrever breves encantamentos. As referências literárias e arqueológicas apontam um uso diverso para as runas, o que incluía também a condição de que a magia rúnica não se limitava apenas ao suporte de amuletos, mas poderia ser gravada em outros objetos e superfícies.

Assim encontram-se casos do emprego mágico das runas para conceder vitória (*sigrrúnar*), algo que poderia ser gravado num amuleto, espada, escudo ou elmo, pois acreditava que o suposto poder mágico daquele encantamento concederia vitória ao seu portador. Runas de proteção (*bjargrúnar*), gravadas em amuletos, barcos, navios, nas paredes ou pilares da residência. Runas de cura (*limrúnar*), normalmente gravadas em amuletos ou outros objetos usados no rito de cura. Além desses exemplos, encontram-se runas mágicas escritas para se pedir boa sorte, proteção em viagens marítimas, coragem, eloquência, saúde, amor, fertilidade, fecundidade para a terra e os animais, riqueza etc. No entanto, as runas também poderiam ser usadas para a adivinhação e a invocação de entidades sobrenaturais, as quais poderiam auxiliar com benefícios ou serem convocadas para causar algum dano. Mas no caso do uso da magia rúnica, essa era uma prática cujo saber era restrito a uma pequena parcela da sociedade, pois apenas poucos sabiam escrever e ler.

Além desses exemplos principais sobre alguns tipos de magia, comumente usadas pelos nórdicos, Langer cita outros exemplos como o *fóstbroedalag* que consistia num juramento de sangue; o *hamfar* que se tratava do poder de se transformar em animais ou projetar sua alma no corpo desses. Prática associada com o xamanismo. O *sjónhverfingar*, tipo de magia ilusória usada para se ocultar objetos, ou causar alucinações. *Nið*, magia difamatória usada para ofender ou amaldiçoar um indivíduo ou grupo. O *gørningstakkr*, que consistia em se enfeitiçar uma roupa para conceder proteção a quem vestisse; o *berserkgangur*, relacionado aos guerreiros *berserkir*, os quais eram conhecidos por usar algum tipo de encantamento para ganharem um furor animal, que supostamente os deixaria bravos e fortes como um urso. Neste caso, tratava-se de uma magia especificamente de caráter marcial, usada apenas por esses tipos de guerreiros.

Observa-se por esses exemplos como a magia nórdica era de uso variado, embora as narrativas escritas privilegiem o uso da magia para intuitos de adivinhação, proteção, cura e agressão. Mas isso é o que se conhece com base nas fontes escritas, não significando que cotidianamente a população não fizesse uso dos outros tipos de magia com mais regularidade. Os outros exemplos de magia citados aparecem em menor número, principalmente nas sagas, como apontado nos estudos de Dillmann, o qual salientou o uso de vários tipos de objetos usados em tais práticas como amuletos, varas, trajes, máscaras, tambores, flautas, caldeirões, lanças, espadas, escudos, plantas, animais, a escrita etc.

A magia nórdica era praticada tanto por homens e mulheres, apesar de alguns tipos terem restrições por motivos de gênero. Por outro lado, Dillmann observou que não havia uma diferenciação etária e social para os feiticeiros e feiticeiras, os quais aparecem com idades diferentes, sendo alguns pobres e outros ricos. Meylan sublinha que a visão negativa sobre a magia e seus praticantes adveio tanto do cristianismo como no caso dos reis noruegueses Olavo I Tryggvason (995-1000) e Olavo II Haraldson (1015-1028), os quais promoveram perseguições aos praticantes de magia, mas os próprios nórdicos pagãos também possuíam opiniões contrárias a determinadas magias e seus praticantes.

Leandro Vilar Oliveira

Ver também Amuletos e talismãs; Hécate; Lilith; Magia; Magia e feitiçaria grega; Magia hebraica e cristã antiga; Magia romana; Mandrágora.

CAMPOS, L. (2015). "Plantas mágicas". In: LANGER, J. (org.). *Dicionário de Mitologia Nórdica*: símbolos, mitos e ritos. São Paulo: Hedra, p. 373-377.

DILLMANN, F.-X. (2006). *Les magiciens dans l'Islande ancienne* – Études sur la représentation de la magie islandaise et de ses agents dans les sources littéraires norroises. Uppsala: Swedish Science Press.

DuBOIS, T.A. (1999). *Nordic religions in the Viking Age*. Filadélfia: University of Pennsylvania Press.

LANGER, J. (2015). "O seiðr: interpretando a magia na Eiriks saga rauða". In: LANGER, J. (org.). *Na trilha dos vikings*: estudos de religiosidade nórdica. João Pessoa: Editora UFPB, p. 41-62.

______ (2005). Religião e magia entre os vikings: uma sistematização historiográfica. *Brathair*, vol. 5, n. 2, p. 55-82.

MacLEOD, M. & MEES, B. (2006). *Runic amulets and magic objects*. Londres: Boydell.

MEYLAN, N. (2011). Magic and discourses of magic in the Old Norse Sagas of the Apostles. *Viking and Medieval Scandinavia*, n. 7, p. 107-124.

PRICE, N. (2002). *The Viking Way*: religion and war in Late Iron Age of Scandinavia. Uppsala: Aun 31.

Magia hebraica e cristã antiga

Hebreu, quem é este? É narrado na documentação veterotestamentária e sua etimologia significa "povo do outro lado do rio". Segundo a narrativa situada no livro de Gênesis há uma linha genealógica a partir de Noé, que perpassa por Héber (possível etnônimo do termo hebraico) e por Abrão, que significa "pai exaltado". Porém, mais tarde seu nome é mudado para Abraão, que significa "pai de muitas nações". Os hebreus se constituíram de tribos de pastores nômades originárias de Ur, ao sul da Mesopotâmia. Terá, pai de Abraão, decidiu ir para Canaã, sudoeste da Síria, e ao chegar em Harã, atual Turquia, faleceu. Abraão ouviu a voz de Deus, que lhe prometeu duas grandes coisas: terra e descendência, que se cumprirá com os filhos de Jacó (neto de Abraão), que simbolizam a paternidade das doze tribos de Israel. Abraão é considerado o pai étnico dos hebreus.

Na sequência do relato bíblico, quando se instalou a monarquia, simbolizada pela união das doze tribos, outra nomenclatura é utilizada para designar essa nação - Israel. Após a morte do seu terceiro rei, Salomão, não se manteve a unidade política de Israel dividindo-se em dois reinos, ao Norte o Reino de Israel sendo a capital Samaria, e ao Sul o Reino de Judá sendo a capital Jerusalém. Após o domínio babilônico sobre essa região foi criada outra nomenclatura para designar os exilados de ambos reinos - judeus, e será adotada essa nomenclatura para se referir à etnia desse povo em seus diversos momentos históricos. A narrativa descrita até aqui não é comprovada pela história, ainda assim o intuito dessa descrição é para situar *um* entendimento a partir da documentação canônica sobre esses nomes: hebreu, israelita e judeu, que carecem de estudos históricos e antropológicos isentos de dogmatismos.

Deuses e homens eram capazes de realizar curas milagrosas conforme indica vasta documentação na bacia mediterrânea. Documentos de diferentes naturezas, como textos, epigrafia e a cultura material indicam a audiência e popularidade dos elementos mágicos. O universo que envolve os elementos mágicos é interpretado e mediado pelas percepções da documentação, que remete às necessidades mais cotidianas. A partir do Mediterrâneo essas práticas assumem outros ambientes, como o judaico e o paleocristão, que criaram um conjunto semântico formando uma estratégia comunicativa de práticas mágicas.

Para os redatores de textos judaicos e cristãos interagir com a cultura mediterrânea implicava participar de um universo repleto de demandas e expectativas sobrenaturais. Esse processo não consistia em mera imitação, mas em uma organização da situação contemporânea a partir de interações culturais, ressignificando-as e adaptando-as, demonstrando que não estavam à parte de práticas culturais de seu tempo, assim como buscavam as bases para a construção de sua identidade religiosa e social.

Ainda persiste o desconforto em estabelecer a presença da magia nas narrativas religiosas judaicas e cristãs, afirmando a ausência desse elemento como critério de interpretação textual. *Grosso modo*, a magia como processo de leitura e interpretação pode gerar: (i) não há relação de magia ao contexto, ou ainda que exista essa percepção é negligenciada; (ii) transição da negligência até se atribuir ao texto inserção em um ambiente mágico originário; (iii) resgate do texto/documento a partir de um contexto mágico.

Em linhas gerais há autores e pesquisadores que negam a aproximação de um ambiente mágico com o imaginário judaico-cristão gerando a negligência de elementos mágicos praticados nesses ambientes, outros analisam a magia como ironia ou metáfora; por fim, a magia insere-se como prática ritualizada e desconsiderá-la inibe o processo de reconstrução histórica, não apenas dessa prática, mas também com o contexto ao qual dialoga.

Buscando criar uma polarização sobre magia e religião criaram-se critérios para fazer tais distinções/distorções, a saber: a magia é manipuladora, a religião redentora; a magia se aplica às necessidades individuais, a religião promove o bem terapêutico comunitário; as operações mágicas tendem a ser privadas e secretas, os rituais religiosos são abertos e por busca de aderentes; a magia estabelece relação entre o mago e seu cliente, em uma religião há relação entre seu fundador e líder, como profeta e sacerdote, e os seguidores, assim como entre os irmanados. A diferença entre os termos é sobretudo qualitativa: a religião é superior, benigna, organizada, clara, enquanto a magia encarna todos os seus contrários. Tais ideias se gestaram ainda na Antiguidade e se mantêm até os dias de hoje, exercendo influência significativa nos estudos clássicos de antropologia, sociologia e história.

Essa temática foi amplamente silenciada mediante uma cadeia traditiva estabelecida com viés ortodoxo, que perpassa pelos Pais da Igreja, período medieval, Reforma Protestante e Contrarreforma Católica, que não alteraram o horizonte da compreensão textual o quanto nele possui elementos mágicos. No período pré-iluminista, a magia não era estudada como um assunto histórico, pelo menos não no sentido moderno que é dado à hermenêutica da ciência história. Porém, novos estudos promovem o redimensionamento na interpretação textual. Ao se analisar um texto faz-se necessário recorrer aos métodos que permitam identificar as peculiaridades presentes e olhares para o ambiente originário do texto a partir da cosmovisão de seus atores sociais de então. A importância desse aspecto reside no fato de evitar leituras modernas projetadas para o judaísmo e o cristianismo a partir de perspectivas atuais, rompendo assim com as especificidades da época.

Conforme Marc Bloch: "O bom historiador se parece com o ogro da lenda. Onde fareja carne humana, sabe que ali está a sua caça" (BLOCH, 2001, p. 54). Ao que tange a magia nos estudos das experiências antigas religiosas, a desatenção e falta de instrumentos analíticos inibem o instinto farejador em identificar como as práticas mágicas estão indissociadas de um ambiente de pluralidade religiosa. Os documentos produzidos indicam que essas narrativas construídas em seus diferentes ambientes e contextos históricos estão em sintonia e interação com os temas e motivos do tempo presente de quem as escreveu.

A magia e as práticas mágicas se inserem em uma dinâmica cultural e religiosa, onde se manifestam relações de poder e confronto entre "meu tipo de magia" *versus* "seu tipo de magia", ou "minha religião" *versus* "sua magia", fato amplamente observável em literatura não canônica e canônica, onde ocorrem conflitos e tensões envolvendo personagens como José, Moisés, Daniel, Jeremias, Ezequiel, Salomão, Mateus e Paulo.

A magia agrega uma constelação de crenças servindo para explicar manifestações de aflição pessoal e social através de palavras protetoras, gestos e amuletos para fornecer uma sensação de segurança em um universo imprevisível e ameaçador. Socialmente, afirma traços-chave da identidade, reforçando com atitudes e ações a coesão do grupo.

A fim de aprofundar essa temática serão trabalhados dois elementos mágicos para ampliar o horizonte de compressão: (i) o Anel de Salomão e (ii) a crença e prática do Olho Mau. Salomão, filho de Davi e terceiro rei de Israel, é um dos personagens históricos e literários mais importantes para a tradição judaica e cristã. A imagem de um rei sábio, estadista e construtor do Templo de Jerusalém é substituída por um exorcista, possuidor de um anel mágico que poderia subjugar os demônios, a ponto de mandá-los construir o Templo de Jerusalém. Essa história é narrada no Testamento de Salomão, um texto em grego composto por 14 manuscritos.

Segundo a narrativa, a partir do início das obras, um jovem a quem Salomão tinha grande estima adoece. Salomão o interroga, dizendo-lhe amar mais do que aos outros, por isso dava-lhe o dobro de salário e de provisões e não entendia por que estava emagrecendo a cada dia. Segundo o jovem, um demônio acaba com a metade do que ganha e ainda agarra a sua mão direita e chupa o seu dedão. Após esse relato diz para Salomão que sua alma está perturbada e seu corpo desfalecendo.

Salomão clama ajuda para Deus, que por intermédio do Arcanjo Miguel lhe entrega um anel mágico, passando a exercer poderes sobre os demônios. Escravizou-os e passaram a trabalhar para a construção do templo. Ao longo da narrativa, Salomão se apaixona por uma mulher sulamita e para tê-la em seu harém ele recebe ordens de sacerdotes jebuseus de adorar seus deuses. Ele cede e o espírito de Deus se afasta dele. Esse Testamento se encerra com Salomão admoestando à atenção para que se possa alcançar a graça eterna.

A história desse Testamento ganhou audiência no contexto helênico. Salomão e suas fórmulas de exorcismos popularizam-se, o amuleto (anel) é reconduzível a Salomão, pelo menos desde o século I E.C. na literatura de círculos sacerdotais judaicos. Faz parte do exorcismo a citação do nome de Salomão e de suas fórmulas mágicas.

O anel, amuleto, simboliza o poder de Javé, que é oferecido através da indicação de práticas e fórmulas mágicas para as mais distintas finalidades, como a cura de enfermidade. Isso gera uma democratização do sagrado, socializando-o, rompendo com o arquétipo aristocrático do templo para as mais diferentes esferas sociais que utilizaram desse elemento mágico.

O Olho Mau é um conceito popular em que algumas pessoas são capacitadas pela natureza em ferir, causar doença e destruição de uma pessoa, animal ou coisa meramente por um olhar. Essa crença sustenta que o olho é um órgão ativo que emite emanações carregadas por disposições negativas (esp. inveja, malevolência e avareza). Estas emanações surgem no coração ou alma e são projetadas para o mundo exterior.

Extensivamente atestado nas antigas regiões circum-mediterrâneas (Mesopotâmia, Egito, Grécia, Roma, Israel) e antigas religiões do Oriente Próximo (religião mesopotâmica, judaísmo, cristianismo e islamismo) inclui não só a crença no mau-olhado, mas também as numerosas práticas destinadas a evitá-lo ou repeli-lo. A referência direta às crenças e prática do Olho Mau podem ser observadas em obras literárias, textos sagrados, cartas pessoais, papiros, inscrições, obras filosóficas, tratados históricos, encantamentos, orações, sermões e comentários teológicos.

Das evidências na cultura material e textual que contém a prática e proteção contra o mau-olhado, cabe destaque os Papiros Mágicos Gregos, que são uma coletânea de textos mágicos encontrados no Egito, que remetem do século II a.E.C. ao século V E.C. Além dos elementos gregos, figuram também elementos egípcios, gnósticos, persas, mitraicos, babilônicos, romanos e semíticos. Neles encontram-se prescrições para feitiços com as mais diversas finalidades, proporcionando descrições detalhadas das práticas mágicas correntes. Esses papiros são uma literatura transcultural que convergem mundos místicos diferentes. Não podem ser entendidos como degeneração ou corruptela de uma religião verdadeira, incorrendo na hierarquia entre magia e religião. A magia helenística nos Papiros Mágicos Gregos é uma expressão religiosa, com traços populares marcados e de origens comprovadamente mais antigas.

Existem milhares de amuletos que combatem o mau-olhado descobertos em escavações arqueológicas e por desenhos do "olho antimau", fórmulas e inscrições em placas de porta, gravuras de pedra, limiares de mosaico, edifícios públicos, joias, juntamente com estatuária e arte (afrescos, arte funerária etc.)

Em Gl 3,1, a ocorrência do verbo grego *baskaino* (enfeitiçar) remete às características da crença e prática do *oftamós ponerós* (mau-olhado) e deixa claro que a acusação e contra-acusação sobre o olho mau desempenhou grande importância no conflito gálata. Há de se observar a importância desse termo e, por conseguinte, o que a magia representa na interpretação da epístola paulina. Destaca-se que, essa dimensão do texto não decorre de uma gradativa compreensão do mesmo, mas sim de critérios metodológicos de aproximação ao evento, cujo texto relata. Para tanto, torna-se importante uma leitura hermenêutica transcultural que permita o intérprete compreender que dinâmica social está por trás do texto/contexto e com as culturas de seu tempo e, por consequência, com o aspecto mágico intensamente difundido nessas sociedades antigas.

A crença na magia estava difundida nas comunidades judaicas e cristãs, historicizar esse movimento traz à memória temas originais e pouco explorados, que fazem oposição aos modelos explicativos preocupados com a homogeneidade de valores compartilhados.

Felinto Pessôa de Faria Neto

Ver também Amuletos e talismãs; Hécate; Lilith; Magia; Magia e feitiçaria grega; Magia escandinava; Magia romana; Mandrágora.

BLOCH, M.L.B. (2001). *Apologia da história, ou, O ofício de historiador*. Rio de Janeiro: Jorge Zahar.

CHEVITARESE, A.L. & CORNELLI, G. (2007). *Judaísmo, cristianismo e helenismo*: Ensaios acerca das interações culturais no Mediterrâneo antigo. São Paulo: Annablume/Fapesp.

ELLIOTT, J.H. (2016). *The Evil Eye in The Ancient Mediterranean Social World* – A Sourcebook, edited by Zeba Crook. Grand Rapids: Eerdmans.

JUSTI, D.B. (2015). *A construção de Paulo de Tarso como homem divino (thĕiŏs anēr) em Atos dos Apóstolos*: as culturas mediterrânicas e paleocristãs em perspectiva comparada [tese de doutorado, Instituto de História, Programa de Pós-Graduação em História Comparada – UFRJ].

______ (2011). *Literatura e cultura popular no cristianismo primitivo*: A crença e prática do mau-olhado em Gálatas 3,1-5. [dissertação de mestrado, Departamento de Teologia – PUC-Rio].

______ (2010). Magia no mundo antigo e práticas mágicas entre os primeiros cristãos. *Revista Jesus Histórico e sua Recepção*, vol. 5.

LUCK, G. (1995). *Arcana Mundi*: Magia y Ciencias Ocultas en el Mundo Griego y Romano. Madri: Credos.

Magia romana

Sob a rubrica de magia podemos considerar diferentes tipos de práticas que têm em comum a pretensão de mudar o curso dos eventos mediante a utilização correta de elaborados procedimentos, objetos e forças sobrenaturais. Trata-se, portanto, de uma técnica (τέχνη) que envolve crenças, esconjuros e orações, sem escapar de elementos de racionalidade. Há um consenso entre os pesquisadores de que a magia deve ser interpretada como um fenômeno sociocultural recorrente em inúmeras sociedades e que não teve origem a partir de uma cultura específica (MALINOWSKI, 1984, p. 78). Assim, suas origens remontam há tempos e espaços amplamente divergentes, existindo práticas e crenças mágicas inerentes a todas as culturas, independentemente do nível de desenvolvimento tecnológico.

Durante todos os períodos da história que englobam a antiga cidade de Roma e seu império, temos diversos exemplos de crenças e de práticas de magia. As evidências arqueológicas, literárias e legislativas não deixam nenhuma dúvida de que havia praticantes de diversos tipos de magia na cidade de Roma e nas diversas regiões do Império Romano. Nesse sentido, estamos enfocando aqui as práticas e representações da magia que chamaremos de greco-romana, apresentaremos aspectos gerais de seu desenvolvimento na cidade de Roma e em partes do Império Romano. No entanto, é preciso ressaltar que o Império Romano cobria uma extensão territorial muito grande, englobando diversas culturas e povos diferentes. Assim, as práticas compreendidas como possuindo cunho mágico-religioso tomavam características distintas conforme as diferentes regiões do império, as diferentes crenças e as variadas divindades e necessidades. Portanto, apresentaremos elementos mágicos encontrados nos textos escritos em latim e grego, leis oficiais da cidade e do Estado imperial romano e práticas gerais classificadas como greco-romanas, *grosso modo*, por possuírem elementos em comum da sociedade imperial pré-cristã. Devemos frisar também que a magia praticada pelos gregos e latinos não foi a mesma nem mesmo no território grego e itálico e que ainda ignoramos as formas primitivas mais antigas da magia na Itália e na Grécia (HUBERT, 1904, p. 1.494).

As práticas mágicas greco-romanas cobriam diversos tipos de saberes como curas por possessões ou por fabricações de fármacos (conhecimentos médicos, químicos, físicos e botânicos), observações e usos dos astros em processos divinatórios mágicos (conhecimentos astrológico-astronômicos e matemáticos) etc. Da mesma forma como as práticas mágicas envolviam conhecimentos diversos, houve uma variedade de termos em latim e grego para identificar os praticantes do que podemos englobar como magia, tais como os termos: *goes, vates, vaticinium, mathematicus, maleficus, hariolous, philosophus, mantis, chaldaeus* etc. É interessante observar como *caldeu* (*chaldaeus*) denota essas práticas sendo vistas como algo estrangeiro e oriental, trazidas pelos povos caldeus mesopotâmicos.

Por sua vez, o termo grego μαγεία e *magia*, no latim, dos quais deriva o vocábulo "magia" do português moderno, era usado no contexto greco-romano para definir as práticas religiosas dos sacerdotes zoroastristas persas (*magus* no latim). Embora o termo "*magus*" apareça com certa conotação negativa no *Poema 90*, de Catulo (séc. I a.E.C.) e com ressalvas na *Vida de Apolônio de Tiana*, de Filóstrato (séc. III E.C.), em geral, os termos *magus* e *magia* não foram considerados de maneira negativa em grande parte da literatura greco-romana e por grande parte do período imperial. Temos outros termos mais usados.

Assim, de maneira geral, no contexto greco-romano antigo, entre os escritores e juristas das elites, houve a distinção de práticas de magia populares consideradas ilícitas, maléficas e charlatãs, a *goeteia* (γοητεία) praticada pelo *góes* (γόης), de práticas com cunho mágico, incorporadas em rituais de deuses da religião oficial romana e parte de estudos filosóficos, a teurgia (θεουργία). Práticas encontradas dentro dessa segunda classificação eram tidas como algo lícito, portanto.

A fim de atingir o conhecimento (Γνωσις) por meio da ascese (ἄσκησις), os filósofos praticavam ritos de cunho mágico. Um exemplo de práticas teúrgicas na Antiguidade é a ligação de muitos filósofos com os *daimones* (δαίμονες). O *daimon* (δαίμων), ou gênio (*genius*), era o que os antigos gregos e romanos acreditavam como ser superior capaz de intermediar a relação entre os homens e as divindades. Os filósofos da época imperial romana tinham um conceito de *daimones* claramente influenciado pelas noções de Platão em *O Banquete* (ZABALA, 1992, p. 266). O neoplatonismo foi a corrente filosófica cujo desenvolvimento da teurgia teve maior expressão. Podemos citar o filósofo Jâmblico (séc. III/IV E.C.) como um dos principais nomes da teurgia neoplatônica, deixando seus registros na obra *Sobre os mistérios egípcios*.

O que diferencia os fenômenos mágicos como *goeteia* ou teurgia, nestes textos de cunho elitista e/ou oficial, é a concepção sobre a atitude do praticante da magia. Se a concepção fosse considerada boa, seria uma prática denominada de teurgia ou rituais incorporados em práticas religiosas aceitas. Se a concepção fosse considerada ruim, era denominada de *goeteia*. Entretanto, havia uma dimensão marcada por valores de grupo que delimitavam o que era aceito ou não e o que era considerado religioso ou charlatão. Assim, as fronteiras entre religiosidade, magia, charlatanismo, práticas benéficas e malefícios se interpenetravam, não sendo fácil fazer delimitações, sendo um estudo que necessita de análise com métodos e técnicas historiográficos.

Trataremos brevemente de três aspectos dos estudos da magia no mundo romano antigo: as práticas, as representações e a legislação e acusações de práticas mágicas.

Práticas de magia: os testemunhos arqueológicos – Em relação às práticas mágicas no território do Império Romano, há testemunhos por meio de uma série de *defixiones*, lâminas de chumbo com imprecações mágicas escritas em latim e encontradas pelos arqueólogos em antigos túmulos, poços e ruas. Tais objetos eram usados para escrever o texto mágico com a função, em geral, de amaldiçoar (imprecar). Estas magias abarcavam variados aspectos da vida, como processos jurídicos, competições atléticas e teatrais, casos de amor, rivalidades nos negócios e em relação a propriedades, intrigas contra inimigos de diversos tipos e roubos.

O conjunto destes objetos mágicos foi denominado de *tabellae defixionum*, referindo-se ao material em latim, e de κατάδεσμοι, referindo ao material em grego. Este material pode ser acessado por meio de coleções com traduções para as línguas modernas realizadas por especialistas, como a obra *Curse Tablets and Binding Spells from the Ancient World*, publicada por John J. Gager pela Oxford University Press, reunindo material de mais de mil textos mágicos escritos entre os séculos V a.E.C. e V E.C., encontrados em regiões como o norte da África, a Britânia, a Síria e a Hispânia.

Há também uma série de papiros do território egípcio com ensinamentos, hinos, rituais e fórmulas mágicas da época helenística (Egito Ptolomaico) e da época imperial romana, são os *Papiros Mágicos Gregos*, traduzidos e reunidos em coleções contemporâneas, como na obra *The Greek magical papyri in translation*, publicada por Hans Dieter Betz pela The University of Chicago Press. Esses papiros são datados do século II a.E.C. até o século V E.C. e trazem textos escritos em grego, copta e demótico.

Além do material citado, há estatuetas, amuletos apotropaicos, talismãs etc., que podem ser utilizados para a compreensão do pensamento mágico no contexto tratado. No entanto, ainda que haja esforços dos estudiosos em reunir os objetos da cultura material em coleções, o material é bastante disperso tanto no tempo quanto no espaço onde foram encontrados. Além dessas fontes históricas, temos uma rica documentação textual literária que apresenta representações da magia greco-romana.

Representações da magia: os testemunhos literários – Uma primeira ideia que deve ficar clara sobre as representações literárias da magia romana é que as mesmas não eram a magia em si enquanto prática, mas uma visão dos escritores, marcada por juízos de valor que cruzam uma moral normativa sobre gênero (o que era aceito como próprio de mulheres e o que era aceito como próprio de homens) e ideais dos grupos sociais das elites, pois tratam de produção textual carregada das visões de mundo de seus autores, membros das ordens sociais romanas. Os literatos romanos criaram personagens, descreveram rituais em seus pormenores, discutiram sobre as origens da magia, biografaram e recriaram personagens envolvidos em práticas mágicas e se mostraram muito originais, podemos citar vários autores e suas obras, entre eles: Teócrito (*Idílios*), Virgílio (*Bucólicas*), Ovídio (*Os fastos, Remédios para o amor, A arte de amar* e *Amores, Elegias*), Horácio (*Epodos, Sátiras*), Propércio (*Elegias*), Petrônio (*Satyricon*), Lucano (*Farsália*), Sêneca (*Medeia*), Plínio o Velho (*História natural*), Apuleio (*Metamorfoses* e *Apologia*), Luciano (*Alexandre ou o falso profeta*) e Filóstrato (*Vida de Apolônio de Tiana*), por exemplo. Todos esses escritores podem ser usados como fontes para o estudioso da magia na mentalidade dos romanos antigos.

Em geral nas obras da literatura greco-romana as mulheres são representadas como praticantes de magia, uma vez que os escritores consideravam estas práticas desviantes e temidas, devendo ser ridicularizadas, principalmente para a elite detentora do poder político da qual faziam parte os poetas. Nesse sentido, ao representarem a magia como algo essencialmente feminino, os poetas moldavam um diálogo com os homens romanos, estabelecendo o que lhes era proibido e comum às mulheres, sujeitos subalternizados. Muitos nomes foram dados a estas mulheres, como *saga* (do termo "*sagire*", que significava perceber com clareza e rapidez). Desse termo vem o nome Sagana, uma das feiticeiras criadas pelo poeta Horácio (*Sátira* I, 8; *Epodo* V), a companheira da famosa Canidia. Temos também o uso do termo "*striga*", usado para referir à mulher transformada em pássaro vampírico, que os antigos romanos acreditavam sugar o sangue dos bebês de noite. As *striges* são descritas por Ovídio em *Os fastos* (livro VI) como mulheres velhas transformadas em vampiros que grasnavam de noite (*stridere*), ato de onde viria o termo "*striga*", conforme Ovídio. Outro termo muito usado nos textos em latim para referir-se à mulher feiticeira foi *venefica* (fabricante de poções venais), que encontra semelhança ao uso negativo do termo feminino φαρμακίς ou φαρμακεύτριαι, no grego. Também se referiam a essas mulheres como *anus* (mulher velha) e *lamia*/Λάμια (monstro feminino vampírico sugador de sangue de crianças).

Em consonância com testemunhos literários, a epigrafia latina encontrada em lápides de cemitérios romanos nos revela a crença na capacidade de mulheres feiticeiras terem matado determinados indivíduos, em especial crianças, para realização de magias. Como testemunha o epitáfio da lápide do pequeno Iucundo: "Iucundo, o escravo de Lívia, a esposa de Draco César, filho de Gryphus e Vitalis. À medida que cresci para o meu quarto ano, fui preso e morto, quando tive potencial para ser doce para minha mãe e pai. Eu fui arrebatado pela mão de uma bruxa [*saga manus*], sempre cruel desde que permaneça na terra e prejudique sua arte. Pais, protejam bem seus filhos para que a tristeza desta magnitude não se implemente em seu peito" (CIL, IV, 19747, Roma).

Acusações contra praticantes de magia: a legislação e a literatura – O uso da magia foi proibido em toda tradição jurídica romana. Desde a Lei das Doze Tábuas, primeiro conjunto de leis romanas escritas, é possível acusar uma pessoa como responsável por práticas que podemos considerar relacionadas com o que os antigos romanos compreendiam como magia. No entanto, o termo "magia" ainda não aparece na documentação desse contexto. Pela Lei das Doze Tábuas (*Tábua Sétima*) o praticante de magia podia ser acusado por dois tipos de ações distintas: usar de sortilégios para transportar a colheita de um vizinho para seu próprio campo e usar conjuros mágicos com o objetivo de causar dano a alguém. Em ambos os casos a pena prevista era a morte por fustigação. Nosso conhecimento dessa lei é resultado das tentativas de compilações da mesma pelos antigos. James Rives (2002, p. 272) nos informa que a base definitiva da lei vem, provavelmente, das interpretações e comentários contidos no texto produzido pelo jurista romano Sexto Élio Peto Catão (*Commentaria Tripartita*), em torno de 200 a.E.C. Tal texto, por sua vez, é conhecido por meio das obras de Cícero. Temos também referências sobre o possível conteúdo dessa parte da Lei das Doze Tábuas nos escritos de Plínio (*História natural*), nos poemas de Virgílio (*Bucólicas*), em Sêneca (*Problemas naturais*) e em Apuleio (*Apologia*).

A palavra "magia" não aparece no conteúdo da Lei das Doze Tábuas, embora a ideia de emprego de cantos (*carmina*) tenha sido interpretada pelos estudiosos – e apareça na própria documentação antiga de períodos posteriores à lei – como o uso de rituais de cunho mágico (encantamentos) proibidos. Devemos observar também que os encantamentos são relacionados à questão dos campos nesta lei, preocupação de grande destaque naquela sociedade de base agrária.

Em 81 a.E.C. foi instituída pelo Cônsul Lúcio Cornélio Sula a *Lex Cornelia de sicariis et veneficiis*, que daí em diante pontuou as ações legais contra a magia. Rives (2003, p. 318), no entanto, acredita que a mesma não foi uma criação de Sula, mas uma reorganização simplificada de leis já existentes sobre questões de assassinatos. Sula teria, na análise de Rives, incluído na lei, a punição contra o uso de substâncias com o poder de afetar outrem negativamente (*venena mala*). Assim como a Lei das Doze Tábuas, a *Lex Cornelia de sicariis et veneficiis* não condenava a magia como tal, mas os crimes à mão armada contra a vida dos cidadãos, emparelhando a magia ao envenenamento. Neste sentido, como vemos, essa lei punia os fabricadores de venenos. O problema se deu devido ao fato de o termo "*veneficium*" não significar somente a fabricação de drogas e venenos, mas também magias em geral. A penalidade prevista por esta lei para o praticante de magia era a deportação para uma ilha ou o confisco de todos os bens do acusado. No século III, com as *Sentenças de Paulo* (*Pauli Sententiae)*, as artes mágicas (*artes magicae*) e divinatórias atraem uma atenção especial e até mesmo a posse de livros mágicos passa a ser proibida. Com as *Sentenças de Paulo* pela primeira vez o termo "*magus*" e suas derivações aparecem de fato na legislação romana contra a magia.

Temos menções a acusações de práticas mágicas em obras da República Romana e do Império, em especial, tais como: *Em defesa de Célio*, de Cícero; *Histórias*, de Tito Lívio;

História natural, de Plínio e *Anais*, de Tácito. Um dos casos mais famosos de acusação de práticas mágicas é o que viveu o escritor Apuleio (séc. II E.C.), acusado de realizar magia amorosa para conquistar uma rica viúva com quem se casara anos antes do processo. A acusação foi levantada pela família da viúva e Apuleio advogou em causa própria, transcrevendo, anos mais tarde, o discurso de autodefesa conhecido como *Apologia*. O estudo da *Apologia* nos mostra as relações de poder que a prática e seus praticantes estavam envoltos (SILVA, 2012).

A acusação contra Apuleio e sua defesa, as leis, as representações e as práticas, portanto, demonstram-nos como, ao estudioso da magia greco-romana, a ligação entre este elemento da cultura e o poder torna-se imprescindível.

Semíramis Corsi Silva

Ver também Amuletos e talismãs; Hécate; Lilith; Magia; Magia e feitiçaria grega; Magia escandinava; Magia hebraica e cristã antiga; Mandrágora.

DODDS, E.R. (2002). *Os gregos e o irracional*. São Paulo: Escuta.

HUBERT, H. (1904). "Magia". In: DAREMBERG, C.H. & SAGLIO, E. *Dictionnaire des antiquités grecques et romaines*. Vol. III. Paris: Hachette, p. 1.494-1.521.

MALINOWSKI, B. (1984). *Magia, ciência e religião*. Lisboa: Edições 70.

OGDEN, D. (2002). *Magic, Witchcraft, and Ghosts in the Greek and Roman Worlds*. Oxford: Oxford University Press.

RIVES, J.B. (2003). Magic in Roman Law: the reconstruction of a crime. *Classical Antiquity*, 22, 2, p. 313-339.

SILVA, S.C. (2017). "As fronteiras nas representações da magia no Império Romano: Apolônio de Tiana entre o feiticeiro charlatão e o sábio divino pitagórico". In: DIAS, C.K.B; SILVA, S.C. & CAMPOS, C.E.C.C. (orgs.). *Experiências religiosas no mundo antigo*. Vol. 1. Curitiba: Prismas, p. 229-252.

______ (2012). *Magia e poder no Império Romano*. A *Apologia* de Apuleio. São Paulo: Annablume/Fapesp.

ZABALA, A.J.M. (1992). "Demonologia en Apuleyo". In: ALVAR, J.; PÉREZ BLÁNQUEZ, C. & WAGNER, C.G. (orgs.). *Héroes, semidioses y daimones*. Madri: Ediciones Clásicas, p. 265-272.

Mandrágora

O uso de plantas para a alimentação, vestuário, e magia acompanha o ser humano desde a Pré-história. Algumas dessas plantas, como, por exemplo, o linho, foram utilizadas como óleo e suas sementes eram essenciais para o alimento; de sua fibra extraía-se um tecido resistente e macio e com suas folhas e óleos eram elaborados poderosos remédios e feitiços. Mas não somente o linho, o alho-poró, a arruda, o alecrim, entre outras inúmeras plantas estavam presentes na elaboração de poções mágicas. No entanto, algumas plantas conseguiram maior notoriedade do que outras ocupando desde a Antiguidade até hoje um lugar de destaque quando o assunto em questão são "plantas mágicas". Essas plantas que faziam parte dos unguentos que as bruxas utilizavam para besuntarem seus corpos e assim poderem voar para o *sabbath*, até hoje são utilizadas como remédios homeopáticos e fitoterápicos e também alopáticos, já que alguns alcaloides são empregados em anestésicos de comprovada eficácia e, em contrapartida, são também poderosos e letais venenos.

Atropa beladona, *Atropa mandragora*, *Hyoscyamus niger* e *Nigella sativa* formavam realmente um "quarteto fantástico" quando utilizados para a elaboração de filtros amorosos, poções para aumento ou perda da virilidade, proporcionar voos noturnos mágicos, aliviar e proporcionar dores, trazer à vida e condenar à morte. Todas estas plantas começaram a ser utilizadas na Dinamarca (por influência da Alemanha) a partir do século XIV, sendo desde então conhecidas em toda a Escandinávia. A primeira planta, conhecida popularmente como beladona (*Atropa beladona*), "bela mulher" utilizada pelas mulheres desde a Baixa Idade Média para dilatar as pupilas ao pingarem o suco das bagas negras nos olhos e conferirem a esses um brilho especial e assim realçarem a sua beleza era também muito usada como analgésico e antitérmico potente e também para envenenamentos, já que uma alta dosagem conduziria à morte. Até hoje utiliza-se a beladona como um dos medicamentos homeopáticos mais populares.

A segunda planta, considerada a erva das bruxas por excelência, é a mandrágora (*Atropa mandrágora*). Sua imagem é encontrada em vários manuscritos medievais e renascentistas e sempre é mencionada como um dos ingredientes principais para o preparo de todo tipo de poção ou feitiço. A presença da mandrágora é registrada na literatura desde a Antiguidade, em poemas medievais, na Bíblia, nas tragédias shakespeareanas e no cinema. Na série de filmes de Harry Potter há uma cena onde a professora vai ensinar os alunos a arrancarem a raiz da mandrágora. A cena é divertida e representa o mito medieval sobre a planta: a mandrágora grita ao ser arrancada da terra e pode levar quem ouve esses gritos à loucura. A sua raiz possui forma humana e cresce abaixo dos patíbulos, onde cairia o sêmen dos enforcados e a alma destes passaria para a planta – que segundo a tradição medieval deveria ser amarrada a planta na cauda de um cão e em seguida dar pancadas na cabeça deste. Quando o animal finalmente corria agonizante, a raiz era arrancada e a alma do enforcado libertava-se. Acreditava-se que se um casal dividisse a raiz da mandrágora e cada um ingerisse um pedaço dela jamais se separariam. Essa cena está imortalizada no filme *Conquista sangrenta*, de 1985, dirigido por Paul Verhoeven e estrelado por Rutger Hauer. A raiz da mandrágora, por ter a forma semelhante ao ser humano, foi alvo de várias crenças, inclusive de que ela seria o ancestral vegetal do homem, e isso só fez aumentar a crença no seu poder mágico. Com potentes alcaloides que em altas doses causam fortes dores, tonturas, alucinações, convulsões e morte, a raiz da mandrágora era utilizada principalmente para propiciar alucinações. Quando empregada nos unguentos e estes espalhados nas mucosas nasais, vaginais e anais entravam rapidamente na corrente sanguínea produzindo muitas vezes efeitos letais.

Atualmente os alcaloides produzidos pela mandrágora utilizados pela indústria farmacêutica na fabricação de anestésicos estão sendo substituídos por alcaloides sintéticos, pois há ainda um comércio ilegal dessa planta e ainda hoje são atribuídas mortes a ela devido ao seu uso mágico. Como as dosagens mesmo pequenas podem ser fatais, pois muitas pessoas apresentam reações alérgicas, sua utilização vem sendo combatida. O meimendro (*Hyoscyamus níger*) que atualmente é utilizado como medicamento homeopático e fitoterápico era um dos componentes do unguento das bruxas, para a elaboração de filtros amorosos e também era um potente veneno proporcionando alucinações e dores atrozes antes da morte. E, por último, o cominho negro (*Nigella sativa*). Parte integrante do unguento era também muito utilizado para as poções amorosas e para os venenos. Essa planta era muito utilizada como condimento e, assim como as sementes da papoula conferiam sabor especial aos pratos e são utilizadas até hoje na culinária, mas combinadas com outros alcaloides potencializavam seus efeitos devastadores. Essas quatro plantas eram utilizadas *in natura*, secas, reduzidas a pó, podia-se extrair a sua tintura deixando partes da planta (raízes, folhas, flores e frutos) mergulhados por um determinado tempo em vinho, e depois administrava-se esse líquido que tanto podia curar como matar na comida, em outros filtros ou poções ou misturados em mais vinho em forma de chás, unguentos e beberagens.

Todas essas formas de se administrar as plantas eram utilizadas na sua maioria por mulheres que detinham esses conhecimentos não por pertencerem a alguma espécie de seita ancestral que lhes conferiam poderes sobrenaturais, mas por esse saber estar intimamente ligado à rotina doméstica na qual estavam inseridas. Os afazeres culinários as obrigavam a conhecer quais as plantas deveriam ser empregadas para conservar os diferentes tipos de carnes, quais seriam as mais apropriadas para dar um gosto melhor à comida e quais eram as melhores para "limpar" o organismo de meses comendo apenas carnes salgadas e pães duros durante os pesados invernos. A cozinha era um local de preparo de alimentos e, consequentemente, era também o local onde se preparavam os remédios: uma sopa preparada com urtiga que colhida sem cuidado causava irritações graves na pele, alho-poró e cominho negro eram um remédio eficaz e revigorante para aqueles que sofreram ferimentos ou tiveram febres causadas pela infecção e algum ferimento.

Alimento e remédio combinavam-se em um saber transmitido oralmente por mulheres no ambiente privado de suas cozinhas. Muitas vezes a esse tipo de alimento adicionava-se algumas gotas de tintura de beladona ou mesmo meimendro para que aliviasse as dores e ajudasse na cicatrização do ferimento impedindo que a infecção se alastrasse e conduzisse o ferido à morte. O conhecimento sobre o emprego dessas plantas mágicas tem uma base oral e ainda hoje no mundo todo é possível encontrar pessoas, na sua maioria mulheres, que detêm algum tipo de conhecimento sobre a utilização dessas e de muitas outras plantas. Hoje quando inicia-se um estudo mais profundo sobre a utilização dessas plantas mágicas, principalmente no que diz respeito à mandrágora, nos deparamos com inúmeros estudos sobre o seu uso mágico e das propriedades que essa planta possui, mas poucos são aqueles que advertem sobre a sua toxicidade e os malefícios que podem causar à saúde. O comércio indevido e mesmo as falsificações (há comerciantes que vendem raiz de gengibre delicadamente esculpida com a forma de um corpo humano como mandrágora!) favorecem as intoxicações, envenenamentos e a morte em nome de um saber mágico já totalmente modificado e deturpado.

O conhecimento sobre botânica antiga e medieval é um campo de análise extremamente interessante e ainda pouco explorado principalmente no Brasil. Recentemente o estudo dessas plantas e seu uso para fins mágicos têm sido objeto de estudos de químicos e bioquímicos que buscam nesse uso antigo e mágico dessas plantas possíveis soluções para males contemporâneos, pois o uso médico de muitos dos princípios ativos retirados da mandrágora, meimendro, beladona e cominho negro, entre tantas outras, ainda é utilizado hoje com sucesso. O conhecimento do uso dessas plantas, principalmente no que diz respeito ao seu uso mágico, foi representado de maneira singular em muitas iluminuras medievais, e o seu uso para os famosos voos pode ser observado nas pinturas na catedral de Schleswig-Holstein, de onde podemos observar supostamente Frigg voando nua em ramos de meimendro e seu cabelo lembra a pétala das flores do cominho negro (*c.* 1200). Todas essas representações nos levam a refletir sobre a importância dessas plantas no cotidiano de populações inteiras que encontravam nas pétalas, folhas, raízes, pós, chás e tinturas o conforto para todos os seus males e temores: aliviam as dores do corpo e da alma, faziam nascer o amor e a paixão nos corações mais endurecidos, traziam a cura para muitos ferimentos graves e evitavam a gangrena; aliviam as dores de dar à luz, conduziam ao *sabbath* e, principalmente, varriam do caminho com as piores dores todos aqueles que eram inconvenientes.

O conhecimento mágico e terapêutico do uso dessas plantas mágicas que discorremos nestas linhas demonstra que durante a Idade Média o conhecimento botânico foi muito presente no cotidiano frequentando a cozinha e as hortas de camponeses, bem como os jardins de mosteiros e palácios. A nós, resta-nos o deleite de observar as iluminuras, os vitrais e nos deliciar com as descrições dos devaneios e amores que a essência dessas plantas oferecia.

Luciana de Campos

Ver também Amuletos e talismãs; Hécate; Lilith; Magia; Magia e feitiçaria grega; Magia escandinava; Magia hebraica e cristã antiga; Magia romana.

GUAITA, S. (1984). *Mandrágora* – O templo de satã. Vol. 2. São Paulo: Três, p. 34-35.

MARTINEZ, S. et al. (2009). Alucinógenos naturais: um voo da Europa medieval ao Brasil. *Química Nova* 32 (9), p. 2.501-2.507.

ROBERTSON, D. (1976). Magical medicine in Viking Scandinavia. *Medical History* 20 (3), p. 317-322.

SALLMANN, J.-M. (2002). *As bruxas*: noivas de satã. São Paulo: Objetiva.

Mesopotâmia (religião e mitologia)

A Mesopotâmia, localizada no vale dos rios Eufrates e Tigre, no atual Iraque, foi o local onde surgiram as primeiras civilizações urbanas, tendo ali se desenvolvido as culturas suméria, babilônica e assíria, ao longo dos três mil anos de história. Sua estrutura política foi marcada pela pulverização do poder, onde cada cidade-Estado disputava a hegemonia política sobre uma região.

O aspecto religioso foi fundamental na sociedade mesopotâmica. A religião, cuja principal característica foi o politeísmo, possuía uma organização onde cada cidade-Estado dispunha de um panteão próprio, com inúmeras divindades e mitologias. Essas divindades tinham nomes, funções e atributos específicos e estavam vinculadas a uma cidade onde exerceriam seu poder e proteção (GLASSNER, 2002, p. 86).

Existem muitos elementos que se originaram de tradições locais, com diversas concepções teológicas, onde todas as manifestações da natureza e da atividade humana foram divinizadas. Originalmente, o panteão foi constituído por elementos da natureza durante o processo de urbanização na transição do IV para o III milênio a.E.C. e, lentamente, as divindades se tornaram antropomórficas (POZZER, 2010).

Ao longo do III milênio a.E.C. as relações entre as diversas cidades-Estado foram se transformando a partir de alianças políticas, de casamentos e de guerras, criando novas configurações territoriais. O panteão religioso também se alterou, originando "laços familiares" entre as divindades. Contudo, essas relações eram instáveis, fazendo com que as teogonias e os mitos se modificassem, assim como o gênero de algumas divindades (WIGGERMANN, 2006, p. 1.860).

Segundo suas crenças, as práticas religiosas mesopotâmicas eram acompanhadas de diversos rituais que teriam capacidade interventora no mundo. Esses rituais estavam baseados no gesto e na palavra. Segundo a tradição semita, o verbo era criador, assim a enunciação de um bem ou de um mal era suficiente para garantir a sua gênese. Já os ritos manuais tinham sua origem no poder do gesto, na capacidade destrutiva ou transformadora de diversos produtos naturais ou elementos primordiais como a água e o fogo (BOTTÉRO, 1987-1990, p. 206).

Nosso conhecimento acerca das ideias religiosas dos mesopotâmicos é baseado em inúmeros textos, tais como listas de deuses e oferendas, mitos e epopeias, rituais, hinos, preces, provérbios etc., provenientes, em grande parte, dos arquivos clericais de Nippur, a capital religiosa da Suméria e das bibliotecas de Aššur e Nínive, antigas capitais do Império Assírio. Também os objetos artísticos, de cunho religioso, constituem outra importante fonte de pesquisa. Considera-se que a cidade de Nippur, embora não tenha sido uma capital política, nem um centro administrativo autônomo, foi a sede religiosa do sul da Mesopotâmia (POSTGATE, 1995, p. 32-35). O lugar privilegiado que a cidade ocupou no plano político, sob as diferentes dinastias que se sucederam, deveu-se a uma questão religiosa e geográfica, visto que ela abrigava o santuário de Enlil, o deus supremo na teogonia suméria – a cultura fundadora da Mesopotâmia.

A Mesopotâmia produziu uma civilização que inovou, criando novos modelos de composições literárias, de cunho mitológico, que traduziram uma nova visão de mundo e uma nova capacidade de transpô-la por escrito. Sua mitologia é muito diversa, comportando inúmeras variações, segundo a região e o período histórico, contudo podemos destacar alguns mitos fundadores, como Enûma Eliš, Atrahasîs e a Epopeia de Gilgameš.

O Poema da Criação ou Enûma Eliš celebra, em 7 tabletes e 1.100 versos, a glória de Marduk e explica sua ascensão ao trono no panteão babilônico. A narrativa teria sido escrita no final do século XII a.E.C., durante o reinado de Nabucodonosor I (1124-1103), mas os manuscritos que sobreviveram são mais recentes. Assim como outros textos clássicos da literatura mesopotâmica, eles foram recopiados nas escolas de escribas, fato que permitiu sua preservação (PEINADO, 1994).

O documento revela as origens do universo, o combate dos deuses organizadores do mundo contra as forças do caos, representados pelas águas primordiais – Apsû, as águas doces, e Tiamat, as águas salgadas, que no início dos tempos formavam um todo indiferenciado. A descoberta desta obra foi assinalada por Georges Smith, epigrafista do Museu Britânico, em 14 de março de 1875.

Existem cerca de 60 cópias conservadas do manuscrito, provenientes dos sítios arqueológicos de Assur, Kiš, Nínive e Babilônia, hoje território iraquiano. Todas as cópias possuem a mesma ortografia e exatamente o mesmo texto. Diferentemente de outras composições literárias, como Atrahâsis ou a Epopeia de Gilgameš, não existem versões, nem edições diferentes (LOPÉZ & SANMARTIN, 1993).

O poema Enûma Eliš trata de questões fundamentais, como a criação do universo, dos deuses e do homem, mas também oferece informações para o estudo de teologia, de astrologia e de astronomia. Seguindo a característica da produção literária mesopotâmica, o texto é anônimo e seu título, adotado pelos estudiosos do século XIX, são as duas primeiras palavras do poema: *Enûma Eliš* – Quando no alto...

Outra obra literária, com caráter mitológico, é o poema conhecido como Atrahâsis, que trata da origem dos homens e possui uma visão teocêntrica do mundo. O texto teria sido escrito no século XVII a.E.C., sob o reinado de Ammi-saduqa (1646-1626 a.E.C.), o quarto sucessor de Hammu-rabi. Ele foi recopiado durante mais de um milênio e, atualmente, temos 7 manuscritos da época paleobabilônica, 2 da segunda metade do II milênio e uma dúzia da metade do I milênio a.E.C. É um poema com 1.200 linhas, onde 2/3 foram recuperados. O título, dado posteriormente, faz referência ao nome do herói, que, literalmente, significa "o supersábio".

Para fins de estudo o poema pode ser dividido em 4 partes: o momento antes da criação do homem; a narrativa da criação do homem; a história primitiva do homem e o relato do dilúvio. Propomos a seguir um breve resumo dessa obra baseado na magnífica tradução de Jean Bottéro e Samuel Kramer (1993).

Antes de tudo, existiam os deuses sozinhos no mundo; esses deuses tinham necessidades humanas indispensáveis à sua subsistência: eles precisavam se alimentar, se vestir, habitar confortáveis palácios etc. Esses deuses estavam repartidos em duas classes: os que governavam o universo, os *Annunnakû*, e, por isso, incapazes de fazer outra coisa, e os outros, os *Igigû*, que eram obrigados a trabalhar para os primeiros.

Mas um dia, cansados desta enorme e interminável tarefa, estas divindades trabalhadoras entraram em greve. Eles tentaram, em vão, uma negociação com o chefe supremo Enlil, levando-os a entrarem em um processo de radicalização, quando fazem uma grande fogueira onde queimam todas suas ferramentas e utensílios de trabalho, reclamando a libertação do trabalho e a igualdade de tratamento com os deuses superiores. Houve então uma grande emoção e pânico entre estes últimos, que se viram, com a falta de trabalhadores, condicionados à miséria e à fome.

Em meio ao caos instalado, o chefe supremo, Enlil, convoca uma assembleia geral dos deuses a fim de encontrar uma solução. É, então, que um deus superior muito hábil e inteligente, Ea, o astuto, imagina um plano: ele vai criar um substituto aos deuses-servos que fará o trabalho em seu lugar. Este substituto será criado a partir da argila e do sangue de um deus imolado para este fim (sacrificado porque cometeu um erro). O deus escolhido para o sacrifício foi Wê, aquele que tinha "o espírito, que permaneceria mesmo depois de sua morte" (BOTTÉRO & KRAMER, 1993, p. 538).

Mas sua ideia é sutil: este substituto, diferentemente daqueles que ele deveria substituir, porque feito de argila comum, deveria um dia "retornar à argila" (expressão acádica para designar a morte natural), e deste fato nunca poderá ambicionar a igualdade com os seus mestres, nem reclamar o direito ao não trabalho. Mas, ao mesmo tempo, graças à incorporação à sua matéria do sangue divino, ele terá uma inteligência e eficiência capaz de dar conta plenamente do trabalho que lhe será exigido.

Este substituto será o homem, cujo papel inato será de fornecer aos deuses todos os bens necessários a uma vida opulenta e ociosa, deixando-os a disponibilidade de sua ocupação essencial de governar o universo. Os deuses aplaudem este projeto inteligente e salvador e o executam prontamente.

A vida dos homens é muito longa e seu trabalho prospera tão bem que eles se multiplicam extraordinariamente e que o barulho de sua multiplicação, isto é, das relações sexuais, aguça o impaciente rei dos deuses, Enlil, e o impede de dormir. Irritado e sem refletir, ele resolve diminuir o número de seres humanos sobre a terra, enviando-lhes, sucessivamente, flagelos devastadores: epidemia; seca e fome. Mas, o deus Ea vigia e, para evitar uma crise mais grave para os deuses, ele consegue, através de sábios conselhos que dá ao rei do país, Atrahasîs, cessar estas calamidades. Ea fala com Atrahasîs através dos sonhos, maneira pela qual os mesopotâmicos acreditavam que as divindades se comunicavam com os homens.

Furioso diante da recrudescência do alvoroço humano, Enlil, brutal e imprevisível, decide então suprimir toda a humanidade pelo dilúvio. Ele convoca uma assembleia geral dos deuses para anunciar sua decisão e obter o apoio de todos. Mas, novamente, Ea intervém, através dos sonhos, e faz Atrahasîs construir um grande barco, permitindo assim à raça humana sobreviver e guardar seu papel insubstituível. Atrahasîs, seguindo os conselhos de Ea, constrói um grande barco, sólido e impermeabilizado com betume em 7 dias e depois ele começa a carregar a embarcação com sua família e exemplares de todos os seres vivos. Durante o dilúvio os deuses, vendo a terrível desgraça que se abate sobre a humanidade, veem os "homens morrerem como moscas", ficam apavorados, choram repletos de culpa por tão odiosa decisão e começam a desmaiar de fome e sede. É quando o dilúvio termina (dura 7 dias e 7 noites) e, tão logo Atrahasîs desembarca, ele prepara um banquete em oferenda aos deuses, que se jogam "como moscas" em volta da comida e se saciam. Depois disso Enlil vê o barco e se enfurece. Mas, novamente, Ea se interpõe e preconiza um acordo com Enlil, para evitar uma nova superpopulação: a partir daquele momento as pessoas não viverão mais de cem anos; fica instituída a mortalidade infantil, agora nem todos que nascem sobreviverão; e também é criada a esterilidade feminina, pois nem todas as mulheres poderão ter filhos. E assim, os tempos históricos puderam começar...

Katia M.P. Pozzer

Ver também Épico de Gilgamesh; Ishtar; História das religiões; Politeísmo; Religião.

BLACK, J. & GREEN, A. (1998). *Gods, Demons and Symbols of Ancient Mesopotamia*. Londres: British Museum.

BOTTÉRO, J. (1987-1990). *Magie* - Reallexikon der Assyriologie und Vorderasiatischen Archäologie. Vol. 7. Berlim/Nova York, p. 200-234.

BOTTÉRO, J. & KRAMER, S. (1993). *Lorsque les dieux faisaient l'homme*. Paris: Gallimard.

GLASSNER, J.-J. (2002). *La Mésopotamie*. Paris: Les Belles Lettres.

LÓPEZ, J. & SANMARTÍN, J. (1993). *Mitología y Religión del Oriente Antiguo*. Vol. 1. Barcelona: Ausa.

PEINADO, F.L. (1994). *Enuma Elish* – Poema babilónico de la Creación. Madri: Trotta.

POSTGATE, J.N. (1995). *Early Mesopotamia*. Londres/Nova York: Routledge.

POZZER, K.M.P. (2010). "Babel e a representação do sagrado na Cidade Antiga". In: CORNELLI, G. (org.). *Representações da cidade antiga*: categorias históricas e discursos filosóficos. Coimbra: Classica Digitalia.

WIGGERMANN, F.A.M. (2000). "Theologies, Priests, and Worship in Ancient Mesopotamia". In: SASSON, J.M. (org.). *Civilizations of the Ancient Near East*. Peabody: Hendrickson, p. 1.857-1.870.

Mistérios gregos

O termo "mistério" deriva de "*mýstes*", aquele que é iniciado nos mistérios, que tinham caráter restritivo e sigiloso, pois apenas os iniciados podiam participar. A iniciação era aberta àqueles que se encontravam puros e falavam grego, permitindo a participação ativa de mulheres, escravos e estrangeiros. Para esses grupos abria-se uma nova possibilidade de inserção na vida religiosa para além da religião cívica. Os mistérios, portanto, não eram uma obrigação, como a participação nos sacrifícios promovidos pela cidade, e a participação em suas práticas era uma manifestação da escolha individual. O rito de iniciação era uma característica fundamental do mistério grego, que podia se utilizar de livros nesse processo. O sujeito deveria jurar que não revelaria os segredos aprendidos. O ritual de iniciação e o segredo estavam interligados, e por isso outros elementos do fenômeno religioso grego que possuíam apenas o segredo, como a magia (para mais informações, cf. o verbete "Magia e feitiçaria na Grécia antiga"), não podem ser analisados sob essa nomenclatura.

Os mistérios gregos eram organizados em torno de três divindades principais: Apolo, Dioniso e Deméter. Cada mistério se desenvolvia a partir de um conjunto específico de mitos, cuja trama central parte do repertório mítico tradicional e o iniciado tinha acesso a detalhes dessas narrativas, conhecendo mais a fundo aspectos da divindade, bem como traços de sua personalidade. Esse conhecimento secreto aliado aos ritos praticados nas cerimônias assegurava ao sujeito uma experiência diferenciada com o sagrado. O fiel passava a acreditar que tinha um vínculo mais profundo com a divindade e que essa relação proporcionaria benesses na vida terrena e no além-vida. Portanto, a inserção nos mistérios permitia ao sujeito uma experiência extraordinária (BURKERT, 1987), que podia estar associada a danças e cantos, ao campo sexual ou ao uso de drogas e bebidas alcoólicas.

Esse vínculo diferenciado, contudo, não excluía a crença em outras divindades, e por isso os mistérios não realizavam uma oposição à participação na religião cívica, e nem eram, por sua vez, considerados uma forma de heresia, pois esse conceito não existia para os gregos antigos. Os mistérios não formaram uma comunidade religiosa separada e não havia traços de uma organização centralizada, como com os judeus e cristãos. Burkert (1987, p. 31) classifica a organização dos mistérios em três tipos: (i) praticante itinerante – comum nos mistérios báquicos ou nos mistérios de Méter; (ii) corpo de sacerdotes ligado a um templo – típico dos mistérios de Elêusis; (iii) associação em forma de clubes – *thíasos*.

Os mistérios são classificados por alguns estudiosos como religião de salvação (Burkert, Vernant), pois lidam com uma intensidade de sentimentos ligados ao medo e à morte que a religião cívica não consegue prover. Eles correspondiam a uma resposta a angústias mais profundas do sujeito, permitindo-o socializar seus sofrimentos a partir do contato com o grupo.

Mistérios de Elêusis – Estão entre os mais conhecidos mistérios gregos e, apesar do seu caráter iniciático, foram incorporados por Atenas no período arcaico, integrando o calendário oficial dos festejos áticos. Estavam sob a responsabilidade do arconte-rei e das famílias Eumólpidas e Cérices. Eram muito populares em Atenas e quase todo ateniense era iniciado. O mistério era ligado ao mito de Deméter e Core Perséfone, que narra a ida da mãe Deméter ao Hades em busca de sua filha (*Hino homérico a Deméter*). Os ritos são de caráter agrário, com objetivo de proporcionar a fecundidade. Antes de ser iniciado, o candidato passava por um ano de preparação com rituais e abstinências. Os mistérios eram organizados em duas etapas. A primeira, os mistérios menores, eram celebrados no *Anthestérion* (janeiro-fevereiro) em Agras e havia banhos purificatórios no Rio Ilissos, seguidos de jejum, sacrifícios, cantos e danças. As cerimônias secretas e mais importantes aconteciam no Metrôon. Seis meses depois acontecia a segunda etapa, os mistérios maiores, no mês *Boedromion* (agosto-setembro) em Elêusis e chegavam a durar até dez dias. Esses mistérios começavam depois da proclamação da trégua sagrada. No primeiro dia, depois dos sacrifícios, uma procissão de objetos sagrados era realizada, indo de Elêusis até Atenas. No caminho, no local da Figueira Sagrada, os atenienses não iniciados podiam se encontrar com a procissão, que de lá tomava a direção para o Eleusínion (santuário de Deméter e Core Persefóne). No dia seguinte, somente os iniciados eram convocados na *Stoá Poikílē*, e a partir desse momento estava proibido qualquer participação de não iniciados. Seguia-se nos próximos dias com banhos de mar para purificar, sacrifícios, procissões, jejuns, repousos e ritos catárticos. Os mistérios de Elêusis sofreram influência da religião egípcia e, por sua vez, influenciaram posteriormente os mistérios de Ísis e Mitra. Os mistérios continuaram influentes durante o período romano, como demonstra a iniciação do Imperador Antonino Pio, e só começaram a entrar em decadência com o avanço do cristianismo. As fontes sobre os mistérios são literárias e arqueológicas. Sobre as fontes literárias, a mais antiga é o *Hino homérico a Deméter* e também há vários escritos de autores cristãos, que ao mesmo tempo em que descreviam os mistérios, também os julgavam. Já sobre as fontes arqueológicas têm-se importantes escavações na região do templo de Telestérion (sala dos iniciados), que possui influência micênica, que atesta a antiguidade do culto desses mistérios.

Mistérios báquicos – Bastante difundido no mundo grego, principalmente entre os séculos V e IV a.E.C. Ao contrário dos mistérios de Elêusis, que se concentravam em um só local, os mistérios báquicos estavam espalhados por vários pontos do mundo mediterrâneo, alcançando uma grande popularidade no sul da Itália. Nesse local foi encontrada a maior quantidade de vasos com pinturas remetendo ao mito de Dioniso criança, seu desmembramento e a *teofagia* dos titãs. Essa narrativa constitui o núcleo central desses mistérios, que também valorizavam o cortejo de sátiros e mênades que acompanhava o deus do vinho. As mênades eram um grupo de mulheres que a cada dois anos no inverno subiam as montanhas, principalmente no Parnaso, descalças e com roupas leves, dançando e cantando. Elas capturavam um animal selvagem e o destroçavam, relembrando o mito de Penteu, rei de Tebas, que foi castigado ao banir o culto a Dioniso. As fontes literárias sobre os mistérios báquicos são poucas, e as principais fontes arqueológicas são tabletes de metal cuja utilização é ainda incerta: não se sabe se seriam usados para os ritos de iniciação ou para os funerários.

Outros mistérios – Os mistérios de Elêusis e mistérios báquicos são os mais conhecidos, mas há uma grande variedade de mistérios gregos. Alguns exemplos são: os *mistérios de Samotrácia*, um dos mais antigos do mundo grego, que envolvia ritos para a proteção no mar; os *mistérios de Cabiros*, compostos por divindades ctônicas ligadas à prosperidade e à fecundidade, que eram relacionadas a Hefesto, populares na região da Samotrácia e em Tebas, e para as quais havia um templo dedicado em Lemnos, em cujos rituais, que se tornaram muito populares na época helenística e romana, sabe-se que o vinho desempenhava um importante papel, até mesmo com possíveis concursos de bebedeira; os *mistérios de Méter*, que eram populares na Ásia Menor e se constituíam de diferentes ritos secretos ligados à questão da fecundidade e da prosperidade, remetendo aos mitos da Mãe terra originários do Neolítico, sendo que, em alguns casos, Méter era associada a Deméter; os *mistérios de Ísis*, que já eram comuns no período helenístico mas tiveram seu auge no período romano, originados na religião egípcia, especialmente no mito de Ísis e Osíris (associado a Deméter e Dioniso no mundo helênico), cujos ritos relacionavam-se à questão da morte e da ressurreição, sendo que não se tem informações suficientes sobre os ritos de iniciação; só se sabe que a cada vinte anos o fiel deveria reafirmar seus votos e que as principais fontes sobre esses mistérios são Plutarco e Apuleio; os *mistérios de Mitra*, que eram dedicados à divindade indo-iraniana e cujo aparecimento foi tardio na Grécia, apenas no século II a.E.C., sendo que seu auge se deu a partir do ano 100 E.C., e que eram praticados majoritariamente por homens que se dirigiam até cavernas para realizar iniciações sofisticadas, com a realização de sacrifícios, especialmente de touros.

Misticismo grego – Na análise do fenômeno religioso grego, o estudo dos mistérios pode vir associado à categoria de "misticismo grego", como é utilizado por Vernant (2006). O misticismo grego é uma mistura de elementos da religião e da filosofia, que expressa o desejo do sujeito de conseguir um contato mais próximo com a divindade, assegurando uma posição privilegiada no além-vida. Para atingir esse estágio, os praticantes deveriam se submeter a diversas regras de purificação, que os diferenciariam do restante da população. Por isso, no misticismo há ruptura com a religião tradicional, o que nao se observa na prática dos mistérios. Os principais exemplos do misticismo grego são o orfismo e o pitagorismo.

Orfismo – Baseado em textos sagrados que ditavam os comportamentos a serem seguidos pelos praticantes para se manterem puros. Um exemplo é o vegetarianismo, que se opunha radicalmente à realização do sacrifício sangrento pela cidade. A abstenção de carne se justificava pela mácula da teofagia, que todo homem carregava, já que nascera das cinzas de Dioniso criança. Por isso, durante toda a vida, o homem precisava se purificar. A principal divindade era *Apolo Kathartēs* (Apolo Purificador) e celebrava também o poeta Orfeu, que conseguira descer ao mundo dos mortos. O corpo era considerado a prisão da alma, que passava por diversas encarnações.

Pitagorismo – Recebeu grande influência do orfismo, tendo em comum a crença do corpo ser a prisão da alma, a encarnação e a purificação pela abstenção de determinados alimentos. O processo purificatório era essencial para assegurar que ao final do ciclo da vida a alma retornasse ao princípio divino. Para isso era necessário a ascese e o estudo de certos objetos, como a matemática e a filosofia.

Priscilla Gontijo Leite

Ver também Gregos (religião); Mitologia grega; Magia; Mitraísmo.

BREMMER, J.N. (1994). *Greek Religion*. Oxford: OUP.

BURKERT, W. (1993). *Religião grega na Época Clássica e Arcaica*. Lisboa: Fundação Calouste Gulbenkian [trad.: M.J. Simões Loureiro].

______ (1987). *Ancient Mystery Cults*. Cambridge: Harvard University Press.

HOMERO (2009). *Hino homérico a Deméter*. São Paulo: Odysseus [tradução, introdução e notas de Ordep Serra].

LEITE, P.G. (2017). *Religião e jogos de poder*: o Contra Mídias de Demóstenes. Curitiba: Prismas.

PEREIRA, M.H.R. (1988). *Estudos de história da cultura clássica*. Vol. 1: Cultura grega. Lisboa: Fundação Calouste Gulbenkian.

VERNANT, J.-P. (2006). *Mito e religião na Grécia antiga*. São Paulo: Martins Fontes.

ZAIDMAN, L.B. & PANTEL, P.S. (2006). *Religion in the Ancient Greek City*. Cambridge: Cambridge University Press.

Mito

O mito é difícil de definir, sendo mais fácil de ser apontado. Mas o conceito e a natureza (se é que é possível apontá-los), foram sistematicamente debatidos entre vários intelectuais, do mundo antigo à Contemporaneidade. Há, claro, uma classificação considerada canônica do mito, referente à natureza do seu discurso, a qual expomos de maneira ilustrativa, por ser uma ferramenta útil; que o leitor, entretanto, tenha em mente se tratar de uma classificação ampla, podendo cair em desuso, ser renovada ou até mesmo ressignificada, concomitante o trabalho dos novos pesquisadores.

O termo "mito" pode ser abordado segundo algumas peculiaridades, que levam em conta as suas características e permitem abordagens distintas, podendo ser: *teológico*: referente à genealogia dos deuses; *cosmogônico*: pertinente à criação e ordenamento do universo; *antropogônico e antropológico:* situando a criação do homem e a constituição de sua ordem social; *soteriológico*: concernente aos mistérios, ritos iniciatórios, catábase/anábase e liminaridade; *cultural*: alusivos às conquistas ligadas ao desenvolvimento humano ou de uma comunidade; *etiológico*: tocante à origem das coisas e de seus nomes, bem como das tradições; *naturalista*: atinente aos fenômenos próprios da natureza; *moral*: respeitante à luta eterna entre forças opostas, usualmente entre "ordem e caos", por exemplo; *escatológico*: respectivo ao futuro e, principalmente, fim do homem e do universo.

Claro, a utilidade de tal catálogo, brevemente inspirado na leitura de Victor Jabouille (1984, p. 29-31; 47-48), nos arremessa diretamente na primeira barreira da definição do que é mito. As categorias elencadas no parágrafo anterior são rapidamente entendidas, sobretudo porque é usual a conexão do mito enquanto narrativa, uma definição que não é errônea, mas que também não é a única. Posta à necessidade de uma crítica etimológica, *mythos* também foi usado de diversas maneiras para falar sobre muitas coisas. Por ora, fiquemos nos sentidos amplos, primeiro o de palavra/discurso e o segundo de história/narrativa.

Conforme pode ser observado em Homero, que circunscreve *Epos* enquanto discurso público, Hesíodo aponta coisa dita ou pensada, que é o caso também de Sófocles e Eurípedes. É, assim, possível vencer pelo discurso, ou pela força, a destreza da ação, *Ergon*. É em Píndaro, Platão, Aristóteles, Plutarco e Heródoto que os usos da narrativa se diferenciam, entra aqui a ficção enquanto um elemento definidor para a oposição entre *mythos* e *logos* (oposição, que voltará a se "confundir"). Sócrates e Protágoras utilizarão a oposição no sentido do *mythos* enquanto *imitação das ações*. Assim, o mito configurou-se como um importante componente ideológico na produção do discurso entre os antigos filósofos gregos, que por sua vez questionam não apenas a sua natureza, mas também suas aplicações práticas. Estamos falando de toda uma tradição do pensamento ocidental a partir de Platão que formula a condenação do *mythos*, não associada a algum tipo específico de discurso, enquanto mescla de mentiras e verdades que produzem maus e bons mitos.

O mito como veículo de afirmações falsas nas obras *Fedro* e *A República*, por exemplo, não julgam o mito pela sua natureza, mas a dificuldade em estabelecer, de fato, o que é verdade e o que é falso, categorias essas que possuem uma ampla tradição de debate filosófico e que não cabe nesse espaço. Desse modo, Fedro pergunta se o mito de Bóreas e Orítias é "verdadeiro", ao que Sócrates, por sua vez, responde que apenas uma conclusão verossímil haveria de vir da digressão sobre o episódio.

Voltando a nossa suposta oposição entre *mythos* e *logos*, é salutar recobrar aqui as expressões *mythos legein*, por Demóstenes; *mythographia*, em Políbio; e *mythographos*, para Estrabão, atentando que as três buscam recobrar uma organização e usos lógicos, conscientes do *mythos*. Anacreonte, muito antes, havia dado um sentido político claro à discussão, entendendo os revoltosos de Samos, contra o tirano Polícrates, enquanto o *mythietoi* - homens do mito, em oposição aos *poliêtai* - homens da pólis: o *mythos* seria, portanto, *stásis*. A importância está, claro, em estabelecer que há uma ordenação de elementos caracterizadores do mito, mas também que tais elementos mesmo em oposição não se impõem absolutamente sobre um vocábulo que surge com um sentido múltiplo.

A plasticidade dos sentidos sobre o mito na Antiguidade pode ser observável entre os teólogos do Medievo, em especial Boécio (leitor de Aristóteles), para quem a antiga fórmula do *bode-cervo* representou a continuidade de uma crítica aos falsos mitos que outrora fora atribuída aos *aedos* gregos: o bode-cervo, recurso discursivo gestado por Aristóteles que retorna aos gêneros de "não ser" e "não ser alguma coisa" outrora explorado por Platão, diferencia-se então entre os verbos e os nomes. Quem sabe o que é o bode-cervo? Um animal inexistente que não se encontra em lugar nenhum, mas que necessita de conhecimento prévio (ao menos dos elementos bode e cervo) a fim de atestar seu lugar, tal qual a quimera ou o centauro. Para Boécio, a utilidade desse animal está na leitura de Cícero e de Agostinho, *Topica* e *Civitas Dei*, o desenvolvimento da noção de *fictio* e *finxerunt*. Boécio inverte o tempo de Agostinho (para quem há o presente das coisas passadas, presentes e futuras) e apresenta o passado e o futuro, reservando o presente para a atemporalidade e lógica na qual Deus reside. É também o procedimento lógico da jurisprudência romana que permite tal operação, quando da necessidade, conferir uma cidadania romana fictícia (*fictiones*) para que alguém possa ser julgado pelos seus crimes.

Carlo Ginzburg utilizou o exemplo do *Institutas* de Gaio para demonstrar como o bode-cervo demonstrava uma realidade verdadeira, para todos os efeitos, mesmo que não seja real no sentido eminentemente literal: "Para o senador romano Boécio, o bode-cervo de Aristóteles não era uma *fictio* poético-religiosa, mas sim uma *fictio* lógico-jurídica: uma construção que tornava operativa, num âmbito bastante preciso, uma realidade inexistente" (GINZBURG, 1998, p. 54). Deus não era mais uma questão (apenas) poética e se torna, ao menos, verossímil.

Reduzir a categoria mito apenas ao campo da ficção, ou pior, ao da mentira (do falso) é uma ação contraditória frente ao que os pesquisadores passaram a problematizar e definir. Todavia, é reconhecível que os processos de desmitologização não são necessariamente modernos. Nascidos na Antiguidade, perduram na atualidade principalmente como anteposição à ciência (o que é especial nas obras de James Frazer e Edward Burnett Tylor). É possível generalizar os discursos desmitologizantes em pelo menos três ordens, que, segundo Honko (1984, p. 42-44), seriam: desmitologização terminológica; desmitologização total e compensatória; desmitologização parcial e interpretativa.

A primeira categoria pode ser entendida quando interpretamos uma narrativa mítica como história em razão de uma tradição religiosa, ou porque a expressão carrega consigo uma percepção pejorativa para uma comunidade. A segunda categoria diz respeito à completa rejeição do mito em favor de um discurso da Modernidade, que arroga para si um distanciamento do que consideraria um pensamento primitivo (aqui denotando um claro viés evolutivo) em oposição a um pensamento científico (uma dualidade muito bem criticada na obra de Lévi-Strauss). A terceira e última categoria perpassa a interpretação do mito enquanto algo não literal, mas enquanto discurso simbólico ou representativo de algo que contém sentidos ocultos, que podem ou não ser revelados mediante à racionalização de suas narrativas. O leitor deve estar atento ao fato de que tais discursos desmitologizantes não são uma exclusividade do mundo contemporâneo, mas parte de uma tradição nascida no pensamento filosófico da Antiguidade e que permanece em vigor até hoje (e o desenvolvimento da crítica a partir da ficção é parte disso).

A segunda barreira, parte da dificuldade contemporânea em estabelecer critérios teóricos e metodológicos em torno do mito, proveniente do fato de que o campo que reúne as suas narrativas, a mitologia, não pertence a uma disciplina acadêmica ou esfera do conhecimento. K.K. Ruthven (2010, p. 15) nos lembra que ninguém é formado em mitologia, mas que o estudo desse campo inclui um diálogo interdisciplinar: literatura, linguística, antropologia, folclore, psicologia e história, incluindo suas inclinações para as religiões e artes. É possível traçar as principais reflexões sobre essa categoria, ainda que aqui brevemente e de maneira incompleta, desde atitudes no mundo antigo sobre a criação dos mitos, a concepções contemporâneas sobre a sua natureza, visão de um mundo exterior ou interior ao homem, e a relevância para o homem moderno. O mito já foi narrativa histórica, compreensão ritualística, estágio evolutivo religioso, armistício transcendental, visão de mundo e inconsciente coletivo.

Contudo, se anteriormente destacamos o fato de que a Antiguidade elaborou os seus próprios questionamentos sobre o mito e, consequentemente, seus discursos desmitologizantes), o mesmo também pode ser dito sobre as interpretações nas quais as críticas modernas se arvoram. Façamos um apanhado das principais ideias, baseadas em Honko (1984, p. 44-46) e Ruthven (2010, p. 17-53), segundo os quais as interpretações sobre o mito podem ser classificadas como:

Mitografia, para Hesíodo e Homero, que apontam para o fato de que o mito poderia ser interpretado poeticamente: parte religião, parte narrativa;

crítica filosófica, para Xenófanes e Heráclito (ou Platão, que, como vimos, também produziu interpretações etimológicas), aos quais o mito serviu como tema de discussão moral;

interpretação dos fenômenos naturais, a exemplo de Tales e Anaximandro, por compreenderem que a interpretação natural não contradiz a religião, podendo assumir o manto da alegoria para Parmênides e Empédocles a fim de explicar os deuses como elementos naturais, ou culturais e espirituais, para Anaxágoras;

interpretações histórico-etnológicas, a exemplo de Heródoto, a quem os deuses eram trocas culturais entre os povos, ou Evêmero, por crer que os deuses foram reis mortais de outrora, glorificados à categoria divina;

interpretações sociológicas, como as feitas por Crítias ou Políbio pelo entendimento de que os deuses e os antepassados foram inventados para a manutenção da ordem social;

psicológicas, pois para Epicuro e Estácio o medo e a ignorância mantêm os homens presos ao culto dos deuses e às suas narrativas.

Mas o mito continua a assumir diversas facetas, de modo que, se para a Antiguidade as interpretações e categorizações não constituíam uma unidade, e certamente esse continua sendo o caso com a intelectualidade moderna, que precisa não só ressignificar seus sentidos em termos acadêmicos, como aproveitam também para questionar a sua pertinência com a contemporaneidade. Certos pesquisadores, como Lucien Lévy-Bruhl, Ernst Cassirer, Susanne Langer, Henri Frankfort e Carl Jung, tratam o mito enquanto parte da realidade (ou de nossa relação com a realidade), constituindo uma visão de mundo, enquanto para Edward Burnett Tylor e James Frazer (como sinalizado anteriormente), o mito é falso enquanto constituinte de uma realidade suplantada pela ciência. Vamos nos demorar um pouco mais sobre tais questões nos baseando sobretudo na esquematização exposta em Segal (2006):

Tylor e Frazer posicionam o mito em oposição à ciência, um fenômeno exclusivo da Modernidade. Para ambos, é impossível que elas coexistam, de modo que a Idade Moderna como produtora dos seus próprios mitos é absurda. Já que representam uma fundamentação da realidade, produto de uma avaliação semelhante, pois ambas são formuladas por observação, hipóteses e generalizações, o mito, enquanto compreensão dos fenômenos naturais (mitos socioculturais são relegados ao segundo plano) falha na ação de controle sobre o mundo, seja como magia ou ritual, pois nem sempre as colheitas são garantidas, as chuvas contínuas ou o sucesso é conquistado na caça. Mais do que contradizer Tylor e Frazer, as compreensões acerca do termo tentaram interiorizar as narrativas nas relações humanas, e não mais explicar o mundo, como forma de garantir a acomodação da ciência e do mito, sem contradizê-los.

Afastando-se das explicações sobre o mundo físico, Bronislaw Malinowski e Mircea Eliade operaram, sobretudo, numa vivência das interpretações literais do mito com os eventos naturais nos quais o homem não possui controle. Ressaltando as relações sociais, nas quais Malinowski melhor atuou, a separação com a ciência, mais do que uma reconciliação, garantiu que o termo "mito" se apresente como explicação de algo. Eliade, ao invés de classificar o mito como relevante apenas ao mundo primitivo, o tratou como pan-humano, e como uma necessidade de se reconectar por "hierofanias" a um tempo sagrado, escapando das agruras da vida.

Rudolf Bultmann e Hans Jonas, inspirados pela leitura de Martin Heidegger, se preocuparam em realizar uma interpretação existencial do mito, dissertando não mais sobre suas funções, mas essencialmente acerca dos significados das suas narrativas. O mito torna-se universal por falar da condição do homem no mundo, ou enquanto a natureza da experiência no mundo. Ambos realizam tais interpretações de maneiras diferentes, mas a atitude entre o mito e a Modernidade é um ponto de cruzamento; eles não estão interessados nos seus sentidos, já que o existencialismo fornece isso para eles, o que os interessa é o "lugar do mito". Nesse sentido, vão contrariar Paul Ricœur e Philip Wheelwright, para os quais os sentidos do mito são ininteligíveis em termos não míticos, sendo o existencialismo a chave para torná-lo elementar, ainda que frívolo.

Surge então a compreensão do mito concatenado ao inconsciente por Sigmund Freud e Carl Jung, sendo o âmago dessa união a principal divergência entre ambos. O inconsciente é aventado, para Freud, ou é localizado, para Jung, pelo mito. Para ambos o que há é uma projeção sobre o mundo na forma de deuses e heróis. O mito é mais sobre si mesmo, sendo autobiográfico para quem compõe e para quem lê. É necessário entender o mundo além das projeções com a finalidade de vê-lo tal qual simplesmente é: para Freud não há deuses ou heróis e o mito pode assumir uma natureza sobretudo negativa, neurótica, prendendo o adulto em fases diversas de seu desenvolvimento. Para Jung a natureza das projeções do mito diz respeito aos arquétipos do inconsciente coletivo e um encontro de si com o mundo, mesmo que não explique o próprio mundo, portanto uma experiência positiva.

Na senda cognitivista, representada sobretudo pela obra de Pascal Boyer, o estudo da análise da maneira em como a mente humana formata o pensamento, preservando explicações míticas, traz de volta o mito enquanto explicação do mundo, em um curioso resgate de conceitos-chave das obras de Tylor e Frazer. De modo semelhante, Walter Burkert e René Girard podem ser entendidos dentro dessa categoria, curiosamente operando em torno de explicações sociais e psicológicas sobre a violência. Para Bukert, a explicação mítica é uma forma de sociabilizar a culpa sentida pelos indivíduos acerca de sua própria agressão. Para Girard, a violência em torno do sacrifício é justificada pela maneira em como o mito reavalia a posição mimética, a ligação sagrada entre desejo e violência, do homem em seu entorno social.

Uma oposição interessante entre o que seria o pensamento primitivo, e o pensamento moderno, pode ser encontrado na produção de Claude Lévi-Strauss, para quem o mito é um esforço genuíno de entender o entorno do homem primitivo, que produz um pensamento primitivo que não é menor do que o pensamento científico, mas uma outra linguagem do pensamento. Para Lévi-Strauss pensamos de maneira classificatória os fenômenos dispostos em nossa volta, produzindo, diríamos, contradições que expressam a tensão entre natureza e cultura, sendo o mito o dispositivo criado pelo homem primitivo para lidar com tais contradições. Porém, o sentido dessa resolução é encontrado por nós quando cruzamos as narrativas e apuramos a sua estrutura, daí que os esforços de conferir outros elementos da narrativa mítica, como o enredo, por exemplo, é secundário, podendo ser tomado pelos seus sentidos literais ou simbólicos.

Outros olhares estruturalistas, porém voltados aos estudos ideológicos do mito, podem ser vistos nos trabalhos de Roland Barthes e a sua noção semiótica de artefatos culturais. Georges Dumézil, com os seus estudos linguísticos de sociedades protoindo-europeias, formulou um sistema de tripartição entre esferas de poderes religiosos baseados na soberania, na guerra e na fertilidade. Jean-Pierre Vernant, Marcel Detienne e Pierre Vidal-Naquet (também conhecidos como precursores de uma escola parisiense de estudos do mito), amplamente inspirados pela produção de Lévi-Strauss e de Louis Gernet, mas decididos a permanecer em uma perspectiva histórica, se debruçaram também sobre outros aspectos culturais da antiga Grécia, como a poética e a tragédia.

Assim, por onde caminham as novas perspectivas do mito? Quais as preocupações com as perspectivas teórico-metodológicas da mitologia? Desde os trabalhos de Tylor e Frazer podemos dizer que as explicações para a sua pertinência e existência no mundo têm sido entendidas de diversas maneiras. Mas o campo continua se renovando concomitante às nossas atribuições aos elementos que gravitam em torno do mito, tais como religião, sociedade, consciência etc.

Porque fizemos um apanhado breve baseado na leitura de Robert Segal, vale a pena relembrar os movimentos que as interpretações acadêmicas produziram enquanto o mito que explica a experiência do homem no mundo, as instituições socioculturais humanas ou as racionalizações sobre o mundo e os fenômenos naturais. Como uma tentativa de sair do mundo das ideias, Segal aposta na psicanálise de Donald Woods Winnicott, principalmente nos conceitos de "brincar e fazer" como forma mental criativa sobre o mundo concreto, sem o justapor, conforme observável nos estágios do objeto transicional (ou na atividade transicional, para Segal). É no brincar e no fazer que um novo mundo, transitório, mas real, e com sentidos pessoais para os que se relacionam às suas atividades. Apesar de ser uma direção corajosa, e sem dúvida criativa, a nossa opinião é a de que o espectro plausível no qual se encaixaria tais narrativas míticas é amplo demais, sendo possível tratar de mitos antropológicos e culturais nessa abordagem, correndo o risco de tornar anacrônicas as ligações entre mito e religião.

Se "criatividade" é o termo para designar a saída para novas abordagens do mito, é porque se torna cada vez mais necessário entendê-lo fora das suas próprias contradições e, principalmente, binariedade, como apontado por Vernant (1990, p. 253-260), que inspirado largamente pela obra de Lévi-Strauss, como escrito anteriormente, vai apontar para dois desafios no campo da mitologia que diz respeito, primeiro, às conexões entre a análise sincrônica (relacionando detalhes históricos e sociais através de uma rede espaçotemporal próxima), e diacrônicas (nas quais a análise toma a liberdade de comparar contextos distantes, observando traços comuns na estrutura mítica).

Nesse sentido, uma perspectiva louvável está nos estudos literários quando observa a reutilização e subsequentes transformações de temas e formatos desde a Antiguidade e Idade Média por escritores atuais. Desse modo, o mito enquanto uma chave para outros tempos (ou *in illo tempore*) nos é familiar porque evoca, nas relações de escrita (principalmente entre o autor e o leitor), estruturas narrativas que poderiam simular estruturas entre o orador e a audiência (BALL, 2013, p. 151-152).

Ainda assim, tal perspectiva só é possível com a observação do contexto cultural ao qual se inscreve o mito (problema também evocado por Vernant ao questionar as relações entre os elementos polissêmicos da análise estrutural). O segundo problema necessita de uma maior interação interdisciplinar, pois lida com a própria oposição entre *mythos* e *logos* exposta no início deste verbete e na busca por uma lógica não binária: é possível elaborar compreensões lógicas do mito, e de suas contradições, de uma forma que não sejam binárias? Como formular perspectivas que possam deixar claras tais contradições (pois muitas vezes é ali que percebemos o que é mito), mas também, ao mesmo tempo, não as sobrepor? Ficam aqui os questionamentos para pesquisas futuras.

Caso o leitor possua a curiosidade, reforçamos com a recomendação da leitura de algumas obras introdutórias ao tema, em particular Victor Jabouille (1984) pelo seu apanhado erudito sobre as transformações sociais e culturais; Robert Segal (2004; 2006) pelo cotejo das teorias acadêmicas desde os ensaios de Tylor e Frazer sobre o mito e a religião, além de K.K. Ruthven (2010), pelas suas provocações interdisciplinares, incluindo aqui as contribuições que vão desde a crítica literária às discussões conceituais.

Pablo Gomes de Miranda

Ver também Animismo; História das religiões; Magia; Mitologia grega; Paganismo; Politeísmo; Religião; Xamanismo euroasiático.

BALL, K. (2013). "Vessels of Myth". In: NAGY, J.F. (org.). *Writing Down the Myths*. Turnhout: Brepols, p. 137-156.

GINZBURG, C. (1998). *Olhos de madeira*. São Paulo: Companhia das Letras.

HONKO, L. (1984). "The Problem of Defining Myth". In: DUNDES, A. (org.). *Sacred Narrative*: readings in the Theory of Myth. Berkeley: University of California Press, p. 41-52.

JABOUILLE, V. (1984). *Iniciação à ciência dos mitos*. Lisboa: Inquérito.

MARTIN, R. (2013). "The 'Myth Before the Myth Began'". In: NAGY, J.F. (org.). *Writing Down the Myths*. Turnhout: Brepols, p. 45-66.

RUTHVEN, K.K. (2010). *O mito*. São Paulo: Perspectiva.

SEGAL, R.A. (2006). "Myth". In: SEGAL, R.A. (org.). *The Blackwell Companion to the Study of Religion*. Padstow: Blackwell, p. 337-356.

______ (2004). *Myth* - A very short introduction. Oxford: Oxford University Press.

VERNANT, J.P. (1990). *Myth and Society in Ancient Greece*. Nova York: Zone Books.

Mitologia báltica

A mitológica báltica refere-se aos deuses, entidades, criaturas e visão cosmogônica dos povos que correspondem aos atuais lituanos e letões, além dos antigos prússios que, durante as Cruzadas no Báltico, foram dizimados e absorvidos pelos germânicos, principalmente pela Ordem dos Cavaleiros Teutônicos. Quando pensamos nas mitologias desses povos, agrupando-as e identificando-as como "mitologia báltica", não queremos dizer que todas adotavam um único sistema mitológico homogêneo e uniforme, muito pelo contrário: existiam diferenças entre essas mitologias, que possuíam, cada uma, suas peculiaridades. Ainda assim, nós as reunimos e agrupamos dessa maneira primeiramente porque, adotando um critério geográfico, étnico e linguístico, todos esses povos eram pertencentes ao ramo báltico da família indo-europeia e, em segundo lugar, porque apesar das diferenças e relativizações, suas mitologias, divindades e entidades eram sem dúvidas extremamente similares, inclusive em seus nomes e funções. Resguardadas as respectivas diferenças, podemos falar que o caso dos bálticos, nesse aspecto, é um tanto quanto similar ao dos escandinavos.

Não possuímos nenhuma fonte primária escrita pelos próprios bálticos sobre sua mitologia, já que esta circulava em formato de oralidade. O que temos são relatos, principalmente cronísticos, de missionários e outros cristãos que entraram em contato com esses povos a partir do século XII. Temos, entre esses materiais, a *Crônica de Henrique da Livônia*, que relata o período das Cruzadas nas regiões das atuais Estônia e Letônia, do ano 1180 ao de 1227; a *Crônica rimada da Livônia*, esta de autoria anônima, que narra acontecimentos da mesma espécie de 1180 a 1343; a *Crônica prussiana* (1234-1236), de Pedro de Duisburg, um cronista da Ordem Teutônica que descreve as ações da ordem na Prússia e acaba por elencar também informações sobre as tribos prussianas; outro escrito, também nomeado de *Crônica prussiana*, foi composto por Simon Grunau entre 1517 e 1519, igualmente repleto de informações sobre a mitologia e os cultos dos antigos prussianos. Nenhum desses materiais foi escrito visando descrever ou preservar a mitologia ou religião pré-cristã desses povos, mas neles acabamos encontrando informações – que variam em extensão e profundidade – sobre tais aspectos.

O estudo da mitologia báltica, portanto, se vê obrigado a embasar-se em materiais folclóricos tardios, como as *daina*, devido à escassez de outras fontes. Isso acarreta inúmeros problemas, considerando que esses materiais foram compilados até o século XIX e então, além de serem muito posteriores à circulação original das narrativas míticas, já estão repletos de influências cristãs. É perigoso se aproximar de tais materiais como sendo fontes fiéis, puras e fidedignas do que os mitos originalmente foram para esses povos. Autores como Marija Gimbutas alegam ser possível não só fazer uso desse material folclórico e separar o que é cristão do que é nativo, como também alega a possibilidade de reconstrução de um panteão báltico de maneira estrutural e sistematizada. Por outro lado, autores como Aldis Putelis negam com veemência que isso seja viável. A esse respeito, pesquisadores como Harald Biezais manifestam uma postura que, apesar de crítica, é mais equilibrada. Apresentaremos aqui as principais divindades detectadas nessas fontes e as discussões que as envolvem, mas é necessário manter em mente as variações regionais e o caráter didático desse modo de elencá-las, lembrando que a mitologia dos povos bálticos, na realidade, tem se mostrado resistente a se encaixar em esquemas organizados de panteões divinos.

De todos os deuses bálticos que habitavam os céus, *Dievs* (conforme o letão, em lituano, é *Dievas*, em antigo prussiano, *Deywis*) é o que mais se destaca. Seu nome viria da raiz indo-europeia "*dyeu*", dos quais se originam as palavras que denominam o céu. É possível que seu nome inicialmente descrevesse o próprio céu e somente depois teria passado a designar um deus dos céus antropomorfizado propriamente dito. O mesmo fenômeno é observado em povos vizinhos aos bálticos, mesmo entre aqueles não indo-europeus, como a palavra finlandesa "*taivas*" e o estoniano "*taevas*", que originalmente designavam o céu, e não um deus. O nome de *Dievs* acaba por designar também sua morada, localizada nos céus, após se escalar uma alta colina de pedras. *Dievs* é descrito com frequência montado em seu cavalo, ou então em uma carruagem puxada por este animal, sendo inseparável dele. Sua morada não é um grande castelo ou salão, mas uma enorme fazenda repleta de campos férteis, estábulos, locais para armazenamento de grãos e uma sauna. Há também locais para cultivo de lúpulo e cevada, considerando que, na mitologia báltica, a cerveja é a bebida dos deuses. Era também nas terras de *Dievs* que se localizava a *saules kooks* – algo como "a árvore do sol" –, uma macieira, carvalho ou bétula que exercia o papel duplo de pilar cósmico e de árvore da vida, lembrando em certa medida a *Yggdrasil* dos escandinavos.

Dievs não somente apresenta-se como o deus criador por excelência, como também se envolve frequentemente em atividades humanas, principalmente as de cunho agricultural – não é por menos que sua morada seja uma espécie de grande fazenda celestial. Quando o deus descia ao mundo dos homens, essas visitações tinham grande importância no calendário das colheitas, representando momentos-chave na percepção cíclica do tempo e da sazonalidade. Nessas ocasiões, *Dievs* surgia oferecendo conselhos aos camponeses sobre o plantio e a fertilidade dos campos. Para os bálticos, tudo no universo havia sido criado por *Dievs*, por meio de três ações: *laist* (dar nascimento, surgimento a algo); *likt* (determinar o destino) e *dot* (prover, oferecer). Seu ato de criação do universo era considerado imutável e inalterável. Especificamente nesse aspecto, o deus era uma divindade suprema a quem os humanos deveriam respeitar e aceitar as molduras de existência que haviam lhes sido impostas. *Dievs* era descrito como um homem extremamente belo, de vestimentas em prata, um chapéu e um grande cinto – por vezes, portava uma espada, mas esta pode ser um elemento tardio acrescentado em sua imagem. Vale ressaltar que os deuses bálticos não tinham suas imagens antropomórficas muito desenvolvidas, sendo *Dievs* e *Perkūnas* as duas principais exceções. Apesar de criador único do cosmos e de ser conectado diretamente ao domínio dos céus, *Dievs* não era um deus supremo no sentido ortodoxo do termo. Trata-se de um deus poderoso que, contudo, não era visto como hierarquicamente superior a outras divindades, portando-se de maneira tida, na maioria das vezes, por amigável e democrática. Posteriormente, com a forte intervenção cristã, sobretudo no século XVI, *Dievs* começa a tomar a face do Deus cristão, funcionando como seu cognato.

Dievs presidia sobre os destinos dos homens juntamente com a deusa *Laima*. Ela era encarregada de regular os destinos e promover a felicidade, além de determinar a duração que teria a vida das pessoas, plantas e animais. Seu nome é inseparável da raiz *laime*, que significa simultaneamente "destino" e "felicidade". Por vezes, o destino é personalizado em outras três ou até mesmo sete deusas encarregadas dessa questão – semelhantes às Nornas escandinavas ou às Moiras gregas. Mesmo aparecendo fortemente relacionada aos assuntos terrenos, *Laima* estava em profunda conexão com *Dievs*.

Outra divindade dos céus que aparece com extrema frequência nas fontes medievais e que é, talvez, a detentora da representação antropomórfica mais detalhadamente elaborada pelos bálticos é *Perkūnas* (em lituano), cuja raiz do nome se estende até os tempos primitivos do indo-europeu. Seu nome entre os antigos prussianos era *Percunis* e, entre os letões, *Pērkons*. Alguns autores alegam influência dos eslavos orientais, que tinham o deus dos trovões *Perun*. Em indo-europeu a raiz de seu nome, "*per*", significa "atingir" e, com os respectivos sufixos (-on, -una), passaria a significar "aquele que golpeia/atinge". *Perkūnas* é a divindade regente dos trovões, raios e do domínio do ar, representado na figura de um homem vigoroso, de longas barbas cobreadas e empunhando um machado como arma. De maneira curiosamente análoga ao deus escandinavo *Thor*, *Perkūnas* também cruza os céus com estrondosos barulhos originados da movimentação de sua carruagem puxada por um bode. Aparentemente, *Perkūnas* é protetor dos homens e se coloca como inimigo primeiro dos espíritos malignos, demônios e dos homens injustos, arremessando seu machado ou seus raios em sua direção. A árvore ou pedra atingida por seus raios passava a exercer uma função protetiva, mantendo entidades malignas distantes e até mesmo curando doenças. Dentre essas entidades malignas expulsas por *Perkūnas* estavam os espíritos do inverno que, após o primeiro raio arremessado pelo deus na primavera, iam embora e permitiam que a terra se tornasse fértil uma vez mais. Notamos que, assim como inúmeras divindades de outras mitologias associadas aos trovões, raios e tempestades, *Perkūnas* era também um deus com atuação na esfera da fertilidade.

Na mitologia e religiosidade bálticas, outra divindade importante que habitava os céus era a deusa *Saule*, personificação do Sol. A deusa também era chamada, em certas ocasiões, de *Saules meita* (filha do Sol) ou *Saules mēta* (mãe Sol). Descrições de sua aparência são escassas, de modo que tudo o que sabemos é que usava um véu branco, broches de prata e, por vezes, é dita estar usando uma coroa de flores. Há variações narrativas em que a deusa aparece em vestimentas tipicamente camponesas. *Saule* mantinha um relacionamento muito próximo aos humanos, proporcionando o brilho, a luz e o calor emanados pelo sol – coisas que, reforcemos, eram ansiosamente esperadas pelos povos bálticos, considerando a rigorosidade do inverno em sua região. Conforme típico de muitas divindades solares, principalmente entre os camponeses, *Saule* era tida em íntima conexão com a felicidade e a alegria comunitárias, fosse no cotidiano do plantio e no trabalho agricultor, fosse durante os festivais sazonais. Sua travessia diária pelos céus era feita graças a cem cavalos que a puxam em uma carruagem, ou então por meio de um barco.

Conectado à *Saule* estava o deus da lua, *Mēness* ou *Mėnuo*, que também utilizava de um barco para cruzar os céus. Além de ser uma divindade lunar masculina, *Mēness*, ao contrário do esperado para uma divindade da lua, não demonstra ter conexões com as águas ou com a fertilidade. Na verdade, o deus estava relacionado a aspectos bélicos e as estrelas, inclusive, eram consideradas suas tropas. Autores como Biezais acreditam que essa seja uma metáfora para o verdadeiro culto a *Mēness*: as estrelas representariam insígnias de guerra, atestando que o deus deveria ser honrado e adorado antes de importantes batalhas. Seu nome (*Menulis* em lituano, *Menins* em antigo prússio) é composto pela raiz indo-europeia "*me-*" , cujo significado é "medida de tempo". Nada faria mais sentido, considerando que *Mēness* (a lua) desaparecia do céu e somente se tornava visível certo tempo depois, obviamente que dependendo da fase lunar. O modo dos povos bálticos de sistematizar esse entendimento da periodicidade lunar está, portanto, no nome atribuído ao deus.

Como o culto ao fogo era de suma importância entre esses povos, não é de se surpreender que constassem vivos, em sua mitologia, deuses que trabalhavam no calor da forja. *Kalvaitis* ou *Kalvelis*, ferreiro cósmico, porta um enorme martelo com o qual, todas as manhãs, forja um novo sol. Missionários na Lituânia relataram, no ano de 1431, que esses povos cultuavam não somente o sol, mas também um martelo de ferro de tamanho incomum que, segundo eles, havia sido responsável por libertar o sol de um aprisionamento. Outras fontes atribuem a criação do sol ao ferreiro cósmico *Telavel* ou *Teljavel*, igualmente relatado como detentor de um gigante martelo.

A mitologia báltica encontra-se repleta de divindades relacionadas à fertilidade e lhes confere imensa relevância. A maior e mais proeminente delas é a deusa *Zeme* (*Žemýna* em lituano), cuja ligação com a fertilidade está no próprio significado do nome, que seria "terra". Ela também aparece como *Zemes māte* – "mãe terra" – e possui uma série de atuações e funções específicas, o que, segundo Biezais, provavelmente fez com que essa deusa primordial se desdobrasse em várias outras divindades que passaram a ser identificadas, na mitologia, como suas irmãs. Conforme típico da mitologia báltica, seus próprios nomes indicam sua regência: *Dārzu mate* (mãe do jardim); *Lauku māte* (mãe dos campos); *Meža mate* (mãe da floresta); *Uguns māte* (mãe do fogo), dentre inúmeras outras. Havia até mesmo deusas relacionadas a árvores, plantas, animais e fenômenos específicos, como *Brieužu māte* (mãe dos alces); *Sēņu māte* (mãe dos cogumelos) e *Lazdu māte* (mãe do granizo). Com o tempo, o papel desses deuses veio a exceder o da mera fertilidade e passou a relacionar-se, também, a funções guardiãs e protetivas.

Há também um deus masculino da fertilidade, chamado *Jumis*. Na época das colheitas, ao se chegar ao último maço restante, deixava-se o maço sobrando ou então o colhiam e preservavam, já que era tido como personificação de *Jumis*, o deus responsável pela fertilidade daquele campo. Preservar esse último maço era um modo de agradecer o sucesso na colheita, utilizando-o para se dar início ao plantio do próximo ciclo, no começo da primavera. Entre um período de colheita e outro, acreditava-se que *Jumis* ficasse hibernando debaixo de alguma grande pedra ou embaixo da terra, despertando somente no momento da coleta. Terminada a colheita, havia uma grande festa com danças, música, e oferendas, destinada a se despedir de *Jumis* e a levá-lo de volta aos campos para que dormisse. Outros deuses da fertilidade, mencionados com muito menos frequência, são *Patrimpas*, deus da fertilidade e da primavera; *Antrimpas* e *Andojas*, deuses dos mares.

Notamos, dessa forma, que a mitologia báltica concebe basicamente dois tipos de divindades. O primeiro grupo é composto por deuses do céu, relacionados a funções de supremacia (*Dievs*, *Pērkunas*, *Saule*, *Mēness*); o segundo é formado pelos deuses da fertilidade (*Jumis*, *Zemes māte* e seus incontáveis desdobramentos de identidade; *Patrimpas*, *Antrimpas* e *Andojas*), encabidos de proteger as criaturas vivas e proporcioná-las longevidade e fecundidade. Além disso, havia uma série infindável de divindades menores, como as *Dimstipatis*, divindades do lar; as *Laukpatis*, divindades do campo; *Medeinė*, deusa da floresta; *Ežerinis*; encarregado dos lagos; *Lytuvonis*, deus das chuvas; *Puškaitis*, deus que controlava pequenas criaturas do subterrâneo chamadas *Barstukai*, as quais podiam ajudar com as tarefas domésticas ou com o plantio se lhes fossem feitas oferendas como pães, manteiga, queijo ou grãos e, enfim, muitas outras divindades que compunham a vasta e ampla mitologia dos bálticos.

Victor Hugo Sampaio Alves

Ver também Báltico pré-cristão (religião); Cristianização dos eslavos; Cruzadas do Báltico; Finlândia pré-cristã (religião); Mito; Sámi (religião).

BIEZAIS, H. (2005). "Baltic Religion: an overview". In: JONES, L. (org.). *Encyclopedia of Religion*. Farmington Hills: Thomson Gale, p. 756-761.

BOJTÁR, E. (1999). *Foreword to the past*: a cultural History of the Baltic People. Budapeste: Central European University Press.

BOYER, R. (1993). "Baltic Myths and Religious Categories". In: BONNEFOY, I. (org.). *American, Asian and Old European Mythologies*. Chicago: University of Chicago Press, p. 251-252.

GIMBUTAS, M. (1963). *The Balts*. Londres: Thames and Hudson.

PUHVEL, J. (1989). *Comparative Mythology*. Baltimore: The Johns Hopkins University Press.

PUTELIS, A. (2006). Tripartition of the Pantheon: A Latvian Perspective. *Journal of Indo-European Studies*, n. 34, p. 143-153.

Mitologia celta

Mitologia celta é o conjunto de crenças e lendas que podemos designar como parte do politeísmo céltico próprio das antigas populações da Idade do Ferro europeia. Seu conjunto de narrativas espalhava-se por um vasto território geográfico e por diferentes temporalidades, o que ocasionou uma pluralidade de práticas religiosas e variações de nomenclatura de acordo com a região retratada.

O termo "mitologia celta" (*Celtic mythology*), como aponta James Mackillop, ganhou amplitude principalmente ao longo do século XX quando acadêmicos resolveram descrever as antigas fontes textuais célticas, irlandesas e galesas do Medievo. Paralelos, nesse momento, foram traçados com algumas tradições escocesas, córnicas e britônicas e, neste contexto, compreendia-se como tradições modernas dessas identidades célticas.

O mito, neste caso, associa-se a uma infinidade de tradições e promove explicações mais palatáveis de antigas expressões culturais e religiosas desses grupos. Com o desenvolvimento dos estudos históricos, arqueológicos e, sobretudo, linguísticos do chamado mundo celta, outros paralelos entre as descobertas materiais da Idade do Ferro e textos medievais foram feitos, disseminando, assim, a ideia de uma certa coesão narrativa do mundo celta por meio de sua mitologia, constantemente embasada em sua tradição.

Essa forma de ver o mundo inclusive inspirou uma série de estudos de especialistas como o emblemático "*The Oldest Irish tradition: A Window on the Iron Age*" de Kenneth Jackson, publicado nos anos de 1960 e que tem como tese central a ideia de que os textos irlandeses do Medievo, em particular do ciclo de Ulster, apresentariam elementos da então conhecida tradição folclórica dos antigos celtas, se tornando assim uma janela para o entendimento destas populações da Idade do Ferro, não apenas em seus costumes sociais, mas também no seu aspecto mais obscuro, que eram suas tradições religiosas.

Esses estudos buscavam, então, romper a barreira que os textos clássicos criaram sobre as narrativas míticas célticas, notadamente a *interpretatio romana* sobre as divindades, cultos e práticas dos sacerdotes celtas, os druidas, quase sempre envoltas em mistério ou em paralelos grosseiros com a mitologia romana ou grega.

No entanto, Barry Cunliffe nos alerta a tomar cuidado com estas leituras do próprio Medievo também, afinal, os monges copistas que as compilaram eram profundos conhecedores das tradições clássicas e muito provavelmente, ao trazê-las da tradição oral para o papel, o fizeram tendo em mente a forma dos textos gregos e romanos previamente conhecidos.

Apesar disso, os textos irlandeses e galeses do Medievo são ainda as principais fontes para os mitos celtas e a composição de sua mitologia. Os registros célticos textuais continentais da Idade do Ferro eram escassos devido a sua tradição oral, e o que nos restou desse período foi uma infinidade de inscrições com nomes de divindades e representações artísticas, mas quase nenhuma descrição das mesmas em sua prática religiosa, com exceção dos textos de autores contemporâneos gregos e romanos que mantiveram contato com essas populações.

Nesse sentido, nós podemos definir dois grandes grupos de registros dos mitos celtas. Um próprio do contato de grupos da Antiguidade, como os gauleses que, por exemplo, mantinham relação direta com os antigos romanos e gregos, e outro das tradições vernáculas medievais, de grupos que mantiveram suas tradições linguísticas por mais tempo, como os gaélicos da Irlanda e Escócia ou os britônicos do País de Gales e Bretanha francesa.

No primeiro grupo, diretamente da Antiguidade, nós encontramos uma multiplicidade de registros sobre deuses celtas continentais. O mundo celta, de acordo com Cunliffe, possuía multiplicidade de divindades, entre deuses e deusas que, com sua variedade de nomes, passava de duzentos registros. Claro que se enxugarmos certas duplicidades representativas entre esses nomes é possível que o panteão céltico no continente fosse mais restrito.

Nesse sentido, os principais relatos efetivos sobre as características desses deuses encontram-se em autores clássicos, como Lucano, em Farsália ou Júlio César, ao escrever o *De Bello Gallico* (Os comentários sobre a Guerra das Gálias), que no livro sexto nos introduz ao sistema de divindades dos gauleses, base das crenças de um povo, que segundo ele era extremamente supersticioso e ligado aos deuses.

César, extremamente pragmático em seu relato de guerra, nomeia os deuses gauleses de acordo com os deuses romanos de seu conhecimento. Assim, ele coloca em prática a *interpretatio romana* sobre esses deuses e nos fornece algumas informações sobre algumas divindades, mesmo que omita seus nomes por certo desconhecimento ou por objetivar um entendimento maior do público romano.

Para César, "Mercúrio" é o mais popular entre os deuses gauleses, possuindo diversas imagens pela Gália. "Minerva" controla os saberes e ofícios, "Apollo" as doenças, "Marte" controla a guerra e "Júpiter" reina sobre todos os demais deuses. Sobre esses deuses, que possuem características, mas não nomes, somamos a descrição feita por Lucano em Farsália, onde se denomina diretamente três grandes divindades, Esus, Tutatis e Taranis.

Nestas descrições, Lucano vai além de apenas nomeá-las e identifica cada uma das três com algum tipo específico de sacrifício, onde Esus demandaria um sacrifício por enforcamento, Tutatis por afogamento e Taranis por cremação. Para além dessas descrições, é possível identificar por estes nomes algumas outras características. Tutatis seria literalmente "O Deus da tribo", sabendo-se que "teuta" significa tribo; Taranis seria o deus dos céus, raios e trovões, visto que 'Taran' significa "raio", sendo possivelmente o Júpiter descrito por Júlio César, e Esus, aquele de muitas características e saberes que poderia se associar diretamente com as características de Mercúrio como inventor de todas as artes, mas também como Lugh, divindade conhecida do mundo céltico entre inscrições gaulesas às narrativas textuais irlandesas medievais.

Lugh está presente em toponímicos como a fortificação de Lugh, Lugdunum (Lyon) ou mesmo na literatura medieval irlandesa como Lugh Lamfhota, o deus das muitas artes que com suas habilidades venceu criaturas maléficas do outro mundo, os fomorianos. Com isso, garantiu a colheita, motivo pelo qual ainda hoje é celebrado no início de agosto o festival da colheita de Lughnasad. Para além dessas correlações, é possível compreender com menor grau de certeza que os outros deuses da lista de César podem ser interpretados como Maponos, no caso de Apolo; Marte como Tutates e Minerva como parte de uma diversidade de divindades femininas representadas na arte celta gaulesa como deusas locais e consorte de outros deuses.

No segundo grupo de relatos mitológicos, oriundo dos textos medievais, nós destacamos o grupo gaélico capitaneado pelas lendas irlandesas com paralelos entre as escocesas e o grupo britônico a partir das lendas galesas em comparação com as da Bretanha francesa. No universo mitológico gaélico, é de se destacar em meio aos escritos irlandeses alguns ciclos definidos como o Ciclo Mitológico, o Ciclo de Ulster, o Ciclo Feniano e os Ciclos dos Reis. Já entre os britônicos, nossa principal referência são as narrativas presentes nos quatro ramos do Mabinogion.

O Ciclo Mitológico é potencialmente o mais amplo de todos os ciclos irlandeses. Até mesmo porque suas histórias têm uma base pré-cristã muito forte, próxima do próprio mito fundacional da Irlanda, demonstrando feitos e práticas fantásticas, mágicas e oníricas em nível muito maior do que o presente nos demais ciclos irlandeses. É nesse ciclo que a contextualização histórica fica mais difusa, pois o véu entre a realidade e a magia estão mais tênues e o mito tem mais força explicativa em si por não depender do contexto onde ele é aplicado.

As fontes históricas deste ciclo podem ser encontradas em códices como ao Livro de Dun Cow e no Livro de Leinster, ambos do século XII, embora outras narrativas presentes neste ciclo tenham sido escritas em períodos posteriores também. Nestas histórias, estão descritas, por exemplo, a trágica história dos filhos de Lir e o delírio de Angus Óg atrás de sua amada, repletas de referências a transformações mágicas entre figuras humanas e animais. Há também a narrativa do Dinnshenchas, com grande relação entre o paganismo céltico e informações toponímicas reais. Para além dessas histórias, talvez a mais emblemática ainda seja as contidas no Lebor Gabála, o Livro das Invasões. Neste grupo de histórias, nós encontramos as diferentes ondas migratórias que ocuparam a Ilha da Irlanda, primeiro os partholonianos, seguido dos nemedianos, os fir bolg, os tuatha dé danann e, finalmente, os milesianos. Como pano de fundo das invasões, temos o eterno conflito com os malignos fomorianos, que habitam a costa da ilha e promovem saques.

O Ciclo de Ulster, também conhecido como Ciclo do Ramo Vermelho, é outra narrativa muito relevante, pois entre suas várias histórias compiladas, ele contém o grande épico em prosa irlandês, Táin Bó Cuailnge (A razia do gado de Cooley) e também nos apresenta o grande guerreiro irlandês de força e fúria sobre-humanas, Sétanta, popularmente conhecido como Cuchulain, o cão de Culain, herói supremo do Ciclo.

Entre diferentes histórias contendo os guerreiros de Emain Macha, a que mais se destaca é justamente o conflito entre os guerreiros de Ulster, liderados pelo Rei Conchobar, contra os guerreiros de Connacht, liderados pela Rainha Medb. Nesta contenda também são relatadas outras histórias, como o embate de Cuchullain e Ferdia ou mesmo a morte de Cuchullain, amarrado sobre um pilar de pedra, de pé, e enfrentando seus inimigos.

O Ciclo Feniano é um grande grupo narrativo envolvendo tanto verso quanto prosa e com grande sucesso e inserção entre tanto a cultura textual quanto oral irlandesa. Nesse ciclo mitológico destaca-se o texto do Acallam na senórach, o Colóquio dos Anciãos. Nessa narrativa encontramos, sob a perspectiva de Osian, todas as aventuras antigas do clã Baíscne e seu conflito contra o clã Morna.

Nessas histórias são narradas as lendas dos guerreiros conhecidos como os Fianna. Esse grupo de guerreiros funciona como uma força tarefa da ilha esmeralda, vivendo grandes aventuras e enfrentando contendas. Também conhecemos, nesse ciclo, as Histórias de Fionn Mac Cumhail, sua sabedoria e valor guerreiro, mas também o treinamento de guerreiros, mercenariato e o conflito religioso, o que demonstra certa base histórica desses heróis mitológicos.

O Ciclo dos Reis, também conhecido como ciclo histórico, é o mais focado em elementos reais da história irlandesa, principalmente questões ligadas aos reis históricos da ilha e suas linhagens reais. Suas narrativas centradas em questões menores são descritas como mais duras por sua realidade, sendo menos mágico do que o Ciclo Mitológico, menos heroico do que o Ciclo de Ulster e menos romântico do que o Ciclo dos Reis.

Com relação ao País de Gales, os documentos medievais cobrem uma série de lendas que misturam elementos históricos e fantásticos, principalmente relacionados ao outro mundo. Essas lendas são narradas a partir de fontes como o Livro Negro de Caermarthen, o Livro de Aneurin, O Livro de Taliesin e O livro Vermelho de Hergest, que guarda, entre vários contos, o Mabinogion com as histórias de seus quatro grandes ramos.

O Mabinogion contará, em sua primeira parte, a história de Pwyll, príncipe de Dyfed, suas aventuras no outro mundo, seu casamento com Rhiannon e o nascimento de seu filho Pryderi. Na segunda parte temos a história de Branwen, filha de Llyr. Nela, somos apresentados aos filhos do deus do mar como Bran (Bendigeidfran), Branwen e Manawydan vivendo aventuras e desventuras trágicas. Na terceira parte, os dois primeiros grupos se mesclam de certa forma e, com muita mágica, temos aventuras envolvendo Manawydan, Rhiannon, Pryderi etc. que ocupam papéis centrais na narrativa. Na quarta parte, enfim, temos uma narrativa profundamente complexa envolvendo diferentes elementos mitológicos, mágicos e mesmo humanos. Nela serão narradas histórias de Gwydion, da adúltera Blodeuedd e do heroico Lleu Llaw Gyffes.

Estas narrativas, tanto gaélicas quanto britânicas, são a base para se compreender a religiosidade dos antigos celtas, seu estilo de vida, e, principalmente, suas tradições folclóricas, ainda hoje parte recorrente de sua identidade e memória.

Erick Carvalho de Mello

Ver também Calendários religiosos celtas e germanos; Celtas (religião); Dana (Danu); Druidismo; Igreja irlandesa; Mito.

CUNLIFFE, B. (1996). *The Ancient Celts*. Oxford: Oxford University Press.

GANTZ, J. (1982). *Early Irish Myths and Sagas*. Penguin classics.

JACKSON, K.H. (1964). *The oldest Irish tradition*: a window on the Iron Age.

MacKILLOP, J. (2004). *Dictionary of Celtic Mythology*. Oxford University Press.

WILLIAMS, M. (2016). *Ireland's Immortals*: A History of the gods of Irish Myth. Princeton: Princeton University Press.

Mitologia escandinava

"Mitologia nórdica" ou "mitologia escandinava" são os termos usados para se referir ao conjunto de mitos e narrativas fantásticas oriundos da Escandinávia, região geográfica situada no norte da Europa, que hoje compreende os países da Dinamarca, Islândia, Noruega e Suécia. As principais narrativas da mitologia nórdica advêm do período histórico nomeado de Era Viking (VIII-XI), momento no qual os escandinavos, que posteriormente passaram a ser chamados comumente de vikings, deram início às suas navegações, invasões, guerras, viagens e colonização, levando seus costumes, crenças, religião e mitos para outras terras.

No entanto, alguns dos mitos nórdicos são anteriores à Era Viking, como atestado por estudos arqueológicos com base na cultura visual. Os arqueólogos e mitólogos puderam identificar imagens que correspondem a divindades como Odin, Thor, Freyr, Freyja, e até mesmo de narrativas míticas, como Thor pescando a serpente Jormungand, ou o lobo Fenrir mordendo o deus Odin. Todavia, no século XIX, alguns mitólogos sugeriram que os deuses nórdicos fossem variações de antigas divindades germânicas, devido à condição dos povos escandinavos serem de origem protogermânica. Assim, Odin seria uma variação de Wotan, Thor viria de Donnar, Tyr viria de Tiwar, Njörd viria de Nerthus.

Com base nessa analogia, os mitólogos do século XIX consideravam os deuses nórdicos como parte da mitologia germânica, pois na obra *Germania* do historiador Públio Cornélio Tácito (*c.* 56-117), a qual consiste em um dos relatos escritos mais antigos que se conhece sobre as divindades dos germanos; nesse livro, os deuses germânicos Wotan, Donnar e Nerthus já eram mencionados, e Tácito os comparava aos deuses romanos.

No século XX, com a consolidação dos estudos escandinavos sobre cultura, história, mitologia, religião etc., os mitos nórdicos foram separados dos mitos germânicos, apesar de que ainda hoje existam autores que não usem essa separação, considerando mitologia nórdica como sinônimo de mitologia germânica, ou como parte de um conjunto maior, oriundo de uma tradição mais antiga de origem indo-europeia.

Os mitos nórdicos narram histórias sobre guerras, alianças, traições, aventura, bravura, descoberta, mistério, ódio, vingança, sabedoria, trapaça, sagacidade, prudência, ingenuidade, honra, lealdade, vida, morte etc. Além disso, existem mitos cosmogônicos os quais narram a origem do mundo, no caso este se originou do gelo e do fogo, representados por Niflheim e Muspelheim, os quais eram separados pelo abismo primordial, o Ginnungagap. Mas quando frio e calor se encontraram, esses geraram vida na forma de um gigante chamado Ymir, que vivia num mundo de frio e gelo, alimentando-se do leite de uma vaca chamada Audumbla.

A partir desse mito cosmogônico segue-se o mito teogônico, o qual narra que o primeiro deus, de nome Buri, foi descongelado pelas lambidas de Audumbla. Posteriormente Ymir gerou por conta própria a raça dos gigantes (*jótunn*), e Buri casou-se com uma giganta, a qual deu à luz a Bor. Por sua vez, Bor casou-se com a giganta Bestla, e ela gerou três filhos: Odin, Vili e Vé. Esses três deuses foram responsáveis por assassinar Ymir, e com o corpo dele criaram o mundo dos homens (Midgard). Dos vermes que surgiram da carne do gigante nasceu a raça dos anões (*dvergr*). Depois disso se seguem outras narrativas sobre a origem de outros seres, entre os quais o mito antropogônico, no qual os primeiros humanos, Ask e Embla, foram criados a partir de dois troncos encontrados numa praia. Assim os deuses os moldaram a sua imagem e semelhança, e lhes deram vida.

Esses mitos também narram histórias sobre os deuses, os quais são divididos principalmente em duas famílias, os Ases (Æsir), representados por Odin, Thor, Tyr, Heimdall, Frigga, Sif etc. e os Vanes (Vanir), representados por Njörd, Freyr e Freyja, embora existam outras divindades que não possuam sua família identificada. Além dos deuses, os mitos também falam sobre os gigantes, os quais embora apareçam como inimigos dos deuses e dos humanos, alguns gigantes são aliados como Loki, Skadi, Égil. Outra raça de seres que aparecem em alguns mitos são os anões, os quais estão associados com os ofícios da forja, sendo descritos como exímios ferreiros e artífices. Mas curiosamente os elfos que se tornaram populares em filmes, livros e jogos são mencionados pouco na mitologia nórdica, sendo a presença desses seres mais recorrente no folclore.

Além desses seres também se encontram os espíritos como as Valquírias, *Disir*, *Fylgur*, *Vættir* etc., entidades normalmente associadas com a morte, a proteção do indivíduo, ou da natureza, ou da casa. A presença de animais na mitologia nórdica é significativa. Inclusive vários deles possuem nomes próprios, como Hugin e Munin, os corvos de Odin, que viajam pelos Nove Mundos em busca de informações; Fenrir, Skoll e Hati, lobos gigantes que matarão alguns deuses durante o Ragnarök; Jormungand, a serpente gigante que habita o oceano; dragões como Nidhogg, que devorava os mortos em Náströnd, e Fafnir, que habitava uma caverna e guardava um tesouro.

A mitologia nórdica também conta com narrativas onde o foco não se encontra nos deuses e gigantes, mas nos seres humanos. Alguns mitólogos chamam essas histórias de Ciclo dos Heróis. No caso, diferente dos heróis gregos, os quais possuem diversas histórias, os heróis nórdicos são em menor número e pouco conhecidos do grande público. Enquanto os heróis gregos são em alguns casos semideuses, possuindo poderes, os heróis nórdicos normalmente não possuíam tais poderes, mas dispunham de armas mágicas e da ajuda dos deuses. O mais notório herói dessa mitologia foi Sigurd, o Matador de Dragão, o qual é lembrado principalmente por matar o dragão Fafnir, e por ter amado a valquíria Brunhilde. O mito de Sigurd possui várias versões, o que sugere ter sido uma história bastante popular.

Esses mitos foram preservados em manuscritos, principalmente entre os séculos XII e XIV, na Islândia. Pois naquele período a distante ilha nórdica foi um polo cultural. Muito da produção literária escandinava é oriunda da Islândia. As fontes sobre os mitos nórdicos se dividem em dois grupos: as *Eddas* e as *Sagas*, embora haja também alguns poemas escáldicos, e crônicas creditadas a Adão de Bremen e Saxão Gramático (Saxo Grammaticus), as quais mencionam alguns mitos.

As Eddas são o mais importante corpo literário para se estudar a mitologia nórdica. Muito que hoje é conhecido advém desses dois manuscritos. O primeiro trata-se da Edda Poética, também chamada de Edda Velha, Edda Maior ou Edda de Sæmund (termo em desuso). A obra consiste num conjunto de poemas escritos em nórdico antigo, de autoria anônima, cuja versão mais antiga conhecida trata-se do *Codex Regius* (GKS 2365 4to), datado da segunda metade do século XIII, entre as décadas de 1270 e 1300. O *Codex Regius* original possui 31 poemas, sendo que 16 narram histórias sobre os deuses, gigantes, anões, os mitos de criação, escatológicos (Ragnarök), gnômicos etc. Os outros 22 poemas versam sobre os heróis, principalmente Sigurd e Atli.

Versões contemporâneas da Edda Poética incluem poemas encontrados em outros códices, totalizando 38 poemas no total. Atualmente essa obra pode ser lida nas línguas escandinavas contemporâneas, em inglês, alemão, francês, espanhol, italiano etc., embora não exista uma tradução integral dessa obra para a língua portuguesa. O que existe em língua portuguesa são algumas traduções acadêmicas e informais de alguns poemas que compõem a obra.

A segunda fonte principal desse grupo é a Edda em Prosa, também conhecida como Edda Menor, Edda de Snorri ou Edda Jovem. Sua autoria é creditada ao poeta islandês Snorri Sturluson (1179-1241), o qual teria redigido esse livro na década de 1220. A Edda em Prosa consiste numa organização de vários mitos, os quais foram redigidos em prosa, o que facilita a leitura. Embora seu texto seja menor do que o da Edda Poética, ainda assim contém alguns mitos exclusivos como a viagem de Thor e Loki para Utgard, não encontrado em outras fontes; além de trazer outras versões de mitos conhecidos, como uma variação sobre a morte de Balder, a punição de Loki o Ragnarök.

Esse livro é dividido em quatro partes: o Prólogo, de teor evemerista, mescla elementos do imaginário cristão e greco-romano para pensar a origem dos deuses nórdicos. Alguns estudiosos questionam se o Prólogo teria sido escrito por Snorri ou foi um acréscimo por outro autor. O *Gylfaginning* (Alucinação de Gylfi), que consiste na primeira parte propriamente do livro, narra a maioria dos mitos, os quais são apresentados a partir da conversa do Rei Gylfi com três reis misteriosos que seriam personificações de Odin. A segunda parte, intitulada *Skáldskaparmál* (Linguagem da poesia), narra outros mitos que não estão presentes na Edda Poética, além de versar sobre poesia. A terceira parte, o *Hattatál* (lista de versos), consiste num estudo de métrica e versificação. Normalmente essa parte não é inserida nas versões contemporâneas da Edda em Prosa.

Atualmente são conhecidos três manuscritos da Edda em Prosa, os *Codex Upsaliensis* (DG 11), o *Codex Wormianus* (AM 242) e o *Codex Trajectinus* (MSS 1374). Todos esses códices datam do século XIV em diante, sendo cópias de cópias. As edições contemporâneas da Edda em Prosa normalmente se baseiam nos dois primeiros códices, tendo sido traduzidas para as línguas escandinavas contemporâneas, o inglês, alemão, francês, espanhol, italiano etc. Não existem edições integrais desse livro em língua portuguesa, embora o *Gylfaginning* já tenha sido traduzido.

O segundo corpo literário para se estudar os mitos escandinavos consiste nas *Sagas*, termo usado para se referir a um conjunto de narrativas prosaicas escritas entre os séculos XII ao XIV na Escandinávia, apesar de que muitas delas tenham se originado na Islândia e Noruega. No caso, as sagas versam sobre assuntos reais e lendários. Para o estudo dos mitos, dois grupos de sagas são os principais: as Sagas Lendárias (*Fornaldarsögur*), que contam histórias sobre heróis, reis, aventuras e a presença de deuses, especialmente de Odin, como a *Saga dos Volsungos* (*Volsunga saga*), que faz parte desse grupo, e consiste em outra conhecida versão sobre a história do herói Sigurd.

O segundo grupo que tem informações mitológicas consiste nas Sagas de Reis (*Konungasögur*). Embora abordem a história de monarcas reais, algumas dessas sagas estão imbuídas de relatos lendários. Por exemplo, o *Heimskgringla* (XIII), obra supostamente de autoria de Snorri Sturluson, conta que algumas dinastias reinantes na Noruega seriam oriundas de Odin e Freyr. Muitas sagas se encontram traduzidas para o norueguês, sueco, dinamarquês, inglês; algumas para o francês, alemão, espanhol e italiano, embora haja narrativas que ainda não receberam tradução. No caso da língua portuguesa, poucas sagas foram traduzidas.

A menção aos deuses nórdicos e algumas criaturas como gigantes, trolls, anões, elfos e dragões ainda continuou após o século XIII. Há relatos tardios dos séculos XIV e XV que citam essas criaturas já relacionadas ao folclore nórdico, em alguns casos, afastadas das narrativas mitológicas contidas nas Eddas. Além de haver relatos que se referem a Odin e Loki como demônios, os quais causariam problemas às pessoas, atribuindo-lhes má sorte, causando acidentes e outros infortúnios.

Leandro Vilar Oliveira

Ver também Culto a Freyr; Edda Poética; Feitiçaria rúnica; Freyja; Guerra e religião na Escandinávia; Magia escandinava; Mito; Mitologia escandinava (fontes); Nórdicos da Era Viking (religião); Religião nórdica antiga (conceitos); Símbolos rúnicos e afro-brasileiros.

ABRAM, C. (2011). *Myths of the Pagan North* – The Gods of the Norsemen. Nova York: Continuum.

BARNES, G. & ROSS, M.C. (orgs.) (2000). *Old Norse Myths, Literature and Society*. Sydney: Centre for Medieval Studies, University of Sydney.

HERMANN, P.; SCHJØDT, J.P. & KRISTENSEN, R.T. (2007). *Reflections on Old Norse Myths*. Turnhout: Brepols [Studies in Viking and Medieval Scandinavia, 1].

LANGER, J. (2018). Teorias e métodos para o estudo da mitologia nórdica. *Rever* 18 (1).

______ (2015). "Mitologia nórdica". In: LANGER, J. (org.). *Dicionário de Mitologia Nórdica*: símbolos, mitos e ritos. São Paulo: Hedra.

SIMEK, R. (1993). *Dictionary of Northern Mythology*. Cambridge: D.S. Brewer.

Mitologia escandinava (fontes)

Desde muitos séculos as narrativas dos deuses e deusas nórdicas vêm fascinando o mundo ocidental, seja em manifestações artísticas, ou então em narrativas literárias. Mesmo o Brasil já possuía certo interesse nesta temática, visto o envolvimento de alguns acadêmicos do império e da primeira república com as deidades nórdicas, a exemplo do naturalista João Barbosa Rodrigues e sua busca pelos "filhos de Odin" na Amazônia. Na década de 1950 o escritor paulista Owen Mussolin, mais conhecido como Esopinho, já escrevia obras de popularização sobre mitologia nórdica. Mais recentemente, o sucesso do *Dicionário de Mitologia Nórdica*, publicado pela Editora Hedra, demonstra a imensa atração que o público ainda mantém em conhecer mais profundamente o universo que envolve as narrativas míticas da Escandinávia.

Em se tratando de um estudo sobre mitologia, obviamente, temos que definir o que é mito. Uma tarefa nada fácil, visto que existem dezenas de definições, de conceitos e perspectivas teóricas. De nossa parte, somos inclinados a não tomar parte de um referencial fenomenológico. Ou seja, não compartilhamos da visão de que existe uma essência humana universal, atemporal, que constitui a base de todos os mitos em todos os lugares e épocas. Em nossa concepção, os mitos devem ser percebidos em um referencial histórico e, ao mesmo tempo, cultural. Nesse sentido, os mitos são narrativas (orais, literárias ou visuais) acerca de deuses, heróis, monstros, sobre a origem do mundo ou de elementos da natureza. São estruturas de sentido, porque têm a função de explicar o mundo dos homens, dos deuses e do cosmos. Podem ter conotação religiosa ou alguma ligação com o "sagrado", mas não necessariamente. Como diz Jens Peter Schjødt (2008, p. 64-72), mitos contêm referências sobre as coisas e os seres, são dramatizações, enquanto os rituais são ferramentas de comunicação com o outro mundo (o mito explica, o rito obtém). Essas narrativas são utilizadas em rituais ou pela esfera religiosa, sem perder suas características ou serem independentes.

O corpus – O acesso aos mitos nórdicos é realizado essencialmente por três tipos de fontes: as literárias, compreendendo uma série de manuscritos escritos e preservados durante a Idade Média; as iconográficas, um conjunto de imagens, esculturas, pinturas, referentes aos deuses germano-escandinavos, datados do período das migrações ao fim do Medievo; as arqueológicas, monumentos e inscrições aludindo aos mitos e ritos nórdicos. Somente as duas últimas foram elaboradas durante a Era Viking, criando toda uma série de questões metodológicas para o tratamento das fontes literárias medievais. Para alguns pesquisadores, a memória dos rituais pré-cristãos foi rapidamente esquecida com a cristianização, enquanto as narrativas mitológicas ainda eram preservadas no momento do registro escrito (SCHJØDT, 2008, p. 87).

A Edda Poética – A mais importante e tradicional fonte para o estudo da mitologia nórdica possui material diferenciado em forma, conteúdo e idade. Essencialmente composto pelo manuscrito conhecido como *Codex Regius* (Ggs 2365 4to, Gammel kongelig samling), com essa denominação porque fazia parte do tesouro da Biblioteca Real de Copenhague até os anos de 1970, quando então foi devolvido para a Islândia. Este manuscrito foi redigido em um pergaminho (medindo 19 por 13 centímetros e com 45 folhas, faltando 8 folhas conhecidas como "a grande lacuna"), escrito na segunda metade do século XIII e contendo 29 poemas, dez tratando de temas mitológicos e 19 com material heroico germânico e escandinavo dos tempos antigos (GUNNELL, 2007, p. 82). Outros manuscritos que contêm material éddico são o AM 748, 4º, o Hauksbók (Codex n. 544), o Flateyjarbók (Codex n. 1005), o Codex Wormianus (AM 242 fol.) e o Codex Regius da Edda em Prosa (Codex n. 2367).

O termo "poema éddico" se refere a poemas anônimos que tratam de mitos ou do mundo heroico nas terras nórdicas utilizando as métricas ljóðaháttr, fornyrðislag ou málaháttr. A origem dos poemas é controversa, segundo alguns seriam de datas e locais diferentes. O manuscrito *Codex Regius* contém material antigo com raízes pagãs, mas existe controvérsia sobre este material ser de origem oral ou ter sido influenciado pelo cristianismo. Enquanto alguns escandinavistas consagrados alegam que os poemas éddicos contêm mitos verdadeiros (LINDOW, 2005, p. 28), outros questionam seu caráter de fonte primária para o estudo dos mitos do período pagão (Abram, 2011, p. 20).

Sabemos muito pouco sobre as origens ou a história original tanto do manuscrito *Codex Regius* quanto do AM 748 4to. O *Codex Regius* foi escrito em 1270 e acabou sendo possuído por Brynjólfur Sveinsson em 1643. Inclusive foi este bispo islandês que denominou a coleção de Edda, pela proximidade de conteúdo com os poemas preservados na obra homônima de Snorri Sturluson (GUNNELL, 2007, p. 83). Quanto ao AM 748 4to, deve ter sido escrito entre 1300 a 1325 (DRONKE, 1997, p. xi).

A forma dos poemas éddicos é variável. Enquanto alguns poemas foram realizados na forma de baladas, outros são poemas em forma de perguntas e respostas. Devido ao conteúdo e temas de seus cantos, a Edda Maior é dividida em duas partes ou seções muito diferenciadas. A primeira parte ocupa os poemas mitológicos e a segunda as façanhas dos heróis da tradição germano-escandinava. A organização do *Codex Regius* é lógica, mas não completamente harmônica, e não existem evidências de que os poemas circulavam antes deste códice (ABRAM, 2011, p. 18).

Os poemas inseridos nos manuscritos possuem características em comum com a poesia escáldica: conteúdo mitológico; concepções éticas; sabedoria heroica do Norte antigo; todas foram compostas em um estilo simples e como as baladas e canções folclóricas são anônimas e objetivas, nenhuma traindo os sentimentos ou atitudes dos seus autores. Essa unidade numa aparente diversidade não deixa dúvidas de que o coletor anônimo que reuniu todas as baladas e fragmentos de poemas que viviam em sua memória já estava comprometido com a sua escrita (HOLLANDER, 2008, p. xv). Mas as diferenças entre a poesia éddica e escáldica também existem, pois enquanto a primeira forma de poesia é considerada uma fonte mais importante para se estudar a mitologia, a escáldica é superior em questões religiosas (LINDOW, 2005, p. 32).

O *Codex Regius* é iniciado pela majestosa Vǫluspá (A profecia da profetisa), a mais completa fonte nórdica antiga sobre as concepções do mundo, suas origens e destino e o primeiro poema que possui Odin como figura central, apresentando temáticas gnômicas, mitológicas e conhecimento mágico. Os três poemas seguintes são principalmente didáticos (Hávamál, Vafþrúðnismál, Grímnismál), lidando com as visões do supremo deus Odin; um poema envolve o deus da fertilidade Freyr (Skírnismál); cinco poemas tratam predominantemente do deus Thor (Hárbarðsljóð, Hymiskviða, Lokasenna, Þrymskviða e Alvíssmál). Outros poemas geralmente incluídos nas edições modernas da Edda Poética não fazem parte do *Codex Regius* (como Baldrs draumar, Rígsþula, Hyndluljóð e Gróttasöngr) e são todos provenientes de códices do século XIII e com conteúdos mitológicos. Rígsþula é incompleto, narra como a sociedade foi formada em classes e recebeu a instituição da realeza; Baldrs draumar relata as profecias da morte de Balder por meio da interação entre Odin e uma profetisa morta; Hyndluljóð comenta sobre a genealogia do herói humano Ottar, que precisa conhecer a sua linhagem para reivindicar a sua herança; Gróttasöngr, poema relatando duas gigantes que são forçadas a trabalhar por Frodi – um semilendário rei dinamarquês, cujo reinado é destruído por esses maus-tratos.

De maneira geral, os pesquisadores argumentam que não existem evidências de que os poemas datem de antes do século VIII, mas neste caso as preocupações linguísticas se dividem em dois grupos: os que acreditam que o mais importante é o conteúdo dos poemas (Preben Sørensen, Jens Schjødt), enquanto para outro grupo o mais relevante é a forma. A questão básica se o *Codex Regius* reflete a composição original dos poemas é altamente polêmica, pois a tradição nórdica oral variava de época e de local para local. Também a mistura de memória, a improvisação, refletia a forma dos poemas, fazendo com que o material sobrevivesse com alterações – apesar de expressões e fórmulas sobreviverem intactas. Os poemas mitológicos foram compostos por autores cristãos, mas possuem raízes em um período bem anterior à cristianização, esta efetuada entre os anos 999 a 1000. Estes poemas são uma imagem genuína da verdadeira natureza do paganismo nórdico antigo (GUNNELL, 2007, p. 93-94).

A Edda Poética contém poemas datados de épocas bem diferenciadas e de locais externos à Islândia, especialmente a Escandinávia continental, mas também de regiões como as ilhas britânicas ou de localidades com influências célticas. As influências cristãs também aparecem em alguns poemas, como a relação entre o Hávamál e a Disticha Catonis, ou a Vǫluspá e a Prophetia Sibyllae magae.

Edições modernas – Em islandês antigo as melhores edições são os dois volumes de *Eddukvæði* (Reykjavík: Hið íslenzka fornrítafélag, 2014), organizados por Kristjánsson e Ólason, ambos baseados no *Codex Regius*. No primeiro volume foram incluídos os poemas mitológicos, precedidos por uma longa análise de Vésteinn Ólason e uma explicação do termo "Edda". No segundo volume foram reunidos os poemas heroicos.

Traduções: Em português até o momento foram traduzidos somente alguns poemas éddicos. O Hávamál foi publicado na revista *Mirabilia* n. 17 (2013). O Grímnismál foi traduzido por Pablo Miranda e publicado na revista *Roda da Fortuna* 3 (2), 2014. O mesmo pesquisador finalizou a tradução completa da Vǫluspá do nórdico antigo para o português e publicado pelo periódico *Scandia: Journal of Medieval Norse Studies*. No *Dicionário de Mitologia Nórdica* (São Paulo: Hedra, 2015) foram incluídos alguns poemas éddicos do *Codex Regius*, como Þrymskviða (tradução de Yuri Fabri Venâncio), Rúnatal (tradução de Theo Borba Moosburger), fragmento do Grímnismál (tradução de Pablo Gomes de Miranda) e outros classificados dentro do conceito de Eddica Minora: Darraðarljóð (tradução de Yuri Fabri Venâncio) e Buslubæn (tradução de Johnni Langer).

Uma boa opção para quem não domina as línguas escandinavas são as traduções ao espanhol: *Textos mitológicos de las Eddas* (Madri: Miraguano, 2013) de Enrique Bernardez (somente excertos); *Edda Mayor* (Madri: Alianza, 2016) de Luis Lerate de Castro, a melhor opção em língua hispânica. Também em outras línguas neolatinas temos interessantes edições. Em francês existe a famosa tradução de Régis Boyer (*L'Edda Poétique*. Paris: Fayard, 1992) e, em italiano, *Il canzoniere eddico* (Milão: Garzanti, 2009), de P. Scardigli e M. Meli.

Em inglês ocorre grande quantidade de boas traduções acadêmicas. Uma das melhores, com uma grande quantidade de notas, comentários às traduções e comparações morfológicas entre os manuscritos é a edição de Ursula Dronke (*The Poetic Edda*. 3 vols. Oxford: Clarendon, 1969-2011), mas infelizmente incompleta devido ao seu falecimento. Outras edições consagradas são as de Lee Hollander e Henry Adams Bellows. A nova edição revista de Carolyne Larrington (*The Poetic Edda*. Oxford, 2014) vem sendo uma das mais utilizadas entre os escandinavistas contemporâneos.

A Edda em Prosa, os manuscritos – A Edda em Prosa, também denominada de Edda Menor ou Edda de Snorri, é uma obra supostamente escrita pelo intelectual islandês Snorri Sturluson (1179-1241) em 1220. Seu nome aparece em somente um dos quatro manuscritos principais da obra, juntamente com o nome Edda: o manuscrito DG 11 ou *Codex Upsaliensis* (U), *c.* 1300-1325. Ela também circulou anonimamente no Medievo em outros manuscritos: o GKS 2367 4º ou *Codex Regius* (R), c. 1300-1350 e AM 242 fol. ou *Codex Wormiamus* (W), c. 1350. Nestes quatro manuscritos a obra apresenta variações e textos diferentes entre si, o que leva alguns pesquisadores a questionarem o conceito de "texto original" no qual todas as edições modernas se baseiam (BOULHOSA, 2004, p. 13-14). Outros manuscritos são o *Codex Trajectinus* (T 1374), redigido em 1600 e em estado completo; e os fragmentários AM 748 4º (*c.* 1300-1325); AM 757 a 4º; AM 748 II 4to (*c.* 1400) e AM 756 4º (*c.* 1400-1500).

Conteúdo – A Edda em Prosa é um manual com técnicas de composição da poesia escandinava. A maioria dos pesquisadores o concebe com um caráter pedagógico, com a intenção de preservar a memória das antigas artes poéticas, ameaçadas por novas tendências literárias. A Edda em Prosa possui quatro seções: Prólogo, Gylfaginning, Skáldskaparmál e Háttatál.

O Prólogo apresenta elementos sobre o criador e o mundo natural, com diversos elementos bíblicos e cristãos, somados a um referencial fortemente evemerista. Por exemplo, ao tratar de Troia e seus descendentes, que teriam migrado para a Escandinávia, fundado dinastias e depois sendo considerados deuses pelos habitantes da região. Alguns acadêmicos concebiam o Prólogo como um texto apócrifo, não pertencendo ao "texto original" da obra de Snorri, algo que vem sendo revisto e contestado. O Gylfagging (O engano de Gylfi) possui trechos intercalados com humor e ironia, sendo um diálogo entre o Rei Gylfi e os deuses nórdicos sobre vários temas, incluindo criação e destino do cosmos. Apresenta uma visão centro-medieval dos mitos nórdicos, com ampla influência clássica e bíblica e, em alguns momentos, hibridizada com o referencial pré-cristão. O Skáldskaparmál (Dicção poética) é a seção mais longa, um diálogo entre Bragi e Aegir recenseando os sinônimos e metáforas da poesia nórdica (heiti e kenningar), ambos originados da mitologia nórdica. O Háttatál (lista de métricas) é composto por 102 estrofes na forma de elogios ao Rei Hákon e ao jarl Skúli, redigidas com várias métricas diferentes e está ausente da maioria das edições da Edda em Prosa devido ao seu conteúdo extremamente técnico e intrincado.

Modelos e fontes – A obra de Snorri não tem precedente literário nem na Escandinávia e nem na Europa. Em termos de poesia nativa, somente a Irlanda tem casos semelhantes, visto que a maioria dos escritores europeus escrevia em língua nativa (FAULKES, 2005, p. xx). O caso do Gylfaginning é ainda mais peculiar, visto que escritos mitográficos não eram comuns no Medievo. Na área germano-escandinava, a sistematização de Snorri é a mais completa e interessante que foi preservada relativa aos mitos e lendas, sendo também considerada lúcida, coesa, linear (LINDOW, 2005, p. 36). A tradição escandinava em compor poemas de instruções mitológicas como diálogos ou monólogos também pode ser vista em Vafþrúðnismál, Grímnismál e Baldrs draumar. Muitas das narrativas de Gylfaginning foram baseadas na Edda Poética em confluência com esquemas bíblicos ou da poesia escáldica (esta segunda mais influente em Skáldskaparmál). Mas nem tudo que está contido na Edda em Prosa pode ser considerado como material antigo (tanto oral quanto escrito). Como um intelectual, Snorri interpretou a mitologia nórdica enquanto um antiquário mas não como religioso (FAULKES, 2005, p. xxi).

Interpretações – As duas principais interpretações contemporâneas da obra de Snorri seguem em caminhos diferenciados. A primeira enfatiza que a Edda em Prosa é uma adaptação dos mitos nórdicos com o mundo cristão, mas que é possível utilizá-la como fonte para a mitologia nórdica. Isso é referendado pelo fato de que muitos elementos em Snorri são confirmados por outras fontes, como a poesia éddica, escáldica e imagens preservadas em monumentos. Apesar da influência de seu contexto, a Edda contém uma estrutura pagã, aos pesquisadores resta encontrar os modos e metodologias para o seu estudo (SCHJØDT, 2008, p. 97-100).

A segunda enfatiza a hibridização e a influência do cristianismo centro-medieval em sua obra, criando uma nova mitologia baseada na tradição e parcialmente nas atitudes e crenças cristãs do período (uma meta-mitologia do Norte), a exemplo da distinção moral entre pagãos que vão para Hel ou para o salão de Odin após a morte. Assim, os mitos preservados por Snorri não pertencem originalmente à "verdadeira" mitologia nórdica (ABRAM, 2011, p. 211-221).

Edições – A *Viking Society Web Publications* disponibiliza os melhores recursos para o estudo da Edda em Prosa, realizados por Anthony Faulkes. Em primeiro lugar, seis estudos sobre a obra de Snorri Sturluson, além de análises sobre os manuscritos (Skáldskaparmál 1 e 2, 1998); a versão do *Codex Regius* (*Edda*: Prologue and Gylfaginning, 2005); a versão do *Codex Regius* traduzida ao inglês com as suas quatro seções (*Edda*. Everyman, 1987); a versão do manuscrito de Uppsala em nórdico antigo e em inglês (*The Uppsala Edda*: DG 11 4to, 2012). A quarta seção, Háttatal, também recebeu uma edição do nórdico antigo (com amplas notas explicativas, glossário e discussões codicológicas) de Anthony Faulkes (*Edda: Háttatal.* Clarendon, 1991). A mesma seção, ausente da maioria das edições contemporâneas, já havia sido traduzida ao inglês em 1974 por Abbie Hartzel Martin (Chapel Hill: University of North Carolina). Uma edição muito popular em inglês é a de Jesse Byock (*The Prose Edda*. Penguin, 2005), mas sem o detalhamento e o tratamento documental das traduções de Faulkes.

Traduções – Em língua portuguesa foi realizada a edição de Marcelo Magalhães Lima (*Edda em Prosa*. Rio de janeiro: Numen, 1997). Trata-se de uma péssima tradução do inglês ao português, com ausências de trechos prosaicos e poéticos e traduções totalmente equivocadas. Não recomendado para iniciantes, popularização ou pesquisas acadêmicas. Em 2014 Artur Avelar realizou outra tradução do inglês ao português (*Edda em Prosa*: *Gylfaginning e Skáldskaparmál* – eBook Kindle, Barbudânia), muito mais cuidadosa do que a edição de Marcelo Lima, mas sem um tratamento acadêmico mais refinado. O Prólogo da Edda em Prosa foi traduzido ao português na edição 12 do boletim *Notícias Asgardianas* (2017), feita por Maria Adele Cipolla e Lorenzo Sterza. A pesquisadora Thais Gomes Trindade teve seu projeto (*Uma tradução comentada da Edda de Snorri*) aprovado para o mestrado em tradução na USP (entrada em 2018), relativo à tradução do Prólogo e Gylfaginning do islandês antigo ao português moderno.

Em línguas neolatinas temos várias boas opções de traduções diretas do nórdico antigo. No espanhol existe a versão de Jorge Luis Borges, mas somente para a segunda parte: *La alucinacion de Gylfi* (Madri: Alianza, 1984), enquanto a edição de Luis Leraste de Castro traz as três primeiras seções (*Edda Menor*. Madri: Alianza, 2016), do mesmo modo que a francesa de François-Xavier Dillmann (*L'Edda*. Paris: Gallimard, 1991) e a italiana de Giana Chiesa Isnardi (*Edda di Snorri*. Milão: Tea, 2003). Todas as traduções da Edda em Prosa para línguas neolatinas omitiram a segunda parte do Skáldskaparmál (que inclui catálogos de sinônimos poéticos) e o Háttatál por completo, do mesmo modo que a edição em inglês de Jesse Byock (*The Prose Edda*. Penguin, 2005). Ao espanhol, a primeira seção do Háttatal foi traduzida inteiramente, junto a uma sinopse das estrofes 9 a 102, no livro *Poesía antiguo-nórdica*, de Luis Lerate (Alianza Tres, 1993).

Poesia escáldica: conceito – Trata-se de um gênero poético criado individualmente pelos poetas da Era Viking (skáld, escaldo), composto não somente na Islândia, mas também na Noruega. A poesia era associada com Odin e o mito do roubo do hidromel, associando estreitamente a arte poética com a mitologia nórdica. Muitos poemas descrevem os deuses bem antes da conversão, com especial ênfase em Thor, mas apenas em seu aspecto de combate aos gigantes (sem nenhuma referência a promotor de fertilidade, p. ex.). As narrativas escáldicas não são religiosas, mesmo em seu uso como metáforas mitológicas e da relação entre kenningar e mito (LINDOW, 2005, p. 27), tendo como temas bravas proezas, conflitos de honra, sortes trágicas, relações amorosas, elementos didáticos e burlescos, mito e magia, cuja ação é exposta de modo direto e simples, mas ao mesmo tempo sendo um refinado produto artístico. Algumas obras poéticas foram baseadas em imagens heroicas e míticas pintadas em escudos pendurados nos salões reais (LERATE, 1993, p. 9-18).

Interpretações - Além de qualquer associação mítica, a poesia escáldica era uma mercadoria na Escandinávia medieval, usada para conferir ou destruir a honra e como consequência, considerada um poderoso agente no dinamismo político e social da época. Príncipes podiam recompensar os elogios poéticos com navios com ouro, assim como um mau poeta podia perder a cabeça (WHALEY, 2007, p. 480). A maior característica da poesia escáldica, descontando sua métrica, é o seu uso de kenning - uma construção perifrásica e metafórica. Ao utilizar kenningar de mitos, a audiência do poeta deveria ter um bom conhecimento das narrativas em geral, pois elas não eram um bom meio de se ter aprendizado sobre mitologia. Apesar das dificuldades de se analisar a poesia escáldica, ela é importante para se compreender como os mitos foram modificados com o tempo, sendo uma das poucas evidências diretas do período pagão (ABRAM, 2011, p. 16).

Edições - O pesquisador Ernest Albin Koch realizou uma grande coletânea da poesia escáldica em nórdico antigo, Den norsk-isländska skaldediktningen (2 vols. Lund, 1946 e 1949). Porém a mais completa sistematização do tema é *The skaldic Project* contando com acesso à poesia rúnica, textos em nórdico antigo, manuscritos, escaldos, editores, bibliografia e vários mecanismos de busca. A editora Brepols prevê a publicação de oito volumes do projeto, sob a organização geral de Margaret Clunies Ross, já contando com várias edições (*Poetry from treatises on poetics*, com as seções poéticas do Skáldskaparmál, Háttatal e Háttallykill; Poetry in Fornaldarsǫgur, com os poemas inseridos nas sagas lendárias; Poetry from the King's sagas, com os poemas das sagas reais).

Traduções - Em inglês as traduções mais populares são de Lee Hollander, com várias edições e reedições (*Old Norse Poems* e *The Skalds*: A Selection of Their Poems). Em espanhol uma boa coletânea de poesia escáldica com conteúdo mitológico foi traduzida por Luis Lerate (*Poesía antiguo-nórdica*: antología siglos IX-XII. Alianza Tres, 1993), com destaque para Ynglingatal, Haraldskvæði, Hákonarmál e Þórsdrápa. No português até o momento temos somente um poema escáldico traduzido diretamente do nórdico antigo, Þórsdrápa (Canção de elogio ao deus Þórr), realizado por Yuri Fabri Venâncio, integrante do livro on-line *Desvendando os vikings: estudos de cultura nórdica medieval* (2016).

As sagas lendárias: conceito - As fornaldarsögur (sagas lendárias) são um subgênero das sagas islandesas, caracterizadas por serem anônimas e tendo como escopo narrativas envolvendo heróis num universo lendário e mítico. As 25 sagas lendárias possuem relação direta com a tradição éddica e com a tradição germânica antiga, como Beowulf e a Canção dos Nibelungos. Trata-se de um gênero híbrido entre o mundo heroico, o mito, o folclore e o romance continental, realizado essencialmente para entretenimento, mas também associado ao aprendizado aristocrático no contexto do século XII. Não possui valor histórico como as sagas de família (TULINIUS, 2007, p. 447-461).

Interpretações - Alguns pesquisadores identificam três tipos de paganismo nas sagas lendárias: a nomeação direta dos deuses e as formas de práticas rituais; os remanescentes menos transparentes da tradição mitológica; o uso inconsciente de elementos que provavelmente tiveram alguns elementos dos antigos ritos pagãos (SCHJØDT, 2008, p. 102).

Para outros, entretanto, o paralelo entre o conteúdo das sagas lendárias e as tradições antigas dos mitos e ritos nórdicos nem sempre pode ser estabelecido (ou sequer existe) e deve ser comparado a outros tipos de literatura fantástica (ABRAM, 2011, p. 24).

Edições - A quantidade de edições em nórdico antigo das sagas lendárias é muito vasta, mas pode ser rastreada em detalhes pelo portal Stories for all time: *The Icelandic fornaldarsögur* (http://www.fasnl.ku.dk), mantido pela Universidade de Copenhague. Nele também é possível consultar os diferentes manuscritos medievais, todas as traduções disponíveis em várias línguas por cada saga, além de bibliografias especializadas.

Traduções - Para o inglês, uma excelente ferramenta de busca das traduções disponíveis é o site *An Index to the Complete Fornaldarsögur Norðurlanda in English Translation.* Na França uma grande quantidade de sagas recebeu inúmeras edições e traduções desde o final do século XIX, mas destacamos essencialmente as traduções de Régis Boyer: Saga des Völsungar; Saga de Hervöret duroi Heiðrekr; Saga de Hrólfr kraki; Saga de Gautrekr; Saga de Saga d'Oddr aux Flèches; Saga de Ketillle Saumon; Saga de Sturlaugr l'Industrieux. Em italiano algumas sagas lendárias foram traduzidas, como *La saga di Hervor* (Unipress, 1993), *La saga dei Volsunghi* (Edizioni dell'Orso, 1993) e *La saga di Bósi* (Carocci, 2008). Na Espanha todas as sagas lendárias foram traduzidas, com destaque para *Saga de los Volsungos* (Gredos, 1998); *Saga de Ragnar Calças Peludas* (Tilde, 1998); *Sagas islandesas* (Madri, 2003); *Sagas islandesas de los tiempos antiguos* (Miraguano, 2007); *Saga de Fridthjóf el Valiente y otras sagas islandesas* (Miraguano, 2009); *Saga de Yngvarel Viajero y otras sagas legendarias de Islandia* (Miraguano, 2011); *Saga de Hervör* (Miraguano, 2008); *Saga de Bósi* (Miraguano, 2014). A única saga lendária traduzida em nossa língua vernacular até o momento foi *Saga dos volsungos* (São Paulo: Hedra, 2009), com tradução do nórdico antigo ao português de Theo Borba Moosburger. Trata-se de uma bela edição, com uma detalhada introdução analítica, excelentes notas de rodapé e um resumo narrativo em seu desfecho.

Destacamos ainda uma importante fonte literária para o estudo dos mitos nórdicos, mas que pertence ao subgênero das sagas reais, a Ynglinga saga, tradicionalmente também creditada a Snorri Sturluson. Incluída na primeira parte do Heimskringla, descreve a história da Dinastia dos Ynglingos e a chegada dos deuses na Escandinávia, como Freyr. A perspectiva evemerista lembra muito o Prólogo da Edda em Prosa. Nesta fonte surge a mais famosa descrição dos berserkir, além de comentários sobre Odin, Freyja e outras divindades. Em inglês esta saga está disponível na primeira parte do livro *Heimskringla* (*The Saga of the Ynglings*), traduzido por Lee Hollander (University of Texas, 2009). Em espanhol existe a excelente edição *La saga de los Ynglingos*, de Santiago Ibáñez Lluch (Miraguano, 2012), com uma extensa introdução analisando o contexto social e histórico da saga, os manuscritos e os detalhes técnicos da tradução.

Fontes iconográficas, o corpus - A cultura material proveniente da Escandinávia antes, durante e depois da Era Viking fornece elementos imprescindíveis para o estudo das crenças desse período, mas nem todas possuem valor para o estudo dos mitos. Nem todas contam algum tipo de história, sendo apenas meios de informações não narrativas. Os tipos mais comuns de fontes iconográficas utilizadas pelos pesquisadores para o estudo da mitologia nórdica são: petróglifos da Idade do Bronze; bracteatas do período das migrações germânicas; estatuetas, pingentes e objetos decorativos da Era Viking; estelas rúnicas e pintadas da Era Viking; plaquetas votivas; monumentos nórdicos e cruzes da área anglo-saxã; tapeçarias da Era Viking e do período medieval.

Petróglifos da Idade do Bronze – Diversas pinturas e gravuras (petróglifos) realizados na Escandinávia durante o Período do Bronze, sendo grupo mais importante as pinturas rupestres de Tanum, Bohuslän (sul da Suécia), datadas de 1800 a 400 a.E.C. Diversos mitólogos (como Régis Boyer e Hilda Davidson) acreditavam que algumas destas representações poderiam remeter a divindades nórdicas (como Odin e Thor) muito antes da chegadas dos povos germânicos ao local, uma hipótese bem polêmica e contestada. Não há como relacionar diretamente as cenas da arte rupestre com todas as fontes medievais da mitologia germano-escandinava, mas algumas pesquisas indicam que certos elementos, como questões cosmológicas, parecem estar extremamente inseridas nessas imagens. A jornada do Sol, representações de árvores e animais cósmicos, símbolos solares, pássaros, armas, embarcações e cogumelos, símbolos e formas geométricas não figurativas, contém diversas conexões com narrativas preservadas muito tempo depois, ou então com elementos da mitologia indo-europeia (KRISTIANSEN, 2010, p. 93-115). O site Underslös Museum fornece uma extensa galeria de fotografias sobre os principais painéis de diversos sítios rupestres escandinavos, além de estudos analíticos e arquivos de imagens por temas (motivos) dos conjuntos.

Bracteatas – Constituem em tipos de medalhões ou moedas de ouro utilizadas como ornamentos durante o período das migrações germânicas (cf. o verbete "Bracteatas", em LANGER, 2017). Diversos acadêmicos estão convencidos que muitas imagens destes objetos trazem alusões a divindades como Odin e seu cavalo (também junto a símbolos como suásticas, lanças e formas não figurativas), Tyr tendo a sua mão devorada, Freyr, Balder sendo morto por Höðr etc. O site Arild Hauges Runer fornece um ótimo índice tipológico e fotográfico destas fontes.

Estelas rúnicas e pintadas da Era Viking – Existem centenas de objetos e monumentos nórdicos contendo imagens associadas direta ou indiretamente aos mitos. Nem sempre estas imagens possuem conexão com o conteúdo das inscrições rúnicas dos monumentos. As cenas mais comuns nas estelas rúnicas são as que se relacionam com o ciclo nibelungiano, especialmente a morte de Fáfnir por Sigurd. Uma excelente tipologia analítica destes monumentos é disponível no livro *The Viking-Age Rune-Stones*, de Birgit Sawyer (Oxford, 2003), inclusive com descrições de imagens por monumentos (p. 233). Outra importante publicação contendo extensas imagens de monumentos, objetos, painéis e bracteatas com conteúdos mitológicos é *Anthologie Runique*, de Alain Marez (Les Belles Lettres, 2007). A tese de doutorado de Marjolein Stern (*Runestone images and visual communication in* Viking *Age Scandinavia*. Universidade de Nottingham, 2013) não traz fotografias, mas contém uma tabela infográfica com a relação de quase todas as estelas rúnicas da Era

Viking que contém imagens, inclusive com descrição detalhada de cada uma (incluindo temas mitológicos), ou seja, um instrumento imprescindível aos pesquisadores. O site Runor contém uma ampla variedade de fotografias de monumentos rúnicos, bem como Arild Hauges Runer.

Os monumentos mais importantes para o estudo da mitologia nórdica são as estelas da Ilha de Gotland, Suécia, contendo diversas cenas importantes, como a pesca da serpente do mundo, a entrada ao Valhalla, cenas de batalhas, valquírias, Odin, entre outras. O livro *Stones, ships and symbols* (GIDLUNDS, 1988 – tradução em francês: Les pierres gravées de Gotland. Michel de Maule, 2007) de Erik Nylén e Jan Lamm contém uma das melhores tipologias e recenseamento dos monumentos, com ampla quantidade de imagens e análises. Destacamos ainda o estudo em português *As estelas da Ilha de Gotland e as fontes iconográficas da mitologia viking* com uma proposta de classificação tipológica deste material.

Hogbacks, monumentos e cruzes da Inglaterra – Uma série de monumentos nórdicos foram realizados durante o período de ocupação da Inglaterra anglo-saxônica, alguns ainda em um contexto pagão e outros já hibridizados com o cristianismo. Alguns destes objetos tratam do mundo odínico e seus símbolos (como os hogbacks), mas mesmo cruzes cristãs contêm cenas mitológicas (a pesca da serpente do mundo por Thor, a morte de Odin, cenas do Ragnarok, entre outras). Para imagens dessas fontes, consulte-se os livros *Viking Age Sculpture in Northern England* (Collins Archaeology, 1980) e *Early medieval stone monuments* (Boydell, 2015). O site *The corpus of Anglo Saxon Stone Esculptures* possui um amplo arquivo fotográfico separado por regiões e monumentos. Um estudo em português sobre o tema é A morte de Odin? As representações do Ragnarök na arte das Ilhas Britânicas.

Tapeçarias nórdicas – Um excelente material para estudo de diversas cenas e motivos míticos são uma série de tapeçarias feitas para decorações em parede da Era Viking e período medieval (para informações detalhadas de cada uma, cf. os verbetes "Tapeçaria de Bayeux", "Oseberg", "Överhogdal" e "Skog", em LANGER, 2017; para boas imagens dessas fontes, consultar o Jamtli Museum, Kulturhistoriskmuseum e Statens Historiska Museum).

Johnni Langer

Ver também Culto a Freyr; Edda Poética; Feitiçaria rúnica; Freyja; Guerra e religião na Escandinávia; Magia escandinava; Mito; Mitologia escandinava; Nórdicos da Era Viking (religião); Religião nórdica antiga (conceitos); Símbolos rúnicos e afro-brasileiros.

ABRAM, C. (2011). *Myths of the pagan North*: the gods of the Norsemen. Londres: Continuum.

DRONKE, U. (1997). "The manuscripts". In: *The Poetic Edda*. Oxford: Clarendon, p. xi-xii.

FAULKES, A. (2005). "Introduction". *Edda*: Prologue and Gylfaginning. Londres: Viking Society for Northern Research.

GUNNELL, T. (2007). "Eddic poetry". In: McTURK, R. (org.). *A companion to Old Norse Icelandic Literature and culture*. Londres: Blackwell, p. 82-100.

HOLLANDER, L.M. (2008). "General introduction". In: *The Poetic Edda*. Austin: University of Texas, p. x-xxix.

KRISTIANSEN, K. (2010). "Rock art and religion". In: FREDELL, A. & KRISTIANSEN, K. (orgs.). *Representations and communications*: creating and archaeological matrix of late prehistoric rock art. Londres: Oxbow, p. 93-115.

LANGER, J. (2018). Teorias e métodos para o estudo da mitologia nórdica. *Rever* 18 (1).

______ (2017). *Dicionário de História e Cultura da Era Viking*. São Paulo: Hedra, 2017.

LANGER, J. (org.) (2015). *Dicionário de Mitologia Nórdica*. São Paulo: Hedra, 2015.

LERATE, L. (1993). *Poesía antiguo-nórdica*. Madri: Alianza.

LINDOW, J. (2005). *Norse mythology*: a guide to the gods, heroes, rituals, and beliefs. Oxford: Oxford University Press.

SCHJØDT, J.P. (2008). *Initiation between two worlds*: structure and symbolism in pre-Christian Scandinavian religion. Odense: The University Press of Southern Denmark.

TULINIUS, T. (2000). "Saga as a myth: The Family sagas and social reality in 13th-century Iceland". In: BARNES, G. & ROSS, M.C. (orgs.). *Old Norse Myths* – Literature and Society (Proceedings of the 11th International Saga Conference). Sydney: Centre for Medieval Studies, p. 526-539.

WHALEY, D. (2007). "Skaldi poetry". In: McTURK, R. (org.). *A companion to Old Norse-Icelandic Literature and culture*. Londres: Blackwell, p. 479-502.

Mitologia eslava

Problemas metodológicos – O estudo da mitologia eslava enfrenta os mesmos problemas metodológicos de outros aspectos da religião eslava pré-cristã (cf. o verbete "Religião eslava"), basicamente, ao carecer de fontes escritas até a cristianização, os povos eslavos não deixaram nenhum relato mítico de uma forma direta. Os testemunhos das fontes históricas se reduzem a uma série limitada de menções a nomes de divindades, sem explicar suas respectivas funções. Estas devem deduzir-se como resultado da comparação em primeiro lugar das referências históricas das divindades dos distintos povos eslavos, assim como entre estes e outros povos da família de língua e cultura indo-europeias.

Além disso, a análise dos dados linguísticos, principalmente a etimologia dos teônimos e dos termos religiosos é um elemento a ter em conta, assim como os dados arqueológicos e os procedentes do folclore.

Definitivamente podemos dizer que a reconstrução de uma mitologia comum para todas as áreas eslavas é muito mais difícil do que a de outros aspectos da religião pré-cristã, como os ritos. Em alguns casos as divergências nas denominações dos deuses nas distintas áreas geográficas eslavas pode dever-se igualmente a tabus religiosos que determinavam o uso de epítetos por parte dos fiéis para referir-se a suas divindades, evitando assim empregar nomes próprios.

Cosmogonia e cosmologia – Os eslavos não nos transmitiram nenhum relato sobre como concebiam a criação do mundo e a sua estrutura. Portanto, torna-se necessário uma reconstrução da referida noção através de elementos comparativos. A reconstrução mais satisfatória de um mito cosmogônico eslavo foi realizada pelos investigadores russos Ivanov e Toporov, que reconstruíram o antigo mito indo-europeu do deus do trovão que mata a serpente ou o dragão que custodia as águas primordiais, baseando-se em testemunhos do folclore ucraniano e russo. Para eles, esse mito cosmogônico estaria representado entre os eslavos orientais para a luta de duas divindades, Perun e Veles, que descreveremos a seguir, cujo embate teria como resultado a liberação não somente das águas para o cultivo da agricultura, mas também das vacas ou do gado para a prática da pecuária pelos homens.

Por outro lado, a maioria dos autores considera que é possível extrair conclusões sobre a cosmologia dos eslavos a partir de um objeto estudado pela arqueologia. Trata-se do ídolo de pedra encontrado no fundo do Rio Zbruch, afluente do Rio Dniéster, próximo da localidade ucraniana de Husiatyn, como resultado de uma seca que ocorreu em 1848. Desde o momento de sua descoberta, o ídolo foi identificado como sendo do deus Sventovit de Arcona, da Ilha de Rügen, por apresentar semelhanças com a descrição que fez dele Saxo Gramático em sua *Gesta danorum* (séc. XII). Sem dúvida, também mostra algumas diferenças e não é possível descrevê-lo com segurança a nenhuma divindade eslava conhecida. No ídolo de pedra, com mais de dois metros de altura, se observam três níveis, ocupados por distintos personagens em relevo em cada um dos lados. A este respeito existe a discussão se os seres que aparecem em cada lado são divindades diferentes ou quatro manifestações da mesma divindade. O nível superior ocupa mais da metade do objeto e contém quatro personagens com cobertura na cabeça, mostrando três deles com distintos atributos (corno da abundância, anel, espada e cavalo). No nível intermediário, muito menor do que os outros, aparecem quatro figuras antropomórficas com os braços estendidos em sinal de oração ou súplica que têm sido identificados como sendo dois homens e duas mulheres. E no nível inferior, com pequenas rodas e como que sujeitando o solo que se apoiam os anteriores, se encontra uma figura masculina com um grande bigode ao modo de Titã ou Atlas da mitologia clássica, suscitando também o debate se se trata de uma única divindade ou três, já que no lado correspondente às costas não há figura esculpida. Diversos autores concordam em associar estes três níveis do ídolo com uma estrutura tripartida do universo presente em outros povos indo-europeus, como os nórdicos, correspondendo à parte superior da morada dos deuses, a intermediária a dos seres humanos e a inferior o submundo, constituindo deste modo o ídolo em uma espécie de *axis mundi*.

A favor deles teremos um testemunho procedente das fontes históricas, concretamente uma alusão ao deus Triglav, cujo ídolo de três cabeças era venerado na cidade de

Szczecin entre os eslavos ocidentais do Báltico. De fato, o teônimo Triglav significa precisamente "três cabeças" nas línguas eslavas. Segundo o testemunho da *Vida de Santo Óton*, bispo de Bamberg, escrita por Ebón no século XII, seu santuário na cidade de Szczecin estava localizado sobre três montes, concretamente no monte central, que era o mais alto. E segundo Ebón, os olhos e lábios das três cabeças do ídolo estavam cobertos por uma venda de ouro para evitar que viesse a contar os pecados dos homens em cada um dos três mundos que governava: o céu, a terra e o inferno. Dessa forma, havia uma correspondência entre as três cabeças e os três mundos, assim como com os três montes.

Por último, sobreviveu um relato sobre a criação do ser humano entre os eslavos orientais. Localiza-se em uma passagem da *Crônica dos tempos passados* correspondente à chegada do ano 1071 em que se narra a rebelião de uns feiticeiros na região de Rostóv. Estes diziam conhecer como foi criado o homem, que segundo eles havia sido obra do diabo a partir de uma toalha suja lançada por Deus em sua casa de banho do céu para a terra. Em uma concepção tipicamente dualista, Deus e o diabo disputam a criação do homem, sendo finalmente criado pelo diabo, ainda que seja Deus que concede a sua alma. E isso explicaria, segundo eles, que depois da morte o corpo fica na terra e a alma vai para o céu. Esta narrativa podia estar influenciada pelo cristianismo e concretamente pela heresia cristã dualista dos bogomilos, que se expandiu pelos Bálcãs durante o século X e pode ter chegado a Rus' de Kiev no século XI.

Policefalia – A policefalia, amplamente atestada por diversos autores entre os eslavos ocidentais às margens do Mar Báltico e possivelmente também presente no ídolo de Zbruch, podia representar a potência do deus, igual a outras tradições indo-europeias, como por exemplo na hindu, cujos deuses possuem múltiplos braços ou numerosas cabeças (Brahma). Mas também podia estar resumindo as funções mais importantes da divindade e ser, definitivamente, uma mostra de transfuncionalidade.

Panteão de deuses eslavos – Um dos aspectos que estava mais claro parece ser de que todos os eslavos acreditavam em um deus soberano do raio, desde a sua primeira menção em Procópio de Cesareia no século VI, ao comentar sobre os eslavos meridionais, sem os nomear diretamente. Entre os eslavos orientais recebe o nome de Perun, estando relacionado etimologicamente tanto com seu atributo meteorológico como com o deus báltico Perkunas. Entre os eslavos ocidentais podia identificar-se com os deuses Porenutius ou Prone, estando este último associado aos juramentos, a implantação da justiça e os carvalhos como suas árvores sagradas. Apesar disso, ambos os deuses seriam divindades secundárias entre os eslavos ocidentais, sem ostentar o título de deus supremo que se apresentava entre os eslavos orientais.

Inversamente, um dos deuses supremos mencionados entre os eslavos ocidentais, Svarozhits, de função claramente guerreira, também aparece em distintas fontes eslavas orientais, ainda com certa confusão. Em vários sermões do século XIII Svarozhits é citado como deus do fogo, enquanto em um comentário da crônica grega de Juan Malatas incluída na entrada correspondente ao ano 1114 da *Crônica dos anos passados* se denomina

Svarog ao deus do fogo, estabelecendo-se uma relação entre este e Dazhborg como deus do sol, sendo este considerado filho do primeiro. A forma Svarozhits é derivada de Svarog, podendo ter em conta o valor de diminutivo como o significado de filiação. Uma hipótese é que em um primeiro momento Svarozhits foi equivalente ou uma denominação alternativa de Dazhborg como filho de Svarog ou deus do sol e que posteriormente ocupou o lugar do anterior como deus do fogo, tendo um desdobramento de funções. Por sua vez, no *Cantar da hoste de Igor*, do século XII, faz-se descender de Dazhborg a Dinastia Riuríkida de origem varega governante da Rus' de Kiev.

O único panteão de deuses eslavos elaborado que nos tem chegado é o instaurado pelo Príncipe Vladimir, quando começou o seu reinado em Kiev no ano 980, segundo a *Crônica dos anos passados,* incluindo os nomes de seis divindades (Perun, Khors, Dazhbog, Stribog, Simargl e Mokosh), porém sem definir suas funções ou atributos. Ao julgar pela sua etimologia, são teônimos de origem iraniana (Khors e Simargl), e dois deles teriam atribuições solares (Khors e Dazhbog). Smiargl parece um empréstimo do pássaro maravilhoso da mitologia iraniana *Sīmorg*, o famoso "pássaro de fogo" dos contos populares do folclore russo. De outro lado, Khors também seria um empréstimo iraniano, equivalente ao persa *Xursīd*, epíteto do sol radiante. Quanto a Dazhbog e Stribog, podiam considerar-se deuses da fecundidade ao significar seus nomes "o que dá a riqueza". Este último sentido estaria confirmado pelo *Cantar da hsoste de Igor*, que identifica a Stribog como o pai dos ventos. Por último, só havia uma divindade feminina, Mokosh ou Makosh, cuja raiz se relacionava com o adjetivo *mokryj* (molhado, úmido) e que corresponderia no folclore com a fórmula *mat' syra zemlja* (mãe, terra úmida).

No panteão de Vladimir não se menciona ao deus Veles (variante Volos), que aparece junto a Perun nos tratados de paz dos Rus' e os bizantinos dos anos 907 e 971 como garantidores dos juramentos. Nos ditos tratados Volos é chamado "o deus do gado" e etimologicamente estaria filiado ao deus do báltico Velinas, que por sua vez se identifica com o deus dos mortos. Definitivamente o panteão de Vladimir não deixa de ser uma reelaboração tardia, não sendo possível determinar com exatidão que deuses se veneravam em Kiev em seu passado, com exceção de Perun e Veles/Volos. E muito menos nos permite reconstruir um panteão pan-eslavo dos deuses.

Por último, em distintos sermões dos séculos XIII e XIV se menciona um deus da fertilidade, Rod, acompanhado das divindades femininas, as "Rozhanitsy", cujas denominações estão relacionadas com o verbo *roditi* (engendrar, parir). Segundo o folclore, estas últimas estariam sempre presentes no momento do parto e para garantir a abundância e a fertilidade recebiam oferendas de alimentos diferentes.

Divindades menores da natureza – Já no testemunho mais antigo de Procópio de Cesareia no século VI se menciona que os eslavos meridionais veneravam os rios, as ninfas e os espíritos da natureza, a quem se ofereciam sacrifícios. Nos sermões eslavos orientais dos séculos XIII e XIV se denomina a estas divindades, que sempre se mencionam juntas: *upiry* e *bereginy*. As primeiras são a denominação originária e mais antiga dos modernos “vampiros”, se bem que o nome das segundas estaria relacionado com o substantivo “*bereg*” (orelha) ou com o verbo *beregit* (defender). Delas nos dizem que são trinta irmãzinhas e que para elas se oferecem sacrifícios de galos. Em outros textos as *bereginy* são substituídas pelas *vily*, tendo as mesmas atribuições. Estas últimas são as que têm um caráter pan-eslavo, formando parte também do folclore dos povos eslavos ocidentais e meridionais. E mais tarde no folclore russo se confundiram com as *rusalki*, seres sobrenaturais associados com rios, fontes e lagos, que seriam na realidade os espíritos sem descanso das donzelas que haviam tido uma morte problemática ou que não haviam completado o seu ciclo vital, que na mentalidade medieval incluía um matrimônio ou a reprodução, fazendo com que estivessem presas neste mundo e podiam realizar danos para os seres humanos. O que tem em comum todos estes seres é reunir características próprias do culto aos mortos e do culto à fertilidade, estando muito entranhada na mentalidade eslava a crença do estreito vínculo existente entre estes dois mundos.

Escatologia – Contamos com dois testemunhos históricos pertencentes ao cronista alemão do século XI Thietmar de Merseburgo sobre os eslavos ocidentais e ao historiador bizantino do século VI Procópio de Cesareia sobre os eslavos meridionais que aparentemente negam a crença daqueles no mais além ou em um destino. Apesar disso, os ditos testemunhos têm sido interpretados em seu contexto e parecem estar negando na realidade a crença dos eslavos em um conceito cristão da sobrevivência da alma. Pelo contrário, as numerosas referências a ritos funerários e festivais dedicados aos mortos parecem desmentir essa suposta ausência e crenças eslavas pré-cristãs na vida ultraterrena.

Por outro lado, parece atestada a crença em um deus dos mortos nos distintos âmbitos eslavos, cuja moradia seria possível ficar no mundo subterrâneo. Através da análise etimológica de sua denominação entre os eslavos orientais (veles), podia deduzir-se sua relação com um prado verde e fértil no outro mundo, que igual a outras tradições indo-europeias se encontraria junto a uma massa de água (rio ou lago). Assim mesmo, várias fontes históricas mencionam um castigo depois da morte, que segundo as crenças eslavas estaria destinado a quem quebrava os juramentos ou era vencido na batalha por seus inimigos. Este seria para os eslavos o pior castigo de todos: a perda de sua liberdade na outra vida, ser escravo de seus inimigos. Não sobreviveu nenhum relato sobre o fim do mundo entre os eslavos.

Enrique Santos Marinas

Ver também Baba Yaga; Cristianização da Rússia; Cristianização dos eslavos; Mito; Mitologia eslava; Paganismo medieval.

ÁLVAREZ-PEDROSA NÚÑEZ, J.A. (2017). *Fuentes para el estudio de la religión eslava precristiana*. Zaragoza: Pórtico.

IVANOV, V. & TOPOROV, V. (1970). “Le mythe indo-européen du dieu de l’orage poursuivant le serpent: reconstruction du schéma”. In: POUILLON, J. & MARANDA, P. (orgs.). *Échanges et communications* - Mélanges offerts à Claude Lévi-Strauss. Vol. II. Haia/Paris: Mouton, p. 1.180-1.206.

JAKOBSON, R. (1985). "Slavic Gods and Demons". In: RUDY, S. (org.). *Contributions to Comparative Mythology* – Studies in Linguistics and Philology, 1972-1982. Berlim/Nova York/Amsterdã: Mouton, p. 3-11 [Selected Writings, VII].

LAJOYE, P. (2015). *Perun, dieu slave de l'orage* – Archéologie, histoire, ethnologie. Paris: Lingva.

Mitologia finlandesa

Entendemos por mitologia finlandesa aquela pertencente aos habitantes da Carélia e aos povos fínicos que deram origem aos atuais finlandeses. Contudo, há outros povos também considerados fínicos, como os estonianos; suas mitologias obviamente apresentam vários elementos e temáticas em comum, mas não são consideradas como pertencentes à mesma tradição mitológica. Devido à sua localização geográfica estratégica e ao fato de terem vivido espalhados por uma vasta região, os fínicos acabaram por estabelecer intercâmbios culturais, religiosos e mitológicos com inúmeros povos – sobretudo bálticos, escandinavos e eslavos. Não é possível pensarmos uma mitologia finlandesa pura e isolada dos sistemas e símbolos mitológicos desses outros povos, não sendo surpreendente encontrarmos tantas características análogas.

Ao contrário do caso dos escandinavos, que contam com uma série de fontes escritas sobre sua mitologia (Eddas, sagas, poemas escáldicos), infelizmente a questão finlandesa é mais complicada por questão da relativa escassez de registros escritos. Além disso, outro fator agravante, conforme veremos, é que as fontes finlandesas são muito mais tardias do que as escandinavas, mostrando-se já mescladas a séculos de cristianização. Ao nos depararmos com essas fontes, filtrar os conteúdos possivelmente originais da mitologia finlandesa e apaziguar as lentes cristãs que os narram nem sempre é uma tarefa fácil ou até mesmo viável. A maior parte desses conteúdos está no folclore, manifestando-se em cantos, lamentos, poesias e em tradições orais que começaram a ser coletadas no começo da Idade Moderna.

O primeiro registro escrito que temos da mitologia finlandesa é o mesmo que utilizamos para estudo de sua religião pré-cristã: a lista de divindades das províncias de Carélia e Häme, elaborada pelo monge cristão Mikael Agricola em sua tradução do Salmo de Davi para o finlandês, em 1550. A empreitada de Agricola excede a mera menção dos deuses dessas províncias e suas respectivas áreas de regência, consistindo também na primeira tentativa de apresentar um quadro sistematizado, coerente e organizado dessa mitologia, desembocando quase que no rascunho do que viria a ser um estruturalismo. Em sua lista, Agricola apresentou outros aspectos mitológicos como se fossem deuses, quando, na verdade, não eram. Um exemplo disso é *Jumala*, que Agricola defende ser uma antiga divindade suprema adorada no lugar de Deus, mas que era, na verdade, um termo geral e abrangente para se referir ao deus do céu, mas também aos trovões, ao sol, à lua ou até mesmo a indivíduos considerados poderosos, como xamãs e feiticeiros. É relevante notarmos a continuidade (ainda que não plena) da mitologia finlandesa que propiciou, de alguma maneira, que esses deuses fossem elencados pelo autor em 1550, mantendo-se presentes na memória campesina finlandesa mesmo após a cristianização de seu povo, que havia começado ainda no século XI. Além disso, muitos dos nomes na lista de Agricola se mantiveram vivos até o momento da escrita da *Kalevala* em pleno século XIX, em que aparecem novamente.

O conteúdo que daria origem à *Kalevala* foi compilado por Elias Lönnrot, médico finlandês detentor de grande interesse pela preservação da poesia folclórica de seu povo, que circulava somente em oralidade e começava a passar, no fim do século XVIII, por um processo de desaparecimento. Desejando conservá-las, Lönnrot fez onze viagens a diferentes regiões, encontrando-se diretamente com diversos recitadores e fazendo o registro dos poemas (os chamados *runot*), num processo que duraria quase quinze anos. Esses poemas costumavam ser recitados de modo cantado, podendo ser acompanhados pelo *kantele* – instrumento de corda – e a *performance* feita em duplas, alternando os versos entre cada um dos entoadores. A versão da *Kalevala* que conhecemos hoje foi publicada em 1849 e logo começou a ser aclamada como a epopeia nacional do povo finlandês, desempenhando um papel crucial para o desenvolvimento do *ethos* e de uma identidade comunitária e nacional finlandesa. Esse senso romântico e nacionalista de um passado mítico comum a todo o povo finlandês seria um dos fatores que desembocaria na emancipação da Finlândia em 1917, que finalmente veio a se libertar do controle russo.

Segundo o mito cosmogônico dos finlandeses que circulava em oralidade, *Väinämöinen* estava à deriva no oceano quando um pássaro primordial, que procurava um lugar adequado para fazer seu ninho, acaba por fazê-lo no joelho do deus. O pássaro se senta no ninho e *Väinämöinen*, sentindo o calor em suas pernas, se move, derrubando o ovo. Ao cair e se quebrar, esse ovo cósmico dá origem a todo o universo: a casca de baixo se transforma na terra e a de cima na abóbada celeste, a gema torna-se o sol, a clara origina a lua, os pequenos pedaços de casca, por sua vez, são usados para criar as densas nuvens no céu. Contudo, há variações do mito. Na *Kalevala*, por exemplo, um pato faz seu ninho no joelho de *Ilmatar*, deusa primordial dos ares que viria a gerar *Väinämöinen*. A narrativa do ovo cósmico possui paralelos em diversas mitologias, inclusive entre outros povos balto-fínicos, como os estonianos e íngrios. Alguns acadêmicos defendem que este se trate de um mito genuinamente nativo desses povos.

O nome *Kalevala* remete a uma espacialidade específica e significa algo como "terra dos filhos de *Kaleva*". Lönnrot acreditava que essa região mítica/histórica seria ainda mais antiga do que os próprios deuses protagonistas da epopeia, fundada por um deus primordial e ancestral chamado *Kaleva*. Ele teria sido responsável por povoar essa região que os finlandeses viriam habitar e assim, desde então, o local passou a ser conhecido por *Kalevala*, um topônimo que significava "a região de *Kaleva*". Uma extensa parte das aventuras vividas pelos heróis da *Kalevala* se dá em *Pohjola* – também chamada de *Pimentola* ou

Sariola –, para onde frequentemente rumam buscando a obtenção de conhecimentos xamânicos ou de esposas. Sua região é ao extremo norte das terras de *Kaleva*, caracterizada continuadamente como um reino escuro, sombrio e gélido; era também uma espécie de reino da morte. Ainda assim, era um lugar fértil em sabedoria e dominado por mulheres, sobretudo por *Louhi*, uma poderosa feiticeira de aparência velha e bizarra.

Já o lugar dos mortos propriamente dito seria *Tuonela*. Ao contrário das concepções de outros povos fino-úgricos (como os sámi, cuja morada dos mortos *Jabmeaivo* situava-se abaixo da terra), chegava-se ao reino de *Tuonela* – ou *Manala* – fazendo a travessia das negras águas de um rio homônimo. Os que desejassem cruzar o rio deveriam fazê-lo ou por barco ou por uma ponte guardada pela filha de *Tuoni*, deus governante dos mortos, e sua esposa *Tuonen neito* ("mulher de Tuoni"). É possível que Lönnrot tenha se baseado em vários cantos de natureza xamânica para relatar as viagens de seus protagonistas à *Tuonela*, pois há uma série de paralelos: em momentos de crise, *Väinämöinen* enxerga como única alternativa de resolução buscar respostas na terra dos mortos e empreita essa perigosa jornada, voltando de lá com o conhecimento necessário. Cruzar o rio que desemboca em *Tuonela* seria cruzar a fronteira entre mundos espirituais diferentes, enquanto o tempo passado no reino dos mortos corresponderia ao tempo do transe xamânico. É necessária a distinção de que esse reino não correspondia a nenhuma espécie de inferno ou local de castigo, punição ou danação. *Tuonela* era meramente a morada dos mortos, uma mudança de mundo mas onde, surpreendentemente, a "vida" continuava e as pessoas exerciam suas atividades – como trabalho e alimentação – normalmente.

Väinämöinen é um deus em quem se manifestam fortes traços heroicos e xamânicos. Provas disso são sua busca pela sabedoria e pelas práticas mágicas, que o motivam a realizar jornadas para o reino dos mortos visando a obtenção dessas *gnosis*. Ele revela seus traços de herói no sentido cultural do termo, sendo o instaurador de importantes marcos culturais como a música, a poesia e o instrumento *kantele*. Suas aventuras na terra de *Pohjola*, procurando uma esposa para si, culminarão em ferrenhos conflitos e por fim na criação do *Sampo*, o mais poderoso artefato na mitologia finlandesa. Mikael Agricola havia citado o deus em sua lista, alegando a ele a posição de forjador dos versos e da poesia: nesse e em alguns outros sentidos, como nas práticas mágicas/xamânicas e no papel cosmogônico, ele se assemelha ao deus escandinavo *Odin*.

Lembremos que em certas versões do mito cosmogônico, *Väinämöinen* é quem quebra o ovo cósmico e termina por fundar e criar a estrutura do universo. Há também profunda relação entre o deus e as águas – que, na mitologia finlandesa, são repetidas vezes associadas a eventos criativos –, o que é notável na própria etimologia de seu nome, provavelmente derivado da palavra balto-fínica "*väinä*", "largo rio de águas calmas".

O deus finlandês do trovão era *Ukko* ou *Ukkonen* ("avô", "trovoador"). Agricola o descreve como o responsável por trazer grandes chuvas para os campos, sendo então cultuado como imprescindível para a fertilidade do solo e as boas colheitas. O clérigo menciona também a esposa de *Ukko*, a deusa *Rauni* (em canções folclóricas, aparece como *Röönikkä*). Pouco se sabe sobre ela, a não ser o fato de que seu nome pode estar relacionado a uma árvore chamada *Sorbus* (*Rönn* em sueco), cujas pequenas frutas vermelhas eram consideradas sagradas. Muito provavelmente, seu papel também era o de uma deusa da fertilidade.

Assim como *Thor*, deus escandinavo do trovão, *Ukko* é representado portando martelos como armas. Alguns acadêmicos defendem que o deus finlandês do trovão se chamava originalmente *Pitkäinen* ou *Pitkäimöinen*, palavras que significam "longo". Isso acontecia porque o nome do deus do trovão a princípio era um tabu, e, então, não podia ser mencionado. Os finlandeses, então, chamavam-no *Pitkäinen*, que não era seu nome, mas uma referência aos seus raios, que eram longos e saíam dos céus em formato de serpente. Essa mesma tradição acadêmica alega que os povos fino-úgricos não possuíam deuses antropomórficos, adorando deuses zoomórficos ou os próprios fenômenos naturais como se fossem deuses. Especificamente no caso de *Ukko*, há a hipótese de que inicialmente haveria uma grande águia nos céus, que seria a divindade responsável por atirar raios. Conforme começou a ocorrer o contato dos finlandeses com povos indo-europeus – que tinham seus deuses antropomorfizados – eles teriam absorvido essa influência e passado a representar *Ukko* de maneira humana, na forma de um velho. Na *Kalevala*, *Ukko* assume claramente a função de um deus supremo e poderosíssimo por quem os protagonistas clamam por ajuda em inúmeras situações de perigo e desespero. Suas intervenções, contudo, permanecem no âmbito dos fenômenos climáticos e atmosféricos.

Segundo a hipótese citada logo acima não haveria entre os povos-úgricos, a princípio, um deus dos céus, mas o deus-céu, pois o próprio céu era visto como divino e animado, não sendo necessária para esses povos, então, uma representação antropomórfica. É por isso que alguns substantivos como "*Ilmarinen*" denotam tanto o conceito de "deus dos céus" quanto a própria palavra "céu": não havia distinção entre as duas coisas. Conforme indica seu próprio nome, *Ilmarinen* muito provavelmente era um deus que presidia sobre o ar, o que notamos não só em língua finlandesa, mas também em variações de seu nome em outros idiomas fino-úgricos. O contato dos finlandeses com povos bálticos indo-europeus e germânicos que dominavam a forja e manuseio do ferro teriam o transformado de maneira gradativa num deus ferreiro, enquanto as funções relacionadas ao céu e à atmosfera passaram a ser mais fortemente atribuídas a *Ukko*. O resultado foi sua transformação em um deus que é expressão máxima da arte da forja, fazendo com que fosse apresentado na *Kalevala* como o ferreiro cósmico capaz de trabalhar com qualquer tipo de metal e que, inclusive, forjou a abóbada celeste e o *Sampo*.

Apesar de ser tido como o mais poderoso artefato criado, consistindo em um verdadeiro tesouro, o *Sampo* nunca é descrito em termos específicos. As conjecturas a respeito de sua constituição e natureza são as mais variadas: um baú; um caldeirão; um moinho de pedra ou até mesmo o próprio pilar cósmico. O que parece se sustentar como certo é que ele estaria relacionado à prosperidade, abundância e ao progresso. Por conta disso, muitos acadêmicos têm desistido de definições mais concretas e afirmando que ele é simplesmente um símbolo de origem da cultura. Certamente que, por consequência, isso transformaria *Ilmarinen* em uma espécie de pai da cultura dos homens.

Outra figura central na epopeia de Elias Lönnrot é *Lemminkäinen*, que não seria precisamente uma divindade, mas um herói cujos atos não se encaixam precisamente em concepções românticas e ortodoxas da palavra. Descrito como jovem e extremamente belo, todas as jornadas e peripécias de *Lemminkäinen* envolvem, direta ou indiretamente, a busca por uma mulher para se casar, mesmo que isso implique em começar uma guerra com todo um povo. Uma de suas maiores empreitadas é atender aos desafios impostos por *Louhi*, feiticeira de *Pohjola*, para que ele pudesse se casar com sua filha. Durante um desses desafios *Lemminkäinen* morre e, se não fosse por sua mãe, que o resgatou das margens do Rio Tuonela e conseguiu ressuscitá-lo, o herói teria residido permanentemente no reino dos mortos. Como não há vestígios de *Lemminkäinen* em outras fontes, cogita-se que ele tenha sido a junção de diferentes heróis advindos dos cantos folclóricos, canalizados por Elias Lönnrot em um só personagem.

Há também uma série de divindades menores na mitologia finlandesa, muito presentes nos cantos folclóricos e na lista de Mikael Agricola. Temos *Tapio*, espírito da floresta; *Ahti*, espírito das águas; *Lempi*, que regia sobretudo o amor no sentido erotizado; Hiisi, um demônio no sentido de atuação como *trickster*; *Mielikki*, regedora das florestas; *Tontu*, guardião das casas; *Rahkoi*, responsável por tornar a lua escura; *Liekkiö*, que cuidava de todas as árvores e plantas em crescimento; dentre muitos outros.

Como é possível perceber, há maior presença de divindades masculinas na mitologia finlandesa, principalmente no que é trazido para nós por meio da *Kalevala*. Ainda assim, há duas personagens femininas de atuações pontuais, mas extremamente simbólicas e expressivas na obra de Lönnrot. Após uma disputa de canto entre *Väinämöinen* e *Joukahainen*, o segundo perde e acaba prometendo a mão de sua irmã *Aino* em casamento ao deus. Ela se recusa a casar-se com um homem tão velho e ter seu destino selado dessa maneira, preferindo atirar-se num lago e morrer afogada. Com isso, *Aino* acaba se transformando em um salmão. *Marjatta* é também um símbolo interessante: ela surge já próximo ao término da narrativa como a mãe virgem de um menino, a quem *Väinämöinen* condena por ter nascido fora de um casamento ou união. No entanto, o menino posteriormente torna-se rei da Carélia e se vinga de *Väinämöinen* por meio de um julgamento. É então que o protagonista parte em exílio, o que pode ser uma sutil representação, na obra de Lönnrot, do fim da era dos deuses antigos, suplantados agora pelo filho da Virgem Maria (*Marjatta*).

Victor Hugo Sampaio Alves

Ver também Báltico pré-cristão (religião); Cristianização dos eslavos; Cruzadas do Báltico; Finlândia pré-cristã (religião); Mito; Sámi (religião).

ANTTONEN, V. (2012). "Literary Representation of Oral Religion: Organizing Principles in Mikael Agricola's List of Mythological Agents in Late Medieval Finland". In: RAUDVERE, C. &

SCHJØDT, J.P. (orgs.). *More than Mythology*: Narratives, Ritual Practices and Regional Distribution in Pre-Christian Scandinavian Religions. Lund: Nordic Academic Press.

HOLMBERG, U. (1964). *The mythology of all races*. Vol. 4: Finno-Ugric, Siberian. Nova York: Cooper Square.

KUUSI, M. (1990). "Epic cycles as the basis for the Kalevala". In: HONKO, L. (org.). *Religion, myth and folklore in the world's Epics*. Haia: Mouton de Gruyter, p. 133-157.

______. (1977). *Finnish Folk Poetry*: Epic. Helsinki: Finnish Literature Society.

LÖNNROT, E. (2009). *The Kalevala*. Oxford: Oxford University Press.

PENTIKÄINEN, J. (1999). *Kalevala Mythology*. Bloomington: Indiana University Press.

SALO, U. (1990). Agricola's Ukko in the light of archaeology: a chronological and interpretative study of ancient Finnish religion. *Scripta Instituti Donneriani Aboensis*, vol. 13, p. 92-190.

VALK, Ü. (2000). Ex Ovo Omnia: Where does the Balto-Finnic Cosmogony Originate? The Etiology of an Etiology. *Oral Tradition*, n. 15, vol. 1, p. 145-158.

Mitologia grega

Definir o que venha a ser o conjunto de crenças de um povo é sempre tarefa difícil. Sobretudo quando essa sociedade está há mais de dois mil anos distante de nós. Nenhum panteão religioso teve seu nascimento e desenvolvimento de forma ordenada e sem interferências, ele sempre é fruto de assimilações, influências de crenças de outros povos. Com os gregos não foi diferente. Os fenômenos religiosos têm formas e orientações múltiplas, oriundas da característica sociopolítica e econômica do período. O panteão grego é formado por múltiplos deuses, ou seja é uma religião politeísta.

Cada deus tem sua função própria, seu domínio reservado, seu modo particular de ação, seu tipo específico de poder. Esses deuses compõem uma sociedade hierarquizada, na qual as competências e os privilégios são alvo de uma repartição bastante estrita, complementar e limítrofe.

O mito é, em sua essência, uma narrativa, um discurso ou fala sobre a fundação do mundo de uma dada sociedade. Nesta narrativa, ou conjunto de narrativas, é perceptível um grande deslocamento no tempo, o mito sempre aborda acontecimentos muito antigos, do início das eras, da criação da terra, dos deuses e da raça humana. Os mitos narram a fundação de uma sociedade a partir do sagrado.

A primeira tentativa documentada de sistematizar os mitos gregos foi a do poeta Hesíodo, *Teogonia*. Ele viveu no período arcaico grego, compreendido entre os séculos VIII-VII a.E.C. Antes dele as narrativas sobre a criação do universo, os diversos deuses e suas respectivas funções eram transmitidas oralmente. Hesíodo é anterior ao surgimento da pólis grega, as cidades-Estado, sua comunidade era agrícola e pastoril. Sua obra é uma das fontes antigas mais importante para o conhecimento dos mitos gregos.

A *Teogonia* foi escrita em versos e se inicia pelas Musas, responsáveis pelo canto, pela poesia e artes em geral, pela inspiração dos poetas, mas também e, principalmente, pela memória. Mnemosine (deusa da Memória) une-se a Zeus (deus do céu, do trovão e deus supremo do Olimpo) concebendo as nove musas. Sem o auxílio das Musas não é possível resgatar a história, o passado, e criar o poema.

A mitologia grega do período arcaico e clássico é composta por narrativas autóctones e oriundas de civilizações anteriores aos gregos do século VIII a.E.C., também civilizações consideradas gregas, mas com costumes, alfabeto e organização sociopolítica diferentes da que se convencionou chamar cultura clássica grega, como a cretense e a micênica. É da fusão dessas culturas, e o acréscimo de mitos asiáticos, como os da Trácia e Frígia, que a mitologia grega foi composta.

Além de Hesíodo, outra fonte para os mitos gregos são os poemas e hinos atribuídos a Homero, anteriores a Hesíodo. Nas epopeias de Homero, *Ilíada* e *Odisseia*, que narram episódios da Guerra de Troia, o panteão que se apresenta é o olímpico, no qual Zeus reina ao lado de seus irmãos e irmãs. Mas a geração olímpica é a terceira desde a criação do mundo. Não há referência substancial aos deuses anteriores, diversamente do que ocorre na obra de Hesíodo, que se propõe a resgatar toda a criação do mundo e as gerações dos deuses.

Nos hinos consagrados aos deuses, também atribuídos a Homero, descortinam-se alguns deuses mais antigos, como Gaia (Mãe de todos) e Reia (Mãe dos deuses), ambas relacionadas à terra, mas no geral são os deuses da geração olímpica que são louvados.

As tragédias são outra fonte de referência para o conjunto de deuses, embora muitas se tenham perdido, alguns autores nos chegaram, como Ésquilo, Sófocles e Eurípedes. Nelas os deuses são os motores da ação trágica. Essas peças teatrais foram escritas no período da pólis, basicamente no século V a.E.C., bem posterior a Homero e Hesíodo. Por serem peças teatrais não visam o didatismo ao referirem-se aos deuses, voltadas para o público da época, praticante da religião e conhecedor dos mitos, elas apenas apresentam, de forma artística, recortes de diversos mitos já conhecidos.

Portanto, as fontes clássicas mais antigas e importantes para o conhecimento dos mitos são: a *Teogonia*, de Hesíodo, que cobre desde o início da criação do mundo; os hinos e poemas épicos de Homero, que abrangem os mitos do período clássico, e as tragédias clássicas, escritas no século V a.E.C., que apresentam alguns mitos relacionados aos deuses e às primeiras famílias fundadoras da civilização grega. Os mitos aí recolhidos eram, como toda mitologia de todos os povos, de transmissão oral, anteriores ao surgimento da escrita. Os deuses cultuados no período clássico grego eram os Olímpicos. Alguns deuses ou deusas eram cultuados em cidades específicas, por exemplo, Afrodite em Pafos, centro de um grande culto à deusa; Palas Atena, na cidade de Atenas; Hera e Zeus em Olímpia; Deméter e Perséfone em Elêusis; Apolo em Delfos. A primazia de um deus não excluía os demais da cidade, apenas era lhe votado maior relevo nos cultos, ou festivais específicos.

Podemos organizar cronologicamente as gerações de deuses gregos da seguinte forma:

1) A primeira geração divina representa as forças primordiais, nascida do Caos (personificação do vácuo original), ela representa a criação do mundo, do céu, da terra, da noite, do dia, do tempo e de outros deuses de contorno bastante abstrato ou ligados à estrutura do universo. Do Caos surgem a Terra e Eros (força fecundadora). Da união entre Caos e a Terra surgem inúmeros deuses. Dentre eles estão Urano (céu), Gaia (terra), Ponto (mar aberto, masculino), Tártaro (abismo, ou profundezas da terra), Érebo (as trevas), Nix (noite), Tálassa (mar costeiro, feminino).

2) A segunda geração, filha desses seres primordiais, são os titãs. Filhos de Urano (céu) e Gaia (terra), eram em número de doze, seis divindades masculinas e seis femininas, que representam igualmente forças da natureza. Nascem ainda da primeira geração seres monstruosos, como os Ciclopes; os Hecatônqueros: Coto, Briareu e Giges, três seres monstruosos com cem braços e cinquenta cabeças; as Erínias, também em número de três: Aleto, Tisífone e Megera. E a deusa do sexo, da sedução e da beleza, Afrodite. Além de inúmeros outros deuses.

Os seis titãs compreendem:

- Oceano, o grande rio que circula o mundo;
- Céos, o deus do Norte, do conhecimento oracular das estrelas;
- Crio, o deus do Sul, deus responsável pela mecânica dos astros e pelos ciclos celestiais;
- Hiperião, o deus do Leste e deus primordial do sol e do fogo celestial;
- Jápeto, o deus do Oeste, do ocaso;
- Crono, deus do tempo, mais tarde com apoio de Gaia emasculou Urano, tornando-se senhor do universo.

O sangue/esperma de Urano fecunda as espumas do mar e nasce Afrodite (deusa da beleza e do sexo).

As seis Titâmides são:

- Teia, deusa da visão, do brilho e das joias;
- Reia, deusa da fecundidade, mãe dos deuses olímpicos;
- Têmis, deusa da justiça divina;
- Mnemosine, deusa da memória;
- Febe, brilhante, deusa da Lua cheia;
- Tétis, deusa do mar, consorte de Oceano.

3) A terceira geração é a Olímpica, assim denominada por habitar o cimo do Monte Olimpo, nascida de uniões entre os deuses da segunda geração. Nesse grupo que compreende uma infinidade de deuses, os seis filhos de Cronos (o tempo) e Reia (mãe dos deuses e também associada à terra) serão os de maior poder, sobretudo os três homens: Zeus (deus do supremo e senhor do céu, após destronar Cronos); Posidão (deus dos mares) e Hades (deus do mundo subterrâneo, das riquezas e dos mortos). Como ocorreu nas gerações anteriores, alguns desses deuses se unem às suas irmãs. Zeus com Hera (regente

das uniões estáveis, dos acordos); Posidão com Deméter (a terra fecunda, deusa do cereal e da agricultura) e Hades com sua sobrinha, Perséfone (filha de Deméter e personificação da primavera).

Mas os casamentos não são monogâmicos, Zeus teve inúmeras uniões com outras deusas, inclusive de gerações anteriores, e com mortais, assim como Posidão e Hades. O mesmo ocorrendo com as divindades femininas. Dessas uniões todas surgem um conjunto enorme de deuses e deusas que regulam, cuidam desde a caça até a guerra, do amor às artes. Além de vários semideuses, filhos de deuses com mortais.

Dentre os mais conhecidos encontramos:

As nove Musas – filhas de Zeus e Mnemosine (memória): Calíope (poesia épica), Clio (história), Erato (lírica coral), Euterpe (música), Melpômene (tragédia), Polímnia (retórica), Tália (comédia), Terpsícore (dança) e Urânia (astronomia).

Atena (deusa da sabedoria, da guerra e dos artesãos) – filha de Zeus e Métis (sabedoria); Ares (deus da guerra) e Hefesto (deus das forjas, do fogo, dos metais, o grande artífice do Olimpo) – filhos de Zeus e Hera; os gêmeos: Artêmis (deusa da caça, do parto, protetora das crianças – associada à Lua) e Apolo (deus da música, dos oráculos, das doenças e da medicina – associado ao Sol) – Filhos de Zeus e Leto (divindade ligada à Noite, por vezes à morte, foi incorporada ao panteão, seria uma deusa da Lícia); Hermes (deus mensageiro, dos ladrões, do comércio, dos caminhos) – filho de Zeus e Maia (uma das Plêiades, estrelas da constelação de Touro).

Entre os filhos de Zeus com mortais temos: Dioniso (deus do vinho, do teatro, da orgia) – Zeus e Sêmele; Héracles (herói civilizador, realizou os 12 trabalhos) – Zeus e Alcmena; Perseu (herói que matou Medusa) – Zeus e Dânae.

Herói importante, personagem principal na Guerra de Troia, Aquiles é filho da deusa Tétis (ligada ao mar) com um mortal, Peleu, rei dos mirmidões.

Da união de Ares (deus da guerra) com Afrodite (deusa do sexo, da sedução e da beleza) nascem Eros (o amor) e Anteros (o amor correspondido), Deimos (pânico), Fobos (medo) e a caçula Harmonia (personificação da paz, harmonia e concórdia).

A análise dessas narrativas revela muito mais do que histórias fantasiosas ou fantásticas. Os mitos são relatos associados a ritos e práticas essenciais para a organização da sociedade grega e de seus habitantes. Entre os inúmeros pesquisadores de renome que se debruçaram sobre esse universo complexo encontramos nomes como os dos antropólogos e historiadores franceses: Jean-Pierre Vernant, Marcel Detienne, Pierre Emmanuel Vidal-Naquet, François Lissarrague, Nicole Loraux, Claudine Leduc, Aline Rousselle, Louise Bruit Zaidman, George Duby, Michelle Perrot; Claude Lévi-Strauss. E nomes como o de Giulia Sissa, filósofa e historiadora italiana; Mircea Eliade, cientista das religiões, mitólogo e filósofo romeno, naturalizado norte-americano; Eric Robertson Dodds, historiador irlandês. No Brasil são referência Eudoro de Souza, Junito Brandão, Jacyntho Lins Brandão, Haiganuch Sarian, Gilda Maria Reale Starzynski, Francisco Marshall, Fábio Vergara, Donald Schüler, dentre outros. A análise dos mitos possui diversas linhas teóricas como a antropologia, a sociologia, a filosofia, a história, a helenística, a ciência das religiões, a literatura, a arqueologia etc. Cada uma delas problematiza uma faceta do mito, demonstrando a riqueza dessas narrativas. Mas os mitos também foram analisados e/ou utilizados para exemplificar teorias psicanalíticas. Dentre os principais nomes encontram-se: Sigmund Freud, pai da psicanálise, nascido na Áustria; e Carl Gustav Jung, suíço fundador da psicologia analítica.

Flávia Regina Marquetti

Ver também Grécia antiga (religião); Magia e feitiçaria grega; Mito; Mistérios gregos; Oráculos gregos.

GRIMAL, P. (2000). *Dicionário de Mitologia Grega e Romana*. Rio de Janeiro: Bertrand Brasil [trad.: Victor Jabouille].

HESÍODO (1995). *Teogonia* – A origem dos deuses. São Paulo: Iluminuras [trad.: J. Torrano].

RIBEIRO Jr., W.A. (org.) (2010). *Hinos homéricos* – Tradução, notas e estudo. São Paulo: Editora Unesp.

ROCHA, E.P.G. (1985). *O que é mito*. São Paulo: Brasiliense.

VERNANT, J.-P. (2006). *Mito e religião na Grécia Antiga*. São Paulo: Martins Fontes.

______ (1989). *As origens do pensamento grego*. Rio de Janeiro: Bertrand Brasil [trad.: Ísis Borges da Fonseca].

Mitologia hitita

Um crisol de culturas – Entre as tabuletas escritas em cuneiforme encontradas no arquivo de Hattusa foram descobertos diversos textos com conteúdo mitológico. Não se trata de "literatura" como hoje a concebemos, obras de criação que circulavam amplamente com um público que as lia, senão que estes textos eram acompanhados de práticas rituais e outros eram resultado de traduções que formavam parte da formulação dos funcionários dos palácios; uns e outros eram lidos somente por eles.

Os mitos hititas se denominam deste modo porque apareciam na capital do reino, porém nenhum deles tinha procedência hitita. A Península Anatólica no segundo milênio foi um crisol de culturas que mantiveram relações diversas com os hititas; por meio dela nos textos mitológicos se sintetizaram informações anatólicas antigas, babilônicas, canaanitas e hurritas, unidas pela capacidade sincrética dos hititas. Cada uma destas culturas deixou a sua própria mitologia com as suas próprias características (Introdução: BERNABÉ, 1998, 2015; seleção de textos em edição bilíngue: GARCÍA TRABAZO, 2002; tradução ao inglês da maioria dos textos significativos: HOFFNER, 1998; ao espanhol a tradução da maioria deles: BERNABÉ, 2015).

A população mais antiga que conhecemos na zona foram os hátitas, que dão nome ao "país de Hatti", sobre os que se impuseram os conquistadores hititas. Falavam uma língua aglutinante, não indo-europeia, chamada mesmo de hático (ou também proto-hático). Nesta língua restam alguns documentos bilíngues, sobretudo textos rituais. Os monarcas hititas preferiam assumir e continuar celebrando os velhos cultos hátitas com seus próprios textos, se bem que mandaram traduzir ao hitita para conhecer o seu conteúdo.

Protagonizaram estes mitos deuses hatitas, incorporados assim mesmo ao panteão hitita, como a deusa solar Wurunsemu, mais conhecida como a "deusa solar de Arinna", junto a que tem um papel secundário seu esposo, Tara, o deus da tempestade; outros deuses hatitas importantes são a deusa dos mortos denominada de "Deusa do sol e da terra", o deus Telipinu, filho do deus da tempestade, que recebia culto em Nerík, uma cidade sagrada.

Esses textos mitológicos são muito simples e representam feitos notáveis muito semelhantes aos dos contos populares, com uma trama sensível e uma forma de expressão carente de artifícios literários. Estão associados a ritos, em cujo transcurso se recitavam, a princípio com a finalidade de explicitar determinadas ações mágicas que formavam parte deles. Os propósitos de tais ritos eram práticos: por exemplo, garantir a fertilidade, pôr fim a uma situação de emergência ou assegurar a saúde e a vida do rei. Os mitos hatitas mais importantes são:

O primeiro é a *luta contra o dragão (Illuyanka)*, relacionada com o Purulli, um festival sazonal destinado a confirmar a fertilidade no reino e a saúde do monarca. Nas duas versões do mito que se recitavam durante a celebração do festival se narrava que o deus da tempestade enfrentou ao dragão e que em uma primeira ocasião foi derrotado por ele, mas logo, com ajuda de um mortal e com o recurso de um estratagema, voltou a combatê-lo e foi reinstalado no poder.

Na primeira das versões, quando o deus foi derrotado, a deusa Inara celebrou uma festa em que foi convidado o dragão e lhe deu de comer e beber de uma forma tão cuidadosa, que o dragão não pôde voltar ao seu covil. Com a ajuda de um mortal, Hupasiya, que amarrou o dragão, o deus da tempestade o venceu. Hupasiya havia aceitado ajudar a deusa em troca de manter relações sexuais com ela. A deusa cumpriu a sua parte do trato, mas logo o trancou e proibiu de olhar pela janela para ver a sua família. Como desobedeceu a ordem, a deusa acabou com ele.

Na segunda versão, o dragão após vencer o deus da tempestade lhe tirou o coração e os olhos. O deus então teve um filho que cortejou a filha do dragão e, quando ia casar-se com ela, pediu como dote as partes arrebatadas de seu pai, conseguindo assim recuperar a sua integridade e derrotar o dragão. Seu filho pediu que o matasse também.

Ambas as versões do mito formam parte de uma tipologia característica dos rituais de ano-novo, em que a cíclica derrota do deus da tempestade e do dragão correspondem, respectivamente, ao inverno e à primavera, e o rito pretendia renovar o correto funcionamento das estações. A intervenção de um ser humano em ambos os mitos e sua morte é uma representação das relações entre homens (mortais) e deuses imortais, como partes importantes da ordem do mundo.

O segundo grupo de textos hatitas formam os *mitos do deus que desaparece*, a maior parte deles protagonizados pelo deus Telipinu (que também pode ser o deus do sol ou uma deusa chamada Aznili e Zukki). Estes mitos também estão associados a rituais, porém, diferente de a *luta contra o dragão*, não são sazonais, mas celebrados ocasionalmente para responder a situações precisas, aquelas em que alteram o estado normal das coisas (p. ex., um poço que se seca, uma situação de carestia, uma mulher que não deu à luz).

No mito que acompanha o ritual é narrado que um deus se irritou e foi embora, provocando que a fertilidade fosse interrompida no mundo. Teve que ser encontrado e realizar um ritual para ele ser aplacado e para que retornasse a fertilidade ao mundo. O texto recolhe este ritual, que funciona sobretudo por meio de magia associativa. O propósito era de se recitar o texto e repetir as ações mágicas que no mundo mítico propiciaram a volta do deus irado, para que no tempo presente tanto o texto quanto as ações mágicas voltassem a ter o mesmo resultado eficaz.

Outro curioso texto de origem hatita foi *A lua que caiu do céu*, que descreve ações mágicas que se empreenderam contra a lua, que havia caído sobre um pórtico e voltando ao seu lugar no céu, sendo um ritual que provavelmente se relacionava com a estabilidade do poder real.

O texto chamado *A grande viagem da alma* é difícil de interpretar, porém parece que a deusa solar da terra havia tentado fazer imortal um ser humano, chamado o Desejado, o que produziu uma espécie de sonho geral da natureza. Para recuperar a normalidade, os animais desmembraram o Desejado, porém a sua alma se encaminhou para o mais além.

Provavelmente o relato era um mito etiológico, isto é, explicava que os seres humanos morrem, porém as suas almas se dirigem ao inframundo. Assim mesmo se narrava que algumas almas, as que seguem o caminho adequado – o que provavelmente queria dizer que realizavam o ritual necessário –, eram convidadas a compartilhar a mesa dos deuses do submundo, mas outras, as que erravam o caminho, eram condenadas a tomar lama e barro.

Conservamos alguns comentários mais breves a temas míticos, como um texto sobre as fiandeiras do submundo, que, à semelhança com as parcas latinas ou as moiras gregas, fiavam o fio da vida das pessoas, ou um breve texto cosmogônico em que se menciona como os deuses ocuparam o céu e a terra e se dividiram entre eles e como o rio assumiu a função de purificar e de assegurar a força vital para a descendência e a prosperidade.

Mitos de origem hurrita – O segundo grupo importante de mitos hititas são de origem hurrita. Os hurritas habitavam o território de Mitani, limítrofe com o dos hititas e acabaram por ser conquistados por eles. Seus mitos são tratados no verbete "Mitologia hurrita", deste mesmo dicionário.

Mitos em textos traduzidos – Entre os textos mitológicos depositados nos arquivos de Hattusa estavam alguns que se traduzem (ou, melhor dizendo, se adaptam), de forma bastante livre, aos originais procedentes do âmbito cultural babilônico. O acádio era a língua da chancelaria, por isso não é estranho que os escribas hititas recorreram à tradução de textos do crescente fértil como entretenimento para aperfeiçoar o conhecimento de sua língua. O mais interessante entre eles são os fragmentos de uma versão do *Poema de Gilgamesh*, assim como um par de fragmentos de *Atrahasis*, o poema do dilúvio.

A comparação das versões hititas com os originais babilônicos permite ver a grande continuidade cultural que existia entre os distintos povos do Oriente Próximo no segundo milênio a.E.C. e a forma em que as lendas e os poemas circulavam por extensas zonas, povoadas por falantes de línguas e culturas distintas.

O poema de Gilgamesh descreve a incansável e falida busca da imortalidade por parte do rei de Uruk. Conservamos diferentes versões do poema, em sumério e acadiano, além das conservadas em arquivos hititas. Desta última nos tem chegado fragmentos, muitos deles sendo muito significativos. Está claro que não é uma tradução literal, e sim uma reelaboração reduzida e em prosa do poema ninivita.

Existem fragmentos em hitita da criação de Gilgamesh como um ser gigantesco, que se comporta de forma insolente com seus súditos em Uruk, originando a criação pelos deuses na estepe de Enkidu, um rival selvagem e agrário de Gilgamesh, homem civilizado e urbano. Primeiro se enfrentam, mas logo se tornam amigos.

Ambos decidem então irem em busca de cedros em uma montanha que era guardada pelo monstro Huwawa. O mito é uma representação da necessidade dos babilônios de buscarem cedros no Líbano, como material de construção. A versão hitita é bastante extensa neste ponto. Gilgamesh e Enkidu derrotam o monstro e, quando este suplica pela vida, Gilgamesh se sente inclinado a respeitá-lo, mas Enkidu evita que preste atenção e o resultado é com toda a certeza a morte do monstro.

Apenas restam vestígios na versão hitita da proposta de Ishtar de unir-se a Gilgamesh e da indiferença deste, episódio que conhecemos bem na versão ninivita; em troca, a terceira tabuleta hitita conserva um episódio que não foi conservado naquela: Enkidu sonha que os deuses vão conceder a morte como castigo por ter propiciado o fim de Huwawa.

Como resultado da morte de Enkidu, Gilgamesh entra em um estado de desespero pelo descobrimento de sua própria mortalidade. Faltam fragmentos de seu combate contra diversas feras. Por fim, ele se encontra com uma taberneira que lhe ensina o modo de falar com o único homem que obteve a imortalidade, Utnapishtim. O barqueiro Ursanabi o auxilia, para que indique como cruzar o limite do mundo, as águas da morte, para chegar junto a ele. Ainda que tenha conseguido contatar Utnapishtim, os intentos e Gilgamesh de conseguir a imortalidade fracassam.

Na versão hitita do poema Atrahasis, o poema do dilúvio (chamado Atramhasis), que contava as razões pelas quais os deuses criaram a humanidade e porque intentaram destruí-la, apenas restam poucos fragmentos significativos.

Mitos cananeus – De menor importância foi o influxo canaanita, que somente se conhece em um pequeno número de fragmentos que se tem conservado sobre Elkurnisa, Baal e Asertu (um tema semelhante ao de José e a mulher de Putifar). A deusa Asertu, temerosa de que seu esposo Elkunirsa (o nome do deus canaanita El, mais o epíteto "criador da terra"), perca seu vigor, se insinua ao deus da tempestade, chamado Baal neste texto;

ele a rechaça e fala a Elkunirsa, que o autoriza para que humilhe a deusa matando a seus filhos.

Completa os fragmentos de origem canaanita conservados nos arquivos hititas um episódio em que intervém Ishtar e o Monte Pisaisa. Este acaba violando a deusa e ela se irrita porque sua possível gravidez possa obstaculizar a sua ajuda ao deus da tempestade, em um momento em que crivelmente o necessita.

Alberto Bernabé Pajares

Ver também Epopeia de Gilgamesh; Ishtar; Mito; Mesopotâmia (religião e mitologia); Mitologia grega; Mitologia hurrita; Mitraísmo; Politeísmo; Zoroastrismo.

BERNABÉ, A. (2015). *Mitos hititas entre Oriente y occidente*. Madri: Abada.

______ (1998). "Mitología hitita". In: BERNABÉ, A.; GARCÍA GUAL, C.; LEMOSÍN, R. & PIRART, E. *Mitología y Religión del Oriente Antiguo*. Vol. III: Indoeuropeos. Sabadell: Ausa, p. 5-124.

GARCÍA TRABAZO, J.V. (2002). *Textos religiosos hititas*. Madri: Trotta.

HOFFNER, H.A. (1998). *Hittite Myths*. 2. ed. Atlanta: Society of Biblical Literature.

Mitologia hurrita

Os hurritas – Os hurritas foram os habitantes do território de Mitani, a zona suboriental da Península Anatólica, em meados do segundo milênio a.E.C. Falavam uma língua aglutinante que não pertence nem ao grupo dos indo-europeus nem o dos semitas. Durante um tempo, os hurritas foram rivais de seus vizinhos, os hititas, porém acabaram por dominá-los militarmente. Sem dúvida, o povo vencido exerceu uma importante influência cultural sobre o vencedor, de modo que os hititas aceitaram em seu próprio culto deuses, ritos e mitos e precedência hurrita. Inclusive os reis hititas tomaram nomes hurritas. Este influxo acrescenta a sua importância para a transmissão cultural pelo fato de que os hurritas haviam recebido influência dos sumérios e dos acadianos, que assim mesmo transmitiram aos hititas.

Deuses hurritas – O deus supremo do panteão hurrita era o deus da tempestade Tesub, que sobre sua carruagem puxada por dois touros combatia com raios, vendavais e aguaceiros a seus inimigos. Sua esposa era uma deusa síria, Hebat, e em seu círculo tinham grande importância seu irmão e ministro Tasmisu, chamado também Suwaliya(tta) e sua irmã Sauska, deusa da guerra e da sexualidade.

Nos mitos tem um papel protagonista o deus Kumarbi, pertencente à geração anterior à de Tesub e que a este haviam privado do poder sobre os deuses. Por isso Kumarbi carece de relevância no mundo ritual e religioso hurrita e hitita, porém o personagem mais importante de seus mitos, que aparece uma ou outra vez como rival de Tesub, que intenta arrebatar o poder celeste com todo tipo de estratagema.

Nos mitos do ciclo de Kumarbi aparecem também deuses do mundo sumério e acadiano, sobretudo como consequência do imenso prestígio literário das literaturas mesopotâmicas. É o caso do deus Anu (deus do céu, destronado na origem dos tempos), ou de Ishtar, que se identifica com a deusa hurrita Sauska.

Mitos hurritas em hitita – Ainda que se conserve alguns fragmentos em hurrita, os mitos desta cultura são preservados majoritariamente em hitita. À diferença do que ocorre com os mitos de origem hatita (cf. o verbete "Mitologia hitita"), os mitos hurritas não estavam relacionados com os rituais, senão que, ao que sabemos, são literatura didática, educativa, que informa aos homens sobre suas relações com os deuses e a destes entre si, como explicação da história do mundo e do papel que corresponde aos seres humanos nele.

Do ponto de vista literário são mais elaborados do que os de origem hatita; têm prefácio, frases feitas com recorte épico, repetições estilísticas, formas narrativas mais complexas, com as cenas típicas (que narram de um modo muito formal e semelhante cada vez que aparecem) e inclusive estão escritas em um verso rudimentar, provavelmente derivado da Mesopotâmia, o qual traz textos míticos hurro-hititas da tipologia dos poemas homéricos (para uma introdução sobre estes mitos: BERNABÉ, 1998, 2015, seleção de textos em edição bilíngue: GARCÍA TRABAZO, 2002; tradução ao inglês da maioria de textos significativos: HOFFNER, 1998; ao espanhol a totalidade deles: BERNABÉ, 2015; influxos sobre Homero: BACHVAROVA, 2016).

A maioria destes textos pertence ao ciclo de Kumarbi, cujo fio condutor é a luta pela soberania divina.

O canto da saída ou canto de Kumarbi – O poema que se denomina de *Canto da saída* (antes era *Canto de Kumarbi* ou *O reinado dos céus*) se refere à origem dos tempos, em que os deuses de duas estirpes, os deuses da terra e os deuses do céu, disputam e usurpam o poder. Alalu, correspondente ao sumério Alala, um deus da terra, é o primeiro a reinar, porém é destronado por Anu, que é o nome sumeriano do céu. Kumarbi, filho de Alalu, lhe arrebata o trono e Anu, para evitar que tenha descendência, por sua vez, ao disputar o poder, engole os genitais do deus.

O resultado é, sem dúvida, contrário a seus propósitos. Kumarbi fica grávido de cinco deuses, que parecem ser Tesub, Tasmisu, seu ministro, Sauska-Ishtar, a deusa guerreira, o Aranzah, quer dizer, o Rio Tigre, e Zababa, deus da guerra. Após as previsíveis dificuldades de Kumarki determinar como dar à luz a seus estranhos filhos, estes nascem e Tesub se faz com o poder.

A nova geração de deuses que governa então aos deuses procede, pois, da união das duas velhas estirpes em conflito e deveria conduzir a estabilização do poder divino.

Sem dúvida, Kumerabi não se resigna pela perda do poder e em outros poemas se narram seus intentos sucessivos para recuperá-lo, engendrando rivais cada vez mais terríveis. A nova ordem consiste em que o mundo obedeça a ciclos estabelecidos e os seres humanos mantenham com os deuses uma relação segundo a qual lhes rendam culto em troca de serem protegidos. O traço mais importante do rival, no sentido de oposição à divindade que tenha imposto a ordem, é representar o retorno para a época anterior à dita ordem. Não necessariamente pretende ocupar o poder, senão que a sua atuação é sobretudo destrutiva, sem que a princípio tenha alternativas viáveis para a situação estabelecida.

Hedammu – No poema intitulado Hedammu, Kumarbi decide unir-se à enorme filha do mar, Sertapsuruhi e de ambos nasce Hedammu, um monstro serpentiforme de extrema voracidade, que engole tudo quando se coloca diante dele, mergulhando os seres humanos na escassez.

Esta situação impede os seres humanos de celebrar sacrifícios, sendo os deuses também prejudicados. É colocado assim o tema das relações entre os deuses e os seres humanos. O homem é o artesão dos deuses, que deve trabalhar para eles e brindar parte do produto de seu trabalho, em troca do qual a divindade lhe oferece a sua proteção. A voracidade de Hedammu rompe o equilíbrio e a humanidade é castigada para a escassez, apesar de não ter faltado a suas obrigações com os deuses.

Devido ao equilíbrio quebrado por Kumarbi para atacar ao poder divino, deve recuperar-se, intervém Ishtar, que se enfeita e vai para as ondas do mar, canta e narcotiza o monstro, para seduzi-lo. Hedammu se une com ela e a deixa grávida. Ainda que o final se tenha perdido, supõe-se que o monstro acabaria por ser derrotado.

O poema de Hedammu apresenta notáveis semelhanças com o mito anatólico da luta contra o dragão (cf. o verbete "Mitologia hitita"). O protagonista de ambos é um dragão glutão. Em ambos intervém uma deusa que se enfeita e saca ao monstro de seu meio natural para neutralizá-lo. Em ambos o mar aparece como aliado do dragão. Parece, pois, que um mesmo núcleo mítico original tenha sido vertido em duas formas literárias com funções diferentes. Porém *Hedammu* parece haver sido um texto extenso e muito concordante em sua estrutura e em seus traços formais com o *Canto de Ullikummi*, até o extremo de que podia dizer que se trata de duas composições paralelas.

Canto de Ullikummi – Kumarbi cria o rival mais radical, unindo-se sexualmente a uma rocha. O resultado de tal união é um monstro de crescimento constante, Ullikummi, que ameaça fechar o espaço entre o céu e a terra, necessário para permitir a vida e uma estrutura do mundo em que cada um ocupe o seu lugar. De fato, a divisão entre ambos os reinos foi o primeiro acontecimento cosmogônico. Ullikummi é cravado no ombro de Upelluri, o deus que sustenta sobre seus ombros o mar e a terra, de modo que aparece no mar quando começa a crescer. O monstro segue crescendo a grande velocidade e os deuses não podem evitá-lo. Tesub acaba destronado.

Ishtar vai à praia, se enfeita, canta e tenta seduzir o monstro com sua nudez. Porém, diferente de Hedammu, Ulikummi não pode ser destruído com estas armas, porque é cego, surdo e insensível a elas. Tesub recorre então ao deus da sabedoria, Ea, que o acompanha para ver Upelluri e descobre que o monstro está cravado em seu ombro. Então manda abrir os depósitos antigos, trazer o selo dos deuses primogênitos e a montanha que separou o céu da terra, para que ela agite os pés de Ullikummi.

Projetam-se sobre o céu as estruturas burocráticas hititas: o depósito real e o selo para poder sacar objetos dele, porém se especifica que devem ser a dos deuses primogênitos. Como o nascimento de Ullikummi representa uma volta atrás na ordem cósmica, o retorno para a união entre o céu e a terra, o problema deve ser solucionado com recursos primogênitos, o mesmo instrumento com que foram separados o céu e a terra na origem dos tempos. Esta é a única alusão que temos a um mito de origem, segundo a qual a terra e o céu foram separados com um instrumento dentado, um mito que recorda ao relato hesiódico da castração do céu por parte de Cronos, com ajuda de uma foice dentada.

Em outros poemas se narra a intervenção de mais rivais: na realeza do deus Kal, o rival que toma o poder aporta excessivo bem-estar aos seres humanos, que duvidam assim de se realizar sacrifícios aos deuses, pelo que estes intervêm para destroná-lo e recuperar a ordem. Em *Plata*, o personagem com este nome, um agressivo filho de Kumarbi e de uma mortal, abandonado por seu pai, empreende uma série de atos violentos, entre eles derrubar o sol e a lua e deixar obscura a humanidade.

Todos estes mitos defendem que a ordem do mundo tem sido obtida com muito trabalho e que a desordem está sempre à procura, de modo que um retorno ao caos é sempre uma possibilidade ameaçadora, que nunca deve ser menosprezada. A ordem deve ser muito cuidadosa, para trazer soluções contra a ruptura da ordem. E sobretudo, por mais que sejam negativos os aspectos da situação da ordem, sempre serão preferíveis que as situações de desordem.

Os chamados "contos" – Completam os mitos de origem hurrita os denominados "contos", considerados inicialmente como tais porque apresentam trechos próprios dos contos populares. Sem dúvida, não convém classificar os textos antigos à luz dos critérios modernos. Nestes supostos "contos", existem elementos de reflexão religiosa e um esboço de ética ou, pelo menos, uma vontade de representar modelos e comportamento.

A *História de Appu e seus dois filhos* conta que Appu não tinha filhos, porém, com a ajuda do deus do sol, acaba tendo dois, um chamado Direito e outro Mal. Com a morte de Appu, Mal intenta enganar a Direito pela herança, porém o seu pleito é levado ante os deuses, que restabelecem uma decisão justa.

No relato *O deus do sol, o pescador e a vaca*, o deus do sol se une sexualmente a uma vaca e logo abandona o filho nascido dessa união para que se recolha um pescador, que o faz passar como sendo seu. O texto se interrompe, porém é provável que uma criança, dado o seu caráter excepcional, por ser filho de um deus e um animal, estaria fadada a um destino importante.

O canto da liberação – em outra ordem distinta de textos se situa o *Canto da liberação*, um poema sobre fatos históricos, a conquista pelos eblaítas da cidade de Ikinkali e o translado de prisioneiros dessa cidade para Ebla; mais tarde, a negação dos eblaítas de libertá-los e, por último, a destruição da própria Ebla pelas mãos de Pizikarra de Nínive, ocorrida em torno de 1.600 a.E.C. Os fatos sem dúvida estão tratados de uma perspectiva mítica: a cidade se faz em ruínas por não haver cedido a vontade dos deuses: Tesub, o deus da tempestade, havia pedido ao rei de Ebla, Megi, a liberação dos cativos de Ikinkalli, porém, quando o rei apresentou a proposta diante do conselho, Zazalla, uma espécie de "líder da oposição", em um discurso cheio de faltas de respeito para as divindades, convenceu o conselho da cidade para que negassem a proposta. Do poema se conservam parcialmente uma versão hitita e outra hurrita.

Alberto Bernabé Pajares

Ver também Epopeia de Gilgamesh; Ishtar; Mito; Mesopotâmia (religião e mitologia); Mitologia grega; Mitologia hitita; Mitraísmo; Politeísmo; Zoroastrismo.

BACHVAROVA, M. (2016). *From Hittite to Homer* – The Anatolian Background of Ancient Greek Epic. Cambridge: Cambridge University Press.

BERNABÉ, A. (2015). *Mitos hititas entre Oriente y Occidente*. Madri: Abada.

______ (1998). "Mitología hitita". In: BERNABÉ, A.; GARCÍA GUAL, C.; LEMOSÍN, R. & PIRART, E. *Mitología y Religión del Oriente Antiguo*. Vol. III: Indoeuropeos. Sabadell: Ausa, p. 5-124.

GARCÍA TRABAZO, J.V. (2002). *Textos religiosos hititas*. Madri: Trotta.

HOFFNER, H.A. (1998). *Hittite Myths*. 2. ed. Atlanta: Society of Biblical Literature.

Mitologia medieval

A mitologia medieval é um tema ainda pouco estudado pelos historiadores. A própria aproximação entre mitologia e cristianismo tem uma trajetória problemática; ela naturalmente sempre foi negada pela Igreja, que via a doutrina cristã como a "história sagrada" (a verdade) e várias vezes indicava que as mitologias propagavam "fábulas" (a mentira). Nos círculos acadêmicos, a expressão "mitologia cristã" acabou por se consolidar ao longo do século XX, à luz de uma abordagem antropológica. Embora pesquisadores recentes como Philippe Walter afirmem que o cristianismo medieval "não se confunde ele mesmo com uma mitologia", outros como Jean-Claude Schmitt e Hilário Franco Júnior veem nele uma autêntica mitologia. O historiador brasileiro ressalta que precisamos perceber o cristianismo dessa forma para "recuperar sua globalidade", bem como compreender sua posição e funcionalidade para a Idade Média.

Nesse sentido, podemos notar que a mitologia medieval é o resultado da combinação de variadas tradições (hebraica, oriental, céltica, grega, romana, cristã, germânica etc.), cuja complexa articulação forjou uma unidade que fazia sentido àqueles que a viviam e sentiam. As fontes mitológicas da Idade Média existem em abundância; mas, como Walter apontou, muitas vezes não se consegue nem as identificar nem as interpretar. Ele destaca que esses testemunhos, em sua maioria de origem eclesiástica, são os seguintes: (1) os atos dos concílios; (2) os penitenciais ou manuais de confessores; (3) os textos literários profanos e, num domínio próximo, a literatura latina e as crônicas; (4) os textos hagiográficos; (5) a iconografia.

Os documentos indicados acima, no entanto, são insuficientes para o entendimento da mitologia medieval. Aqui, Franco Júnior nos lembra, com razão, que devemos levar em conta os apócrifos (de "rico conservatório mitográfico") e a própria Bíblia (o "grande repertório mitológico do cristianismo"). Com efeito, se por um lado os apócrifos não eram aceitos como dogmas, por outro, não chegaram a ser combatidos pela Igreja, que os utilizava para preencher o silêncio dos textos canônicos – exemplo claro é a narrativa sobre a infância de Jesus. O *Evangelho de Nicodemos*, influente apócrifo que conta a "Descida de Cristo ao Inferno", ganhou inclusive uma versão em nórdico antigo (*Niðrstigningarsaga*, séc. XIII). Nela, satã curiosamente é chamado de "*jötunn*" (mitológico gigante). Na realidade, o tema ainda tinha paralelos míticos em outras antigas aventuras (sumérias e gregas) ao mundo inferior.

Já a Bíblia, o livro por excelência da Idade Média, condena quaisquer traços míticos (1Tm 4,7, p. ex.), ainda que esteja marcada por eles (na cosmogonia, p. ex.). Essas objeções aos elementos mitológicos foram seguidas pelos clérigos medievais, que buscavam incessantemente "desmitologizar" o cristianismo. Trata-se de um processo que conheceu um notável desenvolvimento nos séculos XII-XIII, sobretudo com a consolidação das escolas urbanas e o nascimento das universidades. Ali, como observou Schmitt, a teologia escolástica, que se valia da lógica abelardiana e da *disputatio*, procurava diminuir as contradições e negar a ambiguidade típica do mito e do símbolo. Tal "desmitologização" assemelhava-se àquela proposta já entre os gregos antigos; frente ao cristianismo, seus resultados decisivos apareceram somente no Iluminismo.

Na Alta Idade Média, grande parte dos relatos míticos circulava oralmente; de forma gradual, muitos foram colocados por escrito e/ou receberam representações iconográficas, sendo reelaborados ao longo do tempo. Os eclesiásticos medievais recolheram e buscaram cristianizar diversas narrativas mitológicas da Antiguidade. Uma delas é o tema da "psicostasia" ou pesagem das almas, com precedentes que podem ser encontrados entre egípcios, hebreus e gregos. Cristianizado, o tópico consta em muitas imagens dos séculos XI-XIII, como na *Taula de Sant Miquel* (Catalunha) e no tímpano da Igreja de Sainte-Foy de Conques (França), que retratam um julgamento realizado na presença do diabo e de São Miguel.

Não sem razão, a iconografia é uma fonte riquíssima para o estudo da mitologia medieval. Objeto paradigmático, o *Tapiz de la Creación* (séc. XI-XII) é um bordado românico catalão que contém uma profunda simbologia mítico-religiosa. Alguns trabalhos recentes indicam que, entre os personagens bíblicos (Adão, Eva, Sansão e Jesus) e romanos (Helena) identificados no bordado, estava um proveniente da mitologia grega (Hércules). Algo significativo a salientar é que as imagens medievais eram muitas vezes inspiradas em textos, como os evangelhos canônicos e os apócrifos. A citada narrativa da "Descida de Cristo ao inferno", por exemplo, recebeu variadas representações imagéticas, como as que observamos em frontais dos altares de igrejas norueguesas dos séculos XIII-XIV.

Os textos literários, com marcantes sinais de oralidade, podem igualmente ser apontados como mananciais da mitologia medieval, vide os famosos romances de Chrétien de Troyes (*c*. 1135-1191). Algumas obras desse francês descrevem histórias de raízes célticas (ou também alanas, como pensam Scott Littleton e Linda Malcor), envolvendo objetos e personagens míticos, como o Graal e o Rei Artur. Outros autores dos séculos XI-XII preferiram elaborar mitos em torno de Carlos Magno, que era visto como o "primeiro cruzado" e com uma idade que superava os "duzentos anos" (*A canção de Rolando*). As façanhas militares do imperador carolíngio ganharam contornos míticos e suplantaram a realidade, como quando uma popular obra mencionava que ele havia submetido até a Inglaterra (*Crônica do Pseudo-Turpin*).

Um pouco menos conhecido é o mito de Heráclio, soberano bizantino (610-641) que, em dois romances (*Eracle* e *Eraclius*) dos séculos XII-XIII, acabou metamorfoseado num herói com "três dons" (o conhecimento das pedras, cavalos e mulheres). Algumas caracterizações desse herói foram inclusive pintadas nos murais de uma igreja em Fraurombach, Alemanha (*c*. 1350). Para a Europa medieval, outro famoso governante mitológico era o Preste João, cujo reino possuía animais fantásticos, entre os quais faunos, grifos, cinocéfalos, ciclopes e a fênix (*Carta do Preste João das Índias*).

As descrições dessas criaturas imaginárias eram registradas sobretudo nos Bestiários, gênero textual no qual determinados animais (míticos ou reais) passaram a ter uma simbologia crística. Entre os exemplos mais populares estava a figura do unicórnio, equino feroz que possuía, como principal característica, um chifre na testa. De acordo com a tradição medieval, uma virgem era utilizada como armadilha para atrair e capturar o animal, o que favorecia a identificação deste com Cristo e Maria. Os autores cristãos comumente afirmavam que esses seres habitavam o *pagus* (campo), onde o paganismo ainda se encontrava enraizado e contribuía para alimentar o imaginário mítico.

Os principais documentos para o estudo da mitologia medieval são as hagiografias. Metodologicamente, não devemos examiná-las com o propósito de distinguir o verdadeiro do falso e, assim, encontrar "indícios de realidade". Essa abordagem apenas "historicizante" não explora o potencial das vidas de santos; o importante não é saber se tal santo existiu de fato (aliás, muitos eram inventados), mas entender a influência de suas narrativas no pensamento e comportamento social. A *Legenda áurea*, escrita por Jacopo de Varazze (*c*. 1230-1298), pode ser considerada como a mais formidável coletânea hagiográfica da Idade Média. Nela, cristianismo e mitologia clássica se relacionavam, como quando Santo Antônio se deparou numa floresta com um centauro e um sátiro. Da mesma forma, o citado romance *Eracle*, que chegou a ser classificado como um "romance hagiográfico", evoca a mitologia greco-romana ao caracterizar o Amor como um guerreiro que ataca suas vítimas indefesas – alusão ao Cupido.

Por fim, a cruz, símbolo maior do cristianismo, era cercada por uma mitologia que foi enriquecida durante a Idade Média. Segundo textos antigos (apócrifos) e medievais, a madeira da cruz de Cristo provinha da Árvore da Vida do Éden. A *Legenda áurea*, por exemplo, conta que o Arcanjo Miguel deu um galho da Árvore da Misericórdia a Seth (filho de Adão), que o plantou no túmulo de seu pai. Do galho cresceu uma árvore, que, tempos depois, acabou cortada e enterrada por ordem do Rei Salomão. Séculos mais tarde, a madeira subiu à superfície e os judeus a empregaram para fabricar a cruz de Cristo. Novamente ela desapareceria, sendo encontrada por Helena, mãe do Imperador Constantino I. Não custa lembrar, ainda, que alguns historiadores percebem paralelos entre a Árvore da Vida e a Árvore Cósmica descrita em várias mitologias antigas.

Guilherme Queiroz de Souza

Ver também Mito; Mitologia celta; Mitologia escandinava; Paganismo; Paganismo medieval; Religiosidade popular no Medievo.

ALBERT, J.-P. (1990). Destins du mythe dans le christianisme médiéval. *L'Homme*, vol. 30, n. 113, p. 53-72.

FRANCO JÚNIOR, H. (2010). "Cristianismo medieval e mitologia: reflexões sobre um problema historiográfico". In: *A Eva barbada* - Ensaios de mitologia medieval. São Paulo: Edusp, p. 41-64.

______ (2010). *Os três dedos de Adão* – Ensaios de mitologia medieval. São Paulo: Edusp.

LE GOFF, J. (2010). *Heróis e maravilhas da Idade Média*. Petrópolis: Vozes.

LITTLETON, S. & MALCOR, L. (1994). *From Scythia to Camelot*: A Radical Reassessment of the Legends of King Arthur, the Knights of the Round Table and the Holy Grail. Nova York: Garland.

RAMOS, M.J. (1997). *Ensaios de mitologia cristã*: o Preste João e a reversibilidade simbólica. Lisboa: Assírio e Alvim.

SCHMITT, J.-C. (2014). "Problemas do mito no Ocidente medieval". In: *O corpo, os ritos, os sonhos, o tempo*: ensaios de antropologia medieval. Petrópolis: Vozes, p. 51-71.

______ (1981). "Christianisme et mythologie. Occident médiéval et pensée mythique". In: BONNEFOY, Y. (org.). *Dictionnaire des mythologies*. Paris: Flammarion, p. 181-184.

SOUZA, G.Q. (2014). *A recepção do mito de Heráclio por Gautier d'Arras*. Assis: Unesp [tese de doutorado em História].

WALTER, P. (2012). *Mitologia cristã*: festas, ritos e mitos da Idade Média. Maceió: Edufal.

Mitologia romana

Os relatos fabulosos da mitologia romana constituem-se de representações coletivas compartilhadas e transmitidas através de várias gerações ao longo de séculos. O surgimento desses relatos remonta à pré-história dos povos itálicos (latinos, sabinos etc.), etruscos, gregos e de outros que viriam a ser incorporados a partir de diferentes vagas migratórias. A elaboração desses mitos buscava expressar o mundo, a realidade humana e a origem das coisas, no sentido de dar forma e significado à complexidade do real a partir de narrativas que parecem apresentar caráter ilógico e irracional para os padrões de pensamento do homem moderno. No capítulo *Lendas e realidades dos primeiros tempos*, o historiador Pierre Grimal (1984) defende que os mitos e as lendas dos primeiros tempos do mundo romano podem explicar a realidade porque são formados inconscientemente ou em busca de uma explicação para o real, contendo convicções profundas e atitudes determinantes para o pensamento romano, representando estados de consciência sempre presentes na alma coletiva de Roma. Diante disso, Grimal (1984, p. 20) acredita que: "A lenda dos primeiros tempos de Roma está, assim, repleta de sinais que os historiadores atuais tentam decifrar [...]. É por isso que todo aquele que tente descobrir o segredo da romanidade os deve ter em conta, já que representam outros tantos estados de consciência sempre presentes na alma coletiva de Roma".

As representações lendárias e mitológicas, carregadas de significações sobrenaturais, foram constantemente atualizadas e renovadas por meio de rituais que serviriam de suporte para a institucionalização dos cultos da religião romana. Assim sendo, é impossível separar mito e rito na análise da mitologia romana. Muitos desses relatos míticos foram aceitos e historicizados pelos escritores clássicos romanos no sentido de dar um passado glorioso às origens de Roma, dar unidade e ordenamento social à diversidade de povos que constituíram a sociedade romana e, até mesmo, justificar o destino imperialista que Roma viria assegurar no entorno da vasta bacia mediterrânica.

Em grande medida, os mitos romanos se tratavam de apropriações e reelaborações de antigos temas comuns aos diferentes povos itálicos que apresentavam elementos de parentesco cultural. Nesse sentido, são narrativas complexas que foram processadas na longuíssima duração. Essa constatação, portanto, torna simplistas as meras correlações feitas, sem maiores análises, entre as divindades do panteão mitológico romano com as divindades gregas, tais como Zeus/Júpiter; Hera/Juno; Cronos/Saturno; Deméter/Ceres; Poseidon/Netuno; Urano/Céu; Gaia/Terra; Ares/Marte; Hermes/Mercúrio; Hades/Plutão etc. Tais vinculações embutem a percepção de aparente universalidade às narrativas míticas romanas que, entretanto, traziam no seu bojo elementos de criações próprias, elaborados de acordo com as especificidades de determinados momentos e locais, bem como a partir de apropriações ou ressignificações de outras narrativas forjadas no decorrer do longo processo de ocupação do território e constituição de uma identidade romana.

Os primeiros habitantes da região do Lácio, local de fundação de Roma às margens pantanosas do Rio Tibre, eram agricultores e pastores que tinham por hábito adorar e fazer oferendas às divindades como forma de proteção das adversidades naturais. Eles almejavam a proteção de seus lares, dos campos de cultivo, dos bosques e das florestas adjacentes nas quais obtinham o produto das caças. A princípio, essas forças espirituais imaginadas não apresentavam formas humanas, como ocorriam aos deuses gregos. Para assegurarem a boa vontade dessas entidades espirituais que habitavam o imaginário coletivo e que a comunidade pastoril considerava como poderosas, eram feitas adorações em altares erigidos nas próprias casas, sobre os quais eram deixadas oferendas de comida, vinho e incenso. Várias divindades eram cultuadas no ambiente doméstico como, por exemplo, o Gênio, entidade ligada à procriação e protetora do *pater familias* (chefes de família); Penates, que velavam pela despensa e pelo sustento da casa; Pales, espírito guardião do rebanho, protegia as ovelhas, garantia boas pastagens, água abundante, cuidava da saúde dos animais e, consequentemente, pela abundância na produção de lã; e Vesta, que era a entidade guardiã da lareira e do fogo. Mais tarde, Vesta tomaria a forma de uma deusa que era assistida por sacerdotisas virgens, as Vestais, encarregadas de manter aceso o fogo sagrado no Templo de Vesta.

Nessa sociedade romana na qual o cultivo da terra era atividade essencial, as divindades agrícolas obtiveram grande importância. Ceres era a principal divindade protetora da agricultura e era celebrada no mês de janeiro por ocasião da semeadura. Seu nome deu origem à palavra "cereal". Outras deidades cuidavam da floração (Flora), armazenamento (Consus) e a preparação dos grãos para o consumo (Quirino). Os deuses Marte e Saturno também estavam relacionados à fertilidade da terra. Marte, inicialmente deus da agricultura, foi associado, mais tarde, a Ares, o deus grego da guerra. Saturno, também deus da agricultura e do tempo, foi identificado, posteriormente, com o deus grego Cronos. A Saturnália era o festival que honrava Saturno e sua esposa Ops, deusa italiana da abundância. Essa festividade ocorria entre 17 e 23 de dezembro, semana durante a qual o comércio não funcionava, os escravos eram libertados temporariamente e as famílias trocavam presentes. O deus Jano não possuía correspondência entre as divindades gregas. Tratava-se de uma divindade bastante antiga que cuidava das necessidades práticas da vida cotidiana e velava as portas de entrada das casas. A tradição atribuiu o *status* de Jano como deus ao Rei Numa Pompílio (753-673 a.E.C.), o lendário rei de Roma que substituiu o fundador da cidade, Rômulo, considerado o *Pater Patriae* (Pai da Pátria), que foi divinizado como o deus Quirino após sua morte. Numa teria acrescentado dois meses ao antigo calendário de dez meses até então observado e nomeou o primeiro mês de *Januarius*, em homenagem a Jano, que hoje corresponde ao nosso mês de janeiro. Por isso, Jano também ficou reconhecido como deus das entradas. Mais tarde, na República (509-27 a.E.C.), período de grandes transformações sociais e expansionismo romano, Jano teria reafirmado seu *status* e se tornado o guardião dos portões de Roma. Ele era representado como um homem de duas faces, uma virada para frente e outra voltada para trás, de modo que pudesse controlar as entradas e as saídas da cidade naquele momento de intensos conflitos bélicos expansionistas.

Os cultos à pletora dos deuses que compunha o panteão mitológico romano foram se sofisticando com o passar do tempo por meio de elaboradas práticas rituais. Esses rituais eram administrados pelos sacerdotes, que inicialmente eram compostos pelos chefes de famílias. Mais adiante, o principal sacerdote (*Pontifex maximus*) foi investido de magistratura encarregada de velar pelos negócios do Estado e da religião romana. No período do Principado, o imperador era quem exercia esse mais alto cargo político-religioso. Os sacerdotes, considerados ministros castos e puros e oriundos das principais famílias das elites romanas, eram encarregados de oficiar os sacrifícios públicos como forma de atrair a boa vontade dos deuses para com a cidade. Para isso, existia um calendário (*Fastos*) que indicava os dias propícios para a realização de festas, jogos e cerimônias em homenagem aos deuses. Nos dias destinados aos negócios e ao repouso era proibida a realização dessas homenagens (dias *Nefastos*).

Havia, ainda, um corpo de sacerdotisas composto por mulheres versadas na arte da profecia sob a orientação dos deuses. A mais célebre delas foi a sibila de Cumes, a quem foi confiado os famosos Livros Sibilinos. Acreditava-se que esses escritos haviam sido adquiridos pelo Rei Tarquínio o Antigo, e continham os destinos de Roma e, portanto, eram consultados por ocasião das grandes calamidades, sob a autorização do Senado. Em Roma, também não se empreendia qualquer negócio importante sem antes se consultar os áugures. Esses sacerdotes se reuniam em um colégio e se especializaram na interpretação da vontade dos deuses por meio de mensagens transmitidas pelo canto e voo dos pássaros, pelo curso dos meteoros, pelo vento, e pelos fenômenos celestes como o trovão e o relâmpago.

Assim, a crença nos deuses da mitologia romana se expressava por meio do sentimento de religiosidade inerente aos indivíduos. Tais sentimentos, contudo, foram institucionalizados nas formas adquiridas pela antiga religião romana. Essa religião prescrevia a adoração das entidades sobrenaturais que povoavam o imaginário coletivo e se processava por intermédio de rituais públicos e privados. Tal disposição ajudou a sedimentar o ordenamento social romano ao atribuir relações de poder àqueles que eram aptos ou não a interpretar a vontade dos deuses. Dessa maneira, sejam eles os pais de famílias ou os agentes designados pelo Estado romano (sacerdotes), esses intérpretes eram extraídos dos segmentos das elites cujos antepassados eram, lendariamente, associados aos próprios deuses.

Mitos, lendas e rituais romanos foram perpetuados tanto por meio da cultura material (estátuas, templos, inscrições), por expressões populares (grafites em paredes de locais públicos e privados), bem como pela tradição literária das elites romanas. Dentre tantos autores romanos antigos que descreveram mitos e práticas relacionadas à mitologia romana, pode-se consultar os escritos de autores da República e do Principado como Júlio César, Cícero, Tito Lívio, Virgílio, Horácio, Ovídio, Juvenal, Marcial, Petrônio, Suetônio, Apuleio, entre outros. Autores cristãos da Antiguidade tardia também foram importantes na disseminação desse imaginário mitológico. Estes últimos eram indivíduos educados nos preceitos do helenismo e que, posteriormente, se converteram à religião cristã, propagaram as ideias mitológicas chamadas de pagãs ao tentarem refutá-las em proveito da nova religião monoteísta que se afirmava. Dentre eles, são relevantes os trabalhos de Justino Mártir, Clemente de Alexandria, Tertuliano, Orígenes e Sidônio Apolinário, por exemplo.

Daniel de Figueiredo
Semíramis Corsi Silva

Ver também Hécate; Magia romana; Mito; Mitraísmo; Roma antiga (religião).

BRANDÃO, J.S. (2002). *Mitologia grega*. Vol. 1. 17. ed. Petrópolis: Vozes.

BULFINCH, T. (2006). *Mitologia*: histórias de deuses e heróis. Rio de Janeiro: Ediouro [trad.: David Jardim].

FUNARI, P.P. (2003). *A vida quotidiana na Roma Antiga*. São Paulo: Annablume.

GRIMAL, P. (1989). *Diccionario de mitologia grieca y romana*. Barcelona: Paidós.

______ (1984). *A civilização romana*. Lisboa: Edições 70 [trad.: Isabel St. Aubyn].

PUGLIESI, M. (2003). *Mitologia greco-romana*: arquétipos dos Deuses e Heróis. São Paulo: Madras.

WOLFSON, E. (2002). *Roman Mythology*. Berkeley Heights: Enslow.

Mitologia sámi

Ao tentarmos acessar a mitologia dos povos sámi, deparamo-nos com a necessidade de fazê-lo por meio de fontes indiretas, escritas por estrangeiros que, imersos nos mais diferentes contextos históricos e regionais, observaram esses povos. Como não faziam uso de escrita, os sámi transmitiam seus mitos exclusivamente pela oralidade e, portanto, não há registro de qualquer tipo de epopeias, poemas épicos ou baladas onde seus mitos sejam narrados na íntegra. Temos, ao invés disso, os registros de pessoas que se depararam com os sámi ao visitar seu território nativo, ou então que acabaram por ouvir a seu respeito e decidiram compilar tais informações.

As principais obras de que dispomos a respeito dos sámi são *Historia de gentibus septentrionalis*, publicada por Olaus Magnus por volta de 1500; *Lapponia*, escrita por Schefferus em 1674; e, já mais posterior, *Fragments of Lappish Mythology*, escrita pelo pastor luterano Lars Levi Laestadius em torno de 1845. Uma fonte riquíssima é a obra *Mythology of All Races: Finno-Ugric and Siberian* (1927), de Uno Holmberg, que fez um trabalho etnográfico e viveu por muito tempo em várias comunidades fino-úgricas e siberianas, registrando seus mitos nativos. Vale ressaltar que, na época em que estas e outras obras foram escritas, os sámi recebiam o nome de lapões, e os territórios que habitavam eram conhecidos como Lapônia. Hoje em dia, o termo é considerado pejorativo.

Os sámi não percebiam sua mitologia como um apanhado de histórias ou narrativas fantásticas separadas de sua religião. Ambas eram indissociáveis e a separação entre uma e outra é uma distinção moderna que, aos olhos deles, soaria artificial. Além disso, ao contrário do que qualquer tentativa estruturalista desejaria, não podemos dizer que existia uma mitologia sámi única, sistematizada e uniforme. Existem mais de 10 etnias sámi e, apesar de possuírem diversos traços em comum em sua religião e mitologia, cada uma dessas etnias tem seu próprio dialeto e suas peculiaridades em nível cultural.

Algumas dessas comunidades habitavam locais quase que exclusivamente litorâneos; outras se instalaram em florestas densas e gélidas; algumas comunidades estavam em mais contato com seus vizinhos escandinavos (noruegueses ou suecos); outras se aproximaram mais dos finlandeses e estonianos. Seria irreal, portanto, esperar que todas essas etnias espalhadas por uma área que cobre desde o extremo norte da Noruega até a Península de Kola, em território russo, apresentassem em sua mitologia elementos idênticos e invariáveis.

A mitologia sámi concebe o cosmos como sendo dividido em três mundos, organizados num eixo vertical. O nosso mundo, o do meio, apresenta uma série de fenômenos e paisagens geográficas que possibilitariam uma conexão com os outros dois mundos. Para os lule sámi, alguns lagos (*sájvva*) e nascentes borbulhantes (*ája*) são tidos como portais dessa espécie, por exemplo. Esses três mundos são sustentados por um pilar, fixado à estrela *Polaris*. Essa concepção de que um pilar cósmico era responsável por amparar os mundos era muito forte na mitologia sámi: há relatos de sacrifícios de renas (animal de suma importância na vida desses povos) destinados a *Maylmenradien*, uma espécie de deus supremo, para que ele evitasse que o mundo caísse. Visando isso, um graveto rachado, simbolizando o pilar do mundo, era coberto com sangue e depositado no local do sacrifício para que o deus pudesse utilizá-lo. Outros relatos afirmam que haveria um grande pilar erguido próximo ao altar do deus *Radien* (ou *Raedie*), também banhado em sangue, do qual o deus faria uso para manter o mundo sustentado e em ordem.

Outro forte indício de que existiria o conceito de pilar do mundo entre os sámi, segundo Tolley, é o fato de existirem vários nomes de origem sámi para se referir à estrela *Polaris*. Essa estrela que está sempre imóvel no céu, fixa, é em torno da qual todas as outras parecem se mover, fazendo com que ela fique sempre no centro. Segundo Uno Holmberg, isso faz com que um de seus nomes seja "o prego do Norte". Sendo claramente visível do Hemisfério Norte, a *Polaris*, para vários povos que habitavam a região, era o ponto fixo onde este pilar do mundo estaria. Alguns dos nomes em sámi para designá-la seriam *Boahje-naste* (prego do Norte); *Veralden tšuold* (pilar do mundo), *Alme-tšuold* (pilar dos céus), ou *Wäralden tjuold* (pilar ou eixo do mundo). Acreditando que a estrela *Polaris* fosse responsável pela sustentação dos céus, alguns povos sámi também contavam que o último dia da terra seria quando o arqueiro dos céus (a estrela *Arcturus*) atirasse uma flecha no pilar do mundo, derrubando os céus, que por sua vez esmagariam a terra e colocariam fogo no mundo.

As fontes de que dispomos sobre a mitologia sámi nos trazem informações interessantes a respeito dos lugares que, aparentemente, seriam o mundo dos mortos. Muitas tribos sámi acreditavam que seus mortos iriam para montanhas sagradas, as *saiviaimo*. Muitos estudiosos como Holmberg, Hultkrantz e Nordland enxergaram influências germânicas e nórdicas nesse mito, retomando a *Eyrbyggja Saga*, onde um adorador dos deuses *Æsir*, Torolf Mostraskjegg, obteve sua própria montanha da morte, a *Helgafjell*. Outros autores, como Louise Bäckman, vão em direção oposta e defendem que na mitologia sámi, *Saij-*

voaimo sequer era um reino dos mortos, mas simplesmente uma residência permanente para as divindades, espíritos guardiões e tutores. A autora diz que esse engano, viabilizado pelas próprias fontes primárias (que, lembrando, foram produtos de estrangeiros que entraram em contato com os sámi) ocorre porque, na ideologia xamânica sámi, quando um xamã ou outra pessoa importante para a comunidade morre, ele se torna um espírito guardião para ajudar os vivos. Assim, esses membros da comunidade que se destacavam dos demais iam para *Saijvoaimo* porque se tornavam espíritos guardiões, e não por ser esta uma morada para todos os mortos.

Na cosmologia sámi, aquele que é definitivamente o lugar dos mortos seria *Jabmeaimo* (ou *Jámie-ájmo*). Pouco se sabe sobre esse local, a não ser que ele ficava abaixo da terra, abrigava os mortos e era governado pelo deus *Ruto* (ou *Rota*). Na mitologia sámi não são encontrados relatos de reencarnação ou ressurreição: *Jabmeaimo* era simplesmente o lugar onde a vida continuaria mesmo após a morte. Era também um abrigo indiferenciado para os mortos, e, portanto, não os recebia fazendo distinções entre pessoas boas e más. Uma fonte primária do século XVII, a obra de Forbus, trabalha com a ideia de que haveria um lugar para quem não havia obedecido aos seus deuses em vida, um lugar profundo e cheio de tormento chamado *Rotaimo* (governado pelo deus *Rota*), onde suas almas sofreriam punição eterna. Contudo, não é encontrado nada semelhante em nenhuma outra fonte primária, o que leva vários pesquisadores a afirmarem, quase que unanimemente, que essa se trata de uma concepção e visão cristãs, e não de um mito sámi original.

Em suas *siidas* (comunidades), além de contar com mitos sobre vários de seus deuses, os sámi costumavam eleger um deles enquanto o mais importante, o mais elevado, aquele que seria tido como o mais poderoso e a quem a comunidade inteira adorava. Mas havia também os deuses específicos de cada família, relacionados à sua genealogia e que, apesar de constituírem cultos e mitos menores e de serem reverenciados de maneira mais particular, ainda assim eram extremamente importantes. Uno Holmberg conta como, em tradições antigas, aquele que saísse de casa dos pais para começar sua própria família recebia uma ou mais imagens – pequenas estátuas – dos espíritos e deuses de sua família, devendo levá-las consigo. Aparentemente, esses deuses eram herdados e depois passados adiante como qualquer outra propriedade ou objeto familiar. As relações dos humanos com essas divindades menores podiam variar: entre os sámi da Rússia, por exemplo, havia a crença no *Kyöde jielle* (aquele que vive debaixo da lareira) ou *Pört hozjin* (governante da casa), a quem os moradores deveriam oferecer sacrifícios para apaziguá-lo, temendo-o a ponto de ficarem aliviados quando o deus saía de casa.

Uma série de outros espíritos integravam igualmente os mitos sámi. Missionários em solo escandinavo relatavam que os sámi da região adoravam um espírito da floresta chamado *Leib-olmai*, responsável por ajudar a ter sorte na caça. *Leib-olmai* era uma figura antropomorfizada, mas com traços de urso, animal que era seu protegido máximo e que, além disso, era sagrado para os sámi. Este espírito era responsável por trazer os ursos de encontro aos homens quando estes necessitavam. Contudo, quando os sámi desejavam caçar ursos eles antes tocavam seus tambores e ofereciam seus equipamentos de caça – arcos e flechas – a *Leib-olmai* porque, se não o fizessem, ele tomaria partido a favor do urso e não dos caçadores.

Já na região da Rússia, os sámi cultuavam um espírito feminino chamado *Luot-hozjik*. Ela cuidava das renas quando estas circulavam livres, mantendo-as juntas, guiando-as para onde havia pasto e protegendo-as de predadores. Sua morada era uma montanha coberta de musgo e, apesar de ter a face e os pés humanos, seu corpo era coberto de pelos iguais aos das renas. Na região há também relatos de um casal de espíritos das renas, dedicados a funções parecidas às de *Luot-hozjik*: *Pots-hozjin* (senhor das renas) e *Pots-hozjik* (senhora das renas).

Outros sámi da parte mais oriental contavam com um espírito semelhante, *Miehts-hozjin* (mestre da floresta) ou *Vare-jielle* (morador da floresta). Ele era de cor preta, possuía uma longa cauda, mas mostrava-se inofensivo aos humanos, a não ser que fosse provocado. Se alguém gritasse, cantasse ou fizesse qualquer barulho alto na floresta, *Miehts-hozjin* se certificava de que a pessoa nunca mais conseguisse sair dela, pois este espírito ama o silêncio acima de tudo. Na parte mais ocidental, alguns sámi tinham mitos sobre um espírito protetor das aves migratórias, *Loddiš-edne* (mãe dos pássaros). Havia também *Barbmo-akka*, que fazia com que os pássaros voltassem para o Norte quando o Sul esquentava.

Vários sámi viviam da pesca, principalmente as comunidades que habitavam regiões costeiras e litorâneas. Na Escandinávia, os sámi cultuavam a deusa *Akkruva* (ou *Avfruvva*), habitante dos mares e espécie de sereia – a parte de cima do corpo era humana, com longos cabelos, e a parte de baixo era igual à de um peixe – que por vezes nadava até a nascente dos rios trazendo vários peixes que a seguiam. Quando isso acontecia, a pesca era produtiva. No mesmo território havia a crença em *Ravgga*, também residente das águas, cuja voz surgia para advertir sobre possíveis naufrágios, tempestades marítimas e outros perigos da navegação.

Entre os sámi, as divindades supremas, superiores e mais cultuadas estavam relacionadas aos céus. Ainda assim, parece haver um aspecto em comum não somente entre os sámi, mas entre todos os povos de origem fino-úgrica, que não representavam o céu enquanto uma entidade antropomorfizada. Essa que, para eles, era a maior das divindades não possuía nenhuma outra forma a não ser o próprio céu animado. Levando isso em conta, entende-se por que, para muitos desses povos, as noções sobre o deus dos céus eram obscuras, incertas e imprecisas. A maioria dos epítetos utilizados para se referir a essas divindades eram palavras como "bom", "grande", "alto". Autores como Unto Salo defendem a hipótese de que a divindade dos céus só teria passado a ser antropomorfizada quando tribos indo-europeias chegaram ao Norte e começaram o contato com aquelas de origem fino-úgrica. Teria sido nesse processo que os antigos fínicos adotaram o nome *Jómali* para passar a se referir ao deus supremo dos céus. Os sámi, por sua vez, teriam emprestado dos fínicos esse nome e conceito, passando a chamar sua divindade suprema de *Jubmel* ou *Jumo*, que significava simplesmente "ar" ou "céu".

Os deuses dos céus exerciam enorme influência na esfera da agricultura e fertilidade: como as chuvas e o clima tinham grande impacto nessas questões, esses deuses eram muitas das vezes tidos também como deuses da agricultura a quem os sámi pediam por chuvas e campos férteis. Muitas das fontes primárias equiparam o deus sámi do trovão, *Tiermes* ou *Aijeke*, ao deus escandinavo *Thor*, que, conforme se sabe, está profundamente relacionado tanto aos trovões e ao controle do clima quanto à fertilidade. Os sámi atribuíam à sua divindade do trovão um enorme poder sobre a vida, a morte, o funcionamento da sociedade e o bem-estar do homem, colocando-o também como o responsável por manter qualquer entidade ou manifestação caótica longe. Além disso, *Tiermes* detinha pleno poder sobre o tempo e as manifestações climáticas. Entre os sámi do Sul, esse deus do trovão recebia o nome de *Hovrengaellies* (ou *Horagalles*) e, entre os sámi do Norte, de *Bajánolmmáli*. Alguns pesquisadores, como Frog, questionam que todas essas entidades sejam manifestações diferentes do mesmo deus do trovão, alegando que talvez elas não tenham nem sequer a mesma origem.

Victor Hugo Sampaio Alves

Ver também Báltico pré-cristão (religião); Cristianização dos eslavos; Cruzadas do Báltico; Finlândia pré-cristã (religião); Labirintos sámi; Mito; Sámi (religião).

BÄCKMAN, L. & HULTKRANTZ, Å. (1978). Studies in Lapp shamanism. *Stockholm Studies in Comparative Religion*, n. 16, p. 1-128.

FROG, M. (2017). "Language and Mythology: Semantic Correlation and Disambiguation of Gods as Iconic Signs". In: MÁTÉFFY, A. & SZABADOS, G. (orgs.). *Shamanhood and Mythology*: archaic techniques of ecstasy and current techniques of research. Budapeste: Hungarian Association for the Academic Study of Religions, p. 85-135.

HOLMBERG, U. (1964). *The mythology of all races*. Vol. 4: Finno-Ugric, Siberian. Nova York: Cooper Square.

KENT, N. (2014). *The Sámi peoples of the North*: a Social and Cultural History. Londres: Hurst.

NORDLAND, O. (1969). Valhall and Helgafell: syncretistic traits of the Old Norse Religion. *Scripta Instituti Donneriani Aboensis*, n. 3, p. 66-99.

PETTERSSON, O. (1984). "Old Nordic and Christian Elements in Saami Ideas about the Realm of the Dead". In: AHLBÄCK, T. (org.). *Saami Religion*, p. 69-80.

SALO, U. (2006). *Ukko, the god of thunder of the Ancient Finns and his Indo-European Family*. Londres: Institute for the Study of Man.

SCHEFFERUS, J. (1674). *The History of Lapland*. Estocolmo: George West & Amos Curtein.

TOLLEY, C. (2009). *Shamanism in Norse Myth and Magic*. Vol. 1. Helsinki: Academia Scientiarum Fennica.

Mitologias celestes

Ver Astrologia alexandrina; Astrologia mesopotâmica; Calendários religiosos celtas e germanos; Deuses do trovão; Simbolismo da águia germânica.

Mitraísmo

O mitraísmo é uma religião de caráter mistérico, que se desenvolveu durante o Império Romano entre os séculos I a IV E.C. Conhecemos o mitraísmo a partir de inscrições, uns 1.000, elementos iconográficos e referências a seu culto conservadas sobretudo nas condenações dos Pais da Igreja cristã, porém não foram conservados nenhum texto sagrado próprio, podendo o nosso conhecimento ser qualificado de muito fragmentado.

O nome da religião deriva do culto que recebia o deus Mitra. Sabemos que existia uma divindade chamada Mitra na religião iraniana tradicional ou zoroastrismo, que tem algumas características coincidentes com a divindade da religião mistérica romana: é um deus com atributos militares, com funções vinculadas ao culto do sol e na religião indo-iraniana seria o garantidor dos pactos. Porém nada disso explica como se converteu no Império Romano na divindade máxima de uma religião de salvação.

Supomos que os mistérios de Mitra foram criados em Roma ou em Óstia, o porto da cidade de Roma, em torno dos anos de 60 do século I E.C. Na criação desta nova religião é possível que influíram de um lado a ideia generalizada no mundo antigo de que os persas eram grandes conhecedores da escatologia e do destino imortal das almas e, por outro lado, a visita que o rei armênio Tirídates, da família imperial, parte governante do Irã, fez a Nero em 66 E.C.; sabemos de um testemunho de Plínio o Velho que Nero foi iniciado nos mistérios dos magos, sacerdotes iranianos, que viajaram no séquito de Tirídates.

Parece que a primeira referência epigráfica a cultos mitraicos deve datar-se em torno dos anos de 90 E.C. Estas primeiras inscrições estão no *limes* (fronteira) romano da Germânia e da Panônia, o que quer dizer que o culto já havia se feito popular entre os soldados romanos, algo que será uma característica ao longo de toda a existência do mitraísmo e que, no caso de ser certa a hipótese da fundação em Óstia ou em Roma, o culto se havia difundido o suficiente para chegar a zonas tão distantes do centro político do império. Na mesma data seria a primeira referência literária a cargo do poeta Estácio, *Theb.* 1.719-720: para contar com esta referência teríamos que chegar a um público amplo que devia saber de que estava falando o poeta. Em meados do século II E.C. o culto a Mitra havia se difundido por todo o império, ao julgar pelas 1.000 inscrições e 420 mitreus (lugares de culto) que a arqueologia tem descoberto.

Uma das razões da rapidez e extensão da difusão do mitraísmo é o seu êxito entre os legionários romanos: muitas das inscrições e mitreus se encontram vinculados a acampamentos militares. Isso também favoreceu o fato de que os epítetos de Mitra se associam rapidamente ao sol invicto, quer dizer, se somam os aspectos militares que já tinham em sua origem com o Mitra iraniano.

O mitraísmo desapareceu em finais do século IV como consequência da expansão do cristianismo e foi proibido definitivamente por Teodósio em 391 E.C. Não existem provas de que o culto sobreviveu durante o século V e sem provas arqueológicas de destruições violentas aos mitreus por parte, provavelmente, de grupos cristãos. Por outro lado, muitos estudiosos insistem que uma das razões do declínio do mitraísmo, em comparação com outras religiões de salvação e em particular com o cristianismo, foi que não admitiam mulheres em seus mistérios.

Graças à arqueologia conhecemos muito bem os lugares de culto mitraicos, chamados mitreus. Eram espaços pequenos, as vezes parte de outras estruturas como termas, casas privadas ou armazéns. Os mitreus preferiam locais subterrâneos ou mesmo cavernas naturais, simbolicamente reminiscentes de um dos lugares importantes do mito de Mitra. Os mitreus podiam ter pórticos ou antecâmaras, porém a parte mais importante era a sala de culto ou *crypta*: tinha um corredor central e aos lados uns pódios de onde se reclinavam os iniciados para o banquete ritual. Presidia a sala do banquete uma imagem ou uma pintura de Mitra, a maioria das vezes representado pela tauroctonia ou Norte mítica do touro. Com frequência os mitreus tinham altares centrais ou laterais. Todas as cerimônias tinham lugar dentro do recinto, quer dizer, simbolicamente, dentro da caverna.

Graças à iconografia, podemos reconstituir alguns pontos essenciais do mito de Mitra.

A primeira sequência cronológica seria a do nascimento do deus, que se representa como um jovem que nasce do interior de uma montanha levando em suas mãos uma espada e uma tocha (*Mitra petrogenitus*). A tocha simboliza que Mitra traz ao mundo a luz no dia de seu nascimento, o 25 de dezembro. Eventualmente, produz-se um sincretismo entre Mitra e o deus órfico Fanes, pelo que se mostra a Mitra nascendo de um ovo cósmico.

Outro episódio da vida de Mitra o representa sentado em uma rocha, apontando com um arco enquanto outra figura está na frente dele em uma posição suplicante. Da rocha emana a água que recolhe a figura suplicante. Por ela, um dos símbolos que aparece com frequência na decoração dos mitreus era a cratera. A água tinha um papel relevante nos rituais mitraicos.

Outro episódio importante narrado pela iconografia era a captura do touro. Uma vez capturado, Mitra o leva sobre si e o conduz a uma caverna. Isto concede lugar para a mais importante representação do mito mitraico, aquilo que constitui com segurança o centro do mito, Mitra que mata o touro (*Mitra tauroctonus*), que está representado em 700 momentos. A Norte do touro se apresenta em baixos-relevos ou em estátuas com protuberâncias. Normalmente, os detalhes iconográficos são sempre os mesmos. Mitra, vestido ao modo persa: túnica curta, calças (*anaxyrides*) e gorro frígio, levanta com uma mão a cabeça do touro e com a outra uma adaga, porém no momento do sacrifício olha para trás como sinal de compaixão para com o touro. O momento supremo do sacrifício às vezes é contemplado pela lua e o sol e pelos auxiliares de Mitra portadores da tocha (*dadóphoroi*), Cautes e Cautopates, que simbolizam a aurora e o crepúsculo respectivamente: por isso suas tochas apontam para cima ou para baixo. Também ocasionalmente do lado do touro aparece um cachorro ou uma serpente que lambem o sangue (ou a semente) que emana do touro e um escorpião que lhe pinça os testículos. Às vezes pode aparecer também um corvo. Toda a cena pode estar rodeada dos signos zodiacais ou os sete planetas. Evidentemente, a tauroctonia era um sacrifício cosmogônico por Mitra, em uma manifestação de sua piedade, entrega ao mundo do melhor que tem: este sacrifício é um símbolo de morte e de regeneração, e a presença do sol, lua e os signos zodiacais demonstram até que ponto a religião mitraica estava sincretizada com as crenças astrológicas do neoplatonismo.

A vitória de Mitra favorece outra representação do mito cujo significado não entendemos bem: o sol, ajoelhado, apresenta a sua obediência a Mitra. É possível que esta cena tenha a ver com a identificação entre ambas as divindades. Outra representação que pode ser consequência ou a causa da anterior, representa a Mitra e o sol dando-se a mão em sinal de amizade. Em sequência, ambos os deuses sobrepairam sobre a quadriga do sol e ascendem ao céu por cima do oceano.

Para formar parte do grupo de adoradores de Mitra, como sucede em todas as religiões mistéricas, era necessário passar por alguns ritos de iniciação. Não sabemos que tipo de provas eram as que tinham que afrontar os *mystai* ou iniciados para entrar no grupo dos salvados, ainda que algumas cenas representadas nos painéis laterais do mitreu de Santa Maria Cápua Vétere nos dão algumas pequenas informações. Em qualquer ocasião, as cerimônias de iniciação representavam o renascimento do iniciado a uma vida nova, como nos indica um grafite no mitreu de Santa Prisca em Roma.

Existe uma forte discussão acadêmica sobre se o papiro mágico de Paris (*PGM* IV.475-834), escrito em grego continental, contém o texto de uma oração mitraica. O texto menciona explicitamente a Hélios Mitra e está estruturado em invocações de sete elementos e utiliza *voces magicae* criadas mediante o uso de sete grafemas vocálicos do grego. Alguns estudiosos têm rechaçado o caráter mitraico do texto, entre outras razões pela sua proveniência egípcia, lugar de onde dificilmente foi implantado o mitraísmo. Por isso esses autores preferem pensar que o texto é resultado de um sincretismo de diversas tradições esotéricas que utilizam o nome de Hélios Mitra para reforçar o poder ritual do texto.

Graças à iconografia e a dois textos bastante confiáveis de São Justino Mártir (*1Apol.*) e de Tertuliano (*De praesc. haer.* 40.3-4), sabemos que em uma gruta representada nos templos mitraicos se consumia de maneira ritual pão e vinho. A comida ritual estava presidida pelos iniciados nos graus mais altos e sobre a mesa ritual se estendia uma pele de touro. Os iniciados se recostavam em triclínios nos pódios laterais do espaço central do mitreu. Provavelmente o fato de que no mito da tauroctonia, quando Mitra crava o punhal no pescoço do touro, surge sangue e grão, condicionava a presença simbólica do pão e vinho nos banquetes rituais mitraicos. A água tinha também um papel importante nesses ritos. A cena ritual devia ser celebrada com regularidade, ao julgar pela importante quantidade de restos de vasilhas que foram encontradas nos mitreus. Não somente se consumia pães, vinho e água, mas também foram encontrados ossos de vários tipos de animais comestíveis e restos de frutas. A abundância de sementes de cerejas pode sugerir a importância ritual desta fruta, que os romanos sabiam que provinha da Pérsia. Também foram encontradas muitas lâmpadas com decoração especificamente mitraica, pois a obscuridade dos templos subterrâneos, organizados para representar a cova do sacrifício do touro, as fazia imprescindíveis.

São Jerônimo (*Ep.* 107.2) nos detalha os sete graus de iniciação nos mistérios de Mitra em ordem ascendente: Corvo (*corax*), Noivo (*nymphus*), Soldado (*miles*), Leão (*leo*), Persa (*perses*), Corredor do Sol (*heliodromus*) e Pai (*pater*).

Sabemos que cada um dos graus de iniciação estava associado a um planeta protetor. O mitreu de Felicíssimo em Óstia nos detalha os símbolos próprios de cada nível iniciático em sete casinhas ascendentes: a primeira, Corvo, está representada um corvo, o caduceu, referência ao Planeta Mercúrio e uma pequena vasilha. A segunda, Noivo, é a menos conservada, porém na parte mais conservada se distingue um diadema com um Crescente lunar, símbolo de Vênus, e uma lâmpada. A terceira, Soldado, tem como símbolo um elmo, símbolo de Marte, uma lança e uma bolsa de funda. A quarta, Leão, tem uma matraca como símbolo do trovão e para representar o Planeta Júpiter, uma espátula (ou um atiçador) e um sistro. A quinta, persa, tem um Crescente lunar que representa a lua, o luzeiro vespertino, uma foice e uma espada falcata. A sexta, Corredor do sol, tem uma coroa com laços e sete raios, símbolos do sol, um chicote e uma tocha. Finalmente, na sétima, a casinha corresponde ao pai, se apresenta uma foice, atributo do Planeta Saturno, além de um gorro frígio, uma pátera e um *rabdos*, um bastão de ébano que servia para promover os iniciados a um grau superior. A iconografia também nos informa que nos banquetes rituais os corvos e os leões usavam máscaras que representavam os animais que davam nomes aos graus. A partir do quarto grau, Leão, já se consideravam sacerdotes da religião mitraica.

As representações iconográficas em que os banquetes são presididos pelo sol e por Mitra simbolizam a presidência dos ritos por dois graus superiores, corredor do sol e pai.

Juan-Antonio Álvarez-Pedrosa

Ver também Magia; Mitologia romana; Mistérios gregos; Roma antiga (religião); Zoroastrismo.

BECK, R. (2007). *The Religion of Mithras Cult in the Roman Empire*: Mysteries of the Unconquered Sun. Oxford: Oxford University Press.

CLAUSS, M. (2000). *The Roman Cult of Mithras* – The God and his Mysteries. Londres: Routledge.

MASTROCINQUE, A. (1998). *Studi sul mitraismo*: il mitraismo e la magia. Roma: Giorgio Bretschneider.

ULANSEY, D. (1989). *The Origins of the Mithraic Mysteries*. Oxford: Oxford University Press.

Monaquismo

De um modo geral, podemos afirmar que o monaquismo cristão foi um movimento de renúncia ao mundo secular e busca de desenvolvimento espiritual a partir de exercícios ascéticos. Entretanto, não era uma completa inovação, pois o afastamento dos prazeres materiais, em diferentes combinações teóricas e práticas, já se observava em religiões e em correntes filosóficas anteriores ao cristianismo. Dentro do ambiente cristão, especificamente, as práticas de pobreza e castidade voluntárias eram experimentadas em comunidades formadas nos seus dois primeiros séculos, porém sem uma organização teórica, conceitual e institucional. As comunidades pré-monásticas viviam à imitação dos evangelhos e seguiam os exemplos dos apóstolos, mas apenas entre os séculos III e IV estão identificadas com a fase de institucionalização do movimento.

Tendo em conta as várias possibilidades de abordagem do tema, neste verbete, privilegiamos uma visão de conjunto. Nesse sentido, optamos por identificar o estudo do monacato na sua relação com a historiografia, aspectos geralmente associados à origem do movimento no âmbito cristão, e a síntese das principais modalidades, tradições e formas de organização do monaquismo no Ocidente medieval.

Cabe destacar que a historiografia nem sempre tratou a história do monacato da mesma forma, tendo, no século XIX, de modo geral, priorizado os grandes personagens, feitos e instituições. O tema das religiões, nesse contexto, acompanhava a perspectiva vigente. Assim, durante muito tempo, os debates estiveram voltados para a origem do movimento – buscando definir qual teria sido o primeiro monge, seja no Oriente ou no Ocidente, a primeira regra monástica redigida, entre outros aspectos; suas "verdadeiras" causas e motivações – que foram vistas como possíveis heranças, diretas ou indiretas, de outras religiões, uma rejeição à aproximação do cristianismo ao poder imperial, e/ou uma consequência das crises econômico-sociais do século III; bem como a biografia dos "primeiros" ou mais destacados monges cristãos. Em conformidade com esta orientação, a distinção foi dada aos ascetas orientais Antão e Pacômio – concebidos como modelares para as vertentes monásticas eremítica e cenobítica, respectivamente – seguidos de perto por Basílio de Cesareia – por sua vez responsabilizado pela produção textual teórica a respeito da profissão monástica. Já Bento de Núrsia e sua regra monástica foram objeto de grande atenção pela homogeneização da tradição beneditina no Ocidente, a partir do século VIII, e pelas reformas monásticas que se seguiram entre os séculos X e XII. Os documentos considerados para tais análise eram, em geral, os que transmitissem "mais verdades" sobre os eventos, desconsiderando parcial ou integralmente aqueles que não pudessem ser comprovados.

A partir das mudanças nos paradigmas historiográficos da primeira metade do século XX, a abordagem sobre o monaquismo também se alterou. As iniciativas, atendendo aos novos questionamentos dos historiadores, passaram a considerar a interdisciplinaridade, a elaboração de novos conceitos de análise – como mentalidade e imaginário – e os estudos temáticos mais específicos – trabalho, ascese, sexualidade, santidade, marginalidade, milagres, demônios, entre outros. Os documentos tradicionais – concílios, regras monásticas, bulas, capitulares – passaram, então, a uma nova fase de interpretação, bem como foram somados aos documentos anteriormente desprezados pela suposta "falta de precisão histórica" – como as hagiografias. O próprio estudo do monasticismo dentro da história da religião foi revisto, inserindo o papel e a atuação dos monges em uma articulação político-social mais ampla.

Detenhamo-nos, a seguir, na síntese das principais modalidades, tradições e formas de organização do monaquismo no Ocidente medieval.

No século III, um movimento monástico da anacorese começou a se intensificar entre os cristãos do Egito, atraindo muitas pessoas. Esta experiência foi idealmente registrada na *Vita Antonii*, escrita por Atanásio de Alexandria (296-373), que teve como seu protagonista Antão (251-356). A *Vita Antonii* descreveu Antão como um herói ascético do deserto e fundador do movimento monástico cristão, criando uma imagem do monacato primitivo na qual os ideais de desapropriação, solidão e austeridade eram essenciais, e em que o deserto tinha um papel de local da "real religião", modalidade que ficou conhecida como eremitismo.

Rapidamente, outra variante se desdobrou das experiências monásticas individuais do eremitismo: o cenobitismo. Foi atribuída a Pacômio (292-348) – um asceta previamente instruído no eremitismo e admirador de Antão – a responsabilidade por este modelo monástico comunal e regulado. Nos seus cenóbios, havia uma hierarquização interna e os monges viviam sob norma. Alguns autores defenderam que a experiência militar do fundador pode ter contribuído para essa opção comunitária e para a organização das comunidades em ambientes regrados e com trabalho manual. Outros optaram por indicar influências de vidas comunais testamentárias ao cenobitismo.

Ainda no século IV, Basílio (330-379), bispo de Cesareia destacou-se pela reforma das propostas monásticas. Sua importância para a história do monacato se relaciona à produção de uma teoria a respeito da vida comunal baseada na ideia de caridade ativa, combinada com o tradicional entendimento de *anachoresis* – retiro social – e a preocupação com a instrução dos monges. Basílio já era um teólogo cristão, quando partiu para a vida ascética e passou a organizar comunidades monásticas obedientes às hierarquias monástica e eclesiástica. Sua perspectiva da vida religiosa, como membro integrante do episcopado, era de uma comunidade completamente integrada – na esfera ativa e contemplativa – vivendo em harmonia interna e a serviço das comunidades cristãs. A proposição basiliana de monacato se tornou muito atrativa, inclusive do ponto de vista econômico, para monges aristocratas e bispos ocidentais dos séculos IV e V.

O conhecimento monástico oriental sistematizado chegou ao restante do Império Romano e foi se mesclando paulatinamente às organizações locais preexistentes e aos imperativos dos seus novos contextos. Especificamente, o modelo monástico de Basílio foi disseminado, bem com as modalidades idealizadas de eremitismo e cenobitismo. Entretanto, considerando o posicionamento dos autores cristãos, dos séculos IV e V, a respeito dos perigos e dificuldades do isolamento e da movimentação dos eremitas, a proposta comunitária encontrou terreno fértil e condições mais favoráveis para o seu crescimento.

Na Itália, nas Gálias e na Hispânia, o ascetismo já estava presente nas primeiras comunidades cristãs instaladas no interior do território do Império Romano do Ocidente, contando com virgens consagradas, ascetas independentes e clero organizado comunitariamente e seguindo diretrizes morais determinadas pelos bispos. A partir do século IV, com a expansão e institucionalização do monacato, as manifestações de ascetismo passaram a ser enquadradas dentro dos conceitos e propósitos monásticos.

O ascetismo no contexto peninsular italiano contou com a influência direta de Jerônimo junto à aristocracia romana, com ênfase para as mulheres cristãs desse círculo. As primeiras comunidades já estavam organizadas, no século V, a partir das referências orientais e da regra monástica escrita por Agostinho de Hipona. Por outro lado, o ambiente monacal contava, também, com a presença menos documentada de eremitas nas ilhas e nas regiões mais afastadas de Roma. Na Itália, o maior destaque para esse período foi atribuído a Bento de Núrsia (480-547), responsável pela fundação do Mosteiro de Monte Cassino e pela redação da Regra Beneditina, que – após a sua morte – passou a receber atenção e incentivo do bispado de Roma. O documento aprofundava as relações de obediência e estabilidade dentro do mosteiro, bem como valorizava o trabalho manual. Apesar de sua ampla circulação, por muitos séculos a regra de Bento foi utilizada combinadamente com outras normativas.

Nas Gálias, a predominância monástica foi cenobítica, com a proeminente atuação de Martinho de Tours (316-397) e a influência do Mosteiro de Lérins, fundado por Honorato (350-429). Com João Cassiano (360-435) foi introduzido um princípio monástico normativo de influência oriental no Ocidente. Cassiano produziu duas obras de grande impacto, intituladas *Instituições cenobíticas* e *Conferências*, com as quais buscava disciplinar o processo de fundação monástica nas Gálias, a partir da adaptação dos modelos egípcios, formulando objetivos para o desenvolvimento da espiritualidade e das práticas ascéticas. No século VI, o monacato franco estava institucionalizado, com modalidades de tradições variadas e vinculado ao patrocínio monárquico e aristocrático. Somaram-se a estas contribuições a tradição missionária irlandesa da *Peregrinatio pro Christo*, com a chegada de Columbano (543 615), fundador de Luxeuil.

Na Hispânia, adicionada à compartilhada experiência pré-monástica do continente, destacou-se a atuação conflituosa de Prisciliano de Ávila (340-385), considerado herético por defender práticas ascéticas extremas e se opor à hierarquia eclesiástica. A condenação do priscilianismo e a morte do seu líder marcou a visão eclesiástica com uma desconfiança sobre os rigores ascéticos que respingariam nas práticas monásticas extremas de influência oriental. Nos séculos VI e VII verificam-se o profundo enraizamento do cenobitismo e a multiplicação de textos, produzidos por bispos, como os casos de Leandro e Isidoro de Sevilha e Frutuoso de Braga, ou coletivamente por abades, como a Regra Comum e atas conciliares, que tratavam sobre diversos elementos da vida monástica, seus patrimônios e aspectos jurisdicionais, e tratados sobre os monges. O eremitismo, ao contrário do monacato cenobítico, seguiu sem apoio eclesiástico no noroeste da península.

Na Britânia e na Hibérnia, o movimento monástico possui cronologias distintas das observadas em regiões do continente. A Britânia céltica e a Hibérnia desenvolveram suas experiências ascéticas, a partir do século V, com a continuidade de comunidades cristãs do período bretão-romano e a interinfluência com as Gálias. A Britânia anglo-saxã, por sua vez, foi cristianizada por atuação de monges beneditinos enviados por Gregório Magno, bispo de Roma, no final do século VI, o que marcou o perfil monástico dessa região.

A partir do século IX, a pluralidade monástica ocidental experimenta um momento de síntese, organização e reforma. Foi nesse contexto que a Regra Beneditina passou de um regulamento de vida ideal para uma normativa cenobítica obrigatória. Bento de Aniane (747-821) foi o responsável pela revisão e correção da *regula*. Posteriormente, a versão corrigida foi imposta com exclusividade em todo o território do Império Carolíngio, como determinou os sínodos de Aix-la-Chapelle, em 816 e 818-819, e as legislações imperiais.

A partir de liberdades jurisdicionais, litúrgicas e sacramentais garantidas por diversos papas, monarcas e imperadores, alguns mosteiros passaram a ter garantidos proteção real, imunidade e direito de eleger os próprios abades. Entretanto, o movimento monástico chegou ao século X em crise. Buscando superar a situação, buscou-se restabelecer a vida monástica de acordo com a Regra Beneditina. Cluny se destacou, até o século XII, por tutelar mosteiros menores, acumular abaciados e reelaborar os ideais monásticos. Cluny também aprofundou relações com leigos por laços de fraternidade – um mecanismo de troca de bens materiais por bens espirituais, sem que isso interferisse na imunidade que gozava dos poderes seculares e episcopais. Indicando mais um retorno ao cenobitismo beneditino original, a ordem de Cister deu ao abade não mais um papel centralizador, como em Cluny, mas propôs a autoridade colegiada dos mosteiros inseridos nessa rede.

Durante o século XI, houve também uma nova busca pela tradição eremítica, porém em uma modalidade enquadrada pelo ideal de estabilidade. Era uma experiência que visava alcançar a vida contemplativa com o afastamento das relações políticas e sociais do entorno. Tal renovação não estava preocupada com a luta por autoafirmação, por meio de autorizações legais, sejam seculares ou eclesiásticas. A maioria das comunidades impulsionadas por essas ideias surgiu de pequenos grupos reunidos ao redor de um líder carismático, que determinava as diretrizes a serem seguidas a partir de textos dos evangelhos, dos Padres do Deserto e de adaptações de regras monásticas.

Os primeiros movimentos eremíticos desse período se estabeleceram ainda ligados ao monasticismo institucional beneditino e, gradativamente, foram se desfazendo desses laços. Destaca-se nesse período a comunidade de Camaldoli, um dos assentamentos eremíticos fundados pelo monge beneditino Romualdo de Ravena (951-1027), nos Apeninos da Toscana, e a atuação de Pedro Damião (1007-1072), que professava a mesma modalidade eremítica também na Itália. Até meados do século XII, o eremitismo camaldulense alcançaria e reformaria comunidades beneditinas, construindo uma rede de eremitérios, com casas individuais para o isolamento dos monges. Grupos semelhantes foram observados em regiões de Florença, Bavária, Bohemia, Turíngia, entre outras. Até o fim da Idade Média, os movimentos de alternativa ou dissidência da proposta cenobítica, representados pela renovação dos ideais eremíticos, foram acompanhados de novas reformas dentro da tradição beneditina.

Em síntese, o monaquismo cristão na Antiguidade e na Idade Média foi conformado pelos ideais essenciais de castidade e pobreza, com outras práticas que variavam de acordo com a região e o processo de institucionalização do movimento. Além disso, esteve marcado pelo recorrente retorno aos ideais monásticos primevos, recuperando e reinterpretando os perfis modelares de eremitismo e cenobitismo, bem como as regras e tradições dos primeiros séculos, readequando-se às necessidades dos seus novos contextos, ora afastando-se, ora aproximando-se da hierarquia eclesiástica.

Leila Rodrigues da Silva
Juliana Salgado Raffaeli

Ver também Arte e religião no Medievo; Cristianismo antigo; Educação e religião no Medievo; Igreja; Jesus Cristo; Poder e religião no Medievo.

AGAMBEN, G. (2014). *Altíssima pobreza*: regras monásticas e formas de vida. São Paulo: Boitempo.

CANER, D. (2002). *Wandering, begging monks*: spiritual authority and the promotion of monasticism in late antiquity. Berkeley/Los Angeles/Londres: University of California.

COLOMBÁS, G.M. (1974). *El Monacato Primitivo*. Madri: BAC.

DIETZ, M. (2005). *Wandering monks, virgins, and pilgrims*: ascetic travel in the Mediterranean world, ad. 300-800. Filadélfia: The Pennsylvania State University.

DUNN, M. (2000). *The emergence of monasticism*: from the Desert Fathers to the Early Middle Ages. Cornwall: Blackwell.

GOULD, G. (1993). *The Desert Fathers on Monastic Community*. Oxford: Clarendon.

LAWRANCE, C.H. (1984). *Medieval Monasticism*: Forms of Religious Life in Western Europe in the Middle Ages. Nova York: Longman.

MELVILLE, G. (2016). *The World of Medieval Monasticism*: its History and Forms of Life. Minnesota: Cistercian.

SILVA, A.C.L.F. & SILVA, L.R. (2016). *Mártires, confessores e virgens*: o culto aos santos no Ocidente medieval. Petrópolis: Vozes.

Mulher e o diabo no Medievo

Em relação à história das mulheres no Medievo, deve-se considerar que boa parte das informações elaboradas sobre elas foram escritas por homens que pertenciam ao mundo religioso. Clérigos e monges, afastados do mundo, principalmente do convívio feminino, e impregnados por ideias misóginas, relacionavam tanto a atividade sexual ao demônio quanto a mulher a um instrumento demoníaco. Esses princípios de aversão feminina não surgiram e nem foram elaborados no Medievo: o comportamento misógino é uma herança da Antiguidade. Dessa forma, os comentários em relação às mulheres no período medieval não devem ser vistos como uma correspondência da realidade, pois muitos dos escritos eram fundamentados principalmente em critérios religiosos ou morais.

A elaboração da imagem do diabo no Ocidente medieval obedece, inicialmente, a um preceito literário bíblico, o qual se refletiu no meio visual, e teve início com a expulsão de Lúcifer da corte celeste. Desde então, o diabo foi entendido como o primeiro ser, tomado pela soberba, a tentar igualar-se a Deus. Inicialmente foi representado com certa dignidade devido a sua condição de anjo caído, mas depois passou, gradativamente, a ser imaginado como um monstro, adquirindo um visual deformado e, posteriormente, animalesco. Para os medievais, os demônios, conhecidos como os ajudantes do diabo, vagavam por toda a parte, tentando e corrompendo os homens e entrando em suas mentes. Este personagem é uma das figuras mais importantes do Medievo, pois seu poder estendeu-se a muitos aspectos da vida monástica e cotidiana. O "antigo inimigo", como era chamado, era considerado um personagem que, juntamente com a sua legião de demônios, utilizava todos os artifícios para conseguir seus objetivos.

Estes dois personagens descritos acima (mulher e o diabo) também foram representados de forma conjunta, ou, melhor dizendo, o diabo foi constantemente representado através da forma humana, especificamente da mulher. A relação entre estes dois personagens obedece a uma perspectiva na qual o diabo, ao passo que foi se tornando o inimigo principal do cristianismo medieval de forma ampla, foi sendo associado ao corpo feminino, o qual deveria ser evitado pelos monges como um caminho para as tentações. Tal representação se iniciou em uma fase de representação do diabo conhecida como monástica, ou seja, em um momento no qual o mesmo estava presente somente e constantemente nos escritos monásticos, por volta dos séculos VIII e IX. Entretanto, não podemos esquecer que esta representação continuou a se manifestar pelos séculos seguintes do Medievo.

A documentação religiosa medieval, tanto a visual quanto a textual, apresenta de forma muito clara esta associação. Por exemplo, muitas representações visuais medievais retratam o diabo aparecendo sob a forma feminina, e atentando principalmente a clérigos e monges. No caso da documentação textual, podemos citar a *Legenda áurea*, documento hagiográfico cuja principal forma literária era a utilização dos *exempla*, ou seja, histórias edificantes que serviam para os clérigos se aproximarem do povo inculto. Tal estilo de escrita servia como instrumento de convencimento de quem lia ou de quem escutava as narrativas. A intenção dos autores dos *exempla* era que os leitores e os ouvintes buscassem a conclusão de um comportamento negativo que gerava consequências nefastas para os personagens (ou seja, uma "moral da história"). A *Legenda áurea* apresenta uma perspectiva a respeito da mulher, onde a mesma era vista como um ser tentador e que podia trazer a perdição para os homens de Deus, sendo este o motivo do seu afastamento da mesma.

Não se deve esquecer que em outros pontos da obra há claramente outro tratamento em relação às mulheres, como nos capítulos das santas e principalmente da virgem Maria. Neste sentido, a *Legenda áurea* apresenta claramente a convicção dos três modelos sociais femininos da época, ou seja, Maria, Maria Madalena e Eva, e o que essas mulheres representavam como modelos sociais.

O pensamento apresentado em relação às mulheres na *Legenda áurea* era de que elas eram um caminho pelo qual o inimigo, ou seja, o diabo, atentava os homens santos. Basicamente, havia dois caminhos pelos quais estes dois personagens manifestavam-se de forma conjunta no período medieval, ou seja, não somente quando o demônio aparecia *sob a forma de mulher*, mas também quando o demônio *possuía a mulher*. Quanto à primeira tipologia, o demônio transformava-se em mulher para seduzir e assim conseguir seu objetivo. Nesse modelo, não havia a figura propriamente dita da mulher, mas somente o demônio utilizando essa transformação. O que mais caracterizava esse modelo era o diálogo que havia entre o demônio disfarçado e o personagem que estava sendo tentado. Nesse modelo, a *sedução feminina* era o meio utilizado para desviar os homens, principalmente os que têm alguma ligação com a Igreja, como os bispos. Já na segunda forma, havia os dois personagens, o demônio e a mulher. A possessão acontecia porque os dois estavam separados fisicamente e no momento da posse os "corpos" se uniam em um só. Nesse caso, a provação do santo é o tema central, pois, quando ocorria o duelo entre o santo e o demônio, havia sempre uma provação proposta por parte deste (envio do santo a uma terra distante, exigência da presença do santo para que o demônio saísse do corpo em que estava e dúvida em relação ao poder do santo sobre o demônio).

Luciano José Vianna

Ver também Diabo e inferno no Medievo; Lilith; Mitologia medieval; Religiosidade popular no Medievo.

BASCHET, J. (2002). "Diabo". In: LE GOFF, J. & SCHMITT, J.-C. *Dicionário Temático do Ocidente Medieval*. Vol. I. Bauru/São Paulo: Edusc/Imprensa Oficial do Estado, p. 319-331.

BLOCH, R.H. (1995). *Misoginia medieval e a invenção do amor romântico ocidental*. Rio de Janeiro: Edições 34.

FRANCO JÚNIOR, H. (2003). "Apresentação". JACOPO DE VARAZZE. *Legenda áurea - vidas de santos* (1253-1270). São Paulo: Companhia das Letras, p. 12-19.

FRUGONI, C. (1993). "A mulher nas imagens, a mulher imaginada". In: KLAPISCH-ZUBER, C. *História das mulheres* – A Idade Média. Porto: Afrontamento, p. 461-511.

JACOPO DE VARAZZE (2003). *Legenda áurea* - Vidas de santos (1253-1270). São Paulo: Companhia das Letras.

KLAPISCH-ZUBER, C. (2002). "Masculino/Feminino". In: LE GOFF, J. & SCHMITT, J.-C. *Dicionário Temático do Ocidente Medieval*. Vol. I. Bauru/São Paulo: Edusc/Imprensa Oficial do Estado, p. 137-150.

MACEDO, J.R. (2002). *A mulher na Idade Média*. São Paulo: Contexto.

MUCHEMBLED, R. (2001). *Uma história do diabo* – Séculos XII-XX. Rio de Janeiro: Bom Texto.

NOGUEIRA, C.R.F. (1986). *O diabo no imaginário cristão*. São Paulo: Ática.

RUSSEL, J.B. (2003). *Lúcifer* – O diabo na Idade Média. São Paulo: Madras.

Mulher e religião no Medievo

A obra intitulada *Apocalipse de João*, datada de meados da década de 90 (séc. I), descreve uma mulher que exercia o papel de profetisa e mestre na comunidade. O autor, entretanto, ao polemizar com esta mulher e seus seguidores, não registra seu nome, apenas seu título deletério "Jezabel".

O Apocalipse de João não está sozinho entre os textos dos primórdios do movimento de Jesus a indicar mulheres em papéis de liderança nas comunidades. A presença delas ao lado de Jesus em momentos-chave, como, por exemplo, a crucificação, indica que um grupo de mulheres o acompanhou durante sua atividade religiosa na Galileia e Judeia, ajudando, inclusive, no levantamento de recursos materiais para a missão, conforme registrado em Lc 8,1-3.

Ainda no final do século II é possível perceber, por meio de textos como os *Atos de André*, apócrifo, a presença significativa dessas mulheres no cristianismo antigo. Nessa obra e em testemunhos paralelos, as mulheres formam um núcleo primordial em torno do qual se constitui uma comunidade cristã. Elas parecem ser as primeiras a se converterem à fé, e, por conseguinte, são a porta de entrada do cristianismo em uma casa romana. Nessa fase, entretanto, elas já figuram na documentação excluídas das posições de liderança. Este papel foi assumido por homens, que passaram a ser denominados como sacerdotes, presbíteros ou bispos. Há referências pontuais à presença de mulheres como diaconisas, mas sua esfera de ação nas comunidades cristãs foi sendo cada vez mais reduzida. Assim, pouco a pouco, a liderança das comunidades foi exercida exclusivamente por homens.

As mulheres continuaram a exercer papéis significativos no desenvolvimento do movimento, mas desprovidas de posições de comando. É o caso, por exemplo, do proselitismo doméstico ilustrado pela participação de Clotilde (475-545) na conversão de Clovis (*c*. 466-511), rei dos francos, do paganismo para o cristianismo. Segundo Gregório, bispo de Tours (538-594), Clotilde contribuiu para que o monarca abraçasse a fé cristã. E mesmo quando reis como Clóvis, junto com seu reino, vinham a se converter, a passagem do paganismo para o cristianismo era lenta. Era preciso uma longa fase de doutrinação e mudança de costumes, normalmente realizada em espaços domésticos por mulheres cristãs, convertidas anteriormente.

O já mencionado apócrifo *Atos de André*, do final do século II, relata um fenômeno conhecido como encratismo, que se caracteriza pelo repúdio à família, ao casamento, e especialmente à prática sexual em função de opções religiosas. Nesse texto, bem como nos demais apócrifos do mesmo período, as mulheres são conclamadas a se afastarem das atividades sexuais por amor a Jesus. Nesse sentido, nessas antigas novelas cristãs, os apóstolos são martirizados geralmente por pregar a ruptura familiar, antes do que por suas mensagens de fé. Assim, são os maridos revoltados por perderem suas esposas que prendem e matam os apóstolos.

A prática da abstinência sexual e a manutenção da virgindade são fenômenos bem testemunhados na Idade Média. Segundo os textos preservados, algumas mulheres chegavam a pedir em oração alguma deformidade física, mancha ou doença para afastarem seus pretendentes a casamento ou fugirem do estrupo. A virgindade, sobretudo para as mulheres, foi um elemento significativo do ascetismo cristão, pois havia a compreensão que a autoprivação de prazeres ou experiências comuns a outras pessoas era entendido como martírio espiritual, uma tentativa de emular o sofrimento de Jesus, o que poderia aproximá-las mais de Deus.

Jerônimo e Agostinho foram alguns dos Padres da Igreja que pregaram a virgindade como prática religiosa, mas enquanto o primeiro insistia na virgindade literal, o bispo de Hipona verbalizou uma perspectiva mais ampla de virgindade, entendendo-a como um elemento mais espiritual do que físico. Assim, algumas mães ou viúvas também poderiam ser consideradas "virgens espiritualmente" se praticassem uma vida de virtude e privação de prazeres materiais. Esses ideais de virgindade corporal e/ou espiritual associados às mulheres perpetuaram-se por todo o Medievo.

Uma destas "virgens espirituais" foi Margery Kempe (*c.* 1373-1438), uma mística inglesa preocupada principalmente com a questão do sexo no casamento. Ela queria manter-se casta para Deus, mas foi obrigada a se casar, o que a levou a enxergar o relacionamento sexual com seu esposo como um ato abominável. Assim, depois de um período de enfrentamento, o próprio marido aceitou que ela vivesse em castidade no interior do casamento.

Manter-se virgem por devoção a Cristo, entretanto, não era uma opção possível para todas as mulheres, pois a sobrevivência financeira era difícil para muitas. Por outro lado, as oriundas de famílias nobres, sobretudo as primogênitas, eram forçadas a se casarem em função de acordos familiares. Assim, ele foi exercido de diversas formas: em um matrimô nio casto, como no citado caso de Margery Kemp; na viuvez; em uma casa religiosa; em isolamento ou em comunidades de mulheres leigas.

A forma mais comum escolhida, ou imposta, pelas mulheres para manter a virgindade corporal e/ou espiritual, era ingressar em uma casa religiosa feminina ou dúplice. As casas religiosas femininas começaram a aparecer no século IV no Egito e na Síria, nas regiões desérticas e isoladas, mas se expandiram por várias regiões mediterrâneas. Segundo relatos antigos, quando a mãe do Imperador Constantino, Helena, visitou a Palestina, ela encontrou várias comunidades de virgens. Quanto aos mosteiros dúplices, já mencionados na Regra de São Basílio, começaram a se expandir no Ocidente a partir do reino merovíngio. Tais comunidades abrigavam monges de ambos os sexos, em áreas distintas do cenóbio, submetidos aos seus próprios abades ou somente a um abade ou a uma abadessa.

O fenômeno da vida religiosa feminina tornou-se recorrente na Europa Ocidental e se multiplicou durante o período medieval. Assim, regras e formas de vida voltadas para as comunidades femininas foram escritas por eclesiásticos como Cesário de Arles e Leandro de Sevilha; adaptadas para elas, como ocorreu com as regras elaboradas por Agostinho de Hipona e Bento de Núrsia, ou, ainda, compostas pelas próprias mulheres, como Clara de Assis.

Em geral as mulheres religiosas provinham das classes mais privilegiadas, já que os mosteiros requeriam algum tipo de pagamento para o ingresso, como um dote similar aos entregues no casamento. Essa prática foi usual durante todo o Medievo e só começou a ser combatida pela Igreja Romana de forma direta no século XIII. As mulheres que ingressaram na vida religiosa, realizando os votos de castidade, pobreza e obediência, mormente eram filhas não primogênitas para as quais não foram estabelecidos acordos de casamento, viúvas ou mulheres casadas cujos maridos optaram pela vida religiosa. Mulheres não nobres e sem recursos também eram admitidas, mas como conversas ou serventes.

Nos cenóbios femininos, as mulheres eram lideradas por uma abadessa, que em muitos casos possuíam amplas funções e jurisdições. Contudo, ainda mantinham dependência em relação aos homens, pois a elas era vetado ouvir confissões e ministrar a comunhão, o que só era permitido aos sacerdotes.

Devido aos votos, as mulheres deveriam renunciar aos seus bens e viver castamente, sob uma regra, compartilhando a comida, o trabalho e as orações. Contudo, os documentos permitem concluir que nem sempre os votos eram respeitados. Nesse sentido, entre os cânones do II Concílio de Latrão realizado em abril de 1139, encontra-se a norma que proíbe o casamento das mulheres religiosas; impõe a adoção de uma regra – a de São Bento, de São Basílio ou de Santo Agostinho; e exorta as mulheres para que partilhem da vida comunitária no cenóbio e não residam em dependências separadas, onde poderiam receber hóspedes.

Em alguns cenóbios femininos ou dúplices existiam bibliotecas, escolas e *scriptoria*. Foi no ambiente monástico feminino que diversas mulheres obtiveram a sua formação escolar. Citamos dois exemplos: Leoba, também conhecida como Lioba, que no século VIII foi abadessa de Tauberbischofsheim, e, segundo seu hagiógrafo, foi uma grande conhecedora das escrituras, da patrística e do direito canônico, ou Hildegarda de Bingen, religiosa beneditina do século XII, que se tornou conhecida por suas visões, seus textos sobre botânica e medicina, troca de cartas com reis e papas e pelos sermões que proferiu.

No decorrer do Medievo ampliaram-se as formas de vida religiosa que permitiam a participação de mulheres, como os institutos beneditinos reformados, tais como Cluny e Cister; os conventos franciscanos e dominicanos e as comunidades hospitaleiras, como a mercedária, para citar alguns exemplos. Além disso, a historiografia tem apontado que, sobretudo nos séculos XI e XIII, cresceu significativamente o número de mulheres que desejavam fazer os votos. Assim, a Igreja Romana buscou normalizar a vida religiosa feminina impondo a clausura e colocando-as sob a dependência espiritual dos eclesiásticos e a material dos religiosos.

A participação das mulheres no cristianismo medieval não se limitou à vida religiosa comunitária sob uma regra. Nesse sentido, algumas optaram pela experiência do emparedamento, como uma tentativa de se isolar da sociedade. Depois de uma cerimônia que representava simbolicamente sua morte para o mundo exterior, essas mulheres eram emparedadas em sua cela, que podia ser parte do muro da cidade, uma parede de uma igreja, ou mesmo um cômodo de sua própria casa. Esse ato era entendido como martírio pelo sofrimento voluntário causado pela privação de contato humano e conforto físico. Nessas celas, por uma pequena abertura, as mulheres recebiam sua comida e devolviam seus dejetos, geralmente amparadas por algum tipo de servo ou aliado fiel. Esse isolamento, entretanto, não evitava que elas interferissem na sociedade ao redor, já que eram procuradas para aconselhamento ou pedidos de oração.

Outra forma de viver a fé desenvolvida pelas mulheres a partir, sobretudo, do século XIII é o chamado movimento beguinal. Tratava-se de comunidades formadas por mulheres leigas, que trabalhavam para manter o seu sustento e constituíam as suas próprias regras. Essas casas foram organizadas, mormente, em cidades dos Países Baixos, Germânia e norte da França. Um beguinário, nome dado à historiografia a essas casas, era independente do outro. Em alguns lugares, a oposição eclesiástica levou à dissolução das comunidades, e beguinas, como Marguerite Porete, foram acusadas de heresia.

É importante destacar que em grupos condenados pela Igreja Romana como heréticos as mulheres tiveram papel de destaque, ocupando, inclusive, a liderança de comunidades. Podemos salientar como exemplo a comunidade de devotos de Guglielma, uma mulher leiga, considerada piedosa, que morreu em 1281, e passou a receber veneração pública em Milão com o apoio da comunidade cisterciense de Claraval. A devoção à santa suscitou a desconfiança das autoridades eclesiásticas, pois uma mulher, Maifreda, segundo os autos do processo, era quem celebrava as missas e anunciava a crença de que Guglielma era a encarnação do Espírito Santo. Essa devoção foi condenada em 1300, punindo as principais lideranças com a morte. Outra figura de realce é Joana d'Arc, que foi acusada e morta por heresia por ter testemunhado sobre visões e êxtases.

A maioria das mulheres cristãs no Medievo, entretanto, não estava inserida em casas religiosas ou beguinários, envolvida com práticas ascéticas e misticismo pouco usuais, ou, ainda, condenada por heresia. Sua vivência da fé se desenvolvia em devoções privadas. Com orações e meditações, no contexto das paróquias locais, assistindo a missas, confessando os pecados, recebendo a Eucaristia e participando das festas religiosas, e em obras de caridade, sobretudo se eram mulheres nobres.

É preciso lembrar, ainda, que o cristianismo não foi a única expressão religiosa em torno do Mediterrâneo durante o Medievo. Além de diversos grupos religiosos menores, comunidades judaicas e islâmicas se espalhavam pela região. Tanto no judaísmo quanto no islamismo as mulheres estavam sujeitas às mesmas restrições que se abatiam sobre as cristãs. Em linhas gerais, elas eram excluídas de posições de liderança e tinham cerceado o acesso aos textos sagrados, como a Torá e a Qur'an.

As mulheres não participavam de todas as cerimônias religiosas do judaísmo, mas tinham um papel significativo na preservação da religião, já que a elas era conferida a missão de ensinar às crianças pequenas as antigas tradições, bem como manter a pureza ritual do espaço doméstico. No período posterior a 1095, quando as cruzadas começaram a ser pregadas na Europa, elas assumiram o papel de tentar impedir a conversão forçada de seus filhos, eventualmente preferindo matá-los a vê-los convertidos ao cristianismo. Segundo um cronista, Raquel, uma judia de Mainz, na Germânia, conseguiu matar seus filhos antes que fosse morta por um cruzado em 1096. Comunidades judaicas sobreviventes passaram a celebrar essas mulheres como mártires e heroínas da fé.

Quanto às muçulmanas, durante a vida de Muḥammad e possivelmente até o fim da primeira geração após sua morte, as mulheres poderiam ter um *status* relativamente superior, quando comparado aos períodos seguintes, como é possível constatar pelas lutas de poder ocorridas no período do califado ortodoxo. Kadija (555-619), a primeira esposa de Maomé, era uma mulher mais velha e rica com protagonismo em Meca. Provavelmente não era a única com tal protagonismo, explicado por alguns autores pela sobrevivência de práticas de tradição matrilinear. Mas como ocorreu no cristianismo e no judaísmo, as figuras femininas acabaram tendo seu papel restringido no islamismo.

Andréia Cristina Lopes Frazão da Silva
Valtair Afonso Miranda

Ver também Arte e religião no Medievo; Educação e religião no Medievo; Guerra e religião no Medievo; Igreja; Mulher e o diabo no Medievo; Poder e religião no Medievo.

BARDSLEY, S. (2007). *Women's roles in the Middle Ages.* Londres: Greewood.

BERLIOZ, J. (org.) (1996). *Monges e religiosos na Idade Média*. Lisboa: Terramar.

BYNUM, C.W. (1991). *Fragmentation and Redemption*: Essays on Gender and the Human Body in Medieval Religion. Nova York: Zone Books.

COHN, N. (1970). *Na senda do milênio*: milenaristas, revolucionários e anarquistas místicos da Idade Média. Lisboa: Presença.

FIORENZA, E.S. (1992). *As origens cristãs a partir da mulher*: uma nova hermenêutica. São Paulo: Paulinas.

PIÑERO, A. & DEL CERRO, G. (orgs.) (2012). *Hechos apócrifos de lós Apóstolos*. Vol. I. Madri: BAC.

PIROYANSKY, D. (2008). *Martyrs in the making*: political martyrdom in the late Medieval England. Hampshire: Palgrave MacMillan.

REIMER, I.R. (1995). *Vida de mulheres na sociedade e na Igreja.* São Paulo: Paulinas.

Nórdicos da Era Viking (religião)

"Religião nórdica antiga" se refere a um conceito plural, abarcando diferentes manifestações religiosas que coexistiram não só na Escandinávia antiga e medieval, mas também nas colônias onde os escandinavos se assentaram e interagiram com as populações nativas e nas trocas culturais estabelecidas durante o comércio com a Europa Continental, Leste Europeu e Ásia.

Apesar de assinalar o termo enquanto construção acadêmica, é salutar lembrar que o próprio uso do termo "religião" não é consenso entre os pesquisadores. Entretanto, sua discussão é fruto do amadurecimento de tais pesquisadores que, contribuindo a partir de suas respectivas áreas de saberes, romperam com a concepção unitária e fenomenológica que dominavam os estudos sobre religiosidades no fim do século passado, assumindo o campo enquanto ausência de uma unidade nórdica e um complexo dinamismo atestado no confronto entre as fontes escritas e a cultura material.

Um exemplo marcante dessa concepção está no caso da Fenoescândia durante a Era do Ferro (tradicionalmente compreendida entre os séculos I a.E.C. e VIII E.C., com certas divisões tipológicas), nas quais, contrariando as conclusões dos pesquisadores que viam uma predominância germânica na região, aceita-se que os povos sámi e finlandeses, além das sociedades em torno do Báltico, tenham sido também ativos nas trocas culturais e religiosas, em uma circularidade frequente, como sintetizado em Langer (2018, p. 601).

Um marco importante nas definições do termo foi o trabalho de Thomas A. DuBois: *Nordic Religions in The Viking Age*. Aqui as próprias experiências regionais entre as culturas no interior da Escandinávia, germânicas de um lado, e lapônicas, do outro, bem como nas suas margens, como no Mediterrâneo, e a vivência com as culturas célticas e latinas, geram sempre frutos recíprocos, como afirmado acima. Valendo-se da cultura escrita medieval, em sua maior parte no contexto do islandês antigo, DuBois traça um confronto principalmente com os escritos etnográficos e folclorísticos sobre as populações sámi e finns, resultando em uma prolífica análise sobre o conceito de "Espírito" onde identifica uma paisagem cosmológica pré-cristã compartilhada no seu capítulo "Gods, Guardians and Guides" (DuBOIS, 1999, p. 45-68).

Apesar de representar um ponto de partida interessante, é difícil colocar em poucas linhas as diversas transformações e discussões que contribuíram para a desconstrução das visões sobre o papel da religião na Escandinávia antiga e medieval e a elaboração orgânica da religião nórdica antiga. Andreas Nordberg (2012) realiza uma visitação a esse processo concluindo que as inovações e ênfase nas mudanças estão expressas nas pesquisas que apresentam diferentes graus de variações sincrônicas e diacrônicas, diferentes temporalidades expressas dialeticamente entre inovações e arcaísmos, além da busca pela difusão cultural, acabou sendo uma predisposição para quem se aventura em uma área onde as próprias mudanças e ressignificações acabaram servindo a um entendimento de que a relevância da religião, enquanto prática e tema de discussão (como todas as expressões culturais), depende de suas transformações (NORDBERG, 2012, p. 142-143).

Porém é certo que as pesquisas e as conclusões às quais elas chegaram também dependeram de um plano maior sobre os modelos acadêmicos vigentes. Tais modelos mostram falhas quanto às percepções sobre continuidades, mudanças e variações regionais, e ele é certeiro quando nos questiona: até que ponto as mudanças interiores à religião significam o mesmo que mudanças de religião? Variações religiosas socialmente direcionadas e expressões em níveis institucionais diversos adicionam camadas complexas no mosaico das práticas e crenças entre os escandinavos antigos e medievais, além do que as renovações desses modelos implicam também em um aprimoramento no contexto e crítica às fontes primárias.

De fato, as maiores dificuldades para o estudo da religião nórdica antiga podem ser achadas principalmente na crítica às fontes, que por serem tardias e escassas dificultam o estabelecimento de um confronto comparativo. As fontes primárias escritas disponíveis, a maior parte islandesa e norueguesa, datam do final do século X até o XIII, nos relegando informações a partir de lentes imediatamente cristãs acerca de mitos e poucos relatos dos ritos conduzidos na Escandinávia e cercanias.

Fontes arqueológicas, toponímicas e iconográficas, cobrem importantes lacunas na pesquisa sobre a religião nórdica antiga, em especial sobre detalhes ritualísticos, acerca dos locais de culto e das particularidades locais, ilustrando a pluralidade do conceito. Porém, de modo similar ao que ocorre com as fontes escritas, nas quais, por vezes, a falta de paralelos resultante dos pormenores da cultura material também nos entregam mais perguntas do que respostas.

A contribuição do projeto *Vägar till Midgård* é um notável esforço nessa direção: dirigido pelos pesquisadores Anders Andrén, Catharina Raudvere e Kristina Jennbert, é possível examinar as preocupações com as dificuldades em estabelecer consensos sobre os principais pontos da religião nórdica antiga. Em um breve texto sobre a pedra rúnica de Rök (*Rundata Ög* 136), no livro *Old Norse religion in long-term perspectives – Origins, changes, and interactions* (este, fruto de uma série de conferências internacionais na Universidade de Lund, Suécia), apontam que mesmo os conceitos analíticos usuais, como religião e mito, também precisam passar por escrutínios.

O mito pode comportar uma dimensão de oposição entre *mythos* e *logos* que pode não ser a da realidade das fontes nórdicas e, entre os seus usos, há também o apontamento condescendente e pejorativo que usualmente lança o mito no sentido de mentira. Contudo, também pode representar uma visão histórica sobre o passado. Os autores expressam a sua preocupação imediata de que a narrativa tradicional, quando colocada no centro da pesquisa, tende a marginalizar as fontes primárias de outra natureza, sendo o cuidado necessário quando se entende que, entre as complicações advindas das interações entre a cultura material e os textos dos manuscritos, os diferentes contextos espaçotemporais, nos quais poemas do século XIII, por exemplo, não se referenciam diretamente a um contexto arqueológico. Entretanto, é possível estabelecer analogias e garantir um profícuo diálogo.

Por sua vez, a expressão "religião" pode ser inconsistente com a realidade das fontes primárias, por ter sido o termo "costume" (*Forn Siðr*, costumes antigos, *Heiðinn Siðr*, costumes pagãos, ou *Siðaskipti*, troca de costumes) utilizados nos manuscritos islandeses antigos e que, assim, mostram os desígnios ideológicos envolvidos na memória sobre os elementos referidos anteriormente. São diferentes visões sobre o passado, nas quais facilmente se notam as comunicações entre a realidade temporal da escrita e o passado descrito. Contudo, é possível se aproveitar de uma tradição acadêmica já estabelecida, e assim aglutinar os pesquisadores em torno dessa temática, desde que não sejam negligenciados os ritos e os hábitos cotidianos em favor apenas dos tópicos estritamente intelectuais ou institucionais.

Um exemplo dos resultados de tais críticos são os estudos sobre a cosmologia, enquanto visão de mundo ordenadora da estruturação do universo na Escandinávia antiga e medieval, que acabaram despontando nas últimas décadas. Johnni Langer (2016), realizou uma esquematização das principais ideias que surgiram em torno dos estudos cosmológicos que estão situados na discussão sobre os eixos vetoriais em que se ordenam os deuses, os homens e demais criaturas no universo e que apontam para a heterogeneidade de concepções religiosas, acerca de tal ordenamento, apesar de as concepções tardias serem essencialmente verticalizadas (LANGER, 2016, p. 130-134). A cosmologia também pode estar atrelada aos questionamentos morais, encontrando assim espaço no âmbito da imaginação, garantindo facilmente as suas transformações nas narrativas orais e escritas. Dentro das perspectivas direcionadas ao mito e ao rito, ela poderia indicar uma visão religiosa calcada na transcendência, explicar as disposições de certas pedras rúnicas, ou a estruturação de fortalezas enquanto garantidoras dos poderes aristocráticos, mimetizando a narrativa de poemas antigos.

Novas abordagens, principalmente com a finalidade de rever a noção de "paganismo nórdico" – termo obsoleto nos estudos acadêmicos –, também foram propostas (ANDRÉN; JENNBERT & RAUDVERE, 2006, p. 13 e 14:). Segue um breve resumo:

1) *Da estrutura mitológica à história ritualística*, quando as perspectivas de localizar os textos mitológicos segundo as suas necessidades históricas podem entrar em sincronia com uma história dos ritos que ultrapassem as barreiras espaciais dos sítios arqueológicos locais.

2) *De uma para muitas tradições*, aqui ao invés de se focar em um esforço de entendimento tradicional acerca da religião, os vestígios ritualísticos apontam para diferentes atitudes sociais frente ao campo religioso, facilitando o esforço comparativo entre diferentes sítios arqueológicos.

3) *Tradições sem origem em comum*, categoria na qual o pesquisador buscará as conexões gerais entre os componentes ritualísticos e as temáticas mitológicas, nas interações com os povos escandinavos, mesmo quando a influência for indireta, reforçando um caráter dinâmico, ativo e circular.

4) *Da desconstrução à hibridização*, apenas desconstruir a noção do "paganismo nórdico" não basta; é necessário também demonstrar novos caminhos para a história da ritualística nórdica que aponta para uma clara hibridização (conceito que possui sua própria construção acadêmica) com outras áreas de influência, mas que não procedeu de maneira contínua, possuindo temporalidades de maior e menor atividade.

5) *Hibridização contínua* por fim, a partir da qual se entende que os limites entre os costumes pré-cristãos e cristãos são fluidos e em processo permanente de transformações.

Apesar de não ser um espaço suficiente para apresentar concisamente os enfrentamentos intelectuais que levaram à desconstrução, crítica e novas perspectivas que levaram à criação do conceito de religião nórdica antiga, por ser difícil estabelecer um panorama concreto de quando as maiores mudanças foram tomadas em torno dessa compreensão, indicamos ao leitor a opção de consultar o mapeamento crítico estabelecido por Langer (2016) para uma ideia geral das publicações e conceituações do termo. Sobre as particularidades em termos de mitologia, cosmologia, cultos e ritos, a indicação de Hultgård (2008) e Langer (2018) é certa, sobretudo, na exposição dos pontos principais.

Pablo Gomes de Miranda

Ver também Culto a Freyr; Edda Poética; Feitiçaria rúnica; Freyja; Guerra e religião na Escandinávia; Magia escandinava; Mitologia escandinava; Mitologia escandinava (fontes); Nórdicos da Era Viking (religião); Símbolos rúnicos e afro-brasileiros.

ANDRÉN, A.; JENNBERT, K. & RAUDVERE, C. (2006). "Old Norse Religion: some problems and prospects". In: ANDRÉN, A.; JENNBERT, K. & RAUDVERE, C. (orgs.). *Old Norse Religion in Long-Term Perspectives*: origins, changes, and interactions. Lund: Nordic Academic Press, p. 11-14.

DuBOIS, T.A. (1999). *Nordic Religions in the Viking Age*. Filadélfia: University of Pennsylvania Press.

HULTGÅRD, A. (2008). "The religion of the Vikings". In: BRINK, S. & PRICE, N. (orgs.). *The Viking World*. Londres: Routledge, p. 211-218.

LANGER, J. (2018). "Religião". In: LANGER, J. (org.). *Dicionário de História e Cultura da Era Viking*. São Paulo: Hedra, p. 591-601.

______ (2016). A religião nórdica antiga: conceitos e métodos de pesquisa. *Rever*, n. 2, p. 118-143.

NORDBERG, A. (2012). "Continuity, Change and Regional Variation in Old Norse Religion". In: RAUDVERE, C. & SCHJØDT, J.P. (orgs.). *More Than Mythology*: narratives, ritual practices and regional distribution in pre-Christian Scandinavian religions. Lund: Nordic Academic Press, p. 119-151.

Oráculos gregos

Os oráculos gregos foram uma manifestação da dimensão pan-helência da religião grega (para mais informações, cf. o verbete "Religião grega antiga") que se consolidou ao longo do período arcaico e se manteve em ampla atividade até o século II E.C., quando vários oráculos foram destruídos e fechados por perseguições promovidas pelos cristãos. Todavia, alguns oráculos, como o de Delfos, sobreviveram e contaram com grande prestígio por mais de mil anos ininterruptos. Os oráculos mais antigos desfrutavam da melhor reputação, acumulando mais riqueza e prestígio, como os de Delfos, Dodona e Olímpia, na Grécia, e Claros e Dídimos, na Ásia Menor.

Uma característica marcante das religiões da Antiguidade foi a utilização de práticas para estabelecer uma comunicação direta com os deuses. No caso grego, tais práticas incluem as adivinhações, as interpretações dos sinais divinos (voo de pássaros, leitura das vísceras de um animal sacrificado, sonhos etc.) e a interrogação oral direta à divindade, que constitui o oráculo. Essas práticas eram baseadas na crença de que a divindade poderia interferir na vida dos homens de forma positiva, e caso a desfortuna prevista no oráculo se concretizasse, isso era culpa do sujeito incapaz de interpretar os sinais corretamente. Qualquer um poderia consultar os oráculos, desde que estivesse puro. Antes de seguir com a consulta, o fiel deveria realizar um sacrifício para verificar se havia condições favoráveis para a divindade se manifestar.

Todo oráculo tem três elementos fundamentais. O primeiro é ter um lugar determinado, que se transforma em um rico centro de atividade econômica por causa da circulação de pessoas e de presentes ofertados pelos fiéis. Assim, quanto mais famoso o oráculo, mais rico ele era, como é o caso de Delfos, cuja notável riqueza já é narrada por Homero (*Illíada*, IX, 401-405). O segundo é um corpo sacerdotal capaz de transmitir as mensagens divinas. Esse corpo sacerdotal era composto por famílias tradicionais que possuíam antigas relações com os oráculos, normalmente ligadas à própria instituição da atividade oracular, como era o caso de Delfos com a família dos Tráquidas e a dos Deucaliônidas. Terceiro, e o mais importante, é ter uma divindade capaz de revelar o futuro. Zeus e Apolo eram as divindades com oráculos mais importantes, sendo que esse último era considerado o deus da divinação por excelência. Além dos deuses, havia oráculos consagrados a outras figuras sagradas, como era o caso de Asclépio, cuja atividade oracular estava ligada à de cura, e o do herói Trofônio, cujo oráculo permitia o contato com os mortos.

Os oráculos respondiam perguntas de diversas naturezas, indo do âmbito público ao privado. Por isso, os oráculos recebiam todo tipo de pessoas, de embaixadores de cidades ao fiel mais simples. O prestígio dos oráculos gregos atravessou as fronteiras da Hélade e governantes estrangeiros enviavam emissários para consultar o futuro, como é o célebre caso de Creso, rei da Lídia, narrado por Heródoto. Ele consultou o oráculo de Delfos para saber se deveria atacar os medo-persas e como resposta recebeu que, se ele fizesse isso, um grande império cairia. Confiante em sua vitória, o rei marchou contra Ciro e perdeu.

Depois da derrota voltou novamente ao oráculo para questionar sobre o ocorrido, e recebeu a resposta de que o oráculo não havia errado, já que um grande império havia caído, o dele. Dessa maneira, o oráculo nunca errava, o equívoco estava no fiel que interpretava erroneamente as palavras do oráculo. Esses eram os três maiores problemas da prática oracular: a interpretação errônea das respostas ambíguas dadas pelos oráculos, o charlatanismo de alguns sacerdotes e adivinhos, e a falsificação de respostas tanto por membros do sacerdócio quanto pelos adivinhos.

Os oráculos poderiam responder perguntas relativas a: guerra e paz, crises civis, estabelecimento de colônias etc. No plano individual, as perguntas eram relativas à saúde, ao amor, à prosperidade e até mesmo algo mais simplório, como pedir a intervenção da divindade para encontrar objetos. Por causa do prestígio dos oráculos, eles legitimavam certas posições políticas, e justamente por isso poderiam ser utilizados em manobras para o convencimento da população. No período arcaico, o oráculo de Delfos desempenhou um papel importante no processo de expansão das cidades gregas pelo Mediterrâneo – a colonização –, já que a etapa anterior à expedição era a consulta à divindade, que revelava se o local escolhido era de agrado dos deuses. Isso possibilitou não apenas o aumento da importância política de Delfos, mas também um acúmulo de riquezas.

As respostas às perguntas de ordem pública e privada eram variadas, podendo ser mais diretas e objetivas ou mais obscuras, como no caso de oráculo sobre o futuro de uma pessoa. Para questões relativas a comportamentos religiosos (como a incorporação de novas divindades), regulamentação dos cultos e contribuições sagradas, as respostas eram claras e diretas. Já para questões políticas e pessoais as respostas poderiam assumir um tom enigmático, necessitando do auxílio dos sacerdotes, que se encarregavam de esclarecê-las. Não era comum o oráculo dar a resposta por escrito, mas o fiel poderia anotar o que era dito pelo sacerdote. Isso acontecia principalmente nos casos em que havia o envio de emissários.

Dessa maneira, os oráculos constituíam uma manifestação da piedade coletiva e individual do homem grego ao estabelecer uma comunicação particular com a divindade. Com isso, havia o reconhecimento do lugar dos deuses e homens no cosmos, com a supremacia dos primeiros, e a crença de que eles poderiam interferir nos assuntos mundanos. Além disso, os oráculos também preenchiam as lacunas da ausência de livros sagrados ao proporcionar respostas sob a chancela dos deuses.

Fontes – As fontes sobre os oráculos são literárias e arqueológicas. Os principais autores que tratam a respeito dos oráculos são Heródoto, Diodoro Sículo, Estrabão, Plutarco, Pausânias e Eusébio. Também sabemos que algumas coleções com respostas de oráculos passaram a circular a partir do século IV a.E.C. Essas coleções tratavam de assuntos relacionados ao culto e partes delas sobreviveram em fontes indiretas, como é o caso do discurso *Contra Mídias*, que traz oráculos sobre os templos de Delfos e Dodona. No quesito fontes arqueológicas, além das ruínas dos templos onde acontecia o oráculo, foram encontrados vários tabletes, principalmente em Dodona, contendo perguntas e respostas realizadas pelo oráculo. As respostas dos oráculos são divididas pelos estudiosos em três categorias: históricas, não históricas e fictícias.

Oráculo de Delfos – Dedicado a Apolo, localizado na cidade de Delfos. Foi o mais importante, influente e rico oráculo grego, e foi administrado pelas famílias dos Tráquidas e dos Deucaliônidas. Um dos principais tesouros do templo era um loureiro, considerado de propriedade de Apolo, e por isso permanecia dentro do templo. Na região do templo estava o *omphalós*, "umbigo", pedra considerada o centro do mundo que, de acordo com o mito, teria sido engolida por Crono no lugar de Zeus, na artimanha desenvolvida por Reia para salvar seu filho. A pedra foi depois regurgitada, quando Crono foi morto, e depositada no santuário. Próximo ao templo de Delfos, ainda havia outros lugares sagrados, como o túmulo de Neoptólemo, filho de Aquiles. O túmulo era regado com azeite todos os dias. O surgimento do oráculo de Delfos é de aproximadamente 750 a.E.C. e seu apogeu se deu entre 700 e 450 a.E.C., coincidindo com o processo de expansão grega. A palavra de Apolo era transmitida pela Pítia, uma sacerdotisa que ficava sentada na trípode (uma espécie de caldeirão de três pernas), perto de um fosso de onde se acreditava sair um sopro divino que lhe provocava um transe. A possessão da Pítia é objeto de intensa discussão e ainda se discute se o transe era provocado por uma bebida, por vapores, por uma mistura de ervas à base de louro que era mastigada ou por autossugestão.

Oráculo de Dodona – Dedicado a Zeus, localizado em Épiro. É o oráculo mais antigo da Grécia e, possivelmente, antes do templo de Zeus erguido no século V a.E.C., havia ali um templo dedicado a Gaia. O templo teve grande prestígio no final da época clássica, como mostra a expansão na área no século IV a.E.C., com a construção de um teatro para acomodar 18 mil espectadores. Além da atividade oracular, o templo era famoso pela celebração de festejos a cada quatro anos dedicados a Zeus *Naios* (Zeus da fonte). O corpo sacerdotal responsável pelo oráculo pertencia à família Hellas e interpretava os sinais de Zeus a partir do barulho do vento nas folhas de um carvalho sagrado, que era rodeado de trípodes. Além disso, os sacerdotes também interpretavam o voo dos pássaros. O oráculo teve fim em 391 E.C., quando cristãos cortaram o carvalho sagrado.

Oráculos de Dídimos e Claros – Ambos eram dedicados a Apolo, o primeiro estava localizado próximo a Mileto, o segundo próximo a Éfeso. Dídimos era controlado pela família dos Brânquidas. O templo helenístico, o terceiro maior da Grécia, foi atacado pelos persas, que passaram a administrar suas riquezas. Teve grande popularidade durante o período helenístico e era bastante procurado para a consulta de questões cívicas. As ruínas de Claros são as únicas cujo *adyton* chegou intacto aos nossos dias. O *adyton* era a parte mais interior do santuário, cujo acesso era restrito aos sacerdotes e aos fiéis que seriam atendidos pelo oráculo. Em Claros ele era composto por um corredor subterrâneo que dobra à direita sete vezes até chegar a uma cripta com teto arqueado, onde os fiéis faziam suas indagações enquanto o sacerdote as respondia, de uma segunda cripta arqueada adjacente.

Oráculo de Trofônio – Localizado na Beócia, é dedicado ao herói Trofônio, que segundo o mito foi o arquiteto do templo de Delfos e foi engolido pela terra. Depois disso, passou a realizar profecias em uma caverna. O fiel descia à caverna com bolos para serem oferecidos, e lá entrava numa espécie de transe. Nesse transe recebia a resposta divina, normalmente por meio de um sonho, que era interpretado com o auxílio dos sacerdotes. Antes de descer à caverna, o fiel deveria passar por ritos de purificação.

Oráculo de Anfiarau – Localizado em Oropo, é dedicado ao herói Anfiarau, um adivinho da saga dos Labdácidas que previu o confronto fratricida em Tebas. No local havia uma fonte milagrosa que curava os doentes e também lhes dava respostas sobre suas mazelas através de sonhos. Antes de consultar-se, o fiel deveria abster-se de vinho por três dias, jejuar por um e realizar o sacrifício de um carneiro.

Priscilla Gontijo Leite

Ver também Mitologia grega; Grécia antiga (religião); Hécate; Mistérios gregos.

BONNECHERRE, P. (2007). "Divination". In: OGDEN, D. (org.). *A Companion to Greek Religion*. Oxford: Blackwell, p. 145-159.

BREMMER, J.N. (1994). *Greek Religion*. Oxford: Oxford University Press.

BURKERT, W. (1993). *Religião grega na época clássica e arcaica*. Lisboa: Fundação Calouste Gulbenkian [trad.: M.J. Simões Loureiro].

LEITE, P.G. (2017). *Religião e jogos de poder*: o Contra Mídias de Demóstenes. Curitiba: Prismas.

PARKE, H.W. & WORMELL, D.E. (1988). *The Delphic Oracle*. Vol. II: The Oracular Responses. Oxford: Blackwell.

PEREIRA, M.H.R. (1988). *Estudos de história da cultura clássica*. Vol. 1: Cultura grega. Lisboa: Fundação Calouste Gulbenkian.

VERNANT, J.-P. (2006). *Mito e religião na Grécia antiga*. São Paulo: Martins Fontes.

ZAIDMAN, L.B. & PANTEL, P.S. (2006). *Religion in the Ancient Greek City*. Cambridge: Cambridge University Press.

Ordens mendicantes

Uma das principais transformações pelas quais passou o Ocidente medieval durante os séculos XII-XIII foi a passagem de um meio rural para um meio urbano. O meio urbano foi um lugar de abundância, de produção e de trocas e um sistema de organização de um espaço fechado por muros representando um organismo social e político. A cidade medieval foi um fenômeno novo e original, sem continuidade com o mundo antigo. Suas principais características eram a densidade de povoamento; a permuta regular de bens e serviços; e um *status* civil bem definido. Foi nesse cenário urbano que a Igreja esteve cada vez mais presente física, econômica, política e socialmente. Ela encontrou a cidade no século XIII e a dominou. Foi nesse contexto que ocorreu a criação das ordens mendicantes, que tinham um novo comportamento religioso, estavam instaladas no âmbito especificamente urbano e se colocaram a serviço do Pontificado para a tarefa da evangelização das massas citadinas.

O surgimento das ordens mendicantes obedece a um contexto múltiplo em termos de novidades e transformações no Ocidente medieval: crescimento demográfico, construção das catedrais e auge do gótico, aumento da circulação comercial, fortalecimento e utilização cada vez mais intensa das línguas vulgares, surgimento das universidades e manifestações heréticas. Nesse sentido, com todas essas transformações ocorrendo no nível urbano, as massas citadinas se aproximavam dos interesses materiais, o que levava ao afastamento da vida espiritual. Nesse sentido, a Igreja sentiu a necessidade de se fazer presente neste âmbito e tal presença foi efetivada através da criação das ordens mendicantes, ou seja, franciscanos e dominicanos. O êxito das ordens mendicantes foi muito notório em todo o Ocidente medieval, de forma que séculos depois seus dois principais representantes, São Francisco e São Domingos, foram destacados em representações visuais, tal como o afresco sobre o julgamento final, de Fra Angelico (Guido di Pietro Trosini), composto por volta de 1425-1430 (105cm x 210cm), São Marco, Florença.

Em 1209 o Papa Inocêncio III reconheceu a fraternidade fundada por Francisco, também conhecida como Irmãos Menores, pois consideravam-se, no contexto citadino, parte dos grupos mais inferiores da população excluídos do poder (*minores*). A presença dos franciscanos ocorreu no contexto citadino e, de certa forma, obedeceu, observando o contexto, à instalação e presença gradativa da Igreja neste âmbito. Francisco de Assis nasceu por volta de 1181 ou 1182. Jacques Le Goff data a conversão de Francisco no ano 1206 e em 1210 o mesmo dirigiu-se a Roma com seus doze primeiros discípulos, onde obtiveram a aprovação do Papa Inocêncio III para a primeira Regra dos Frades Menores. Em 1226 Francisco morreu e em 1228 ocorreu a sua canonização feita pelo Papa Gregório IX.

Podemos resumir a proposta dos franciscanos em diferentes aspectos. Em primeiro lugar, com a criação da ordem ficava eliminado o vínculo entre o estado religioso e a condição senhorial, característica muito presente em um contexto no qual o cristianismo estava voltado para o âmbito rural. Ademais, a proposta de igualdade entre os participantes da ordem era algo novo para a época, ou seja, não havia uma ideia de hierarquia entre os membros franciscanos. Diferentemente dos monges, cuja atuação estava voltada para o claustro, a atuação franciscana estava voltada para o mundo, ou seja, realizando uma atuação nas cidades. Também havia a intenção de ver o mundo livre do poder, do dinheiro e da violência e, de acordo com André Vauchez, podemos ver nisso uma crítica muito extensiva ao contexto da época. Não se pode esquecer a originalidade franciscana ao propor realizar a mensagem religiosa utilizando a língua vulgar como meio de comunicação, enobrecendo-a com um uso religioso, além de facilitar o entendimento da mesma pela maior parte da população citadina através da utilização de uma linguagem humilde e direta. Além disso, a pregação foi o principal meio de atuação dos franciscanos, ferramenta útil para ser utilizada em seu *locus* de atuação, ou seja, o mundo, também através de outras ferramentas, tais como o teatro, a mímica, os cantos e os sermões. A proposta franciscana tinha como fundamento principal a *imitatio Christi*, ou seja, a imitação de Cristo através da recuperação de seus exemplos, principalmente com base no Novo Testamento. Recusavam toda forma de apropriação, dinheiro e bens. Entretanto, o êxito e a expansão da ordem propiciaram a elaboração de uma hierarquia, representada pelo ministro geral (representante da ordem); pelos ministros (localizados nas províncias) e pelos guardiães (localizados nos conventos). Ao contrário dos dominicanos, pelo menos em um primeiro momento, não dominavam o latim, não estavam presentes nas universidades e utilizaram intensamente as línguas vulgares, o que serviu, de certa forma, para aproximá-los das populações em geral.

Outra ordem também criada no começo do século XIII foi a dos dominicanos. Em 1215 Inocêncio III (1198-1216) convocou o IV Concílio de Latrão e neste encontro foi instituída a Ordem dos Pregadores, ou frades dominicanos. Tal constituição foi confirmada em 1216 pelo Papa Honório III (1223-1227). O nascimento dessa ordem surgiu da necessidade da pregação contra a heresia cátara, no sul da França. A ordem dos frades negros, como também eram chamados, propagou-se por toda a Europa ocidental. Estabeleceu-se principalmente nas cidades universitárias, pois recebiam preparações intelectuais para combater a heresia. Essa era uma característica que a diferenciava da ordem franciscana. O sucesso das ordens mendicantes foi fulminante, principalmente porque foram as melhores perseguidoras dos hereges, pois lhes foram confiados os processos inquisitoriais. O fundador da Ordem dos Pregadores (ou dominicanos) foi Domingos de Gusmão. Domingos nasceu em Caleruega, na Coroa de Castela, no ano de 1170. Dedicou-se aos estudos das artes liberais e, mais tarde, passou ao estudo da teologia, em que permaneceu por quatro anos. Por volta de 1220 conheceu São Francisco de Assis (*c.* 1181-1226) em Roma. Nesse mesmo ano participou do primeiro capítulo geral da ordem dominicana em Bolonha, onde foi decidido que a pobreza e a renúncia às rendas e às possessões seriam características da ordem. O segundo capítulo geral ocorreu no ano seguinte, em maio de 1221, na mesma cidade onde se realizou o primeiro capítulo. Nesse encontro ficou decidida a organização hierárquica da ordem: em primeiro lugar o mestre geral com a duração do cargo estabelecida em doze anos; abaixo os priores provinciais; e, depois desses, os priores conventuais.

A constituição dos dominicanos era de clérigos, os quais eram auxiliados em suas tarefas materiais por irmãos leigos. Para os dominicanos, a palavra era fundamental na transmissão e na educação da fé cristã. E não somente a palavra falada, mas também a escrita. Deve-se destacar o trabalho intelectual realizado pelos mesmos, pois muitos apresentavam uma formação no contexto universitário. Como resultado, a cultura livresca estava presente constantemente na proposta dominicana. Diferentemente da proposta franciscana, a pobreza no mundo dominicano tinha um lugar diferente, pois era uma arma contra a heresia e uma condição para que o pregador fosse compreendido pelas massas. Uma característica da proposta dominicana também foi o debate voltado para as implicações morais da fé, além de seguir a vida através dos ensinamentos do Evangelho.

O impacto da criação das ordens mendicantes no contexto citadino medieval foi considerável, uma vez que, em decênios, as duas ordens já haviam se espalhado por todo o continente europeu. Tanto franciscanos quanto dominicanos tiveram êxito em seus primeiros decênios de existência, sendo que suas casas estavam presentes em boa parte das principais cidades no contexto medieval. Se considerarmos as afirmações de Jacques Le Goff, veremos que de 5 a 12% dos habitantes de uma cidade medieval estavam vinculados ao contexto religioso, ou seja, dentre estes uma boa parte dos habitantes poderiam ser muito bem pessoas que fossem membros das ordens mendicantes.

Luciano José Vianna

Ver também Arte e religião no Medievo; Educação e religião no Medievo; Guerra e religião no Medievo; Igreja; Poder e religião no Medievo.

ARNALDI, G. (2002). "Igreja e papado". In: LE GOFF, J. & SCHMITT, J.-C. *Dicionário Temático do Ocidente Medieval*. Vol. I. Bauru/São Paulo: Edusc/Imprensa Oficial do Estado, p. 567-589.

BEAULIEU, M.-A.P. (2002). "Pregação". In: LE GOFF, J. & SCHMITT, J.-C. *Dicionário Temático do Ocidente Medieval*. Vol. II. Bauru/São Paulo: Edusc/Imprensa Oficial do Estado, p. 353-366.

DUBY, G. (1988). *A Europa na Idade Média*. São Paulo: Martins Fontes.

FRUGONI, C. (2011). *Vida de um homem*: Francisco de Assis. São Paulo: Companhia das Letras.

GARCIA-VILLOSLADA, R. (1958). *Historia de la Iglesia Católica*. Vol. II: Edad Media (800-1303) – La cristiandad en el mundo europeo y feudal. Madri: BAC.

LE GOFF, J. (2002). "Cidade". In: LE GOFF, J. & SCHMITT, J.-C. *Dicionário Temático do Ocidente Medieval*. Vol. I. Bauru/São Paulo: Edusc/Imprensa Oficial do Estado, p. 219-236.

______ (2001). *São Francisco de Assis*. Rio de Janeiro: Record.

______ (1992). *O apogeu da cidade medieval*. São Paulo: Martins Fontes.

VAUCHEZ, A. (1995). *A espiritualidade na Idade Média ocidental*. Rio de Janeiro: Jorge Zahar.

ZERNER, M. (org.) (2009). *Inventar a heresia?* Discursos polêmicos e poderes antes da Inquisição. Campinas: Editora da Unicamp.

Oriente cristão

Definições e desenvolvimento – Definir OC não é tarefa simples, (1) porque se trata de um conceito no qual se emaranham noções oriundas de saberes descontínuos, como a história sociocultural do mundo mediterrânico, a história institucional do cristianismo, a linguística, a história da liturgia cristã e a geografia, (2) porque se trata de um conceito que faz sentido apenas diante das ideias, normalmente muito manejadas e pouco claras, de um *Ocidente cristão* e de um *Oriente menos cristão* ou mesmo de todo *não cristão*.

Em primeiro lugar, deve-se ter claro que o sentido metafórico, teológico e litúrgico de Oriente sobre o qual se alicerça o conceito de OC fundamenta-se em um antigo sentido cotidiano, ligado à orientação geográfica e ao pertencimento étnico-linguístico, que era compartilhado pelos membros do movimento dos seguidores de Jesus Cristo dos primeiros séculos com os demais habitantes do Império Romano. Ora, do ponto de vista espacial, Oriente indicava, no ecúmeno romano, em primeiro lugar as províncias de cultura helênica, do Mediterrâneo Oriental e do Sul, em que a língua predominante era o grego. Um pouco como extensão ou desdobramento disso, para um romano medianamente bem-informado dos séculos I a III E.C., Oriente significava também o conjunto das terras que estava para além das fronteiras a leste-sudeste do império; sobretudo os territórios relativamente limítrofes, onde o grego ainda podia ser usado como uma língua franca, como a Arábia, a Mesopotâmia, a Assíria, a Média (Pérsia Ocidental), a Armênia e a Etiópia. As populações helenas ou helenizadas incorporadas ao Império Romano, por outro lado, raramente representavam a si mesmas como orientais, usando a noção para se referir principalmente aos territórios e povos do Cáucaso, da Pérsia, da Índia (uma configuração algo confusa, que podia incluir, de autor a autor, apenas o Hindustão propriamente ou todas as terras banhadas pelo Oceano Índico, incluindo a Etiópia e o Iêmen) e da Ásia Central. Depois da divisão do Império Romano em Ocidental e Oriental, e deste segundo em quinze dioceses, de Diocleciano a Justiniano (séc. IV-VI), o termo oriental, na administração pública, passou a ser usado para se referir de modo quase que exclusivo a uma destas circunscrições administrativas. Especificamente, de orientais passaram a ser chamadas as terras e gentes incluídas nas dez províncias situadas no triângulo conformado pela Península do Sinai, a Isáuria e a Baixa Mesopotâmia.

Do ponto de vista linguístico ou étnico-linguístico, um habitante do Império Romano cuja primeira língua era o latim usava o termo "oriental", de modo corrente, para indicar aqueles cujo idioma nativo era o grego ou, de modo subsidiário, um dos muitos dialetos e idiomas autóctones subsistentes nas terras que haviam sido conquistadas por Alexandre Magno (m. 323 a.E.C.). Os habitantes do império educados no grego como seu primeiro idioma, por outro lado, tratavam por orientais os idiomas – e seus falantes – fora do âmbito helenístico na Ásia e na África Oriental, tanto do ramo semita quanto do indo-ariano. Como herança disso, na história dos estudos da literatura cristã, o adjetivo oriental passou a indicar os textos e autores que se expressaram em siríaco, armênio, georgiano, copta, ge'ez, eslavônico, árabe, malayalam, fārsi e outros idiomas que não o grego ou o latim. Parece que apenas no âmbito dos estudos desenvolvidos por ocidentais é que a literatura grega é elencada sem mais ao lado desse leque de idiomas afro-orientais, bastante diversos entre si. O fato de uma parte não pequena da literatura cristã do Mediterrâneo Ocidental do primeiro milênio ter sido produzida em grego ou sob influência grega – quando não diretamente siríaca ou copta – coloca problemas classificatórios que ainda não foram abordados de forma conveniente pelos acadêmicos interessados.

O sentido metafórico do termo "Oriente" encontra-se intimamente vinculado ao simbolismo do sol identificado como imagem divina, presente também na tradição judaico-cristã (cf. Ml 4,2; Mt 4,16; Jo 8,12). Conforme escreveu Tertuliano (m. *c.* 220), "O

Espírito ama o Oriente, figura de Cristo" (*Adv. Val.* § 3) – uma frase também usada, de forma completamente independente, por Gregório de Nissa (m. 394, in: *De vita S. Macr.* § 984A, *Or. in laud. Bas.* § 798C). Essa ideia se encontra, na liturgia latina, na antífona do antepenúltimo dia antes do Natal: "*O Oriens, splendor lucis æternæ et sol iustitiæ...*" Entre todas as comunidades cristãs com origens no primeiro milênio, estabeleceu-se cedo e largamente o costume de voltar-se para o Oriente tanto na oração particular e coletiva de clérigos e leigos (Metódio de Olimpo, m. 311, in: *Symp.* § 11:2; Basílio de Cesareia, m. 379, in: *De Sp. s.* § 27; João de Axum, séc. XV, in: *L'om. Yohan. di Aksum in ono. Gärima*, § 8) quanto na liturgia batismal e eucarística (*Const. Apost.*, *c.* 380, § 2:57; Cirilo de Jerusalém, m. 386, in: *Catech.* § 19:11; Ambrósio de Milão, m. 397, in: *De myst.* § 7). A construção dos edifícios de culto foi, em geral, amplamente influenciada por essa prática – como, aliás, ainda continua a ser na maior parte das Igrejas Orientais Ortodoxas e Rūm Ortodoxas. O Oriente, no sentido de Leste geográfico, metaforicamente valorizado, não poucas vezes também exerceu papel importante para indicar a última posição que o corpo do cristão deveria tomar, tanto como moribundo como quanto cadáver (e, sendo o caso, relíquia milagrosa). Nos séculos iniciais do cristianismo, a significação de um tal gesto estava ligada à expectativa da iminência da parusia (cf. Mt 24,27; *Doutr. Addai*, séc. II-IV, § 2:1). Aos poucos, entretanto, a oração voltada para o Oriente foi posta em relação com o tema paradisíaco, já que, de acordo com a narrativa bíblica, o Éden está aí colocado (cf. Gn 2,8); conforme o *Apocalipse de Moisés* (§ 29 – trata-se de texto de difícil datação, mas bem difundido em meios cristãos a partir do século III), Adão retornava com frequência à fronteira bloqueada do paraíso terrestre para suplicar o perdão de Deus. De acordo com interpretação corrente, o cristão, assim como Adão, deseja retornar à pátria que lhe foi perdida pelo pecado e, por isso, como ele, volta-se em oração para o Oriente (Gregório de Nissa, *De Or. Domin.* § 1.184). Por outra parte, já em meados do século V, em Roma, Leão Magno (m. 461) considerou esse gesto da oração cristã não só como supérfluo, mas como danoso: uma superstição, herança da adoração solar pagã (*Serm.* § 22:6 e § 27:4). Trata-se, contudo, de opinião bastante idiossincrática, pois ainda durante séculos o sentido oriental das igrejas e sepulturas cristãs se faria presente também no âmbito do cristianismo latino.

No Mediterrâneo Oriental e do Sul, calcedônicos, miafisitas e dioprosoponitas (inapropriadamente chamados de *nestorianos*) continuaram a concordar igualmente que foram "ensinados a orar em direção ao Oriente porque achamos que Deus aí criou o homem" (Gregentio de Taphar, m. 552, in: *Disput. cum Herb. Iud.*, § 2; Timóteo da Babilônia, m. 823, in: *Ep.* § 2:3). Conforme se acirraram os desentendimentos entre orientais e helenos e entre os helenos e latinos, não poucos foram os autores que lembraram que do Oriente veio o ancestral de Israel, Abraão, guiado pela promessa feita por Deus (cf. Gn 11,31; 12,1-8); Jesus nasceu e morreu no Oriente; do Oriente vieram os magos até a manjedoura, como representantes de todo o mundo gentio (cf. Mt 2,1-13); a Igreja nasceu e deu seus primeiros passos no Oriente, sendo em Antioquia que os seguidores de Jesus receberam pela primeira vez o nome de cristãos (cf. At 2,1-47; 11,19-26, tb., p. ex., Ap 1,4–3,22). Muito da liturgia e dos dogmas haviam surgido nas margens orientais e meridionais do Mediterrâneo, e o principal símbolo da preeminência teológica do Oriente sobre o Ociente era não apenas o fato de que os evangelhos e todo restante do Novo Testamento haviam sido escritos em grego, não em latim, mas também de que as controvérsias doutrinais realmente constitutivas do primeiro milênio da era cristã evidenciavam que não existiam sequer termos latinos para corresponder às distinções conceituais mais sutis sobre as quais se debruçaram os teólogos bizantinos, sírios, egípcios, armênios, persas e etíopes. Na medida em que, por motivos diversos, separava-se política e culturalmente a Igreja latina das demais tradições cristãs antigas, reiteravam os teólogos orientais o quanto o Oriente representava o sol nascente e sua luz e o Ocidente o sol poente e as trevas da noite, "o inferno profundo da ignorância" (Babaï de Kaškar, m. 628; in: *Evagr.* § 3:60). De modo significativo, ainda antes de tornar-se patriarca de Constantinopla e romper com o Papa Nicolau de Roma (m. 867), Fócio (m. 893) já era da opinião de que os bispos latinos, homens da terra do crepúsculo, podiam ser descartados da plenitude da comunhão dos santos como "os bispos das trevas" (*Enc.* § 24; tb. Timóteo da Babilônia, in: *Ep.* § 26). Tais qualificações, evidentemente, precisam ser enquadradas no amplo processo de disputa pela primazia entre as diferentes metrópoles eclesiásticas que tanto marcou o milênio inicial de existência do movimento cristão.

Para a tradição latina, da qual toda a experiência cristã ocidental, católico romana e protestante, assim como, em outra instância, todo o discurso histórico moderno sobre o passado cristão, tanto confessional *quanto* secularizado, ainda é em larga medida devedor, o OC recebeu, via de regra, juízo de valor inverso, sendo situado como o espaço do cisma e da heresia, e, como tal, silenciado. Tratou-se de um espaço imaginário movediço de acordo com o próprio desenvolvimento histórico das instituições, da teologia e da autoconsciência da Igreja de Roma. Nos séculos iniciais, também os latinos seguidores de Jesus parecem ter valorizado o Oriente, partícipes de um mesmo ecúmeno cristão, como testemunha, por exemplo, o texto do *Epitáfio* de Abércio de Hierápolis (m. 167). Só de modo gradativo e através de um processo de deslizamento semântico que não está ainda de todo claro, passou-se do senso comum greco-romano e da valorização cristã inicial a uma caracterização mais e mais pejorativa. A partir do Concílio de Éfeso (431), quando os autores cristãos latinos designam os orientais referiam-se principalmente aos dioprosoponitas sírios, condenados nessa assembleia como heréticos – uma classificação que acabaria por se estender a todo o cristianismo persa conforme, na segunda metade do século V, a teologia dita *nestoriana* se tornasse a ortodoxia majoritária desta comunidade. Depois do Concílio de Calcedônia (451), são incluídos no rol dos orientais também os membros das comunidades que permaneceram fiéis à cristologia miafisita promulgada no Segundo Concílio de Calcedônia (449): coptas, siro-ocidentais, etíopes, sul-árabes e, mais adiante, armênios, georgianos e indianos. Também os cristãos de idioma grego e teologia calcedônica fiéis ao Patriarcado de Constantinopla, depois de Calcedônia, progressivamente acabaram por ser *outrificados* como orientais pelos autores latinos, processo que se agudizou a cada vez que se chocaram as pretensões jurisdicionais da velha e da nova Roma sobre determinados territórios ou questões, como foi o caso da submissão eclesial das dioceses da Sicília e da Bulgária, ou das disputas em torno do título de "patriarca ecumênico", ou da inclusão ou não do *Filioque* na Profissão de Fé. Pouco antes da coroação de Carlos Magno (m. 814) como imperador do Ocidente em 800, um rito jamais reconhecido como totalmente válido por Constantinopla, por exemplo, os clérigos de seu *entourage* começaram a pressionar o Papa Leão III (m. 816) a aprovar a interpolação do *Filioque* com o claro objetivo de instaurar uma base para acusar os bizantinos de heresia. Diante da obstinada recusa do papado nessa questão, surgiram os *Libri Carolini* (791-794), obra escrita para refutar tanto as posições do Concílio (iconoclasta) de Hieria (754) quanto do Segundo Concílio (iconófilo) de Niceia (798), na qual se afirmava categórica e falsamente que o *Filoque* já estava presente no *Credo* promulgado no I Concílio de Constantinopla (381). Em 808, a controvérsia ressurgiu em Jerusalém, opondo monges gregos e beneditinos francos; como resposta à censura que aqueles fizeram a estes, a cláusula do *Filioque* foi confirmada no Concílio de Aachen (809), sendo acusados os bizantinos de omitirem-na de modo deliberado e herético. A partir de 1014, a pedido do imperador romano-germânico Henrique II (m. 1024), o Papa Bento VIII (m. 1024) aprovou o *Filioque* e, desde então, a cláusula tem sido sempre incluída na fórmula de fé professada em todos os lugares que adotam o rito romano.

No início do século XI, entretanto, novos desenvolvimentos na eclesiologia ocidental viriam a aprofundar de forma ainda mais incisiva a censura sobre os cristãos orientais. Como um dos produtos do multiforme processo que se convencionou chamar de *Reforma Gregoriana*, tornou-se corrente a noção de que o papado é o centro de toda a eclesialidade possível; quem não o reconhecesse como única forma canônica na Europa cristã pós-gregoriana, com estrito juramento de obediência e de fidelidade, por essa própria atitude, perdia o título jurídico para ocupar uma igreja, com seus bens e pertences. O mesmo devia valer, supuseram os autores algo informados acerca de outros horizontes geográficos e culturais, também para as formas de cristianismo existentes fora do – relativamente pequeno – ecúmeno latino. Dessa ideia de uma centralidade romana desdobrada no argumento de uma universalidade exclusiva do cristianismo latino derivaram, de certa forma, tanto o arcabouço ideológico que permitiu que os ocidentais corressem em socorro do Império Romano do Oriente depois da assombrosa derrota desse pelos seljúcidas em Manzikert (1071) quanto as mútuas excomunhões de 1054, a brutal substituição dos bispos autóctones da Síria e da Palestina por prelados latinos em seguida à Primeira e Segunda Cruzada (1095-1099 e 1145-1149) e, principalmente, a conquista de Constantinopla e o estabelecimento de um Império Latino do Oriente por venezianos e francos (1204-1261). Conforme naufragou o projeto das Cruzadas diante de suas gigantescas dificuldades logísticas e do sempre renovado ímpeto muçulmano pela reconquista de Jerusalém, a questão da tomada da Terra Santa cedeu lugar na imaginação latina ao problema da união das Igrejas – então encarado como questão de trazer novamente à obediência romana comunidades que em algum momento haviam se separado desta. Não houve na Baixa Idade Média e no início da Modernidade nenhuma concordância efetiva a respeito de quão legítimos eram os costumes autóctones do OC, espraiando-se os ideólogos do papado entre os que defendiam uma completa latinização dos cristãos orientais e os que sustentavam que, em função de sua venerável antiguidade *e por uma concessão especial da Sé Romana*, as Igrejas do Oriente poderiam manter certas particularidades em matéria de liturgia e disciplina eclesiástica (como a manutenção da prática de ordenar diáconos e presbíteros a homens casados).

Entrando em acordo com prelados que estavam dispostos a fazer certas *concessões* aos orientais, uma série de hierarcas dioprosoponitas, miafisitas e rūm ortodoxos, por diferentes razões, acabaram por se submeter ao bispo de Roma. Na maioria dos casos, a parte mais significativa dos fiéis que lhes estavam submetidos, contudo, recusou-se a aderir a essas uniões, preferindo manter sua comunhão com um patriarca oriental. Por essa razão há uma série de contrapartes vinculadas a Roma das diferentes comunidades do OC, quase idênticas em suas liturgias e tradições disciplinares, mas separadas por seus respectivos pontos de vista a respeito da relação com o papado. Uma importante exceção a essa regra são os maronitas, uma comunidade do ramo siro-ocidental que existiu em relativa obscuridade nas montanhas do Líbano durante séculos e foi redescoberta pelos cruzados no século XII. A Igreja Maronita, de fato, não tem uma contrapartida autônoma no OC e afirma sempre ter estado em comunhão com Roma. O mais conhecido desses acordos entre uma comunidade do OC e o papado ocorreu em Brest-Litovsk em 1595. Então, por razões de ordem variada, incluindo a necessidade de proteção política, uma grande parte da Igreja Ucraniana, vivendo no predominantemente católico romano Reino Polaco-lituano, reconheceu a primazia do papa e a ortodoxia de certos ensinamentos ocidentais considerados heréticos pelas demais Igrejas de matriz bizantina (como, p. ex., o *Filioque*), mas manteve sua própria liturgia, disciplina e hierarquia (semiautônoma). Nos séculos seguintes, várias outras comunidades entraram em comunhão com Roma de acordo com o mesmo modelo, incluindo porções da Igreja do Malabar (1599), Siro-ortodoxa de Antioquia (1662), Assíria do Oriente (1681), Romena (1688), Greco-melquita de Antioquia (1724), Copta (1741), Armênia (1742) e Búlgara (1859). Embora os papas de meados do século XVIII tenham feito grande esforço para desencorajar a latinização das comunidades do OC recém-unidas a Roma, o fato é que nos anos finais do século XIX muitas delas já eram praticamente indistinguíveis de suas contrapartes latinas, principalmente em situações de imigração, nas quais os católicos orientais acabaram por ser incorporados sem maiores cuidados à estrutura já estabelecida da Igreja Católica na Europa Ocidental e nas Américas. Essa tendência começou a ser efetivamente revertida apenas com a promulgação da encíclica *Orientalium Dignitas* (1894) de Leão XIII (m. 1903), sendo mais tarde a dignidade das Igrejas Orientais Católicas afirmada de pleno direito pelo decreto *Orientalium Ecclesiarum* (1964) do Concílio Vaticano II (1962-1965). Desde então essas comunidades têm feitos esforços para redescobrir suas próprias heranças litúrgica e espiritual, remover os elementos de latinização e aproximar-se de modo efetivo de suas contrapartes não unidas a Roma. Um *Código de Direito Canônico das Igrejas Orientais* foi promulgado em 1990 pelo Papa João Paulo II (m. 2005) na esperança de ajudar nesse processo.

De outra parte, já Martinho Lutero (m. 1546) apelou para o exemplo das Igrejas do OC como evidência de que é possível ser católico e ortodoxo sem ser submisso ao papado. Seguindo essa argumentação, os séculos XVI a XVIII foram o palco de um intenso interesse dos protestantes europeus pelo OC, ainda que as tentativas de união institucional tenham sido vetadas pelo quanto de *papismo* os herdeiros da Reforma pensaram descobrir nos antigos cristianismos de origem apostólica do Oriente Médio, África e Ásia. O conflito militar entre os anglicanos e os ortodoxos russos durante a Guerra da Crimeia (1853-1856) tornou necessário considerar de modo mais urgente os problemas de comunicação interconfessional, enquanto a amplificação dos interesses coloniais das potências europeias pós-1870 (re)colocaram clérigos e leigos católicos e protestantes em contato com seus análogos dioprosoponitas, miafisitas e rūm ortodoxos nas terras de tradicional hegemonia destes, criando uma ampla e complexa teia de interações que – não obstante a brutal assimetria de poder envolvida em qualquer cenário colonial – foram da aberta violência sectária e do engessamento das posições teológico-institucionais ao estabelecimento de *modus vivendi* mais ou menos pacíficos e à abertura de espírito que conduziu à inclusão das comunidades do OC no moderno movimento ecumênico.

Ritos orientais – Ao se tratar de OC, necessariamente se faz referência, de forma subsidiária, ao conceito de *ritos orientais* (doravante RO), que indica todos os tipos de culto cristão desenvolvidos ao redor dos antigos patriarcados e metrópoles eclesiásticas que não Roma e as demais sedes episcopais da Europa Ocidental – como, a princípio, Jerusalém, Alexandria e Antioquia, mas também Constantinopla, Etchmiadzin, Ctesifonte, Axum e Mylapore. A liturgia cristã inicial parece ter sido em sua maior parte improvisada, realizada a partir dos usos judaicos adaptados à situação nova inaugurada pelos ensinamentos de Cristo e dos apóstolos, particularmente sobre o rito batismal e o memorial da ceia pascal. Já nos primeiros séculos de existência do movimento cristão, entretanto, as expressões rituais que se constituíram na prática das diversas comunidades foram progressivamente se unificando sob o influxo dominante de certo número de centros eclesiásticos de maior prestígio. Por outra parte, as divergências entre as essas estruturas institucional de caráter territorial, provocadas pelo acúmulo de desencontros étnico-linguísticos, pelas disputas políticas e pelas divergências doutrinais, sobretudo no OC, entrou em conflito com as tendências centralizadoras em matéria de liturgia e favoreceu a sobrevivência e o desenvolvimento de usos particulares. Finalmente, desde o século XVI, o desenvolvimento da imprensa contribuiu de forma significativa para fixar os usos litúrgicos. Fora da disciplina que progressivamente se estabeleceu na Igreja Católica de rito latino depois do Concílio de Trento (1545-1563), a fixação do culto continua sendo geralmente de direito consuetudinário. A exumação e o estudo dos manuscritos litúrgicos tardo-antigos e medievais têm evidenciado de forma cada vez mais contundente o quão longo e truncado foi o processo de formação das diferentes tradições de culto cristão.

A partir dos primeiros núcleos do movimento cristão, em Jerusalém e em Antioquia, formaram-se outras comunidades, que progressivamente se desenvolveram e engajaram nos costumes próprios da região de sua inserção. Há boa evidência documental que sugere que nos séculos II e III existiam diferentes tipos de culto litúrgico em diferentes centros do cristianismo, havendo, contudo, via de regra, uma noção de *unidade na diversidade*. Documentos do século IV lançam luz sobre o processo inicial de aglutinação ou homogeneização dessas práticas ao redor de diferentes metrópoles eclesiásticas, constituindo espécie de *protorritos* [FIGURA 2]. Na parte oriental do Império Romano, os estudiosos distinguem que já no fim dessa centúria podiam ser bem caracterizados quatro classes de ritos: (1) *rito da Ásia*, nos bispados da Ásia Menor, particularmente Esmirna e Éfeso; (2) *rito do Ponto*, nas grandes cidades de Nova Cesareia, Niceia, Ancira, Gangra, Nazianzeno e Cesareia da Capadócia; (3) *rito siríaco*, difundido na diocese (*i. e.*, província romana) do Oriente, ligado às metrópoles de Antioquia, Edessa, Apameia, Emesa e Jerusalém; e (4) *rito copta*, no Egito – que parece ter conhecido significativa diferenciação de princípio entre os costumes de Alexandria, do restante do Delta e os da Tebaida. Além desses quatro ritos principais, é necessário mencionar também que, apesar de não se conhecerem documentos que atestem sua existência durante o século IV, encontram-se já bem constituídos na primeira metade do século V o *rito bizantino*, ligado à cidade de Constantinopla e ao cerimonial do Império Romano cristão, e o *rito caldeu* (siro-oriental), presente desde Edessa até os confins do Oriente persa. Há também indícios de costumes particulares na Igreja de Jerusalém, especificamente associados ao culto nos lugares onde se deram episódios relatados no Novo e Antigo Testamento e às peregrinações que para lá passaram a afluir depois da *virada constantiniana*.

Em meados do século V, as comunidades do cristianismo hegemônico (*paleortodoxo*) encontravam-se já situadas e organizadas nos grandes centros do Império Romano, enfeixadas no âmbito de estruturas fortemente horizontalizadas, que passaram a ser formalmente chamadas de *patriarcados*. Depois de certo número de disputas, foram, afinal, constituídos no OC cinco grandes patriarcados, aos quais se submeteram amplas circunscrições territoriais: Jerusalém, Antioquia, Alexandria e Constantinopla. Com o desenvolvimento da autoridade dos patriarcas sobre as dioceses que se lhes encontravam submetidas, esses acabaram por engendrar movimentos de progressiva uniformização litúrgica, suprimindo sempre que possível os costumes particulares das igrejas locais em favor da homogeneização dos ritos. Assim sendo, as formas de culto cristão existentes no Império Romano do Oriente concentraram-se principalmente em três grandes grupos. (1) *Rito bizantino*, que suplantou os ritos da região da Ásia Menor e do Ponto, salvo o de Cesareia da Capadócia; (2) *rito antioqueno*, que suplantou os ritos antes em uso na Diocese do Oriente e no Chipre e na própria cidade de Jerusalém; e (3) *rito alexandrino*, que suplantou todos os antigos ritos das dioceses egípcias (Thmûis, Oxirrinco, Antinoópolis, entre outras). Essa tríplice formação não significa que todos os demais ritos particulares antes conhecidos no OC simplesmente desapareceram. Alguns sobreviveram em grupos considerados heréticos pelas autoridades patriarcais e/ou imperiais, de modo especial em regiões de difícil acesso ou para além das fronteiras do mundo bizantino. Constituíram grupos autônomos, por exemplo, (1) o *rito armênio*, derivado do antigo rito do Ponto, mantido em Cesareia da Capadócia, que sobrevive até os nossos dias e eventualmente veio a aderir à cristologia miafisita; (2) o *rito caldeu* (Siro-oriental), derivado do antigo rito de Edessa, que se tornou a liturgia da Igreja da Pérsia, cuja ortodoxia majoritária veio a ser a dioprosoponita; (3) o *rito maronita*, derivado do antigo rito siríaco, mas de modo a dar em uma configuração diversa do rito antioqueno, que sobreviveu na comunidade reunida ao redor do Mosteiro de São João Marón, no Antilíbano, preservando costumes que eram próprios das Igrejas de Emesa e Apameia. No fim do século VII, em função de poderosos fatores de ordem sociopolítica e cultural, dos conflitos cristológicos que irromperam desde o século V, e mesmo do estabelecimento do Islã como uma força política hegemônica sobre a maior parte das populações cristãs da Ásia e da África, forçando-as, no âmbito do sistema da *dhimmitude*, a um novo e diverso grau de estabilização, o OC dividia-se em três ritos principais e três ritos derivados das antigas metrópoles: o *rito bizantino*, o *rito alexandrino*, o *rito antioqueno*, o *rito armênio*, o *rito caldeu* e o *rito maronita*. Nesse tempo também já estava formado, a partir de uma mescla de costumes litúrgicos próprios do Patriarcado de Roma, helenos e romano-germânicos, a estrutura básica do *rito latino*.

Partindo desse ponto, ao mesmo tempo em que o *rito romano* mesclava-se com práticas litúrgicas provenientes da Gália, da Germânia e da Hispânia e disputava espaço com outros ritos, inclusive no interior da própria Península Itálica – onde subsistia em Milão o *rito ambrosiano* e era difundido na Sicília, na Córsega, na Calábria e no Exarcado de Ravena o rito bizantino –, os RO também conheceram desenvolvimentos particulares:

1) No século VIII, o *rito bizantino*, já bem-estabelecido na Grécia Continental, na Macedônia, na Ásia Menor, na Capadócia, em partes da Península Itálica e em Creta, difundiu-se também na Isáuria, no Chipre e em outras porções significativas do território eclesiástico vinculado ao Patriarcado de Jerusalém, onde acabou por suplantar as fórmulas litúrgicas autóctones. No século IX, os bizantinos levaram ao mesmo tempo a fé calcedônica e o seu rito aos búlgaros, sérvios e romenos, iniciando o processo de expansão que daria na conversão do Príncipe Vladimir de Kiev (m. 1015) e, a partir desta mudança político-religiosa, na transmissão do legado bizantino aos ucranianos e russos. Entre os séculos X e XI completou-se também a evolução, iniciada logo após o Concílio de Calcedônia e catalisada durante o governo de Justiniano (m. 565), através da qual os patriarcados calcedônicos (*melquitas*, *rūm ortodoxos*) de Antioquia e Alexandria abandonaram progressivamente seus antigos costumes autóctones para assumirem como seu o rito da Igreja de Constantinopla, que se tornou assim idêntico ao rito da ortodoxia calcedônica diante dos ocidentais. Digno de relevo é o fato, contudo, de que o rito bizantino no interior

da *Dar al-Islam* passou a ser celebrado em árabe, e não mais apenas em grego, desde um período muito recuado. O rito bizantino recebeu sua forma definitiva ao tempo da restauração dos paleólogos (1261-1453), principalmente nos numerosos mosteiros do Monte Atos, cuja renovação espiritual, em parte insuflada pelo hesicasmo e pela rejeição de qualquer fórmula de compromisso com o papado, ensejou que ele fosse reiterado através das Igrejas calcedônicas do mundo árabe e eslavo. A reforma do Patriarca Nikon de Moscou (m. 1666) para conformar os livros de sua Igreja com os do Patriarcado de Constantinopla provocou o cisma dos *velhos crentes* (*staroveros*), apegados até nossos dias a antigos usos litúrgicos eslavos, que são, de certa forma, mais fiéis ao rito bizantino conforme conhecido nos séculos X e XII.

2) Entre os séculos IX e XVII, o *rito armênio* expandiu-se em vários pontos do Oriente, destacando-se a região da Cilícia, onde veio a se formar um reino armênio, o restante do Cáucaso, a Pérsia, o Levante, o Egito e a Turquia islâmicas e o Hindustão. Também houve uma difusão da Igreja Armênia no Ocidente, nos séculos XVIII a XX. Deve-se notar, entretanto, que a atividade missionária dos armênios não tem sido historicamente notável, sendo a expansão de seu rito tributária antes de sucessivas ondas de imigração. Sua liturgia mantém elementos que os estudiosos remontam à liturgia pré-bizantina da Igreja de Jerusalém, e, sem perder seu caráter completamente original, acolheu numerosas influências bizantinas e latinas entre os séculos VII e XV.

3) O *rito antioqueno* (siro-ocidental) desdobrou-se claramente em três variedades. Primeiro, há o rito da *Igreja Siro-ortodoxa de Antioquia*, de cristologia miafisita, que melhor preservou as antigas tradições do culto cristão siríaco. Já antes do século X ele havia se estabelecido como o rito corrente da maior parte das comunidades cristãs da Siro-Palestina e da Mesopotâmia, principalmente nos mosteiros e nas paróquias rurais, além de ter tido grande presença e/ou influência na Pérsia, na Índia, na Arábia do Sul, no Egito e na Etiópia. Sua forma clássica, contudo, foi adquirida apenas algo depois, ao tempo do Patriarca Miguel o Grande (m. 1199), a quem se atribui a compilação do *Pontifical Siríaco* – obra de fim polêmico e caráter conservador, escrita em resposta à presença dos bispos latinos estabelecidos no Levante pelas Cruzadas. Por segundo, há o rito da *Igreja Maronita*, derivado do mesmo tronco daquele celebrado pela Igreja Siro-ortodoxa, mas marcado por certo número de especificidades e, a partir do século XII, deformado por numerosas modificações que procuraram aproximá-lo o mais possível do rito latino. Por terceiro, há o rito da *Igreja Siro-malancar*, um grupo de cristãos do sul da Índia que, durante o século XVII, recusou tanto a latinização imposta pelos missionários portugueses quanto a continuidade do vínculo pastoral com o Patriarcado da Babilônia dos Caldeus, de cristologia dioprosoponita. Vinculando-se ao patriarcado siro-ortodoxo de Antioquia, os malancares adotaram então a cristologia miafisita e reuniram sua tradição litúrgica siro-oriental e costumes autóctones com o rito siro-ocidental ao qual aderiam.

4) O *rito caldeu* (siro-oriental) desdobrou-se em duas variedades. Primeiro, há o rito da *antiga Igreja do Oriente*, eventualmente chamada pelos ocidentais e por seus próprios

membros (a partir do fim do séc. XIX) de *Igreja Assíria Ortodoxa*. O rito caldeu, preservando tradições do antigo cristianismo centralizado em Edessa, que reivindicava um vínculo com Jerusalém que não passava por Antioquia, tornou-se a forma litúrgica hegemônica do cristianismo persa e, a partir do século V, esteve sempre associado à cristologia dioprosoponita, condenada no Concílio de Éfeso. Os cristãos siro-orientais conheceram grande expansão na Idade Média, estendendo-se suas comunidades por todo o trajeto das *Rotas da Seda*, desde os desertos árabes e sírios até as ilhas do Oceano Índico, o Hindustão, a Mongólia, o Tibete e a China. Essa grande rede de igrejas, contudo, virtualmente entrou em colapso após o século XIV, ao tempo das conquistas de Tamerlão (m. 1405) – e em parte por causa delas. Parece que, no auge de sua expansão, o rito caldeu experimentou diversas adaptações, intentando, por exemplo, uma ousada síntese com certos costumes chineses no VIII – ainda que, quando se reencontre seu rastro no Império do Meio, perto de cinco séculos depois, ele terá afastado de si todo elemento de hibridização com o budismo e o confucionismo, recusando-se a abrir mão do siríaco não apenas como língua litúrgica, mas também como idioma de comunicação pastoral. Por segundo, há o rito da *Igreja Siro-malabar*, parcela mais significativa dos chamados *cristãos de São Tomé*, do sul da Índia. Esta numerosa comunidade, que reivindica uma origem apostólica, manteve vínculos históricos com as Igrejas do entorno do Mar Vermelho, majoritariamente miafisitas, apesar de receber sua hierarquia e instrução litúrgica da parte dos prelados da Antiga Igreja do Oriente estabelecidos na Pérsia. Em 1599, os siro-malabares rejeitaram a cristologia dioprosoponita e a comunhão com o patriarca da Babilônia dos Caldeus (residente desde o séc. VIII em Bagdá) e, sob a pressão da dominação colonial portuguesa, proclamaram sua união com a Igreja de Roma. Após uma malfadada tentativa de latinização de sua liturgia promovida sob o regime do *padroado*, entretanto, a maior parte dos siro-malabares acabou por romper com o papado, ou retomando o contato com os ditos *nestorianos*, sua matriz histórica, ou voltando-se para o patriarcado siro-ortodoxo de Antioquia (miafisita).

5) O *rito alexandrino* apresenta também duas variedades. Primeiramente, há o rito da *Igreja Copta*, fusão dos costumes litúrgicos alexandrinos com as práticas de culto dos grandes centros monásticos egípcios, contando ainda com significativa influência siríaca. Com o passar do tempo, já sob o domínio islâmico do Egito, o rito copta passou por sucessivas fases de uniformização; abandonado pelos greco-melquitas do país em favor do rito bizantino, passou a ser identificado de maneira clara com a prática litúrgica dos miafisitas do Vale do Nilo. Segundo, há o rito da *Igreja Etíope*, derivado do rito da Igreja de Alexandria, que durante muito tempo teve sua jurisdição sobre a Igreja da Abissínia (de fato, apenas a partir de 1959, os cristãos etíopes passaram a ter um patriarca próprio). A tradição litúrgica etíope, contudo, diferenciou-se da copta em função da manutenção de uma série de arcaísmos, de uma diferente relação entre poder político e religioso, e da incorporação de uma série de elementos veterotestamentários, siríacos, autóctones e de outras origens (incluindo latinos, bizantinos e armênios). É interessante notar que du-

rante um período extenso o rito etíope continuou aberto à improvisação, principalmente musical, dos *debteras*, cantores e escribas, que constituem um elemento próprio do cristianismo abissínio.

Alfredo Bronzato da Costa Cruz

Ver também Cristianismo antigo; Culto aos santos; Igreja; Igreja Ortodoxa oriental; Jesus Cristo; Monaquismo.

ANGOLD, M. (org.) (2006). *The Cambridge History of Christianity*. Vol. 5: Eastern Christianity. Cambridge: Cambridge University Press.

BROUARD, M. (org.) (2006). *Eucharistia*: enciclopédia da Eucaristia. São Paulo: Paulus [trad.: B. Lemos].

DALMAIS, I.H. (1987). "Las familias litúrgicas orientales". In. MARTIMORT, A.G. (org.). *La Iglesia en oración*: introducción a la Liturgia. 2. ed. Barcelona: Herder.

IRVIN, D.T. & SUNQUIST, S.W. (2004). *História do movimento cristão mundial*. Vol. 1: do cristianismo primitivo a 1453. São Paulo: Paulus [trad.: J.R. Vidigal].

JENKINS, P. (2013). *Guerras santas*: como quatro patriarcas, três rainhas e dois imperadores decidiram em que os cristãos acreditariam pelos próximos mil e quinhentos anos. Rio de Janeiro: LeYa.

KHATLAB, R. (1997). *As Igrejas orientais católicas e ortodoxas*: tradições vivas. São Paulo: Ave Maria.

MCGUCKIN, J.A. (org.) (2011). *The Encyclopedia of Eastern Orthodox Christianity*. 2 vols. Chichester: Wiley-Blackwell.

PARRY, K. (org.) (2007). *The Blackwell Companion to Eastern Christianity*. Chichester: Wiley--Blackwell.

PELIKAN, J. (2015). *A tradição cristã*: uma história do desenvolvimento da doutrina. Vol. 2: O espírito do cristianismo oriental (600-1700). São Paulo: Shedd.

ZERNOV, N. (1972). *O cristianismo oriental*: um estudo das origens e desenvolvimento das Igrejas Ortodoxas Orientais. Lisboa: Arcádia [Tradução de Maria Ondina].

Orfismo

Orfismo e Orfeu – Denomina-se orfismo a corrente de pensamento religioso que a Antiguidade grega atribuía a Orfeu. O vocábulo é moderno; os gregos antigos utilizavam diversas expressões (do tipo de "o de Orfeu") para referir-se a questões literárias, filosóficas, religiosas ou míticas que tinham em comum uma relação com o dito personagem.

O peculiar é que Orfeu não foi um ser real, senão mítico, paradigma de habilidades poéticas e sobrenaturais, daquele que dizia que havia participado da expedição dos argonautas e que havia descido ao Hades para intentar resgatar a sua esposa defunta, o que esteve a ponto de conseguir, porém o não cumprimento das condições impostas pelos deuses infernais de não voltar a vê-la frustrou a possibilidade de conseguir. A maioria dos gregos o considerou, sem dúvida, um personagem histórico e lhe atribuiu a fundação de uns ritos chamados *teletai*, cuja finalidade era facilitar a salvação e um lugar privilegiado para a alma do defunto no mais além, assim como a autoria de poemas relacionados com estes rituais.

A estimativa do alcance do orfismo varia muito entre os estudiosos modernos, desde aqueles que acreditam que se tratou de uma Igreja organizada, até aqueles que negam totalmente a sua existência. Nenhuma das possibilidades extremas parece verossímil. O mais provável é que existiu um movimento religioso atribuído a Orfeu, que se prolongou entre os séculos VI a.E.C. e VI E.C., se bem que com limites pouco definidos, com modificações e com diferenças de matiz ao longo do espaço e do tempo (sobre Orfeu e orfismo, cf. BERNABÉ & CASADESÚS, 2008; uma posição hipercrítica, EDMONDS, 2013).

Textos órficos – A literatura atribuída a Orfeu se limita em um primeiro momento a tratar sobre a origem do mundo, a alma, os deuses e as relações entre os vivos e os defuntos, em concreto, dos procedimentos que deviam seguir para conseguir a salvação. Entretanto, dado ao crescente prestígio do personagem, na época imperial se creditam a Orfeu poemas de caráter pseudocientífico, como referidos a astrologia, magia ou até medicina.

De tais textos somente foram conservados completos três, todos eles poemas em hexâmetro e da época romana. Tem interesse para o conhecimento do orfismo o primeiro, uma coleção de *Hinos* dedicados a diversos deuses, com indicação da oferenda que devia acompanhar tais recitações. Não ocorre o mesmo com os outros dois: uma *Argonáutica* em que se narra a mítica expedição dos argonautas em primeira pessoa, como se o poema fosse escrito por Orfeu e um *Lapidário*, que se refere aos poderes

Muito mais importante para o conhecimento das crenças órficas são outros textos, epigráficos ou papirácios, outros conservados fragmentadamente em manuscritos:

a) As denominadas "Lamínulas órficas", pequenas lâminas de ouro, encontradas em tumbas e com hexâmetros inscritos, em que se confere aos usuários as instruções para encontrar um melhor destino no Hades; a mais antiga se data em 400 a.E.C. e a mais recente, na época romana (cf. BERNABÉ & JIMÉNEZ SAN CRISTÓBAL, 2008).

b) No papiro de Derveni, encontrado semicalcinado junto a uma tumba em Derveni, próximo de Salônica, entre os restos de uma cremação e em que se comenta em uma perspectiva filosófica um poema teogônico atribuído a Orfeu.

c) Entre as obras das que se conservam fragmentos citados por outros autores, destacam as teogonias, em especial a chamada *Rapsódias*, um extenso poema em 24 cantos, composto provavelmente entre os séculos II e I a.E.C., se bem que incorporando numerosos materiais mais antigos. Temos também informações de outros poemas mais curtos, compostos para circunstâncias específicas, ao longo de momentos muito diferentes da história.

d) Interessante é o denominado "Testamento de Orfeu", poema produzido no âmbito dos judeus helenizados de Alexandria, em que Orfeu, em primeira pessoa, reconhece que o politeísmo que havia professado era um erro e proclama a crença em um deus único.

(Edição desses textos em BERNABÉ, 2004-2007; traduções: BERNABÉ, 2012; MARTÍN HERNÁNDEZ, 2014.)

Crenças – A determinação das crenças dos órficos é um problema discutido, sobretudo pela falta de informação sobre alguns pontos. Relaciona-se em especial com elas um mito: o de Dioniso e os titãs, que contém a história da luta pelo poder entre os deuses, como se narra na *Teogonia* de Hesíodo.

Uma vez que Zeus se fez com o poder, cometeu incesto com sua mãe, Rea, identificada com Deméter e teve como filha Perséfone, depois que ele se uniu com sua filha e como resultado da dita relação nasceu o deus Dioniso; com ele o deus supremo evita ser destronado, já que distorceu as gerações e conseguiu que não haveria um "descendente" que pudesse fazê-lo. Dioniso se converte assim em uma espécie de *alter-ego* de si mesmo. Por ele devemos interpretar que, quando nas Rapsódias se conta que Zeus decide transmitir o cetro a Dioniso quando ainda era somente um menino, isso não deve considerar-se um destronamento, senão de alguma maneira uma continuação do poder de Zeus por meio de seu filho.

Sem dúvida, Hera, a esposa de Zeus e madrasta do recém-nascido, com o fim de acabar com este, instiga aos titãs, deuses da segunda geração irritados por haverem sido relegados, para que o façam. Disfarçam-se, pintando seus rostos com gesso, enganam a Dioniso com diversos jogos e o matam. Cometido o crime, o desmembram, o cozinham e o devoram, deixando somente seu coração. O sacrifício de Dioniso se converte assim em mãos dos órficos no abominável paradigma do sacrifício cruento, que deste modo resulta ser considerada uma prática nefanda.

Em castigo pelo crime dos titãs, Zeus os fulmina com o raio, porém consegue ressuscitar um novo Dioniso a partir de seu coração. Dos restos dos titãs caídos sobre a terra, da mescla que se produz entre o fogo do raio, as cinzas e o sangue dos titãs com a terra, surgem então os homens. As consequências deste crime violento afetam os seres humanos que, tanto por procederem em parte dos deuses (os titãs e Dioniso) e em parte da terra, têm uma parte imortal e divina, a alma, e uma parte mortal e corruptível, o corpo. Porém, por sua vez, a alma tem um componente divino positivo, que procede de Dioniso e outro negativo, produto da soberba dos titãs.

Segundo a mensagem órfica, os seres humanos deviam expiar o terrível crime de seus antecessores, os titãs, e por eles a alma de cada homem tem que ser castigada durante um longo espaço de tempo, superior à duração de uma só vida. Associa-se assim a ideia de castigo com a de reencarnação: o ingresso da alma em um corpo, que é para eles como um sepulcro, a necessidade de purificar-se e expiar ao delito e a libertação da morte do corpo, que se repete várias vezes, em um processo muito longo.

Deuses – os deuses dos órficos são basicamente os mesmos dos deuses gregos, com poucas diferenças: algum deus novo, como Fanes Primogênito, ou como Hupta. Entretanto, existe uma tendência até o monoteísmo, que reflete o fato de se considerar os deuses em certa medida como nomes, avatares, funções de uma divindade que é basicamente a mesma. Em qualquer caso, os deuses mais importantes no panteão órfico são Zeus, como deus supremo e Dioniso, que junto ao par Deméter-Perséfone, são os deuses que presidem aos rituais de salvação.

Escatologia – O objetivo final do conhecimento do mito e da celebração das *teletai* é a salvação da alma, que consiste em libertar-se do ciclo de reencarnações para recuperar no mais além uma situação de privilégio, uma espécie de estatuto divino ou ao menos sobre-humano, em companhia dos demais iniciados. Desse modo, o Hades – que em Homero é um lugar tão horrível quanto igualitário, habitado por almas inúteis, sem memória e nem vontade, que tem o mesmo destino, independentemente de como havia sido a sua trajetória pela terra – se converte em um espaço dual, em que existe lugar para quem não foi ainda iniciado (condenados ao castigo e a reencarnação) e outro lugar de compensação para a pureza ritual, lugar de paz, liberdade, felicidade, imortalidade e eterna juventude.

A vida órfica – Para conseguir a sua salvação, o órfico devia levar uma vida ritualmente pura. Celebrar os ritos requeridos e manter alguns preceitos básicos como abster-se do derramamento de sangue (o que implicava não comer carne e nem usar vestidos de lã e nem pele), assim como provavelmente manter uma abstinência sexual.

Magia – Um aspecto curioso do orfismo é a sua relação com a magia. O mito de Orfeu apresenta aspectos relacionados com a magia (como a capacidade de encantar aos animais com a música), que com o tempo se atribui a este personagem algumas fórmulas mágicas, encantamentos e feitiços, que podiam atuar como proteção na vida contra uma série de males (cf. MARTÍN HERNÁNDEZ, 2010).

Origens e continuadores das crenças órficas – O orfismo não é um compartimento estanque na história das ideias e das crenças dos gregos. Com efeito se tem descoberto influxos que procedem do Oriente Próximo (como o mito dos titãs) ou do Egito (alguns elementos das lâminas órficas de ouro) e outros que vêm da tradição não órfica, em especial de Hesíodo. Assim mesmo se tem estudado os vestígios do orfismo na literatura e na filosofia grega (cf. BERNABÉ & CASADESÚS, 2018). Por exemplo, no âmbito da literatura, existem resquícios do orfismo em autores como Píndaro, de cujos clientes da magna Grécia puderam ser seguidores desse movimento religioso. No âmbito da filosofia tem se destacado a influência do orfismo no pensamento de alguns pré-socráticos, como Empédocles (MEGINO, 2005), de Platão (BERNABÉ, 2011) ou dos estoicos (CASADESÚS, 2005), porém especialmente nos neoplatônicos (BRISSON, 1995).

Colofão (nota final) – Em suma, ao responder a necessidades de consolo e salvação individual, o orfismo, um movimento sem dogmas e nem igreja, que se abria livremente não importando quais eram os celebrantes, pode proporcionar a que cada um encontrasse o que buscava, desde que se conformasse em ser iniciado e participasse de ritos que não entendia, pensando que assim podia levar uma existência de privilégios no outro mundo, ou inclusive com o que lhe proporcionassem um feitiço ou maldição que livrassem de algum mal específico, até mesmo aqueles que achavam que podiam encontrar no texto órfico uma profunda mensagem científica ou religiosa (posturas para as quais havia intermediários de vários tipos).

Esse modo pessoal de viver a religião, baseado principalmente em alguns textos, sem nunca abandonar um quadro de referência comum: dualismo, pecado antecedente, ciclo da transmigração, ofereceria diferentes soluções para diferentes seguidores, dependendo do que cada um precisava. E foi essa flexibilidade que permitiu, por um lado, acolher no quadro órfico elementos de outros movimentos religiosos ou filosóficos e, por outro, influenciar, por sua vez, outras áreas.

Alberto Bernabé Pajares

Ver também Grécia antiga (religião); Mistérios gregos; Mitologia grega; Oráculos gregos.

BERNABÉ, A. (2012). *Hieros logos* – Poesia órfica sobre os deuses, a alma e o além. São Paulo: Paulus.

______ (2011). *Platão e o orfismo* – Diálogos entre religião e filosofia. São Paulo: Annablume.

______ (2007). *Poetae Epici Graeci* - Testimonia et Fragmenta. Pars II: Orphicorum et Orphicis similium testimonia et fragmenta [fasc. 1-2: Monachii et Lipsiae, Saur 2004-2005; fasc.3: Musaeus; Linus; Epimenides; Papyrus Derveni; Indices]. Berolini/Novi Eboraci: De Gruyter.

BERNABÉ, A. & CASADESÚS, F. (orgs.) (2008). *Orfeo y la tradición órfica, un reencuentro.* Madri: Akal.

BERNABÉ, A. & JIMÉNEZ SAN CRISTÓBAL, A.I. (2008). *Instructions for the Netherworld* - The Orphic Gold Tablets. Leiden/Boston: Brill.

BRISSON, L. (1995). *Orphée et l'Orphisme dans l'Antiquité gréco-romaine.* Aldershot: Routledge.

CASADESÚS, F. (2005). "Adaptaciones e interpretaciones estoicas de los poemas de Orfeo". In: ALVAR EZQUERRA, A. & GONZÁLEZ CASTRO, J.F. (orgs.). *Actas del XI Congreso Español de Estudios Clásicos.* Vol. I. Madri: Sociedad española de Estudios Clásicos, p. 309-318.

EDMONDS, R.G. (2013). *Redefining ancient Orphism*: A study in Greek religion. Cambridge: Cambridge University Press.

MARTÍN HERNÁNDEZ, R. (2014). *La ciencia de Orfeo* – Lapidarios y escritos sobre astrología y medicina. Madri: Antígona.

______ (2010). *Orfeo y los magos*: la literatura órfica, la magia y los misterios. Madri: Abada.

MEGINO, C. (2005). *Orfeo y el orfismo en la poesía de Empédocles*: influencias y paralelismos. Madri: Universidad Autónoma.

Paganismo

O termo "paganismo" é uma nomenclatura comumente utilizada para definir religiões não cristãs, geralmente europeias, de períodos anteriores ao cristianismo. O termo possui algumas problemáticas que dificultam sua compreensão, uma vez que as nomenclaturas "paganismo" ou "pagão" apresentam-se com desafios, para alcançar seu significado original. Ronald Hutton argumenta que, por mais de 100 anos, pesquisadores propõem estudos da etimologia do termo enquanto advindo da palavra "*paganus*", originada do latim. Diante de um entendimento geral, o termo "pagão" é compreendido como "rústico"; no entanto, em 1986, o historiador Robin Lane Fox ressaltou que o significado popularmente utilizado nunca havia sido, de fato, comprovado. O autor propõe outras interpretações baseadas no significado "civil", já que, no mundo romano, os cristãos consideravam-se "soldados a serviço de Cristo", sendo assim, o "pagão" poderia ser compreendido como uma pessoa que não estava envolvida no "exército cristão de Deus".

Paul Sturtevant elucida que a interpretação do termo "pagão", relacionado ao significado "civil", refere-se ao Tertuliano africano, que remete ao início do século III, o qual escreveu *De militia Christi* e, com isso, argumenta-se que o termo "pagão" originalmente significaria "civil". Seguindo as inúmeras tentativas de se chegar ao significado original do termo em questão, o acadêmico francês Pierre Chuvin propõe que a palavra "pagão" poderia ser originada de *pagani*, que se refere aos seguidores de outras tradições religiosas. Argumentou que o termo era utilizado para denominar aqueles que preferiam a fé de *pagus*, a religião antiga do local. Nas tentativas de elucidar a origem do termo, Christopher Johns retoma a etimologia da palavra "pagão" (português); "*pagan*" (inglês); "*païen*" (francês); "*pagano*" (italiano e espanhol), argumentando que todas estas remetem à palavra latina "*paganus*".

Seguindo o sentido interpretativo da palavra "pagão", originada do latim clássico "*pāgānus*", Glen Warren Bowersock, Peter Brown e Oleg Grabaro, no livro *Late Antiquity: A Guide to the Postclassical World* (1999), discorrem sobre o significado do termo, este refere-se ao que não é participante, ou seja, àquele que é distinto de um determinado grupo. Ademais, pode ser interpretado no sentido de "privado" ou "oficial". Diante das possibilidades, acredita-se que seu significado tenha sofrido transformações e que passou a ser utilizado por cristãos enquanto termo para se referir às religiões politeístas. Com isso, a nomenclatura "pagão" passou a ser referida às pessoas que residiam no campo ou que eram consideradas "rústicas". No entanto, esta última significação possui sentido pejorativo, sua utilização remete ao século IV; nesse período, o termo foi apropriado pelos cristãos da época, para denominarem povos ou comunidades não cristianizadas e, portanto, possuía sentido depreciativo. Sturtevant Paul realizou uma problematização da utilização dos termos enquanto uma associação do não cristão; conforme seu entendimento, o termo "pagão" é amplamente utilizado em dois contextos diferentes. Primeiramente, o termo remete a religiões não abraâmicas e, assim, é compreendido como um derivado da palavra latina "*paganus*"; foi originalmente apropriado em referência a qualquer pessoa à margem da sociedade ou àquela que vivia em áreas rurais, ou seja, fora das cidades romanizadas e, mais tarde, passou a se referir àqueles que não eram "batizados".

As compreensões da utilização do termo também refletem o sentido de que a idolatria antiga ainda existia em vilarejos ou comunidades. Sendo assim, o sentido da palavra "pagão" deriva de uma interpretação que se referia à pessoa que estava fora de uma comunidade em particular, ou seja, remete ao sentido de "rural". Ressalta-se, portanto, que sua utilização era comum, inicialmente desprovida de significado religioso e, mais tarde, passou a ganhar sentido de servidão, associada ao religioso. Ao discutirem a evolução do termo, os autores Glen Warren Bowersock e Peter Brown discorrem sobre seu desenvolvimento, argumentando que a palavra "pagão" está envolvida em um processo complexo de desenvolvimento e transformação. Compreende-se, assim, que devido às necessidades da sociedade e do clérigo da Idade Média Ocidental em enxergar o mundo em categorias religiosas, o termo "pagão" passou a ser propagado para denominar a pessoa não batizada e, também, foi empregado para descrever invasores nórdicos na Inglaterra.

Autores como Pierre Chuvin, William Young, Ninian Smart, Glen Warren Bowersock, Peter Brown e Paul Sturtevant, dentre inúmeros acadêmicos que tanto utilizam o termo "paganismo" em suas pesquisas, para se referir às crenças não cristãs, também ofereceram um contraponto ao argumentarem a necessidade de se chegar a uma compreensão terminológica deste conceito. Para que seja possível um entendimento amplo de definição, compreendendo sua pluralidade cultural, ressalta-se, portanto, que os extensos debates a respeito do tema seguem linhas interpretativas distintas. As problemáticas do termo "paganismo" estão envolvidas em discussões etimológicas existentes nas tentativas de se chegar a uma definição mais adequada para denominar crenças pré-cristãs. Ainda assim, acabam por não serem suficientes para contemplar todas as manifestações religiosas não cristãs.

Com isso, a palavra "pagão" ou "paganismo" passa a não ser universalmente aceita pelos acadêmicos contemporâneos, uma vez que a utilização do termo, para se referir às religiões pré-cristãs europeias, pode representar uma visão eurocêntrica imperialista e, com isso, opta-se por adotar outros termos para nomear as religiões pré-cristãs em estudos acadêmicos. É o caso do termo "pré-cristão" e *heathen;* este último é comumente utilizado para denominar as religiões antigas da Escandinávia, porém, ainda apresenta problemáticas. Em relação ao emprego do termo "paganismo" e sua definição direcionada para o contexto europeu, Michael York problematiza esta concepção e dispara uma pergunta reflexiva sobre o que diferiria as tradições europeias das demais religiões antigas de outras regiões do mundo, indagando se a questão geográfica seria argumento suficiente para não relacionar às tradições indianas, iranianas, assim como eslavas e outras inúmeras existentes pelo mundo enquanto "paganismos".

Sob este olhar, o termo "paganismo" poderia ser aplicado a diversos outros sistemas de crenças, tais como paganismo eslavo, paganismo nórdico, paganismo celta, paganismo indiano, paganismo chinês, dentre outros. Enquanto procura solucionar uma definição do que seria o "paganismo" como categoria religiosa e, assim, propondo uma perspectiva plural, Michael York sugere uma definição que inclui concepções relacionadas ao politeísmo, ao animismo e à idolatria. Em suma, o paganismo pode ser compreendido com características politeístas, ou seja, envolve números de entidades, bem como possui entidades tanto masculinas quanto femininas; também há práticas magicas e ênfase em rituais, e a relação do humano com o sobrenatural ocorre de forma relacional específica, uma vez que a divindade e os seres são compreendidos de maneira codependente. Ademais, argumenta-se que a característica que irá distinguir as tradições "pagãs" de outros sistemas de crenças está no polimorfismo extremo; sendo assim, as divindades, os seres vivos e o sobrenatural podem apresentar-se de inúmeras formas.

Susan Sanae Tsugami

Ver também Mitologia celta; Mitologia escandinava; Mitologia eslava; Paganismo medieval; Politeísmo; Religiosidade popular no Medievo.

BOWERSOCK, G.; BROWN, P. & GRABARO, O. (1999). *Late antiquity*: A guide to the postclassical world. Massachusetts: Harvard University Press.

HUTTON, R. (2001). *The triumph of the moon*: A history of modern pagan witchcraft. Londres: Oxford.

JONES, C.P. (2012). The fuzziness of "paganism". *Common Knowledge*, vol. 18, n. 2, p. 249-254.

STURTEVANT, P.B. (2012). Contesting the semantics of Viking Religion. *Viking and Medieval Scandinavia*, vol. 8, p. 261-278.

YORK, M. (2003). *Pagan theology*: Paganism as a world religion. Nova York: New York Press.

Paganismo medieval

Comecemos por delimitar o escopo deste verbete ressaltando a ausência de um tópico potencialmente aguardado pelos leitores, que não encontrarão aqui, contudo, qualquer referência às diversas manifestações condenadas como "resquícios pagãos" de diversa origem pela elite eclesiástica cristã, em especial, ao longo de toda a Alta Idade Média na Europa Ocidental. Quando, a partir da década de 1970, os estudos da religiosidade medieval se multiplicam e diversificam, ampliando a visão restritiva do tema até então predominante, que advogava a plena vigência de uma ortodoxia cristã mecânica e imediatamente assimilada pelas populações convertidas no Ocidente desde o alvorecer da Idade Média, seria posta finalmente em xeque a célebre sinonímia, vigente desde o século XIX, entre Idade Média e Idade da Fé (cristã e ortodoxa).

Ora, uma vertente desta renovada historiografia, apoiada na abundância de referências reveladoras de um amplo e corrente espectro de práticas "mágicas e pagãs" em curso no período, pretendeu mesmo promover uma espécie de inversão dos polos, "descristianizando" a Idade Média (DELUMEAU, 1975, p. 3-20). Assim, limitou a imagem de uma sociedade cristã medieval coesa e plenamente ortodoxa ao âmbito de um restrito grupo social constituído por suas elites eclesiásticas. Quanto ao mais amplo contingente populacional das sociedades medievais, especialmente radicado nos campos, seria composto por camponeses pagãos recalcitrantes que desafiavam a religião oficial, expressando as incontornáveis falhas dos esforços de cristianização.

A nosso juízo, contudo, a perspectiva apresentada só se sustenta se fecharmos os olhos a uma série de registros que indicam como o cristianismo foi efetivamente incorporado à visão de mundo, e de iniciativas de ação sobre ele, dos mais diversos segmentos sociais medievais, inclusive dos seus amplos setores rurais, dando ensejo a outro fenômeno, o da religiosidade popular, abordado em outro verbete ao qual remetemos o leitor. Trataremos, pois, a seguir, na forma de uma síntese limitada pelo difícil acesso à bibliografia especializada, dos paganismos vigentes nos séculos medievais naquelas regiões "tardiamente" tocadas pelo cristianismo e que se mantiveram pagãs ainda por séculos da periodização medieval, caso dos escandinavos, dos povos das regiões bálticas e dos eslavos.

O paganismo, ao longo da Idade Média, entre os povos vikings esteve no cerne das disputas político-religiosas que assolaram a região escandinava como contraponto à crescente presença do cristianismo. O modo de vida dessas comunidades manteve-se, ao longo dos séculos anteriores à Era Viking (séc. VIII-XI), de forma muito similar àquela descrita pelos cronistas romanos, como Júlio César e Tácito, que se referiram aos povos germânicos que habitaram as franjas daquele império no início da era cristã. Porém, a hegemonia da religiosidade pagã entre os nórdicos encontrou seu fim com a ascensão das monarquias que, oficialmente recém-convertidas ao cristianismo ao longo do século XII, promoveram a unificação das comunidades da Escandinávia.

Em sua constituição, aquela religiosidade configura-se como um conjunto de práticas, ritos e crenças que deram forma às suas manifestações. Porém, não se apresentavam como um sistema religioso fechado. O paganismo escandinavo não era ordenado por princípios, dogmas e regras rigorosos, sendo, pois, segundo Régis Boyer, suas atividades designadas como *in forni siðr*, ou seja, a prática religiosa antiga, pagã, em contraposição à denominação *innnýrsiðr*, que se referia ao novo conjunto práticas cristãs (BOYER, 2004, p. 337).

O conhecimento mais apurado da mitologia nórdica – conjunto de lendas que dá embasamento às crenças pagãs –, se preservou graças às compilações produzidas nos séculos XII e XIII, portanto posteriores à Era Viking, que constituíam a chamada poesia "éddica" transcrita nas famosas Edda Poética e Edda em Prosa (CARDOSO, 2006, p. 33). Este conjunto de documentos registra um gênero tradicional, oral e anônimo de uma literatura popular que surge na Escandinávia e que, apesar de pequenas variações regionais, desenvolvera-se entre os germânicos desde, pelo menos, os tempos das migrações ao Império Romano.

Além das Eddas, o *corpus* documental sobre as divindades nórdicas se estende a outras fontes como as crônicas da colonização, as Sagas Islandesas e os poemas escáldicos. Estes documentos, ainda que de forma indireta, tomam os temas mitológicos como parte integrante de suas narrativas, sendo, portanto, obras que complementam o entendimento do mundo cosmológico escandinavo. As fontes arqueológicas, como pedras rúnicas (*runestones*), armas, joias etc. cumprem o mesmo papel para o entendimento não apenas das deidades, mas também das formas pelas quais o culto era realizado.

A mitologia descrita nas fontes tem como entidades supremas os deuses Ases e Vanes. Entre os primeiros destacam-se como mais importantes Odin, Thor e Balder, cuja atuação se dava especialmente no âmbito da guerra e da governança. Já entre os Vanes, destacam-se Njord (divindade associada aos mares) e seus filhos Freyr e Freyja, divindades ligadas à felicidade, paz e riqueza (AYOUB, 2015, p. 191). Além destas deidades, a mitologia nórdica é povoada por outros seres como elfos, gigantes, anões e até mesmo humanos. Os animais, corvos, lobos e cavalos também são mencionados nas narrativas, bem como objetos mágicos como espadas, anéis e o famoso martelo de Thor, o Mjölnir.

Em sua dinâmica, o paganismo no Medievo se constituiu como expressão não apenas da religiosidade em sentido estrito, mas também de demandas e anseios sociais dos crentes. Aron I. Gurevich esclarece que, "quando se trata da Idade Média, é praticamente impossível isolar esferas culturais verdadeiramente diferenciadas, tais como a estética, a filosofia, o conhecimento histórico ou o pensamento econômico" (GUREVICH, 1990, p. 23). A concepção do universo metafísico no Medievo compõe uma percepção de mundo na qual o cotidiano, em suas expressões políticas, econômicas, artísticas, estéticas etc. estavam imersas de e na religiosidade, e vice-versa.

Embora tivessem sido construídos templos para os cultos aos deuses, como o famoso templo de Uppsala, estes espaços não eram o único lugar para o exercício da fé. Além destas edificações, os pagãos nórdicos se conectavam com suas divindades em espaços naturais considerados sagrados, tais como bosques, pedras, rios e lagos. Ocasiões especiais, como a realização de assembleias (*things*), eram igualmente místicas, sendo, deste modo, por exemplo, expressamente proibido o uso de armas nestes espaços durante este momento. Deve-se ter em conta, no entanto, que esta estrutura de cultos locais não formava um sistema de "ilhas de devoção", uma vez que os seus participantes, como membros das sociedades que os elaboravam, mantinham relações de ordem diversas com os demais membros de outros agrupamentos vizinhos (DuBOIS, 1999, p. 42).

As regiões bálticas, entre o Rio Elba e o Golfo da Finlândia, jamais foram incorporadas ao Império Romano, e permaneceram ocupadas no primeiro milênio E.C. por povos que viviam especialmente da promoção sistemática de saques, seu principal meio de vida. A partir de fins do século X, contudo, passou a sofrer o assédio de um Sacro Império Romano em expansão. Segundo Prudence Jones e Nigel Pennick, "estabelecida uma sé em Hamburgo em princípios do século IX, Otão I serviu-se dela e de outras novas fundações um século mais tarde como postos avançados na sua campanha para conquistar para a Cristandade os eslavos ocidentais, os habitantes das terras pagãs do Leste" (JONES & PENNICK, 1999, p. 243). O sucesso inicial alcançado na Polônia em torno do Ano Mil foi contrabalançado pela encarniçada resistência pagã movida pelos vênetos, consubstanciada na violência que redundou na expulsão de missionários da região, primeiro em 1018 e, em seguida, em 1066, e o Sacro Império teria que aguardar por décadas até promover novas investidas.

Elas recomeçaram em meados do século XII, com uma cruzada dirigida às regiões ocidentais do território dos vênetos, conhecida como Pomerânia. Ainda que tenham vindo a se converter ao cristianismo, o paganismo manteve-se ativo por séculos, em especial entre a numerosa população camponesa (CHRISTIANSEN, 1980, p. 32). Por volta de 1153, o deus Triglavainda era venerado por eslavos e saxões em Brandenburgo, mesma área na qual, havia um milênio, mantinha-se o centro do paganismo germânico, e onde os semnones, segundo Tácito, celebravam o seu deus supremo no espaço venerando (JONES & PENNICK, 1999, p. 245). Na Alta Idade Média, o deus Svantovit, reverenciado pelos bálticos e pelos eslavos, ainda tinha o seu principal centro de culto no norte desta área, na ilha prodigiosa de Rügen. A ilha, em si mesma, era sagrada para o deus Rugevit, cujas bétulas divinais cresciam em abundância naquelas paragens. No sul da mesma ilha eram cultuados os deuses Poverit e Rugevit. No templo de Svantovit, no promontório mais a norte de Rügen, um pilar esculpido representava os quatro aspectos do deus. "Um deles segurava um chifre de um metal precioso, que era enchido com vinho, anualmente, para servir de oráculo quando toda a terra se reunia em assembleia, durante o festival das colheitas, e o sumo sacerdote decidia se a nação deveria ir para a guerra ou não" (JONES & PENNICK, 1999, p. 247).

Os templos possuíam estrutura idêntica aos celta-romanos, assim como ao de Upsala, basicamente um edifício quadrado. Num deles, em Arcona, eram mantidos uma sela e os arreios sagrados do deus Svantovit, utilizados em seus cavalos durante as cerimônias. Um dos principais objetos de culto era a espada do deus (JONES & PENNICK, 1999, p. 248). Na cidade de Stettin havia um grande santuário dedicado ao deus Triglav, onde se encontrava um carvalho e um poço sagrado, além de cavalos negros. Essa cidade contava com quatro templos, bem como salas onde nobres se reuniam para festins, utilizando pratos de ouro e prata (CHRISTIANSEN, 1980, p. 31).

A Leste do Golfo de Gdansk situava-se a Antiga Prússia, e na margem oriental do Báltico a Lituânia, a Livônia e a Estônia. Nessas regiões, o paganismo oficial perdurou até meados do período medieval. As tribos da Antiga Prússia eram intensamente devotadas ao seu paganismo. Seria apenas por meio de guerras de exterminação, demandadas pelos prelados cristãos, que se poria cobro ao paganismo oficial, em campanhas realizadas entre 1270 e 1273 pelas ordens militares cristãs dos cavaleiros teutônicos, apoiados pelos da cruz e pelos da espada. Merece particular destaque o caso da Lituânia. Aí chegou a se constituir um Estado verdadeiramente pagão, florescente por volta de meados do século XIV. A fragmentação tradicionalmente derivada da profusão de divindades locais foi superada pelas celebrações nacionais da vitória e pelos funerais estatais dos heróis, quando se invocavam as divindades comuns a todos os lituanos. Instituiu-se um paganismo de Estado pela veneração dos espíritos tutelares da nação, da mesma forma que os romanos e outras civilizações do Mediterrâneo haviam feito. Embora o paganismo oficial do Báltico tenha sido abolido no século XV, o paganismo popular continuou a florescer (JONES & PENNICK, 1999, p. 252).

Na Rússia, o Príncipe Vladimir introduziu a religião cristã em 998, tornando-a formalmente cristã ortodoxa com base numa Igreja russa nacionalista (p. 272). Antes disso, as divindades eslavas estavam intimamente relacionadas com as bálticas. O deus do céu era Svarog, e seu filho, Svarozhitsch, a divindade do fogo. A divindade da lua era Myesyats. O deus do clima era Erisvorsh; e os dos ventos eram Stribog, Varpulis e Dogoda. Na Ucrânia e na Bielorrússia, Perun era a divindade do Verão, oposta a Kolyada, o deus do Inverno. Krukis era a divindade patrona dos ferreiros e dos animais domésticos, enquanto o julgamento das más ações era supervisionado por Proven (JONES & PENNICK, 1999, p. 274). A deusa dos mortos era Baba-Yaga, que morava numa cabana rodeada por uma vedação de ossos com crânios no topo.

A deusa da fertilidade, Kupala, era venerada no meio do verão través de banhos rituais nos rios sagrados, merecendo oferendas de grinaldas nas águas, saltos à fogueira e a ereção de um poste de vidoeiro decorado com fitas. O gado era guardado pelo deus Walgino. A deusa eslava e checa, Devana, era, como Diana, a deusa da caça. O mundo natural era reconhecido na deusa do sul da Rússia, Polevoi, o espírito dos campos. Na Polônia, os campos eram guardados por três deuses: Datan; Lawkapatim e Tawals. Ovinnik, o espírito do estábulo, era venerado sob a forma de um gato preto (ROBERTSON, 1874-1875, vol. V, p. 458). Na Eslováquia, o deus de maior popularidade era Praboh, intimamente associado à deusa da vida, Zivena, contraposta, por sua vez, a uma deusa da morte, Morena. A agricultura era comandada por Uroda, deusa dos campos. Por todas essas regiões, os vários paganismos, com suas miríades de deuses e entidades diversas, cobriam um amplíssimo espectro de demandas e anseios essenciais à vida cotidiana dos crentes. Assim como ocorreu nas regiões ocidentais da Europa, o desaparecimento completo destes cultos e a perda da memória de suas tão celebradas divindades viria a decorrer menos do vigor dos cristianismos hegemônicos do que da decadência do milenar mundo rural europeu. Quanto a esse, sólido que fora, desmanchou-se, contudo, rapidamente no ar especialmente a partir do século XIX, dada a insinuante expansão do capitalismo e o "desencantamento" do mundo que viria a promover.

Mário Jorge da Motta Bastos
Patrick Zanon Guzzo

Ver também Mitologia celta; Mitologia escandinava; Mitologia medieval; Paganismo; Religiosidade popular no Medievo.

AYOUB, M.L. (2015). "Freyr". In: LANGER, J. (org.). *Dicionário de Mitologia Nórdica*: símbolos, mitos e ritos. São Paulo: Hedra.

BASTOS, M.J.M. (2013). *Assim na terra como no céu* – Paganismo, cristianismo, senhores e camponeses na Alta Idade Média ibérica (séculos IV-VIII). São Paulo: Edusp.

BOYER. R. (2004). *Les Vikings*: histoire et civilisation. Paris: Perrin.

CARDOSO, C.F.S. (2006). Aspectos da cosmogonia e da cosmografia escandinavas. *Brathair* 6 (2), p. 32-48.

CHRISTIANSEN, E. (1980). *The Northern Crusades*. Londres: Macmillan.

DELUMEAU, J. (1975). Déchristianisation ou nouveau modèle de christianisme? *Archives de sciences sociales des religions*, 40, p. 3-20.

DuBOIS, T. (1999). *Nordic Religion in the Viking Age*. Filadélfia: Philadelphia Press.

GUREVITCH, A.I. (1990). *As categorias da cultura medieval*. Lisboa: Caminho.

JONES, P. & PENNICK, N. (1999). *História da Europa pagã*. Mira-Sintra: Europa-América.

ROBERTSON, J.C. (1874-1875). *A History of the Christian Church*. Vol. V. Londres: John Murray.

ROWELL, S.C. (1995). *Lithuania Ascending*: a pagan empire within east-central Europe. Cambridge: Cambridge University Press.

Papado

A história do papado é, quase inevitavelmente, uma história dos papas. É a descrição de contextos díspares e realidades complexas usando medidas biográficas e trajetórias pessoais. Quando se emoldura a imagem da alternância milenar de líderes espirituais, de uma instituição sempre dinástica e com relevos de linhagem teocrática, raramente se inquire o papado como realidade efetivamente social, que conecta grupos heterogêneos, visões de mundo conflitantes e intrincados repertórios de atuação. Ações, pronunciamentos, leis, alianças e omissões surgem como voltímetros da espiritualidade da mesma mente, do homem que seria o centro presumível de um microcosmo político e religioso. Eis uma imagem controversa. Pois não há um germe do papado monárquico em todos os tempos. Não havia um nos primórdios.

Há indícios consistentes de que Pedro tenha falecido entre a comunidade cristã romana, mas não de que a tenha estabelecido. Sua origem precede a chegada do apóstolo – bem como a de Paulo. Em algum ponto dos anos 40, o habitual fluxo migratório oriundo da Palestina trouxe uma novidade: a crença em Cristo e as exigências comportamentais que lhe eram atribuídas. A comunidade, muito provavelmente, surgiu como uma das muitas fraternidades de judeus que existiam no centro do poder. A Igreja de Roma não era obra das pregações e conversões de um líder, mas uma identidade comum sedimentada por um forte senso de pertencimento coletivo. É o que se pode ler na chamada *Epistola Ad Corinthios*, conhecida como Primeira Carta de Clemente, de 96 ou 97, e na Epístola de Inácio de Alexandria, datada de 107.

A memória de uma comunidade fundada por Pedro surgiu posteriormente. A julgar por evidências documentais e arqueológicas, tal memória emerge na segunda metade do século II, como parte da autoimagem de uma comunidade em franca expansão e que buscava assumir um *status* especial para milhares de cristãos de todo o Mediterrâneo – como comprovariam os livros que formam a obra *Adversus Haereses*, do Bispo Irineu de Lyon. Entre os cristãos romanos, a figura do bispo ganha contornos mais lentamente do que em comunidades orientais. A distinção hierárquica, porém, não era menos nítida. Havia um clero numeroso. Ritos, batismo e disciplina moral eram prerrogativas de oficiantes que se distinguiam do crente comum. Cem anos depois, será possível contabilizá-los como um conjunto de postos regulares: 46 presbíteros, 7 diáconos, 7 subdiáconos, 42 acólitos, 52 exorcistas, leitores, ostiários – e o próprio bispo. Tal estrutura pressupõe uma estabilidade que perseguições imperiais como a de Nero interrompiam, mas não inviabilizavam – ao menos até meados do século III, quando a repressão atingiu larga escala.

Pressupõe igualmente expressiva inserção social. Muito antes do ano 300, a comunidade cristã romana abarcava dezenas de milhares de almas, incluindo desde escravos a membros da elite senatorial. Os efeitos eram sentidos não apenas no porte da administração clerical exigida, mas nas pressões criadas pelos desafios para conciliar a uniformidade da fé e a heterogeneidade social. O casamento entre pessoas de diferentes *status* jurídicos, a fronteira entre a pureza da fé e a obediência à unidade imperial, a rede de proteção material exigida pelos trabalhos pastorais, o lugar da lógica e da estética greco-romanas na separação entre a verdadeira e falsa doutrinas: eis alguns dos pontos de tensão que vieram à tona do cotidiano através dos conflitos envolvendo a autoridade episcopal. Conflitos que posteriormente seriam conhecidos como "cismas" (i. é, "divisões"): o "Cisma de Hipólito", morto em 236, e o "de Novaciano", falecido em 258.

Trezentos anos transformaram uma comunidade local em uma igreja rica, socialmente eclética e cuja ortodoxia era diretamente afetada pelas disputas entre grupos rivais. Nenhuma dessas transformações fora tão crucial quanto a ruptura operada no início do século IV, quando se iniciou o processo de assimilação das igrejas cristãs ao funcionamento do governo imperial. De 312 a 395, a estrutura do poder episcopal romano foi diretamente afetada pela ascensão do cristianismo como religião oficial do Estado. A chamada "virada constantiniana" – expressão que enfatiza o governo de Constantino I – representou mais do que o fim dos confiscos de bens, das proibições de cultos, prisões e sepulturas clandestinas. A Igreja de Roma foi profundamente remodelada. Liderá-la implicava, a partir de agora, assegurar isenções tributárias, fomentar o suporte orçamentário governamental, administrar propriedades adquiridas em diversos pontos do Mediterrâneo, tomar parte na aplicação de ordens emanadas da corte, responsabilizar-se pela vigência do Direito Romano. Realidade eloquentemente expressada em linguagem arquitetônica: a topografia urbana foi cravejada por basílicas grandiosas e uma residência papal em Latrão.

Os bispos romanos integravam o poder imperial. Por seiscentos anos, essa característica prevaleceu na história. Não da mesma maneira. *Grosso modo*, pode-se distinguir três fases em sua vigência: uma época propriamente romana (séc. IV ao início do VI), uma fase bizantina (séc. VI a meados do séc. VIII), e, por fim, a era carolíngia (séc. VIII e IX).

Os períodos romano e bizantino foram dominados pelas tensões entre os cristianismos que bordejaram o Mediterrâneo. As disputas provocadas por diferentes definições da profissão de fé e dos modelos de conduta cabíveis aos cristãos colocavam em risco a unidade religiosa e, através dela, a unidade política, a ordem pública encimada pelos imperadores. As décadas foram tomadas pelas "guerras santas" travadas entre grupos e movimentos como donatistas, arianistas, miafisistas, nestorianos, iconoclastas. No curso de tais conflitos, um protagonismo romano era exceção. Em episódios-chave para os rumos do cristianismo, o poder papal desempenhou um papel coadjuvante – quando não, marginal –, como no caso dos desfechos envolvendo concílios como o de Calcedônia (451) e o de Constantinopla (680-681).

Por outro lado, ao longo deste mesmo período, o ambiente eclesiástico romano tornou-se o nicho de uma transformação que acarretaria repercussões duradouras na vida ocidental: a afirmação da sacralidade apostólica como modelo de uma autoridade política. Tratou-se de um processo lento e complexo, impulsionado por diversas causas. A elaboração de teorias clericais sobre a natureza e os limites do governo dos homens – desde a chamada "teoria gelasiana das duas espadas" ao assim conhecido "agostinismo político" – foram fundamentais. Assim como o compasso crescente com que os papas assumiram a administração e a defesa de Roma e das terras do Lácio. Outro fator decisivo foi o crescente envolvimento dos eclesiásticos romanos na construção da legitimidade e, muitas vezes, da legalidade dos reis e reinos bárbaros instalados em antigas províncias imperiais. Pouco a pouco, o magistério apostólico incorporou atributos e prerrogativas temporais. O "primado de Pedro" – a precedência da Sé de Roma como a "rocha primitiva de toda a Igreja", a "mãe e cabeça de todas as províncias cristãs" – era, agora, muito mais do que um valor evangélico ou teológico: era um título papal repleto de implicações e de consequências políticas. A fase carolíngia da história pontifícia foi o palco de consumação dessa transformação, sobretudo com a consolidação dos chamados estados papais, como demonstrou Thomas F.X. Noble em *The Republic of St. Peter: the birth of the Papal State* (680-825).

No alvorecer do século VII, o bispado romano era uma liderança religiosa singular; seus ocupantes, cada vez mais mobilizados na reivindicação de um *status* especial entre os pastores cristãos. O enraizamento no modo de vida conhecido como romanidade (*romanitas*) distinguia o clero papal como força cultural. O papado é visto como um vetor de latinização de visigodos, francos, ostrogodos, anglos, saxões, magiares, vikings, eslavos; romanizando desde tributos até a tradução da Bíblia, de noções de propriedade às cerimônias e liturgias. Seu envolvimento nas missões de evangelização que percorreram imenso arco geográfico, das ilhas da *Britannia* e às margens do Volga, conferiu nuanças fortes e, por vezes, trágicas a uma concorrência religiosa. Cristãos gregos e latinos – esses últimos cada vez mais identificados com a liderança romana – competiam pela hegemonia cultural e as tensões entre eles desenharam um *front* religioso que se estendeu das ilhas mediterrânicas às montanhas da Geórgia, através da Bulgária e da Rússia. Concorrência pontilhada por antagonismos: as divergências sobre ações missionárias, dogmas e precedência hierárquica foram mais numerosas do que as excomunhões trocadas por Roma e Constantinopla em 1054 – mais conhecidas como Cisma do Oriente.

Entretanto, tal predomínio teria entrado em colapso na segunda metade do século IX. A fragmentação do Estado carolíngio abriu caminho para uma inédita ascensão aristocrática. Por todo o Ocidente, linhagens senhoriais apoderaram-se da ordem pública e, com ela, dos destinos de incontáveis igrejas. O Lácio não foi exceção. A vida clerical entrou na órbita de influência dos magnatas e foi colonizada por membros dos principais clãs: os *Tusculani* e os *Crescenzi*. O macabro episódio conhecido como "Sínodo do Cadáver", no qual os restos mortais do Pontífice Formoso foram entronizados e julgados, em 897, inauguraria um longo período de decadência, no qual o papado teria retrocedido para as dimensões de um patrimônio nobiliárquico: um poder local, vazado por abusos morais e escândalos sexuais, irrelevante em termos jurisdicionais e teológicos. Estendida até a década de 1040, a imagem de uma "Igreja escravizada por leigos" é opinião corrente entre estudiosos, embora essa mesma época tenha produzido defesas vigorosas da autoridade papal e da liberdade eclesiástica – como se lê nos opúsculos *In Defensione Sacrae Ordinationis Papae Formosus* e *De causa Formosiana Libellus*. Caberia igualmente recordar as pesquisas de historiadores como Pierre Toubert e John Howe, que demonstram a importância desse "papado familiar" para a reestruturação da Cúria Romana, para a expansão das reformas monásticas e a normatização das crescentes mobilizações populares.

O século XI surge como o palco maior da ascensão institucional e ideológica do papado. Se a "Época de Constantino" trouxe a Igreja de Roma para o âmbito da ordem pública imperial, a "Era Gregoriana" – em alusão ao Papa Gregório VII, morto em 1085 – apresentou à Cristandade um papado autônomo, capaz de multiplicar alianças, vínculos de dependência e proteção, além de rendas e jurisdições, em escalas suprarregionais. Não mais um integrante da ordem pública, mas seu próprio fundador. O bispo romano ocupava um lugar sem precedentes em seu passado milenar. Entre os historiadores, predomina a inclinação para explicar essa vertiginosa ascensão como uma escalada de poder triunfal e linear, protagonizada por ideias inovadoras acerca da fé e da correta ordem do mundo cristão – sobretudo entre os que a conceituam como "A Reforma Gregoriana". Todavia, estudos recentes a definem como um processo imprevisível e irregular, impulsionado por agudas contradições sociais e pressões materiais. O "novo papado" resultava de profundas crises: fraturas sociais comprometeram a inserção local da elite clerical romana, forçando-a a encontrar novas bases de poder – patrimonial, político e cultural – longe do Lácio.

O novo modelo institucional difundiu um rigoroso senso corporativo sobre a investidura de postos e bens eclesiais, deslegitimou prerrogativas aristocráticas ancestrais, dessacralizou realezas, adotou padrões inéditos para a disciplina jurídica. As transformações ganharam relevo nas centenas de cânones oriundos dos concílios e sínodos anualmente convocados em nome de "Pedro, príncipe dos apóstolos", bem como na vasta literatura polêmica deixada pela época: os muitos libelos, tratados, epístolas, poemas e crônicas sacados como armas para defender tanto quanto condenar as condutas e ideias papais. Condutas e ideias que alcançavam o cotidiano de milhares de cristãos, esparramados da Islândia à Sicília, de Portugal à Polônia, convocando-os a integrar os exércitos das Cruzadas, a obedecer os agentes e procedimentos de uma cúria papal burocratizada, a reconhecer a vigência dos sofisticados códices de direito canônico aprovados pessoalmente por Sua Santidade, a entregar as almas ao combate contra as muitas heresias que infestavam o Languedoc, as comunas italianas, as terras de Flandres e Aragão. A formação das universidades, a instauração de novas ordens religiosas como franciscanos e dominicanos, a santidade, os sacramentos, a Inquisição, o individualismo: em todos esses assuntos, a voz papal era uma força instauradora e reguladora. Dos registros deixados pelas chancelarias papais entre 1199 a 1303 sobressai um vasto conjunto de privilégios, prerrogativas e imunidades que teriam conferido à Igreja Romana as características de uma corte eclesiástica, e à Igreja como um todo, as feições de uma instituição centralizada e burocratizada, capaz de englobar o Ocidente.

O fortalecimento das monarquias nacionais e das repúblicas citadinas, a difusão de uma cultura política embasada no naturalismo e racionalismo gregos, a crescente monetarização das relações sociais, a secularização do direito e as crescentes revoltas populares são alguns dos fatores que forçaram uma drástica redefinição dos horizontes do poder papal nos séculos XIV e XV. Neste caso, "redefinição" significa limitação e enfraquecimento. Realidade que resultou na transladação do papado de Roma para Avignon: território borguinhão na esfera de influência da poderosa realeza francesa. Durante os setenta anos em que residiram na Gália, 1309 a 1378, os pontífices governaram uma cúria abalroada de funcionários, que exerciam rígido controle sobre as nomeações de bispos e abades, e convertida em um dos maiores centros financeiros da Cristandade. Uma Igreja riquíssima e igualmente contestada. Acusações de tirania, corrupção e degeneração espiritual fulminaram a autoridade pontifícia sob o signo da crise e da decadência. Ao redigir o *Defensor Pacis*, em 1324, Marsílio de Pádua recusou o primado petrino e afirmou que o bispo de Roma devia se subordinar ao julgamento do legislador humano; quase vinte anos depois, Guilherme de Ockham encontrou na "plenitude de poder" reivindicada pelos sucessores de Pedro as provas de um desprezo pela lei divina e pelas Sagradas Escrituras.

Aos olhos dos papas, o mundo habitado por um John Wycliffe (m. 1384) era uma terra infernal. Acossados, os sucessores de Pedro radicalizaram a doutrina católica. Convictos de que sofriam assaltos diretos de satã, diversificaram os repertórios de repressão à dissidência, na qual identificavam desde segmentos da ordem franciscana até bruxas, leprosos, judeus ou grupos camponeses. Vazada por rivalidades seculares e eclesiásticas, a unidade institucional se rompeu antes do fim do século. Por duas gerações, dois clérigos se apresentaram aos fiéis como sumos pontífices, um em Roma, outro em Avignon. Perdurando até a década de 1410, o cisma projetou o papado como causa direta para a multiplicação dos movimentos reformadores que culminariam na divisão da Cristandade no início do século XVI.

Leandro Duarte Rust

Ver também Arte e religião no Medievo; Cruzadas; Educação e religião no Medievo; Guerra e religião no Medievo; Igreja; Poder e religião no Medievo.

DEMACOPOULOS, G.E. (2013). *The Invention of Peter*: Apostolic discourse and Papal Authority in Late Antiquity. Filadélfia: University of Pennsylvania Press.

HOWE, J. (2016). *Before the Gregorian Reform*: the Latin Church at the turn of the First Millennium. Ithaca/Londres: Cornell University Press.

LEVILLAIN, P. (org.) (2002). *Dictionnaire Historique de la Papauté*. Paris: Fayard.

MACCARRONE, M. (1971). *La teologia del primato romano del secolo XI*. Milão: Vita e Pensiero.

MORRIS, C. (2001). *The Papal Monarchy*: The Western Church from 1050 to 1250. Oxford: Clarendon.

NOBLE, T.F.X. (1984). *The Republic of Saint Peter*: the birth of the Papal State (680-825). Filadélfia: University of Pennsylvania Press.

ROLLO-KOSTER, J. (2015). *Avignon and Its Papacy, 1309-1417*: Popes, Institutions, and Society. Londres: Rowman & Littlefield.

RUST, L.D. (2011). *Colunas de São Pedro*: a política papal na Idade Média Central. São Paulo: Annablume.

SCHIMMELPFENNIG, B. (1992). *The Papacy*. Nova York: Columbia University Press.

TOUBERT, P. (1973). *Les structures du latium médiéval*. 2 vols. Roma: B.E.F.A.R.

Poder e religião no Medievo

Tradicionalmente, o poder esteve no cerne da atenção historiográfica. Desde os tempos antigos, os historiadores se detiveram na narrativa dos feitos de "grandes homens", expressos em batalhas e guerras, acordos diplomáticos ou casamentos. Ocasionalmente, a história de reis ou imperadores era complementada por intrigas da corte, e, no caso medieval, pela atuação de aristocratas, papas e do *popolo grasso* citadino.

Seria inoportuno tentar enumerar todos os aspectos que levaram à revisão da chamada História Política, particularmente observada na segunda metade do século XX. A consolidação da História Social e *annaliste*, e o advento da História Cultural e da "História vista de baixo" se associaram, no âmbito historiográfico, a um conjunto amplo de mudanças políticas, sociais e culturais em andamento, tais como o declínio dos impérios coloniais e a ascensão do "terceiro mundo", a emancipação feminina e sexual, a denúncia ao racismo, dentre outras.

Quanto às teorias sociais, o poder também foi repensado em diversas frentes, pela revelação "política" de instituições e figuras públicas até então desconsideradas, como escolas, manicômios, artistas e estilistas. Igualmente, estudos de gênero e sexualidade, linguísticos, etnográficos e mesmo o repensar da relação centro-periferia permitiram redefinir, não sem problemas, os contornos da "política".

Por certo, os medievalistas estiveram atentos às novas percepções sobre o poder e às contribuições da nova história política. Contudo, há até poucas décadas, pareciam constrangidos em investigar as relações entre poder e religião: nomeadamente, em considerar politicamente a Igreja e o cristianismo, assim como suas associações com outras instituições. Alguns episódios nos parecem bastante reveladores.

O entendimento sobre a aproximação entre Igreja e Império Romano, conhecida como "revolução constantiniana" é, ainda hoje, fortemente influenciado pelo enfoque pessimista de reformadores e iluministas ou, ao contrário, pela apologia católica. Deste modo, tende-se a reduzir a conversão de Constantino a um "cínico" cálculo político ou a um verdadeiro "ato de fé". Por conseguinte, os episódios de conversão de monarcas, como Clóvis (496?-508?), Recaredo (589) e Etelberto (601?) foram frequentemente reduzidos às mesmas avaliações – com a eventual adição pela exaltação nacionalista extemporânea.

Por sua vez, outros episódios de aliança e conflito entre a Igreja e imperadores, carolíngios ou romano-germânicos foram, em larga medida, reduzidos ao esforço por definir o que seria propriamente "político" ou "religioso": tais parecem ser os casos da difusão da "Doação de Constantino" (*c.* 750) e da coroação imperial de Carlos Magno (800) e, sobretudo, da "Querela das Investiduras" (séc. XI-XII).

No estudo do Oriente bizantino, as dificuldades analíticas são maiores por conta da inadequada e difundida noção de "cesaropapismo", que prenuncia a proeminência imperial nos assuntos eclesiásticos, tensionada nos concílios ditos ecumênicos ou em episódios como a "Controvérsia Iconoclasta" (séc. VIII).

Somadas às contribuições que renovaram o interesse histórico pelo poder, a sociologia, a antropologia e os estudos comparados permitiram que alguns medievalistas lançassem novas luzes sobre as correlações entre poder e religião no período, considerando a inserção "política" eclesiástica.

Aqui, destacamos dois aspectos das relações entre poder e religião no período medieval: o papel dos bispos e concílios na condução dos assuntos eclesiásticos e, por outro lado, do monacato nas articulações dogmáticas e políticas. Nosso foco se detém nos períodos da Primeira e da Alta Idade Média, que costumam receber pouca atenção dos pesquisadores interessados nas imbricações políticas e religiosas do Ocidente medieval.

Se os estudos históricos há muito reconheceram os bispos como figuras de poder, contribuições recentes nuançaram os contornos analíticos sobre a política eclesiástica. Tais contribuições têm, portanto, problematizado interpretações que caracterizam os bispos romanos como "protopapas" e, por regra, estão pautadas em documentos "oficiais", como histórias, éditos, atas conciliares e decretais.

Inegavelmente, as novas perspectivas se associam tanto à releitura da documentação tradicional quanto à inclusão de hagiografias, sermões e epístolas no bojo das reflexões históricas. Além disso, tendem a pensar a inserção política dos bispos em alcance local ou regional.

Decorre daí um entendimento de que sua liderança nos assuntos citadinos se articulou a um repertório de ações tão variado quanto surpreendente: não por acaso, autores espanhóis evocam a figura de um poliedro para expressar as muitas facetas que os prelados podiam assumir junto às suas comunidades, na condição de oradores, médicos, embaixadores e afins. Além da condução dos assuntos "públicos", hoje se sabe que os bispos como Ambrósio, Agostinho e Leão também se interessaram por temas domésticos, relativos ao matrimônio ou ao trato destinado aos escravos.

Sobretudo com as concessões garantidas desde o século IV pelos imperadores e, depois, por monarcas "bárbaros", um cargo público de tamanha relevância não seria garantido senão por disputas cada vez mais acirradas no seio da aristocracia. No plano geral, a busca por protagonismo nos assuntos eclesiásticos mobilizou tanto sedes notáveis como Alexandria, Roma e Constantinopla quanto, em menor escala, suas congêneres ocidentais e respectivas sedes sufragâneas, casos de Milão, Arles, Toledo e Tours.

No âmbito local, as tensões se agravavam por ocasião das eleições episcopais por facções aristocráticas concorrentes e que, não raro, envolveram mútuas acusações de heresia, episódios de violência e precisaram contar com a intervenção secular. Ainda que as eleições no Ocidente raramente tenham sido controversas como as de João Crisóstomo (397) e Nestório (421) em Constantinopla, por vezes também estiveram sujeitas a crises políticas, agravadas pela ação das lideranças políticas, vide o caso de Cesário em Arles (502).

Em tal contexto, os concílios assumiram crescente relevância: variando em abrangência, estas assembleias reuniam frações do episcopado e, eventualmente, abades e representantes imperiais ou monárquicos, em prol de soluções para impasses eclesiásticos de todo tipo. Com frequência, as decisões conciliares não perduravam, sendo parcialmente revistas por bispos ou facções opositoras. Tal situação se impôs tanto em reuniões ditas ecumênicas como as de Calcedônia (451) quanto em concílios de menor amplitude, como o IV de Toledo (633).

O monaquismo cristão pode ser considerado outra frente na qual se expressa a vinculação entre poder e religião na Antiguidade e na Idade Média. Como exemplo, pode-se observar a relação entre os monges e a aristocracia e monarquia francas. Nas Gálias, o monaquismo foi amplamente patrocinado por meio da concessão de terras para construção de cenóbios e autorizações reais para a pregação e conversão, seja ela voluntária ou imposta. Ademais, com a divisão em sub-reinos, tais acordos garantiam os aportes materiais para a dotação e manutenção de mosteiros, bem como reforços para a autoridade de seus fundadores frente a outros membros do corpo eclesiástico que, com frequência, criticavam a interferência do poder secular nas questões religiosas.

Assim, a identificação de interesses entre monges e monarcas favoreceu o reforço da autoridade secular em regiões mais distantes dos centros de poder dos sub-reinos, em áreas ditas superficialmente cristianizadas ou pagãs. Por outro lado, por meio de autorizações e nomeações episcopais, os missionários garantiam a ampliação das redes monasteriais e do número de cristianizados.

Desse modo, os estudos recentes sobre bispos, concílios e monges permitem que os historiadores reavaliem os pressupostos do que habitualmente foi considerado no âmago das relações entre política e religião nos primeiros séculos medievais. Entretanto, tais temas aqui apresentados não esgotam as diversas possibilidades de análises a partir de diferentes perspectivas teóricas, metodológicas e documentais.

Paulo Duarte Silva
Juliana Salgado Raffaeli

Ver também Arte e religião no Medievo; Educação e religião no Medievo; Guerra e religião no Medievo; Igreja; Papado.

ACERBI, S.; MARCOS, M. & TORRES, J. (orgs.) (2016). *El obispo en la Antigüedad Tardía*: Homenaje a Ramón Teja. Madri: Trotta.

CANER, D. (2002). *Wandering, begging monks*: spiritual authority and the promotion of monasticism in late antiquity. Berkeley/Los Angeles/Londres: University of California Press.

DRAKE, H. (2013). Monotheism and Violence. *Journal of Late Antiquity*, vol. 6, n. 2, p. 251-263.

DUNN, M. (2000). *The emergence of monasticism*: from the Desert Fathers to the Early Middle Ages. Cornwall: Blackwell.

FOX, Y. (2014). *Power and Religion in Merovingian Gaul*: Columbanian Monasticism and the Frankish Elites. Cambridge: Cambridge University.

LÖSSL, J. & BRIAN-BAKER, N. (orgs.) (2018). *A Companion to Religion in Late Antiquity*. Oxford: Wiley-Blackwell.

MELVILLE, G. (2016). *The World of Medieval Monasticism*: its History and Forms of Life. Minnesota: Cistercian.

NOBLE, T.F.X. & CONTRENI, J.J. (orgs.) (1987). *Religion, culture and society in the Early Middle Ages*: Studies in honor of Richard Sullivan. Michigan: Western Michigan University.

Politeísmo

O conceito de "politeísmo" se estabeleceu em um contexto de debates, envolvendo questões políticas e teológicas, permeado também pelo criticismo absoluto. Seu surgimento está, portanto, atrelado a uma busca por solucionar as problemáticas e ambiguidades trazidas no conceito de "idolatria". Francis Schmidt explica que o termo "politeísmo" foi inserido, pela primeira vez, nas obras do filósofo Fílon de Alexandria (10 a.E.C.-50 E.C.), tendo sido resgatado, mais tarde, em 1580, pelo jurista Jean Bodin (1530-1596) e, novamente, em 1614, pelo historiador Samuel Purchas (1575-1626). Principalmente ao longo do século XVI, muitos questionamentos foram levantados sobre a origem e sobre o surgimento da idolatria. Contudo, por caminhar juntamente com os preceitos teológicos da Igreja cristã, o termo está implicado em inúmeras controvérsias, que culminaram numa série de incompreensões e ideias imagéticas a respeito dos povos antigos a quem se aplicava esta categoria de "idolatria". Estabeleceram-se, então, equívocos que permearam desde o século XVI até o século XVIII.

Contextualizando as mudanças e as adaptações terminológicas nos estudos das religiões, Francis Schmidt elucida que a apropriação do termo "politeísmo" é algo atrelado a outras concepções terminológicas, como as de "idolatria" e "paganismo". Nesse sentido, devem-se considerar as diversas controvérsias que emergiram graças ao cenário pouco favorável para uma compreensão abrangente destes termos. Afinal, diante de todo o processo de Reforma da Igreja Romana, diversas práticas religiosas foram consideradas formas de idolatria, como, por exemplo, o culto a Maria, as procissões, as crenças em anjos e santos, que foram todos contestados ao serem consideradas enquanto formas de "substituição de Deus". Assim sendo, diante dos preceitos da Reforma, tais práticas foram consideradas "crenças falsas" que fragmentavam a unicidade do divino e, com isso, ensejaram os "ataques" em direção ao "paganismo".

A partir das discussões que surgiram englobando o termo "idolatria", as questões levantadas sobre sua origem passaram a ser gradualmente mais problematizadas até que, mais tarde, foram consideradas ambíguas e, por fim, o vocábulo foi abandonado. Com isso, o termo "politeísmo" surgiu dentro das discussões sobre religião, para substituir o que se nomeava, até então, de "idolatria". O filósofo David Hume (1711-1776) compreendeu o politeísmo como um produto da humanidade, o qual passou, assim, a ser considerado como a religião primeira dos seres humanos. Pavel Horák discorre sobre a relevância de David Hume para os estudos das religiões, explicando que as considerações de Hume propiciaram uma reviravolta que suscitou a mudança de uma perspectiva teológica rumo aos paradigmas do olhar científico nas compreensões sobre as crenças e religião antigas.

David Hume argumentou que o politeísmo era a primeira e mais antiga religião da humanidade. Segundo seu olhar, as religiões antigas teriam surgido devido ao medo do futuro e, em razão desta configuração, as sociedades antigas idolatravam a natureza. Este medo dos eventos futuros teria sido o fator que possibilitou o culto e o serviço aos deuses e suas múltiplas manifestações. No entanto, as discussões sobre a origem da idolatria ficaram em uma posição secundária por muito tempo. Foi somente no século XIX que, juntamente com debates sobre politeísmo, a idolatria voltou a ser problematizada e, assim, passou a ganhar um direcionamento mais relevante.

Acrescentando os debates sobre as crenças religiosas, o antropólogo Edward Tylor (1832-1917) considerou o politeísmo, o dualismo e o monoteísmo enquanto formas complexas para os seres humanos criarem características teológicas que, segundo ele, ocorrem na maioria das sociedades. No entanto, para Edward Tylor, essas categorias poderiam ser explicadas como formas de elaboração racional do animismo. Já em relação à diferenciação entre os conceitos de "monoteísmo" e "politeísmo", Sarah Johnston aponta, como problemática relevante, a associação frequente do termo "politeísmo" enquanto mero fenômeno de caráter oposto ao "monoteísmo". Para a autora, essa compreensão é equivocada, uma vez que ambos os conceitos são considerados relativamente "novos". O termo "politeísmo" nasce com as necessidades de se compreender a pluralidade e diversidade nacionais, além de ser considerado um termo menos polêmico em relação ao que se compreendia como "idolatria" e "paganismo".

Em consonância com esta compreensão, Paul Sturtevant ressalta que as discussões sobre terminologias, no que diz respeito aos campos de estudos sobre religiões, geram alguns receios, já que a escolha de termos como "paganismo", "*heathen*" e "pré-cristão" podem ensejar uma compreensão ofensiva das crenças às quais se referem. Afinal, quando o assunto tratado está voltado ao contexto religioso, compreende-se que os referidos termos estão carregados por uma visão de mundo muitas vezes centralizada nas compreensões cristãs. O termo "politeísmo", então, é compreendido por inúmeros pesquisadores enquanto um conceito "neutro" e, por meio desse entendimento, opta-se por adotá-lo para nomear os sistemas de crenças consideradas "pagãs".

Segundo Paul Sturtevant, apesar de o conceito "politeísmo" contemplar a pluralidade religiosa, é necessário que se considerem as diferenças culturais como, por exemplo, nos casos do politeísmo nórdico e do politeísmo irlandês. Ainda de acordo com as compreensões de Paul Sturtevant, o termo também pode ser empregado para apontar os períodos de transição de uma crença "antiga" para uma "nova", a exemplo do "politeísmo nórdico" e do "politeísmo cristão nórdico": este último refere-se à transição do politeísmo para o monoteísmo cristão. No entanto, o autor acredita que o termo "politeísmo", da mesma maneira que os conceitos de "paganismo" e "pré-cristão", também seja passível de debate, considerando que, apesar de possuir uma conotação mais abrangente e de ser tido como um termo neutro, ele acaba por levantar questionamentos relevantes.

Sobre o termo "politeísmo", Sarah Johnston o compreende enquanto um constructo, pois defende que as nomenclaturas utilizadas para definir a religião do "outro" estão sempre atreladas a ideias preconcebidas. Dessa forma, as definições dessas crenças estão centralizadas nas compreensões cristãs de mundo, como é o caso das religiões antigas. No entanto, a autora propõe que as religiões politeístas possuem em comum as seguintes características: a primeira está relacionada à concepção de unidade do divino, a qual não se refere a um culto exclusivo para uma entidade, mas que denota a existência de uma coerência ou harmonia estrutural do mundo divino; a segunda característica refere-se à considerável quantidade de diferentes divindades e aos cultos a elas direcionados, por isso o termo "politeísmo", que faz referência às crenças que possuem mais de um deus e/ou entidade.

Ademais, deve-se ressaltar que o termo "politeísmo" surgiu no âmbito acadêmico justamente enquanto tentativa de se solucionar as problemáticas teológicas que frequentemente acabam por reduzir e limitar as compreensões das religiões antigas. Com isso, manifestam-se problematizações sobre o conceito de "teísmo", que se refere a manifestações religiosas que remetem tanto à crença em várias entidades quanto na crença em apenas uma. Outra problemática terminológica levantada, no que diz respeito ao "teísmo", é acerca dos diversos questionamentos que surgem visando debater quais religiões poderiam ser consideradas "teístas".

Sarah Johnston aponta que o termo "politeísmo" não deve ser compreendido enquanto apenas "crença em vários deuses", já que se refere a questões estruturais a partir da forma que essas sociedades estão inseridas. Por isso, a autora argumenta que o "politeísmo" pode ser compreendido enquanto panteão, em que se considera a família das divindades assim como toda a sua estrutura. Quanto às questões terminológicas que são levantadas nos debates acadêmicos, os pesquisadores argumentam a existência de questões problemáticas na semântica desses conceitos, já que, como explicado anteriormente, grande parte desses termos surgiram em contextos históricos envolvidos pela visão de mundo cristã. Assim sendo, a utilização dos termos "politeísmo" ou "paganismo", nos estudos das religiões, acontece de acordo com as preferências dos pesquisadores, uma vez que, apesar da existência de inúmeros debates para tentar solucionar as definições e compreensões das crenças religiosas, os termos se apresentam de forma problemática.

Susan Sanae Tsugami

Ver também Animismo; História das religiões; Magia; Mito; Paganismo; Religião.

HORÁK, P. (2016). The Image of Paganism in the Age of Reason: From Idolatry towards a Secular Concept of Polytheism. *Pomegranate*, vol. 18, n. 2, p. 125-149.

HUME, D. (2005). *História natural da religião*. São Paulo: Unesp.

JOHNSTON, S. (2004). *Religions of the Ancient World*: A Guide. Massachusetts: Harvard University Press.

SCHMIDT, F. (1987). "Polytheism: Degeneration or Progress?" In: SCHMIDT, F. *The inconceivable polytheism*: studies in religious historiography. Londres: Harwood Academic, p. 9-60.

STURTEVANT, P.B. (2012). Contesting the semantics of Viking Religion. *Viking and Medieval Scandinavia*, vol. 8, p. 261-278.

TYLOR, E. (1871). *Primitive Culture:* Researches into the Development of Mythology, Philosophy, Religion, Language, Art and Custom. Londres: J. Murray.

Práticas mágicas

Ver Amuletos e talismãs; Astrologia alexandrina; Astrologia mesopotâmica; Bruxaria medieval; Encantamentos germânicos; Feitiçaria rúnica; Magia e feitiçaria grega; Magia escandinava; Magia hebraica e cristã antiga; Magia romana; Mandrágora; Paganismo medieval; Religiosidade popular no Medievo; Símbolos rúnicos e afro-brasileiros.

Reforma Gregoriana

A expressão "Reforma Gregoriana" é de uso corrente, habitual. É encontrada em livros, revistas, documentários, sites, obras fílmicas ou mesmo na ficção. Porém, pode-se contabilizar um vasto grupo de especialistas que não lhe atribuem o mesmo realismo de antes. Entre esses, há certo consenso: ela não possui o alcance explicativo que lhe foi atribuído e as descrições do passado medieval embasadas em tal expressão não correspondem aos quadros atuais formados pelas evidências históricas. Desgastada, criticada, desacreditada, a Reforma Gregoriana já não seria fato ocorrido, mas teoria, modelo interpretativo, o que se costuma chamar de "paradigma". Trata-se, efetivamente, de um assunto complexo.

Em linhas gerais, eis a história que ela batiza. Na passagem para o segundo milênio da era comum, a Igreja havia sucumbido ao feudalismo, levada pela torrente de crises que seguiu o declínio das realezas ocidentais, sobretudo a carolíngia. Sem o governo centralizado, a ordem pública entrou em colapso. A lei cedeu lugar à força das armas aristocráticas; a estabilidade, à insegurança material resultante da exploração senhorial. A Igreja não escapou a essa anarquia feudal. Dependente da proteção estatal, ela se tornou juridicamente desamparada: prerrogativas e garantias das sés episcopais e dos mosteiros foram abertamente violadas. As linhagens feudais assumiram o controle das posses eclesiais, de terras e altares a dízimos e famílias camponesas, incorporando tal patrimônio como "igrejas próprias", espaços da dominação aristocrática.

Tendo se apoderado das dignidades espirituais, condes, duques e marqueses instalavam parentes e protegidos como sacerdotes, bispos, abades. Tais designações eram conhecidas como "investiduras laicas" e, apesar de praticadas como costume, de difundidas como tradição local, arrancavam protestos de usurpação e invasão em alguns círculos religiosos, como as abadias de Gorze e Cluny, ou entre eremitas como Romualdo de Ravenna, morto em 1027. As oposições, todavia, eram locais e limitadas. Sobre o continente, prevaleciam os efeitos de uma Igreja em poder dos laicos. Com o domínio da aristocracia sobre o patrimônio e os quadros da hierarquia, práticas seculares interferiam no cotidiano cristão. Bens eclesiásticos – materiais ou espirituais – eram negociados, vendidos ou empenhados por dinheiro, favor ou *status*. *Simonia*: assim era conhecido o tráfico das coisas santas. Imersos no modo de vida aristocrático, padres e monges comportavam-se como laicos: não se abstinham de vestes luxuosas, falcoaria, jogos ou do sexo. Entre eles não era incomum encontrar quem mantivesse concubinas ou constituísse famílias, publicamente casados: condição reprovada por papas e eremitas como casos de *nicolaísmo*.

Esse cenário perdurou até meados do século XI, quando uma reação inédita passou a ser ouvida das colinas romanas. Lá, após gerações, a dominação dos *Tuscolani* – o mais poderoso clã – transformou-se numa sucessão de eventos dramáticos entre 1042 e 1044. Envolvendo rixas senhoriais e três papas simultâneos, os eventos culminaram no enfraquecimento do clero local e na ascensão de uma nova cúpula eclesiástica sob a proteção do Imperador Henrique III. Era o início de um novo papado. Com o passar dos anos, a cúpula foi integrada por homens oriundos de muitos centros religiosos: monges de Cluny, sacerdotes da Lorena, eremitas dos Apeninos. Com efeito, diversas correntes de espiritualidade afluíram para Roma. Combinadas ao primado petrino – pilar de uma visão singular sobre a autoridade espiritual –, essas correntes espirituais formaram algo único: uma renovada consciência sobre o bispado de Roma como a liderança da purificação do clero e da *Libertas Ecclesiae*, a "liberdade da Igreja".

A partir de 1045, ano após ano, o clero papal era reiteradamente encontrado travando o combate radical por uma separação socialmente tangível entre clérigos e laicos. Práticas que o cotidiano feudal transformara em costumes foram deslegitimadas e condenadas. Não somente a investidura laica, a simonia e o nicolaísmo. Liturgias, penitências, casamentos, consagrações, batismos, excomunhões: era tempo de perceber, de uma vez por todas, que tais práticas estavam fora do alcance das mãos laicas. O rigor expressava o modelo da Igreja como uma corporação clerical, cujos limites tornar-se-iam mais visíveis através da adoção universal do celibato – uma das medidas mais características dos reformadores romanos. Muitas das medidas não eram, a rigor, novas. Muitas eram ancestrais. O diferencial estava no fato de ser promovidas através de uma nova relação com a lei escrita: decretais, bulas e, principalmente, concílios reunidos ano a ano infundiam um renovado sentido de força jurídica às premissas espirituais, dotando as ideias acerca do bom estado da religião de um novo peso social.

Com a subida de Leão IX ao trono de Pedro, em 1049, as ações reformadoras alcançaram o conjunto da Cristandade: viajando sem cessar, Leão as levou até Mântua, Bamberg, Reims, Mainz. Nas terras onde os códigos de conduta para clérigos e laicos não eram proclamados pelo papa; eram defendidos por emissários especialmente enviados, os legados papais. A reforma da disciplina canônica repercutiu como um fortalecimento doutrinário e jurisdicional dos direitos eclesiásticos, considerados invioláveis em decorrência de uma origem e natureza diferenciadas das prerrogativas temporais. Nas décadas de 1050 e 1060, a causa da liberdade da Igreja tornou-se uma defesa da autonomia do clero, cuja organização seria removida da esfera decisória dos governos seculares, princípio proclamado na *In Nomine Domini*, 1059, o decreto que atribuiu o poder discricionário sobre sucessão pontifícia aos cardeais e se converteu em obstáculo legal à participação imperial na escolha dos papas.

A separação entre clérigos e laicos desestabilizou relações sociais e estruturas de poder ao longo de todo mundo cristão. Em nenhum outro lugar, como nos territórios imperiais, onde o governo dos soberanos otônidas e sálios era exercido como um poder sacralizado, onde bispos e abades eram partes de uma hierarquia encabeçada pelo rei, onde, enfim, não havia separação tangível entre assuntos civis e eclesiásticos. No império, as medidas reformadoras provocaram reações estridentes, uma oposição cada vez mais disseminada. As decisões romanas acerca das investiduras laicas e da jurisdição clerical chocaram-se com a tradição e o *status quo*. Nas terras imperiais, a causa reformadora radicalizou-se e assumiu as dimensões de um conflito ideológico entre o sacerdócio e a realeza, a Igreja e o Estado.

Diferentes visões a respeito do estado ideal da sociedade cristã vieram à tona, colocando na ordem do dia divergências inconciliáveis entre o papado e a corte imperial sobre a natureza do poder político, os limites da obediência aos príncipes, a separação entre sagrado e profano, a infalibilidade apostólica, os fundamentos morais da unidade cristã. O clímax desse conflito de grande envergadura cultural e política ocorreu durante o pontificado de Gregório VII, entre 1073 e 1085. Suas ideias e decisões dotaram o movimento reformador romano de características definitivas – razão pela qual, "gregoriano". Em meio a penitências imperiais, guerras regionais, excomunhões, exílios e deposições, os anos gregorianos transformaram a defesa da liberdade eclesiástica em um ideal de supremacia pontifícia. A integridade da Igreja e a preservação da unidade universal cristã foram atreladas à fidelidade ao governo sacerdotal, no interior do qual imperadores, reis e aristocratas figuravam como os executores de competências delegadas pela única autoridade suprema, a espiritual. A fidelidade à Santa Sé tornava-se cláusula pétrea para evocar o direito de depor governantes seculares; de exercer suserania direta sobre as terras e a riqueza (*iure proprietatis*) cristãs; de administrar a paz, a justiça e o emprego da força (*servitium sancti Petri*) na Cristandade – inclusive na relação contra não cristãos. O ideal de subordinação dos poderes temporais à autoridade espiritual seria conhecido como "pensamento hierocrático" – ou mesmo "teocrático" –, anunciado através do texto conhecido como *Dictatus Papae,* 1075.

A morte de Gregório inaugura um período de luta por seu legado, isto é, de afirmação da supremacia apostólica e de defesa do ideal de governo sacerdotal, lugar ocupado por homens como Urbano II, papa morto em 1099. Portanto, na latitude do tempo, a "Reforma Gregoriana" é vista como movimento composto por três fases: formação das ideias gregorianas (1044-1073), advento do governo sacerdotal (1073-1085), enfrentamento da oposição antigregoriana (1085-1099). Suas consequências são vastas e duradouras. Entre elas estaria a ascensão de uma Igreja centralizada em Roma, regida por uma nova cultura jurídica, moralizadora da ordem clerical, reguladora do convívio cristão. Igreja que instituiu o celibato, dessacralizou a autoridade dos reis, convocou as Cruzadas. Igreja convertida em monarquia papal, no Estado eclesiástico que seria liderado por Inocêncio III em 1215 e contestado por Martinho Lutero em 1517.

Os oito parágrafos anteriores delineiam a história proposta pelo francês Augustin Fliche ao longo dos três volumes de *La Réforme Grégorienne*, publicados entre 1924 e 1936. Cabe a ele, fundamentalmente, o mérito por articular essa maneira de explicar o passado medieval. Aos leitores da época, Fliche proporcionou um olhar inovador e repleto de méritos. Acontecimentos há muito estudados surgiam localizados num contexto amplo e intrincado, mais abrangente do que aquele oferecido pela perspectiva até então dominante e que descrevia os célebres episódios protagonizados pelo papado do século XI como capítulos de uma disputa com a corte imperial pela designação de bispos e arcebispos, a Querela das Investiduras – segundo a nomenclatura dos eruditos do século XIX. Nas páginas redigidas por Fliche, a "Querela" já não resume tudo o que se passou, é uma referência entre outras, é parte de um arco maior de transformações que envolviam correntes de pensamento político, estruturas de governo, eclesiologia. O historiador francês propunha uma síntese do passado, articulando numa totalidade coerente fatos e decisões frequentemente considerados díspares e contraditórios. Sob tal prisma, os episódios envolvendo a Sé de Roma não adquiriam apenas outra envergadura, mas uma nova causalidade: as relações de poder eram movidas por um *ethos* genuinamente reformador, a política era explicada como matéria efetivamente religiosa.

As décadas consagraram essa concepção de história. Ela alcançou sucesso invulgar e foi difundida por coleções tal qual a *Histoire de l'Église depuis les origines jusqu'à nos jours*, e por autores como David Knowles, Dimitri Obolensky, Jean Chélini, André Vauchez e Christopher Dawson. Porém, foi igualmente criticada. As réplicas ganharam voz com *Libertas. Kirche und Weltordnung im Zeitalter des Investiturstreits*, livro lançado por Gerd Tellenbach em 1936. As objeções levantadas foram numerosas. A "Reforma Gregoriana" era uma explicação demasiado genérica, assaz dependente do ponto de vista dos clérigos medievais, equivocada quanto ao rol de causas e à dinâmica das ocorrências históricas. Ela falhava em elucidar as realidades locais e o cotidiano popular: corrigir tal insuficiência era uma das motivações por trás do aparecimento dos *Studi Gregoriani*, série de publicações especializadas iniciadas em 1947. A lista de autores que enxergavam na síntese flicheana um modelo teórico pouco convincente, algo arbitrário, cresceu década a década, incluindo nomes como Walter Ullmann, Ovídio Capitani, Robert Ian Moore e John Howe. Hoje, no início do século XXI, o desfecho dessa saga intelectual pode ser lido na argumentação de um estudioso como o norueguês Leidulf Melve: a Reforma Gregoriana deve ser valorizada; não como imagem do passado, mas como um modelo de narrativa histórica, uma matriz de escolhas e critérios que os historiadores devem sempre revisitar e reavaliar.

Leandro Duarte Rust

Ver também Arte e religião no Medievo; Cristianismo antigo; Educação e religião no Medievo; Guerra e religião no Medievo; Igreja; Papado; Poder e religião no Medievo.

FLICHE, A. (1924-1937). *La Réforme Grégorienne*. 3 vols. Louvain: Spicilegium Sacrum Lovaniense.

HOWE, J. (2016). *Before the Gregorian Reform*: the Latin Church at the turn of the First Millennium. Ithaca/Londres: Cornell University Press.

MELVE, L. (2015). Ecclesiastical Reform in Historiographical Context. *History Compass*, vol. 13, n. 5, p. 213-221.

RUST, L.D. (2013). *A Reforma Papal (1050-1150)*: trajetórias e críticas de uma história. Cuiabá: EdUFMT.

SCHAFER, W. (org.) (1964). *The Gregorian Epoch*: reformation, revolution, reaction? Boston: D.C. Heath.

TELLENBACH, G. (1959). *Church, State and Christian Society at the time of the Investiture Contest*. Nova York: Harper Torchbooks.

TOUBERT, P. (2002). "Réforme Grégorienne". In: LEVILLAIN, P. (org.). *Dictionnaire Historique de la Papauté*. Paris: Fayard, p. 1.432-1.440.

VV.AA. (2006). *Riforma o Restaurazione?* La Cristianità nel passaggio dal primo al secondo millennio: persistenze e novità. Verona: Il Segno dei Gabrielli.

Religião

Origem do termo – Religião é um conceito de origem latino-cristã desenvolvido na Europa, do final da Antiguidade até o século XIX. A palavra "religião" advém do latim, das palavras "*religio*", "*religare*" e "*religionis*". Essas três palavras não eram utilizadas no mesmo sentido. *Religio* poderia ser usada no meio jurídico para se referir a juramento. *Religionis* poderia ser usada para se referir a rito ou cerimônia, e *religare* pode significar conectar, religar, unir, necessariamente não era usado em acepção religiosa.

Alguns filósofos apresentaram mais de um uso para essas palavras. O político e escritor romano Cícero (106-43 a.E.C.), usava a palavra "*religio*" no sentido de rito e adoração. O filósofo e poeta romano Lucrécio (*c.* 99-55 a.E.C.) usava a palavra "*religio*" para se referir aos deuses. O apologista cristão Tertuliano (*c.* 160-220) utilizava a expressão "*religio orationis*" para se referir ao "rito cristão". Alguns usavam a expressão "*religio Dei*" para se referir ao Deus dos cristãos.

Foi a partir do século IV que a palavra "*religio*" começou a ser empregada por eruditos no sentido de crença religiosa. Autores como Lactâncio, Arnóbio de Sica e Jerônimo usaram expressões como "*nostra religio*" e "*vestra religio*", como também "*religio Dei*" e "*religio deorum*". No entanto, Agostinho de Hipona (354-430) optou por usar mais o sentido de *religare* e *religione*, pensando nessa palavra como a "ligação com Deus", ou o "reconectar-se com Deus", pois partindo de um embasamento teológico, Agostinho dizia que a religião era o caminho pelo qual o homem voltaria a se conectar com Deus, já que o pecado original o havia distanciado dele.

Nesse período também teve início a percepção dos cristãos de identificar sua religião como diferente dos povos chamados de pagãos. Por sua vez, na Europa medieval a palavra "*religio*" caiu em desuso, embora alguns teólogos ainda fizessem uso dela, como Tomás de Aquino. O clero utilizava a palavra *fides* (fé) para se referir a sua crença em Deus. Na Idade Moderna a palavra "*religio*", agora reescrita como "*religione*", voltou a ser empregada como no sentido visto no século IV, mas também era utilizada no sentido de piedade, devoção, adoração e até como sinônimo de catolicismo ou cristianismo. Esse emprego era mais comum em trabalhos teológicos, já que no cotidiano as pessoas não usavam o termo "*religione*" com regularidade.

Na Europa do século XVIII, devido à forte influência dos dogmas cristãos sobre o conceito de religião, alguns estudos foram escritos para contestar essa hegemonia. O filósofo e historiador David Hume (1711-1776) escreveu *História natural da religião* (1757), pensando o conceito de religião para além da perspectiva cristã. O filósofo e teólogo Friedrich Schleiermacher (1768-1834) escreveu vários estudos sobre religião, um deles, *Dis-*

cursos sobre religião (1799), destaca-se por sua crítica aos intelectuais que "desprezavam" os estudos religiosos, que a palavra "religião" não deveria ser usada apenas para se referir ao cristianismo, mas ser empregada a outras crenças e povos. O filósofo Friedrich Hegel (1770-1831) em *Fenomenologia do Espírito* (1807), pensava a religião no sentido de uma "ideia-transcendente, autossubsistente e dinâmica". Hegel concebia a religião como um conceito que se transformou ao longo da história, ao mesmo tempo em que ele não era definitivo e nem universal, não podendo ser reduzido a uma explicação comum e aplicável a qualquer contexto.

No século XIX a palavra "religião" já se referia também a um sistema ou conjunto de crenças de caráter sobrenatural, divino e transcendental, organizado e profetizado por um grupo, comunidade, sociedade ou povo. Tal sentido ainda hoje é mantido. No entanto, a noção de religião ainda era baseada na estrutura organizacional da Igreja Católica. Ou seja, religião seria aquela que possuísse divindades, clero, templos, livro sagrado, doutrina e dogma. Se tais características não estivessem presentes, não se estaria falando de uma religião, mas de um "pensamento religioso" ou "pensamento mágico-religioso".

Antropologia da religião - Edward Burnett Tylor (1832-1917), em seu livro *The Religion of Savages* (1866), escreveu que os "povos primitivos" não possuíam religião - pois ele considerava religião um sistema estruturado de crenças –, mas possuíam "comportamento religioso" embasado no culto desorganizado da natureza, pois esses "povos primitivos" acreditavam que tudo na natureza teria uma alma. A partir dessa hipótese ele concebeu o conceito de animismo - renomeado e ampliado por outros estudiosos, que o chamaram de espiritualismo ou fetichismo –, para se referir como sendo a primeira forma de pensamento religioso da humanidade, que evoluiu para o politeísmo e depois o monoteísmo, os quais possuíam sistemas estruturados com templos, clero, ritos e doutrinas.

James George Frazer (1854-1941), em sua coletânea *The Golden Bough: a study of magic and religion* (1890-1915), apontava que antes do pensamento religioso haveria o pensamento mágico, o qual era supersticioso e irracional. Para Frazer o pensamento religioso ainda manteria elementos de superstição e irracionalidade, mas seria mais bem-estruturado e desenvolvido do que a magia. Por sua vez, ele considerava que na "evolução da sociedade" o pensamento científico seria seu ápice. As obras de Tylor e Frazer influenciaram Bronislaw Malinowski, Franz Boas, Alfred R. Radcliffe-Brown, entre outros antropólogos.

Porém, mudanças e novidades mais profundas surgiram na segunda metade do século XX. Nesse período temos os estudos da antropologia estruturalista com Claude Lévi-Strauss (1908-2009), o qual concebeu uma estrutura sociocultural para compreender o desenvolvimento das crenças religiosas, salientando a manifestação delas através de mitos, lendas, folclore, magia, noções de tempo e espaço etc. Embora sua ideia de estrutura hoje seja criticada. Representando a antropologia simbólica esteve Clifford Geertz (1926-2006), que em seu livro *A interpretação das culturas* (1976) apresentou seu conceito de religião como sendo um sistema simbólico. Apesar de influenciar estudiosos até hoje, seu conceito já foi criticado por ser muito amplo e pouco exato. Pela antropologia cognitiva citamos Pascal Boyer em seu livro *Religion Explained: The Evolutionary Origins of Religious Thought* (2001), no qual analisa a religião a partir da antropologia, da psicologia, neurobiologia, simbologia, entre outras áreas, procurando perceber o pensamento religioso não apenas como originário de um contexto sociocultural, mas também influenciado por questões psicológicas, mentais e de imaginário.

Ciências das religiões - Enquanto os antropólogos do século XIX e começo do XX, pensavam em teorias para procurar as "raízes da crença religiosa", no mesmo século, outros estudiosos pensavam em métodos para estudar as religiões. Um deles foi o linguista, mitólogo e orientalista Max Müller (1823-1900), considerado o "Pai da Ciência da Religião", por ter sugerido o termo "ciência da religião" (*Religionswissenschaft*) para se criar uma ciência que estudasse a religião para fora da perspectiva cristã, como até então era estudado nas universidades com a chamada história eclesiástica.

O historiador Frank Usarki comenta que os termos "ciência da religião" e "história da religião" já tinham sido usados anteriormente, mas para se referir a cátedras universitárias, não novas áreas do conhecimento. Müller desenvolveu seu conceito, publicando o livro *Introduction to the Science Religion* (1873), em cuja obra ele estruturava a nova ciência que propôs, e recomendava a adoção do seu método comparado, que ele usava no estudo de mitologia, para ser aplicado no estudo das religiões, originado o estudo de religião comparada.

Contemporâneo de Miller, esteve o historiador holandês Pierre Daniel Chantepie de la Saussaye (1848-1920), que redigiu o livro *Lehrbuch der Religionsgeschichte* (1891), onde nesse manual de história da religião, ele defendia um estudo interdisciplinar da ciência da religião, um estudo histórico e etnológico. A obra de Saussaye também se destacava por dedicar capítulos a debater as origens das religiões, suas classificações, traçar um histórico dos principais teóricos do século XIX, apresentar os debates sobre como estudar as religiões, e até analisar características como divindades, cultos, ritos, sacrifícios, lugares sagrados, magia, adivinhação, escrituras sagradas, dogmas etc.

O estudo histórico das religiões, o estudo comparado e o estudo filosófico foram mais bem-estruturados por Joachim Wach (1898-1955) em seu livro *Religionswissenschaft* (1924), traduzido como *Introdução à ciência da religião*, obra que procurou distinguir de forma clara o que seria a ciência da religião e a história da religião, apontando confusão entre ambas, mas mostrando que os métodos pelas quais ambas eram usadas eram distintos.

Fenomenologia da religião - O teólogo alemão Rudolf Otto (1869-1937), em seu livro *O sagrado* (1917), concebeu seu conceito de religião fortemente influenciado pelo dogma cristão, encarando a religião como algo transcendental, universalista, sobrenatural, ligado às ideias de salvação, imortalidade, e a relação de sagrado e profano. Ele percebia que o estudo da religião se pautava na tentativa de identificar e compreender o fenômeno religioso (*numen*), o qual se manifestava nas pessoas ou na sua realidade perceptível. Otto chamou isso de *numinoso* (manifestação do sagrado).

Suas ideias influenciaram estudiosos da fenomenologia, psicologia, teologia, dentre outras áreas. Pela condição de Rudolf Otto pensar o estudo da religião não a partir de seus aspectos culturais e sociais, como proposto pelos antropólogos, historiadores e sociólogos, mas sim pela manifestação do fenômeno religioso, ele foi considerado um dos precursores da Fenomenologia da religião, a qual se formalizou com o teólogo e professor de Religião, Gerardus Van der Leeuw (1890-1950), autor de *Phänomenologie der Religion* (1933), em cuja obra desenvolveu o método fenomenológico para identificar, descrever e analisar o fenômeno religioso. Sendo seu mérito a criação desse método, já que outras ideias e conceitos por ele abordados advieram do estudo de Otto.

Os trabalhos de Otto e Leeuw influenciaram o fenomenologista e escritor romeno Mircea Eliade (1907-1986), nome bastante conhecido no Brasil em referência ao campo fenomenológico, embora o próprio Eliade em seus vários livros não apresente de forma clara seu entendimento de fenomenologia ou como aplicava seu método, sendo mais recorrente suas abordagens pautadas no estudo de mitologia comparada e religião comparada. Para Eliade a religião expressava a relação do ser humano com o sagrado e o profano, o qual se manifestava de distintas formas, inclusive podendo ser encenado e recriado. Ele também se preocupou em mostrar que havia religiões que se estruturavam de distintas formas, algumas mais simples, sem clero, templo e dogma, e outras mais complexas, com hierarquias, normas, escrita e instituições.

Psicologia da religião – A psicologia da religião surgiu no final do século XIX. A primeira fase de psicólogos que estudavam religião possuía um pensamento positivista, evolucionista e pessimista quanto às crenças religiosas. Naquele momento havia um estranhamento na própria condição dos psicólogos estudarem as religiões, pois alegava-se que não era dever da psicologia estudar as religiões.

A religião era considerada por alguns psicólogos como um pensamento baseado na crendice, superstição, alienação, fanatismo, ignorância, e até mesmo em neuroses, obsessões, fantasias e patologias mentais como sugerido por Sigmund Freud (1856-1939). Representante da psicologia profunda ou psicanálise, Freud ao longo da vida mudou suas concepções sobre religião, mas manteve sua visão pessimista sobre o assunto. Para ele as ideias de sagrado, divino, profano, sobrenatural, transcendental eram fruto de desejos, tabus, delírios, sonhos etc. para se conquistar algo que não se tinha em vida, e para tentar encontrar uma explicação mais agradável para a realidade do mundo e da humanidade.

Um de seus mais famosos discípulos, Carl Gustav Jung (1875-1961), compartilhou algumas ideias do mestre, mas recusou outras. Jung, representando outro viés da psicanálise, procurou estudar as religiões a partir do seu simbolismo, do conceito de arquetípico, inconsciente coletivo, individualismo, personalidade, experiência pessoal etc. Jung via a religião de forma mais positiva, embora tenha tratado a religião como um fenômeno psíquico, não sagrado como sugerido pelos fenomenologistas e teólogos.

Contemporâneo de Freud e Jung, outro psicólogo, Wilhelm Wundt (1832-1890), era representante da psicologia experimental e interessou-se por estudar o pensamento religioso. Diferente dos psicanalistas, Wundt considerava a religião fruto não de uma ideia de sagrado e divino, delírios, neuroses ou arquetípicos, mas sendo oriunda das emoções. Wundt em seus estudos focou em perceber a religião como uma forma de expressar sentimentos e emoções, principalmente baseados no medo. O medo do desconhecido teria sido uma das bases para a origem das religiões, como forma de explicar e conceder um refúgio contra ele.

No começo do século XX, as diferentes vertentes da psicologia da religião: experimental, comportamental e psicanalítica se desenvolviam, confluindo em concordâncias ou discordâncias. Fato esse que o psicólogo americano William James (1842-1910) escreveu o livro *The Varieties of Religious Experience: A Study in Human Nature* (1902). Nessa obra, na qual ele reuniu textos de vinte conferências que proferiu, James criticou o conceito de religião, discordou de comentários de Freud; debateu ideias filosóficas e teológicas sobre a temática religiosa; comentou estudos sobre as mudanças que a religião gerava no comportamento, na noção de moralidade, no caráter, nas emoções, na convivência, visões de mundo etc. James também abordou o uso da fé como forma de curar problemas emocionais e de saúde.

A partir da segunda metade do século XX, a psicologia da religião ganhou novas vertentes e escolas de estudo. A psicologia humanista surgida nos Estados Unidos, tendo sido influenciada pelos trabalhos de William James. Na França a psicologia procurou ser usada para investigar e analisar casos de experiências espiritualistas, místicas e de êxtase. A psicologia narrativa foi sugerida para o estudo do relato da experiência religiosa, algo proposto desde a década de 1980 pelo psicólogo sueco Hjalmar Sundén. O psicólogo romeno Serge Moscovici (1928-2014) sugeriu o estudo da religião pelo âmbito da psicologia social. Outra teoria vigente é a da psicologia cognitiva ou evolucionista, a qual aporta-se nos estudos em biologia, neurologia e fisiologia para compreender o surgimento e desenvolvimento do pensamento religioso. A psicologia cultural utiliza-se de estudos e teorias da antropologia, história e sociologia para entender o pensamento religioso também como reflexo cultural. Atualmente a psicologia da religião não mantém sua visão negativa sobre o pensamento religioso, como vista há um século.

Sociologia da religião – Um dos primeiros expoentes da Sociologia da religião foi Émile Durkheim (1858-1917), ao publicar seu livro *As formas elementares da vida religiosa* (1912), obra influenciada pelo pensamento positivista e evolucionista do século XIX. Durkheim, como outros autores da época, buscava descobrir a origem ou essência das religiões, e ele pensou ter achado isso com o totemismo dos aborígenes australianos. No seu livro ele destacava a religião como um fato social, sendo concebida para atender necessidades sociais como organização, união, ajuda, comando, hierarquia etc. Durkheim não estava preocupado com o lado divino, metafísico e espiritual das religiões – embora usasse os conceitos de sagrado e profano –, mas na sua organização e funcionamento, e assim ele analisou crenças, ritos e símbolos. Sua visão social da religião foi mantida por sociólogos, historiadores, antropólogos e outros estudiosos, e ainda hoje é usada.

Enquanto Durkheim estudou a religião de "povos primitivos" como ele se referia, o sociólogo Max Weber em seu famoso livro *A ética protestante e o espírito do capitalismo*

(1904-1905), procurou compreender a religião não como algo preocupado apenas com o transcendental, mas interessada bastante no mundano. No caso, seu estudo pautou-se na análise do protestantismo como referência para compreender a função social presente na religião. Weber ao estudar o protestantismo calvinista holandês mostrou como os interesses de clérigos levaram a alterar a interpretação de passagens bíblicas que condenavam o enriquecimento, o luxo e a ostentação, para torná-los religiosamente aceitos.

A partir da segunda metade do século XX, novos objetos de interesse na sociologia da religião passaram a ser estudados, citaremos três casos. Thomas Luckmann (1927-2016) ficou conhecido a partir da publicação dos seus livros *A construção social da realidade* (1966) e *A religião invisível* (1967). Nas duas obras ele estudava a influência do secularismo na sociedade contemporânea, as mudanças de percepção quanto à importância de pertencer a uma religião. O distanciamento dos jovens da fé de seus pais. Pesquisando também sobre o secularismo esteve o sociólogo inglês Brain R. Wilson (1926-2004), que escreveu vários artigos e alguns livros como *Sects and Society* (1978). Wilson estudou o surgimento de seitas, os novos movimentos religiosos, a Nova Era, o trânsito religioso, como posteriormente também realizou estudos pós-coloniais.

O terceiro caso sublinhado surgiu na década de 1970 com o movimento feminista, o qual nos Estados Unidos promoveu eventos que resultaram na publicação de estudos sobre o papel da mulher nas religiões antigas e contemporâneas. Debatendo-se questões sobre preconceito, repressão, misoginia, machismo, fundamentalismo religioso etc. Destacam-se obras como *Womanspirit rising*: a feminist reader in religion (1979) de Carol Christ e Judith Plaskow, e o livro *Feminism and Religion* (1996) de Rita Gross.

Conceitos atuais de religião – Atualmente não há um consenso quanto à definição de religião. Em 1958 o filósofo e teólogo Gordon H. Clark listou 50 definições sobre religião, mostrando a problemática para definir esse conceito. O antropólogo Wouter Hanegraaff pontua a religião tendo um lado cultural (simbólico) e um lado espiritual (a fé). Inclusive ele recomenda o termo "espiritualidade" para tratar de desígnios religiosos desprendidos de um sistema ou estrutura religiosos.

Nesse segmento, outro antropólogo, Talal Asad, partindo de uma visão pós-colonialista, defende a adoção de termos específicos para definir cada religião de uma maneira mais particular, já que o conceito ainda é tradicionalmente imbuído por um viés europeu e cristão. Devido à diversidade de crenças e características, os conceitos antigos se tornam inapropriados ou imprecisos. O surgimento de novos movimentos religiosos a partir da Nova Era na década de 1960, o crescimento de seitas e grupos que se dizem espiritualistas ou praticantes de religiosidade, soma-se ao debate do que pode ser definido ou não como religião.

Os chamados espiritualistas defendem que creem no sobrenatural, mas não em dogmas e doutrinas específicas, e isso se expande para a criação de grupos, movimentos e técnicas associadas com a fé, acolhimento, orientação e saúde. José Marambio comenta que algumas definições adotadas nos últimos vinte anos partem dessa relação prática-crença para definir a religião. Nesse sentido, o termo "religiosidade" é usado em alguns casos para se referir a características religiosas sobre determinadas crenças associadas com o sagrado, o divino, deuses, salvação, alma, vida após a morte etc. Sendo que uns optam substituir religião por religiosidade, por alegarem que o termo anterior continua fundamentado na tradição latino-cristã.

Giovanni Filoramo e Carlo Prandi comentam que os estudiosos das religiões defendem que a busca por um conceito genérico, universal ou objetivo não tenha sido encontrado. Steven Engler comentou que, apesar de não haver um consenso quanto ao conceito de religião, ele percebe que os próprios cientistas das religiões pouco debatem a respeito, e isso interfere nas próprias teorias e metodologias usadas, pois algumas delas se pautam em conceitos antigos, hoje obsoletos.

Sendo assim, os principais conceitos atuais buscam definir as religiões como fenômenos sociais, culturais e psicológicos, que conectam as pessoas entre si e com o sagrado, apresentando doutrinas e crenças sobre o divino. Sendo esses conceitos oriundos da antropologia, sociologia e psicologia. Por outro lado, há os que defendem a adoção de conceitos específicos para serem usados em casos que haja falta de uma definição ampla que abarque de forma satisfatória a diversidade de crenças.

Leandro Vilar Oliveira

Ver também Animismo; Arqueologia das religiões; História das religiões; Magia; Mito; Paganismo; Politeísmo.

CIPRIANI, R. (2007). *Manual de sociologia da religião.* São Paulo: Paulus.

FILORAMO, G. & PRANDI, C. (1999). *As ciências das religiões.* São Paulo: Paulus.

GLAZIER, S.D. & FLOWERDAY, C.A (orgs.) (2003). *Selected readings in the Anthropology of Religion* – Theorical and methodological essays. Westport: Praeger.

HOCK, K. (2010). *Introdução à Ciência da Religião.* São Paulo: Loyola [trad.: Monika Ottermann].

PASSOS, J.D. & USARSKI, F. (orgs.) (2013). *Compêndio de Ciência da Religião.* São Paulo: Paulinas/Paulus.

RÖHR, F. (org.) (2012). *Diálogos em educação e espiritualidade.* 2. ed. Recife: Editora da UFPE.

USARSKI, F. (org.) (2007). *O espectro disciplinar da Ciência da Religião.* São Paulo: Paulinas [Repensando a religião].

VELASCO, J.M. (1978). *Introducción a la Fenomenología de la Religión.* Madri: Cristiandad.

Religião da Pré-história

O estudo das religiões até recentemente pode ser polarizado, basicamente, em dois métodos: o histórico e o comparativo. O histórico estuda as religiões no tempo, enquanto o comparativo no espaço. O histórico adequa-se bem ao estudo de povos que possuem história, ao passo que o comparativo permite estudar os povos que não deixaram registro linguístico, apenas representações figuradas. Mas ao longo do século XX, os dois métodos se integraram e ganharam novos aliados, disciplinas antes consideradas distantes da história das religiões, como a linguística e a semiótica, além de um enorme auxílio da tecnologia; unidas elas têm permitido diversas revisões de datas e de compreensão do passado remoto.

Delimitar o que é religião, ou quando ela tem início na Pré-história, é tarefa ainda em curso. Possuímos pouquíssimas informações sobre o nosso passado remoto. Os achados arqueológicos nos trazem algumas pistas sobre essa realidade tão distante e os estudos, atualmente, multidisciplinares nos auxiliam nas análises das imagens e na fundamentação da leitura.

O homem interpreta o mundo por uma paráfrase, ou seja, imagem que remete à imagem, pensamos por palavras/signos, o que implica abstração. Dentro desse universo metafórico, no qual a realidade só pode ser percebida se for previamente construída, a Pré-história é um marco e uma incógnita que ainda desafia os estudiosos. A visão iluminista que, de certo modo, ainda perdura nas análises e interpretações sobre o período é marcada por um *pré-conceito,* conferindo às representações imagéticas e aos seus criadores um pensamento (abstração) rudimentar, muito abaixo da capacidade do homem atual. Porém, com as novas técnicas de escavação e abordagens na análise dos achados, tem-se constatado a construção de uma realidade e de um mundo bem mais requintado do que supunham pesquisadores de séculos anteriores e recuado datas que indicavam os limites do surgimento do homem, compreendido como aquele que possui cultura, abstração, representação do mundo.

A criação de ritos, mitos e símbolos ocorre quando o homem estabelece uma relação entre si e o universo, pautada, geralmente, na consciência de sua fragilidade diante do todo. Nas cavernas de diversas partes da África, Europa e Ásia foram encontrados as mais antigas pinturas, inscrições e artefatos, datados de mais de 30 mil anos; estes nos remetem a atividades "xamânicas", cenas de cópulas, de caça, de mortes. Juntamente com essas representações, a existência de enterramentos, de ritos e oferendas junto ao morto indicam de maneira clara que os nossos primeiros antepassados possuíam alguma forma de religiosidade.

A religião ou religiosidade visa, de forma geral, estabelecer um elo entre o grupo e forças percebidas por ele como superiores à sua capacidade de ação. O nível de abstração e requinte dos mitos e ritos empregados pode variar; porém, em essência, os ritos surgem para conciliar e conjurar essas forças em prol do grupo, auxiliando-o nos pontos cruciais de sua existência: nascimento/morte, procriação/subsistência. Pontos estes comuns a todos os agrupamentos, sejam eles pré-históricos, históricos ou contemporâneos. Dessa forma, é plausível afirmar que ao tomar consciência de seu lugar no mundo, os primeiros seres humanos criaram mecanismos para "dialogar" e influenciar a natureza ou esse grande Outro, pujante e desconhecido.

Ao riscar as paredes das cavernas retratando animais, com requintes de detalhes, figuras femininas e, em alguns casos, a si próprio de forma esquemática, percebe-se a intenção desses hominídeos em demarcar estratos hierárquicos de seu mundo. Atestada pelos recentes estudos, a intencionalidade na escolha do objeto retratado, o grau de excelência em sua elaboração e na escolha do local onde essa representação foi realizada, confirma a existência de um raciocínio e práxis muito superior ao aventado anteriormente. A leitura das pinturas rupestres, dos locais escolhidos e toda a sinergia que ambienta as descobertas corrobora para a legitimação de que já existia uma religiosidade na Pré-história.

As primeiras representações feitas pelos paleolíticos, segundo as novas descobertas, datam de antes de 40000 a.E.C. É o caso de algumas ferramentas em ossos e rochas e ornamentos decorativos, datados de 42000 a.E.C., publicados por Julien Riel-Salvatore no *Journal of Archaeological Method and Theory* (2014); ou de um colar feito de conchas do mar, pintado em ocre-vermelho, datado de 35000 a.E.C. Esses artefatos, somados à qualidade escultórica de algumas Vênus e das pinturas rupestres, indicam que os neandertais já possuíam habilidades e capacidade subjetiva.

Retratar a si e ao outro é o ponto-chave para determinar esse início de uma religiosidade, pois indica a necessidade dos primeiros seres humanos de se comunicar com os seus e com o universo/natureza, sentidos como componentes da esfera do divino, do sobrenatural. A representação e a linguagem, a partir de símbolos, se estruturam para esse fim.

A comparação entre a lógica primitiva de sociedades tradicionais atuais com algumas descobertas pré-históricas nos auxilia no entendimento de representações de fenômenos religiosos, como imagens zoomorfas ou mascaradas. Segundo Pierre Lévêque (1982), o equilíbrio da vida entre os caçadores-coletores repousa sobre o intercâmbio de duas atividades fundamentais que sustentam as suas vidas: a caça, que produz o alimento e a cópula, que produz as crianças. A relação caça/cópula baseia-se na fragilidade do equilíbrio entre os pólos: animais e homens. Dentro desse pensamento o mundo é visto como interior/exterior. O interior é o do grupo e o exterior é antagônico e complementar ao mundo humano. Tudo que não é grupo é natureza, mesmo que sejam outros agrupamentos humanos. Habitando mundos paralelos, o mundo exterior é o mundo das trocas, vida/morte; por exemplo, um homem em transe extático, transforma-se em jaguar e vê o mundo humano todo transformado, os seres humanos tomam a forma de plantas e animais. Ele está em conjunção com a natureza.

O período mais antigo no qual foram encontradas algumas imagens é o Auraciano, entre 60.000 a 30.000 anos antes da nossa era. Desse período datam os primeiros estilos de gravuras e pinturas rupestres, e é ele o grande período das estatuetas femininas, das chamadas Vênus paleolíticas. Enquanto a arte parietal é linear e um tanto rígida, as estatuetas em osso, marfim ou pedra são surpreendentemente requintadas em alguns detalhes, embora o conjunto seja considerado "estilizado". Em sua totalidade, a arte apresentada no período indica uma capacidade técnica já bastante elaborada, cabendo à estilização um uso intencional para marcar ou conotar um sentido. Nas pinturas encontram-se as séries de mãos em positivo e negativo, os *macarrões* e alguns "esboços" de rostos, em sua maioria de perfil, raros os frontais; a forma humana, excetuando a feminina, é bastante esquemática e sumária, muitas vezes deformada.

A primazia na pintura fica por conta dos animais, que se mantêm retratados nas cavernas até Magdaleniano. Um exemplo da arte e da expressão religiosa são as cavernas de Altamira, de Trois Frères, de Lascaux e outras mais. Em Lascaux encontra-se uma das primeiras cenas de "caça" ou de "xamanismo", na qual é perceptível a intenção de apresentar uma composição – a *cena do poço*. A cena retratada compõe uma narrativa, pois contempla uma noção de tempo, antes e depois da ação, que pode ser descrita como a morte do homem durante a caça do bisão. A cena indica a intenção de marcar um fato, quer seja ele real ou mítico, ou ambos.

A dificuldade de acesso à cena, a necessidade de percorrer longos corredores e câmaras pintados com mais de 1.200 animais e signos geométricos, de arrastar-se por fendas e descer para o fundo do poço, sem iluminação natural, permite ver aí uma finalidade na execução da obra; ela não é um mero desenho, feito fortuitamente; ela estabelece uma comunicação entre seu(s) autor(s) e um outro ser, ou pode indicar, diante do esforço para alcançá-la, parte de um ritual iniciático.

Ao descer para o *poço* a primeira pintura encontrada é a de um cavalo negro, incompleto. A segunda pintura é a cena do homem-pássaro, junto ao bisão e ao rinoceronte; estas figuras estão agrupadas em uma área de $3m^2$, a altura de 1,40m do chão. Em oposição às salas anteriores, o poço possui um número reduzido de figuras, oito no total: quatro animais (cavalo, bisão, pássaro e rinoceronte), três outros registros geométricos (pontuações e signos em gancho) e no centro o homem-pássaro, única representação humana no santuário. Outra característica da cena é ser monocromática, toda feita em negro, enquanto o restante da caverna apresenta imagens em diversas cores.

A cena do poço pode ser articulada em três segmentos:

- No alto à esquerda, o bisão ferido pela azagaia e, à sua frente, quase no centro da composição, o homem itifálico com cabeça de pássaro, caído ou deitado de costas; abaixo dele, a seus pés, um signo em gancho ou outra azagaia caída, porém menor.
- No centro da composição, em primeiro plano, um pouco abaixo do homem/pássaro, o bastão com o pássaro encimado.
- Na mesma altura que o bastão, mas deslocado para a esquerda, o rinoceronte e as seis pontuações agrupadas em duas linhas.

A interpretação mais corrente vê uma cena de caça, na qual o homem (ou xamã) caído teria sido atingido pelo bisão ferido pela azagaia, mas a sua complexidade é bem maior. O conjunto de representações que antecede à cena do poço constitui já um índice disso. A disposição espacial das imagens e seu amplo conjunto nos leva a crer que a *cena do poço* representa uma iniciação guerreira, de morte e renascimento. Seja a representação de um xamã/caçador, seja a de um ritual, a cena do poço nos oferece um dado certo, a consciência do homem do período de si e de uma transcendência, algo que se encontra além e/ou que é superior à sua percepção.

A *cena do poço*, de Lascaux, é uma das muitas encontradas nas cavernas, outras igualmente emblemáticas são: o Feiticeiro da gruta des Trois-Frères, Ariège; o Feiticeiro de Le Gabillou, Dordogne; a Vênus de Chauvet-Pont-d'Arc. Como essas, outras retratam cenas ligadas aos sentimentos mais básicos e concretos e àqueles mais simbólicos e abstratos: nascimento, morte, sexualidade, reprodução, metáforas, transposições, mundo terreno e espaço sobrenatural, espírito e corpo. Simples imagens, separadas de nós por milhares de anos, resquícios de um mundo perdido e que nos é apresentado por tênues elos.

Muito se tem descoberto sobre o homem pré-histórico. Atualmente, há toda uma vertente de pesquisadores que têm revisto conceitos e dados sobre os homens do Paleolítico e Neolítico; por serem essas obras recentes, os novos postulados não chegam ao grande público, se comparadas às advindas do período compreendido entre o século XVIII e o século XX. No entanto, os pesquisadores têm apresentado relatos, análises de representações de pinturas rupestres em todos os continentes e sempre atestando a intencionalidade na obra, que, *grosso modo*, implica consciência e asserção sobre a cena representada.

Flávia Regina Marquetti

Ver também Animismo; Arqueologia das religiões; História das religiões; Politeísmo; Paganismo; Religião.

AZÉMA, M.; GÉLY, B.; BOURRILLON, R. & GALANT, P. (2012). L'art paléolithique de La Baume Latrone (France, Gard): nouveaux éléments de datation. *Inora* (International Newsletter on Rock Art), n. 64.

BAFFIER, D. & FERUGLIO, V. (1998). Premières observations sur deux nappes de ponctuations de la Grotte Chauvet (Vallon Pont-d'Arc, Ardèche, France). *Inora* (International Newsletter on Rock Art), n. 21.

BARTON, C.M. & RIEL-SALVATORE, J. (2014). The formation of lithic assemblages. *Journal of Archaeological Science* 46, p. 334-352.

CLOTTES, J. & AZÉMA, M. (2014). Signes (aurignaciens?) Identiques dans les grottes chauvet-pont d'arc et candamo. *Inora* (International Newsletter on Rock Art), n. 70.

COUTINHO, J.P. (2012). Religião e outros conceitos – Sociologia, *Revista da Faculdade de Letras da Universidade do Porto*, vol. XXIV, p. 171-193.

LE GUILLOU, Y. (2001). The Pont-d'Arc Venus. Inora (International Newsletter on Rock Art), n. 29.

LEROI-GOURHAN, A. (1990). *As religiões da pré-história*: paleolítico. Lisboa: Edições 70 [trad.: Maria Inês F. Sousa Ferro].

LÉVÊQUE, P. (1982). La Pensée des Chasseurs Archaiques. *Dialogues d'histoire ancienne.* n. 7, p. 41-52.

MARQUETTI, F.R. & FUNARI, P.P.A. (2013). Os feiticeiros e a cena do poço: Ensaio sobre a religiosidade no paleolítico. *Aletheia*, vol. 8. n. 1.

Religiões de salvação

Ver Cristianismo antigo; Gnósticos; Igreja; Islamismo; Judaísmo; Zoroastrismo.

Religiões politeístas euroasiáticas

Celtas (religião); Druidismo; Etruscos (religião); Finlândia pré-cristã (religião); Grécia antiga (religião); Hinduísmo; Mesopotâmia (religião e mitologia); Mistérios gregos; Mitraísmo; Nórdicos da Era Viking (religião); Paganismo medieval; Roma antiga (religião); Sámi (religião); Xamanismo euroasiático.

Religiosidade popular no Medievo

Se a história da(s) religião(ões) conta com uma longa trajetória de desenvolvimento como campo específico de estudos, as expressões populares da experiência religiosa constituem objeto muito mais recente de análise, mobilizando, nas últimas décadas, especialistas de diversos quadrantes (sociólogos, antropólogos, historiadores...) e fomentando uma série de controvérsias e polêmicas que chegam até a pôr em dúvida a própria validade do fenômeno em questão. A mais extrema dentre essas decorre da postura extremada que objeta, por princípio, toda e qualquer aplicação de conceitos atuais aos contextos pré-modernos como irremediável promotora de anacronismos, nega a validade do emprego da própria palavra, e por extensão do conceito de "religião" em referência às sociedades medievais europeias.

Assim, Nathan J. Ristuccia (2018), em obra dedicada à questão central da conversão do Ocidente da Alta Idade Média ao cristianismo, propõe uma revisão dos paradigmas tradicionais que sustentam a abordagem do tema, optando por referir-se a um processo de "cristianização sem religião", pelo qual exorta os historiadores a abandonarem de vez um conceito que julga nao fazer o menor sentido no quadro daquelas sociedades, por anacrônico que seria. Muito antes dele, Jonathan Z. Smith (1982, XI) já declarava o elevado grau de artificialismo do conceito, afirmando que a "religião" era uma invenção de acadêmicos, sem qualquer aplicabilidade no mundo real. Para Russell McCutcheon (2003) e Timothy Fitzgerald (2000), o problema é de (in)adequação. Segundo os autores, o sentido moderno do termo em questão remeteria a uma manifestação muito restrita da cultura, de natureza essencialmente privada porque definida como uma crença pessoal em um poder transcendente. O conceito padeceria, ainda, de uma mácula colonialista, intimamente associado a uma visão preconceituosa que pretende afirmar a superioridade do cristianismo em face de outras religiões.

Não é menor o volume das controvérsias relacionadas ao sentido a ser atribuído à segunda expressão constitutiva do nosso binômio, o adjetivo "popular". Neste ponto, destacam-se três vertentes principais consecutivamente firmadas desde que o tema passou a mobilizar os historiadores a partir da década de 1970. A primeira delas reúne autores que concebem a vigência de uma espécie de dualidade religiosa que distinguiria, com níveis de radicalidade variados, a religião restrita às elites letradas medievais e aquela da imensa maioria de sua população iletrada, variando os adjetivos empregados nas suas designações. Raoul Manselli (1975), Etienne Delaruelle (1975) e Oronzo Giordano (1983), por exemplo, opondo-se, cada um a seu nível, à clássica perspectiva da religião definida e circunscrita pela esfera institucional e teológica da Igreja, concebem a cultura ou a religião popular como distinta e até oposta à da elite dominante. Propõem um modelo dialético para a religião, calcado na delimitação de campos específicos: *religion savante* e *religion populaire*, "religião oficial e não oficial", "grande e pequena tradição", "religião de intelectuais e religião das massas", "letrados e iletrados", "clérigo e leigo". Mantendo-se basicamente o referencial dualista, varia o recurso a expressões pejorativas, como "pequena" tradição, ou vagas e imprecisas, como "as massas", "o povo".

Outros especialistas opõem-se ao destaque dado à dualidade religiosa, concebendo como popular a religiosidade partilhada pelos diversos segmentos sociais na Idade Média, isto é, a religião da maioria da população, um fundo comum que atravessaria, assim, as diversas fronteiras sociais. Para Ramsay MacMullen (1997, p. 76), no Ocidente, desde fins do século IV E.C., a elite e as massas partilhavam uma profunda concordância a respeito do modo como se ordenava o universo, ainda que dessem nomes diferentes aos agentes sobre-humanos que o governavam e recorressem a formas distintas para contatá-los. Não havia dois sistemas de crença em profunda ou marcada oposição, mas um único espectro em cujos extremos situavam-se, de um lado, um "cristianismo mais formalizado", apoiado nas tradições eclesiásticas e na literatura, e do outro um "menos formalizado".

Para Hilário Franco Junior (1990, p. 40-41) predominou, na Idade Média, uma única religiosidade que, contudo, exprimia-se de distintas formas, mantendo entre elas relações dialéticas e influências recíprocas. A religiosidade popular não diria respeito a uma camada social específica, expressando-se mesmo em meio ao *ordo* eclesiástico, de forma que "popular" designava ao mesmo tempo as expressões religiosas criadas e praticadas pelo povo, mas também aquelas recebidas, incorporadas e/ou adaptadas por ele. Articulando os níveis formal e vulgar da cultura/religião medieval constituía-se um pujante terceiro nível, marcado por uma intensa troca entre aqueles que o autor designa por "cultura intermediária", praticada por todos os membros da sociedade e da qual participavam o cristianismo e a "religiosidade popular".

Adotando perspectiva semelhante, Karen L. Jolly (1996) pretende superar as concepções fundadas em dualidades opostas propondo um conceito de religião popular alternativo. Ao invés de configurá-la como antítese da religião formal ou da elite, a autora situa a religião popular num fértil campo mediano de interação entre aqueles níveis, de forma que ela englobaria o conjunto das crenças e práticas partilhadas pela maioria dos crentes, encerrando em si a globalidade do cristianismo. A religião formal constitui-se como subsetor da religião popular mais abrangente, que, como tal, engloba a totalidade dos praticantes cristãos, bem como o conjunto das práticas e crenças cotidianas.

Uma terceira vertente, por fim, além de minoritária, é constituída por aqueles que se opõem ao postulado da existência de uma cultura religiosa única partilhada por todos os níveis da sociedade, sem pretender reintroduzir, com tal negativa, na caracterização do tema, a concepção da rígida dualidade religiosa acima referida (GINZBURG, 2006). Tais historiadores resistem à perspectiva de que a religiosidade tenha chegado a constituir um todo plenamente integrado, abrangente e partilhado pelo conjunto da sociedade, configurando-se a "religião popular" como uma arena sistemática de conflitos, de criação autônoma, mas também de dominação e de resistência social (SANGREN, 1984). Popular é a religião dos setores sociais subalternos, principalmente da imensa população dos campos que dominou o cenário histórico medieval. Quanto à sua composição, ela incorpora expressões diversas da religiosidade oficial das elites eclesiásticas, fautor da dominação dos subalternos, mas também os ressignifica segundo sua própria experiência e mantém, ademais, uma base contínua de formulação alheia à e jamais plenamente controlada pela Igreja oficial (BASTOS, 2013).

Apesar de todas as controvérsias, o fato de que "religião" seja primariamente um conceito não significa que o mesmo não tenha correspondência com um fenômeno social característico de todas as sociedades humanas conhecidas, e que aliás só existe em contextos sociais como expressão do pensamento e da ação humanas. Quanto ao suposto anacronismo inevitavelmente decorrente do emprego de um conceito que seria moderno, o de religião, em contextos historicamente anteriores, o antídoto evidente ao mal referido demanda apenas a justa adequação do conceito a cada realidade histórica específica estudada.

Assim, no contexto medieval, desde por volta do ano de 300 E.C. um novo sentido de religião fora estabelecido pelo cristão Lactâncio. Rejeitando uma antiga etimologia devida a Cícero, afirma que a expressão latina *religio* derivaria do verbo *re-ligare*, isto é, "unir de novo", "restabelecer o laço", concebendo a religião como manifestação primordial de um "vínculo", de um "elo", de uma "relação pessoal e estreita" entre Deus e seus fiéis, o que constitui uma concepção não apenas totalmente diferente como decididamente cristã da religião (SCHMITT, 1992, p. 9). Visando circunscrever ainda mais esta especificidade, Jean-Claude Schmitt afirma que "na sociedade medieval [...] não se pode falar de 'religião' no sentido contemporâneo do termo, mas de um vasto sistema de representações e de práticas simbólicas pelas quais os homens dessa época puderam dar um sentido e uma ordem ao mundo – o que equivale a dizer simultaneamente à natureza, à sociedade e à pessoa humana" (SCHMITT, 1990, p. 77-78). Antes que um instrumento, entre outros possíveis e acessíveis, de apreensão do real em sentido amplo, a(s) religião(ões) era(m) o mecanismo fundamental, senão exclusivo, de atribuição de sentido à ordem social, natural e sobrenatural, todas consideradas como estruturadas em íntima e profunda articulação e mútua determinação.

Por qualquer das vertentes com base nas quais lhe abordemos, a "religião popular" na Idade Média, apesar de revelar novidades e inovações no curso daquela longa fatia de duração da história, evidenciando sua pujança e poder de criação ainda que constrangido pela constante vigilância da Igreja, foi caracterizada também pela vigência de uma base comum e perene de manifestações. Quanto a essa, André Vauchez (1976, p. 429-444) atribui três conteúdos fundamentais à religião popular medieval. O primeiro reúne as diversas expressões da religiosidade folclórica ao longo do período; o segundo engloba as explosões em massa de piedade e de sentimento "religioso" (como o entusiasmo popular manifesto pelas Cruzadas ou nos movimentos de flagelantes); o terceiro manifesta-se nas crenças "religiosas" cotidianas, bem como nas devoções e nas práticas dos leigos nas suas paróquias e confrarias.

Convém ressaltar que estamos diante de uma religiosidade que, altamente ritualizada, possuía um sentido prático vigoroso que supunha o recurso a mecanismos diversos de intervenção dos crentes na preservação e reprodução da ordem do mundo nos seus mais diversos âmbitos. Não se deve atribuir-lhe, contudo, como já foi equivocadamente proposto (THOMAS, 1991), o caráter de uma religião "primitiva" que talvez se configurasse na verdade muito mais como magia. Quanto a essa, constituiria uma forma "ingênua" de experiência religiosa ao supor a capacidade de intervenção dos crentes junto aos entes sobrenaturais que comandam o universo, cedo ou tarde superada numa escala evolutiva pela religião, versão mais metafísica de vivência religiosa. Ora, toda religião supõe sistemas constituídos por conjuntos de crenças e de práticas, interpretação da ordem do mundo e iniciativas de ação sobre ela, variando historicamente as estratégias da intervenção pretendida e o grau de ação direta, ou de intermediação obrigatória por uma ordem de especialistas do sagrado, reconhecida aos crentes.

Quanto às suas bases, a religião popular se alimenta sistematicamente englobando, de forma coerente e dialética, preceitos diversos decorrentes do cristianismo medieval apreendidos na frequência e participação nos rituais da Igreja, porém essencialmente ressignificados pela experiência dos crentes. Em íntima convivência e até em amálgama com esses, perduram crenças e práticas derivadas de tradições culturais e religiosas diversas que, para alguns, configuram um vigoroso e complexo folclore, mobilizando em muitos casos concepções antiquíssimas de difícil datação, uma vez que se perderiam na mais remota noite dos tempos.

Quanto ao seu conteúdo, a religião popular mobiliza um acervo diverso de crenças e práticas que recobre e se manifesta em níveis diversos da vida cotidiana das populações, em especial daquela maioria radicada nos campos e vinculada às atividades agrárias. No subperíodo comumente designado por Alta Idade Média (séc. V a X), o tema da religião popular é tradicionalmente circunscrito por sua relação com o processo de conversão do Ocidente ao cristianismo, cujo curso teria se alongado ao menos pelos séculos em questão. A lenta difusão do cristianismo pelo imenso interior rural da Europa Ocidental envolveu sua progressiva adaptação às demandas das populações, anseios muitas vezes estranhos a uma religião de base, até ali, essencialmente urbana.

Contudo, a progressiva promoção de uma cosmovisão e de rituais cristãos a pontuar a vida dos crentes nas mais diversas situações não implicou no abandono de um conjunto diverso de crenças e práticas definidas como "sobrevivências pagãs" pelas autoridades religiosas, como "superstições" arraigadas que, transmitidas de geração em geração, contaminavam e promoviam a perdição dos neófitos. Demonizadas pela Igreja, mereceram condenações e perseguições sistemáticas das autoridades com penas que se avolumam e se agravam ao longo do período, datando seu último registro sistemático da primeira década do Ano Mil (GAGNON, 2010). Destacam-se, neste sentido, o culto às árvores, pedras e fontes sagradas, aos astros, em especial ao sol e à lua, o recurso a adivinhos, sortílegos e encantadores, práticas domésticas de purificação, celebração de divindades pagãs de origens diversas associadas aos processos de produção (Minerva, pelas mulheres, na tecelagem), Diana celebrada nos bosques, Mercúrio nas encruzilhadas dos caminhos, além de festividades variadas associadas, por exemplo, à fertilidade dos campos, das mulheres e dos rebanhos, com destaque para a persistente festa romana das Calendas de Janeiro.

Mais do que o errático esforço por estabelecer o *pedigree* destas manifestações variadas - Celtas? Romanas? Germânicas? etc. -, posto que em sua maioria possuíam paralelos em cada uma daquelas tradições, convém considerar os seus campos de incidência e manifestação. A par da popularização de uma profusão crescente de rituais cristãos, a religião popular revela-se especialmente por sua manifestação em âmbitos diversos dos anseios cotidianos que pontuam a vida das populações. São os ritos de passagem que marcam as fases da vida e reafirmam a integração do indivíduo na comunidade (cristã), com especial destaque para o ritual do batismo, um verdadeiro pacto pessoal que vinculava, submetendo-o, o crente a Deus, e, no outro extremo, os rituais associados à morte; orações e rituais para situações diversas, como aqueles especialmente revelados nas liturgias, de proteção contra tempestades, em longas viagens, para a construção da casa e sua proteção contra os ataques de demônios; ritos de fertilidade dedicados aos campos, às sementes, aos instrumentos de trabalho, e contra doenças diversas, âmbito aliás esse último da especial ação dos santos, cujo culto mereceu enorme popularização na Idade Média. Estes eleitos e intermediários terrenos de Deus, em meio à diversa proteção oferecida aos crentes, abundavam nas curas de doenças do corpo e do espírito, e de males e carências dos mais variados tipos (alimentares, das técnicas e instrumentos de produção etc.).

Destaque-se, contudo, que nem mesmo a intensa e crescente repressão movida pela Igreja e a popularização do cristianismo no Ocidente, com sua sistemática adaptação às demandas das populações, implicaram na imediata supressão de crenças e práticas alternativas que incidiam, muitas vezes, nos mesmos âmbitos daqueles nos quais o cristianismo passou a se insinuar. Como destaquei, o último inventário dos "desvios", "superstições" e "sobrevivências pagãs" que, a juízo das elites eclesiásticas, maculava e fazia incidir os cristãos em graves pecados, data de princípios do século XI. É possível que o desaparecimento de registros tão ricos e sistemáticos expressem, a partir de então, o recuo das religiosidades alternativas em prol do cristianismo em face, sobretudo, do aperto do controle da instituição sobre a vida dos fiéis. A vigilância foi favorecida em especial pelo fenômeno, generalizado enfim por toda parte durante a Idade Média Central (séc. XI-XIII), do regime paroquial, que vinculava as comunidades à frequência na Igreja local e à supervisão mais insidiosa dos párocos de aldeia.

Ainda assim, por um lado, várias daquelas manifestações seguem aparecendo, um pouco por toda parte, em registros condenatórios por toda a Idade Média e além, ainda que alteradas e ajustadas a novos contextos, e não é improvável que tenha sido a "morte da Europa camponesa" que tenha posto fim, desde as primeiras décadas do século passado, a uma religiosidade popular eminentemente rural e intimamente associada aos anseios e demandas da vida nos campos. Por outro lado, a hegemonia do cristianismo não implicou no pleno enquadramento da religião popular pelos ditames das elites eclesiásticas, mas deu ensejo às manifestações dissidentes no próprio quadro da religião dominante, como expresso, por exemplo, no caráter popular de muitas das heresias perseguidas pela Igreja oficial por toda a restante Idade Média. Aliás, Carlo Ginzburg (2010), entre outros, nos deu a conhecer o vigor popular dos cultos agrários que, nos séculos XVI e XVII, mesclavam cristianismo e tradições diversas, alimentando as fogueiras da Inquisição.

Mário Jorge da Motta Bastos

Ver também História das religiões; Igreja; Mitologia celta; Mitologia escandinava; Mitologia medieval; Paganismo medieval; Religião.

BASTOS, M.J.M. (2013). *Assim na terra como no céu* – Paganismo, cristianismo, senhores e camponeses na Alta Idade Média ibérica (séculos IV-VIII). São Paulo: Edusp.

DELARUELLE, E. (1975). *La piété populaire au Moyen Âge*. Turim: Bottega d'Erasmo.

FITZGERALD, T. (2000). *The Ideology of Religious Studies*. Nova York: Oxford.

FRANCO Jr., H. (1990). *Peregrinos, monges e guerreiros*: feudo-clericalismo e religiosidade em Castela Medieval. São Paulo: Hucitec.

GAGNON, F. (2010). *Le 'Corrector sive Medicus' de Burchard de Worms (1000-1025)*: présentation, traduction et commentaire ethno-historique. Montréal: Université de Montréal.

GINZBURG, C. (2010). *Os andarilhos do bem*: feitiçaria e cultos agrários nos séculos XVI e XVII. São Paulo: Companhia das Letras.

______ (2006). *O queijo e os vermes*: o cotidiano e as ideias de um moleiro perseguido pela Inquisição. São Paulo: Companhia das Letras.

GIORDANO, O. (1983). *Religiosidad Popular en la Alta Edad Media*. Madri: Gredos.

JOLLY, K.L. (1996). *Popular Religion in Late Saxon England* - Elf charms in context. Chapel Hill: University of North Carolina Press.

MacMULLEN, R. (1997). *Christianity and Paganism in the Fourth to Eighth Centuries*. New Haven/ Londres: Yale University Press.

MANSELLI, R. (1975). *La religion populaire au Moyen Age*. Paris: Vrin.

McCUTCHEON, R. (2003). *The Discipline of Religion*: Structure, Meaning, Rhetoric. Londres: Routledge.

RISTUCCIA, N.J. (2018). *Christianization and Commonwealth in Early Medieval Europe*: A Ritual Interpretation. Oxford: Oxford University Press.

SANGREN, P.S. (1984). Great Tradition and Little Traditions Reconsidered: The Question of Cultural Integration in China. *Journal of Chinese Studies*, 1/1, p. 1-24.

SCHMITT, J.-C. (1992). *Historia de la superstición*. Barcelona: Crítica.

______ (1990). Une histoire religieuse du Moyen Âge est-elle possible? *Préfaces*, 19, p. 77-78.

SMITH, J.Z. (1982). *Imagining Religion*: From Babylon to Jonestown. Chicago: University of Chicago Press.

THOMAS, K. (1991). *Religião e o declínio da magia*: crenças populares na Inglaterra, séculos XVI e XVII. São Paulo: Companhia das Letras.

VAUCHEZ, A. (1976). Conclusion – La Religion populaire en Languedoc. *Cahiers de Fanjeaux*, 11, p. 429-444.

Religião nórdica antiga (conceitos)

Os debates conceituais sobre religiosidade nórdica, na realidade, estão envolvidos diretamente com o próprio conceito de religião: trata-se de um assunto que sempre ocupou grande quantidade de publicações acadêmicas, definir o que é religião. A abordagem mais tradicional, nascida ainda no século XVIII, era atrelada à ideia da existência de uma natureza humana predisposta ao fenômeno religioso, ou seja, religião era um sentimento natural voltado ao sobrenatural. A ideia do *homo religiosus* foi o substrato fundamental dos estudos oitocentistas e de grande parte da fenomenologia, a exemplo de Mircea Eliade. Este último, em suas obras, procurou mais um sistema descritivo do que explicativo, buscando uma tipologia genérica das formas e práticas religiosas. A essência da religião era mais buscada do que a sua história. Ao construir seu modelo comparativo, Eliade buscava a essência dos fenômenos de crença, criando generalizações, regras a-históricas e interpretações irracionalistas.

Já algumas das abordagens da antropologia cultural definiram a religião como uma crença no sobrenatural, mas atuando como uma força coercitiva de uma sociedade. Criam-se pessoas qualificadas para tratar esse sobrenatural, os sacerdotes e suas técnicas, e também templos e hierarquias, originando os aspectos institucionais que são característicos das religiões.

As definições conceituais da religião enquanto espaço puramente sagrado da natureza humana ou de uma dimensão a-histórica também foram recentemente criticadas pela historiografia norte-americana. Em primeiro lugar, para ela não existe consenso acadêmico no conceito de religião e sagrado, sendo ambas dependentes do contexto histórico e cultural. E também a perspectiva fenomenológica, semântica e conceitual da religião tem deficiências e limitações. Não existiria um padrão universal de religião: as comparações são superficiais ou deficientes, sendo a perspectiva fenomenológica denominada de pseudoteológica. O caminho alternativo seria a comparação histórica que não ofereça princípios universais ou essências a-históricas: a semelhança não necessariamente leva a uma essência humana. Os elementos comuns e coletivos das religiões levam a um modelo que não é universalista, uma referência mutável, uma categoria sem demarcação. O sagrado não necessariamente seria real ou natural, mas um conceito descritivo. O conteúdo transcendente da religião deve ser considerado como inexistente e estudado sempre a partir de um contexto cultural específico.

Durante o século XIX, os primeiros estudos sobre a religiosidade nórdica antiga denominavam essa prática de "fé dos ases" ou "religião dos ases", que mais tarde originou o termo moderno "*Asatru*". Uma doutrina originada dos germanos antigos, cujo sistema religioso foi preservado pela Edda Poética e Edda em Prosa, sendo a fé e os costumes religiosos comuns a todos os povos escandinavos e preservados nos manuscritos islandeses da Idade Média Central. Essa ideia de que as fontes mitológicas serviriam como principal base para os estudos da religião nórdica nortearam os estudos até pouco tempo atrás: mitos, contos e tradições das Eddas formariam a base principal da fé escandinava pelo *fato de conterem a noção de sagrado* – uma categoria *a priori* transcendente e pertencente ao espírito humano de qualquer época.

E de certa maneira, quase todos os estudos sobre a religião nórdica publicados no século XX tiveram algum tipo de influência da fenomenologia. A famosa mitóloga britânica Hilda Davidson, por exemplo, cita em 1964 que essa religiosidade "era modelo para um comportamento social e a tentativa de definir, em histórias de deuses e demônios, sua percepção das realidades interiores". Também a visão de outro pesquisador britânico, Raymond Page, de que os mitos nórdicos constituem manifestações de narrativas originadas por proezas históricas, fenômenos da natureza e sentimentos humanos é tanto a mescla de um romantismo oitocentista quanto do conceito de que o *numinoso* seria a base de todas as crenças religiosas. Outro modo de conceituar a religiosidade nórdica proveio do estruturalismo, que parcialmente era influenciado por pressupostos culturais. Assim, para Dumézil, a religião nórdica seria a expressão ideológica da tripartição indo-europeia, de cujos mitos seriam a máxima expressão.

Os pesquisadores que publicaram estudos entre 1970 a 1990 iniciaram uma nova fase nos estudos sobre a religiosidade nórdica antiga. Apesar de utilizarem métodos diferentes, muitos chegaram a um denominador comum: esta religiosidade teria sido caracterizada por uma falta absoluta de unidade e um complexo dinamismo. O historiador francês Régis Boyer foi pioneiro neste referencial, inicialmente em 1974 e depois em várias publicações. Para ele, a cultura pré-cristã não possuía o conceito tradicional de religião, fé, adoração ou oração, sendo uma religiosidade empírica e sem dogmas. Posteriormente, adiciona os referenciais de uma prática rural, mágica e de culto aos mortos ancestrais. Em alguns de seus últimos trabalhos, Hilda Davidson procurou definir a religiosidade nórdica em torno de sua cultura material, recuperando a história da arte e a iconografia como bases para o estudo dos antigos ritos, também aproximando-se dos cultos dos povos celtas para análises comparativas. Assim, para Davidson, a religião nórdica apresentava-se com uma complexidade muito maior do que supunha anteriormente.

Mas a obra mais importante da produção desse período, que abriu as investigações sobre o tema para um novo patamar, foi *Nordic religions in the Viking Age*, de Thomas DuBois. O livro foi instigante desde o título, alertando para a multiplicidade em vez do tradicional conceito unitário. Além disso, o autor utiliza um referencial geográfico e cultural para conceituar o paganismo nórdico: ao mesmo tempo em que este se apresenta como comunidade descentralizada de fé, estava intimamente relacionado a influências estrangeiras (vínculos econômicos, linguísticos e culturais), tornando ainda mais dinâmica essas práticas. Para definir religião, DuBois seguiu basicamente dois autores: a teoria religiosa de Karl Luckert (enquanto construção humana da realidade) e a religião como sistema cultural de Clifford Geertz. Assim, o pesquisador enfatiza muito a dinâmica social e cultural da experiência religiosa, evitando a perspectiva fenomenológica e universalista ou atemporal.

Na mesma década de 1990, algumas publicações reforçavam o caráter multidinâmico da religiosidade nórdica, obrigando os pesquisadores a tentarem encontrar outros caminhos conceituais para ela. Em uma coletânea de ensaios provocadores, John Mckinell atentava para a extrema *variedade* e *mudança* na experiência e criatividade religiosa pré-cristã, elaborando uma série de questionamentos sobre as fontes e as concepções tradicionais. As mudanças seriam vistas como sinal de vitalidade na religiosidade e não sinais de decadência ou derrota. Por sua vez, o norueguês Preben Meulengracht Sørensen elaborou a ideia da *interpretatio norrœna* – o paganismo tardio foi composto por influências cristãs em seus cultos e mitos, transformados dinamicamente em um hibridismo próprio, descartando a teoria da inserção de elementos cristãos nas fontes literárias após a conversão.

Entre as décadas de 1990 e de 2000 teve início uma série de pesquisas e publicações que se tornaram a grande referência conceitual sobre o tema, com aplicações e influências diretas até nossos dias. Um grupo de diversos pesquisadores europeus, baseados essencialmente em um referencial arqueológico e material da religiosidade nórdica, iniciou um novo patamar de investigações, polêmica, debates e temas de estudo. Em essência, este grupo (de forma conjunta entre alguns autores ou individualmente) conclama uma "desconstrução do paganismo nórdico" (os estudos anteriores sobre religião nórdica privilegiaram o institucional e o intelectual, deixando de lado o ritual ou apenas interpretando os mitos) e uma nova imagem da prática religiosa pré-cristã, onde seus elementos internos são constantemente mutáveis e hibridizados, bem como o conceito básico de uma religiosidade integrada com a vida social, política e cotidiana.

Influenciado por este grupo, mais recentemente o pesquisador Andreas Nordberg realizou a mais profunda reflexão conceitual sobre a religião nórdica antiga. O primeiro elemento que ele questiona é a respeito do cristocentrismo: os pesquisadores têm aplicado conceitos e ideias que têm origem no referencial de religião cristã. Assim, essa visão levou a dois caminhos: ou se tentou abolir o termo "religião" para o estudo das práticas nórdicas pré-cristãs ou criaram-se referenciais moralistas para sua interpretação.

Para Nordberg a tentativa de retirar o termo "religião" denota a própria interpretação de que essas antigas práticas nórdicas foram tratadas como algum tipo de semirreligião: ela não se adequaria à categoria universal das grandes religiões históricas, reveladas e supostamente uniformes. Mas ele questiona que o próprio cristianismo não foi totalmente homogêneo em seu início até o advento da Modernidade, tanto nas variadas formas das práticas sociais quanto nas interpretações teológicas. Quanto ao referencial moralista, segundo Nordberg ele foi aplicado num mesmo sentido em que os viajantes e missionários do século XVIII descreviam as religiosidades de populações não cristãs pelo mundo, onde a categoria religião era definida a partir da experiência cristã.

Em seguida Nordberg discute as terminologias empregadas para designar as práticas religiosas pré-cristãs e seu conteúdo ideológico. O primeiro termo, religião nórdica antiga, provém da utilização de uma categoria geográfica e temporal criada por influência dos estudos filológicos (a linguagem do nórdico antigo) e geralmente foi localizada na Era Viking (um conceito temporal construído pelos historiadores). O segundo, religião nórdica pré-cristã, enfatiza a periodização confrontada com o cristianismo, enquanto o popular termo "paganismo" possui conotações pejorativas. Já para outro influente acadêmico, Jens Schødt, não seria correto pensar em *uma religião nórdica* devido ao fato de que as religiões não existem em estado "puro", intocadas por concepções e visões de mundo de outras regiões, sendo sincréticas e mutáveis por natureza, mas por falta de melhor opção, ele próprio continua a empregar a expressão "religião nórdica antiga".

Johnni Langer

Ver também Culto a Freyr; Edda Poética; Feitiçaria rúnica; Freyja; Guerra e religião na Escandinávia; Magia escandinava; Mitologia escandinava; Mitologia escandinava (fontes); Nórdicos da Era Viking (religião); Símbolos rúnicos e afro-brasileiros.

BOYER, R. (1981). *Yggdrasill*: la religion des anciens Scandinaves. Paris: Payot.

DAVIDSON, H.R.E. (2004). *Deuses e mitos do norte da Europa*. São Paulo: Madras [trad.: Marcos Malvezzi Leal].

DuBOIS, T.A. (1999). "Religions in the Viking Age: contexts and concepts for analysis". In: *Nordic Religions in the Viking Age*. Filadélfia: University of Pennsylvania Press, p. 30-44.

DUMÉZIL, G. (1990). *Los dioses de los germanos*: ensayo sobre la formación de la religión escandinava. México: Siglo Veintiuno.

ROSS, M.C. (2006). "The measures of Old Norse religion in long-term perspective". In: ANDRÉN, A.; JENNBERT, K. & RAUDVERE, C. (orgs.). *Old Norse Religion in Long-Term Perspectives*: origins, changes, and interactions. Lund: Nordic Academic Press, p. 412-416.

SCHJØDT, J.P. (2012). "Reflections on aims and methods in the study of Old Norse Religion". In: RAUDVERE, C. & SCHJØDT, J.P. (orgs.). *More Than Mythology*: narratives, ritual practices and regional distribution in pre-Christian Scandinavian religions. Lund: Nordic Academic Press, p. 266-267.

Ritos e cultos

Ver Amuletos e talismãs; Bebidas e religiosidade no Medievo; Calendários religiosos celtas e germanos; Culto a Freyr; Culto aos santos; Druidismo; Encantamentos germânicos; Feitiçaria rúnica; Magia e feitiçaria grega; Mandrágora; Oráculos gregos; Tambores no xamanismo.

Roma antiga (religião)

A sociedade romana, durante toda sua história, se caracterizou pelo multiculturalismo resultante da união de diferentes povos da bacia mediterrânica que eram portadores de diferentes formas de religiosidade. Essa diversidade contribuiu para a variedade de modos pelos quais os indivíduos poderiam interagir com o mundo divino. Além disso, o governo romano buscava realizar a "promoção de um sincretismo religioso por meio da releitura e da inserção das crenças locais em um panteão pluriétnico, permanentemente aberto à incorporação de novas divindades" (GUARINELLO, 2009, p. 153). Consequentemente, não havia uma única religião praticada pelos romanos, mas diferentes religiões que se interagiam e que podiam ser professadas nos âmbitos das esferas públicas e privadas.

Segundo James Rives (2007), apesar dessa diversidade, uma religião normativa é possível de ser definida a partir de características gerais que eram aceitas pelo conjunto da população. A religião nos termos em que a entendemos hoje, como sistema coerente e separado de outros aspectos da experiência humana, não se verificava na Antiguidade. Essa religião normativa, portanto, estava estreitamente conectada com as estruturas de poder e de governo e exercia importante papel na definição da identidade romana.

A religião romana não se baseava em uma revelação da verdade divina como difundida pelos livros sagrados do judaísmo, cristianismo e islamismo; mas, sim, em um grupo de práticas e tradições acordadas entre deuses e humanos, que possibilitava aos últimos obter os favores dos primeiros. Ainda que diferente das revelações divinas dos livros das religiões monoteístas supracitadas, a religião romana tradicional possuía os Livros Sibilinos, uma série de compilações de profecias nas quais acreditavam estarem contidos os destinos de Roma. Esses livros eram consultados pelo Senado romano em ocasiões de grandes calamidades.

Na relação entre homens e deuses, ao mesmo tempo em que as forças divinas poderiam afetar a vida humana para melhor ou para pior, essas forças também poderiam ser afetadas pela ação humana por meio dos rituais. Na tradição romana, a ligação entre a adoração dos deuses e o comportamento ético não existia, pois as pessoas conquistavam a boa vontade dos deuses por meio de homenagens e doação de presentes e não através de atos de justiça e caridade. Portanto, o centro da religião residia no ritual e não na fé.

As práticas religiosas básicas eram compostas por preces e rogativas, que eram centrais no culto, seguidas da oferta de pequenos presentes aos deuses como, por exemplo, flores, bolos, queima de incenso, libações, inscrições em altares, dentre uma grande variedade de tipos de oferendas. Essa prática recebia o nome de *votum*. Outra forma de troca entre as esferas humana e divina incluía a prática dos sacrifícios, que se constituíam de complexos rituais que envolviam libações, pequenas oferendas, preces e invocações seguidas do sacrifício de pequenos ou grandes animais. A sequência desses atos devia ser seguida meticulosamente e poderia ser realizada por qualquer indivíduo, sem o monopólio de um corpo especializado de sacerdotes. Os sacerdotes eram reconhecidos mais pela sua posição cívica de oficial público do que um intermediário do divino.

Cultos realizados em santuários públicos ocorriam pelo reconhecimento às bênçãos recebidas de determinada divindade e eram organizados pelos representantes das comunidades. Esses cultos eram organizados e mantidos pelas elites políticas e econômicas, sejam elas da cidade de Roma ou das províncias conquistadas. A participação dos romanos no culto público criava um senso de comunidade no sentido cívico que reforçava a identidade entre eles e estava intimamente ligado às relações de poder na sociedade. Ou seja, o povo romano participava dos cultos públicos a determinada divindade não por serem obrigatórios, mas como oportunidade para reforçar laços e se identificar como romano. Os rituais ocorriam anualmente, em data fixa, e poderiam incluir desde um simples sacrifício até a organização de elaborados festivais.

Os sacerdotes públicos eram os especialistas em matéria de rituais e se reuniam em colégios, os colégios dos pontífices (*collegium pontificum*). Conforme o historiador romano Tito Lívio (*Ab Urbe condita libri,* I, 20), este colégio teria sido fundado pelo lendário Rei Numa. Segundo Claudia Beltrão da Rosa (2006, p. 143), dentre os principais sacerdotes que eram regularmente consultados pelo Senado, os *pontífices* aconselhavam os senadores e o povo em temas da lei sagrada, supervisionavam os assuntos da lei familiar (adoção, herança etc.) e mantinham os registros do Estado. Os *augures*, por sua vez, eram os conselheiros sobre os rituais e estavam, também, encarregados de interpretar os sinais enviados pelos deuses.

O sacerdócio público era composto em sua maioria por homens, que poderiam ser senadores ou magistrados, mas quem tomava as decisões sobre a religião pública era o Senado, a quem competia estabelecer novos cultos, ritos e o momento adequado para se consultar especialistas religiosos. Segundo John Scheid (1992, p. 52-53), o sacerdote era aquele que realizava atos cultuais, diferenciando-se dos demais magistrados por ser o depositário do direito sagrado e exercer uma autoridade divina. Além disso, o sacerdócio não era reconhecido como uma vocação, sendo uma função de poder que cabia aos membros dos altos extratos sociais. "Como os atos religiosos eram celebrados em nome de uma comunidade, e não em nome de indivíduos, só aqueles que estavam destinados, pelo seu nascimento ou pelo seu estatuto, a representá-la, exerciam as funções sacerdotais" (SCHEID, 1992, p. 53).

Às mulheres estavam reservados poucos ofícios religiosos e, sobretudo, elas eram associadas apenas a uma divindade particular ou ligadas ao sacerdócio do marido. Este primeiro exemplo era o caso das *virgens vestais*, encarregadas de manter aceso o fogo sagrado no templo da deusa *Vesta*.

Ao se tornar o primeiro imperador de Roma, Otávio Augusto tomou para si o título de *Pontifex Maximus* em 12 a.E.C. Com este título Augusto combinou em sua pessoa religião e Estado e tomou para si o direito de nomear os novos membros dos quatro colégios sacerdotais, os quais foram elevados à maior dignidade e riqueza.

Além dos cultos públicos, os cultos privados eram importantes para os indivíduos obterem os favores dos deuses no auxílio às suas preocupações privadas, que também se davam por meio de oferendas e sacrifícios. Essa religião privada não era controlada pelas autoridades, entretanto ela não podia competir com a identidade pública e caminhar no sentido de uma independência em relação ao poder social. Para a consecução dos cultos privados, as residências eram dotadas de altares reservados a uma variedade de divindades, dentre os quais se destacavam os deuses familiares *Penates*, que velavam pelo sustento da casa, e os *Lares*, espíritos que protegiam o conjunto da família, inclusive servos e escravos.

No sentido em que desempenhava um papel importante em definir a identidade cívica e estruturar o relacionamento de poder na sociedade, a religião era um meio de forjar um vínculo simbólico entre Roma e as comunidades locais que foram sendo incorporadas durante o longo processo de expansionismo romano. Essas comunidades locais poderiam manter seus próprios cultos, bem como uma combinação deles com os cultos da cidade de Roma. O que se observa, por meio de evidências arqueológicas, é que os próprios romanos incorporavam as divindades dos povos das regiões conquistadas. Sobretudo durante o período imperial, momento em que essas expansões atingiram seu ápice, as ambições das elites provinciais usavam a religião para manter ou avançar suas próprias posições na hierarquia das relações de poder que se estendiam na sociedade romana como um todo.

À medida que esse processo de expansão se aprofundou rumo ao Oriente, os romanos estiveram propensos a incorporar elementos da tradição religiosa grega, que tinha grande prestígio não só entre os romanos; mas, também, em relação às demais culturas do mundo mediterrânico. Nesse sentido, verifica-se um hibridismo entre as divindades nativas dos romanos com as divindades nativas dos gregos cujas resultantes se atribuíam formas e características similares. Por exemplo, o deus romano Júpiter era como o deus grego Zeus para os propósitos da mitologia, filosofia e iconografia, porém distinto no culto a ele reservados.

Também uma das influências da tradição religiosa grega se fez sentir na instituição do culto imperial. Esse novo culto teve origem nos reinos do período helenístico que, em virtude das expansões promovidas no período de Alexandre da Macedônia, já haviam assimilado diversos elementos das culturas orientais conquistadas. Durante o período republicano, quando o poder romano substituiu os reis helenísticos em grande parte do mundo grego, as cidades passaram a introduzir novos cultos que podiam ser dirigidos ao Senado, a líderes romanos individuais ou, com mais frequência, à deusa Roma, uma personificação da cidade.

A partir da emergência do regime político do Principado, o acúmulo de diversas magistraturas na figura de uma só pessoa fez do imperador romano o chefe e o foco do culto imperial. Dos ritos da religiosidade tidos como oficiais, baseados em aspectos dos costumes ancestrais (*mos maiorum*) e em uma ética estoica, o imperador, o *uir bonus* por excelência, deveria ser o maior representante (PRIETO, 1981).

O culto imperial se assemelhava ao culto público tanto no centro quanto na periferia do império. Rituais eram realizados em honra ao imperador e, nessas ocasiões, as preces e os sacrifícios, além do simbolismo de mediar uma relação de poder entre deuses e mortais, também serviam para articular as relações de poder entre o imperador e seus súditos, sejam eles das elites ou das camadas inferiores. Nesse sentido, as elites romanas provinciais estimulavam o culto imperial como estratégia de se colocarem como intermediárias em relação ao centro do poder, reforçando, assim, o seu *status* local. Norberto Guarinello (2009, p. 153), inclusive, observa que o estabelecimento de um culto ao imperador foi uma forma de o Império Romano não submergir à diversidade e assumir uma identidade própria para o mesmo, junto, certamente, com outros elementos de poder e cultura.

As fontes para o estudo da religião romana são variadas. Além daquelas oriundas da cultura material, como as fontes arqueológicas, topográficas, numismáticas, epigráficas, objetos votivos, amuletos e outros, podem ser consultadas, ainda, fontes textuais atribuídas a diversos escritores antigos como Tito Lívio, Políbio, Dionísio de Halicarnasso, Cícero, Virgílio, Horácio, Juvenal, Sêneca, Apuleio, Filóstrato etc.

Daniel de Figueiredo
Semíramis Corsi Silva

Ver também Grécia antiga (religião); Hécate; Mitologia romana; Mitraísmo.

GUARINELLO, N.L. (2009). "Identidade grega e Império Romano". In: FUNARI, P.P.A. & SILVA, M.A.O. (orgs.). *Política e identidades no mundo antigo*. São Paulo: Annablume/Fapesp, p. 148-161.

PRIETO, A. (1981). Ideología de las religiones romanas no oficiales. Notas sobre la función ideológica de la religión romana. *Memorias de Historia Antigua*, n. 5, p. 7-18.

RIVES, J.B. (2000). "Religion in the Roman World". In: HUSKINSON, J. (org.). *Experiencing Rome*: Culture, Identity and Power in the Roman Empire. Londres: Routledge, p. 245-267.

ROSA, C.B. (2006). "A Religião na Urbs". In: SILVA, G.V. & MENDES, N.M. (orgs.). *Repensando o Império Romano*: perspectiva socioeconômica, política e cultural. Rio de Janeiro: Mauad, p. 137-160.

SHEID, J. (1992). "O sacerdote". In: GIARDINA, A. *O homem romano*. Lisboa: Presença [trad.: Maria Jorge Vilar de Figueiredo].

Runas cristãs

As runas, presentes em inúmeros registros materiais e escritos, prestaram-se durante vários séculos à veiculação de tradições, hábitos e costumes de ordem religiosa e social majoritariamente dentro da Escandinávia medieval. Originalmente, o alfabeto rúnico antigo – ou antigo futhark – consistia de 24 runas, sendo datados registros oriundos a partir do século II E.C., sendo assim denominado devido às primeiras seis letras que compunham o alfabeto – F – U – TH – A – R – K. Posteriormente, houve a redução do número de letras para dezesseis, acarretando no surgimento e uso do assim chamado Futhark Recente –, normalmente conhecido como runas escandinavas:

Futhark recente (apud STÅLBOM, 1994).

Com o processo de conversão do mundo nórdico ao cristianismo, os missionários cristãos começaram a lançar mão das runas, nas quais eram expressas as práticas de religiosidade vinculadas aos deuses germânicos, transliterando o alfabeto latino em letras rúnicas, como afirmam MacLeod & Meeds (2006), ou seja, a religião cristã, cuja expressão linguística no Ocidente se dava majoritariamente em latim, apodera-se literal e metaforicamente das fórmulas mágicas – encantamentos – típicas das práticas de religiosidade nórdica. Destarte, percebe-se que os grafemas latinos são utilizados com o intuito de divulgar a mensagem do cristianismo, configurando uma apropriação do suporte linguístico das crenças pagãs por parte da Igreja (BRAGANÇA JÚNIOR, 2014). Nesse sentido, transparece uma nítida relação entre o desenvolvimento do comércio das cidades do norte da atual Alemanha - Bremen, Rostock, Lübeck, Hamburg - com a Escandinávia, sendo que as cidades de Bergen, localizada na atual Noruega, e Alvastra, na Suécia, possuem um significativo número de inscrições latinas em runas já a partir do século XIII. A representação apotropaica atribuída a elementos da cultura material assume fundamental importância a esse respeito.

Uma importante constatação, ao se analisar tal documentação, prende-se ao fato de que tais inscrições se relacionam preferentemente com temáticas de valor mágico-curativo, nas quais se arrola um número considerável de personagens pertencentes à história antiga e à história do cristianismo, bem como se evidencia o poder de Cristo como auxílio e remédio para os males do corpo e da alma, tais como problemas no parto, febre alta e expulsão da enfermidade do corpo do doente para um ser inanimado. À guisa de exemplificação, neste verbete arrolam-se dois testemunhos referentes a problemas com a visão e um amuleto a ser portado. No caso dos personagens associados à Antiguidade e ao cristianismo encontramos dois encantamentos rúnicos com fundamentação cristã, em que aparecem três homens a fugir e a serem perseguidos por Nabucodonosor, sendo o primeiro oriundo de Bergen e de datação aproximada de 1335, em que se evoca Tobias para curar uma pessoa de uma oftalmia:

> *f* uiqauhuM:to<biaS:Sa<nnat:oKuluS:iStaSoMinniS
> Fa-iFauiFaoi i
> Sidra<K:MiSSa<K:æ<qoG:benaGoG MYl o<GuM:eo-
> Mos uiqblo<q
> *f* Við augum. Tobias sanat oculus istius hominis fa[i]
> i fau i fao i i. Sidrak, Misak et auk Abdenago. myl (?)
> augum (?) eomeos (?) Við blóð.

O bastão de Bergen (apud MacLEOD & MEEDS, 2006, p. 158).

Proposta de tradução:

> Para os olhos. Tobias cura os olhos desta pessoa.
> fa[i]faufao. Sidrac, Misac e também Abdênago (?).
> Cure (?) os olhos (?) ameos (?). Para o sangue.

Embora não haja uniformidade quanto a uma possível tradução e interpretação dos vocábulos assinalados com ponto de interrogação, é patente a menção e a recorrência a Tobias, provável governador de Amon, cujo significado do nome é "o Senhor é bom". Uma referência explícita ao poder de cura de Cristo também se encontra em Bergen e é datada por volta de 1400. Aqui, Jesus é chamado para curar um cego:

;odomineieSucr--t-kuia<PeruitoculoScecinatiSalua
oculoS iStiuShom----umtuamiSericordia;meSiaS Sot<er
emanuelSa<baotado<nai;fo<nSe<to<rigo<bo<niS-
Pa<raclituSacmedia<to<r inmenSuSPater-nmenSuSfi-
liuSinmenSuS
SPirituSSan[tuS;

O Domine Jesu Chr[is]t[e], qui apervit oculos caeci nati,
salva oculos, istius hom[inis c]um tua misericordia!
Messias, Soter, Emanuel, Sabaoth, Adonai. Fons et origo
bonis, paraclitus ac mediator.
Immensus Pater, [i]mmensus Filius, immensus Spiritus
sanctus.

Proposta de tradução:

Ó Senhor Jesus Cristo que abriste os olhos dos nascidos cegos, cura os olhos daquele homem com tua misericórdia!

Messias, Soter, Emmanuel, Sebaoth, Adonai. Fonte e origem de bondade, confortador e mediador.

Ó Pai incomensurável, ó Filho incomensurável, ó Espírito Santo incomensurável.

A impossibilidade de se mensurar o poder da Trindade encerra a oração, iniciada com a evocação a Cristo, a nomeação de sua atuação curativa, o apelo para efetivar a cura e a citação de substantivos ligados à salvação e à figura divina, perfazendo um círculo discursivo que referenda a verdade cristã como eterna e salvífica.

"Paz àqueles que portam [o talismã], saúde aos donos" são comuns em amuletos, como aquele gravado em um bastão em Bergen:

sa.to<r.a<re*o.teneq.o*era.rotas.*aGs.*o<rdan<ntibus-
salusaben<ntibus...a;G;
l;a;iohan<nes.luKas.Maqeus.MarKus suaeroMMit-
sKYldtilsl

Sator arepo teneth opera rotas. Pax portantibus,
salus habentibus! AGLA
Johannes, Lucas, Mattheus, Marcus.
Svá erum mit skyld til Sl...

Proposta de tradução:

Sator arepo tenet opera rotas. Paz àqueles que portam, saúde aos donos! AGLA!

João, Lucas, Mateus, Marcos. Tal é minha dívida para com Sl...

O uso do talismã com finalidade protetiva é muito antigo, e no exemplo do mundo nórdico acima arrolado são dignos de nota os vocábulos *sator arepo*, presentes em oito inscrições rúnicas de base cristã, mas já encontrados em fórmulas mágicas em Pompeia com o objetivo de "proteção geral ou algumas vezes especificamente contra relâmpagos, fogo, roubo, enfermidades, loucura, dor ou dor no coração" (MacLEOD & MEEDS, 2006).

Dessa forma, a cultura material atesta a participação decisiva dos missionários cristãos, talvez provenientes das Ilhas Britânicas ou mesmo do espaço germanófono continental, na plasmação de fórmulas de oração cristã sob grafemas rúnicos, em que àquelas subjazia o estrato da língua latina. Adaptando sua funcionalidade e convertendo-a em uma "receita" infalível para aqueles que desejarem se curar, os monges cristãos procuraram levar os nórdicos à segurança e certeza inabaláveis dos poderes terapêuticos do Deus único, criando textos palimpsésticos, em que a sobreposição de camadas entre o mundo pagão e o cristão é expressa por um Cristo que se faz notar pela cura e também através das runas.

Álvaro Alfredo Bragança Júnior

Ver também Culto a Freyr; Edda Poética; Feitiçaria rúnica; Freyja; Guerra e religião na Escandinávia; Magia escandinava; Mitologia escandinava; Mitologia escandinava (fontes); Nórdicos da Era Viking (religião); Religião nórdica antiga (conceitos); Símbolos rúnicos e afro-brasileiros.

Althochdeutsche poetische Texte (1992). Stuttgart: Philipp.

BAUR, S.E. (2011). *Runic and Latin written culture*: co-existence and interaction of two script cultures in the Norwegian Middle Ages. Tübingen: Deutsches Seminar, Abteilung für Skandinavistik [dissertação de mestrado].

BRAGANÇA JÚNIOR, Á.A. (2014). Cristo em runas e em fórmulas mágicas: um estudo comparado. *Notícias Asgardianas* n. 7, abr./ago., p. 23-29.

LANGER, J. (2005). Religião e magia entre os vikings: uma sistematização historiográfica. *Brathair*, 5 (2), p. 55-82.

MacLEOD, M. *Bandrúnir* [in Icelandic sagas].

MacLEOD, M. & MEES, B. (2006). *Runic amulets and magic objects*. Londres: Boydell.

MÜLLER, S. (2007). *Althochdeutsche Literatur*. Stuttgart: Philipp Reclam.

STÅLBOM, G. (1994). *Runhandskrifter och runkalendrar* [Manuscritos e calendários rúnicos]. Estocolmo: Fabel.

Sámi (religião)

Desvendar as origens, aspectos, estruturações e particularidades da antiga religião sámi não é tarefa fácil, visto que as fontes primárias de que dispomos sobre o assunto não foram escritas por eles próprios. Essas fontes, ao contrário, são provenientes de diferentes períodos históricos e foram registradas ou compiladas por autores estrangeiros que apresentam, então, uma perspectiva exterior às comunidades e ao mundo sámi. Não surpreendentemente, seus olhares somente foram capazes de oferecer descrições repletas de etnocentrismos e/ou enviesadas por olhares cristãos, tornando necessária extrema cautela quando abordamos os relatos desses autores a respeito da religião de um povo que, vale lembrar, é indígena.

Felizmente, a presença dos sámi, chamados de lapões em escritos mais antigos, se fez frequente em muitos escritos, sobretudo do Medievo. Aliás, é necessário atentar-se também aos nomes utilizados para denominá-los, pois em muitos textos medievais que já carregavam uma influência cristã, como as sagas, o termo "*finnar*" era empregado com certa imprecisão para designar tanto os sámi quanto os povos fínicos, que eram, na época, vistos como unidades étnicas unificadas, já que teriam migrado em massa, feito intrusos, rumo às margens da civilização escandinava.

As principais fontes primárias para estudo da religião sámi antiga são *Germania*, de Tácito (98 E.C.); *Historia de gentibus septentrionalis*, por Olaus Magnus (1500 E.C.) e a obra *Lapponia* de Johannes Schefferus (1674 E.C.). Alguns escritos mais tardios, de quando os povos sámi já estavam em contato com o cristianismo, também trazem aspectos de sua religião antiga, como os relatos de Giuseppe Acerbi em seu *Travels through Sweden, Finland and Lapland to the North Cape in the years 1798 and 1799* (1802 E.C.), e Lars Levi Laestadius com seu trabalho *Fragments of Lappish Mythology* (1845 E.C.).

De maneira geral, as tradições religiosas dos sámi são difíceis de serem traçadas. Sua cultura e costumes sofreram mudanças bruscas e violentas ao passarem pelo processo de cristianização do fim do século XVI e no XVII. Durante esse período, a intenção dos padres cristãos parecia ser extinguir por completo qualquer prática xamânica ou visão de mundo religiosa dos sámi, para que então as atividades missionárias e de conversão obtivessem mais sucesso na região. Foi então que muitos tambores sámi, imprescindíveis nas práticas rituais de sua religião, foram confiscados ou destruídos pela Igreja. Assim, reconstruir a religião antiga dos sámi é um desafio, pois consiste em tentar resgatar e compreender essa visão de mundo religiosa que, nas fontes primárias, é narrada pelos próprios membros da Igreja que lá estavam para fins missionários – e que, portanto, não eram nada simpáticos à religião dos sámi –, ou então, na melhor das hipóteses, por estrangeiros completamente alheios ao modo de vida desse povo.

Antes de tudo, é importante ressaltar que o termo "sámi" é utilizado para se referir a vários povos que possuem em comum traços linguísticos, genéticos, religiosos e culturais, mas que não são idênticos em nenhum desses aspectos. Esses povos estão espalhados por todo o território da *Fenoscandia*, região que engloba a Península Escandinava, Finlândia, Carélia e a Península de Kola, no norte da Rússia. Cada um desses povos sámi apresenta suas próprias características, peculiaridades e variações de acordo com o lugar em que estão. São reconhecidos mais de dez dialetos e etnias sámi, como os sámi do Norte, sámi do Sul, skolt sámi, lule sámi, pite sámi, ume sámi, ter sámi e kildin sámi, para mencionar apenas alguns. Ao falarmos de uma religião sámi não estamos nos referindo a uma religião uniforme e sistematizada, mas a traços gerais que, dentro das várias religiões dos povos sámi, mostram-se comuns.

Muitos dos autores que escreveram sobre os sámi demonstravam estar cientes, já no século XVIII, de variações em seu léxico religioso e práticas ritualísticas. Contudo, estudos atuais insistem na hipótese de que a princípio teria havido uma religião pan-sámi, juntamente de um idioma protossámi e que, portanto, as diferenças e particularidades regionais na religião desses povos teriam surgido enquanto resultados de desmembramentos dessa unidade original. Uma vez ocorridos esses desmembramentos, os diferentes grupos étnicos dos sámi passariam a sofrer mudanças específicas tanto por conta de seu desenvolvimento interno quanto pelo contato com diferentes povos. Apesar dessas hipóteses ainda terem muita força no meio acadêmico, autores como Frog rejeitam a possibilidade de que uma religião uniforme e pan-sámi tenha se espalhado juntamente do idioma protossámi. Para o autor, é possível pensar uma disseminação do protossámi enquanto meio de comunicação entre esses povos, sem que tenha necessariamente trazido consigo todo um complexo de cultura e religião por completo.

Outra distinção importante é a de caráter cronológico. Ao abordarmos a religião sámi pode ser útil dividi-la, para fins didáticos, em três períodos distintos: a religião sámi pré-cristã; a religião sámi praticada durante o período de cristianização, e a religião sámi do modo como é praticada nos dias de hoje. Nosso objetivo é tratar da primeira, ou seja, dos elementos que faziam parte da religião sámi antes da chegada do cristianismo. Mesmo quando fazemos uso de fontes posteriores, datadas já da época das missões cristãs (como as obras de Schefferus e Laestadius, p. ex.), o fazemos visando desvendar possíveis resquícios que pertenceriam a essa religião antes da influência cristã.

A antiga religião sámi era de caráter politeísta. Para eles, os deuses e outros seres teriam sido responsáveis pela criação, organização e manutenção de todo o cosmos. Os deuses de seu vasto panteão agiam ora de maneira favorável, ora de maneira desfavorável ao homem, sem que isso implique uma noção dualista de bem e mal, ou então de punição, como vemos no cristianismo. Certamente que tais deuses ocupavam lugar de grande importância na religião sámi, sendo responsáveis por influenciar diretamente suas vidas. Dentre os principais deuses, encontramos relatos de *Veralden-radien*, governante do mundo, provedor da fertilidade e sustentador da vida; *Máttaráhkká*, deus de *Jápmináibmu* (ou *Jabmeaimo*), a morada dos mortos; *Bieggalmmái*, deus dos ventos tido como essencial, pois, além do controle do clima, era responsável por empurrar as renas (animais essenciais na vida dos sámi) em direção a pastos onde encontrariam alimento; *Afruvvá*, espécie de deusa dos mares que podia atuar dando conselhos para navegação, protegendo contra tormentas ou então causando-as; *Beaivi*, deus (para os sámis do Sul, uma deusa) do sol que trazia calor, luz e vida para o extremo habitat gélido dos sámis; e *Horagalles*, deus dos céus, dos trovões, raios e protetor dos homens.

Sua religião era animista, no sentido de que todo o mundo natural que os cercava era dotado de uma vida, de uma anima, fossem seres animados ou inanimados: por isso notamos que o culto a locais sagrados era frequente e de extrema relevância na prática religiosa desses povos. Por conta disso, cada fenômeno geográfico era percebido como tendo suas próprias implicações espirituais. Esse último fato implica também em dizer que os sámi não tinham uma noção do homem enquanto ser separado ou dissociado da natureza, mas como parte integral e constituinte da mesma.

Conforme dito anteriormente, as crenças dos sámi nunca constituíram um sistema homogêneo e estruturado. Ainda assim, parece ser recorrente que todos eles concebam a estrutura cósmica como sendo composta em três níveis: um mundo superior, um mediano (a terra dos homens) e um inferior, todos sustentados por uma árvore do mundo ou pilar cósmico (há variações nesse aspecto), que estaria fixado à estrela Polaris.

A prática de fazer oferendas em locais específicos de culto era, então, recorrente entre os diversos povos sámi. Como sua religião não era um fenômeno estático, certamente havia variações regionais nos objetos oferendados: uma comunidade sámi (chamada *siida*) que estivesse localizada ao litoral e fosse focada na prática da pesca tendia a oferecer peixes, assim como os povos sámi das florestas, geralmente dedicados à caça ou pastoreio, ofereciam chifres de renas. Como o mundo dos homens encontrava-se no meio dos dois outros mundos, as oferendas eram vistas como uma maneira – obviamente ritualizada – de estabelecer conexões com seres que os habitavam e detinham sobre eles alguma regência.

Basicamente, os locais sagrados eram onde uma conexão com os deuses ou outros espíritos era possível. Contudo, há algumas variações tipológicas. Existiam os lugares específicos para oferendas, que, como o próprio nome sugere, eram onde se depositavam objetos para os deuses, espíritos ou aos elementos naturais, muito importantes para os sámi (vento, trovão, água ou sol). Algumas fontes primárias chamam de *siedi* esses locais que se destacavam naturalmente de outros à sua volta, e onde, então, eram depositadas essas oferendas. São lugares como penhascos, grandes árvores, colinas, rochas em formatos distintos etc. Outras dessas fontes descrevem que *siedi* eram os nomes dados às pequenas figuras de deuses cravadas em pedra ou madeira. Lugares de oferendas diárias em que ocorria concomitantemente a prática de alimentar-se eram chamados de *goahtis*. Por fim, existiam lugares sagrados que não estavam relacionados a oferendas, mas a cultos e outros rituais. Nesses locais eram feitos rituais para a prática de inumação de pessoas, ou então de ursos, que tinham posição especial dentro da espiritualidade dos sámi.

A religião sámi não era centralizada, não possuía uma escritura sagrada ou um corpo dogmático estabelecido. Ainda assim, as comunidades contavam com uma figura de alta relevância social e espiritual, que seria a do xamã. Chamados de *noaidi* ou *noaide*, os xamãs eram os especialistas religiosos entre os sámi, conhecidos por possuir as técnicas e o conhecimento necessários para se comunicarem com outros mundos e seres. Os *noaidi* eram capazes de entrar em estado de transe enquanto entoavam suas preces ou sacrifícios, acessando, assim, o mundo espiritual. Uma vez imersos nesse estado, os xamãs eram capazes de trazer mensagens, advertências e presságios desses outros mundos em prol de ajudar na sobrevivência de sua comunidade. Também se acreditava que fossem capazes de mudar sua aparência e forma, transformando-se em animais (ursos, lobos, renas, peixes) ou então assumindo formas de manifestação da natureza, como rajadas de vento. Sendo assim, as práticas mágicas e ritualísticas, bem como as cerimônias coletivas, eram lideradas pelo xamã.

Segundo as fontes primárias, o xamã também era responsável por passar adiante e coletivizar o conhecimento de toda a tradição religiosa e visão cosmológica dos sámi, atuando como uma espécie de poeta mitológico. Também eram tarefas do xamã o diagnóstico e a cura de enfermidades, a adivinhação do tempo mais propício para a caça e pesca e o resgate de objetos importantes que fossem perdidos. Tudo isso estava acessível ao *noaidi* graças à sua comunicação com os deuses, animais e seres do outro mundo por meio da experiência do transe.

Visando atingir esse transe, o xamã entoava canções específicas, denominadas de *joik* ou *yoik*. Apesar de as palavras serem importantes, nesse tipo de canção o ritmo detinha maior importância, apresentando predominância de uma melodia monótona que, junto das batidas de tambores, induziam o *noaidi* ao êxtase. O entoar rítmico propocionado por esses instrumentos era imprescindível nesse contexto. Na ritualística sámi havia, portanto, o uso desses grandes tambores, que eram repletos de desenhos em sua superfície e apresentavam formato levemente oval. Entre os desenhos notam-se retratados principalmente animais como renas e baleias, mas também ferramentas utilizadas no cotidiano sámi, além de figuras antropomórficas que provavelmente eram seus deuses. Autores como Juha Pentikäinen defendem a ideia de que esses desenhos funcionavam como uma espécie de mapa cognitivo que os *noaidi* utilizavam para orientar-se durante o transe e conseguir acessar os outros mundos, ou então, alguns como Bo Sommaström alegam que a disposição dos desenhos nos tambores conteria também uma orientação embasada astronomicamente.

É necessário lembrar que nenhuma religião existe de maneira isolada e que as crenças e o sistema religioso dos sámi estavam em frequente intercâmbio com as religiões de povos vizinhos como os finlandeses, os estonianos, os bálticos, os noruegueses e suecos. Hoje, tende-se a trabalhar de um ponto de partida que considere os intercâmbios e influências mútuas entre esses povos, numa perspectiva intercultural.

Victor Hugo Sampaio Alves

Ver também Báltico pré-cristão (religião); Cristianização dos eslavos; Cruzadas do Báltico; Finlândia pré-cristã (religião); Labirintos sámi; Tambores no xamanismo.

ÄIKÄS, T. (2015). *From Boulders to Fells*: Sacred Places in the Sámi Ritual Landscape. Oulu: Monographs of the Archaeological Society of Finland.

FROG, M. (2017). Sámi Religion formations and Proto-Sámi Language Spread: Reassessing a Fundamental Assumption. *The Retrospective Methods Network Newsletter*, n. 12, p. 36-69.

GOETLL, E.D. (2014). *Noaidi - The one who sees*: bringing to light the religious experience among the 17th-18th century Sámi [dissertação de mestrado em Estudos da Religião da Universidade do Arizona].

GONZÁLEZ, T.B. (2014). Noaidi: El chamán Sámi y su función de mago. *'Ilu, Revista de Ciencias de las Religiones*, n. 19, p. 65-91.

KENT, N. (2014). *The Sámi peoples of the North*: a Social and Cultural History. Londres: Hurst.

LEHTOLA, V.-P. (2004). *The Sámi People*: traditions in transition. College: University of Alaska Press.

MENINI, V.B. (2017). "Sámi, fínicos e nórdicos". In: LANGER, J. (org.). *Dicionário de História e Cultura da Era Viking*. São Paulo: Hedra.

PENTIKÄINEN, J. (2012). The shamanic drum as a cognitive map. *Cahiers de littérature orale*, n. 1, p. 1-12.

SOMMARSTRÖM, B. (1984). "Ethnoastronomical perspectives on Saami Religion". In: AHLBÄCK, T. (org.). *Saami Religion*, p. 211-250.

Sexualidade e religião na Antiguidade

Diversamente do proposto por várias religiões atuais, o sexo era elemento essencial nas religiões pagãs da Antiguidade. Oriundas da religiosidade nascida na pré-história, as religiões de culturas como: suméria, egípcia, persa, greco-romana, maia, inca, asteca, celta, viking e muitas outras, norteavam-se pelos ciclos da natureza, associados ao plantio e colheita; ao ciclo das chuvas e rios; e ao nascimento dos rebanhos. Todas essas práticas econômicas estão associadas à fertilidade e à fecundidade da terra, dos animais, dos seres humanos, portanto, ligadas ao sexo.

A produção agrícola é tão importante na Antiguidade que o calendário agrícola é o norteador de todas as atividades desses povos, desde ritos propiciatórios, festas cívicas até as atividades de construção de navios ou mesmo guerras. A vida na Antiguidade era regida pelos ciclos de produção agrícola, ou seja, pelo sexo.

É importante observar que os ritos visam o futuro, mas também reintegram o passado e o presente, uma vez que o tempo é cíclico, marcado pelo nascer, morrer, renascer. Em função dessa ligação com os ciclos da natureza é que coube às mulheres os ritos ligados ao nascimento e enterramento, bem como o plantio e a colheita, ao passo que aos homens eram reservadas as atividades de caça e da guerra – atividades ligadas à morte, aos atos violentos, que vertiam o sangue, inclusive nos sacrifícios.

O culto de deusas associadas à terra é uma constante na Antiguidade. Todas possuem em seus ritos e mitos, relatos e práticas de raptos, estupros, ou sacrifícios sexuais da própria deusa, ou de seus amantes ou filhos(as). Todos os ritos estão associados à produção de alimentos, nascimento de animais e crianças. Um bom exemplo é o mito de Cibele, deusa frígia ligada aos ciclos da natureza e que foi cultuada até o Império Romano.

Cibele tem por amante, Átis, jovem e belo pastor frígio, que segundo algumas versões a trai com a ninfa Sagárites. Furiosa, a deusa derruba a árvore da ninfa, matando-a e enlouquece Átis em uma cerimônia orgiástica realizada em sua honra. Átis em seu furor castra-se, levando outros a fazerem o mesmo. Do sangue vertido por Átis nascem violetas, flores dedicadas a Cibele. Os sacerdotes de Cibele eram eunucos, emasculados, dedicavam sua virilidade à deusa.

A narrativa dos amores de Cibele e Átis, com seus ritos orgíacos em bosques consagrados à deusa, com a autocastração dos sacerdotes demonstra a importância do sexo nos cultos antigos. A deusa, que rege a fertilidade da natureza, precisa de um amante jovem e viril para fecundá-la. O sacrifício imposto a Átis e aos sacerdotes garante a renovação da natureza, marcada pelo germinar da vida do sangue vertido.

O princípio desse e de outros ritos é estabelecer uma troca entre o grupo e a Natureza/Deusa, o procriar do agrupamento social implica maior apresamento/extração da natureza, que exige algum tipo de sacrifício; dentre eles encontramos desde a emasculação ao sacrifício de crianças da comunidade.

Outra deusa emblemática é Afrodite, deusa do sexo para os gregos, herdeira das antigas deusas mães da fertilidade. Em uma sociedade já bastante desenvolvida e com cultos muito elaborados, Afrodite aparece sob várias faces, dentre elas:

Deusa protetora das prostitutas, à qual são consagrados os ritos das Adonias. Festa em honra do amante morto da deusa, celebrada durante o período mais quente do ano, a Canícula, correspondente ao mês de julho para nós. Tal qual Cibele, Afrodite possui dentre seus amores, um amante mortal, Adônis, que é morto por um javali em um campo de alface, ou por ciúmes de Ares, deus da guerra e um dos amantes de Afrodite; ou por Perséfone, que também dividia os prazeres com o jovem. Do sangue de Adônis surgem as anêmonas, consagradas a Afrodite.

Adônis foi disputado por Afrodite e Perséfone (deusa ligada ao reino dos mortos) e dividia o tempo com ambas; um terço do ano com Perséfone (tempo da semente enterrada sob a terra), um terço junto de Afrodite (florescimento) e o outro terço foi dado ao jovem escolher com quem o passaria, e ele escolheu Afrodite, motivo dos ciúmes de Perséfone/Ares e de sua morte. O ano grego era dividido em três e não quatro estações, a saber: o tempo da esterilidade (inverno), o do plantio (primavera) e o da colheita (verão/outono).

Os ritos das Adonias eram celebrados pelas amantes e prostitutas junto de seus amados. Regada a vinho, música e sexo, o ponto alto da celebração era a colocação de um pequeno pote de barro, com tenros brotos de alface, no telhado das casas. Ele era deixado ali para secar (morrer) ao sol escaldante, sendo substituído no ano seguinte. A alface é considerada pelos gregos como uma planta inibidora da virilidade, antiafrodisíaca, que tornava os homens impotentes. O ritual acontecia exatamente no período dos frutos maduros, após o qual a terra entraria em período estéril e precisaria de força para renascer na futura primavera. As orgias em honra de Afrodite e seu amante tinham em sua origem mais ancestral os ritos de fertilidade da natureza.

Outra face de Afrodite é a da deusa que rege a entrada dos jovens na puberdade. Nos ritos consagrados a ela nesse período encontramos a oferta dos longos cabelos de meninas e meninos à deusa. O cabelo é um dos símbolos de sedução mais compartilhado entre as culturas e, portanto, de motivo sexual. A jovem que não desejasse cortar os cabelos em honra da deusa poderia se prostituir, por um ano, em um dos templos de Afrodite, a estrangeiros. Ofertar os cabelos, ou a virgindade à deusa era uma forma de garantir a prosperidade da cidade e a própria. Os gregos não viam problema algum nessa prostituição ritual, sendo realizada por meninas de famílias tradicionais e que, passado o ano no templo, casavam-se normalmente, sem que isso as desabonasse.

Diversamente de Afrodite, Deméter, deusa dos cereais, possuía ritos voltados apenas para esposas e filhas legítimas e proibidos às demais mulheres. Neles via-se o oposto dos ritos de Afrodite, a castidade e o jejum eram a regra. Embora aparentemente opostos, os ritos de Deméter fazem lembrar o grão plantado, que "morre" sob a terra para depois germinar. Assim as mulheres, retiradas de seus lares, castas e longe do sexo, renasceriam, ao retornar a seus lares, mais férteis.

Em todos esses ritos percebe-se a coexistência dos motivos florais-aquáticos com os motivos vegetais-femininos, compreendidos pela ideia central de criação inesgotável, cujo símbolo maior é a terra fértil ou a árvore, identificada com as grandes deusas da fertilidade. Pode-se dizer que as plantas e os ritos estão ligados ao início da cerealicultura e é possível relacionar o tema das metamorfoses de inúmeros amantes em flores/plantas a uma significação sexual, pois a renovação da vegetação na primavera é um fator determinante de reprodução para as sociedades agropastoris, donde o caráter dominante dos mitos de morte/ressurreição do jovem deus da vegetação.

Na cultura greco-romana um deus fitomórfico dos mais representativos é Dioniso/Baco. Tal qual as deusas, seu mito e seus ritos ligam-no às orgias, ao sexo, à produção da uva/vinho e à fertilidade da terra e da cidade. Associado ao touro, ao bode e à pantera, ele também é um deus da vegetação, que morre e renasce. De seu sangue nasceu o kissos, a vinha silvestre, mãe de todas as videiras. Em diversas representações o deus é caracterizado como um jovem itifálico ou acompanhado dos lascivos sátiros.

Mesmo atividades aparentemente não ligadas diretamente ao sexo, como a atividade oracular, possui um componente sexual. Segundo Nicole Loraux, a sacerdotisa do tempo de Delfos, dedicado ao deus Apolo, que proferia os oráculos tomada pelo deus, o fazia sob influência dos vapores emanados da rocha, que entravam em seu corpo através do sexo. A Pítia abria seu corpo para o deus, sob forma de vapor, que a possuía, tanto no sentido sexual do termo como no de transe místico. Os Padres da Igreja condenaram, posteriormente, o oráculo e a Pítia por sua postura indecente, a jovem nua ou velada, com as pernas abertas sobre a bacia/cuba para receber os vapores. O dom do conhecimento é mediado pelo sexo, como também atesta o mito de Apolo e Cassandra.

Entre os povos pagãos a correlação entre sexo e religião é natural. Os hinos religiosos dedicados a Inanna, deusa da fertilidade e da guerra entre os sumérios, demonstram bem isso. No texto traduzido por Shahrukh Husain, *O despertar de Inanna*, lê-se: "Minha vulva está úmida./Eu, Inanna, a virgem sagrada, digo que minha vulva está úmida./Deixo meu Escolhido Amado colocar sua mão em minha vulva..." E o texto prossegue com infinitas referências ao prazer sexual da deusa. Ela só pode fazer os campos florescerem se seu próprio corpo florescer, ou seja, experimentar o prazer do sexo. Para religiões cristãs atuais, pode parecer altamente obsceno esse hino, mas não podemos esquecer que na Bíblia encontramos o *Cântico dos cânticos*, que apesar de as traduções amenizarem os termos, é também altamente erótico.

Para concluir, podemos dizer que as antigas religiões estabeleciam uma relação mais natural e próxima com o sexo e os ciclos da natureza. Ao contrário das religiões cristãs que sublimaram o desejo, afastando o corpo do espírito e de Deus, as pagãs compreendiam o corpo e o espírito como indissociáveis, partes complementares de um todo que obedeciam ao ciclo da vida e estavam ligados ao divino.

A ligação estreita entre a sexualidade e a morte é que fez com que as divindades da fertilidade vegetal se convertessem também em divindades funerárias. Os mortos e os cereais adquirem características semelhantes. O culto aos manes passa a ser celebrado juntamente com as cerimônias da vegetação e o culto funerário influi cada vez mais nos cultos de fertilidade, apropriando-se dos ritos, que se transformam em oferendas ou sacrifícios oferecidos às almas dos antepassados. Inicia-se dessa forma um novo ciclo religioso, onde os antepassados, a morte e a sexualidade estabelecem novos contornos para o divino.

Flávia Regina Marquetti

Ver também Grécia antiga (religião); Mistérios gregos; Mitologia grega; Mitologia romana; Roma antiga (religião).

BAUMANN, H. (1984). *Le bouquet d'Athéna* - Les plants dans la mythologie et l'art grecs. Paris: Flammarion.

DAREMBERG, M.M.-C. & SAGLIO, E.D.M. (1887). *Dictionnaire des antiquités grecques et romaines.* Paris: Hachette.

DETIENNE, M. (1972). *Les Jardins d'Adonis* – La mythologie des arômes en Grèce. Paris: Gallimard.

DEVEREUX, G. (1982). *Femme et Mythe.* Paris: Flammarion.

DUBY, G. & PERROT, M. (dir.) (1991). *Histoire des femmes* – L'antiquité. Paris: Plon.

DUMÉZIL, G. (1924). *Le festin d'immortalité* - Étude sur la mythologie comparée indo-européenne. Paris: Gallimard.

ELIADE, M. (1981). *Tratado de historia de las religiones*: Morfología y dinámica de lo sagrado. Madri: Cristiandad.

FUNARI, P.P.A. (org.) (2009). *As religiões que o mundo esqueceu.* São Paulo: Contexto.

GRIMAL, P. (1993). *Dicionário da Mitologia Grega e Romana*. Rio de Janeiro: Bertrand Brasil [trad.: Victor Jabouille].

GRIMAL, P. (dir.) (1963). *Mythologies des montagnes, des forêts et des îles*. Paris: Larousse.

HUSAIN, S. (2001). *Divindades femininas: Criação, fertilidade e abundância* - A supremacia da mulher. Colônia: Taschen.

LÉVÊQUE, P. (1985). *Bêtes, Dieux et Homme* – L'imaginaire des premières religions. Paris: Messidor/Temps Actuels.

LÉVI-STRAUSS, C. (1966). *Mythologiques* – Du miel aux cendres. Paris: Plon.

LORAUX, N. (1987). "Un secret bien gardé". In: SISSA, G. *Le corps virginal*. Paris: Vrin.

MALHADAS, D. & CARVALHO, S.M.S. (1978). *O hino a Deméter e os mistérios eleusinos*. São Paulo: Unesp.

MARQUETTI. F.R. (2016). *Perseguindo Narciso* – Um estudo da protofiguratividade do mito de Narciso. Saarbrücken: NEA-Novas Edições Acadêmicas.

______ (2013). *Da sedução e outros perigos* – O mito da Deusa Mãe. São Paulo: Ed. Unesp.

SISSA, G. (1987). *Le corps virginal*. Paris: Vrin.

SOUZA, E. (1973). *Dioniso em Creta e outros ensaios*. São Paulo: Duas Cidades.

TRIOMPHE, R. (1989). *Le lion, la vierge et le miel*. Paris: Les Belles Lettres.

Shakti

"Culto a Shakti" ou "shaktismo" são os termos usados para designar um amplo espectro de devoções ao sagrado feminino que se manifestam em múltiplas deusas, tão características do hinduísmo. Desde o período histórico de produção dos *Purānas* e da ascensão do tantrismo medieval (cf. períodos no verbete "Hinduísmo"), o shaktismo se torna um dos três maiores grupos de cultos a deidades dentro do hinduísmo, junto do shivaísmo (culto ao deus Shiva) e o vaishnavismo (culto a Vishnu).

E, além de ser uma forte corrente devocional, o shaktismo se manifesta também na forma de um movimento estético, artístico e cultural. Essa estética inspirada no sagrado feminino é central no hinduísmo e pode ser percebida em formas específicas de representações iconográficas, nos tecidos com cores vibrantes, nos padrões próprios de estampas, na arte da perfumaria indiana e na produção de incensos que agradam as deusas, nas joias ornadas com pedras preciosas, em diversas formas de esculturas, e nos padrões estéticos das escolas de dança indiana, que, com suas músicas, pinturas corporais e ornamentos, permitem que dançarinas incorporem a própria presença das deusas nos seus respectivos templos.

Assim, qualquer proposta de compreensão desse termo deve levar em conta tanto sua história milenar ancestral quanto a diversidade de cultos e manifestações culturais do sagrado feminino que se desenvolvem tanto na Índia quanto em diferentes regiões sob sua influência cultural (como Indonésia e Nepal, p. ex.). Por isso, a tarefa de síntese dessa questão torna-se ainda mais difícil. Mas, uma vez feitas essas ressalvas, buscaremos apresentar aqui um olhar preliminar sobre pontos que consideramos "cruciais" na história do shaktismo na Índia.

A questão da origem é o primeiro ponto crucial a respeito dessa tradição. Como lembra-nos Bianchini (2013, p. 10), há duas correntes de pensamento que versam sobre a origem da religião da Grande Deusa (*Mahā Devī*) na Índia. A primeira corrente postula que esse culto ao sagrado feminino surgiu de forma paralela ao desenvolvimento da religião principal da Índia. Essa religião principal seria justamente aquela descrita nos Vedas (cf. o verbete "Vedas") e configurava-se pela ênfase em deuses masculinos, como Indra, que, armado com um raio, representava o arquétipo do guerreiro viril. Tal sistema religioso teria sido herdado de povos indo-europeus, que se autodenominavam árias e que teriam chegado à Índia a partir do segundo milênio antes de Cristo (GNERRE, 2011, p. 27). Seguindo por esta mesma senda explicativa, o culto ao sagrado feminino seria então externo à tradição védica (da qual se desenvolve a tradição hindu posterior), sendo herança de tradições autóctones da Índia do período dravídico, anteriores à chegada desses povos indo-europeus (que se autodenominam *ārya*). Justamente em função de sua origem dravídica, o shaktismo teria sido sufocado no período de produção dos Vedas, recebendo um lugar secundário nessas escrituras. Sobretudo os hindólogos que escrevem até a primeira metade do século XX, como Heinrich Zimmer e Mircea Eliade, são partidários desta perspectiva sobre a origem do shaktismo. Uma segunda perspectiva, que não aceita a controversa tese da invasão ariana, diz justamente que "o culto às divindades femininas sempre existiu, manifestando-se não apenas nos Vedas, mas também na pré-história indiana" (AGRAWALA, apud BIANCHINI, 2013, p. 10). Os indícios que corroboram essa hipótese poderiam ser encontrados justamente em artefatos arqueológicos encontrados em diversos sítios, sobretudo em imagens da "deusa mãe", encontradas nas cidades de Harappa e Mohenjo Dharo.

Desta forma, há uma interessante controvérsia histórica quanto à origem desse culto à deusa. No entanto, pode-se observar sim a presença desse culto, em menor ou em maior grau e com diferentes feições, em todas as escrituras indianas desde os Vedas, passando pelos Upaniṣad pelos épicos da Índia. De toda forma, é no período medieval indiano que sua presença se consolida de forma marcante por meio de conjuntos de textos denominados Tantras (cf. o verbete "Tantras") e *Purānas*. Os Purāna são vastas enciclopédias populares, feitas para os camponeses da Índia que mesclam mitos, histórias e tradições, e que, sendo populares, têm também uma função de divertir e edificar conceitos, bem como de explicar aspectos de doutrinas e crenças. Segundo G. Feuerstein (2005, p. 366) as datações mais antigas desses textos remontam aos séculos seguintes do primeiro milênio depois de Cristo, período também correspondente à Idade Média da Índia. Justamente nessa literatura purânica podemos ver esse culto a Śakti tomando diversos contornos e feições.

Agregado a esta coleção temos o *Devī-Bhāgavata-Purāna*, um texto completamente dedicado à adoração à Grande Deusa, considerado um marco na tradição indiana de culto ao sagrado feminino. Nesse importante texto, como afirma Bianchini (2013, p. 113), temos um processo de desenvolvimento de uma concepção abrangente do princípio feminino. E, através desse processo, diversas deusas locais (originárias de aldeias rurais) passaram a ser concebidas como sendo manifestações deste mesmo princípio feminino fundamental (a *Devī Śākta*). Nesse processo se estabelece também uma hierarquia, na qual as deusas mais populares alcançam posições mais elevadas e as deusas locais uma posição secundária. Através desse texto pode-se compreender os processos de manifestação da Deusa, que toma existência em formas tão multifacetadas quanto à própria *Prakriti* – a matriz fenomênica (a mãe) de todos os seres. Assim, temos desde as divindades principais (como *Durgā*, *Kali*, *Laksimi*, *Parvati* etc.) até as divindades tutelares de cada aldeia. Essa tendência presente nos textos dos *Purānas* também se consolida na tradição tântrica medieval, na qual se preserva e se expande a enorme diversidade de "caráter" ou de "feições" das deusas.

Desenvolvem-se neste contexto, tanto práticas devocionais dedicadas tanto a deidades que incorporam aspectos benevolentes da boa mãe e esposa, associados a Ūma, Pārvatī, ou Buvaneśvarī, quanto a deidades de feições guerreiras, como Durgā ou Kālī (BIANCHINI, 2013, p. 114). Essas duas últimas deusas são associadas à tradição shivaísta, sendo que a primeira (Durgā) é geralmente representada com seu inconfundível animal de montaria – o poderoso tigre, e a segunda costuma ser representada em seu aspecto terrível com língua e olhos saltados, e o inconfundível colar de crânios feitos com as cabeças humanas por ela mesma ceifadas com sua afiada lâmina. Esses aspectos presentes nas grandes deusas (ora benevolentes, ora ferozes) também estão presentes nas deusas tutelares das aldeias, e nos revelam que na tradição hindu medieval não só o arquétipo pacífico da boa mãe deveria ser alvo de devoção, mas também a própria força e o aspecto terrível do sagrado feminino poderiam ser reverenciados (GNERRE, 2013, p. 133).

Maria Lucia Abaurre Gnerre

Ver também Bhagavadgītā e Mahabhārata; Hinduísmo; Politeísmo; Religião; Tantrismo; Vedas.

BIANCHINI, F. (2013). *O estudo da religião da grande deusa nas escrituras indianas e o Canto I do Devi Gita*. João Pessoa: UFPB [dissertação].

FEUERSTEIN, G. (2005). *A tradição do yoga*. São Paulo: Pensamento.

GNERRE, M.L.A. (2013). Ascensão e decadência da Śakti: Paradoxos do sagrado feminino entre a Índia medieval e a contemporaneidade. *Revista Mandrágora*, vol. 19, p. 125-147.

______ (2011). *Religiões orientais*: uma introdução. João Pessoa: UFPB.

Simbolismo da águia germânica

As representações mais antigas de aves na Escandinávia encontram-se na arte rupestre, datadas entre 1800 a 400 a.E.C. durante a Idade do Bronze. Juntamente com os petróglifos (no caso de esculturas ou gravuras na rocha, em sueco moderno: *hallristningar*), as pinturas rupestres são fontes valiosas para o estudo da religiosidade na Escandinávia e Europa Setentrional e são também utilizadas como contraponto e modelo comparativo para os estudos de mitologia nórdica. O grupo mais importante são as pinturas rupestres de Tanum, situadas em Bohuslän (sul da Suécia), datadas de 1800 a 400 a.E.C. (BOYER, 1981, p. 68).

Os motivos mais frequentes nas representações figurativas são pessoas dançando, navios, rodas, discos, animais, cenas de caça e batalhas, casamentos etc. Geralmente se aceita que as cenas possuem motivos religiosos e simbólicos, como o culto ao Sol e a fertilidade, além de procissões e rituais que podem ser a origem de cultos a deidades como Thor e Odin, segundo muitos pesquisadores. As manifestações de arte rupestre na Escandinávia não constituem um conjunto homogêneo: enquanto as da região norte possuem muito mais representações de quadrúpedes dos mais variados tipos, as do sul são repletas de figurações antropomórficas, humanas, embarcações e simbolismos variados. Essa diferenciação é apontada como resultado de dois tipos diferentes de sociedade: a primeira seria mais próxima de uma cultura de caçadores-coletores, enquanto a segunda seria agrícola. Em especial, a região de Bohuslän é a que apresenta a mais rica variedade de formas e figuras.

É possível que muitas destas imagens sejam cenas do cotidiano e do ambiente que rodeava essas populações, mas grande parte dos pesquisadores acredita em motivações religiosas, especialmente rituais mágicos e xamânicos. Muitos desses locais são percebidos enquanto verdadeiros santuários, com significados sagrados ou altamente simbólicos para as populações que viviam nessas regiões. A finalidade básica destas pinturas nas rochas seria a de garantir o poder da fertilidade do campo e a reprodução animal e humana. Nestas imagens petrificadas existiria algum tipo de ligação entre os homens, os animais e o outro mundo. O principal tipo de divindade desta época seria conectado com o céu e com a guerra, sendo seu principal ritual relacionado com o movimento do Sol, cuja trajetória mitológica no firmamento era realizada em um barco-carruagem. O motivo solar é um dos mais importantes temas da área de Bohuslän: imagens circulares são incorporadas ou associadas a homens, animais, navios. Círculos concêntricos (e também rodas solares) fazem parte de escudos de guerreiros ou são transportados dentro de embarcações (BOYER, 1981, p. 59-66).

Neste contexto, as aves da Idade do Bronze nórdica estariam associadas ao disco do Sol (DAVIDSON, 1987, p. 16). No simbolismo indo-europeu e norte-asiático, a águia é tradicionalmente considerada a mensageira ou substituta uraniana do Sol. Em vários tipos de rituais, os sacerdotes utilizam vestimentas feitas de penas de águia em uma prova para olhar o Sol.

Existem algumas evidências da utilização de máscaras de pássaros, como atestam os petróglifos de Gåshopen e Ammtmansnes, ambos em Finnmark (Noruega), alguns deles inclusive em contextos de dança ou procissão. Para alguns acadêmicos isso é uma evidência de dramatizações e *performances* de rituais que podem remeter às raízes da religiosidade indo-europeia. Também é possível que estas imagens sejam ações que se acreditava que ocorriam no plano espiritual ou que tenham relação com mitos ou cenários básicos de crenças, um drama sagrado (GUNNELL, 1995, p. 39).

Em especial, algumas imagens de seres masculinos portando espadas e máscaras de pássaros estão em contexto de movimento: Boglösa (Uppland), onde um homem está de pênis ereto e portando as duas mãos ao alto; Järrestad (Scania, Suécia), onde um guerreiro parece pular e se contorcer. Estas imagens foram interpretadas como sendo de dois xamãs realizando algum tipo de ritual ou *performance* e cujas imagens denotam um poder sagrado.

Em Kallsängen (Bohuslän, Suécia) foram encontrados petróglifos de seres humanos com máscaras de aves e portando asas. Duas das figuras também portavam espadas. O conjunto principal é constituído por três homens "voando" para o lado direito, enquanto uma quarta figura masculina (também com asas e máscaras de aves) possui duas cabeças – denominada de figura "janus". Segundo alguns acadêmicos, essa figuração dupla poderia representar o sacerdote xamânico como uma personalidade de duplo espírito, pertencendo ambos tanto ao mundo terreno quanto ao reino do sobrenatural.

A águia ocupa um simbolismo extremamente importante nas narrativas xamânicas euroasiáticas. Segundo os mitos siberianos, uma águia copulou com uma mulher e originou o primeiro xamã – explicando por que a aparição de uma águia é interpretada como sinal de vocação nesta técnica espiritual. Entre os iacutos, este pássaro também é visto como criador do primeiro xamã. Em vários mitos euroasiáticos, as águias são relacionadas a árvores cósmicas e nos seus galhos estão as almas dos futuros sacerdotes.

Além do papel fundamental das aves de rapina na iniciação e treinamento nas narrativas mitológicas, também as indumentárias xamânicas envolvem significados ornitológicos: são revestidas de penas imitando a forma de ave. Mesmo quando a indumentária não apresenta forma aquilina objetiva, o ornamento da cabeça imita pássaros. O uso destes trajes transformaria magicamente o praticante em águia.

Muitos pingentes datados da Era do Bronze representam aves e pássaros, levando diversos pesquisadores a acreditarem em um simbolismo essencial envolvendo esses animais e o disco solar na Europa Nórdica e Ártica, basicamente crenças animistas. Estes pingentes remeteriam a uma conexão com o céu. Outra cena da Idade do Bronze retrata o mesmo tipo de fantasia ornitológica, com espada e pênis ereto, aproximando-se de um animal quadrúpede. Aqui, evidentemente, temos a ideia de fertilidade associada ao deus celeste, ao mesmo tempo um deus fecundador e belicista, representado por sacerdotes ou guerreiros em posição fálica na arte rupestre. O *ethos* guerreiro desse período é altamente associado com uma ideologia sexual de penetração e força, cujos ecos se perpetuarão posteriormente na Era Viking.

Este deus celeste foi também especialmente simbolizado pelo touro - muito representado nas pinturas suecas, onde algumas cenas parecem representar sacrifícios e, em outras, imagens de tauromaquia. Os chifres neste caso representam força e poder, reproduzindo as maiores qualidades do touro e do deus celeste, como reprodutor e fecundador. Na cidade de Viksø foram recuperados esplêndidos elmos do final da Idade do Bronze, portando enormes chifres retorcidos e dois imensos pares de olhos proeminentes. Acima dos olhos, um bico pontudo e retorcido parece representar uma ave de rapina. Essa fusão do simbolismo de um animal ctônico (touro) e outro aéreo (águia), parece indicar as qualidades da deidade celeste, juntas pelo elmo - posteriormente, as pontas dos chifres élmicos vão ser acrescentadas de figuras de águias, como veremos a seguir.

Alguns pesquisadores acreditam que as imagens de um deus associado a serpentes e animais com cornos (além do seu simbolismo solar e com representações de anéis), teria sido influenciado pelo culto ao deus Cernunnos, provindo dos celtas. Neste caso, seria uma influência externa de um povo da Idade do Ferro ao sul da Escandinávia ainda no final da Era do Bronze (GÖRMAN, 1990, p. 329-343).

Mas o contexto mais aceito pelos acadêmicos em geral é a de um deus celeste na Idade do Bronze sendo um proto-Odin: uma deidade especialmente associada com uma lança, como podemos constatar na pintura de Litsleby (Tanum, Bohuslän, Suécia) - onde uma enorme figura masculina com pênis ereto ergue uma lança, sendo margeada por inúmeros barcos, animais e pessoas de baixa estatura. Vários pesquisadores percebem nesta pintura a origem nativa de Odin.

O final da Idade do Bronze na Escandinávia foi marcado por mudanças abruptas no clima e temperatura, além das estruturas sociais e religiosas. Os povos germânicos da Idade do Ferro penetram na região, trazendo diversos elementos novos, além de perpetuarem algumas tradições nativas: a principal delas é a guerra, antes esporádica, mas agora um elemento permanente na sociedade nórdica (BERNÁRDEZ, 2010, p. 56). O panteão de deuses desse período é marcado por três grupos principais: deuses da vida e da fertilidade, da guerra e da vida comunitária. O surgimento de grandes quantidades de sacrifícios animais e humanos no início da Idade do Ferro, indica transformações sociais advindas da atividade regular da guerra, que além de fornecer imolações também era responsável pelas possíveis lideranças políticas (BERNÁRDEZ, 2010, p. 61).

As representações de águia no início da Idade do Ferro escandinava até o século IV E.C. são marcadas por uma grande lacuna na arte religiosa. Nessa época, intensificam-se contatos comerciais e culturais da área escandinava com a romana, favorecendo a formação de reinos e centralizações políticas no mundo nórdico. Uma das maiores características da religiosidade desse período são os depósitos rituais de vários tipos de objetos, especialmente em lagos e pântanos (incluindo corpos humanos), especialmente associados com o principal deus dos germanos antigos, a deidade da guerra: Gaut (godos), Wöden (anglo-saxões), Woden (saxão antigo), Wutan (antigo alto-alemão), Oðinn (nórdico antigo).

No início do período de migrações (séc. IV E.C.), o simbolismo aquilino volta a ter um grande impacto da arte religiosa germânica. Nesse contexto, sem abandonar seu aspecto xamânico (que na realidade sobreviveria até o período viking), a águia passa a simbolizar também tanto a soberania política quanto a ideologia guerreira dos grupos dominantes. Isso deve ter sido originado por uma influência direta da civilização romana, que por sua vez a absorveu da área oriental, especialmente dos persas (que percebiam este pássaro como augúrio de vitória militar). O Irã aquemênida utilizava um estandarte de uma águia dourada com as asas abertas, pousada sobre a ponta de uma lança, muito semelhante aos famosos estandartes das legiões romanas.

A riqueza era uma consequência direta da guerra, ao mesmo tempo em que foi reflexo de poder e alto prestígio social no mundo germânico antigo. Ouro e joias foram elaborados para uso pessoal, onde destacam-se a utilização de diversos ornamentos religiosos ou míticos, especialmente formas animais e de bestas fantásticas. O simbolismo da águia surge em profusão neste contexto da arte dos povos germânicos, especialmente relacionado a dois tipos de vestígios materiais (geralmente encontrados em sepulturas de guerreiros): objetos de adorno (pingentes, broches, bracteados e fíbulas) e figuras esculpidas em armamentos (como escudos e elmos).

O padrão básico de figuração da águia nos adornos pessoais é a de uma águia-real, sempre destacando o seu bico recurvado e os olhos penetrantes e altivos. Aqui, evidentemente, além de sua ligação como representação da realeza e nobreza germânica, ela se vincula ao deus da guerra germânico. A pesquisadora Hilda Davidson atentou ao fato de que tanto Odin quanto o deus celta da guerra (Lug) estavam associados a águias, primariamente como símbolos do céu, mas também com a soberania devido à influência dos imperadores romanos na época das migrações (DAVIDSON, 1988, p. 91). Tanto a estética dos broches aquilinos quanto outros objetos materiais, como fivelas, medalhões e bracteados germânicos, possuíam funções religiosas e políticas em suas sociedades e foram utilizados pela elite como expressões de soberania. Essas imagens refletem não somente o poder do deus da guerra, mas também que os líderes guerreiros (os que utilizaram estes adereços pessoais) são eles próprios descendentes desta divindade. Essa ideologia teria sido inspirada diretamente no culto romano ao imperador (KALIFF & SUNDQVIST, 2006, p. 215).

Mas apesar destas influências externas, algumas imagens com sentidos sagrados ou religiosos específicos da tradição escandinava ainda permanecem na época das migrações. Algumas delas são os triskelions e suásticas: figuras que possuem três ou quatro pernas que partem de um centro em comum. Ambas ocorrem no mundo euroasiático desde a Idade do Bronze e na região escandinava possuem originalmente conexão com a sazonalidade da vida, as divindades do céu e o culto ao Sol. O trefot (triskelion) possui dois tipos básicos – representações de figuras ternárias cujos terminais possuem cabeças de animais, ou então esculturas geométricas cujas terminações são simplesmente pontas ou cornos de bebidas que se entrelaçam (essa mais comum na Era Viking, como em Stenkyrka Lillbjärs III e Snoldelev). No primeiro caso temos imagens muito comuns na época das migrações, como em uma fivela de cinto dos francos (França, séc. VII), onde o trefot se ramifica em cabeças de pássaros com o bico aberto. Em um pingente anglo-saxônico, a imagem possui terminais em forma de águia com os bicos bem recurvados e suas garras preparando-se para agarrar algo; no caso de outra imagem da mesma região, elas agarram outros pássaros. Alguns trefots são mais complexos (a exemplo de Smiss I em Gotland, onde ele possui terminais com cabeça de águia, serpente e javali), mas indubitavelmente todos são relacionados ao culto de Odin. Isso é ainda mais explícito com outro símbolo, a suástica (fylfot).

Extremamente comum em objetos de adornos pessoais e armamentos dos germanos do período das migrações, a suástica tanto denota um símbolo de vitória e proteção marcial aos seus possuidores como também um elemento ideológico de identificação dos líderes ao deus Wotan. Um exemplo foi o uso do fylfot em equipamentos bélicos, como na bainha da espada de Gutenstein, Alemanha, século VII; em pomos de espadas e guarda-mãos (desde a Inglaterra anglo-saxônica até a Era Viking) ou mesmo nas lâminas de lanças e espadas (Dahmsdorf; Sæbø). Nesse sentido não é estranho percebermos uma suástica cujos terminais são cabeças de águia (fig. 10), realizada pelos godos no século IV – aqui tanto sobrevive a ideia de movimento circular, típica das antigas espirais (simbolizando o calor solar), quanto temos uma representação do poder aquilino, transfiguradora da soberania militar e divina do deus da guerra germânico. Sendo o animal que comanda os céus, ele tanto tem significados solares quanto puramente marciais; percebemos que as três aves (número odínico) estão em posição de lançarem-se sobre suas presas. Também em um bracteado dinamarquês, a suástica possui tanto um sentido de vitória militar (está ao lado de um guerreiro derrotado – possui uma espada apontada para baixo; e do outro lado, uma representação do símbolo da lança) quanto é emblema de Wotan-Odin: acima da suástica, um cavaleiro acompanha duas águias, uma delas sendo a crista de seu elmo.

O último aspecto a considerarmos no período pré-viking são os adornos e esculturas relacionados aos *chifres celestes*. Trata-se de representações de elmos com um par de chifres ou adornos córneos, mantenedores de uma tradição que remonta à Idade do Bronze e que analisamos anteriormente, mas que agora recebem novos sentidos. Infelizmente não sobreviveu nenhum exemplar deste tipo de vestígio em tamanho real. Os pesquisadores utilizam as representações existentes em pingentes e amuletos, geralmente associadas a guerreiros em posição de dança ou êxtase. Normalmente essas figuras masculinas são consideradas como sendo adoradores do deus Odin (berserkir), celebrando o êxtase guerreiro ou se preparando para a batalha. Utilizam o principal símbolo marcial e religioso da deidade – a lança – que, como já vimos, está relacionada ao deus celeste e da guerra nórdico desde a Idade do Bronze.

Muitas destas imagens estão associadas a animais (como nas famosas plaquetas de Torslunda, Suécia) e não são consideradas cenas de "batalhas reais" e sim figurações de ritos iniciáticos, sazonais, celebrações da morte ou renascimento – remetendo a dramatizações míticas constantes na religiosidade germânica e que são referendadas por inúmeras fontes literárias, históricas e folclóricas (GUNNELL, 1995, p. 66-77).

No caso dos elmos nórdicos com chifres, a partir do período de migrações (séc. IV-VIII), eles passam a receber terminações em formato de cabeça de pássaros na extremidade dos cornos. Assim, os chifres ainda transfiguram força e poder, típicos da deidade celeste da Idade do Bronze, mas agora se somam ao simbolismo das aves: animais solares e aéreos, emblemáticos da soberania militar e do poder político que os governantes germânicos almejam em suas comunidades. Como as representações possuem dois chifres, um em cada extremidade do elmo, e cada cabeça animal defrontando a outra (ou cruzando os bicos, como em Turslunda), a maioria dos especialistas acredita serem representações dos dois corvos de Odin: Hugin e Munin. A estética e a ornamentação artística são utilizadas para reforçarem interpretações míticas e religiosas. Os analistas utilizam basicamente as Eddas e muitas imagens criadas na Idade Média e Renascimento, e nesse caso, quando surgem duas aves ao lado de Odin, elas são interpretadas como sendo os dois corvos odínicos.

Analisando outros tipos de objetos, como as plaquetas ornamentais de elmos, percebemos que existem representações diferenciadas de aves e pássaros antes dos vikings. Em uma plaqueta datada da Suécia do período Vendel, averiguamos nitidamente dois tipos semelhantes de aves na mesma imagem: uma primeira, constante no elmo do guerreiro, com o bico totalmente recurvado para dentro, enquanto a ave mais abaixo, ao lado de uma serpente, por sua vez, possui um bico alongado com uma pequena curvatura para baixo e uma cauda e asas muito semelhante às encontradas em outros objetos germânicos. Acreditamos que a primeira se trata da águia-real (*Áquila chrysaetos*), enquanto a segunda ave é a representação de uma águia raballa (*Haliaeetus albicilla*), ambas encontradas em sepulturas humanas na Escandinávia da Alta à Baixa Idade Média, o que demonstra que foram domesticadas nos tempos antigos e que foram estes animais que inspiraram a arte que mencionamos até aqui.

Em outra representação constante de um antigo elmo do período Vendel, também percebemos estas diferenças. Acima de um cavaleiro portando uma lança, duas aves voam com as asas abertas: o primeiro possui o bico recurvado para dentro, enquanto o segundo possui o bico afinado e pontudo, sem dobras. A primeira ave é idêntica à figuração da crista do elmo do cavaleiro (que também coincide com as mesmas representações de outros elmos da região e com certeza se trata da águia-real (*Áquila chrysaetos*), enquanto o segundo animal é um corvo (*Corvus corone*, em português conhecida como gralha preta). Estas duas aves são igualmente símbolos do deus Odin. Estão associadas à sua sabedoria, aos seus mitos, às suas aventuras amorosas e mágicas. O problema é que apenas os dois corvos são mencionados como sendo animais de estimação da deidade, ao contrário da águia, que aparece como o próprio deus transfigurado neste animal. Baseados nisso e na estética artística, acreditamos que os pesquisadores se equivocam quando identificam Hugin e Munin na iconografia pré-viking.

Exemplos podemos perceber em alguns manuais de popularização que consideram o par de arreios dourados de Gotland como sendo os dois pássaros odínicos, ou em manuais de arqueologia nórdica, ao tratar do objeto de bronze de Staraya Ladoga também como sendo figuras de dois corvos. Mais recentemente, a análise tradicional dos elmos de Vasgärde 7 e dos pássaros do escudo de Sutton Hoo como sendo corvos vem sendo criticada (GRÄSLUND, 2006, p. 127). Em termos quantitativos, a figura do corvo é praticamente ausente da arte nórdica pré-viking. Ela figura em alguns poucos casos (como no bracteado de Bolbro, Dinamarca) e no já relatado elmo de Vendel. E a duplicidade das formas aquilinas na arte nórdica se deve a motivações puramente ornamentais e de simetria dos objetos, sem respaldo nas fontes mitológicas ou literárias. Outros animais importantes para a religiosidade escandinava, como os javalis e as serpentes, também são duplicados na cultura material, mas sem nenhuma motivação de base religiosa (a não ser o simbolismo do animal em si). Assim, temos casos de duas águias, dois javalis, duas serpentes, dois cavalos, dois ursos na arte germano-escandinava. Algumas vezes uma figura masculina ou um rosto ocupa o centro do objeto, sendo as formas animais representadas à margem ou em suas laterais – um caso típico de fíbulas em quase toda a arte germânica antiga.

Um dos objetos mais antigos em que podemos afirmar categoricamente que possui dois corvos é a estatueta encontrada em Lejre (Dinamarca, 2009) e que representa Odin sentado em seu trono, ao lado de dois pares de animais. Como se trata de um vestígio da Era Viking (séc. IX E.C.), podemos reforçar as considerações de alguns pesquisadores de que esta imagem de dois pássaros que acompanham a suprema deidade tenha provindo essencialmente da poesia dos escaldos no início do período viking, tendo como base a tradição artística germânica de duplicidade animal. Apesar de também estar relacionado ao mundo das batalhas, o corvo se alimenta dos mortos e possui muito mais afinidade com o xamanismo e a capacidade do deus de visitar outros mundos e obter conhecimento (valquírias conversam na poesia éddica com corvos, a respeito de questões de vida e morte. *Hráfnsmál*, séc. IX). Ao contrário, as águias são emblemas da realeza e da soberania. Elas são treinadas para a arte da falcoaria, ligada à caça e ao treinamento para a guerra, mas também tendo elementos de religiosidade e culto ao deus Odin. Deste modo, podemos afirmar com razoável certeza de que os chifres com aves predatórias nas ornamentações de elmos são símbolos do deus da guerra, ele próprio denominado de "cabeça de águia" em fontes medievais (Arnhöfði, *þula*, séc. XII) e cuja ideia de metamorfose podemos perceber claramente em um broche dinamarquês: a cabeça de um ser masculino está ao centro de uma águia. A ideia da simbiose humana em formas animais será mais desenvolvida na arte e literatura da Idade Média Central, onde Odin transforma-se em águia quando foge com o hidromel retirado do mundo dos gigantes. Anteriormente, para poder adentrar na montanha onde estava o líquido precioso, o deus havia tomado a forma de uma serpente. Essa oposição serpente (mundo ctônico) e águia (mundo celeste), talvez explique a frequência destes dois animais na arte nórdica do período Vendel de modo tão contundente. Aqui já estamos muito mais próximos da Era Viking, o momento em que a arte, a religiosidade e a literatura oral fizeram da águia o símbolo máximo da expressão divina da guerra, da soberania e do poder militar.

Johnni Langer

Ver também Culto a Freyr; Edda Poética; Feitiçaria rúnica; Freyja; Guerra e religião na Escandinávia; Magia escandinava; Mitologia escandinava; Mitologia escandinava (fontes); Nórdicos da Era Viking (religião); Religião nórdica antiga (conceitos); Símbolos rúnicos e afro-brasileiros.

DAVIDSON, H.R.E. (1988). *Myths and symbols in pagan Europe*: early Scandinavian and Celtic religions. Nova York: Syracuse University Press.

______ (1987). *Escandinávia*. Lisboa: Verbo.

GÖRMAN, M. (1990). "Nordic and Celtic: religion in south Scandinavia during the Late Bronze Age and Early Iron Age". In: AHLBÄCK, T. (org.). *Old Norse and Finnish Religions and Cultic Place-Names*. Åbo: Donner Institute, p. 329-343 [Scripta Instituti Donneriani Aboensis, 13].

GRÄSLUND, A.-S. (2006). "Wolves, serpents, and birds: their symbolism meaning in Old Norse beliefs". In: ANDRÉN, A.; JENNBERT, K. & RAUDVERE, C. (orgs.). *Old Norse Religion in Long-Term Perspectives*: origins, changes, and interactions. Lund: Nordic Academic Press, p. 124-129.

GUNNELL, T. (1995). *The Origins of Drama in Scandinavia*. Cambridge: D.S. Brewer.

KALIFF, A. & SUNDQVIST, O. (2006). "Odin and Mithras: religious acculturation during the Roman Iron Age and the Migration Period". In: ANDRÉN, A.; JENNBERT, K. & RAUDVERE, C. (orgs.). *Old Norse Religion in Long-Term Perspectives*: origins, changes, and interactions. Lund: Nordic Academic Press, p. 212-217.

Simbolismo europeu da serpente

A serpente consiste em um dos animais com o simbolismo mais versátil que se conhece. Presente em todos os continentes e em alguns mares. Habitando climas e terrenos variáveis, desde desertos a florestas frias, as serpentes tornaram-se animais presentes em muitas mitologias, religiões e culturas do mundo. Seu simbolismo é antigo, vasto, ambivalente, polimórfico e ambíguo. Dentro de uma mesma cultura, a serpente poderia possuir distintos simbolismos, inclusive contraditórios.

No caso da Europa, o simbolismo da serpente presente nesse continente recebeu influência de povos africanos, especialmente dos egípcios, devido ao contato destes com os gregos e romanos; e influência de povos asiáticos diversos. Em geral os simbologistas partindo da filologia adotam a teoria das migrações dos povos indo-europeus, o que justifica a presença de determinados mitos e conceitos simbólicos em comum, entre populações europeias e asiáticas. Por exemplo, a história de deuses ou heróis lutando contra serpentes ou dragões é tema recorrente entre muitos povos da Eurásia.

No tocante ao continente europeu, os principais simbolismos associados às serpentes seguem cinco grandes tradições: a clássica (greco-romana), a escandinava, a celta, a eslava e a cristã. Apesar desse recorte, relatos simbólicos de serpentes antecedem a própria Grécia antiga. A civilização minoica (2600-1100 a.E.C.), que existiu na Ilha de Creta, já fazia uso de serpentes entre seu quadro simbólico. Na Escandinávia foram encontrados petróglifos com imagens de serpentes, datando de pelo menos 1000 a.E.C. No caso, nota-se exemplos de serpentes com chifres e cabelo. Desconhece-se seu exato significado, mas alguns estudiosos sugerem se tratar de símbolos de fertilidade, fecundidade e talvez de marcialidade.

Mas no que se refere aos significados simbólicos atribuídos às serpentes na Europa, nota-se uma diversidade de sentidos, os quais apresentam aspectos dualistas, como vida e morte, saúde e doença, sabedoria e ignorância, força e fraqueza, proteção e perigo, bem e mal etc. Além desses simbolismos dualistas, uma variedade de outros significados foi percebida entre os povos europeus da Antiguidade e do Medievo, pelos quais as serpentes estavam associadas com a fertilidade, fecundidade, virilidade, sexualidade, regeneração, cura, magia, terra, água, árvores, raízes, raios, lares, túmulos, cavernas, cometas, rios etc.

O deus grego da medicina, Asclépio (Esculápio), possuía como símbolo um bordão com uma serpente enroscada. Nesse caso, a serpente surgia como símbolo de saúde, cura, vitalidade, revigoramento e vida. A capacidade das serpentes de trocarem de pele foi considerado algo sobrenatural, que supostamente lhes concederia a juventude eterna, a imortalidade ou a capacidade de viver muitos anos. Características essas comentadas por estudiosos como Isidoro de Sevilha em *Etimologia* (VII), e por Alberto Magno em *Dos animais* (XIII). Inclusive, autores gregos e romanos já apontavam que a ingestão de partes do corpo da serpente poderia ser usada para se proteger de suas picadas, curar envenenamento e outros males. O historiador romano Plínio o Velho comenta alguns desses usos em sua obra *História natural*. Na alquimia o símbolo de uma serpente mordendo a própria cauda, chamado de ouroboros, tornou-se símbolo central para distintos significados associados com o tempo, o infinito, a vida, a ressurreição, a regeneração etc.

Entre algumas tribos celtas de origem gaulesa, a deusa Sirona era associada com fontes cujas águas curariam doenças e ferimentos. Entre seus símbolos pessoais estavam o ovo e a serpente. Os druidas faziam uso de um misterioso objeto chamado de "ovo de serpente" ou "serpente de pedra", o qual seria usado para fins curativos. Para além desse simbolismo da cura e da saúde, a serpente também personificava proteção. Na Europa Oriental se expandiu de Sul a Norte entre os territórios eslavos, chegando até a Rússia, Letônia, Lituânia, Eslovênia, Polônia e Suécia, a crença de que espíritos protetores do lar, teriam a forma de serpentes. Entre alguns povos eslavos esses espíritos eram enviados pelo deus Domovoy. Os etruscos e romanos também possuíam crença similar, acreditando que serpentes seriam guardiões de túmulos e dos lares.

Os romanos acreditavam que uma das formas que os *genis locus*, os quais eram espíritos protetores do lar, poderiam assumir era a forma de serpente. A ideia de que a alma, ou espírito, poderia ser representada por uma serpente encontrou respaldo entre os etruscos, romanos, gregos, eslavos, fino-úgricos etc. Crenças xamânicas do norte e noroeste da Europa concebiam que entre os animais que os xamãs poderiam incorporar estavam as serpentes. Geralmente faziam isso a fim de poderem viajar para o submundo.

As serpentes também personificavam simbolismos associados com a fertilidade, a fecundidade e a natureza. Deméter (Ceres), a deusa da agricultura e da fertilidade, a qual em algumas representações iconográficas – principalmente romanas – surgia em uma biga alada, puxada em alguns casos por duas serpentes. Entre os celtas o deus Cernunnos possuía entre seus animais-símbolos a serpente, o que o conectava com a floresta, a terra e a fertilidade.

O conhecimento era outro simbolismo associado às serpentes. Se na tradição bíblica a serpente passou a personificar a mentira, o engano e a traição, entre alguns povos europeus pagãos a serpente não possuía essa conotação necessariamente negativa. Entre os gregos havia a crença de que a serpente poderia estar associada com o conhecimento. Os irmãos gêmeos, Cassandra e Heleno, receberam o dom da vidência após cobras sussurrarem em seus ouvidos, quando eram bebês. O espírito Agatha *daemon* às vezes assumia a forma de uma serpente. Ele era conhecido por transmitir boa sorte e conceder preciosos conselhos.

A ideia da serpente como ser inteligente, astuto e prudente está presente na própria Bíblia, visto em Gn 3,1 e Mt 10,14, e tal condição influenciou através do gnosticismo o surgimento de um movimento religioso chamado de ofitismo (séc. II-III E.C.), que originou seitas na Grécia, Síria e Egito. No ofitismo a serpente era venerada como animal sagrado, personificação da sabedoria de Deus e não uma manifestação de satanás. Plínio o Velho disse que ingerir o sangue de cobras permitira aprender a língua dos pássaros, dom esse associado com a sabedoria.

Na mitologia nórdica o herói Sigurd, ao beber do sangue da serpente-dragão Fafnir, aprendeu a língua dos pássaros. Ainda no contexto nórdico, o cronista Saxo Gramático conta no *Gesta Danorum* (XII), que Rollur, ao ingerir uma sopa preparada com sangue de cobra, obteve o dom da eloquência e da sabedoria. As serpentes também estavam associadas com Hermes (Mercúrio) através de seu caduceu com duas cobras enroscadas, que poderia simbolizar justiça, equilíbrio, conhecimento, trapaça ou astúcia. No sentido da astúcia e trapaça, o deus Odin transformou-se em uma serpente para poder entrar na caverna onde estava escondido o hidromel da poesia (símbolo de conhecimento), sendo que Odin também era uma divindade associada com o conhecimento e a sabedoria.

Serpentes também personificavam intimidação e poder. Na mitologia grega a deusa Atena usava a cabeça da Medusa em seu escudo. Um icônico mosaico de Pompeia mostra Alexandre o Grande usando a efígie de uma górgona em sua armadura. Na Escandinávia havia o costume de esculpir cabeças de serpentes ou dragões nas proas dos navios. Com o desenvolvimento da heráldica europeia a partir do século XII, algumas famílias passaram a adotar a imagem de serpentes, como no caso da Casa de Visconti em 1277, cujo emblema era uma serpente azul, engolindo um homem. No entanto, foi mais comum a adoção de imagens de dragões para simbolizar poder, autoridade e força.

O mundo dos mortos era outra área associada com as serpentes. Essa crença deve-se à característica desse animal rastejar, viver em tocas e ter a facilidade de adentrar buracos.

Os gregos não relatavam a presença desses animais no Hades, apesar que a deusa Hécate, a qual transitava entre a superfície e o submundo, estivesse associada com as serpentes. Além dela, outras divindades ctônicas, as Erínias, deusas da vingança, também eram associadas com serpentes. Por sua vez, os etruscos e romanos acreditavam que serpentes eram guardiões dos túmulos e do mundo dos mortos, inclusive algumas criaturas ctônicas, como Tuchulcha e Charu, eram retratadas segurando em uma das mãos uma serpente azul. O poeta romano Virgílio, em seu poema *Eneida*, conserva essa crença, onde o herói Eneias, ao visitar o túmulo de seu pai, encontra uma serpente azul. Na mitologia nórdica é comentado nas Eddas que o submundo era povoado por uma quantidade imensurável de serpentes, dentre as quais algumas roíam as raízes da Yggdrasil. Inclusive em um dos mundos da morte, o salão de Náströnd, esse continha serpentes.

No que se refere às serpentes como algo ruim, não foi o cristianismo propriamente que introduziu essa crença. Por exemplo, os mitos gregos estão recheados de histórias sobre monstros com características ofídicas: a Hidra, a Quimera, a Medusa, Tifão, Cila, além de outros seres como dragões e basiliscos. E nesse caso, a própria palavra "dragão" é de origem grega, usada para se referir a grandes serpentes. Na mitologia nórdica a presença de serpentes representando aspectos ruins como perigo, medo, castigo e morte ocorre também nas figuras de dragões como Nidhogg e Fafnir, na serpente gigante Jormungand, grande inimigo do deus Thor; no castigo de Loki, o qual foi punido com veneno etc.

Durante a Idade Média, na Europa Central e Setentrional, narrativas sobre poços de cobras e heróis combatendo dragões foi algo bem recorrente. No caso dos poços de cobras, temos dois casos bem conhecidos na literatura: a execução do Rei Gunnar e a do Rei Ragnar Lothbrok. Por sua vez, histórias sobre dragões sendo caçados permeiam a literatura medieval europeia, desde Beowulf até São Jorge. Nesse caso, o dragão, cuja origem advém das serpentes, passou a simbolizar nessas narrativas o mal, o perigo, a ganância, o medo, a morte etc.

Data também do Medievo central a publicação dos bestiários, importantes livros sobre a fauna, que foram publicados entre os séculos XI e XIV. Nesses livros a serpente era considerada uma classe de animais que incluíam cobras, vermes, lagartos, dragões e salamandras. Nessas obras imbuídas de uma forte concepção cristã, animais como as serpentes já eram retratados simbolicamente de forma negativa. A história de São Patrício expulsando as cobras da Irlanda é um clássico nesse sentido, pois mostra a vitória de um enviado de Deus, contra os animais que na Bíblia representam satanás. E essa percepção negativa se manteria nos séculos seguintes. A partir do século XII, imagens da serpente do Éden com cabeça de mulher passaram a personificar o pecado original.

Entre os séculos IV ao XIII, relatos sobre o inferno, fossem esses de origem popular ou teológica, falavam de serpentes habitando tal local de tormento. E no final do Medievo, com a formalização do conceito de bruxa, algo definido com o livro *O martelo das bruxas* (1486), a serpente tornou-se um dos animais associados com essas mulheres, representando as noções de mal, pecado, luxúria, trevas, mentira, contenda etc.

Leandro Vilar Oliveira

Ver também Mitologia grega; Mitologia romana; Mitraísmo; Paganismo medieval.

BRANDÃO, J.S. (1986-1987). *Mitologia grega*. 3 vols. Petrópolis: Vozes.

CHEVALIER, J. & GHEERBRANT, A. (1986). *Diccionario de los símbolos*. Barcelona: Herder.

HANDY, L.K. (1992). "Serpent (religious symbol)". In: FREEDMAN, D.N. (org.). *The Anchor Bible Dictionary*. Nova York: Doubleday.

LANGER, J. (org.) (2015). *Dicionário de Mitologia Nórdica*. São Paulo: Hedra, 2015.

LURKER, M. (2005 [1987]). "Snakes". In: JONES, L. (org.). *Encyclopedia of Religion*. Vol. 12. 2. ed. Farmington: Thomson Gale, p. 8.456-8.460.

MATSON, G. (2010). *Celtic mythology*: A to Z. Nova York: Chelsea House.

MUNDKUR, B.D. (1983). *The Cult of Serpent*: An Interdisciplinary Survey of Its Manifestations and Origins. Albany: University New York Press.

PASTOUREAU, M. (2012). *Bestiari del Medioevo*. Turim: Einaudi.

Símbolos rúnicos e afro-brasileiros

Há alguns anos circulam pela internet algumas indagações sobre a semelhança entre símbolos mágicos utilizados pelos vikings e os pontos riscados da umbanda e suas possíveis conexões ou influências mútuas. Em parte isso se deve à crescente popularidade dos nórdicos pela mídia televisiva, mas também pela imensa difusão de tatuagens no mundo *pop*, como o símbolo de um vegvisir usado pela cantora islandesa Björk em um dos braços ou pelas bandas de *viking metal*. Vamos esclarecer alguns pontos sobre a área nórdica e em seguida algumas considerações sobre a umbanda, para em seguida realizarmos algumas conclusões sobre o assunto.

Símbolos vikings e renascentistas – Em primeiro lugar, ocorre uma certa confusão com o termo "viking". Os grafismos simbólicos considerados hoje em dia como vikings foram retirados de obras islandesas escritas durante o século XVI e XVII, muito depois da Era Viking. Alguns destes símbolos realmente são nativos, conhecidos durante o período das migrações germânicas até o final do século XI, como a suástica (tb. utilizada por diversos outros povos euroasiáticos e relacionada tanto a Odin quanto a Thor, cf. LANGER, 2017) e o Hrungnisjarta a partir do século VIII. Nas fontes medievais, a palavra "viking" surge relacionada a uma atividade temporária, geralmente náutica e predatória e em alguns casos possui certa identidade cultural, mas no imaginário contemporâneo ela acaba sendo sinônimo de nórdico em geral (LANGER, 2018). Neste caso, a aplicação do termo "viking" aos símbolos islandeses é equivocada.

Os símbolos mágicos que nos interessam dos grimórios islandeses (grandes manuais de práticas mágicas) são especialmente o vegvisír (um símbolo mágico utilizado para as pessoas encontrarem o caminho durante tempestades ou períodos nublados) e o ægishjálmur (utilizado para proteção e feitiçaria). Somente esse último foi registrado anteriormente pela literatura durante o período medieval, mas não se conhecem imagens preservadas dele antes do século XVI. Diversos pesquisadores questionam se ele realmente teria sido utilizado pelos guerreiros em seus elmos durante a Era Viking (750-1100 E.C.), sendo mais visto como uma figura puramente literária e mitológica (FOSTER, 2017). Neste sentido, não há como comprovar ou sequer referendar o uso da expressão símbolos vikings a esses dois grafismos dos grimórios.

O mais antigo dos grimórios islandeses foi o *Galdrabók*, datado de 1600, contendo diversos encantamentos e invocações a entidades cristãs, demônios e deuses nórdicos. O material rúnico contido nesse manuscrito é percebido como uma expressão nórdica tardia de tradições mágicas mediterrânicas. Muitos símbolos são variações latinas de cruzes e de runas (MacLEOD & MEES, 2006).

O Ægishjálmur foi citado primeiramente no *Fáfnismál* 16, 17 e 19 (*Codex Regius* da Edda Poética). Neste poema éddico, o símbolo traria vitória a seu possuidor (segundo o dragão Fáfnir), e no mesmo poema alude-se a pertencer ao tesouro de Sigurðr, de onde se deduz que estaria gravado em um elmo. Ao mesmo tempo, essa descrição de um objeto mágico na cabeça de Fáfnir tem relação com uma tradição europeia que remonta aos gregos e que sobreviveu até o fim da Idade Média: de uma pedra que os dragões possuíam em suas cabeças (snakestone ou dracontite), utilizada para fins curativos; e por outro lado, com o olhar mortífero que este tipo de monstro teria (o "olhar de fogo"). Em algumas sagas islandesas, como Sverris saga 38, o símbolo também é citado como proteção nas batalhas.

Para o pesquisador alemão Rudolf Simek (2007, p. 2) as características terríveis do Ægishjálmur foram originadas do Classicismo, derivados do grego "*aigis*" (como o escudo de Zeus e a capa de Pallas Atenas). A palavra grega "*aigis*" pode ter se tornado elmo do terror na etimologia folclórica como resultado da similaridade fonética com o nórdico *œgr*, terrível. E, apesar da derivação etimológica, Ægishjálmur não teria relação com o gigante marinho Ægir.

Alguns especialistas traduzem Ægishjálmur como leme do pavor ou de Æegir, devido ao seu formato nos grimórios, um círculo formado de oito braços em forma de tridentes, assemelhando-se ao leme de roda das embarcações. O problema é que esse tipo de instrumento náutico só foi conhecido na Escandinávia a partir do século XIII: os vikings utilizavam um remo transversal como leme. Como Æegir era uma divindade relacionada ao mar, talvez os eruditos nórdicos do final do Medievo tenham fundido a este folclore o tridente de Netuno, explicando a sua morfologia (ou mesmo o tridente do demônio, utilizado no imaginário cristão). De qualquer maneira, não há imagens deste símbolo anterior ao século XV, e não temos como provar que existiu entre os vikings. Segundo MacLeod e Mees (2006, p. 252), o Ægishjálmur foi uma forma cruzada e adaptada do símbolo tvímadr, presente no calendário rúnico do século XIII.

Sintetizando, a morfologia conhecida do Ægishjálmur possivelmente foi originada de uma confluência tardo-medieval entre tradições clássicas e cristãs (o tridente), aplicada a caracteres não alfabéticos (o tvímadr), não tendo relação direta com a tradição rúnica antiga.

Os símbolos de Exu – A umbanda possui diversas manifestações visuais sagradas conhecidas como pontos riscados, em especial o da Pombagira Menina. Um círculo (considerado o universo da perfeição); um tridente (associado a Exu), hexagrama e triângulos entrelaçados – estes sendo associados a rituais (SAMPAIO & GNERRE, 2012). Segundo Solera (2014, p. 31), os sinais e símbolos umbandistas correspondem a várias tradições advindas de religiosidades e diferenciadas historicamente, como o espiritismo, judaísmo, cristianismo e etnias indígenas e africanas.

O símbolo do tridente do Exu na umbanda é uma apropriação derivada do sincretismo religioso moderno, não tendo uma origem puramente africana (SODRÉ, 2009, p. 5). O Exu é uma entidade iorubá relacionada com a fertilidade, cujos simbolismos mais conhecidos são um porte fálico, cabaças e búzios. A umbanda possui suas origens a partir de 1908, derivada essencialmente de diversas tradições brasileiras, indígenas e africanas. Devido a fortes perseguições e associações do Exu com a figura do diabo judaico-cristão, os adeptos da umbanda (em uma forma de resistência cultural) passaram a adotar os simbolismos típicos da tradição medieval relacionada a satã: esse orixá passa a ser representado de cor vermelha, com chifres e tridente (a exemplo do Exu das Sete Encruzilhadas e Exu Caveira). O tridente, deste modo, foi um símbolo derivado do imaginário judaico-cristão sobre a figura de Exu, mas que recebeu outros significados adaptados, como os diversos caminhos que o orixá percorre e domina (SODRÉ, 2009, p. 9 e 12).

Não existem pesquisas mais detalhadas ou profundas sobre a iconografia simbólica afro-brasileira. De nossa parte, realizamos alguns levantamentos historiográficos para detectar possíveis origens coloniais dos símbolos com tridente na religiosidade popular brasileira, mas não conseguimos nenhum resultado. Analisando Souza (1986) e Calainho (2008), percebemos que os símbolos adotados por escravos brasileiros durante o período colonial são influenciados pela forma de cruzes latinas – Sol, estrelas, serpentes, caveiras e flores –, mas não existe nenhuma referência a tridentes ou qualquer similitude com os pontos riscados de Exu antes do século XIX, reforçando sua origem contemporânea.

Conclusão – De um ponto de vista histórico, os símbolos islandeses e os pontos riscados dedicados a Exu não possuem qualquer tipo de conexão, influência ou aproximação. Suas similitudes são apenas fruto de uma coincidência morfológica. Ambos parecem ter sido influenciados pelo imaginário cristão, que ressignificou tradições nativas de práticas mágicas com o referencial do tridente. Outras tradições religiosas que possuem símbolos circulares com terminais tridentiformes, como a ashtánga yantra da tradição shivaísta, também foram relacionados ao Ægishjálmur – mas do mesmo modo alguns pesquisadores vêm descartando essa similitude, considerando uma simples coincidência (FOSTER, 2017).

Explicações para as similitudes entre símbolos de culturas afastadas no tempo e no espaço são populares hoje em dia, geralmente apelando para referenciais como "emanações do inconsciente coletivo" ou produtos arquetípicos, mas não passam de especulações sem bases mais rigorosas de investigação. O medievalista francês Michel Pastoureau conclama para o perigo de anacronismo constante que ronda o historiador quando estuda o simbolismo e a fragilidade da análise universalista: "O que às vezes leva – erradamente – a crer na existência de uma simbólica transcultural, apoiada em arquétipos [...] no mundo dos símbolos, tudo é cultural e deve ser estudado em relação à sociedade que dele faz uso, em determinado momento de sua história e em um contexto preciso" (PASTOREAU, 2002, p. 507).

Comparações apressadas utilizando apenas a morfologia, sem um contexto histórico e social mais rigoroso, podem criar conclusões fantasiosas como as que relacionam conexões transcontinentais entre os povos pré-colombianos e os do Velho Mundo – utilizando simplesmente a coincidência do formato das pirâmides que existem entre ambos. Os símbolos mágicos constituem um terreno ainda repleto de possibilidades para pesquisas futuras, mas os referenciais generalistas e universalistas devem ser evitados pelas próximas gerações de pesquisadores.

Johnni Langer

Ver também Culto a Freyr; Edda Poética; Feitiçaria rúnica; Freyja; Guerra e religião na Escandinávia; Magia escandinava; Mitologia escandinava; Mitologia escandinava (fontes); Nórdicos da Era Viking (religião); Religião nórdica antiga (conceitos); Símbolos rúnicos e afro-brasileiros.

CALAINHO, D.B. (2008). *Metrópole das mandingas*: religiosidade negra e inquisição portuguesa no Antigo Regime. Rio de Janeiro: Garamond.

FOSTER, J. (2013-2017). *Galdrastafir*: icelandic magical staves.

FRANÇA, D.S.S. & GNERRE, M.L.A. (2012). Um olhar sobre os trânsitos simbólicos afro-indianos. *Religare* 9 (1), p. 1-10.

LANGER, J. (2017). Animais, suásticas e símbolos celestes na Escandinávia (séc. V-XI d.C.). *V Colóquio de Estudos Vikings e Escandinavos*, UFPB [Palestra de Mesa-redonda não publicada].

______ (2017). "Viking". In: LANGER, J. (org.). *Dicionário de História e Cultura da Era Viking*. São Paulo: Hedra.

______ (2015). "Símbolos rúnicos". In: LANGER, J. (org.). *Dicionário de Mitologia Nórdica*: símbolos, mitos e ritos. São Paulo: Hedra, p. 468-470.

______ (2010). Símbolos religiosos dos vikings: guia iconográfico. *História, imagem e narrativas*, n. 22.

MacLEOD, M. & MEES, B. (2006). *Runic amulets and magic objects*. Londres: Boydell.

PASTOREAU, M. (2002). "Símbolo". In: LE GOFF, J. & SCHMITT, J.-C. *Dicionário Temático do Ocidente Medieval*. Vol. I. Bauru/São Paulo: Edusc/Imprensa Oficial do Estado.

PRANDI, R. (2001). Exu, de mensageiro a diabo: Sincretismo católico e demonização do orixá Exu. *Revista USP*, n. 50.

SIMEK, R. (2007). "Ægir's helmet". In: *Dictionary of Northern Mythology*. Londres: D.S. Brewer, p. 2.

SODRÉ, J. (2009). Exu: a forma e a função. *Revista VeraCidade* 4 (5).

SOLERA, O.O.O. (2014). *A magia do ponto riscado na umbanda esotérica* [tese de mestrado em Ciências das Religiões, PUC-SP].

SOUZA, A.L.N. (2016). É o cão: Uma análise sobre a construção da imagem de Exu como diabo cristão. *VII Encontro Estadual de História da Anpuh.*

SOUZA, L.M. (1986). *O diabo e a terra de santa cruz*: feitiçaria e religiosidade popular no Brasil colonial. São Paulo: Cia das Letras.

Sufismo

Atentaremos neste verbete em demonstrar linhagens gerais de desenvolvimento de dois períodos cruciais da história do sufismo, sendo o primeiro momento do século VIII ao X E.C. e o segundo momento do século X ao XII E.C., além de demonstrar como tais momentos foram fundamentais para a formação das linhas gerais de um terceiro momento, que não abordaremos com profundidade, mas que apresentaremos suas características básicas, tal momento vai do século XII ao XIV E.C. e caracterizou-se pela formação das bases do que conhecemos atualmente como sufismo. De início vale lembrar que as correntes místicas de muitas religiões se caracterizam pela busca direta e intuitiva de uma divindade ou de uma verdade espiritual; nesse caso o sufismo não se diferenciará das demais experiências místicas.

As origens do sufismo são encontradas no movimento asceta do século VIII E.C., movimento que criticava o modo de vida dos califas omíadas que eram compreendidos como aqueles que suplantaram as questões espirituais do califado e o levaram para um caminho de valorização das questões mundanas. Esse movimento comparava diretamente o estilo de vida da classe dominante com o estilo de vida dos primeiros califas do Islã, esses chamados pelos sunitas de califas bem guiados. A transferência da capital de Meca para Damasco era considerada um símbolo desse declínio, momento no qual um caráter enervante conectado com um processo de efeminação atribuído à Síria passaria a substituir o caráter asceta que era conectado com a masculinidade da Arábia. Os ascetas criticariam também aos abássidas, e quando a nova capital do califado, Bagdá, foi construída nas antigas ruínas do Império Persa, com toda sua extravagância, esses indicavam essa mudança como sinal de que o caminho da degeneração estava percorrido (ARBERRY, 2008, p. 11-92; SILVA FILHO, 2013, p. 63-83).

A corrente asceta que pregava a vida humilde, de pobreza e abstinência, teve na Arábia, no Iraque, na Síria e na região de Khorasan igual participação em seu crescimento. Para esses pensadores a pura observância das leis islâmicas não era o suficiente, fato que fez esses homens passarem a imitar os eremitas cristãos, levando-os a adotarem a pobreza e o ascetismo. Longos períodos de jejum e abstinência do sono eram práticas que esses homens tomavam como forma de se aproximarem de Allah. O mundo terreno para esses homens era um local de dores e provações; esses se encontravam preocupados com o dia do julgamento final, com a conquista do paraíso e com a mortificação da carne.

Entre os pensadores de tal movimento podemos iniciar por apontarmos a Hasan al-Basri, teologista que defendeu que a vida asceta havia sido praticada pelos próprios profetas, entre esses Jesus e Davi, e que pregava como uma de suas práticas a utilização das vestes simples de lã, símbolo de negação aos luxos mundanos. Al-Basri também foi o primeiro a pregar a autodisciplina, denominada em árabe zuhd, como uma forma de se aproximar de Allah, executando-a por atos como o do jejum, o de dormir pouco e o de comer pouco. O próprio fundador das quatro escolas de jurisprudência sunitas, Ahmad ibn Hanbal, também seria defensor da chamada autodisciplina, postura de desprezo das posses e ambições mundanas em troca de uma postura de medo e de amor na busca de servir a Allah.

Rabia de Basra foi uma das primeiras a escrever poemas sobre o amor místico, declarando inclusive que o contrato de casamento era para aqueles que possuíam uma existência fenomenal, em oposição a uma vida eterna. A existência dela era declarada como não fenomenal, pois a mesma havia deixado de existir e passado a existir em Allah e junto a Allah. Dessa forma, os poemas de Rabia declaram um amor incondicional a Allah, não deixando de pensar nele nem por um segundo e tendo em suas preces o véu levantado, possibilitando seu olhar de contemplação. Outro pensador que desenvolveria a ideia do amor místico seria Dhun al-Nun, pensador que introduziria também a ideia de panteísmo, levando à observação da natureza como o reflexo de seu criador; sendo assim, a contemplação da mesma se torna uma forma de contemplação do próprio Allah, o grande criador de tudo.

Dhun al-Nun também introduziria a ideia do conhecimento da verdade alcançado por uma experiência mística intuitiva experimentada através do êxtase, chamado em árabe de ma'rifa. Uma das práticas para o alcance do êxtase de Dhun al-Nun seria introduzida ao sufismo por al-Muhasibi que pregava a prática de introspecção, voltada ao controle da respiração, chamado em árabe de fikr. Saqhiq al-Balkhi, por sua vez, defenderia a crença em Allah, chamada em árabe tawakkul, como um estado místico, denominado em árabe hal, além de ter descrito os diversos estágios pelos quais devem passar o dervixe, praticantes do ascetismo, em seu aprendizado da tariqa, métodos de execução da contemplação e de aquisição do verdadeiro conhecimento. Muḥammad Sahl al-Tustari, por sua vez, desenvolveria o conceito da luz divina, denominado em árabe de Nūr, que seria a primeira criação de Allah, e de onde todas as outras criações teriam sua origem. Como prática para se alcançar essa luz, al-Tustari desenvolveria o conceito chamado em árabe de dhikr, que consiste na lembrança de Allah.

Hasan al-Tirmidhi ainda veicularia a controversa ideia do selo de último dos líderes, chamado em árabe de al-khatam al-awliyya, dado ao Profeta Muḥammad. Segundo tal conceito a liderança de Muḥammad era superior à sua função de profeta, os chamados profetas ordinários estariam abaixo do que aqueles a quem foi concedido a lei, entre os quais Muḥammad era considerado o maior. Dessa maneira, Muḥammad seria a realidade primordial, dito também como a realidade das realidades. Ou seja, Allah era quem estava no comando do discurso do profeta, fazendo com que esse ouvisse o tesouro das câmaras celestiais. O Profeta Muḥammad estaria assim próximo de Allah por meio da graça divina, atraído para Allah por Allah, sua alma/ego teria sido eliminada e ele estaria nas mãos de Allah. Portanto, quando Muḥammad agia era Allah que agia através dele, a profecia seria assim apenas um benefício adicional.

Esse período ainda seria marcado por uma oposição entre dois estilos representados por Abu Yazid al-Bistami e Al-Qasim al-Junayd, o primeiro um representante do sufismo intoxicado e o segundo um representante do sufismo sóbrio. Al-Bistami pregava o conceito de aniquilamento, denominado em árabe como fana', da alma/ego, com o objetivo de se alcançar Allah. Comparava sua experiência de encontro com Allah com a experiência que o Profeta Muḥammad teve em sua ascensão, denominada em árabe al-'Isrā' wal-Mi'rāj, quando em uma jornada noturna o Profeta viaja em um corcel Buraq, criatura alada que na tradição islâmica é metade burro e metade mula, para a denominada mesquita mais distante, onde ele lidera outros profetas em uma oração, antes de ascender aos céus de corpo e alma e falar com Allah. Tendo o próprio al-Bistami declarado ter alcançado a Allah de corpo e alma, ele profere em um discurso de estase, tipo de discurso que em árabe é chamado shathiyat, sua própria glória; além de declarar a grandeza de sua própria majestade, suas declarações nos momentos de estase escandalizaram os dervixes sóbrios.

Al-Qasim al-Junayd, por sua vez, afirmava que as experiências místicas são para os eleitos, e que as mesmas devem ser praticadas pelo acompanhamento de um Shaykh, aquele que detém o poder e tem o direito de iniciar seus discípulos em certa tariqa. Al-Junayd defendia que as experiências místicas seriam benéficas e verdadeiras apenas se alcançadas pelo caminho da sobriedade, pelo firme conhecimento do Alcorão e da Sunna, essa última definida como os caminhos tomados pelo Profeta Muḥammad, esses que contemplam seus atos e discursos. O conceito de sobriedade, no entanto, não implicaria no abandono do conceito de fana'; esse continuaria a ser utilizado, mas seria explicado pelo Alcorão, e não levaria mais à afirmação de uma presença corpórea perante Allah.

Aquele que alcançasse o aniquilamento da alma/ego não deixaria, dessa maneira, sua individualidade, pois essa seria um presente inalienável dado por Allah, mas a existência individual seria aperfeiçoada, transmutada e eternizada através de Allah e em Allah; essa existência em Allah é chamada em árabe de baqã. A continuação da existência seria, assim, um fenômeno de provação e aflição, pois o homem seguiria apartado de Allah. Al-Junayd se utiliza assim da imagem da ânsia do amante perante o amado, ou seja, o homem que conheceu Allah teria a felicidade de continuar essa vida procurando se reconciliar com ele através da experiência de suas criações; pela falta do artista o homem se contentaria na contemplação de suas obras.

O sufismo intoxicado teria sua continuação com Mansur al-Hallaj, discípulo de Abu Yazid al-Bistami, que passava a defender o ser humano como a encarnação de Allah, tomando surpreendentemente Jesus como seu exemplo e contrariando os ensinamentos do Alcorão. Al-Hallaj não chegou a se declarar divino, mas em discurso de estase conclamou que se os homens não reconheciam a Allah, que esses pelo menos reconhecessem aos sinais do mesmo e, após dizer isso, complementa seu discurso se autodeclarando como esse sinal e dizendo-se como a verdade da criação. Em 922 E.C. al-Hallaj seria crucificado e sua execução marcaria o final do primeiro momento do sufismo, símbolo de uma luta que vinha crescendo e que conflagrava a oposição entre os jurisconsultos e doutores da lei islâmica, denominados em árabe como ulema, de um lado, e os místicos e gnósticos, de outro. Tal embate evoluiria durante o Império Abássida, momento em que as escolas de jurisprudência das leis islâmicas passavam a ser codificadas; tais escolas são chamadas em árabe de madhhab, e crescia a força do sistema legal.

O sufismo sóbrio passaria nesse momento a dominar a esfera de desenvolvimento de tal corrente mística. Surgem assim os primeiros teóricos, homens que se preocupavam em fundamentar as práticas do sufismo nas bases da lei islâmica, denominada em árabe de shari'a, e nas bases das madhhabs as escolas de jurisprudência do Islã, o exoterismo e o esoterismo islâmico passavam a convergir. Passava a se consagrar o processo iniciático e a relação entre mestres e discípulos, denominados em árabe respectivamente como murshidl e murid, como modelo normativo de transmissão do conhecimento místico. O sufismo ainda ficaria restrito a certas camadas sociais, normalmente relacionadas com as madhhabs, que se organizavam por relações sociais sobrepostas e pela lealdade e obrigações mútuas que as mesmas pressupunham. Esse seria o período das madrasas, escolas muçulmanas ou casas de estudos islâmicos, nas quais as relações de aluno e professor, mestre e discípulo, além das relações familiares se tornavam características marcantes (KARAMUSTAFA, 2007).

Como exemplo desse período podemos citar a obra denominada Al-Risāla al-Qushayriyya, de 'Abd al-Qasim al-Qushayri, e as obras Al-Munqidh min ad-dalal, Ilhya 'Ulum al-din e Ayyuha al-walad, de Abu Hamid al-Ghazzali. Em suas obras Al-Munqidh min ad-dalal, que pode ter seu título traduzido como libertação do erro, e Ilhya 'Ulum al-din, que pode ter seu título traduzido como reavivamento das ciências da religião, al-Ghazzali defende o caráter islâmico, corânico e maometano do sufismo, considerando inclusive tal prática mística como a prática perfeita da suna, definida pela palavra árabe "*ihsan*". Ou seja, o reavivamento das ciências da religião perpassa pela defesa e pelo fortalecimento da tradição espiritual que é a verdadeira substância do islamismo.

A obra *Ayyuha al-walad*, que pode ser traduzida como "Ó jovem", ainda traria as qualidades genuínas de um shayk, essas que perpassam, por exemplo, pela sabedoria, pela negação do amor e do poder mundano, pela enumeração da linhagem até o Profeta Muḥammad, por rezar muito, jejuar muito, dar muitas esmolas, além de praticar o ascetismo, esse último consistindo em comer pouco, dormir pouco e falar pouco. Al-Ghazzali ainda diria em Ayyuha al-walad que o murid deve honrar seu Shayk não discutindo com o mesmo sobre nenhuma questão, mesmo que ele saiba que o Shayk esteja errado, além de afirmar que o murid deve fazer de acordo com suas capacidades e habilidades a tudo o que o Shayk mandar e que não deve negar nada que ele escutar do Shayk.

Por último al-Qushayri apresenta, no final de seu Risãla, um apêndice que contém um pequeno tratado para aconselhar aqueles que decidem seguir o sufismo, apêndice intitulado Wasiyya lil-muridin, que pode ser traduzido como instruções aos novatos. Em suas instruções al-Qushayri aconselha o murid a se filiar à madhhab sufi, para que não se torne ignorante da tariqa. Afirma que a madhhab sufi tem origens seguras e que seus shaykhes foram os mais sábios, além de recomendar que os murid sigam os exemplos de vida e aprendizado desses shaykes, dos quais al-Qushayri afirma descender sua própria linhagem espiritual e dentre os quais encontramos Junayd al-Baghdadi. A madhhab sufi que al-Qushayri apresenta como tão digna de exemplo trata-se da madhhab Shafi'i, do qual o próprio faz parte e a qual era a maior madhhab de sua região, Nishapur. Em Nishapur podemos dizer assim que a ulema não se encontrava em oposição ao sufismo, mas fornecia a tal corrente mística o seu quadro institucional, no qual o sufismo era ensinado e praticado (MALAMUD, 1994, p. 427-442).

A terceira e última fase se caracterizaria pela formação das cadeias de transmissão e o surgimento das primeiras escolas místicas, fenômenos do século XII. O termo "*tariqa*" teria assim sua alteração, passava a denominar o conjunto das escolas de conhecimento do sufismo, com características doutrinárias e rituais próprios de cada uma dessas. Doutrina e rito passariam a serem codificados em textos e tradições orais, normalmente conectadas a seus mestres fundadores, os denominados Shaykes. Os dervixes, que agora estavam organizações em congregações, começavam a usar os santuários e os locais de depósito funerário dos mais destacados Shaykes como centros de propagação e peregrinação. Por meio da institucionalização de tais ordens o Islã passou a aceitar o sufismo, e por meio de seus rituais, realizados em seus santuários, o sufismo tornou o Islã acessível às massas, promovendo refúgio, abrigo e coesão social às mais diversas pessoas.

Não por um acaso todos fundadores das ordens sufis viveram exatamente nesse período; entre esses podemos citar os nomes de Jalal ud-Din Rumi, Abu al-Najib Suhrawardi, Abu al-Hasan al-Shadhili, Ahmad Badawi, Ahmad ar-Rifaý, 'Abd al-Qadir al Jilani, Abu Ishaq Sharif al-Din Shami e Najm al-Din Kubra. Podemos concluir assim que as ordens sufis, que marcam o sufismo no mundo até hoje, denominadas Mawlawiyya, Suhrawadiyya, Shadhiliyya, Badawiyya, Rifa' yiyya, Qadiriyya, Chistiyya e Kybraiyya, citadas respectivamente em relação aos nomes dos Shaykes já supracitados, não teriam se desenvolvido não fosse pelos choques entre dervixes e juristas, ou pela necessidade de integração do sufismo ao Islã, pressão social e política que ao fim deu ao sufismo uma de suas principais características, sua institucionalização.

Munir Lutfe Ayoub

Ver também História das religiões; Islamismo; Religião.

ARBERRY, A.J. (2008). *Sufism*: An Account of the Mystics of Islam. Londres: Routledge.

KARAMUSTAFA, A. (2007). *Sufism*: the formative period. Edimburgo: Edinburgh University Press.

MALAMUD, M. (1994). Sufi Organizations and Structures of Authority in Medieval Nishapur. *International Journal of Middle East Studies*, n. 26, p. 427-442.

SILVA FILHO, M.A. (2013). Sufismo: a importância da mística islâmica no desenvolvimento histórico do Islã. *Revista de Estudos da Religião*, n. 1, p. 63-83.

Talmude

A palavra Talmude é derivada do radical hebraico "*Lamed/Mem/Dalet*" que se relaciona a estudo e ensinamento e tem sua origem na exegese judaica das Escrituras realizadas por centenas ou milhares de sábios através de gerações, por cerca de quase um milênio. A partir da ordenação do escriba Esdras (Ezra) no final do século VI a.E.C., de que a Lei de Moisés fosse lida nas sinagogas num ciclo anual, começaram a ser proferidas prédicas, ou seja, explicações e ampliações do conteúdo da Lei (Torá = ensinamento; cf. o verbete "Bíblia hebraica"). Assim foi se adequando este conjunto a novas realidades, e desta forma gerando um novo acervo religioso, cultural e jurídico – a Lei Oral.

Os sábios criaram um rico depositório de discussões e interpretações do judaísmo, que tinham como referência e ponto de partida a Lei mosaica, mas não se limitava a esta, gerando análises que respondiam a problemáticas e polêmicas que transcendiam o mundo da Bíblia hebraica a novos contextos e realidades. Este acervo estava guardado na memória e em múltiplos pergaminhos espalhados nas academias rabínicas. Sua ordenação não era almejada ou executada, tendo em vista a dificuldade da empreitada.

A motivação para ordenar esta imensa riqueza religiosa e cultural se deu no contexto da ocupação romana da região de Israel (Judeia e Galileia) por Roma a partir de Pompeu o Grande (63 a.E.C.), e que teve seu momento de crise com a revolta judaica contra Roma (66-70 d.E.C.). Na sequência a destruição do Templo de Jerusalém (70 d.E.C.) e sucessivas revoltas menores até a revolta de Bar Kochvá (132-135) demarcam o auge da crise e da ansiedade messiânica judaica. Os judeus têm a esperança de reconstruir o Templo, retomar sua soberania e poder praticar sua religião com liberdade, mas sentem a ameaça da águia romana como um risco de desaparição.

Os sábios, agora denominados rabinos (mestres) ora dialogam com Roma, ora estimulam revoltas. Uma coisa os une e faz com que se aproximem: como preservar o judaísmo sem Jerusalém, sem o Templo sagrado e seus cultos a Deus? Era preciso fortalecer por ora os cultos sinagogais já existentes, e remodelar o judaísmo numa ótica farisaica, tendo a Lei como princípio, a ética como caminho e o cotidiano controlado por ambas. Surge o judaísmo rabínico e os ritos no Templo ficam adiados para quando o Messias viesse. Isso não se sucedeu, e a oração que já existia substituiu os sacrifícios.

Este imenso acervo cultural e religioso deveria ser organizado, selecionado e sistematizado, de maneira que pudesse ser entendido, praticado e servir como uma espécie de "segunda lei" que, mesmo baseada nas escrituras (Lei de Moisés), era difícil de ser praticada. Alguns sábios já haviam envidado esforços iniciais para esta ordenação, mas só na segunda metade do século II d.E.C. é que surge o primeiro catalisador e executor deste projeto. Trata-se do rabino Judá (*Iehudá*) *Hanassi*.

Nassi significa príncipe e pode hoje ser usado como presidente, mas no contexto que analisamos era o líder da academia rabínica e colegiado de sábios que regiam a vida judaica, num regime de autonomia interna sob o governo político-militar romano. Os sábios colegiados num Sinédrio (*Sanhedrin*) exerciam múltiplas funções: tribunal superior, professores da academia rabínica, e analistas e legisladores da lei judaica, sempre embasada na Lei de Moisés, mas ampliadas pela exegese rabínica.

Judá *Hanassi* apoiado pelos sábios de sua geração aceitou a difícil missão de ordenar um acervo de cerca de meio milênio de exegese e análises dos sábios e produzir um código ordenado, definindo temas e tópicos e coletando dentro destes subtemas que oferecessem um guia para que os sábios, os leigos, os juízes e todo judeu soubesse como viver "dentro da lei de Deus", entregue a Moisés e através deste ao povo judeu. Um manual de vida que oferecesse aos fiéis o caminho judaico de vida – a *Halachá*. Esse termo significa "caminho" ou andança e é seguidamente utilizado para definir a atitude judaica diante de problema e temas do cotidiano.

O resultado desse imenso trabalho de Judá Hanassi foi a Mishná. O termo deriva de *sheni* (segundo), ou seja, é a Lei mosaica repetida sem perder nada, mas de maneira didática. Isso não é exato, pois há mudanças e alterações que contemplam as realidades de novos contextos, diferentes daqueles nos quais o texto bíblico foi escrito.

A Mishná na percepção rabínica seria também divinamente revelada. A Lei (Torá) de acordo aos sábios era muito mais do que os cinco livros de Moisés. Seria a sabedoria divina que era anterior à criação do mundo e compreendia de maneira ampla a vontade Deus que deveria ser executada no mundo que o mesmo criara. E o povo eleito seria o executor do plano divino, desde os elementos mais triviais da vida cotidiana até os mais sublimes da vida espiritual e mística.

Por isso, para os rabinos dessa geração, a revelação fora dada de duas formas: uma breve e escrita através da Lei (Torá) de Moisés, e outra bem mais ampla e entregue em forma oral. Esta representação serviu para legitimar a exegese e a escrita dos sábios. Estes eram os receptores da Lei oral, que fora transmitida desde Moisés, pelos profetas e sábios; em seguida por líderes da Grande Assembleia, depois pelos fariseus, e agora através dos rabinos. E só agora estava sendo também redigida. Não era menos importante e também, na percepção tradicional, era divinamente revelada. Assim se gerava uma legitimidade da liderança e de sua criação religiosa.

A primeira camada do Talmude seria a Mishná de Rabi Judá (Iehudá) *Hanassi*, escrita no hebraico da época e que foi formatada em seis ordens (*sedarim*), a saber: (1) sementes (*zeraim*), que enfoca em questões da agricultura, mas tem também um tratado (subgrupo) denominado bênçãos (*brachot*); (2) época ou data (*moed*), que trata das festas judaicas e do sábado (*Shabat*); (3) mulheres (*nashim*), que analisa as leis do casamento, divórcio e dos votos; (4) danos (*nezikin*), que trata das leis civis, criminais, mas também de temas como a idolatria; (5) coisas sagradas (*kodashim*), que trata de elementos ligados aos sacrifícios rituais, e temas ligados ao abate ritual de animais; (6) purezas (*toharot*), que abarca mais temas ligados à pureza cerimonial.

Há subdivisões: as ordens se dividem em tratados; neles há divisão em capítulos; nestes os parágrafos são denominados *mishnaiot* (plural de Mishná). O texto destas alterna uma sequência de opiniões sobre o tema analisado e de maneira diferente da lei romana; por exemplo, descreve as opiniões divergentes e, mesmo apontando uma escolha coletiva que prevalece, não elimina a opinião minoritária que fica registrada e não é anulada. Isso permitirá se conhecer e por vezes reciclar opiniões recusadas.

A evolução da realidade judaica nos séculos posteriores ao ano 200 d.E.C. levou à ampliação da lei oral. Os comentários da lei oral (Mishná) se acumularam e as academias rabínicas agregaram novas reflexões e exegeses às problemáticas da vida cotidiana e da religião. Há uma intensa imigração judaica para fora da terra de Israel (*Eretz Israel*) devido ao empobrecimento da região e à opressão romana e mais tarde por pressões da Igreja associada ao império (a partir do séc. IV). Esta imigração é em boa parte para fora do império e isso fortalece a presença judaica na região da Mesopotâmia, denominada Babilônia. Havia judeus nessa região desde o cativeiro da Babilônia.

Academias rabínicas são fundadas nessa região a partir do final do século II d.E.C. e competem com as de Israel. Rabi Iehudá *Hanassi* havia proibido academias rabínicas fora de Israel, mas a realidade faz com que isso seja burlado. Nos dois locais no transcorrer do tempo aparecem amplos comentários da Mishná que se tornam uma nova coletânea, que analisa e cria novas reflexões, legislação e até mesmo uma literatura religiosa. Essas novas coletâneas se denominam Guemará (do radical *gmr* – acabar ou encerrar em hebraico). Como são escritas a partir da Mishná, tem no meio das suas páginas a mesma Mishná transcrita e comentada nas laterais. Estava surgindo o Talmude através de um lento processo de acúmulo de novas e refinadas reflexões.

Há uma Mishná de Rabi Judá, mas havendo duas *guemarot* (pl. de Guemará) se constituem dois *talmudim* (pl. de Talmude): ambos contendo a mesma Mishná, mas com *guemarot* diferentes. O Talmude de Israel (ou Palestina) denominado como sendo o Talmude de Jerusalém (*Talmud Ierushalmi*); e o Talmude Babilônico (*Talmud Bavli*).

São coletâneas densas, repletas de comentários e debates, escritas em aramaico, que era a língua falada no Oriente, uma espécie de língua "franca", de comunicação universal naquela região e período. Estudar um tratado do Talmude era um exercício de conhecimento muito complexo: demandava entender hebraico bíblico, hebraico da Mishná e aramaico. Compreender o discurso rabínico, as alegorias das lendas, as articulações da lei escrita em diálogo com a lei oral e muito mais.

O judaísmo talmúdico será o vetor da vida judaica por mais de um milênio e meio, definindo para os judeus: a) uma identidade coletiva; b) um caminho de vida (*Halachá*) que abarca desde leis do cotidiano, da vida religiosa até uma concepção de mundo; c) um invólucro protetor dos judeus e do judaísmo diante da pressão do mundo externo.

O Talmude é amplo, repleto de saberes que mesclam judaísmo com ciências, doses de filosofia, lendas que aparecem lado a lado com pensamentos complexos. Difícil definir o que seria esta ampla coletânea de saberes. Demarca o mundo judaico, lado a lado com a Bíblia hebraica, da qual deriva e se mantém imbricado com todas as vertentes religiosas judaicas, mesmo as modernas como o conservadorismo e o reformismo.

Sergio A. Feldman

Ver também Bíblia hebraica; História das religiões; Judaísmo; Magia hebraica e cristã antiga; Religião.

AUSUBEL, N. (1967). "Talmud". In: AUSUBEL, N. *Conhecimento judaico* (LI-Z). Rio de Janeiro: Tradição, p. 763-779 [vol. 5 da Biblioteca de Cultura Judaica].

BERKOVITS, E. & WALD, S.G. (2003). "Talmud". In: SKOLNIK, F. *Encyclopaedia Judaica*. Vol. 19. 2. ed. Detroit: Thomson Gale/Keter, p. 469-471.

GOLDENBERG, R. (2006). "Talmud". In: HOLTZ, B. *Back to the sources*. Nova York: Simon & Schuster.

HARVEY, W. (1981). "Tora". In: COMAY, A. (org.). *Valores del judaísmo*. Jerusalém: Keter.

ROTH, C. (1967). "Talmud". In: ROTH, C. *Enciclopédia Judaica* (M-Z). Rio de Janeiro: Tradição, p. 1.142-1.145 [vol. 3 da Biblioteca de Cultura Judaica].

STEINSALTZ, A. (1990). *O Talmud essencial*. Rio de Janeiro: A. Koogan [vol. 7 da Biblioteca Enciclopédica Judaica].

WALD, S.G. (2003). "Babylonian Talmud". In: SKOLNIK, F. *Encyclopaedia Judaica*. 2. ed. Detroit: Thomson Gale/Keter, vol. 19, p. 471-481.

Tambores no xamanismo

Frequentemente associados a contextos xamânicos, os tambores são objetos circulares ou ovais, de variados tamanhos, nos quais se bate algum objeto para que emitam som – pertencem, portanto, à classe dos instrumentos percussivos. Eles costumam ser feitos a partir da madeira de árvores consideradas sagradas para o povo específico que os confecciona, dentre os quais se encontram a bétula, o carvalho, o pinheiro, a araucária, entre outros. Sua superfície é constituida da pele procedente de algum animal, como a vaca ou a rena, que é, então, esticada sobre a estrutura de madeira. O tipo de pele e a extensão com que ela é posta no tambor influencia diretamente no tom do som que será emitido. Diversos outros apetrechos também costumam ser identificados acompanhando o tambor em contextos ritualísticos, como pedaços de tecido, sinos ou anéis que são postos em sua superfície e se movimentam conforme o tambor é batucado.

O uso desses instrumentos percussivos é raramente citado na liturgia de tradições religiosas universais como o islamismo e o cristianismo, estando, nelas, praticamente ausente. O mesmo acontece ao tentarmos identificar o uso do tambor em outros povos considerados "primitivos", como os aborígenes australianos, os san e pigmeus – povos africanos –, e os väddas do Sri Lanka. Além disso, em inúmeras tradições da Europa Central e das Américas Central e do Sul, o tambor manifesta uma tímida presença, sendo, contudo, um instrumento ritualístico de grande importância principalmente nas religiões asiáticas e das regiões árticas. Esse fato fez com que se abandonasse a antiga hipótese de que o uso religioso do tambor seria algo típico de sociedades arcaicas, não desenvolvidas, "primitivas", enfim, no sentido mais estereotipado da palavra, para que se começasse a identificar, nas sociedades que faziam uso do tambor, traços muito específicos. O antropólogo Ernest Crawley já havia apontado, ainda em 1912, que os tambores eram conquistas tecnológicas de sociedades mais evoluídas, e que povos em estágios mais "primitivos" haviam falhado ao tentar confeccionar qualquer instrumento semelhante. Certamente cabe aqui um olhar crítico acerca de vários conceitos utilizados por autor – que, como todos, era fruto de sua época –, que chamou a todos os povos inaptos a inventar o tambor de "bárbaros" e "selvagens", constituindo um viés etnocêntrico e evolucionista. Ainda assim, sua afirmação faz certo sentido cronologicamente.

Åke Hultkrantz, por exemplo, defende que tanto o xamanismo quanto o uso ritualístico do tambor estão associados a antigas sociedades nômades de caçadores, no momento em que atingiram certa organização social e cultural. O autor ainda defende que o xamanismo ártico possui seus traços mais fortes e ressaltados por conta do clima rigoroso e da posição social do xamã nesses povos, cuja estrutura social era extremamente desestratificada – mas nem por isso menos organizada; esse fator teria tornado o xamanismo dos povos árticos socialmente diferente dos xamanismos da Ásia Central, sul da Sibéria, Tibete e Mongólia, que sofreram inúmeras pressões e influências de grandes civilizações.

O principal problema que surge ao tentarmos definir a importância e o papel dos tambores nos diferentes xamanismos é se devemos eleger uma perspectiva regionalista ou universalista. A segunda delas foi explorada a fundo principalmente por Mircea Eliade, em seu *Xamanismo e técnicas arcaicas do êxtase* (1964). Na obra em questão, o romeno afirma que o tambor desempenhava um papel primordial nas cerimônias xamânicas, sendo indispensável na condução do êxtase. Eliade colheu, de fato, uma massa de dados deslumbrante sobre o xamanismo oriundos das mais diversas sociedades; mas, sendo o teórico simpatizante do essencialismo que era, esforçou-se para chegar a conclusões supostamente universais sobre o uso do tambor no contexto das sociedades xamânicas. Isso o rendeu a defesa de argumentos especulativos em demasia, e, por vezes, controversos, o que o levou a eleger o modelo siberiano de xamanismo para todas as outras sociedades. Outro bom exemplo disso é quando o autor lida com o xamanismo dos povos mapuche - ou araucarianos - da América do Sul como se ele fosse típico de toda a região. Entre os mapuche há de fato o uso do tambor em rituais xamânicos, mas no contexto sul-americano eles são exceção: entre outros povos desse subcontinente, incluindo os indígenas brasileiros, o uso desses tambores não é identificado, predominando, na verdade, os instrumentos de sopro.

A perspectiva regionalista tem atingido conclusões mais certeiras. Nessa linha, Anna Leena Siikala advoga, dentro de um contexto siberiano, em prol da ideia de que o tambor é o instrumento essencial do xamã. Ainda assim, entre os ostíacos (habitantes da Sibéria Ocidental, em território russo), por exemplo, o tambor dividia, nas cerimônias, espaço com instrumento de corda. Entre os povos fínicos, as tradições antigas dizem que a *noita* (espécie de xamã/feiticeira) faz uso de um *kannus* (tambor) para *langeta loveen* (entrar em transe, perder a consciência). Conforme veremos, a grande massa de estudos teóricos e vestígios materiais aponta para as regiões Ártica e Siberiana como o lugar onde mais se nota a ocorrência de tambores.

Fazendo uso de densa investigação, tanto de tradições acadêmicas anteriores sobre o xamanismo siberiano quanto de relatos, estudos antropológicos e fontes primárias a seu respeito, Mihály Hoppál, um dos maiores estudiosos do xamanismo, identificou fortes laços entre o tambor e as cerimônias do xamanismo entre os povos tuvan, os iacutos, os evenkis e os nanai. Vilmos Diószegi coletou relatos dos buriatos em que um xamã, caminhando por florestas e cavernas, decide montar seu tambor e, tocando-o, vai para o plano espiritual. É consenso assumir que, nas tradições siberianas, o tambor é definitivamente um instrumento essencial para que se alcance o êxtase pretendido pelo xamã. Apesar de não serem todos, vários exemplares de tambores da região apresentam pinturas em sua superfície, que consistem, geralmente, em estrelas, árvores, diversos animais, espíritos e figuras humanoides com asas, possivelmente representando o xamã em sua viagem de ascensão pelos diferentes planos.

Autores como Åke Hultkrantz e Clive Tolley defendem que algumas das árvores pintadas nesses tambores podem ser manifestações da *axis mundi*, ou seja, da árvore cósmica que, na mitologia e sistema religioso desses povos, sustenta a abóbada celeste. Nesse sentido, uma divergência interessante é a de que os povos siberianos da região ártica tendem a ilustrar um amplo céu nos tambores, representando a estrela *Polaris* - visível do Hemisfério Norte - como um ponto fixo no centro, enquanto as tribos altaicas mais ao Sul estão interessadas no zodíaco, para eles muito mais visível. Nada faria mais sentido: em um denso estudo, Johnni Langer apontou como múltiplos povos ao Norte (sámis, nórdicos, finlandeses, estonianos, lituanos, anglo-saxões, chukchis, dentre outros) possuem, em suas mitologias e simbolismos, representações da estrela *Polaris* como um ponto fixo no céu chamado, por vezes, de *prego do mundo*.

É possível, também, que o tambor fosse visto como uma parte da própria árvore cósmica. Como o instrumento era confeccionado com madeiras provenientes de árvores tidas por sagradas, ele era feito, então, a partir de uma árvore que representava a árvore cósmica; em última instância, mesmo não sendo feito da árvore cósmica *per se*, o tambor adquiria, assim, a mesma sacralidade do que a *axis mundi*. Esse aspecto é atestado não somente entre os povos siberianos, como também entre os sámi. Bo Sommarström, por exemplo, postulou a hipótese de que mesmo os sámi, habitantes do extremo norte, podem ter sofrido influências de certos mapas estrelares ocidentais, e então seus tambores, na verdade, representariam as constelações do zodíaco e a Via Láctea em seus desenhos. A questão ainda é muito discutida e está longe de ser definitivamente conclusiva.

Há uma teoria defensora de que os tambores, além de suas funções extática e divinatória, operavam também como instrumentos apotropaicos, ou seja, como artefatos responsáveis por afastar desgraças, doenças e demais malefícios, protegendo a comunidade. Nesse sentido, conjectura-se que, também entre os sámi e os siberianos, o tambor fosse visto como um arco portador de flechas mágicas, capaz de apontar para a direção em que estivesse algum perigo a ser evitado. Esse argumento foi posto sobretudo por Potapov, ao ter constatado que entre alguns povos siberianos havia uma só palavra utilizada para designar tanto "tambor" quanto "arco". Além disso, o antropólogo reparou, também, que em alguns tambores xamânicos siberianos penduravam-se pingentes de metal muito semelhantes às pontas de flecha; vendo isso, lançou uma teoria, em 1934, de que o instrumento oficial do xamã siberiano era originalmente o arco com flechas, que teria sido substituído posteriormente pelo tambor.

Nesse sentido, outra importante teoria foi postulada por Basilov. O estudioso defendia que o tambor, para os povos praticantes de xamanismo, era tido por uma entidade viva; ela simbolizaria o espírito guardião do xamã, geralmente representado por algum animal de importância – ao extremo norte, esse animal seria a rena, mais ao sul, o veado, e entre as tribos siberianas dos iacutos e dos buriatos, o cavalo. A pele que envolveria o tambor seria feita do respectivo animal guardião, para que seu espírito pudesse "possuir" o tambor e lhe conferir vida. Esse modo de enxergar o instrumento teria sido predominante até ser substituído, nesses povos, pela noção de que o tambor representa um cavalo que serviria de condução para os outros mundos.

Outro povo em que identificamos a predominância de tambores para rituais xamânicos é o sámi, que habita o extremo norte da Noruega, Finlândia, Suécia e parcialmente da Rússia. A situação é um tanto quanto singular: no caso desses povos, temos inúmeros exemplares desses instrumentos que foram preservados em algum nível e, além disso, dispomos de uma série de fontes escritas que relatam o uso que era conferido a esses tambores. Alguns pesquisadores afirmam, inclusive, que essa disponibilidade de certa forma farta de materiais levou a tradição acadêmica a ressaltar o xamanismo e o papel dos tambores entre esses povos. Há, por exemplo, os relatos de Olaus Magnus em seu *Historia de gentibus septentrionalibus* [História dos povos nórdicos] (1555) e Johannes Schefferus em seu *Lapponia* (1673); mas o maior tratado sobre os tambores dos povos sámi foi conferido pelo sueco Ernst Manker em seu tratado *Die lappische Zaubertrommel* [Os tambores lapões] (1938).

Entre os sámi, os tambores eram parte integral de sua religião e possuíam duas funções, que seriam a de conduzir o xamã para o estado de êxtase e de atuar como instrumento divinatório. Schefferus discorre sobre alguns outros usos, como o de auxiliar no tratamento de doenças, proteger de maus espíritos – e aqui se observa, novamente, seu caráter apotropaico – e o de comunicar-se com os deuses: antes de oferecer sacrifícios a alguma divindade, os sámi supostamente perguntavam se ela estava disposta a recebê-los, e sua resposta era dada por meio do tambor. Colocava-se um grande anel em sua superfície e começava-se o batuque. Com isso, o anel obviamente começava a se agitar e a se movimentar sobre o instrumento, e se, ao término do batucar, o anel se encontrasse posicionado em cima da figura do deus em questão, isso significaria que o sacrifício havia sido aceito e que a cerimônia poderia prosseguir.

Portanto, percebemos, com isso, que os tambores sámi eram ricos em ilustrações. Ainda assim, há algumas diferenças em relação às ilustrações dos tambores siberianos. No caso sámi, identificamos, nesses seus instrumentos, desenhos de barcos, arcos, trenós e animais como baleias, renas, alces, ursos, lobos e, claro, figuras humanoides passíveis de serem relacionadas ao próprio xamã ou, então, às divindades de seu panteão. Essa, aliás, foi uma discussão que perdurou por muito tempo na tradição acadêmica, que começou alegando que as ilustrações nos tambores eram de cunho mitológico e ilustravam, portanto, trechos específicos de suas narrativas míticas protagonizadas pelos deuses de seu panteão. Com o tempo, passou-se a defender que tais ilustrações demonstravam, ao contrário, cenas da vida cotidiana e pragmática desses povos – o que não necessariamente implica dizer que não haviam divindades retratadas nelas, como é o caso do deus dos trovões *Aijeke*, localizado como estando representado nesses tambores portando dois machados, um em cada mão. Nessa questão do pragmatismo, Rolf Kjellström defende que grande parte dos tambores descreve cenas de caça, atividade de inegável importância entre os sámi. O pesquisador tenta até mesmo desenvolver um esquema de classificação dessas ilustrações adotando como critério os tipos de animais nelas retratados. A descrição mais antiga de uma pintura em tambor sámi data do século XII e está na *Historia Norwegiae*, de autoria anônima.

Notamos, ainda, outro aspecto peculiar no caso dos tambores sámi. Algumas de nossas fontes fornecem relatos de que nem sempre o *noaidi* (xamã sámi) era o responsável pelo uso desses instrumentos, que aparentemente eram usados também por chefes de família. Ou seja, há vestígios de que os tambores, apesar de terem papel central no xamanismo e ritualística, eram empregados também em outros contextos cerimoniais nos quais o xamã não estava necessariamente presente. De qualquer maneira, o que percebemos é que o tambor se manifestava de suma importância na religiosidade e ritualística sámi. Para que se tenha uma ideia dessa relevância de maneira mais concreta, apontaremos aqui um fato esclarecido por Håkan Rydving, segundo o qual, no dialeto dos lule sámi, a palavra utilizada por esse povo para se referir ao seu próprio período pré-cristão seria *goabdesájgge*, cujo significado é "o tempo do tambor". Posteriormente, a palavra adotada para o período cristão significava "tempo em que se precisava esconder o tambor", o que denota não somente a censura e perseguição cristãs a qualquer elemento identitário da religião sámi, como também para uma autopercepção desse povo a respeito da importância do tambor em sua espiritualidade, identidade e cotidiano.

O caso esquimó apresenta também suas peculiaridades. Erik Holtved defende que o xamanismo e o papel do xamã se apresentam de maneira relativamente uniforme nas práticas religiosas desses povos, cuja relação com o xamanismo aparenta ser muito antiga. O autor localiza, contudo, diferenças entre esses povos no que diz respeito ao modo como a figura do xamã exerce seu papel, o que, para ele, indica que o desenvolvimento dessas práticas não foi linear e sempre homogêneo. Dentre outros aspectos, essa diferença se manifesta a respeito do uso dos tambores. Segundo Erik Holtved, houve uma influência asiática em alguns povos esquimós ao norte do Alasca; esses teriam justamente adotado o uso do tambor como auxiliar na condução do êxtase e na invocação de espíritos ajudantes.

Os esquimós centrais, que não sofreram essas influências, possuiriam o que o autor caracteriza como xamanismo passivo e contemplativo, não manifestando uso do tambor para condução do êxtase. Ao invés disso, a *performance* consistia em que o xamã se deitasse no chão, com os braços e pernas fortemente amarrados ao corpo, até que seu espírito conseguisse se desvencilhar do corpo, o que chamavam de *ilímarneq* ("o voo do espírito). Talvez por conta dessas peculiaridades entre os diferentes povos esquimós é que Åke Hultkrantz alegue que, apesar de apresentarem um xamanismo forte e consolidado, esses povos nunca chegaram a enfatizar tão fortemente o papel do tambor em suas cerimônias ou conferindo-as, por exemplo, tantas regras de uso e conotações míticas e sobrenaturais, como os sámi e os siberianos.

Faz-se necessário que ressaltemos, também, alguns impactos orgânicos do uso dos tambores. O estudo mais pioneiro envolvendo esse aspecto foi conduzido por Andrew Neher. Partindo de relatos antropológicos sobre o uso dos tambores e o desencadeamento do transe nas mais diferentes sociedades, Neher levou a proposta para um estudo controlado que visava reproduzir a experiência e avaliar os resultados. Para isso, o pesquisador baseou-se em outro fenômeno, que consistia em projetar diversos *flashes* de luz num ritmo específico, chamado ritmo alpha, que eliciava mudanças de adaptação de resposta no córtex cerebral, culminando, no indivíduo, em manifestações como visão caleidoscópica de cores; sensações sinestésicas como sentir que se está girando ou balançando; formigamento cutâneo, e até mesmo alterações subjetivas como sentimento de medo, confusão, angústia e raiva. Neher pretendia realizar um estudo semelhante na esfera auditiva para averiguar se a emissão de sons numa frequência rítmica específica desencadearia também respostas do córtex cerebral.

O pesquisador foi certeiro: todos os sujeitos de sua pesquisa responderam ao estímulo da batida de tambores por meio de adaptações ocorridas, sobretudo, no córtex occipital.

O comportamento observado nos sujeitos foi comparado àqueles cuja ocorrência foi relatada em cerimônias religiosas com uso do tambor e a semelhança, praticamente total, foi comprovada. Foram notadas manifestações visuais relacionadas à cor, padrão e movimentação; sensações sinestésicas, cutâneas, olfativas, gustativas e viscerais; desencadeamento de emoções como medo, raiva, angústia, desprezo, fadiga, confusão e perda da noção de tempo; alucinações organizadas e estruturadas dos mais diversos tipos; ataques epilépticos e outras ocorrências de estados psicopatológicos. Longe de nossa intenção reduzir a experiência xamânica e o uso dos tambores a uma explicação meramente organicista. Pelo contrário, gostaríamos, com esse fato, de atentar para um impacto dessas cerimônias que não é abstrato, mas identificável, e que o êxtase xamânico, bem como quaisquer instrumentos que auxiliem em seu atingimento, são ocorrências bio-psico-sócio-cultural-espirituais. Um detalhado estudo sobre o som e a acústica dos tambores sámi foi realizado por Rolf Kristofferson, *The Sound Picture of the Saami Shamanic Drum* (1991).

Enfim, esses tambores tidos por seus povos como mágicos são até hoje alvo de infindáveis discussões, investigações e hipóteses no meio acadêmico. Séculos depois de terem sido descobertos por aqueles que eram estrangeiros às religiões e povos onde os tambores se faziam presentes – geralmente em empreitadas colonialistas ou missionárias, vale ressaltar–, há ainda muito o que ser compreendido sobre sua relevância e função no contexto ritualístico e performático. Certamente que já se avançou muito. Basta nos lembrarmos de colecionadores como Ole Worm, que em 1655 mantinha, na Dinamarca, um museu com diversos objetos oriundos de povos indígenas – sámi, esquimós, índios americanos – que sofriam cada vez mais com o peso da empreitada colonialista dos grandes europeus. O nome do lugar onde esses objetos eram mantidos traduz perfeitamente o pensamento da época: uma *kunstkammer*, "cabine de curiosidades". Lançava-se, sobre esses povos, um olhar de curiosidade, fetichismo e exotismo que enxergava, neles, um homem do passado, não civilizado, em estado primitivo, cuja religião, magia e artefatos atraíam a atenção do homem civilizado; esses objetos, dentre os quais se encontram tambores religiosos de várias tradições, foram ou destruídos ou colecionados com veemência, principalmente ao longo dos séculos XVI ao XVIII. O mesmo desejo de conservação, é claro, não era aplicado aos povos criadores e mantenedores desses artefatos em contexto ritualístico. Hoje, discussões da antropologia, história, ciências das religiões, psicologia e sociologia têm contribuído muito para que o estudo desses objetos, suas implicações religiosas e os povos que deles fizeram ou fazem uso sejam estudados com cada vez menos pressupostos etnocêntricos.

Victor Hugo Sampaio Alves

Ver também Animismo; Mitologia sámi; Politeísmo; Sámi (religião); Xamanismo euroasiático.

BASILOV, V. (1986). The Shaman drum among the peoples of Siberia: traces of the Central Asian culture in the North. *Mémoires de la société finno-ougrienne*, n. 194.

CRAWLEY, E. (1912). "Drums and cymbals". In: HASTINGS, J. (org.). *Encyclopaedia of Religion and Ethics*. Vol. V. Edimburgo: T. & T. Clark, p. 89-94.

DIÓSZEGI, V. (1998). *Shamanism* – Selected Writings of Vilmos Diószegi. Budapeste: Akadémiai Kiadó.

ELIADE, M. (1998). *O xamanismo e as técnicas arcaicas do êxtase*. São Paulo: Martins Fontes.

HOLTVED, E. (1962). Eskimo Shamanism. *Studies in Shamanism*, n. 1, p. 23-32.

HÓPPAL, M. (2007). *Shamans and Traditions*. Budapeste: Akadémiai Kiadó.

HULTKRANTZ, Å. (1991). The drum in Shamanism: some reflections. *Scripta Instituti Donneriani Aboensis*, n. 14, p. 9-27.

______ (1979). Lapp Shamanism from a comparative point of view. *Fenno-Ugrica Suecana*, n. 2, p. 45-59.

KJELLSTRÖM, R. (1991). Traditional Saami Hunting in relation to drum motifs of animals and hunting. *Scripta Instituti Donneriani Aboensis*, n. 14, p. 111-132.

KRISTOFFERSSON, R. (1961). The sound picture of the Saami shamanic drum. *Scripta Instituti Donneriani Aboensis*, n. 14, p. 169-182.

LANGER, J. (2018c). Thor, estrelas e mitos: uma interpretação etnoastronômica da narrativa de Aurvandil. *Revista Brasileira de História das Religiões*, n. 11, vol. 31, p. 221-256.

NEHER, A. (1962). A physiological explanation of unusual behavior in ceremonies involving drums. *Human Biology*, vol. 34, n. 2, p. 151-160.

NORDIN, J. & OJALA, C.-G. (2017). Collecting, connecting, constructing: Early Modern commodification and globalization of Sámi material culture. *Journal of Material Culture*, p. 1-25.

POTAPOV, L. (1968). "Shaman's drums of Altaic ethnic groups". In: DIÓSZEGI, V. (org.). *Popular beliefs and folklore tradition in Siberia*. Bloomington: Indiana University Press.

RYDVING, H. (1991). The Saami drums and the Religious Encounter in the 17th and 18th centuries. *Scripta Instituti Donneriani Aboensis*, n. 14, p. 28-51.

SIIKALA, A.-L. (1990). Singing of incantations in Nordic Tradition. *Scripta Instituti Donneriani Aboensis*, n. 13, p. 191-205.

SOMMARSTRÖM, B. (1991). The Saami Shaman's drum and the star horizon. *Scripta Instituti Donneriani Aboensis*, n. 14, p. 136-168.

TOLLEY, C. (2009). *Shamanism in Norse Myth and Magic*. Helsinki: FF Communications.

Tantrismo

O Tantra é talvez um dos mais complexos e polissêmicos termos associados ao hinduísmo, porém é também um elemento central para a compreensão da própria tradição hindu. Na Contemporaneidade, alguns autores defendem que a tradição do Tantra seja tão importante para o hinduísmo quanto o próprio veda, e que ambos – Vedas e

Tantra – se configuram desde a Antiguidade como os grandes princípios fundadores de práticas e rituais centrais do hinduísmo, sendo o Tantra hipoteticamente relacionado à cultura dravídica e o Veda relacionado à cultura ária (conforme se verifica nas próprias páginas destes textos).

No entanto, os primeiros contatos dos pesquisadores ocidentais com esta tradição nos mostram claramente essa dificuldade de compreensão da qual nos referimos anteriormente. Tal dificuldade fez com que o conceito de Tantra tenha sido largamente mal--interpretado nas sociedades ocidentais. Como nos lembra Gavin Flood (2006, p. 5), até mesmo o eminente indologista do século XIX Monier Monier-Williams (autor de um conceituado dicionários de sânscrito), ao escrever sobre Tantra, afirmou que os Tantras seriam meros manuais místicos de magia e superstição, e que ao ler tais manuais nós nos confrontaríamos com os "piores resultados das piores ideias supersticiosas que já desonraram e degradaram a raça humana". Por esta perspectiva, os Tantras estariam obviamente muito distantes da mobilidade de textos sagrados de escolas bramânicas hindus como o Vedante, ou mesmo dos textos budistas.

O que leva a essa dificuldade de compreensão do Tantra, e mesmo sua rejeição inicial pelo olhar ocidental, foi talvez seu caráter hermético, prático, e experiencial, que não se torna evidente através da simples leitura dos textos relacionados a esta tradição. De acordo com Feuerstein (1998), um dos grandes pesquisadores do tema, há uma definição do termo "Tantra" como "continuidade" em um importante texto budista medieval (pois práticas e princípios tântricos se expandem entre budismo e hinduísmo). A palavra seria derivada da raiz sânscrita *Tan,* que significa "estender, esticar". No contexto de surgimento dos primeiros textos tântricos da Índia medieval, o que se buscava estender era justamente o conhecimento sobre a natureza do ser. Assim, podemos inicialmente compreender o tantrismo como um conjunto de práticas e saberes que estendem este conhecimento. Mas o termo também pode ser compreendido pela definição de continuidade entre o si-mesmo e o ser transcendente, como continuidade entre o corpo e a mente, e como negação da ruptura que caracterizou as tradições dualistas que o precedem (como o próprio yoga clássico, presente no texto do *Yoga suta* de *Patañjali*). Justamente para se alcançar essa única meta de expansão da consciência é que surgem múltiplos e ramificados caminhos, que poderiam se adequar às múltiplas naturezas de seus praticantes. Assim, o Tantra e o tantrismo configuram uma complexa e ramificada teia de tradições esotéricas que se desenvolvem na Índia desde tempos primordiais, mas que ganham uma força extraordinária na Idade Média, sobretudo a partir de 500 E.C. Como movimento cultural e religioso, o tantrismo se estende do hinduísmo ao budismo (sobretudo o tibetano), e teria atingido o ápice de suas produções textuais e filosóficas por volta do ano 1000 E.C., com a escola filosófica de Abhinava Gupta, período em que passa a influenciar outras escolas filosóficas do hinduísmo, como o próprio vedanta, com suas práticas características, dentre as quais podemos citar o próprio Haṭha-yoga (FEUERSTEIN, 1998, p. X)

Sobre essa capilaridade tântrica, Gavin Flood (2006, p. 9) nos lembra também que a designação primária do termo "Tantra" é a de um "tear" ou a da "tessitura de um tear", contando ainda com a implicação metafórica de um "sistema ou teia". Além disso, a raiz "tan" (que como vimos anteriormente significa estender ou esticar) e pode estar relacionada também com o termo sânscrito "*Tanu*", "o corpo". Essa noção de "tessitura" ou "urdidura" é também fundamental para a compreensão do complexo sistema de práticas associadas ao termo, bem como a própria noção de corpo: trata-se de um corpo a ser tecido, urdido, praticado.

Em termos de estrutura textual, ensinamentos dos mestres tântricos hindus estão contidos em textos denominados *Tantras*, *Āgamas* e *Samhitas* (estes últimos de caráter Vaishnava, isto é, dedicados aos adoradores do Deus *Viṣnu*). Os *Âgamas* são predominantemente dedicados ao princípio sagrado feminino – a *Śakti*, nos Tantras predominam referências a *Śiva*, mas essa linha divisória não é sempre clara. Os Tantras são essencialmente diálogos entre uma divindade da tradição e um sábio ou consorte da própria divindade. Os textos tântricos focados em *Śiva*, por exemplo, são apresentados como um diálogo entre esta deidade e sua deusa, ou *Śakti*. Outros Tantras são dedicados a *Viṣnu*, particularmente em sua forma de *Nārāyan* e sua esposa *Lakṣmi* (FLOOD, 2006, p. 53).

Os mestres tântricos aproveitam-se nas suas produções de histórias sagradas e elementos rituais do sagrado feminino previamente existentes. Por isso muitos estudiosos atribuem uma Antiguidade ao Tantra semelhante ou maior do que a do Veda. Os textos dos Tantras budistas teriam surgido primeiro que os Tantras de hindus, porém no âmbito do budismo indiano, e logo foram seguidos pela produção dos Tantras hindus. A tradição hindu indica que existem 64 Tantras. O *Vīnā-Śika-Tantra* (datado de *c.* 1.200 E.C.) é o único texto tântrico de mão esquerda conhecido, e já menciona o conjunto de 64 Tantras. O chamado tantrismo da mão esquerda é composto por um conjunto de linhagens esotéricas que realizavam o famoso ritual dos cinco M's, que envolviam práticas cujos termos em sânscrito se iniciam com a letra M, dentre as quais se destaca o famoso *Maithuna*, a prática da sexualidade sagrada no contexto ritualístico, que inicialmente foi interpretada pelo olhar orientalista ocidental do século XIX como o centro do tantrismo, mas que, conforme mencionamos anteriormente, corresponde apenas a um aspecto de uma tradição muito mais complexa e multifacetada.

O típico texto tântrico se apresenta na forma de um diálogo e não é atribuído a nenhum mestre, mas sim à divindade (salvo alguns textos da tradição do Haṭha-yoga, que são atribuídos a mestres). Assim, são textos sagrados que tratam de inúmeros temas como criação e história do mundo, nomes e funções das divindades, tipos de adoração ritual à deusa, magia, feitiçaria, artes divinatórias, e principalmente da fisiologia do corpo sutil (GNERRE, 2013).

Todas as escolas do pensamento tântrico esotérico partem de uma premissa comum: os sentidos corpóreos percebem uma fatia minúscula de um mundo muito maior. Existem outros planos de existência mais sutis, que são compostos de outras ondas ou "frequências vibracionais" (para utilizar um termo contemporâneo). Em função disso, a literatura tântrica é repleta de descrições dos centros energéticos (chakra) e das correntes (nādī) que são as estruturas básicas deste corpo sutil. Os chakras são essencialmente "rodas de energia", muitas vezes representadas como rodas cujos raios se assemelham a pétalas de lótus. Ao contrário das descrições dos órgãos como o coração e pulmão, que coincidem em todas as tradições, nem sempre as descrições dos chakras coincidem. Tais descrições tendem a funcionar como modelos de mentalização para os iogues e, como tais, podem sofrer variações adaptativas (GNERRE, 2010, p. 38).

Para os mestres tântricos, assim como o sal está dissolvido na água e nós não o vemos, o princípio divino está disperso pelo corpo, que é também a morada deste princípio. Justamente este corpo divinizado é o que Gavin Flood chama de "corpo tântrico" (FLOOD, 2006, p. 10). O corpo tântrico não é algo que está simplesmente disponível, devendo apenas ser descoberto, mas é algo que deve ser construído e acima de tudo praticado. As práticas fundamentais, neste sentido, se baseiam na própria experiência dos elementos que compõem este corpo sutil (que existe e atua num nível "energético"), como os chakras, *Nādis, kuṇḍalinī* e outros componentes psicoenergéticos. Portanto, há uma relação complexa entre o Tantra e o texto na constituição de um corpo divino, e esta relação é algo central para o argumento deste autor.

O poder da *kuṇḍalinī-Śakti* é o aspecto mais importante do corpo tântrico sutil. *Kuṇḍalinī* pode ser compreendido como manifestação microcósmica da Śakti, a energia feminina primordial que dá origem a todas as manifestações do universo. O termo "*kuṇḍalinī*" significa "a enrodilhada", e permanece em estado de latência, no centro mais baixo do corpo. Regulando-se o fluxo do *prāṇā,* esta energia potencial pode ser ativada, a cobra dormente é posta em ação, e temos aí um processo "empoderamento" ou revelação. Embora não goste muito desse termo pela carga de significados que a palavra "*power*" tem na língua inglesa, Flood (2006) acaba se utilizando deste conceito de "empoderamento" para explicar o processo de "divinização do corpo" que está presente na tradição do Tantra, onde este "poder" (ou "energia") está diretamente associado ao conceito de *Śakti.* Trata-se aqui do próprio aspecto divino feminino a partir do qual todas as coisas emanam, e que se manifesta de forma especial através de alguns elementos do corpo tântrico, diretamente associados a deidades femininas como a deusa Serpente (*Buja devi*).

A Śakti se manifesta de diversas formas, e por isso pode ser acessada também de diversas formas. A maioria das práticas tântricas que incluem visualizações, mantras, mudras, posturas de yoga e mesmo as purificações tem como foco central esta experiência do poder *Śakti* e o consequente "empoderamento do corpo", que toma consciência de sua própria natureza divina. O processo de ascensão da *kuṇḍalinī* ao longo da espinha dorsal do praticante é também nitidamente um processo alquímico de transmutação das energias do corpo sutil e consequentemente do corpo físico do praticante, que nos mostra a conexão da tradição do Tantra com o conceito de *Rasāyana*, a alquimia hindu.

Em um livro clássico intitulado *The alchemical body* (o corpo alquímico), David Gordon White (1996) afirma que os iniciados tântricos valorizavam em máximo grau a transmutação tanto de afetos e emoções como do próprio corpo físico, e que ambos estariam notoriamente interligados. Os principais mestres deste processo teriam sido os *Siddhas*, iogues e alquimistas especialistas na prática da transmutação literal e concreta de metais básicos em ouro e na transformação concreta do homem mortal e envelhecido em um super-homem aperfeiçoado e imortal, mestres dos processos naturais, [...] do domínio das forças da natureza, incluindo os processos inexoráveis do envelhecimento e da morte [...] (WHITE, 1996, p. 7-8, trad. nossa em GNERRE & DIAS, 2017, p. 75).

Justamente por seu caráter alquímico, esotérico e iniciático é importante lembrar que muitos aspectos do Tantra escapam de sua dimensão textual: no âmbito desta tradição, o texto é uma revelação que chega até o praticante, e chega justamente através de uma linhagem que não apenas lê o texto, mas conhece seus elementos complementares como as práticas ritualísticas. Assim, costurando complexas práticas de visualização, rituais e ensinamentos textuais, os mestres tântricos aspiravam à criação deste corpo divino, a morada de Deus, feito da substância imortal – o corpo de diamante (vajra-daiva, onde vajra = diamante e daiva = divino), sendo esta a meta suprema da alquimia tântrica.

Historicamente, este ideal do corpo de diamante teve seu auge no culto dos Sidhas, que floresceu entre os séculos XVII e XVIII. O nome "sidha" significa realizado ou perfeito, e refere-se ao adepto do Tantra que alcançou a iluminação. A partir desse culto ao corpo dos Sidhas, floresceu o Haṭha-yoga, tradição sobre a qual discorreremos a seguir. As escolas mais importantes deste movimento foram a dos Natas (ao norte do subcontinente indiano, perto de Bengala) e a dos Maheshavaras, do sul da Índia. O movimento dos Sidhas, no entanto, transcendeu o hinduísmo, e há referências aos grandes mestres desta tradição nos Tantras budistas.

Dentre os hindus, o grande mestre tântrico desta tradição dos Sidhas foi Goraksha-Nāta e, entre os budistas, o famoso Nagarjuna, que antecede Milarepa. Um dos autores desta tradição, Bhogar, mestre de kundalini yoga, escreveu os seguintes versos na língua tâmil: "Tempo houve em que desprezei o corpo; mas então eu vi o Deus dentro de mim. Percebi que o corpo é o templo do senhor, e comecei a preservá-lo com infinito cuidado (BHOGAR, apud FEUERSTEIN, 2005, p. 464). Esta estrofe explica bem a concepção de corporificação característica dos Sidhas. É justamente esta concepção que está na base do processo de criação do Haṭha-yoga. De acordo com Feuerstein (2005, p. 483), a tecnologia "psicoespiritual" do Haṭha-yoga está focada no desenvolvimento do potencial físico do corpo, para que este possa suportar a realização de sua própria natureza transcendental. A tradição hindu associa a criação do Haṭha-yoga a *Goraksha Nāta* e ao mestre deste, *Matsiendra Nāta*. Esses mestres teriam vivido por volta da primeira metade do século X E.C. Goraksha, da linhagem dos Natas (por isso Goraksha Nāta) é citado em vários textos como o criador do Haṭha-yoga, embora haja indícios de que a prática seja anterior. Há um texto, Goraksha-Padhati ("rastros de Goraksha"), que teria sido escrito pelo próprio sábio. Nele são explicados os princípios fundamentais do Haṭha-yoga (cf. FEUERSTEIN, p. 483). O nome Haṭha é explicado como a união do sol e da lua, a conjunção de dois grandes princípios ou aspectos dinâmicos do corpo: os polos Śiva-Śakti. Entre os principais textos do Haṭha Yoga temos, além do já citado, o *Haṭha-yoga pradipika* ("Luz sobre o Haṭha Yoga", manual clássico escrito por Svatmarana Yoguendra em meados do séc. XIV) e o *Gheranda samhita* (coletânea de Gheranda, do séc. XVII). Assim, podemos dizer que o Haṭha-yoga hoje tão popular no Ocidente se desenvolve como uma espécie de "apoio técnico" ao Tantra, sendo este sim a tradição central que historicamente determinou todo esse universo de práticas.

Maria Lucia Abaurre Gnerre

Ver também Bhagavadgītā e Mahābhārata; Hinduísmo; História das religiões; Politeísmo; Shakti; Religião; Vedas.

FEUERSTEIN, G. (2005). *A tradição do yoga*. São Paulo: Pensamento.

______ (1998). *Tantra*: Path of Ecstasy. Londres: Shambala.

FLOOD, G. (2006). *The Tantric Body* – The Secret Tradition of Hindu Religion. Nova York: I.B. Tauris.

GNERRE, M.L.A. & DIAS, R.P. (2017). Das paixões humanas ao vazio iluminador: reflexões e apontamentos a partir do budismo tântrico. *Numen*, vol. 20, p. 70-90.

GNERRE, M.L.A. (2013). "O corpo é um templo: história do corpo na tradição do Haṭha-yoga". In: *Religião*: a herança das crenças e as diversidades de crer. Campina Grande: EdUFCG.

______ (2010). *Religiões* orientais: uma introdução – Vol. 1: Tradições da Índia: do Veda ao yoga. João Pessoa: Ed. Universitária UFPB.

WHITE, D.G. (1996). *The alchemical body*: Siddha traditions in medieval India. Chicago/Londres: The University of Chicago Press.

Teorias e metodologias

Ver Animismo; Arqueologia das religiões; Cultura e religiosidade; Economia e religião no Medievo; Educação e religião no Medievo; Guerra e religião no Medievo; História das religiões; Mito; Paganismo; Religião; Religiosidade popular no Medievo; Xamanismo euroasiático.

Vedas

O termo "Vedas" designa um conjunto de textos sagrados, sobre os quais se fundamentam a sociedade e a espiritualidade dos hindus. A influência deste cânone védico sobre a cultura indiana vai desde o segundo milênio antes de Cristo até a atualidade. Veda é um nome sânscrito que significa "saber revelado". Acredita-se que o sânscrito seja uma língua de origem indo-europeia. Seu nome designa "bem-feito", "bem-acabado", em oposição às línguas populares (prácritos) faladas no período védico, consideradas bárbaras pelos povos arianos (GULMINI, 2002, p. 13).

Historicamente, o período de produção destes textos, conhecido como Período Védico, se expande por cerca de mil anos (*c.* 1500-500 a.E.C.). Nessa fase (cuja datação pode ser significativamente anterior de acordo com outros pesquisadores), temos o surgimento da chamada cultura ariana, de forma distinta da cultura denominada dravídica - embora hoje se admita uma continuidade necessariamente maior entre a cultura ariana e a cultura anterior do Vale do Indo do que havia sido pensado pelos historiadores ocidentais do início do século XX.

Justamente nesse período, algumas descobertas arqueológicas (especificamente do ano de 1921) trouxeram informações importantes sobre esta misteriosa cultura do Vale do Indo: dois sítios arqueológicos, de Harappa e Mohenjo-Daro. Trata-se de duas cidades datadas em cerca de 2500 a.E.C., altamente desenvolvidas do ponto de vista tecnológico e localizadas ao longo do Vale do Rio Indo. Mohenjo Daro, em seu ápice, teria contado com uma população de 200 mil pessoas, sendo uma verdadeira metrópole da época. Foram compilados 400 símbolos de sua escrita, mas ainda não foram decifrados. Trata-se de uma civilização que teria estabelecido relações comerciais sobretudo com a Mesopotâmia.

A descoberta de tais cidades gerou uma série de teorias sobre o momento histórico que dá origem à produção dos Vedas. Inicialmente, acreditou-se que este seria justamente o momento em que o povo *ārya* estaria se instalando no subcontinente indiano, e estabelecendo assim os primeiros contatos com a cultura drávida que corresponde à civilização do Vale do Rio Indo. Trata-se de uma história que vem sendo constantemente reescrita, e para a qual os próprios Vedas, além de textos sagrados, podem ser considerados como documentos históricos, que trazem informações importantes sobre as crenças, desejos, questionamentos e práticas religiosas e sociais dessas populações.

De acordo com Flood (2014, p. 45), as controvérsias históricas em relação a estas duas culturas podem ser resumidas da seguinte forma: de um lado temos a visão tradicional, que ainda é apoiada por alguns estudiosos, segundo a qual a civilização dravídica do Vale do Indo teria entrado em decadência e teria sido substituída pela cultura dos *ārya*, isto é, povos indo-europeus, provenientes da região entre o Cáucaso e os Cárpatos, próximo ao Mar Negro. Segundo tal hipótese (originária do início do séc. XX), por volta do III milênio antes de Cristo começam a se expandir em direção a Ásia e a Europa, levando consigo esta língua-mãe (o "indo-europeu") de onde deriva o grego, o latim e o sânscrito. Embora não se conheça o indo-europeu, trata-se de uma teoria linguística amplamente aceita em virtude das semelhanças etimológicas entre as três línguas citadas e outras línguas da Antiguidade. As migrações arianas que alcançam as planícies férteis do norte da Índia, onde não teriam encontrado resistência, e estes povos invasores arianos seriam os responsáveis pela escritura dos Vedas. A visão alternativa propõe que a cultura ariana teria se desenvolvido a partir da própria civilização do Vale do Indo, ao invés de ter se originado a partir de grupos de cavaleiros invasores. De acordo com essa segunda perspectiva, não haveria uma ruptura cultural profunda na história da Índia antiga, mas sim uma continuidade entre tais civilizações. Trata-se de uma das mais importantes controvérsias da história da Antiguidade. De toda forma, independente da origem externa ou interna dos *ārya*, cujo nome significa "nobres", podemos atribuir a este povo a narrativa mestra do hinduísmo, que está contida nos textos dos Vedas. Além disso, das interações destas duas culturas, também se desenvolve todo o contexto religioso do hinduísmo pós-védico.

Nas últimas décadas a hipótese da invasão *ārya* vem recebendo diversas críticas, seja de pesquisadores indianos, seja de britânicos ou norte-americanos, como David Frawley e G. Feuerstein. Segundo tais críticas, a invasão *ārya* seria um conceito cristalizador pelos historiadores ingleses, e não haveria provas suficientes de que o processo tivesse ocorrido na forma de invasão.

Sem dúvida, alguns conceitos sobre a história e a pré-história da Índia podem mudar, acompanhando transformações políticas e culturais dos próprios historiadores, além das descobertas arqueológicas mais recentes. Mas consideramos que não seria o caso de substituir antigas "verdades cristalizadas" por novas verdades. Acreditamos que elementos de ambas as teorias podem ser levados em conta, e seria possível estabelecer diálogos sobre a complexa história da Índia antiga.

É importante lembrar que os primeiros historiadores da Índia, que buscaram estabelecer cronologias apropriadas ao conceito de história que se desenvolve no Ocidente, foram justamente os orientalistas, estudiosos do tema que, a partir das universidades europeias do século XIX, iniciam as traduções e interpretações de importantes textos destas culturas denominadas "orientais" (cf. SAID, 1996). Mas, como é comum nos processos de formação nacional, a busca por uma identidade da Índia passa pela busca da sua história, por uma reescrita a partir de um olhar interno.

Segundo a renomada historiadora indiana Romila Thapar, as mudanças na historiografia indiana vão além de uma necessidade de afirmação identitária, e "incorporam novas evidências e novas formas de olhar as evidências existentes" (THAPAR, 2002, p. 24). A inclusão interpretativa de outras ciências humanas como as ciências sociais, a economia, e os "estudos de religião", levou a algumas reformulações nas explicações do passado remoto daquilo que hoje se considera a Índia. Também os arqueólogos têm colaborado com novas datações possíveis sobre o período védico.

Sem dúvida, as descobertas arqueológicas vêm colaborando para uma reorganização das datações dos textos antigos da Índia, desde os Vedas até os épicos como o Mahabharata. Mas talvez a mudança mais significativa no que diz respeito à interpretação de tais textos está no reconhecimento de que eles não foram escritos em um período que possa ser precisamente datado, mas sim através de longos períodos. Por isso acreditamos que, de uma forma geral, devemos olhar para estes textos como grandes monumentos, cheios de camadas que foram se sobrepondo ao longo do tempo. A exemplo das cidades milenares, como Roma, Atenas ou Patna, textos como o Rig-Veda foram construídos ao longo de séculos, e talvez milênios. Guardam tanto camadas de um passado remoto quanto de passados mais recentes. E a beleza de suas estrofes nos diz respeito até hoje.

Para o indólogo alemão Heinrich Zimmer o panteão védico representava originalmente todo o universo, onde se projetavam as ideias e experiências dos homens. Nascimento, crescimento e morte eram projetados sobre os eventos cósmicos. As estrelas, as nuvens, o vento, as tempestades, a terra, o sol... todos esses elementos eram associados a divindades específicas que por sua vez refletiam aspectos das experiências humanas. Esses deuses eram super-homens dotados de poderes cósmicos; mas, ao mesmo tempo, poderiam ser chamados a participar de uma festa por meio de oblações e rituais védicos. Os mitos são narrados em forma de cânticos que têm uma entoação certa para que se obtenham os poderes rituais. Isso é um pressuposto importante para a compreensão dos textos dos Vedas: são textos para serem entoados junto dos rituais.

Ainda segundo Zimmer, esta etapa da religião védica equivale ao período homérico na Grécia (Teogonia). Na Grécia, este período homérico foi seguido por um crepúsculo dos deuses e mitos, e esteve relacionado à própria decadência das cidades-Estado e à invasão de Alexandre o Grande. Na cultura indiana, com o fim do período védico não vai ocorrer este crepúsculo dos deuses, mas sim uma transformação da religiosidade hindu. As deidades védicas não serão depostas, mas incorporadas a uma visão mais ampla e profunda – como senhores que fazem parte do império de um rei mais poderoso –, o poder sagrado representado pelo *Brahman*, cuja presença pode ser experimentada em todos os seres através do *atman* (cf. ZIMMER, 2003, p. 244-249).

Assim, os textos dos Vedas descrevem todo um universo mítico-ritual do período ariano. Fazem parte da sabedoria revelada (*Śruti*). São ensinamentos ouvidos, intuídos, revelados e catalogados pelos sábios nos quatro livros principais do hinduísmo:

Rig-Veda (ou Ṛg-Veda): O nome deste livro significa "Sabedoria das estrofes recitadas". São 1.028 hinos, divididos em dez livros (Mandalas). Acredita-se que tenham sido compilados entre 1500 e 1000 a.E.C., mas os ensinamentos orais seriam muito anteriores. No Rig-Veda estão reunidos elementos míticos que serviram de matéria-prima para lendas e contos épicos da Índia, narrativas da criação do mundo, encantamentos mágicos para a cura ou obtenção de desejos, regras de comportamento social etc. Por isso, histórica e literariamente o Rig-Veda é considerado o mais importante dos quatro livros. Nele encontramos um retrato do momento inicial de mixagem entre as culturas *ārya* e drávida, com predominância da primeira. Neste *Veda* estão as sementes de várias concepções filosóficas que floresceram em solo indiano.

Sāma-Veda – Sabedoria das estrofes cantadas (1.549 hinos). O Sāma-Veda compõe-se de melodias cantadas durante as oferendas sacrificiais pelos sacerdotes da classe *udgātṛ*. É composto de duas partes: a primeira contém 585 cantos, independentes uns dos outros, e classificados segundo seu ritmo ou os deuses aos quais se referem. A segunda parte é composta de 400 cantos de três estrofes, agrupados segundo a ordem dos principais sacrifícios. Muitas estrofes do Sāma-Veda são semelhantes às do Rig-Veda.

Yajur-Veda – Coletânea que contém as fórmulas a serem murmuradas pelos sacerdotes da classe adhvaryu no decorrer dos ritos sacrificiais. Há duas versões deste Veda: O Yajur-Veda Negro é a versão mais antiga, tem esta denominação por suas fórmulas serem consideradas obscuras. Já o Yajur-Veda Branco contém fórmulas claras e mais sistematicamente ordenadas.

Atharva-Veda – Conhecimento de Atharvan. Coleção que contém os mais diversos temas, mas principalmente ensina magia e medicina popular. Contém cerca de 6.000 fórmulas mágicas, divididas em 730 hinos. Além de hinos de teor medicinal, contém charadas filosóficas e passagens metafísicas que segundo G. Feuerstein (2005) antecipam ideias e práticas da tradição do yoga, como o controle da respiração. É o Veda dos sacerdotes das classes Atharvan – os sacerdotes do fogo (FERREIRA; GNERRE & POSSEBON, 2011).

Conforme dissemos anteriormente, o Rig-Veda é considerado o mais importante dentre os hinários védicos. Esta coleção de 1.028 hinos trata essencialmente de assuntos religiosos, da ação e origem dos deuses e de todo o universo. Para compreender o uso do Rig-Veda devemos imaginar a seguinte cena: Um rito está sendo realizado em local sagrado pelos sacerdotes que podem fazê-lo. Enquanto realiza-se o rito, os versos são recitados, invocando a presença divina e narrando os mitos primordiais. Nas estrofes, o poder mágico das palavras está sempre presente.

Um dos hinos mais importantes é aquele que descreve o sacrifício de *Puruṣa*, o gigante a partir que passa por um processo de desmembramento de seu corpo, a partir do qual surgem todas as coisas, inclusive surgem as castas da Índia: Da boca, surge o sacerdote (brâmane) – aquele que detém o poder da palavra, das fórmulas sacrificiais, dos mantras secretos e sagrados. Aos sacerdotes corresponde a divindade védica Varuna, que é o rei universal e faz o sol caminhar pelo dia, e a lua pela noite; é o regulador das águas e das nuvens. É o rei do *ṛta* a ordem cósmica, litúrgica e moral. Dos braços de *Puruṣa*, ou seja, de sua força, foi feito o guerreiro, que representa a classe dos xátrias. Os guerreiros estão logo abaixo dos sacerdotes nesta hierarquia social védica, estão relacionados ao deus Indra. Este é o deus mais citado no Rig-Veda, e, assim como Varuna, dispõe de um hino próprio no livro IV-19: "[1]E a ti, ó Indra, animado de raios, aqui todos os deuses invocados, auxiliadores, elegemo-lo grande, glorificador de ambos os mundos, augusto, único pela morte do Dragão. [2]Como os velhos deuses declinaram, és da terra o supremo rei, ó Indra, portador da verdade; mataste a serpente que cercava as águas; abriste os cursos que saciam as vacas" (FERREIRA; GNERRE & POSSEBON, 2011, p. 31).

Indra ora é apresentado como filho do Céu (Dyaus) ora como filho de *Tvastr* (o artífice dos deuses). É irmão de Agnis (o Deus fogo) e Indrani (sua forma feminina). Os ventos (*Maruts*) compõem seu séquito. É o deus bebedor de Soma e sua arma é o raio. Ao contrário de Varuna, que muitas vezes é representado de forma pacífica, Indra é vigoroso e violento, e é o protagonista do principal mito do Rig-Veda: O combate com o dragão Vrtrá (ou *vṛtra*), também traduzido como serpente. Ao matar Vrtrá com seu raio, Indra liberta as águas que estavam prisioneiras, separa o céu e a terra, e estabelece uma nova ordem cósmica. É a vitória da vida contra a morte, e as águas correm em direção ao oceano (as águas por vezes são chamadas de vacas no Veda).

Outros importantes deuses do Rig-Veda que merecem destaque aqui são Ágnis e Soma. O primeiro é o próprio fogo sacrifical. Apresenta-se com os epítetos ligados à claridade e calor como "Cabelo de chamas" e "Brilho do céu". Ágnis é concebido também como o próprio sol, mas desce à terra como um relâmpago, chegando a ser "embrião das águas" ou filho das águas. Ágnis é o arquétipo do sacerdote – no primeiro hino ele faz o papel de sacerdote. Ele é chamado de "mensageiro", pois é o intermediário entre os deuses e os homens, já que o fogo consome as oferendas e as leva aos céus na forma de fumaça. A ele são dedicados 120 hinos, sendo o terceiro mais citado no panteão védico (perde para Indra e Varuna). Já o Deus Soma era também a bebida sagrada dos rituais, e é muito difícil separar a divindade da própria bebida: afinal, ela estava incorporada na própria bebida. Várias outras divindades se juntam a estas para formar o panteão védico, do qual se desdobram milhares de deidades que compõem o hinduísmo posterior.

Maria Lucia Abaurre Gnerre

Ver também Bhagavadgītā e Mahābhārata; Hinduísmo; Politeísmo; Shakti; Religião; Tantrismo.

FERREIRA, M; GNERRE, M.L.A. & POSSEBON, F. (2011). *Antologia védica*. João Pessoa: Ed. Universitária UFPB.

GULMINI, L. (2002). *O Yoga Sutra de Patanjali*: tradução e análise da obra à luz de seus fundamentos contextuais, intertextuais e linguísticos [dissertação de mestrado, Faculdade de Filosofia, Letras e Ciências Humanas/USP].

THAPAR, R. (2002). *The Penguin History of Early India*: From the origins to AD 1300. Londres: Peguin.

ZIMMER, H. (2003). *Filosofias da Índia*. São Paulo: Palas Athenas.

Violência e religião

Ver Conflitos religiosos na Antiguidade; Cristianização da Germânia; Cruzadas; Cruzadas do Báltico; Guerra e religião na Escandinávia; Guerra e religião no Medievo; Inquisição.

Vulgata (Bíblia)

Tratar sobre a história e os detalhes da Vulgata é inserir-se em um momento de profundas transformações que ocorreram no mundo romano nos séculos IV e V. Dessa forma, o cristianismo, a partir do Edito de Milão e do governo de Constantino, passou de uma religião perseguida àquela que se tornaria o credo oficial do império, dando maior liberdade intelectual aos autores cristãos para desenvolverem de uma forma rica e profunda uma teologia que marcaria de forma indelével o período posterior (BROWN, 2012, p. 83-124).

É nesse período que as letras cristãs têm um grande desenvolvimento, pois muitos intelectuais, não mais sob o signo da perseguição, voltam-se ao estudo dos evangelhos, da teologia, da exegese, da filosofia e outras competências, nas cidades de Roma, Alexandria, Capadócia ou Antioquia. É também no século IV que a Igreja, em grande medida, através dos esforços dos concílios e de seus mais vigorosos escritores e tradutores, conclui a definição dos livros que comporiam o cânone, que seria estabelecido de fato em fins do século, entre os anos de 393 e 397, mais precisamente nos concílios regionais de Hipona e Cartago.

Sendo assim, surge no contexto acima trabalhado a figura de Sofrônio Eusébio Jerônimo, mais conhecido na Cristandade latina como São Jerônimo (347-419), um dos mais conhecidos e mais importantes autores cristãos da Patrística na Antiguidade tardia. Jerônimo deixará um grande legado para a posteridade, a tradução que será usada, em grande medida, por toda a Idade Média, a Vulgata.

Até a época de Jerônimo, a maioria dos cristãos tinha acesso aos textos sagrados em língua grega ou por meio de traduções para um latim pouco confiável. O Novo Testamento havia sido escrito em grego e o Antigo Testamento conhecido quase exclusivamente através de traduções para o grego e por vezes para o latim, geralmente em versões traduzidas da Septuaginta. No período, entretanto, o latim era falado em todo o Império Romano, e uma tradução confiável e metódica da bíblia fazia-se necessária. Mas existiam dois estilos diferentes de perceber, falar e compreender o latim, o primeiro, literário, o dos livros clássicos e o do clero, e o outro estilo, o rústico, ao qual se recorria para falar aos leigos, talvez no início menos por necessidade prática do que por cuidado ou pretensão de humildade (BROW, 2012, p. 85-90).

Assim, sendo o cristianismo uma religião do livro, o acesso a este, ou melhor, às Sagradas Escrituras, e a todos os comentários escritos sobre ela pelos "doutores" da Igreja, supõe um aprendizado linguístico e intelectual de grande envergadura. Assim, a tradução dos escritos para uma forma mais inteligível do latim ficou a cargo de São Jerônimo.

Este nasceu no ano de 347 em Estridão, na Dalmácia, e aos doze anos de idade foi para Roma a estudos, aprofundando seus conhecimentos nos clássicos gregos e latinos. Desde jovem, sentiu uma grande atração pela vida mundana, mas foi batizado por volta dos vinte anos, como mostra seu epistolário (*Epistola* 22,7), voltando-se, posteriormente à vida monástica e ascética, vivendo como eremita no Oriente, no Deserto de Cálcis (*Epis-*

tola 14,10), região conhecida como a "Tebaida Síria", onde também habitavam diversos monges e onde aprendeu hebraico com um amigo judeu recentemente convertido.

Em 378-379, Jerônimo é ordenado sacerdote, contra sua vontade, pelo Bispo Paulino de Antioquia, e em 382 transfere-se para Roma, sendo tomado como secretário e conselheiro do Papa Dâmaso, o qual o designou para uma árdua tarefa: fazer uma nova tradução latina das sagradas escrituras, revisando as versões que já existiam no período. O trabalho começou em 382, com a correção da versão latina do Novo Testamento utilizada na época, a *Vetus Latina*. Em 390, iniciou a tradução da Bíblia hebraica a partir do original, tendo já traduzido algumas partes utilizando a Septuaginta grega originária de Alexandria.

O texto em latim que ele estava revisando era um bom modelo do latim antigo europeu. A abordagem de Jerônimo, como nos mostra Catherine Brown Tkacz, acomodou a reverência sentida pelo latim antigo: onde a diferença de sentido entre o latim antigo e o grego era insignificante, ele tendia a deixar o termo em latim antigo (TKACZ, 1996, p. 48). Nesse caminho, ele também manteve diversas características do texto latino, como a ordem das palavras e a sequência dos evangelhos encontrados no velho latim – Mateus, João, Lucas e Marcos – em vez de mudar para a ordem familiar, uma vez que ele conhecia o Novo Testamento grego. Suas correções são mais frequentes no início de Mateus do que em Lucas e João (TAKCZ, 1996, p. 48-49). Em alguns casos, como afirma Catherine, Jerônimo pode ter tomado cuidado especial com uma determinada passagem por causa de sua proeminência na liturgia ou nas leituras.

Após a morte de Dâmaso em 384, Jerônimo abandona Roma e parte em direção à Terra Santa. Fixando residência em Belém, descobriu, ao examinar a Héxapla de Orígenes, bíblia que apresentava versões em grego e hebraico dos textos antigos em seis colunas, que o texto do latim antigo que ele havia usado em Roma estava repleto de erros dos copistas, o que o levou a fazer novamente uma revisão em sua tradução.

Como afirmam os especialistas, diante das novas traduções, Jerônimo teria deixado de lado em grande medida o texto da Septuaginta, apesar de a incipiente tradição cristã respeitá-la como texto definitivo do Antigo Testamento, para traduzir o restante dos livros diretamente do hebraico. Seu interesse pelo hebraico havia sido estimulado no início de sua carreira, quando ele percebeu as diferenças entre as várias traduções gregas do Antigo Testamento. Embora Orígenes tenha sido o primeiro estudioso cristão a reconhecer a importância do texto hebraico, Jerônimo foi o primeiro a defender sua centralidade, bem como sua prioridade.

John Norman Davidson Kelly mostra-nos que Jerônimo começou seu trabalho de tradução em 390 e terminou em 405/406, traduzindo todos os livros do cânon hebraico em ordem, embora partes da cronologia permaneçam controversas (KELLY, 1975, p. 89). Entre 390 e 394, traduziu Samuel e Reis, o Saltério (esta terceira e última versão é algumas vezes chamada de Saltério hebraico), todos os profetas e Jó. Esdras e Neemias foram concluídos em 394/395, e Crônicas, em 395; em 398, traduziu os "livros de Salomão" (Provérbios, o Cântico dos Cânticos e Eclesiastes). Jerônimo, em uma correspondência endereçada a Cromácio, bispo da Aquileia, atenta que os outros dois livros comumente atribuídos a Salomão (Sabedoria e Eclesiástico) não eram canônicos (KELLY, 1975, p. 236).

No final de 398, dos livros hebraicos, apenas o Octateuco, que consiste no Pentateuco - ou seja, os cinco livros atribuídos a Moisés: Gênesis, Êxodo, Levítico, Números e Deuteronômio - com Josué, o par de Juízes e Rute contados como um livro, e Ester, faltava ser traduzido, trabalho terminado por volta de 404/405, completando assim a sua tradução do cânon hebraico (TAKCZ, 1996, p. 51).

Nessa visão cronológica da criação da Vulgata, note-se que, do Novo Testamento, apenas os evangelhos foram citados. Enquanto a obra de Jerônimo de revisar os antigos evangelhos latinos de Roma contra o Novo Testamento grego e de retraduzir o testamento do hebraico está bem-estabelecida, a questão traduzida para o restante do Novo Testamento da Vulgata foi respondida de várias formas. O Novo Testamento havia sido considerado como o trabalho de Jerônimo, feito apressadamente em Roma por volta de 384, depois de ter entrado em contato com os evangelhos. Certamente, é em sua totalidade uma revisão de textos gregos antigos, isto é, o método básico de Jerônimo é usado em toda a tradição manuscrita que encorajou a ideia de que Jerônimo havia revisado a Bíblia em sua completude.

Germano Miguel Favaro Esteves

Ver também Bíblia hebraica; Educação e religião no Medievo; Igreja; Jesus Cristo; Reforma Gregoriana; Talmude.

BROWN, P. (2012). *El mundo de la Antiguedad Tardia*. Madri: Gredos.

KELLY, J.N.D. (1975). *Jerome* - His Life, Writings, and Controversies. Londres: Duckworth.

SÃO JERÔNIMO (1962). *Cartas*. Vols. 1 e 2. Madri: La Editorial Católica [introdução, versão e notas: Daniel Ruiz Bueno].

SPARKS, H.F.D. (1970). "Jerome as a Biblical Scholar". In: ACKROYD, P.R. & EVANS, C.F. (orgs.). *Cambridge History of the Bible*. Vol. 1: From the Beginnings to Jerome. Cambridge: Cambridge University Press, p. 510-554.

TKACZ, C.B. (1996). Labor Tam Utilis: The Creation of the Vulgate. *Vigiliae Christianae*, vol. 50, n. 1, p. 42-72.

Xamanismo euroasiático

A expressão "xamã" sem dúvida advém do tungue, um grupo étnico siberiano, que utiliza esse termo para designar os seus praticantes espirituais: "agitados", "elevados". O xamã é responsável, de modo geral, a lidar ou negociar com os espíritos a cura, o controle climático e o bem de sua comunidade. A negociação, geralmente, só é possível em um estado de transe extático, para o qual os xamãs fazem o uso de narcóticos e instrumentos musicais (sendo o tambor e o chocalho os exemplos mais famosos).

O termo conheceu um amplo uso na literatura de viajantes anteriores ao século XVIII, sendo traduzido como *Giocolare* no italiano, *Jongleur* no francês, *Gaukler* no alemão e *Wizard* no inglês, porém o seu uso moderno advém da acepção germânica transmitida pelos siberianos tungues: "Como resultado, os substantivos '*der Schaman*', '*die Schamanka*' e '*das Schamanentum*' esteve em uso durante o século XVIII; sendo o verbo '*schamanen*'" (FLAHERTY, 1992, p. 7).

Vários autores considerados clássicos e que escreveram sobre religiões na metade do século passado, a exemplo de Claude Lévi-Strauss e Mircea Eliade, tornaram o conceito acessível para toda uma classe de artistas e pensadores, como Jerome Rothenberg, Joseph Beuys, Roland Barthes, Jacques Derrida e Michel Benamou, porém é sensível como o conceito adquiriu nuanças contraditórias e foi se tornando maldefinida, concomitante sua expansão no pensamento crítico, um problema que na verdade advém das primeiras tentativas em explicar o fenômeno, segundo a literatura dos viajantes exposta à seguir.

Indo além da breve definição, o xamanismo engloba práticas e manifestações muito peculiares. A literatura de viajantes apontam os xamãs enquanto capazes de passar por experiências de quase morte, de despersonalização e fragmentação da consciência, por sentimentos de ascensão celestial e/ou declínio infernal, conseguindo o contato em êxtase tão desejado com os espíritos e tendo como finalidade obter um conhecimento oculto, transmitindo beneficamente a sua comunidade utilizando para isso a música, a dança, indumentárias e apetrechos especiais.

O xamanismo é um quadro amplo de práticas religiosas, e enquanto expressão não só acadêmica, mas também religiosa, é de complexa delimitação. Mircea Eliade arrisca uma primeira definição expressa na equação "xamanismo = técnica do êxtase" (ELIADE, 1998, p. 16). Para o autor, os xamãs são eleitos, possuindo acesso a uma parte do sagrado que é inacessível a outros membros de sua comunidade. Ele complementa: "Suas experiências extáticas exerceram, e ainda exercem, poderosa influência sobre a estratificação da ideologia religiosa, sobre a mitologia, sobre o ritualismo" (ELIADE, 1998, p. 19). A percepção do xamanismo como um fenômeno presente em culturas diversas, incluindo aqui os povos indo-europeus da Antiguidade, e as suas reminiscências no Medievo, possibilitam trabalhar em um pano de fundo onde as representações mágico-feiticeiras estão próximas, ou se manifestam de modo similar, das narrativas siberianas, iacutes, urálicas e americanas.

Desde a década de 1960, o tema tem ganhado uma atenção positiva dentro dos estudos acadêmicos e as publicações críticas acerca do xamanismo foram se multiplicando, porém ainda é notável o pouco avanço em uma melhor precisão dos termos e delimitação do conceito. Apesar de a definição de "técnicas arcaicas do êxtase" poder ser um ponto de partida, principalmente no tocante à compreensão fenomenológica usualmente relacionada a Eliade, ela não só não é a única, como é sensivelmente, uma melhor definição desse campo. Os pesquisadores das religiões e os etnólogos usualmente se valem dos relatos de viagens que oferecem, como qualquer fonte primária, uma visão com uma agenda ideológica própria, principalmente no século XVIII, mas pouca crítica em torno desses conceitos também foram trabalhadas, o que acaba tornando árdua a tarefa de uma melhor definição do que de fato é xamanismo.

Pelo menos dois relatos de uma embaixada enviada por Pedro o Grande à China são interessantes nesse momento de definição do conceito sobre o xamanismo: Adam Brand, negociante de tal embaixada, escreve em 1698 uma relação na qual pode se observar o emprego do termo tungue "*Xamã*". Em 1704, o guia da embaixada E. Isbrants Ides reforça os escritos de Brand ao utilizar o mesmo termo "tungue", havendo concordância no emprego da expressão que indicava assim um sacerdote ou mago.

Nos séculos XVI e XVII, os intelectuais Kaspar Peucer em *Commentarius de praecipuis generibus divinationum* e Johann Scheffer no seu *Lapponia id est regionis lapponum et gentis nova et verissima descriptio* já comentavam sobre os feiticeiros lapônicos através de relatos de viajantes, bem como seguindo o rastro etnográfico de *Historia de gentibus septentrionalibus*, obra do intelectual sueco Olaus Magnus, obras essenciais para a compreensão de um xamanismo circumpolar, mas que sem dúvida também podem ajudar a compreender o fascínio causado pelas expedições cada vez mais penetrantes do nascente Império Russo ao Oriente asiático, e a compreensão euroasiática do fenômeno. No século XIII Marco Polo, em sua visita à corte de Kublai Khan, descreveu os ritos de cura na China, enquanto João de Pian del Carpine escreveu sobre os métodos de purificação, oráculos, feitiçaria e adivinhação entre os tártaros. Entretanto nenhuma dessas práticas, foram classificadas ou entendidas como "xamânicas".

Adicionalmente, ao longo do século XVIII outras expedições ao Oriente fizeram descrições sobre o que seriam práticas xamânicas, sempre dentro de uma perspectiva do estranhamento: os mesmos expedicionários que fizeram relatos empolgados sobre os rituais e as indumentárias das populações orientais o fizeram como um espelho, em uma narrativa eurocêntrica, relegando a esse xamanismo o caráter de formas elementares da religião, ou primitivas, em uma perspectiva evolucionista na qual Eliade talvez não tenha se libertado ao tratar o fenômeno xamânico enquanto formas "arcaicas" do êxtase.

A exemplo da expedição para a Sibéria de Johann Georg Gmelin, os xamãs foram classificados como *Jongleurs*, sem dúvida uma expressão dúbia mas que reforça o estranhamento europeu sobre uma figura muitas vezes tratada como charlatã ou diabólica, principalmente em referência ao consumo dos narcóticos e ao uso dos instrumentos utilizados para entrar no transe, como podemos ver nas citações encontradas em *Grundriss der Geschichte aller Religionem*, uma obra mais de fenomenologia do que de história, onde Meiners poderia significar formas elementares da religião, empregada aqui em maiúsculo pela perspectiva finita e, sobretudo, cristã do conceito, ou, ainda, os seus primeiros estágios em uma perspectiva evolutiva. Em referência direta a essas populações, Meiners recusava o mesmo estatuto de compreensão dos processos religiosos, não se podem falar sequer de "deuses nacionais" ou "sacerdotes": "mas apenas de "charlatães e adivinhos" [*Quacksalber un Wahrsager*]" (GINZBURG, 1989, p. 107).

Claro, é necessário considerar no século XVIII o surgimento de outros filtros europeus, talvez menos duros com o xamanismo. Durante o Iluminismo, a fascinação por uma beleza primitiva dá início ao conceito de Nobre Selvagem, que, por sua vez, também impulsionou uma reação ao excesso de racionalismo, expressa no interesse cada vez maior dos europeus pelo conhecimento e práticas esotéricas, reconhecimento e fascínio que também influenciaram o Romantismo do século XIX (ZNAMENSKI, 2007, p. 14). Contudo, as religiões não ocidentais continuaram a ser vistas pela ótica do estranhamento, sendo os seus praticantes vistos com ceticismo pelos próprios iluministas, uma atitude que apenas enfraqueceu no século XX, acompanhando também a suavização das ideias iluministas.

O exame dos antiquarianistas sobre os relatos ofereceram as primeiras comparações de um relativo quadro geral sobre o xamanismo euroasiático a partir das descrições de Heródoto sobre os antigos citas e trácios, dos quais derivaram também similares descrições encontradas em Máximo de Tiro, Pompônio Mela e Solino, sendo aproveitadas por Engelbert Kaempfer, que havia identificado as plantas com as quais os citas e trácios se inebriavam em *Amoenitatum Exoticarum politico-physico-medicarum fasiculo V*. Jan Potocki, na virada do século XVIII para o XIX, em seu *Histoire primitive des peuples de la Russie* também traçou os seus paralelos entre os povos da Ásia Central, com aqueles descritos pelos narradores da Antiguidade. A conexão euroasiática é pensada quando são identificadas práticas semelhantes entre os xamãs que foram observados na Era Moderna e feitas analogias com os relatos sobre antigos povos euroasiáticos.

O rito cita de purificação, realizado após um funeral, envolve: unguentos, recolhimento em uma tenda de feltro de lã, o aquecimento das sementes de cânhamo em pedras incandescentes e a respiração dos vapores soltados por tais sementes. Não é difícil, desse modo, ligar tais descrições aos de diversas atividades oraculares, com especial memória à Pitonisa em Delfos que exerce suas adivinhações em meio aos vapores.

Mas Heródoto ainda narra os feitos de Aristeas, um poeta do Preconeso, morto ao entrar na oficina de um pisoeiro, mas avistado indo em direção a Cízico: a sua família não encontrou o corpo do jovem, vivo ou morto. Compositor do poema *Arimáspios*, ele acompanhava o deus Apolo sob a forma de um corvo e se tornou conhecido a ponto de os habitantes de Metaponto erguerem uma estátua sua ao lado desse deus. Um outro indivíduo ao qual poderíamos encaixar na mesma categoria e, também, narrado por Heródoto é Ábaris o Aeróbata (pelo controle dos ares): de origem hiperbórica, ele cruzou o mundo na ponta de uma flecha, sem a necessidade de comida ou bebida, possuindo ainda habilidades de adivinhação e o conhecimento da cura do corpo e da alma.

Escolhemos os relatos de Heródoto apenas por uma questão de amplitude da narrativa grega, mas exemplos similares de transformação em animais, de cura, das ascensões celestes ou descidas infernais, entre outros processos entendidos como "xamânicos" na mitologia, poesia e literatura de diversos povos europeus e asiáticos podem ser encontrados e interpretados de tal maneira. Nos resta, todavia, um olhar crítico e uma melhor delimitação do que de fato é parte de tal complexo e o que são aproximações mágico-religiosas conjecturais.

Pablo Gomes de Miranda

Ver também Animismo; Finlândia pré-cristã (religião); História das religiões; Labirintos sámi; Magia; Mito; Politeísmo; Sámi (religião); Tambores no xamanismo.

ELIADE, M. (1998). *O xamanismo e as técnicas arcaicas do êxtase*. São Paulo: Martins Fontes.

FLAHERTY, G. (1992). *Shamanism and the Eighteenth Century*. Oxford: Princeton University Press.

GINZBURG, C. (1989). *Mitos, emblemas, sinais*. São Paulo: Companhia das Letras.

PORTO, M.E.M. & MIRANDA, P.G. (2015). Discutindo o xamanismo no mito e na literatura escandinava: uma breve revisão historiográfica. *Revista Brasileira de História das Religiões*, n. 23, p. 73-86.

ZNAMENSKI, A.A. (2007). *The Beauty of the Primitive* – Shamanism and the Western imagination. Nova York: Oxford University Press.

Zoroastrismo

O zoroastrismo é uma religião de grande importância dentro do estudo da história das religiões: supomos que se trata da primeira religião do mundo onde se formalizou o conceito de revelação, quer dizer, se estabelece um vínculo direto entre o homem e a divindade através de um mediador privilegiado, neste caso, Zaratustra e a divindade que dá lugar a uma série de textos sagrados onde se manifesta a mensagem divina, neste caso os *Gathas*. Por outro lado, também é muito possível que o zoroastrismo seja a primeira religião do mundo em que se dá uma mensagem escatológica em que a alma dos homens receba um juízo particular de acordo com os atos da vida, de modo que as almas dos bem-aventurados recebem um prêmio, enquanto as almas dos réprobos passam a um lugar de castigo e condenação. A Antiguidade desta mensagem está confirmada por sua aparição na parte mais antiga do texto sagrado dos zoroastrianos, o Avesta. Também é antiga a mensagem de que a história da criação se concebe como um ciclo determinado por milênios e que eles estão marcados pela luta entre o bem e o mal e pela aparição de sucessivos salvadores, até a consumação dos tempos. Sabemos da Antiguidade desta ideia por seu reflexo nos autores gregos da época clássica.

Datar a origem do zoroastrismo não é simples. A religião nacional dos iranianos é uma evolução orgânica da religião indo-ariana, que por sua vez é a evolução da religião dos indo-europeus. Sem dúvida, a importância da figura do Profeta Zaratustra, Zoroastro para os gregos, de onde procede o nome usual dessa religião, fez os estudiosos do século

XIX europeu a pensar que a religião tradicional dos iranianos havia sido "reformada" por Zaratustra, a quem se dotava de uma existência histórica e real. Obviamente, para os zoroastrianos de todas as épocas Zaratustra existiu realmente e é o mediador diante da humanidade e dos crentes zoroastrianos da mensagem de Ahura Mazdā, a divindade principal do zoroastrismo. Os estudiosos europeus do século XIX e a primeira metade do século XX, muito condicionados pela ideia da "reforma" religiosa e a figura de Lutero, fizeram de Zaratustra um grande reformador. Hoje em dia, sem dúvida, prevalece a ideia de que Zaratustra é uma figura mitológica, produto das especulações cosmológicas de gerações sucessivas de sacerdotes, que tem feito dele um grande sacrificador, um elo entre a humanidade e a divindade; igualmente se desenvolveu a ideia de que os *Gathas* não foram o produto revelado de um único autor, mas a obra de sacerdotes anônimos durante um largo período de tempo e que, portanto, o zoroastrismo, igual ao hinduísmo, teve uma gênese evolutiva, que deu lugar a uma complexa tradição religiosa.

Por isso, fixar a data da parte mais antiga do Avesta é uma tarefa somente para a ferramenta dos linguistas. A língua em que estão escritos permite supor que as mudanças dialetais estão em consonância com uma composição oral própria do Irã oriental, em concreto as antigas regiões de Bactria, Margiana e Corasmia (atuais norte do Afeganistão, Taikistão e sul do Turcomenistão), e pelos notáveis arcaísmos que preservam e pela comparação do Rig-Veda supomos que foram redigidos em uma data que oscila entre 1600 e 1200 a.E.C.

Em qualquer caso, durante o período do primeiro grande império iraniano, o Império Aquemênida, os grandes reis desta dinastia utilizaram habitualmente em suas inscrições monumentais a privilegiada relação entre o rei e o deus Ahura Mazdā para justificar a sua legitimidade real e o vínculo que estabeleciam entre o deus, que ordenava o criado no alto do céu e o rei, que estabelecia uma ordem paralela e legítima no mundo terrestre. Sem dúvida alguns estudiosos têm chegado a questionar o zoroastrismo dos reis aquemênidas porque não citam nunca a Zaratustra: seria um zoroastrismo sem Zaratustra.

Depois da invasão de Alexandre e da helenização que se produziu durante o Império Selêucida, o Irã volta a ter um novo império autóctone, o Império Parto, em que o zoroastrismo segue existindo como religião nacional, ainda que fortemente impregnado de elementos helenísticos. O Império Sassânida (224-651 E.C.) marca a conversão do zoroastrismo na religião oficial do Estado, a imitação do que sucedeu com o cristianismo no Ocidente. De outro lado, o zoroastrismo no Irã teve que fazer frente a uma forte competição de outras religiões de salvação que floresceram no mesmo período, como o cristianismo ou o maniqueísmo, enquanto o judaísmo, em praticamente toda a história do Irã, desfrutou de uma grande liberdade de culto. Os reis sassânidas promoveram o estabelecimento de templos do fogo e o surgimento de uma poderosa classe sacerdotal fortemente implicada na vida política do país.

Em 651 E.C. os sassânidas foram derrotados pelos árabes, marcando o início de uma lenta e progressiva islamização do Irã. Sem dúvida, os zoroastrianos seguiram tendo uma presença importante nas cidades do Irã. Esta situação mudou de maneira drástica com as invasões dos mongóis a partir do século XIII, durante as quais as populações urbanas de zoroastrianos sofreram as matanças mais cruéis. A partir deste momento se produziu uma progressiva migração de comunidades zoroastrianas do Irã para a costa ocidental da Índia, em particular na zona de Gujarat, onde encontraram um clima mais tolerante e estavam a salvo das matanças indiscriminadas que se produziam no Irã. Ao mesmo tempo, as comunidades zoroastrianas decidiram colocar por escrito os seus textos sagrados, o Avesta, o que lhes servia como argumento de formar parte também do grupo de "religiões do livro" (ainda que este não seja a Bíblia) e lhes permitia se defender dos ataques como sendo idólatras adoradores do fogo, que era o argumento principal que os muçulmanos radicais utilizavam habitualmente contra eles.

Os zoroastrianos instalados na Índia recebiam o nome de parses (persas), de acordo com a sua origem geográfica e desenvolviam uma cultura e uma identidade própria dentro da Índia. O período colonial inglês lhes favoreceu muito, pois coincidiu com o interesse científico dos europeus que desenvolviam com respeito à língua avéstica e com a religião zoroastriana, o que favorecia a integração das famílias parses dentro da administração colonial e permitiu que muitas delas formassem uma classe de prósperos empresários e homens de negócios. Isto foi em paralelo com uma importante atividade filantrópica desenvolvida pelas famílias parses ricas. Os parses constituem a base da prosperidade econômica da capital financeira da Índia, Mumbai, e formam uma classe culta, fortemente ocidentalizada e muito famosa pelas suas obras de caridade. Os parses, além disso, recusaram entrar em conflito com outras grandes religiões da Índia, como o hinduísmo, o Islã e o cristianismo, proibindo de maneira absoluta o proselitismo e as conversões de não zoroastristas ao zoroastrismo.

A integração ao mundo colonial britânico favoreceu a migração de zoroastrianos a outras partes do mundo, criando comunidades importantes de zoroastrianos nos Estados Unidos, Canadá, Austrália, Nova Zelândia e nos Estados do Golfo. Em paralelo, a proibição de novas conversões tem deixado os parses da Índia reduzidos a uma minoria muito pequena, não mais de 70 mil indivíduos, ainda que mantendo a sua importância e com prestígio social intocado.

No Irã, pelo contrário, os zoroastrianos estiveram muito marginalizados socialmente até meados do século XX. A revolução islâmica os colocou em uma situação delicada, até que os novos governantes assumiram que o zoroastrismo formava parte da identidade nacional iraniana. As comunidades rurais originárias têm se transformado em comunidades urbanas, radicadas sobretudo em Teerã e na cidade de Yazd. Atualmente os zoroastrianos do Irã são uns 30 mil fiéis.

A mensagem central do zoroastrismo baseia-se na revelação que Ahura Mazdā, a divindade principal da religião (e para os crentes atuais, a única divindade, pois hoje em dia se trata de uma religião monoteísta), fez a Zaratustra, que é o interlocutor privilegiado entre a divindade e a humanidade. Por um processo de revelação, Ahura Mazdā deu a conhecer a Zaratustra a essência da verdadeira religião, que o profeta delineia em uma série de hinos, os chamados *Gāthās*, que constituem a parte mais antiga do conjunto de livros mais venerados do zoroastrismo, o Avesta. Deste modo, a mensagem de Ahura Mazdā se deu a conhecer a um grupo de seguidores da Boa Religião, os zoroastrianos ou mazdeus, que deste modo estão chamados para a salvação. Ahura Mazdā confia a Zaratustra em primeiro lugar o ritual sagrado e a natureza do sacrifício, sobretudo em sua faceta espiritual, diferente do sacrifício cruel da tradição indo-iraniana e da tradição ainda mais antiga indo-europeia.

Além disso, o Avesta e outros textos antigos permitem deduzir uma mensagem cosmológica baseada na sequenciação de milênios e de figuras salvadoras. Zaratustra aparece no marco de um relato cosmológico antigo e característico do zoroastrismo: a história da criação narrada como a sucessão de milênios. Sabemos que é antigo porque aparece com diversas variantes no testemunho de filósofos e historiadores gregos muito antes do que se assentasse como doutrina "ortodoxa" do zoroastrismo tal como se configurou durante o Império Sassânida (226-651 E.C.): os 3.000 anos da criação do tempo finito, Ahura Mazdā e Angra Manyu, os líderes do Bem e do Mal, respectivamente, pactuam que seu combate terá uma duração de 9.000 anos; 6.000 anos depois do dito pacto, nascerá Zaratustra e terá lugar na revelação que aportará a Boa Religião aos homens; aos 12.000 do começo do tempo finito, 3.000 anos depois do nascimento de Zaratustra, aparecerá o último de uma sucessão de três Saoshyants ou salvadores, se produzirá a destruição do criado e o seu reparo sobre a base dos princípios do Bem e a ressurreição dos corpos.

Ahura Mazdā, em sua onisciência, revela a Zaratustra os conhecimentos da Boa Religião, sobretudo aqueles que têm a ver com a escatologia individual – o juízo das almas dos homens, o prêmio e o castigo para boas e más ações – e com a escatologia universal – a purificação do mundo quando os montes se derretam como consequência do fogo e a ressurreição dos corpos.

O fundamento da ética zoroastriana é a oposição entre *aša* "A ordem ritual, a verdade" e *druj* "a mentira". Os partidários de *aša* são os seguidores de Zaratustra, que reconhecem a supremacia do sacrifício instaurado por ele e que dispensam apoio mútuo e socorrem aos pobres. A caridade é um elemento-chave dentro da ética zoroastriana. O segundo pilar da ética é o respeito pela tríade "bom pensamento-boa palavra-boa obra" que todo fiel zoroastriano tem que ter, assim como o cumprimento dos ritos previstos para todos os laicos. A consequência deles é que o juízo individual a que todos os homens serão submetidos, os bons serão salvos e os réprobos serão castigados.

Durante o período aquemênida, sabemos que o culto era executado ao ar livre, tal como nos conta Heródoto, o que seria concordante com o que sabemos do culto na época pré-histórica. Sem dúvida, já em torno do século I E.C. foram criados templos em que os sacerdotes zoroastrianos mantinham uma chama perpétua, tal como nos conta Estrabão. A partir do período parto e sobretudo durante o Império Sassânida, os zoroastrianos foram criando autênticos templos que continham uma plataforma em que se mantinham um fogo dentro de uma urna: os zoroastrianos rezam olhando para a sua luz.

O papel central que assume o fogo nos templos zoroastrianos tem levado a interpretação popular para os seguidores desta religião, sejam conhecidos como "adoradores do fogo". De fato, um dos problemas mais sérios que têm tido as comunidades zoroastrianas nas zonas de maioria islâmica é que têm sido acusada de serem idólatras por esse motivo. Na realidade, o fogo na prática zoroastriana é um símbolo da luz que representa os princípios essenciais de sua religião, a luz que dissipa as trevas da ignorância, a representação simbólica da justiça e da ordem ritual, o fogo cósmico da criação e o fogo que colocará fim a tudo que foi criado para restaurar uma ordem perfeita. Assim, pois, colocar-se diante da chama recitando uma oração representa um modo de contemplar a natureza criada pela divindade. Existem hoje em dia três graus do fogo que dão lugar a três tipos distintos de templos, de maior e menor importância; o templo com fogo de maior nível deve ser atendido por um sacerdote, enquanto o de menor nível não está consagrado e pode ser preservado por um laico.

Os sacerdotes da religião tradicional iraniana eram conhecidos como *magos* e durante todo o período clássico os autores se declaram impressionados sobretudo por seu conhecimento sobre a vida do Mais Além. Como guardiões da comunidade e do fogo do templo, os sacerdotes assumiram o estudo e a transmissão oral do Avesta e de seus comentários e mantendo o código ético da comunidade. Isso lhes capacitou para resolver os conflitos legais que podiam surgir no grupo. Hoje em dia existem três níveis hierárquicos de sacerdotes zoroastrianos, o *ervad* (entre os parses da Índia), chamado *herbad* no Irã, o *mobed* e o nível mais alto, o *dastur*.

As práticas rituais têm variado durante a história do zoroastrismo. Hoje em dia, o centro da vida ritual para um zoroastriano é a oração, que se pode levar a cabo no templo, na casa ou ao ar livre. Sem dúvida, existem certas cerimônias especiais que reúnem toda a comunidade, nas que recitam passagens do Avesta e em particular nos *Gāthās*. Uma das cerimônias mais importantes é a imposição do *kusti*, um cordão branco que simboliza a maioridade da idade ritual para o adepto e sua vinculação com a fé dos mais velhos.

Na liturgia zoroastriana, uma bebida chamada *haoma* desempenha um papel central desde os tempos mais remotos. A preparação da bebida se desenvolve durante o principal ritual zoroastriano, chamado *yasna*. Durante o rito se extraem dois líquidos, o primeiro mesclando três ramas de efedra e uma de romã, folhas de romã e água; em segundo, a água se substitui pelo leite. Os participantes na cerimônia consomem somente umas poucas gotas do líquido resultante. Para os zoroastrianos modernos se trata de uma bebida que assume todas as capacidades curativas possíveis.

A crença em um juízo para a alma e uma recompensa ou castigo de acordo com as obras levadas a cabo na vida são muito antigas no zoroastrismo e determinam o papel essencial das cerimônias fúnebres. Os cadáveres não deviam contaminar os elementos da natureza – terra, água, ar e fogo –, sendo que a cremação ou a inumação eram excluídas. Isto levou a que usassem as chamadas torres de silêncio, estruturas circulares de pedra dentro das quais os cadáveres eram expostos para que fossem devorados pelas aves carniceiras. Posteriormente se recolhiam os ossos descarnados e se colocavam em um ossuário, de onde terminavam por se desintegrar. Este método é somente praticado hoje pelos zoroastrianos da Índia. As outras comunidades o têm abandonado por razões legais e sanitárias.

O primeiro europeu que tomou contato de maneira ativa com as comunidades zoroastrianas da Índia foi Anquetil-Duperron (1731-1805). Sua tradução do Avesta (1771), se bem que carregada de erros, causou um profundo impacto na Europa da Ilustração. Voltaire em seu *Essai sur les moeurs* demonstra grande interesse pelo zoroastrismo, que lhe serviu como prova de que a tradição judaico-cristã não tinha o monopólio do monoteísmo, nem do rigor ético. Em paralelo se gerou uma grande controvérsia entre os ilustrados quando Sir William Jones, o primeiro ocidental que aprendeu sânscrito e formulador da hipótese indo-europeia, denunciou que a tradução de Anquetil era obra de uma mente desvairada e produto de uma falsificação. Não seria até 1826, quando Rasmus Rask provou a autenticidade dos manuscritos utilizados por Anquetil. Zaratustra se popularizou na Europa graças à obra de Nietzsche, *Assim falou Zaratustra* (1883). Nessa obra, Zaratustra não passa de um personagem literário sem nenhuma conexão com as fontes que serve Nietzsche para desenvolver as suas principais ideias: a morte de Deus, a teoria do super homem e a ideia de que o medo ao Mais Além constitui a maior debilidade histórica do ser humano.

Juan-Antonio Álvarez-Pedrosa

Ver também Avesta; História das religiões; Mesopotâmia (Religião e mito); Mitraísmo; Politeísmo.

MOAZAMI, M. (2016). *Zoroastrianism*: A collection of articles from the Encyclopaedia Iranica. Nova York: Encyclopaedia Iranica Foundation.

PANAINO, A. (2016). *Zoroastrismo*: storia, temi, attualità. Bréscia: Morcelliana.

ROSE, J. (2011). *Zoroastrianism* – An Introduction. Londres: Tauris.

STAUSBERG, M. & VENAINA, Y. (2015). *Companion to Zoroastrianism*. Maiden: Wiley Blackwell.

AUTORES

Prof.-Dr. Alberto Bernabé Pajares (Universidad Complutense de Madrid)

Prof.-Dr. Alfredo Bronzato da Costa Cruz (Uerj)

Prof.-Dr. Álvaro Bragança Júnior (UFRJ)

Profa.-Dra. Andréia Cristina Lopes Frazão da Silva (UFRJ)

Profa.-Dra. Carmen Lícia Palazzo (Uniceub)

Profa.-Dra. Carolina Coelho Fortes (UFF)

Prof.-Dr. Daniel de Figueiredo (Unesp)

Prof.-Dr. Enrique Santos Marinas (Universidad Complutense de Madrid)

Prof.-Dr. Erick Carvalho de Mello (Unirio)

Profa.-Dra. Flávia Regina Marquetti (Unesp)

Prof.-Dr. Frank Usarski (PUC-SP)

Prof.-Dr. Germano Miguel Favaro Esteves (Unesp)

Prof.-Dr. Guilherme Queiroz de Souza (UFPB)

Prof.-Dr. Johnni Langer (UFPB)

Prof.-Dr. Jorge Martínez-Pinna Nieto (Universidad de Málaga)

Prof.-Dr. Juan-Antonio Álvarez-Pedrosa (Universidad Complutense de Madrid)

Profa.-Dra. Katia M.P. Pozzer (UFRGS)

Prof.-Dr. Leandro Duarte Rust (UFMT)

Profa.-Dra. Leila Rodrigues da Silva (UFRJ)

Profa.-Dra. Luciana de Campos (UFPB)

Prof.-Dr. Luciano José Vianna (UPE)

Profa.-Dra. Maria Lucia Abaurre Gnerre (UFPB)

Profa.-Dra. Marina Pelluci Duarte Mortoza (UFMG)

Prof.-Dr. Mário Jorge da Motta Bastos (UFF)

Prof.-Dr. Moacir Elias Santos (Uniandrade)

Prof.-Dr. Paulo Duarte Silva (UFRJ)

Profa.-Dra. Priscilla Gontijo leite (UFPB)

Profa.-Dra. Semíramis Corsi Silva (UFSM)

Prof.-Dr. Sergio Alberto Feldman (Ufes)

Prof.-Dr. Thiago Azevedo Porto (UFPA)

Prof.-Dr. Valtair Afonso Miranda (Fabat)

Prof.-Dr. Vinícius César Dreger de Araújo (Unimontes)

Andréa Caselli (doutoranda, UFPB)

Felinto Pessôa de Faria Neto (doutorando, UFRJ)

Juliana Salgado Raffaeli (doutoranda, UFRJ)

Leandro Vilar (doutorando, UFPB)

Monicy Araujo Silva (mestre, UFPB)

Munir Lutfe Ayoub (doutorando, MAE/USP)

Pablo Gomes de Miranda (doutorando, UFPB)

Patrick Zanon Guzzo (doutorando, UFF)

Susan Sanae Tsugami (doutoranda, UFPB)

Victor Hugo Sampaio Alves (doutorando, UFPB)

Vinícius de Oliveira da Motta (mestrando, UFSM)

LEIA TAMBÉM:

Dicionário de Teologia Fundamental

Esse *Dicionário* tem por base o binômio revelação-fé. Em torno deste eixo giram os 223 verbetes que o compõem. A estrutura do *Dicionário* foi pensada de modo a propor, a quem o desejar, um estudo sistemático de todos os temas da Teologia Fundamental: os princípios básicos e suas implicações.

Em sua concepção inicial, essa obra procurou definir, antes de tudo, as grandes linhas do *Dicionário* e, em seguida, determinar os verbetes a serem tratados, levando em conta uma série de critérios.

Mesmo tendo sido composto há algumas décadas, permanece muitíssimo atual, justamente pela forma abrangente utilizada em sua organização. Sendo um dicionário, não contém tratados teológicos sistemáticos, mas cada temática é apresentada com uma grande abrangência. Além disso, ao final de cada verbete há indicações bibliográficas para aprofundamento.